大濱しのぶ

フランスのアストラント

―― 第二次世界大戦後の展開 ――

信 山 社

謹んで
本書を石川明先生に捧げます

はしがき

　本書は，かつてボアソナードを介して日本の間接強制のモデルとされたフランスのアストラントについて，第二次世界大戦後の変遷過程に焦点を当て，判例と立法資料を中心に考察するものである。なお，戦前のアストラントの状況についても，ある程度言及する。また，アストラントを日本の間接強制と簡単に比較し，これに鑑み，日本の間接強制に関する若干の問題点も指摘する。

　第二次世界大戦後という時期に焦点を当てた理由は，一つには，この時期のアストラントの詳細が日本で知られていないためである。が，より大きな理由は，この時期がアストラントについて大変重要な時期であるためで，アストラントは，第二次世界大戦の戦禍を契機にその利用が増加して，本格的な発展を遂げたと考えられる。この時期の考察を通し，本書では，とくにアストラントが損害賠償とは別個独立の制度として確立する経緯を明らかにする。日本の間接強制については損害賠償との関係が十分に明らかにされてはおらず，この点が一つの基本的な問題と考えられるので，上述のようなアストラントの変遷は，日本法について参考になると思う。更に，日本の間接強制についても損害賠償とは本来別の制度と解すべきものと考える。こうしたことも本書で言及する。

　御関心に応じて，本書の一部でもご覧頂ければ幸いである。アストラントの現行制度の概要については第1編第1章を，本書のアストラントに関する考察の要旨については結論1を，日本の間接強制に関しては結論2を，御参照頂ければ幸いである。また，第3編・第4編は，アストラントに関する条文の一種の注釈として御利用頂けるかとも思う。

　アストラントの研究を始めたのは修士論文の際で，本書の前に，アストラントに関する拙稿として若干のものがある（「アストラントの制度的確立―― 1972年7月5日の法律の成立――」慶応義塾大学大学院法学研究科

はしがき

論文集26号（1987年）235頁以下，「フランス法におけるアストラント――その現状に関する基礎的考察――」比較法研究51号（1989年）114頁以下，「1991年7月9日の法律によるアストラントの改正」法学研究68巻12号（1995年）577頁以下，「アストラントの改正作業―― 1991年7月9日の法律の審議過程――」法学研究69巻1号（1996年）441頁以下，「ヨーロッパ民事訴訟モデル法試案におけるアストラント――フランスのアストラントとの比較及びベネルクス諸国のアストラント統一法の紹介も兼ねて――」石川明・櫻井雅夫編『EUの法的課題』（慶応義塾大学出版会，1999年）299頁以下）。本書は，これらを踏まえたものであるが，訳語等を大幅に改め，旧稿の誤りを訂正した（とくに問題と思われる訂正については本書のなかで個別に言及した）。

　本書の執筆の経緯と使用した文献の時的限界にも触れておく。執筆を始めたのは，文部省の在外研究により半年間パリに滞在した折の1998年秋で，2002年8月までに入手したフランスの文献に基づいて，2003年1月に一応脱稿した。この間，日本の間接強制について改正作業が本格化し，2003年7月には「担保物権及び民事執行制度の改善のための民法等の一部を改正する法律」が成立して間接強制の規定も改正された。この改正に関連して2003年8月に本書の一部を加筆修正したが，その際フランスの文献を追完することは断念した。更に，本年3月3日には「民事関係手続の改善のための民事訴訟法等の一部を改正する法律案」が国会に提出され，更なる間接強制の改正が見込まれるが，この改正については十分な資料も入手できないため，本書では最後に若干触れただけである。結局，本書が基礎とする文献は，原則として，フランスのものについては2002年8月までに入手したもの，日本のものについては2003年8月までに入手したものにとどまっている（一部その後の文献も使用した）。

　本来ならば，2004年の日本の間接強制に関する改正を織り込み，最近のフランスの文献も追完したうえで本書を出版すべきところであるが，その力がなく，諸般の事情もあり，このような不完全な形になった。2002年以降のアストラントに関する問題状況及び2004年に予定される日本の間接強制の改正に関しては，今後の課題としたい。なお，2003

はしがき

年 5 月 31 日に民事訴訟法学会で「フランスのアストラント——日本の間接強制への示唆——」と題する報告の機会を得た（この報告要旨は民事訴訟雑誌 50 号 245 頁以下）が，この報告は本書の内容に基づいたものである。

　未熟なものであるが，この研究を曲がりなりにもまとめることができたことについて，御指導を賜った多くの先生方に厚く御礼申し上げる。
　ことに，石川明先生には常に温かい御指導と励ましを頂いた。先生の学恩に報いることは到底できないにせよ，本書をもって，せめて感謝の念をお伝えしたく思う。
　また，François CHABAS 先生にも 10 余年の長きにわたり温かい御指導を頂いた。渡仏の度に優しく迎えて下さった CHABAS 夫人が，2003 年に亡くなられた。謹んで御冥福をお祈りする。なお，Roger PERROT 先生及び Philippe THÉRY 先生にもお話を伺う機会を得たが，これも CHABAS 先生の御高配の賜物である。
　アストラントに早くから御関心を抱かれていた中野貞一郎先生から，折に触れ，貴重な御教示と励ましのお言葉を頂戴できたことも，大変光栄で，大きな励みとなった。
　法制審議会民事訴訟・民事執行法部会長でもあられる青山善充先生に，格別の御高配を賜わることもできた。青山先生の御厚意で，本書の内容が一部の立法担当者の目に触れる機会も得たということであり，望外の喜びである。
　また，前記学会報告の司会の労をおとり下さった徳田和幸先生をはじめ，同報告の準備等を機に，関西民事訴訟法研究会，日本民事訴訟法学会関西支部，慶応義塾大学民事訴訟法研究会の諸先生方にも，多くの貴重な御教示を頂戴できた。2002 年春に関西に移り，関西の両研究会の末席に加えて頂き，御指導を賜ることができたことは，とりわけ身に余る幸せなことと思う。
　アストラントの研究を勧めて下さったのは西澤宗英先生で，青山学院大学の副学長として御多忙のなか本書の全体にお目通し頂き，細部にわたり丁寧な御指導を頂いた。永井博史先生にはドイツ法に関する御教示

はしがき

等を頂き，常に励まして頂いた。

　この場を借りて，諸先生方に御教示を生かしきれていないことをお詫びすると共に，一層の御指導をお願い申し上げる。

　本書の出版に当たっては，信山社の渡辺左近氏に多大な御協力を頂いた。校正では，田村真弓先生に大変御面倒をおかけし，フランス語に関しては，ナタリー・バルデ・築山氏に一方ならぬ御協力を頂いた。資料収集についてはとくに近畿大学中央図書館の寺尾隆氏の御協力を得た。皆様に心より感謝申し上げる。

　最後に，私事にわたるが，常に支えてくれた両親に感謝する。

Je remercie très sincèrement Monsieur le professeur François CHABAS pour tout ce qu'il a fait pour moi si gentiment depuis de longues années. Ainsi que Madame CHABAS qui m'a toujours accueillie avec beaucoup de tendresse et dont la mort m'a profondément attristée.

　　平成16（2004）年4月

　　　　　　　　　　　　　　　　大濱　しのぶ

　なお，本書の出版には，独立行政法人日本学術振興会平成16年度科学研究費補助金（研究成果公開促進費）の交付を受けた。また，平成15年度の全国銀行学術研究振興財団の刊行助成，及び，同年度の慶應法学会の刊行助成を受けた。さらに，本書の研究は，平成10年度の文部省の公立大学在外研究員費補助金，平成12年度及び13年度の日本学術振興会の科学研究費補助金（奨励研究(A)）を受けて行ったものである。拙い研究に多くの助成を頂戴できたことを，関係各位の皆様に改めて感謝申し上げる。

目　次

序　論 ……………………………………………………………………1
　　㋐　問題の所在（1）
　　㋑　対象の限定（5）
　　㋒　本書の構成（6）

第1編　アストラント概観 ……………………………………………9

序 ……………………………………………………………………11

第1章　アストラントの現行制度の概略 ……………………12
　1　アストラントの基本的な特徴 ……………………………12
　　㋐　執行方法との関係・手続の二段階構造・制度目的（13）
　　㋑　損害賠償との関係・私的制裁（15）
　　㋒　裁量性・付随性・適用範囲（16）
　2　アストラントの手続 ………………………………………18
　　【1】アストラントの発令（18）
　　【2】アストラントの金額確定（22）
　3　アストラントの種類 ………………………………………26
　　【1】暫定的アストラントと確定的アストラント（26）
　　【2】一般法上のアストラント（狭義のアストラント）と
　　　　　特別法上のアストラント（特殊なアストラント）
　　　　　――裁判上のアストラントと法律上のアストラント（29）

第2章　アストラントと執行方法の関係 ……………………33
　　【1】問題の所在（33）

目　次

　　【２】　アストラントは執行方法でないとする立場（35）
　　【３】　1991年法との関係（41）
　　【４】　小　括（45）
　第３章　アストラントの適用範囲 ……………………………47
　　１　アストラントの適用が否定される場合 ……………49
　　【１】　概　説（49）
　　【２】　民法典1142条とアストラント（53）
　　【３】　人的性格がとくに顕著な債務（56）
　　【４】　夫婦の同居義務（59）
　　２　アストラントの適用が肯定される場合 ……………62
　　【１】　与える債務（とくに金銭債務）（63）
　　【２】　為す債務（69）
　　【３】　為さない債務（77）
　　３　アストラントの補充性の否定 ………………………79
　　４　小括──日本の間接強制の補充性論との比較 ……87
　第４章　アストラントの初期の変遷 …………………………92
　　【１】アストラント（暫定的アストラント）の出現（92）
　　【２】確定的アストラントの出現（93）
　　【３】アストラントの語（94）
　　【４】アストラントの出現の契機（96）
　　【５】アストラントの基礎理論──A. Esmein の所説（98）

第２編　第二次世界大戦後1972年７月５日の法律前
　　　　までの判例の変遷 ………………………………105
　序 …………………………………………………………………107
　第１章　暫定的アストラントの発令に関する判例の状況…113

1　暫定的アストラントの発令と既判事項の権威 ……………113
　　2　暫定的アストラントの発令と損害賠償 ………………………119
　　3　暫定的アストラントの発令に関するその他の諸問題 ………122
　　　(ア)　職権による暫定的アストラントの発令（122）
　　　(イ)　暫定的アストラントの発令の管轄その1――商事裁判所（126）
　　　(ウ)　暫定的アストラントの発令の管轄その2――控訴裁判所（128）
　　　(エ)　暫定的アストラントの発令の管轄その3――レフェレの
　　　　　裁判官（130）

第2章　1945年から1949年7月21日の法律前まで ………134
　　1　明渡処分（不動産明渡執行）の機能不全……………………135
　　2　下級裁判所によるアストラントの活用 ………………………137
　　3　住宅難に関する諸立法……………………………………………141

第3章　1949年7月21日の法律 ……………………………143
　　1　提案理由及び審議概略……………………………………………144
　　【1】　提案理由（144）
　　【2】　議会審議の概略（146）
　　2　1949年法第1条 …………………………………………………150
　　【1】　第1条前段（150）
　　　(ア)　議会審議（150）
　　　(イ)　学説の評価（152）
　　【2】　第1条後段（155）
　　　(ア)　議会審議（155）
　　　(イ)　学説の評価（156）
　　【3】　第1条に関するその他の事項（157）
　　　(ア)　議会審議（157）
　　　(イ)　学説の評価（157）

目　次

　　3　1949年法第2条 …………………………………………………158
　　【1】第2条第1項（158）
　　　㋐　議会審議（158）
　　　　(a)　国民議会第1読会（159）
　　　　(b)　共和国評議会第1読会（160）
　　　　(c)　国民議会第2読会（161）
　　　㋑　学説の評価（163）
　　【2】第2条第2項（165）
　　　㋐　議会審議（165）
　　　　(a)　国民議会第1読会（165）
　　　　(b)　共和国評議会第1読会（167）
　　　　(c)　国民議会第2読会（167）
　　　㋑　学説の評価（168）
　　4　1949年法第3条 …………………………………………………169
　　　㋐　議会審議（169）
　　　㋑　学説の評価（171）
　　5　小　括 ……………………………………………………………172
　　6　1949年法の今日の状況 …………………………………………174

第4章　1949年7月21日の法律後から1959年10月
　　　　20日の判例変更前まで ……………………………………177
　1　破毀院の立場 ………………………………………………………177
　2　下級裁判所の抵抗 …………………………………………………183
　3　学　説 ………………………………………………………………184
　4　暫定的アストラントの金額確定に関する諸問題 ………………187
　　【1】実体的な問題（188）
　　　㋐　債務の履行と金額確定の関係（188）

　　　　㈤　損害賠償との併課（191）

　　　　㈥　金額確定の基準（191）

　　　【2】　手続的な問題（193）

　　　　㈠　金額確定の管轄その1――商事裁判所（193）

　　　　㈤　金額確定の管轄その2――控訴裁判所（197）

　　　　㈥　金額確定の管轄その3――レフェレの裁判官（201）

　5　確定的アストラント……………………………………………202

第5章　1959年10月20日の判例変更から1972年7月
　　　　5日の法律前まで……………………………………………209

　1　1959年10月20日の破毀院判決による判例変更……………210

　　　【1】　1959年10月20日の破毀院判決（210）

　　　【2】　その後の破毀院判例（212）

　　　【3】　学説の反応（214）

　2　暫定的アストラントの金額確定に関する諸問題……………215

　　　【1】　実体的な問題（215）

　　　　㈠　金額確定の基準（215）

　　　　㈤　損害賠償との併課（219）

　　　【2】　手続的な問題（220）

　　　　㈠　問題の所在（220）

　　　　㈤　1966年の民事全部会判決（221）

　　　　㈥　金額確定についての商事裁判所・労働審判所・レフェレ
　　　　　　の裁判官の管轄権（224）

　3　暫定的アストラントの法的性質………………………………225

　　　【1】　私的制裁の観念（226）

　　　【2】　アストラントが私的制裁であることをめぐる議論（229）

　　　　㈠　アストラントが私的制裁であることを支持する学説（229）

目　次

　　　　㈅　アストラント金を国庫金とすることを提唱する学説（231）

　　4　確定的アストラント……………………………………………………235

　　【1】　学　説（235）

　　【2】　判　例（238）

　　【3】　確定的アストラントに関する諸問題（240）

　　　　㈇　損害賠償との併課（242）

　　　　㈈　申立ての要否（243）

　　　　㈉　管　轄（243）

第3編　1972年7月5日の法律──アストラントの一般法の成立──……………………………………………………247

序　………………………………………………………………………249

第1章　提案理由及び審議概略………………………………252

　1　アストラントの法案が1972年法の法案に取りこまれた経緯
　　　　　………………………………………………………………………252

　2　第2編の提案理由……………………………………………………254

　　㈇　Mazeaud及びFoyerによる議員提出法案（254）

　　㈈　Foyer及びMazeaudによる国民議会の委員会報告書（255）

　　㈉　Mazeaudの口頭報告（259）

　　㈊　小　括（261）

　3　議会審議の概略………………………………………………………262

第2章　1972年法第5条………………………………………266

　1　議会審議………………………………………………………………266

　2　考　察…………………………………………………………………267

　　㈇　発令の管轄（267）

　　㈈　職権による発令（273）

　　　　(ウ)　制度目的（275）

第3章　1972年法第6条 ……………………………………… 280

　　1　議会審議 ………………………………………………… 280
　　　　(ア)　第1読会（281）
　　　　(イ)　第2読会（287）
　　2　考　　察 ………………………………………………… 289
　　【1】第6条前段及び中段（289）
　　　　(ア)　判例との関係（289）
　　　　(イ)　元老院の立場（290）
　　　　(ウ)　学説の立場（292）
　　　　(エ)　アストラントと損害賠償の併課等（296）
　　【2】第6条後段（300）

第4章　1972年法第7条 ……………………………………… 302

　　1　議会審議 ………………………………………………… 302
　　【1】1972年法の議会審議（302）
　　【2】1975年法の議会審議（303）
　　2　考　　察 ………………………………………………… 305
　　　　(ア)　レフェレの裁判官の管轄権（306）
　　　　(イ)　控訴院の管轄権（309）

第5章　1972年法第8条 ……………………………………… 311

　　1　議会審議 ………………………………………………… 311
　　　　(ア)　第1読会（311）
　　　　(イ)　第2読会（313）
　　　　(ウ)　第3読会（314）
　　2　考　　察 ………………………………………………… 315
　　【1】第8条第1項（315）

目　次

　　　　　㋐　確定的アストラントの金額確定の要否（315）

　　　　　㋑　不履行が不可抗力又は偶発事による場合（316）

　　　【2】　第8条第2項（319）

　　　　　㋐　暫定的アストラントの金額確定の基準（319）

　　　　　㋑　暫定的アストラントの金額確定に関する裁判官の権能（321）

　第6章　アストラント金の帰属に関する条文の削除 …………324

　　1　議会審議 ………………………………………………………324

　　　㋐　第1読会（325）

　　　　(a)　国民議会（325）

　　　　(b)　元老院（328）

　　　㋑　第2読会（330）

　　　　(a)　国民議会（330）

　　　　(b)　元老院（331）

　　　㋒　第3読会（332）

　　2　考　察 …………………………………………………………332

　　　㋐　私的制裁の維持（333）

　　　㋑　国民議会の立場（334）

　　　㋒　元老院の立場（336）

　　　㋓　小　括（337）

第4編　1991年7月9日の法律——アストラントの

　　　　改正—— ……………………………………………………339

序 ………………………………………………………………………341

第1章　提案理由及び審議概略 ……………………………………348

　　1　提案理由 ………………………………………………………348

　　2　議会審議の概略 ………………………………………………353

第 2 章　1991 年法第 33 条 …………………………………360

1　議会審議 ……………………………………………………360

2　考　察 ………………………………………………………363

【1】第 33 条第 1 項（363）

　㋐　自らの裁判の履行確保のためにアストラントを発令
　　　できる裁判機関（364）

　㋑　職権による発令（368）

　㋒　発令に関するその他の問題（369）

【2】第 33 条第 2 項（375）

第 3 章　1991 年法第 34 条第 1 項その他 ………………380

1　議会審議 ……………………………………………………380

【1】第 34 条第 1 項（380）

　㋐　国民議会（381）

　㋑　元老院（382）

【2】アストラント金を債権者以外に帰属せしめる条文の削除（384）

　㋐　国民議会（384）

　㋑　元老院（385）

2　考　察 ………………………………………………………387

【1】第 34 条第 1 項（387）

【2】アストラント金を債権者以外に帰属せしめる条文の削除（389）

　㋐　1972 年法の審議との比較（389）

　㋑　債権者がアストラント金を全部取得することを批判する
　　　学説（391）

　㋒　債権者がアストラント金を全部取得することを支持する
　　　学説（394）

　㋓　私的制裁の正当化を試みる近時の学説（395）

目　次

　　　　㈸　小　括（397）

第 4 章　1991 年法第 34 条第 2 項及び第 3 項 …………399
　1　議会審議 …………………………………………………399
　2　考　察 ……………………………………………………402
　　　㈦　第 34 条第 3 項の趣旨（403）
　　　㈨　第 34 条第 3 項に関する諸問題（405）

第 5 章　1991 年法第 35 条及び 1992 年デクレ第 52 条 ……408
　1　議会審議 …………………………………………………408
　2　考　察 ……………………………………………………409
　【1】　第 35 条（409）
　　　㈦　第 35 条の趣旨（409）
　　　㈨　第 35 条に関する諸問題（412）
　【2】　1992 年デクレ第 52 条（415）

第 6 章　1991 年法第 36 条 …………………………………416
　1　議会審議 …………………………………………………416
　【1】　第 36 条第 1 項（417）
　【2】　第 36 条第 2 項（418）
　【3】　第 36 条第 3 項（418）
　　　㈦　第 1 読会（419）
　　　㈨　第 2 読会（420）
　2　考　察 ……………………………………………………422
　【1】　第 36 条第 1 項（422）
　　　㈦　暫定的アストラントの金額確定の基準（423）
　　　㈨　金額確定基準の明文化の意義（424）
　　　㈩　金額確定時の増額の許否（428）
　【2】　第 36 条第 3 項（429）

【3】　金額確定に関するその他の問題（434）

第7章　1991年法第37条 …………………………………………441
　1　議会審議 …………………………………………………………441
　2　考　察 ……………………………………………………………441

第8章　1992年デクレ第51条 …………………………………445
　　(ｱ)　アストラントの効力発生時に関する従前の状況（445）
　　(ｲ)　第51条の趣旨（450）
　　(ｳ)　控訴によるアストラントの進行停止の可否（453）

第9章　1992年デクレ第53条 …………………………………458
　　(ｱ)　金額確定前の執行に関する従前の状況（458）
　　(ｲ)　第53条の趣旨（464）
　　(ｳ)　中間的な金額確定（466）

結　論 ……………………………………………………………………471
　1　本論の総括 ………………………………………………………471
　　【1】　アストラント概観（第1編）（471）
　　【2】　第二次世界大戦後から1972年7月5日の法律の
　　　　　前まで（第2編）（474）
　　【3】　1972年7月5日の法律（第3編）（477）
　　【4】　1991年7月9日の法律（第4編）（480）
　2　アストラントと日本の間接強制 ………………………………483
　　【1】　アストラントと日本の間接強制の比較（483）
　　【2】　日本の間接強制に関する若干の問題（487）
　　　(ｱ)　基本的な問題点（487）
　　　(ｲ)　債務者の保護（492）
　　　(ｳ)　実効性の強化（499）
　　　(ｴ)　強制金の帰属（501）

㈥　金銭債務についての間接強制（504）

参考文献一覧 …………………………………………………………513
参考判例一覧 …………………………………………………………520
事項索引 ………………………………………………………………543
欧文索引 ………………………………………………………………550

凡　　例

1. 注の番号について

   序論・結論の部分の注については，独立に番号を付す。

   本論の部分の注については，各編毎に番号を付す。

2. 判例・判例評釈の表記について

   フランスの判例は，本文において示す場合には日本語表記とし，注において示す場合には，原則として，原語表記のままとする。

   フランスの判例に付してある［　］付の数字（例［373］破毀院第 1 民事部 1959 年 10 月 20 日）は，巻末の参考判例一覧に付した数字に符合する。出典（判例集登載箇所）は，この巻末の参考判例一覧において一括して示すことにする。

   注において判例評釈を示す場合には，当該判例を直接表記することはせず，当該判例を示す［　］付の数字を付すのみとする（例　Holleaux, D 1959. 537 （［373］））。

3. 注における文献の表記について

   注において頻出するフランスの文献は，後に示すように，著者名のみで引用することを原則とする。

   注においてフランスの文献についての出典又は参照の箇所を示す際，段落番号（n°）によって当該箇所を特定できる場合は，段落番号のみを表記し，頁は併記しない（例　Denis, n° 1）。段落番号によって当該箇所を特定できない場合は，頁等を表記する（例　Denis, p. 1, note 1）。頁を表記する場合には，頁の略語 p. を省略することもある（例　Chabas, La réforme de l'astreinte, D 1992 chron. 299）。

   ［著者名のみで引用する文献］

Blanc	E. BLANC, Les nouvelles procédures d'exécution, 2ᵉ éd., Montchrestien, 1994.
J. Boré ①	J. BORÉ, La liquidation de l'astreinte comminatoire, D 1966 chron. 159.
J. Boré ②	J. BORÉ, La collaboration du juge et du législateur dans l'astreinte judiciaire, *in* Aspects nouveaux de la pensée juridique, Études M. Ancel, t. I, 1975, p. 273.

凡　例

J. et L. Boré	J. et L. BORÉ, Répertoire de droit civil Dalloz, V° Astreintes, 1996.
Buffet	J. BUFFET, La réforme de l'astreinte : premières applications, *in* Rapport de la Cour de cassation 1997, p. 67.
Carbonnier	J. CARBONNIER, Astreintes. Loi n° 49-972 du 21 juillet 1949, Revue des Loyers 1949, p. 475.
Chabas ①	F. CHABAS, La réforme de l'astreinte (Loi du 5 juillet 1972), D 1972 chron. 271.
Chabas ②	F. CHABAS, La réforme de l'astreinte, D 1992 chron. 299.
Chabas et Deis, J-Cl.	F. CHABAS et S. DEIS, Juris-Classeur, Responsabilité civile, Régime de la réparation. Action en réparation. Décision judiciaire. Astreintes, fascicule 224-2, 1999.
Chabas et Deis, D	F. CHABAS et S. DEIS, Répertoire de procédure civile Dalloz, V° Astreintes, 1998.
Cimamonti	S. CIMAMONTI, Juris-Classeur, Formulaire analytique de procédure, Astreinte judiciaire, fascicule 10, 1993.
Croze	H. CROZE, La loi n. 91-650 du 9 juillet 1991 portant réforme des procédures civiles d'exécution : le nouveau droit commun de l'exécution forcée, JCP 1992 I 3555.
Denis	D. DENIS, L'astreinte judiciaire. Nature et évolution, thèse dactyl., Paris, 1973.
M. et J.-B. Donnier	M. et J.-B. DONNIER, Voies d'exécution et procédures de distribution, 6ᵉ éd., Litec, 2001.
A. Esmein	A. ESMEIN, L'origine et la logique de la jurisprudence en matière d'astreintes, RTDC 1903. 5.
P. Esmein	P. ESMEIN, Le maintien dans les lieux. Les astreintes en vue de faire évacuer un local (Lois des 16 et 21 juillet 1949), GP 1949 II doctr. 15.
Fossier	S. GUINCHARD et T. MOUSSA, Droit et pratique des voies d'exécution, éd. 2001/2002, Dalloz, 2001, n° 3101 et s., par T. FOSSIER.
Fréjaville ①	M. FRÉJAVILLE, L'exécution des jugements d'expulsion, GP

凡　例

	1947 I doctr. 78.
Fréjaville ②	M. FRÉJAVILLE, L'astreinte, D 1949 chron. 1.
Fréjaville ③	M. FRÉJAVILLE, La loi du 21 juillet 1949 sur les astreintes en matière d'expulsions, JCP 1949 I 792.
Fréjaville ④	M. FRÉJAVILLE, La valeur pratique de l'astreinte, JCP 1951 I 910.
Fréjaville ⑤	M. FRÉJAVILLE, Le déclin de la formule exécutoire et les réactions des tribunaux, *in* Le droit privé français au milieu du XXe siècle, Études G. Ripert, t. I, 1950, p. 214.
Kayser	P. KAYSER, L'astreinte judiciaire et la responsabilité civile, RTDC 1953. 209.
Lobin	Y. LOBIN, L'astreinte en matière civile depuis la loi du 5 juillet 1972, *in* Études P. Kayser, t. II, 1979, p. 131.
Perrot	R. PERROT, L'astreinte. Ses aspects nouveaux, GP 1991 II doctr. 801.
Perrot et Théry	R. PERROT et Ph. THÉRY, Procédures civiles d'exécution, Dalloz, 2000.
Rassat	M.-L. RASSAT, L'astreinte définitive, JCP 1967 I 2069.
Raynaud	P. RAYNAUD, La distinction de l'astreinte et des dommages-intérêts dans la jurisprudence française récente, *in* Mélanges R. Secrétan, 1964, p. 249.
Starck, Roland et Boyer	B. STARCK, H. ROLAND et L. BOYER, Droit civil, les obligations, vol. 3, 6e éd., par H. ROLAND, Litec, 1999.
Viot-Coster	E. VIOT-COSTER, Les astreintes, thèse dactyl., Rennes, 1966.
Vizioz	H. VIZIOZ, Les pouvoirs du juge des référés en matière d'astreintes, JCP 1948 I 689.

4. 注等におけるフランス語の略記について

　注や巻末の参考文献・判例一覧等において使用するフランス語の略記の主なものは，以下の通りである。この他の略記は，フランスにおいて一般的に行われている方法による。

AN	Assemblée Nationale
Ass. plén.	Assemblée plénière de la Cour de cassation

xix

凡　例

Ass. plén. civ.	Assemblée plénière civile de la Cour de cassation
Bull. civ.	Bulletin des arrêts des chambres civiles de la Cour de cassation
Bull. crim.	Bulletin des arrêts de la chambre criminelle de la Cour de cassation
Bull. inf. C. cass.	Bulletin d'information de la Cour de cassation
CAA	Cour administrative d'appel
Cass.	Cour de cassation
CE	Conseil d'État
Cf.	*Confer*
chron.	Chronique
Civ	Chambre civile de la Cour de cassation
Civ I	Première chambre civile (ou Première section de la chambre civile) de la Cour de cassation
Civ II	Deuxième chambre civile (ou Deuxième section de la chambre civile) de la Cour de cassation
Civ III	Troisième chambre civile de la Cour de cassation
Com	Chambre commerciale et financière (ou Section commerciale et financière de la chambre civile) de la Cour de cassation
comm.	Commentaires
concl.	Conclusions
CR	Conseil de la République
[CR]	Compte rendu
Crim	Chambre criminelle de la Cour de cassation
D	Recueil Dalloz
DC	Recueil critique de jurisprudence et de législation Dalloz
DH	Recueil hebdomadaire de jurisprudence Dalloz
Doc. AN	Documents parlementaires. Assemblée Nationale
Doc. CR	Documents parlementaires. Conseil de la République
Doc. S	Documents parlementaires. Sénat
doctr.	Doctrine
DP	Recueil périodique et critique mensuel Dalloz

凡　例

Gaz. Trib.	Gazette des Tribunaux
GP	Gazette du Palais
ibid.	*ibidem*
IR	Informations rapides du Recueil Dalloz
J-Cl.	Juris-Classeur
JCP	Juris-Classeur Périodique (Semaine Juridique)
JCP éd. E	Juris-Classeur Périodique, édition Entreprise
JO	Journal Officiel
JO AN [CR]	Journal Officiel. Débats parlementaires. Assemblée Nationale. Compte rendu
JO CR [CR]	Journal Officiel. Débats parlementaires. Conseil de la République. Compte rendu
JO S [CR]	Journal Officiel. Débats parlementaires. Sénat. Compte rendu
loc. cit.	*loco citato*
obs.	Observations
op. cit.	*opere citato*
pan.	Panorama
Procédures 95-99	Procédures, 5 ans de procédure civile en 500 décisions, De 1995 à 1999, Editions du Juris-Classeur, 2000
Rapp.	Rapport
Rec. CE	Recueil des arrêts du Conseil d'État (Lebon)
Rép. civ.	Répertoire de droit civil Dalloz
Rép. pr. civ.	Répertoire de procédure civile Dalloz
Req	Chambre des requêtes de la Cour de cassation
RID comp.	Revue internationale de droit comparé
RTDC	Revue trimestrielle de droit civil
RTD com.	Revue trimestrielle de droit commercial
S（判例集）	Recueil Sirey
S（立法資料）	Sénat
Soc	Chambre sociale (ou Section sociale de la chambre civile) de la Cour de cassation
somm.	Sommaires

凡　例

TGI	Tribunal de grande instance
Trib.	Tribunal
Trib. civ.	Tribunal civil
Trib. com.	Tribunal de commerce
Trib. conflits	Tribunal des conflits
Trib. paix	Tribunal de paix
V.	Voir
V°	*Verbo*

序　論

　(ア)　問題の所在

　フランスのアストラント（astreinte）[1]は，広義では，行政事件におけるアストラント等様々な制度を含むが，狭義では，通常，民事事件における（一般法上の）アストラントのことをいう[2]。この狭義のアストラントは，日本の間接強制（民事執行法172条）に相当し，かつてボアソナードが日本の間接強制の規定を起草する際に，モデルとしたものでもある。本書は，この狭義のアストラントについて，第二次世界大戦後の変遷過程を明らかにすることを主たる目的とする。なお，以下では，とくに断らない限り，アストラントの語はこの狭義の意味で用いる。

　アストラントを研究の対象とするのは，日本の間接強制の問題点を探る手掛りとなると考えるためである。この点を敷衍するため，まず，日本の間接強制に触れておく[3]。

　日本の間接強制に関する立法の出発点となったのは，ボアソナードがアストラントをモデルに起草した旧民法財産編386条3項である（いわゆるボアソナード草案406条3項及び4項に相当する）。これは「又裁判所ハ債務者ニ直接履行ヲ命スルト同時ニ其極度ノ期間ヲ定メ其遅延スル日毎ニ又ハ月毎ニ若干ノ償金ヲ払フ可キヲ言渡スコトヲ得此場合ニ於テハ債務者ハ直接履行ヲ為サスシテ損害賠償ノ即時ノ計算ヲ請求スルコトヲ得」というものである。文

---

[1]　astreinteの語義については，第1編第4章【3】及び同編注323参照。
[2]　一般法上のアストラントの意味については，第1編第1章3【2】参照。
[3]　旧民法386条3項から（旧）民事訴訟法734条に至る経緯に関して，我妻栄「作為又は不作為を目的とする債権の強制執行」『民法研究Ⅴ』（有斐閣，1968年）81頁以下，森田修『強制履行の法学的構造』（東京大学出版会，1995年）282頁以下，鈴木忠一他編『注解強制執行法(4)』（第一法規，1978年）161頁以下（山本卓）参照。

序　論

言からは必ずしも明らかでないにせよ，この規定は，「損害賠償ノ訴権」と題する部分に置かれていることに鑑みれば，間接強制を，損害賠償を命ずる方法によるとするものと考えられる[4]。一方，ドイツ法を範として明治23年(1890年)に制定された民事訴訟法の734条は，当初，「債務者カ其意思ノミニ因リ為シ得ヘキ行為ニシテ第三者之ヲ為シ得ヘカラサルモノナルトキハ第一審ノ受訴裁判所ハ申立ニ因リ民法（財産編第三百八十六条第三項）ノ規定ニ従ヒテ決定ヲ為ス」として，旧民法財産編386条3項と連結する形で，間接強制について定めていた。その後，現行民法の制定により旧民法386条3項は姿を消し，現行民法の施行に伴い，民事訴訟法734条も改正を経る。改正後の民事訴訟法734条は，「債務ノ性質カ強制履行ヲ許ス場合ニ於テ第一審ノ受訴裁判所ハ申立ニ因リ決定ヲ以テ相当ノ期間ヲ定メ債務者カ其期間内ニ履行ヲ為ササルトキハ其遅延ノ期間ニ応シ一定ノ賠償ヲ為スヘキコト又ハ直チニ損害ノ賠償ヲ為スヘキコトヲ命スルコトヲ要ス」というものであるが，同条は，民法414条と関連して，「債務ノ性質カ強制履行ヲ許ス場合」とはいかなる場合か，すなわち間接強制の適用範囲についての議論を惹起する。その議論のなかで，通説となったのが，間接強制に補充性を付す立場である。すなわち，間接強制は人格尊重の理念に反するおそれがあり，かつ，執行方法として迂遠であるとして，不代替的作為債務及び不作為債務のみに適用されるとの考え方であり，これが長い間通説の地位を堅持することになる[5]。その結果，間接強制については消極的な評価が定着し，適用範囲の制限とあいまって，実際に利用されない状態が続いたとみることができよう。

　その後，民事執行法が制定され，間接強制については，従来の民事訴訟法

---

[4] 同旨，我妻・前掲「作為又は不作為を目的とする債権の強制執行」91頁，鈴木忠一他編・前掲『注解強制執行法(4)』162頁（山本卓）。

　なお，旧民法財産編386条3項の「償金」について，ボアソナード草案（406条3項）の原文（Boissonade, Projet de code civil pour l'empire du Japon, nouvelle édition, t. II, p. 349）では，通常，損害賠償を意味する《indemnité》の語が用いられている。

[5] 我妻栄『新訂債権総論』（岩波書店，1964年）91頁及び93頁，兼子一『増補強制執行法』（酒井書店，1951年・1955年）286頁等。なお，日本の通説の形成に関しては，森田・前掲『強制履行の法学的構造』291頁以下で詳細な検討がなされている。

734 条に代わり，民事執行法 172 条がこれを定めることになる。同条は，前述の通説にそって間接強制の補充性を明文化するが，その一方で，間接強制の実効性を強化するため，旧民法以来の，損害賠償を命ずる方法を踏襲せず，裁判所が「債務の履行を確保するために相当と認める」額の支払いを命ずる方法によるものに改めた（同条 1 項）。ただし，同条は，強制金は損害賠償に充当するものとし（同条 4 項），間接強制と損害賠償の結びつきを完全に絶ち切ることはしていない。この実効性を強化する改正の成果と思われるが，改正後，間接強制の利用件数は，全体数は少ないにせよ，増加する傾向を示すようになる[6]。また，学説でも間接強制の補充性を批判する立場が有力になり[7]，平成 13 年（2001 年）には，司法制度改革審議会の意見書が「債務者の履行促進のための方策」の導入の必要を指摘し，間接強制の補充性の見直しを示唆した[8]。これを受ける形で，平成 15 年（2003 年）の民事執行法の改

---

[6] 民事執行法の施行は昭和 55 年（1980 年）であるので，差し当たり，昭和 50 年（1975 年）から平成 10 年（1998 年）までの，地方裁判所及び簡易裁判所における間接強制の申立件数について，司法統計年報（民事行政編）に基づいてみると，以下の表のようになる。昭和 50－60 年代は 20 件程度であるが，平成 5 年以降は 50 件を上回り，平成 8 年以降は 70 件程度ある。なお，平成 11 年以降のデータは司法統計年報には見当らない。

昭和 50	19	昭和 62	18
昭和 51	16	昭和 63	26
昭和 52	32	平成元	29
昭和 53	19	平成 2	33
昭和 54	18	平成 3	46
昭和 55	17	平成 4	33
昭和 56	22	平成 5	61
昭和 57	26	平成 6	57
昭和 58	19	平成 7	67
昭和 59	10	平成 8	71
昭和 60	17	平成 9	70
昭和 61	28	平成 10	71

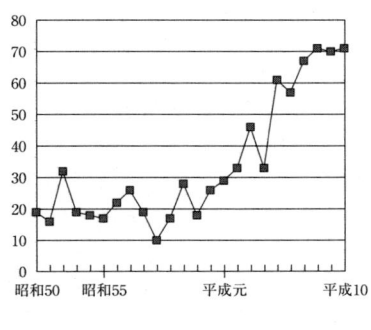

[7] 中野貞一郎『民事執行法（新訂 4 版）』（青林書院，2000 年）10 頁，森田・前掲『強制履行の法学的構造』315 頁以下，平井宣雄『債権総論（2 版）』（弘文堂，1994 年）248 頁，三ヶ月章『民事執行法』（弘文堂，1981 年）10 頁，星野英一『民法概論Ⅰ』（良書普及会，補訂版，1981 年）40 頁等。

序　論

正では，間接強制の適用範囲を大きく拡張して，金銭を除く物の引渡債務，代替的作為債務にも適用できるものとし，間接強制と他の執行方法が認められる場合には，債権者が選択して申立てることができるとすることとなった（担保物権及び民事執行制度の改善のための民法等の一部を改正する法律による改正後の民事執行法173条1項）。金銭債務への間接強制の拡張については，平成15年の改正では見送りとなったが，法制審議会では引き続き検討課題とされ，本年（2004年）2月10日の法制審議会総会で決定された「民事訴訟法及び民事執行法の改正に関する要綱」は，扶養義務等に係る金銭債権については，間接強制を認めるものとし，その場合の間接強制の決定の要件，強制金の額の基準，間接強制決定の取消・執行停止に関する新たな措置も示している。同要綱の内容を含む法案（民事関係手続の改善のための民事訴訟法等の一部を改正する法律案）は，本年3月3日に国会に提出されている。

　このように，日本の間接強制は，適用範囲の大幅な拡張という転換期を迎えている。しかし，これまで利用されなかったためであろうが，間接強制に関する研究は少ない。そのうえ，間接強制に対する研究者の関心は，適用範囲の問題に集中する傾向にあり，適用範囲以外については，ほとんど関心が向けられてこなかったといっても過言ではあるまい。

　アストラントは，ボアソナードを介して，日本の間接強制のモデルとされたものであるから，この二つの制度には勿論共通点がある。けれども，ボアソナードはアストラントをそのまま日本に導入したわけではないし[9]，何より，1世紀余の間にアストラント自体も大きな変遷を経た。その結果，今日では二つの制度の内容は大きく異なっている。そればかりでなく，二つの制度は利用の度合いにおいても対照的である。日本の間接強制の利用は低調であるのに対し，アストラントは活用されている。そもそも，アストラントは判例主導で形成された，実践的な性格の制度である。このようなことに鑑みると，アストラントを研究することは，日本の間接強制の問題点を探る手掛りとなり，手薄であった日本の間接強制の研究に些かなりとも寄与するとこ

8　北尾哲郎・竹下守夫・長谷部由起子「鼎談・意見書の論点③利用しやすい司法制度・民事司法」ジュリ1208号（2001年）106頁の竹下教授（司法制度改革審議会会長代理）の発言参照。

9　結論2【2】(イ)参照。

序論

ろがあると考える。

(イ) 対象の限定

既述のように，本書では，日本の間接強制に相当する狭義のアストラントのみをとりあげ，かつ，その第二次世界大戦後の変遷過程に焦点を当てる。

アストラントは，1972年7月5日の法律により立法化され，現在は1991年7月9日の法律により規律されているが，前に触れたように，元来は判例により形成された制度であって，その誕生は19世紀初頭とされる[10]。しかし，本書では，アストラントの変遷についての考察の起点を，第二次世界大戦後とする。その理由は次のようである。

第一に，アストラントの誕生期から1950年代頃までの状況は，日本で，既に詳しい研究がなされている[11]。とくに19世紀のアストラントの状況については，日本の間接強制との沿革的な関連を明らかにする目的で，近年，森田修教授により精緻な研究がなされている[12]。しかし，アストラントのその後の状況については，日本では，部分的又は概括的に紹介されているにせよ

10　第1編第4章【1】参照。

11　山本桂一「フランス法における債務の astreinte（罰金強制）について」我妻先生還暦記念『損害賠償責任の研究（下）』（有斐閣，1965年）117頁以下（対象となっているのは1950年代初めまでの状況のようである），同「フランス法における債務の astreinte について」比較法研究27号（1966年）74頁以下，同「アストラント（astreinte）罰金強制の合法性」フランス判例百選（1969年）103頁以下（破毀院審理部1834年1月29日判決に関する解説であるが，1950年代後半の判例の動向について言及がある），萩大輔「ケーゼルのアストラント㈠・㈡」鹿児島大学社会科学報告11号（1964年）1頁以下・（鹿児島大学法文学部紀要）法学論集1号（1965年）153頁以下（Kayser, L'astreinte judiciaire et la responsabilité civile, RTDC 1953, 209 et s.［Kayser］の翻訳），同「仏法におけるアストラントについて㈠—㈢」（鹿児島大学法文学部紀要）法学論集4号（1968年）39頁・（鹿児島大学）法学論集5巻1号（1969年）19頁以下・同6巻2号（1970年）1頁以下（1960年代初めの破毀院判決も挙げられているが，概ね1950年代までの状況を対象とするようである）。

12　森田・前掲『強制履行の法学的構造』197頁以下。

13　若林安雄「強制執行法案要綱案（第二次試案）第三〇七（間接強制）について」近法21巻2号（1974年）67頁以下（1972年7月5日の法律までの状況に関する要点が示されている）。鈴木忠一＝三ヶ月章編『注解民事執行法⑸』（第一法規，1985年）32頁以下（富越和厚），山口俊夫『フランス債権法』（東京大学出版会，1986

13，詳細は未だ明らかにされていない。

　第二に，アストラントが本格的に発展を遂げるのは，第二次世界大戦後以降と考えられる。第二次大戦直後のフランスでは，戦争の影響で住宅事情が悪化するなか，不動産明渡執行について，執行の確保に必要な警察等の援助を行政側が拒否するため，執行不能となる事態が頻発し，代わりにアストラントの利用が急増した。これが，その後のアストラントの判例法理の確立及び立法化へと至る，発展の契機となっている[14]。

　このように，アストラントの考察の起点を第二次世界大戦後とすることは，日本の先行研究を補完し，この制度の本格的な発展の経緯を明らかにする点で，意義があると考える。

　㋒　本書の構成

　次に，本書の構成について述べておく[15]。本論は4つの編から成る。

　第1編は，序論に近いもので，第二次世界大戦後の変遷に関する考察に入る前に，アストラントに関し，予め述べた方がよいと思う事項を扱う。まず，現行法下の制度のあらましを述べる。次に，アストラントの基本的な特色のうち，後の史的考察のなかでは扱いにくいが，日本の間接強制に照らし合わせると，とくに注目に値すると思う事項を二つとりあげて，詳論する。一つはアストラントが執行方法でないとされる点，一つは適用範囲で，日本の間接強制に補充性を認めるかつての通説に，賛成できないことにも併せて言及する。最後に，発生期を中心にしてアストラントの初期の歴史を概略する。

　第2編以降は，第二次世界大戦後の変遷に関する考察に当てる。

　　年）212頁以下，山本和彦「フランス司法見聞録⑿」判時1465号（1993年）39頁，同『フランスの司法』（有斐閣，1995年）81頁以下，森田・前掲『強制履行の法学的構造』345頁以下（とくに同所の注を参照）。

　　なお，拙稿として，後注17及び18に挙げたものの他，「ヨーロッパ民事訴訟モデル法試案におけるアストラント—フランスのアストラントとの比較及びベネルクス諸国のアストラント統一法の紹介も兼ねて」石川明＝櫻井雅夫編『ＥＵの法的課題』（慶應義塾大学出版会，1999年）299頁以下参照。

14　第2編序参照。

15　本書のアストラントに関する記述は，全体を通じて，Chabas教授の著述とくにChabas et Deis, Astreintes, Juris-Classeur Responsabilité civile, fasc. 224-2, 1999 [Chabas et Deis, J-Cl.] に負うところが大きい。

第2編は，第二次世界大戦後から，アストラントを立法化する1972年7月5日の法律の前までの，判例法の時期（末期）を対象とする[16]。アストラントに関して著しい変化がみられる時期であり，明渡事件のアストラントに関する1949年7月21日の法律，及び，アストラントの最も基本的な判例ともいうべき［373］1959年10月20日の破毀院判決を基準に，時代を細区分して，考察する。

　第3編は，1972年7月5日の法律から，1991年7月9日の法律の前までの時期を対象とする[17]。この編では，1972年7月5日の法律の，アストラントに関する各条文を基準にして考察する。各条文の立法過程の考察が中心となるが，同法下の判例及び学説の状況についても併せて述べる。

　第4編は，現行法である1991年7月9日の法律以後の時期を対象とする[18]。考察の方法は，第3編と同様である。また，1991年7月9日の法律については，同法の適用のための細則を定める1992年7月31日のデクレがあるので，このうちのアストラントに関する条文についても考察を加える。

　最後に，結論の部分では，まず，本論で述べたことを要約する。次に，アストラントと日本の間接強制を簡単に比較し，アストラントに照らして，日本の間接強制に関する若干の問題点を指摘する。なお，前述のように，法制審議会の「民事訴訟法及び民事執行法の改正に関する要綱」を受けて，本年には，扶養義務等に係る金銭債権について間接強制を認める民事執行法の改正が見込まれる。この点については最後に触れるが，詳しい検討は今後の課題とする。

---

[16] 第2編は，とくにDenisの「裁判上のアストラント　性質と変遷」と題する博士論文（L'astreinte judiciaire. Nature et évolution, thèse Paris, 1973 [Denis]）に負うところが大きい。

[17] 第3編は，拙稿「アストラントの制度的確立―1972年7月5日の法律の成立―」慶應義塾大学大学院法学研究科論文集26号（1987年）235頁以下で述べたところを全面的に書き改めた。

[18] 第4編は，拙稿「1991年7月9日の法律によるアストラントの改正」法学研究68巻12号（1995年）577頁以下及び同「アストラントの改正作業―1991年7月9日の法律の審議過程―」法学研究69巻1号（1996年）441頁以下で述べたところを全面的に書き改めた。

第1編　アストラント概観

序

　アストラントは19世紀の判例が生み出した制度である。立法化は部分的には行われたが，一般法というべきものは1972年7月5日の法律（以下，1972年法という）（5条乃至8条）まで存在しなかった。現在ではそれに代わる1991年7月9日の法律（以下，1991年法という）がアストラントの一般法である（同法33条乃至37条及びそれを補完する1992年7月31日のデクレ51条乃至53条）。

　本書の主たる目的は，第二次世界大戦後のアストラントの変遷の考察で（第2編乃至第4編），本編は，そのための準備作業ともいうべきものである。まず，1991年法下の現行制度を概観する（第1章）。次に，アストラントの基本的な特徴のうち，執行方法（強制執行処分）ではないと一般に理解されていること（第2章），適用範囲が原則的には制限されないこと（第3章）の二点をとりあげ，掘下げて考察する。この二点は，第2編以降の第二次世界大戦後の変遷に関する部分では，扱いにくいので，便宜上，本編で扱うことにした。アストラントのこの二つの特徴は，日本の間接強制に照らし合わせると，とくに注目に値すると思う。最後の章では，アストラントの初期の歴史を概略する（第4章）。この章は，いわば第2編以降の考察への橋渡しをするものである。

第1章　アストラントの現行制度の概略

　本章では，1991年法下の現行の制度を前提に，まず，アストラントを理解する上で最も重要と思う諸点をかいつまんで説明する(1)。次に，アストラントの手続(2)，アストラントの種類(3)について概観する。

1　アストラントの基本的な特徴

　1991年法の起草を担当した委員会の長であった Perrot 教授は Théry 教授との共著『民事執行手続（Procédures civiles d'exécution）』（以下，Perrot et Théry という）において，アストラントを次のように定義する。「アストラントは，本案の有責裁判（condamnation principale）に付随して，裁判官が行う，金銭の支払いを命ずる有責裁判（condamnation pécuniaire）で，債務者に対し，彼を有責とする裁判（décision de justice）を自ら履行するのを促すように強制する（faire pression）ためのものである」[1]。この定義にあるように，アストラントは本案の有責裁判（債務の履行を命ずる裁判）に付随するものとされる。日本の間接強制のように債務名義（フランスでは執行名義（titre exécutoire）がこれに相当する）を前提とするものではない。たとえば，裁判

---

[1] Perrot et Théry, n° 69. また，Chabas et Deis, J-Cl. n° 1 は，アストラントを次のように定義する。「アストラントは，裁判の履行（exécution des décisions de justice）を間接的に強制するための，金銭の支払いを命ずる有責裁判（condamnation pécuniaire）である。この有責裁判は，付随的且つ条件的である。一方では，それは常に本案の有責裁判に付随するものである。アストラントにより，債務者は，付与された期間内に本案の有責裁判を履行することを拒絶する場合に，履行の遅延に比例した額を債権者に支払わねばならない危険にさらされる。他方では，アストラントを命ずる有責裁判は常に，裁判官の命令（injonction）に対して表明された抵抗に左右される（subordonnée）。しかし，それは暫定的（provisoire）でも確定的（définitive）でもありうる」。

所は，違法に設けられた壁の除去を命ずる裁判に基づいて，1月内に履行がないときはこの期間経過後から遅延1日当たり200フランのアストラント（金）の支払いを命ずる旨の裁判をする，というような形でアストラントを発令する[2]。このアストラントを発令する裁判は，本案の裁判と同時にすることが多く，それが伝統的でもある。

(ｱ) 執行方法との関係・手続の二段階構造・制度目的

Perrot et Théry はアストラントの特徴として，第一に，アストラントは強制執行処分（mesure d'exécution forcée）ではないこと，第二に，アストラントの手続は，それを発令する段階と，その金額を確定する段階の二つの段階から成ること，第三に，アストラントの目的は，「債務」ではなく「裁判」の履行確保にあること，の三点を挙げる[3]。この三点はそれぞれ後に詳述するが，ここでも若干触れておく。

アストラントと強制執行（または執行方法（voie d'exécution））の関係は，アストラントの法的性質論の一環として長く論じられてきた問題の一つであるが，現在では，Perrot et Théry のように解するのが一般である。後述するように[4]，その理由づけは一様ではないが，Perrot et Théry は，アストラントを任意の履行を促すものであることから執行方法と区別し，強制執行に至る前の段階の制度と位置付ける。

手続について二段階構造をとることは，アストラントの特徴としてとりわけ注目すべき点である。アストラントの手続については改めてその概略を述べる(2)。また，アストラントの金額は発令の段階で定められるが，これを後の金額確定の段階で（遡及的に）変更することが許されるか否かにより，アストラントが二種類に区別されることも，アストラントの基本的な特徴の一つである。こうした金額の変更が許されるアストラントを暫定的アストラ

---

[2] この具体例は，Vincent et Prévault, Voies d'exécution et procédures de distribution, 19ᵉ éd., 1999, n° 32 による。なお，M. et J.-B. Donnier, n° 303 も建築物の収去の例を挙げる。Perrot et Théry, n° 69 は，売主に対する商品の引渡しを遅延日毎1000フランのアストラントを付して命ずる例，偽造品の製造停止について，違反して製造された物品毎2000フランのアストラントを付して命ずる例を挙げる。

[3] Perrot et Théry, n° 69.

[4] 本編第2章参照。

第1編　アストラント概観

ント (astreinte provisoire)[5], 金額の変更が原則として許されないアストラントを確定的アストラント (astreinte définitive) という (1972年法6条中段及びこれに代わる1991年法34条2項前段)。この二種類のアストラントの概要も改めて述べる (3【1】)。

アストラントの目的が裁判の履行確保にあることは,「裁判 (décision (s)) の履行 (exécution)[6] を確保するために」アストラントを命じうると定める1972年法5条及びそれに代わる1991年法33条1項の文言からも導かれる[7]。このようなアストラントの目的についての考え方は, アストラントの根拠を裁判所の命令権 (*imperium*)——裁判権 (*jurisdictio*) とは異なる裁判所の権能——に求めた A. Esmein の見解に由来すると考えられる。A. Esmein によれば, アストラントは損害賠償理論に基づくものではなく, 強制方法であり,

---

5 astreinte provisoire について, かつてはこれを「仮定的アストラント」と訳したが, 本書では「暫定的アストラント」に改める。

6 裁判の《exécution》を裁判の「履行」と訳すことに関し, 若干説明を加えておく。

《exécution》は「履行」「執行」の双方の意味を包含する。Cornu, Vocabulaire juridique, 8ᵉ éd., 2000, p. 359 によると,《exécution》の語には主に次の3つの意味がある。「1　債務者による, 行うべき給付の実行 (accomplissement), 彼の債務を果たす行為［債権者に与えられた満足を含意する］。参照, paiement（弁済）, observation（遵守）, désintéressement（弁済）。2　より一般的には, 合意 (convention) 又は判決［債権者に代替的な満足しか与えないことがありうる］の条項の現実的な実現 (réalisation effective)。比較, application（適用）。3　転じて, 債務の実行 (accomplissement) を, 必要があれば強制 (contrainte) により, 得るための方法 (sanction)。参照, coercition（強制）, voie d'exécution（執行方法）, force（実力）」。1は履行, 3は執行, 2は履行と執行を包含するような意味と考えられる。アストラントの目的は裁判の《exécution》であるという場合,《exécution》の語は2又は3の意味で用いられているように思われるので, この語を「執行」と訳すことも考えられる。けれども, このように訳すと, 本文で前述したように, アストラントが執行方法ではないと解されること, 少なくともこの点に議論があることが, わかりにくくなるのではないかとの懸念が残る。この点に鑑み, 本書では, アストラントに関し, 裁判の《exécution》という表現が用いられる場合には,《exécution》の語を「履行」と訳すことにしたい。

7 アストラントの目的に関しては, 第3編第2章2(ウ)参照。

第1章　アストラントの現行制度の概略

命令権に基づく裁判所の命令の不遵守に対する制裁である。これは20世紀初頭の学説であるが，今日のアストラントの理論的な基盤となっている[8]。

　(イ)　損害賠償との関係・私的制裁

　次に，アストラント(金)の法的性質について述べる。アストラントの名目で債務者が支払う金銭は，債権者が全部取得する。A. Esmein は，この金銭の法的性質を損害賠償ではなく私的制裁（peine privée）[9]と解し，今日ではこれが通説となっている。私的制裁とは，その利益を債権者（私人）が受けるという意味で私的（privée）な，制裁（peine）のことである[10]。アストラントが損害賠償とは別個独立のものであることは，1972年法6条前段及びこれに代わる1991年法34条1項が明文を以って定めている。故に，債権者は損害賠償とアストラント金の双方を取得しうる[11]。なお，債権者はこれに加えてアストラント金についての法定利息も取得しうる[12]。不履行の場合に一定の金額を相手方に支払う旨を定める違約金条項（clause pénale）に基づく違約金も，アストラント金と共に取得しうると解される[13]。

---

[8]　A. Esmein の所説については，本編第4章【5】参照。

[9]　peine privée について，かつてはこれを「私的刑罰」と訳したが，本書では「私的制裁」に改める。

[10]　私的制裁の概念については，第2編第5章3【1】参照。

[11]　第3編第3章2【1】(エ)及び第4編第3章2【1】参照。

[12]　第4編第3章2【2】(イ)参照。

[13]　Chabas et Deis, J-Cl. n° 40 ; J. Boré, Rép. civ., V° Astreintes, 1974, n° 39. 違約金は損害賠償に関する（民法典1229条1項は「違約金条項は，債権者が主たる債務の不履行により蒙る損害の賠償に代わるもの（compensation des dommages et intérêts）とする」と定める）から，損害賠償と異なるアストラントの発令及び金額確定を妨げるものではなく，違約金条項を伴う債務について債権者がアストラントを付して履行を請求し（民法典1228条は「債権者は，遅滞にある債務者に対して定められた違約金（peine）を請求することに代えて，主たる債務の履行を請求することができる」と定める），履行が得られねば，違約金の支払いとアストラントの金額確定を求めうるとされる。［182］Civ 8 mai 1933 は違約金とアストラントの併課を否定したと解する余地もある（違約金条項が存する場合，確定的アストラントの発令を否定したとも解しうる。なお，V. Chabas et Deis, J-Cl. n° 40）が，［413］Civ I 12 fév. 1964 は，暫定的アストラントにつき，アストラントと違約金の併課を認める（暫定的アストラントを発令すると同時に違約金の支払いを命じた原判決を支持し，

15

第1編 アストラント概観

　損害賠償との関係は，アストラントが判例上に現れて以来，長らく最大の問題であったといえる。損害賠償とは関わりのない別の制度であることが明確になった時期は，アストラントの種類により異なり，暫定的アストラントについては［373］1959年10月20日の破毀院第1民事部判決[14]，確定的アストラントについては1972年法によると考えられる[15]。アストラントが損害賠償とは異なることが明らかになる詳しい経緯は，後に述べる[16]。

　1972年法により，アストラントが，損害賠償とは別個独立のものであることは明らかになったにしても，その金銭の全部を債権者が取得すること，すなわちアストラントが私的制裁であることには，強い批判があり，この点がとくに1972年法以降の最大の問題といえる[17]。批判の理由は，第一に，債権者の利得は十分に正当化できるものではなく，衡平を欠く疑いがあること，第二に，実際，裁判官がこのような疑いを抱いて，（暫定的）アストラントを金額確定時に大幅に減額するため，（暫定的）アストラントの実効性が損なわれていること，第三に，裁判の履行確保という目的ないし裁判官の命令違反に対する制裁という性質に整合しないこと，である。このような批判に基づき，1972年法及び1991年法の立法の際には，アストラント金の一部を国ないし公的基金に帰属せしめる法案が提出されたが，いずれも元老院の反対により成立していない。また，この問題については，英米法の裁判所侮辱・懲罰的損害賠償も視野に入れて議論がなされている。

　(ウ)　裁量性・付随性・適用範囲

　以上の他に，アストラントの基本的な特徴として次の三点を挙げておく[18]。

　　　暫定的アストラントは違約金条項と目的を異にする旨言及する）。
　　　違約金条項（clause pénale）については，V. H., L. et J. Mazeaud et Chabas, Leçon de droit civil, t. II, 1er vol., 9e éd., 1998, n° 641 et s.. なお，1975年7月9日の法律及び1985年10月11日の法律による改正により，裁判所は，職権によっても，部分的な履行があれば違約金を減額できる（民法典1231条）他，違約金が明らかに過大・過小な場合にもその増減ができる（民法典1152条2項）。
14　第2編第5章（とくに1）参照。
15　第3編第3章2【1】(ア)・第2編第5章4【1】【2】参照。
16　第2編及び第3編参照。
17　第2編第5章3，第3編第6章及び第4編第3章参照。
18　なお，Perrot et Théry, n° 41によれば，アストラントには「域外的効力（effet

第1章 アストラントの現行制度の概略

　まず，アストラントに関する裁判所の権限（裁量）は非常に広い。アストラントの「裁量性（caractère arbitraire）」は通常，損害賠償と別個独立のものであることとの関係で説明される[19]が，裁判官の裁量が広く認められる性格を意味すると理解してよかろう。裁量性は，実際的には，アストラントの実効性を確保するためのものと考えられる[20]。また，理論的には，アストラントが裁判官の命令権に基づくものであることから説明されうる[21]。裁量性の具体的な内容は，アストラントの手続の概略を述べる際に触れる。

　次に，冒頭でも述べたように，アストラントは本案の有責裁判に付随するものとされる。これをアストラントの「付随性（caractère accessoire）」ということがある[22]。

　最後に，アストラントの適用範囲も広い。アストラントが，為す債務又は為さない債務に適用されることはよく知られているが，それに限定されるわけではなく，金銭債務にも適用は可能である。すなわち，アストラントに補充性はない。もっとも，前述の付随性の説明からわかるように，アストラントは裁判に付随するものとされ，裁判でない執行名義の場合には，用いられない。適用範囲に関しては改めて詳述する[23]。

---

extra-territorial)」が認められる。たとえば，「プライバシーに関する訴訟で，フランスの裁判官が，頒布される地を問わず，出版物の回収をアストラントを付して命ずることが想定できる。フランスの裁判官は，外国で頒布された出版物の回収の有無を考慮して，アストラントの金額を確定することができる」。

19　Chabas et Deis, J-Cl. n° 48 et s. ; Starck, Roland et Boyer, n° 566 et s.. Cf. Denis, n° 41.
20　Chabas et Deis, J-Cl. n° 49.
21　Perrot et Théry, n° 78（アストラントの発令の段階の裁判官の権能の範囲に関し，アストラントが命令権に基づくものであることを強調する）; Chabas et Deis, J-Cl. n° 49（裁量性の正当化根拠に関し，アストラントが制裁であって賠償でないことを挙げる）.
22　Chabas et Deis, J-Cl. n° 43 ; Starck, Roland et Boyer, n° 563 et s..
23　本編第3章参照。

2　アストラントの手続

　アストラントの手続は，二つの段階から成る。第一の段階は，裁判所が債務者に対して，不履行の場合には，ある額の金銭をアストラントとして支払わねばならない旨を宣告（予告）する段階で，「アストラントの発令（prononcé de l'astreinte）」[24] 又は「アストラントを命ずる（有責）裁判（condamnation à l'astreinte）」[25] と呼ばれる。第二の段階は，債務者が支払うべきアストラントの金額を事後的に決定する段階で，「アストラントの金額確定（liquidation de l'astreinte）」[26] と呼ばれる。アストラントの手続の特徴としては，こうした二段階構造をとることの他，裁判所の権限が非常に広いことが挙げられる。

【1】　アストラントの発令
　アストラントの発令[27] は，本案の裁判（債務の履行を命ずる裁判）の後にす

---

[24] たとえば，Perrot et Théry, p. 89, § 2 の題名，J. et L. Boré, Sect. 1, Art. 1 の題名。なお，prononcé について，かつてはこれを「宣言」と訳したが，本書では「発令」に改める。

[25] たとえば，Chabas et Deis, J-Cl. II B 及び III B の各題名。

[26] たとえば，Perrot et Théry, p. 99, § 3 の題名，Chabas et Deis, J-Cl. II C 及び III C の各題名。なお，liquidation について，かつてはこれを「清算」と訳したが，本書では「金額確定」に改める。

[27] Larher-Loyer, L'efficacité de l'astreinte : Mythe ou réalité ? Revue judiciaire de l'ouest 1987, p. 262 は，「アストラントが関係するのは，第一審の裁判の3％，第二審の裁判の5.70％のみである」という。

　Larher-Loyer 前掲論文（Larher-Loyer, op. cit., p. 261 et s.）は，アストラントに関する唯一の統計的な研究といわれ（J. et L. Boré, n° 4），高く評価される（Perrot, p. 807, note 20）。なお，アストラントに関する公的な統計は，フランス法務省等に問い合わせたところ，存在しないということである。

　しかしながら，Larher-Loyer 前掲論文に示されている調査結果は，全般的に，その信頼性に疑問もある。とくに調査の対象が明確でない。1987年以前の Rennes 及び Angers の控訴院の裁判を対象とすることは明らかであるが，それ以上のことは不明瞭で（Cf. Larher-Loyer, op. cit., pp. 261-262），付属の参考資料として（Larher-

第1章　アストラントの現行制度の概略

ることもできるが，これと同時にすることもできる[28]。後者が普通である。また，このことからわかるように，アストラントの発令には，不履行は要求されない。本案の裁判と同時にアストラントを命ずる場合は，（レフェレの裁判官も含め）全ての裁判機関にアストラントの発令の権限が認められる（1991年法33条1項）。本案の裁判の後にアストラントを命ずる場合は，執行裁判官の管轄に属する（1991年法33条2項）。後者の場合，本案の裁判を行った裁判機関もアストラントを命じうるかは問題になる[29]。

　前述1のように，アストラントを命ずる裁判機関には広い裁量が認められる。アストラントの発令は職権によってもできる（1991年法33条1項）。また，批判もあるが，判例は，事前に当事者の主張を促す必要もないし，アストラントを命ずる裁判又はアストラントの申立てを斥ける裁判にその理由を付す必要もないとする[30]。

　発令時のアストラントの金額及び態様も，裁判機関の裁量に委ねられる[31]。金額は損害額とは無関係に決定される（1991年法34条1項）。当事者が申立

　　　Loyer, op. cit., p. 271 et s..），1978年乃至1986年の40弱の裁判例が掲げられていることからすると，これが基礎データとなっているとも考えうる。仮にそうであるとすると，同論文の調査対象は極めて限定されたものと考えねばならない。

28　Perrot et Théry, n° 78.
29　第4編第2章2【2】参照。
30　第3編第2章2(イ)及び第4編第2章2【1】(イ)参照。V. Chabas et Deis, J-Cl. n° 50 ; Perrot et Théry, n° 79.
31　Chabas et Deis, J-Cl. n° 50 ; Perrot et Théry, n° 80.
　　なお，発令時に高額のアストラントが命じられた事例に関して，Louvel, Une préposition qui change tout : on ne condamne pas《à》une astreinte mais《sous》astreinte, GP 1999 II doctr. 1263 et s..　Louvel は Brest 大審裁判所長で，同論文は，「商事裁判所のマフィア」と題する図書の頒布禁止と共にその違反毎に10万フランの暫定的アストラントを命じた1998年4月27日の Brest 大審裁判所のレフェレの命令につき，このアストラントの額を常軌を逸した高額とする du Rusquec の批判に，反駁するものである（なお，Louvel, op. cit., n° 1 et s. によれば，上記命令には仮執行が許されており，この送達後に，この裁判の執行を担当する執行士が，当該図書53冊が店頭にあることを確認したため，メディアは，上記命令について，表現の自由（liberté de l'information）を無視して530万フランの「罰金（amende）」を命じる裁判と報じて大騒ぎをした。その後，1998年6月9日の Rennes 控訴院判決は，上記命

第1編　アストラント概観

てた金額より高額でもよい[32]。アストラントは，一般には，一定の遅延期間（時間，日，週，月等）を単位として，一定の金額の支払いを命ずる形式をとる。遅延日毎〇〇フラン（ユーロ）と定めるのが最も一般的である[33]。ただし，為さない債務の場合はその違反を単位とする[34]。総額を定める形式をと

令はレフェレの命令の要件を満たさない（「明らかに違法な侵害（trouble manifestement illicite）」には当たらない。新民事訴訟法典 809 条参照）として，これを取消した）。

　Louvel は，10 万フランのアストラントの発令が不当でないことを理由づけるに際し，とくにアストラントの発令の段階と金額確定の段階を区別する必要性を強調する。発令の段階では，債務の履行を強制する目的を遂げるため，アストラントの額は『意図的に高額に過ぎる（délibérément excessif）』額で且つ『債務者の資力及び抵抗能力に即した』額とすべきであるという（Louvel, op. cit., n° 11.『　』内は Carbonnier の語の引用）。そうして，Juris-data に基づき，1980 年代から 1990 年代の裁判例のうちに，10 万フランのアストラントは 8 例，15 万フラン及び 20 万フランのアストラントは各 2 例，40 万フラン及び 50 万フランのアストラントは各 1 例あるとし，10 万フランのアストラントが皆無ではないことを実証する（Louvel, op. cit., n° 12）。なお，Louvel は，このデータが網羅的な調査によるものではないと付言する。各事例のアストラントがいかなる形式で命じられたかは不明である（Louvel によれば，50 万フランのアストラントは，許可された日より前の映画上映を禁じる裁判に付されたものである）。更に，Louvel は，実務上，金額確定の申立てがなされるのは少額のアストラントの場合が多く，高額のアストラントが命じられていた場合に裁判官がその金額を確定すべき事例は「ごく稀（rarissime）」という（Louvel, op. cit., n° 22）。

[32]　[498] Soc 10 janv. 1980. V. Chabas et Deis, J-Cl. n° 50 ; Perrot et Théry, n° 79.

[33]　J. et L. Boré, n° 1 ; Larher-Loyer, op. cit., p. 262.

　Larher-Loyer, op. et loc. cit. は，発令段階において遅延日毎〇〇フランの形式で定められるアストラントの金額につき，次のように説明する。「…発令されたアストラントの金額は 30 フランと 2 万フランの間を変動する。実際には，変動幅はより狭い。すなわち，30 フランから 500 フランまでで，2 万フランという数字は 1 つだけである。ある種の事件については『料金表』が存在する。労働証明書及び給与支払明細書の交付については，遅延日毎 50 フラン又は 100 フランと定められるが，書証の伝達については 300 フランである。工事の実施については，金額の幅ははるかに大きく，50 フランから 500 フランまで多様である」。なお，Larher-Loyer の調査に関しては，本編注 27 参照。

[34]　Chabas et Deis, J-Cl. n° 50 ; J. et L. Boré, n° 57.

ることもないわけではないが，稀である[35]。アストラントを命ずる際には，（進行する）期間を定めるのが普通であり[36]，後述のように確定的アストラントには期間の定めが必要であるが，暫定的アストラントについては，期間を定めるか否かは裁量による[37]。期間の長さも，裁量に委ねられる[38]。なお，金額の増額，期間の変更，暫定的アストラントを将来に向かって確定的アストラントに変更するような性質の変更も，許される[39]。

---

[35] Chabas et Deis, J-Cl. n° 50. 総額を定める形式でアストラントが命じられていると考えられる事例として，［94］Req 6 fév. 1900；［183］Civ 5 juill. 1933.

[36] Perrot et Théry, n° 80.

[37] 暫定的アストラントに期間を定めねばならないかは，1991年法34条3項との関係で議論の余地が全くないわけではないが，暫定的アストラントには同項の適用はなく，期間を定めるか否かは，裁判官の裁量によると解されることにつき，第4編第4章2(イ)参照。

[38] Chabas et Deis, J-Cl. n° 50.

[39] Perrot et Théry, n° 79.［594］Civ II 16 juill. 1992. 同判決は，アストラントの性質及び期間の変更並びに増額を認めたものと考えられる。事案は次のようである（なお，この事案には1991年法（同法34条3項は確定的アストラントに期間の制限を要求する）の適用はない）。ball-trap の営業による生活妨害（nuisances）を不当（anormales）として，その営業を行う会社およびスポーツクラブに対し，効果的な防音工事が行われるまでその活動の停止が，期間の定めのある暫定的アストラントと共に命じられ，その暫定的アストラントの金額確定と，新たに期間を定めない確定的アストラントの発令を求める申立てがなされた。この申立てを容れた控訴院判決に対する破毀申立てでは，期間の定めのない，より高額の，確定的アストラントを命ずることは，期間の定めのある暫定的アストラントを命じた先行の判決の既判事項の権威（autorité de la chose jugée）に反する等の主張がされた。破毀院は破毀申立てを斥け，「終局判決（jugement définitif）が定めたアストラントの措置により，有責当事者が裁判を履行するに至らなかった場合には，裁判官は，勝訴当事者（partie bénéficiaire）の新たな申立てに基づいて，既判事項の権威に反することなく，それどころか，その遵守の確保のために，必要になった他の全ての履行のための処分（mesure d'exécution）を命ずることができる」とし，「控訴院は，先に命じられた暫定的アストラントの不奏効が明らかになったことを摘示し，自らの判断権（pouvoir d'appréciation）に基づいて，当該会社及びクラブが近隣に通常の支障を超える生活妨害を生ずる限り，その活動の続行を確定的アストラントにより制裁することとしたにすぎず，矛盾をいうものではない」という。

第1編　アストラント概観

　このように，アストラントの発令に関する裁判機関の裁量は広いが，確定的アストラントについては，その結果が債務者に苛酷になりうることに鑑み，次の二点で，裁量が制限される。第一に，暫定的アストラントの後にはじめて発令できる。第二に，確定的アストラントには期間を定めねばならない（1991年法34条3項前段）[40]。

　アストラントが進行を開始する日（効力発生時）も，原則的には，裁判機関の裁量に委ねられるが，債務についての裁判が執行できるようになった日より前とすることはできない。ただし，既に執行できる裁判に付される場合は，アストラントの発令の日から効力を生ずることができる（1992年デクレ51条）[41]。なお，控訴によってもアストラントの進行は停止されないというのが従来の判例であったが，近時その判例は変更されている[42]。

　また，アストラントを命ずる裁判に基づいて強制執行をすることはできない（1992年デクレ53条1項）。アストラントを命ずる裁判に基づく仮執行もできないと解される[43]。アストラント金を取立てるための強制執行が許されるのは，アストラントの金額を確定した後である。金額確定の前には，仮に算定される金額について保全処分を行うことができるにとどまる（1992年デクレ53条2項）[44]。

　アストラントを命ずる裁判に対する不服申立ては，本案の裁判に対する不服申立てと同時に行なうのが通常である。アストラントを命ずる裁判が，独立して不服申立ての対象となるかについては，問題がある[45]。

【2】　アストラントの金額確定

　Chabas et Deis によれば，「金額確定は，このために申立てを受けた裁判機関が，その支払いがなされるためにアストラントの額を算定する措置であ

---

[40]　第4編第4章参照。
[41]　第4編第8章参照。
[42]　第4編第8章(ウ)参照。
[43]　第4編第7章2参照。
[44]　金額確定前の強制執行の禁止と保全処分に関しては，第4編第9章参照。
[45]　第4編第2章2【1】(ウ)参照。

る」[46]。とくに，Perrot et Théry[47]は，金額確定の重要な効果として「潜在的な権利を，存在が確実で（certaine），金額が確定し（liquide），且つ請求可能な（exigible）債権に変化させる」ことを強調し[48]，その重要な具体的帰結として，次の三点を挙げる。第一に，金額確定はアストラント金の取立ての要件となり，金額確定前には強制執行をすることはできない（1992年デクレ53条1項）こと，第二に，金額確定により，アストラント金債権は法定利率による利息を生ずること[49]，第三に，金額確定により，アストラント金債権は譲渡が可能になることである[50]。

金額確定は，暫定的アストラントのみならず確定的アストラントについても要求される（1991年法35条）[51]。

金額確定は，発令の場合と異なり，職権によることはできず，申立てを要する[52]。

---

46 Chabas et Deis, J-Cl. n° 107.
47 Perrot et Théry, n° 85.
48 債権の存在が確実であること，金額が確定していること，請求が可能であることは，差押え（金銭執行）の要件である。第4編第9章(ア)参照。
49 第4編第3章2【2】(イ)参照。Perrot et Théry, n° 85は，金額確定の日から利息が生ずるというが，この点につき同編注131。
50 ただし，Perrot et Théry, p. 100, note 4は，金額確定前のアストラント金債権の譲渡を認めたと解しうる判決として，［512］Civ III 20 avr. 1982を挙げる。V. Chabas et Deis, J-Cl. n° 99.

　　この判決は次のようである。農業経営用不動産（domaine rural）の所有者X_1が，不法占拠者Yに対し，暫定的アストラントを付して，明渡し（expulsion）を命ずる判決（既に確定）を得た後に，当該不動産をX_2に売却し，X_1及びX_2がアストラントの金額確定を申立てた。Yは，X_2に対するアストラントの一部の支払いを命じた原判決に破毀を申立て，アストラントの譲渡は許されない，当該売買契約の解釈に誤りがあると主張した。破毀院は，「アストラントは，為す債務の履行に対する抵抗を克服するための強制手段であり，附随的且つ不確定の（éventuelle），金銭給付裁判（condamnation pécuniaire）に当たる。いかなる法規定も，アストラントを譲渡不能とするものではない」とし，原審が，当該契約はアストラント金債権の譲渡を伴うと解し，X_2に金額確定を申立てる資格を認めたことを正当として，破毀申立てを排斥する。

51 第4編第5章2【1】(ア)及び第3編第5章2【1】(ア)参照。

第1編　アストラント概観

　金額確定の申立てがなされる状況に関して，Perrot et Théry は，次のように説明する。第一に，最も単純な状況は，債務者から得られるものを債権者が確知した状況で，これにはアストラントがその目的を達して裁判が履行された場合と，履行されないことが明らかになった場合があるが，前者の場合は金額確定を行う必要はなく，後者の場合には，直ちに金額確定の申立てができる。第二に，より複雑で且つ生じやすい状況として，債務者が抵抗を続け，債権者としてはアストラントの増額又は暫定的アストラントを確定的アストラントに変更する申立てが必要になるような場合がある。この場合，アストラントの一部の取立てを可能にするため，経過した期間について金額確定を求めることができる，とする[53]。この第二のケースの金額確定は，終局的な金額確定に先立つもので，その性質については議論がある[54]。

　金額確定は，原則として，執行裁判官の管轄に属する。ただし，アストラントを命じた裁判機関に，事件がなお係属している場合，又は，この裁判機関が金額確定の権限を明らかに留保した場合は，アストラントを命じた裁判機関がその金額を確定する（1991年法35条）[55]。

　金額確定を行なう裁判機関は，不履行の事実を確認せねばならない。不履行の存否に関する証明責任の分配については，問題がある[56]。

　不履行の全部又は一部が「外在的原因（cause étrangère）」による場合は，アストラントの全部又は一部が廃止される（supprimée）（1991年法36条3項）。この「外在的原因」とは，債務不履行による損害賠償の免責事由とされる民法上の「外在的原因」（民法典1147条。不可抗力より広い意味）と同じ意味に解するのが一般であるが，債務者の責めに帰すべき事由による場合も含む，履行不能の意味に解する学説もある。外在的原因については，債務者が証明せねばならない[57]。

52　Perrot et Théry, n° 86.
53　Perrot et Théry, n° 86. Cf. Chabas et Deis, J-Cl. n° 107. なお，履行された場合に金額確定を行う必要がないという点については，第4編第6章2【3】参照。
54　第4編第9章(ウ)参照。
55　第4編第5章参照。
56　第4編第6章2【3】参照。
57　第4編第6章2【2】参照。

確定的アストラントは，外在的原因による不履行（又は広く履行不能）の場合を除いて，金額確定の段階で，発令時に定められた金額を変更することはできない（1991 年法 36 条 2 項）。故に，確定的アストラントは，発令時に，遅延日毎に金額が定められていれば，原則として，この金額に遅延日数を乗じる，機械的な計算により金額が確定される。

暫定的アストラントの場合は，債務者の「態度（comportement）」及び「履行をするのに遭遇した困難（difficultés）」を基準にして，その金額を確定する（1991 年法 36 条 1 項）。実際には，発令時の金額を，大幅に減額することが多いようである[58]。しかし，減額のみならず，発令時の金額の維持も，アストラントの廃止もできる。増額については，議論があるが，否定するのが一般である。債務者の「態度」及び「履行をするのに遭遇した困難」という金額確定の基準は，債務者の faute[59] の程度を考慮する考え方を具体化し

---

[58] 本章 1 (イ)参照。Larher-Loyer, *op. cit.*, p. 263 は「75%のアストラントが金額確定の時に減額されている」といい，減額の割合も著しく，「40% の事件で，金額を確定されたアストラントは当初定められた額の 10% に達しない」ともいう。Larher-Loyer の調査に関しては，本編注 27 参照。

[59] faute は，とくに，フランスにおける損害賠償責任の成立要件の一つで日本法上の故意・過失に類する概念として知られる。この概念の正確な把握が容易ではないことについて，野田良之「フランス民法における faute の概念」我妻先生還暦記念『損害賠償責任の研究（上）』（有斐閣，1957 年）109 頁以下参照。山口俊夫編『フランス法辞典』（東京大学出版会，2002 年）227 頁は，（民事上の）faute の訳語として「非行（故意・過失）」「フォート」を挙げる。

なお，Cornu, Vocabulaire juridique, 8ᵉ éd., 2000, p. 376 は，faute の語について，その民事上の意味を次のように説明する。「違法な行為（acte illicite）で，以下の要素の結合を必要とする。1 物的要素，すなわち，元になる行為（fait originaire）［これは，作為（fait positif）——作為（commission）による faute ——又は不作為（abstention）——不作為（ommission）による faute—からなる］。2 違法な要素，すなわち義務の違反，法［法律・慣習法（coutume）等］の違反。3 ［いわゆる客観的 faute の理論は除いて］精神的要素［有責性（imputabilité）の要素］，すなわち行為者の分別（discernement）。自由意思に関する（volontaire）要素ともいわれるが，それは故意である（intentionnel）ことも，そうでないこともありうる。法律は，faute に様々な法的効果を結び付けている。例，不法行為上の faute は行為者の民事責任を発生させる（民法典 1382 条及び 1383 条）。婚姻上の faute は離婚原因に

たものと解される。損害は金額確定の基準とはならない（1991年法34条1項）。暫定的アストラントの金額を確定する裁判において，その算定根拠を示すことの要否は，問題になるところであるが，近時の判例は肯定的である[60]。

金額確定の裁判は，既判事項の権威（autorité de la chose jugée）を有すると解される[61]。金額確定の裁判に対しては控訴を提起できる[62]。また，本案の裁判について仮執行が許される場合には，金額確定の裁判は法律上当然に仮執行ができる（1991年法37条）。この仮執行の停止については，議論はあるが，判例は否定する[63]。

3 アストラントの種類

【1】 暫定的アストラントと確定的アストラント

既に述べたように，アストラントには，「暫定的アストラント（astreinte provisoire）」[64]と「確定的アストラント（astreinte définitive）」の二種類がある（1991年法34条2項前段）。この区別の基準については，学説に微妙な対立があり，発令の段階で定められた金額について，金額確定の段階で変更することが可能か否かを基準とする説[65]と，金額確定の段階に限定せず，広く事後の変更が可能か否かを基準とする説[66]がある。両説の相違は，金額確定前

当たる（民法典242条）」。
60 第4編第6章2【1】(イ)参照。
61 Perrot et Théry, n° 88 ; J. et L. Boré, n° 90. いずれも判例として［613］Civ II 1er mars 1995 を挙げる。この判決は中間的な金額確定のケースと考えられる。この判決の内容については，第4編注373参照。
62 第4編第5章2【1】(イ)参照。
63 第4編第7章2参照。
64 訳語につき，本編注5参照。
65 Perrot et Théry, n°s 69 et 82. Buffet, p. 74（アストラントの種類を問わず，これを発令する裁判の変更を認める）; Fossier n° 3154（確定的アストラントを発令する裁判の変更可能性について，暫定的アストラントの場合と同様とする）も同旨と思われる。
66 Chabas et Deis, J-Cl. n° 1 ; J. et L. Boré, n° 7.

の確定的アストラントの変更可能性について現れる。すなわち，第1説によれば，金額確定前においては，確定的アストラントであっても，暫定的アストラントと同様，当初定められた金額の変更が可能である。これに対して，第2説によれば，確定的アストラントについては，金額確定前でも，こうした変更が許されないことになる。ただし，第2説は，確定的アストラントについて当初定められた期間が経過した後には，変更が許されるとし，この変更を新たな確定的アストラントの発令と解する[67]。第1説の方が，法文の文言（1991年法36条2項。1972年法8条1項も同趣旨）に即しており[68]，立法者の考え方にも適合すると思われる[69]ので，本書では一応第1説によっておく。

従って，いずれのアストラントも金額確定前の変更は可能であり，暫定的アストラントは，金額確定時の変更も許されるのに対し，確定的アストラントは，金額確定時の変更が許されない，ということになる。ただし，不履行の全部又は一部が「外在的原因（cause étrangère）」による場合は，確定的アストラントであっても，金額確定時の変更が認められる（1991年法36条3項）[70]。

かつては，暫定的アストラントは「威嚇的アストラント（astreinte

67　Chabas et Deis, J-Cl. n° 170 ; J. et L. Boré, n° 62.

68　Chabas et Deis, J-Cl. n° 170 も，第1説が法文の文言に適合することは認める。

69　1991年法の立法過程で，国民議会の報告者は，アストラントの種類に関する1991年法34条2項が，1972年法6条を踏襲する趣旨であることを説明するなかで，暫定的アストラントと確定的アストラントの相違について，次のように述べている（Rapp. Catala, Doc. AN 1989-90, n° 1202, p. 74）。

　　暫定的アストラントと確定的アストラントの「違いは，一方は途中で修正できるが他方はそうでない，ということにあるのではない。両方とも，何時でも，裁判官により変更が可能であり，その額又は態様（modalités）について，判決を履行すべき者の態度を考慮して行なわれる。違いが現れるのは，アストラントの『金額確定』の要件においてである。暫定的アストラントの金額確定は，債務者（assujetti）の態度（ある程度の迅速な履行（exécution plus ou moins rapide）・明らかに不誠実な意思（évidente mauvaise volonté）…）に応じて裁判官により行なわれる」。「これに対して，裁判官は金額確定の時に確定的アストラントの額を変更することはできない」。

70　第4編第6章2【2】参照。

comminatoire)」，確定的アストラントは「非威嚇的アストラント（astreinte non-comminatoire)」と呼ばれていた。たとえば，この用語法は，「明渡事件において（en matière d'expulsion）裁判所が定めるアストラントに『威嚇的性格（caractère comminatoire)』を与えると共にその額を制限する」1949年7月21日の法律[71]（以下，1949年法という）にみられる。しかし，1959年にHolleauxはこれに代えて現在の用語法を提唱し[72]，次のように述べて従前の用語法を批判した。「他方，第二のカテゴリーのアストラント——金額確定に委ねられる暫定的アストラント——が実務で『威嚇的』と性質付けられているのは全く不当である。そこには明らかな誤りがある。全てのアストラントの本質である威嚇的性格は，実際には，暫定的アストラントよりも確定的アストラントにおいて，より一層顕著ですらある。というのは，確定的アストラントにおいては，日毎又は違反毎に計算される制裁が，修正され得ないからである。全てのアストラントに固有の威嚇（menace）は，有責裁判の漸次的増加に存するのであり，あまりにもしばしば信じられているように，修正可能な性格に存するのではない。むしろ正しくはその反対である」[73]。この見解は後の学者に支持されるところとなり[74]，1972年以降，立法者もこれに従うに至っている（1972年法6条中段参照）。

　この二種のアストラントのうち，基本となるのは，暫定的アストラントである。判例上に現れた時点[75]も，損害賠償と異なることが明らかになった時点[76]も，暫定的アストラントが先である。更に，法文上，確定的アストラントは補充的であることが明らかになっている。1972年法は，アストラントの発令において確定的アストラントであることが明示されていなかった場合，暫定的アストラントとみなす旨の規定（1972年法6条後段）を設けるにとどまった[77]。けれども，1991年法は，この規定を維持する（1991年法34条2項）

71　第2編第3章参照。

72　Denis, n° 13. Denis は，暫定的アストラントと確定的アストラントの分類を最初に用いたのはおそらく Holleaux である，という。

73　Holleaux, D 1959. 537（[373]）.

74　Denis, n° 13 ; Chabas et Deis, J-Cl. n° 1 ; J. et L. Boré, n° 8.

75　本編第4章【1】【2】参照。

76　本章1(イ)（同所の注14及び注15）参照。

と共に，更に確定的アストラントの補充性を強化している。すなわち，確定的アストラントを命ずることができるのは，暫定的アストラントの発令の後であり，且つ期間を定めて命じなければならないとし，この二つの要件のいずれかが欠ける場合には，暫定的アストラントとみなすものとする（同法34条3項）[78]。

確定的アストラントに補充性が付される理由は，確定的アストラントでは過度に高額化する危険があり，その結果，債務者の負担は苛酷になり，アストラント金が債権者に帰属する関係上，債権者の利得も過剰になるおそれがあることによる。1991年法の立法の段階では，確定的アストラントの不当な高額化の主な原因は，これを発令する裁判機関が債務者側の事情を的確に把握できないためと考えられている。この事態の改善のために，1991年法は暫定的アストラントを先行させることを要求するわけである[79]。

確定的アストラントについては，上述のような危険に鑑み，廃止論もある[80]。1991年法が確定的アストラントの廃止に踏み切らなかった理由は，その強制効果つまり実効性が評価されたためと考えられる。なお，前掲1949年法は，第二次世界大戦直後の住宅事情の悪化に際し居住者保護のために設けられたもので，建物明渡事件においては，確定的アストラントを過酷とみてこれを禁止しており，この法律は1991年法下でも効力を保持する[81]。

【2】　一般法上のアストラント（狭義のアストラント）と特別法上のアストラント（特殊なアストラント）――裁判上のアストラントと法律上のアストラント

前述のように，1972年法以降は同法の5条乃至8条，現在ではそれに代わる1991年法の33条乃至37条が，アストラントの一般法である。この一般法によって規律されるアストラントの他にも，個別の法律が定める，様々な形式のアストラントが存在する。前者は，一般法上のアストラント[82]又は狭

77　第3編第3章2【2】参照。
78　第4編第4章参照。
79　以上につき，第4編第4章参照。
80　第3編第3章2【1】(ウ)及び第4編第4章2(イ)参照。
81　第2編第3章6参照。

義のアストラント，後者は特別法上のアストラントと呼ぶことが許されよう。また，後者について，Chabas et Deis は「特殊なアストラント (astreintes particulières)」と呼び[83]，これに相当するものとして，1949 年法が定める明渡事件のアストラント，労働法上のアストラント[84]，刑事法上のアストラント (astreintes pénales)[85]，行政上のアストラント (astreintes administratives)[86]を挙げる。

　従来しばしば用いられたアストラントの分類としては，「裁判上のアストラント (astreinte judiciaire)」と「法律上のアストラント (astreintes légales)」[87]がある。狭義のアストラントは裁判上のアストラントに，特殊なアストラントは法律上のアストラントに近い。けれども，裁判上のアストラントと法律上のアストラントという用語法には，必ずしも明確ではないところがあるようである。そのことは次のような諸学者の記述から窺われる。J. Boré はかつて，裁判上のアストラントは「その適用を定めるいかなる法規定にも基づかないで裁判官により発令される」もの，法律上のアストラントは「法律によ

---

82 「一般法上のアストラント (astreinte de droit commun)」の語は，たとえば，[482] Soc 20 oct. 1976 でも用いられている。

83 Chabas et Deis, J-Cl. n° 186.

84 Chabas et Deis, J-Cl. n° 197 et s.. 同所では，労働法上のアストラントの例として，社会保障法典 L 436 条の 1（労働災害による補償金等の不払いの場合の疾病保険金庫 (caisse d'assurance maladie) に対するアストラント），労働法典 L 263 条の 1（労働者の身体に対する危険を除去する措置についてのアストラント），労働法典 L 442 条の 14 が定めるもの（企業成果に対する被用者の利益参加に関する義務を履行しない企業に対するアストラント）が挙げられている。

85 Chabas et Deis, J-Cl. n° 201 et s.. 同所によると，刑事法上のアストラントは，公訴の枠内で刑事裁判官が命ずるもので，例として，都市計画法典 L 316 条の 4 や L 480 条の 7，消費法典 L 121 条の 7（虚偽広告に関する），（新）刑法典 132 条の 67 に基づくアストラント（刑罰の宣告猶予に関する）が挙げられている。なお，刑事裁判官は，附帯私訴の場合に，民事上の利益に関してアストラントを命ずることができる。その場合のアストラントは，1991 年法の適用を受ける，狭義のアストラントに属する (Chabas et Deis, J-Cl. n°ˢ 85 et 201)。

86 Chabas et Deis, J-Cl. n° 215 et s.. 第 4 編序(d)参照。

87 法律上のアストラントについてのまとまった研究として，Soulmagnon, Les astreintes légales, thèse Poitiers, 1925.

り定められる」ものと説明し，1972年法が定めるアストラントも，1949年法が定める明渡事件のアストラントも，いずれも「裁判官の裁量 (discrétion) に委ねられる」ことから，裁判上のアストラントの一種としていた[88]。しかし，du Rusquec は，裁判上のアストラントと法律上のアストラントの定義については J. Boré と同様の説明をしながらも[89]，J. Boré が裁判上のアストラントに区分した1949年法が定める明渡事件のアストラントを法律上のアストラントの一種と解している[90]。更に，後に J. Boré は L. Boré との共同執筆で，次のように述べるに至る。「一般的には，裁判上のアストラントは，法律上のアストラントに対立させられる。が，実際には，アストラントの一般的な制度を組織した1972年7月5日の法律以降，まさに常に法律を根拠にして，裁判官がアストラントを発令する以上，全てのアストラントは法律上の根拠（origine légale）を有している。同様に，全てのアストラントも裁判上の性格（caractère judiciaire）を有している。というのも，それらは，裁判官により発令され金額を確定されねばならないからである。しかし，司法裁判官（juge judiciaire）に広い裁量権を認める，アストラントの一般法と，裁判官の権能をはるかに厳格に枠付けする，特別な制度に区別することはできる」[91]。こうして，J. et L. Boré は，1949年法が定める明渡事件のアストラント等を，「アストラントの特別な制度（régimes spéciaux d'astreinte）」の題名の下に説明する[92]。Chabas et Deis が「法律上のアストラント」に代えて「特殊なアストラント」の語を用いるのも，「法律上のアストラント」の語を用いた場合の混乱を避けるためではないかと思われる。なお，特殊なアストラントは，狭義のアストラントと併課することはできない[93]が，

---

[88] J. Boré, Rép. civ., V° Astreintes, 1974, n°s 4 et 144.

[89] du Rusquec, J-Cl. pr. civ., Astreintes, fasc. 2120, 1993, n° 71 は，「裁判上のアストラントは，裁判のみに依拠するのに対し，法律上のアストラントは法文（texte）により命じられる」とする。

[90] du Rusquec, J-Cl. pr. civ., Astreintes, fasc. 2120, 1993, n° 71 ; fasc. 2140, 1993, n° 67 et s., spéc. n° 86 et s..

[91] J. et L. Boré, n° 6.

[92] J. et L. Boré, Sect. 2.

[93] Chabas et Deis, J-Cl. n° 187 ; J. et L. Boré, n° 97. 両者は同旨の判例として，［482］Soc 20 oct. 1976（1972年3月24日のデクレ10条が定める金銭による制裁と狭義の

第1編　アストラント概観

特殊なアストラントについて特段の規定がない場合には，アストラントの一般法が適用になると解されている[94]。

さて，特殊なアストラントは，前述のように多様であり，狭義のアストラントとは多かれ少なかれ異なる。そこで，本書の考察の対象は，狭義のアストラント，すなわち現在では1991年法が定めるアストラントに限定する。また，本書で「アストラント」というときには，特段の場合を除き，この狭義のアストラントのみを指す。ただし，特殊なアストラントのうち，1949年法が定める明渡事件のアストラントについては，狭義のアストラントの変遷に重大な影響を及ぼしていることから，例外的に，本書の考察の対象に含める。

　　アストラントの併課を否定する）を挙げる。
[94]　Chabas et Deis, J-Cl. nº 187 ; J. et L. Boré, nº 97.

第 2 章　アストラントと執行方法の関係

【1】　問題の所在

　アストラントが執行方法（voie d'exécution）であるかについては，議論がある。この議論の実益は，アストラントについての，執行方法に関する法準則の適用の有無にある。この議論が関わる個別の問題として，Perrot et Théry[95] は，アストラントの管轄，効力発生時[96]，執行の停止[97] を挙げる[98]。たとえば，管轄は，従来の大きな問題の一つで，アストラントを執行方法と解すると，執行についての管轄権を有しない裁判機関（たとえば，商事裁判所）にはアストラントの管轄権は認められないが，それでよいか，というような形で論じられてきた[99]。ただし，この管轄の問題の多くは，1972 年法及び 1991 年法によって解決された[100]。

　なお，アストラントが執行方法かの議論に関し，次の二点にも留意しておきたい。

95　Perrot et Théry, p. 80, note 1.
96　第 4 編第 8 章（1992 年デクレ 51 条）参照。
97　本編注 109 参照。
98　また，Chabas et Deis, J-Cl. n° 60 は，国に対するアストラントの許容性も，この議論に関わると指摘する（「通常，公法人に対する強制執行は原則として認められないのに対し，アストラントの支払いは国に対して命じうる」）。
99　アストラントの発令の管轄との関連については，第 2 編第 1 章 3 (イ)(ウ)，金額確定の管轄との関連については，第 2 編第 4 章 4【2】(ア)(イ)及び第 5 章 2【2】。なお，これらの箇所で述べるように，管轄の問題は，アストラントと執行方法の関係の議論のみならず，アストラントと損害賠償の関係の議論と密接に関わると理解されてきた。
100　管轄に関する 1991 年法の規定については第 4 編第 2 章（同法 33 条）及び同編第 5 章（同法 35 条），1972 年法の規定に関しては第 3 編第 2 章（同法 5 条）および同編第 4 章（同法 7 条）参照。

第1編　アストラント概観

　第一に，アストラントの概念を説明するには，《moyen de coercition》[101]《mesure de contrainte》[102]《procédé de contrainte》[103]《moyen de pression》[104] 等の語がよく用いられる。各語の厳密な異同は明らかでないが，本書では一応，一律に「強制方法」と訳しておく[105]。これらの語は，執行方法の概念とは区別して用いられていると考えてよい[106]。

101　Carbonnier, Droit civil, les obligations, t. IV, 20ᵉ éd., 1996, nᵒ 373 ; Starck, Roland et Boyer, nᵒ 556. V. aussi Perrot, p. 801.

102　[373] Civ I 20 oct. 1959（暫定的アストラントに関する）; du Rusquec, J.-Cl. pr. civ., Astreintes, fasc. 2120, 1993, nᵒ 46.

103　H., L. et J. Mazeaud et Chabas, Traité théorique et pratique de la responsabilité civile délictuelle et contractuelle, t. III, 1ᵉʳ vol., 6ᵉ éd., 1978, nᵒ 2498 ; H., L. et J. Mazeaud et Chabas, Leçon de droit civil, t. II, 1ᵉʳ vol., 9ᵉ éd., 1998, nᵒˢ 942-943 ; Vincent et Prévault, Voies d'exécution et procédures de distribution, 19ᵉ éd., 1999, p. 25. 1991 年法の法案の提案理由説明も同様である（第4編第1章1参照）。

104　Vincent et Prévault, op. cit., nᵒ 38 ; M. et J.-B. Donnier, nᵒ 301 ; Blanc, p. 57 ; Chabas et Deis, J-Cl. nᵒ 59.

105　Cornu, Vocabulaire juridique, 8ᵉ éd., 2000, p. 156 は，《coercition》の語について次のように説明する。「1　個人の財産［差押え］又は身体［拘禁］に対して行われる，国家に由来する contrainte で，暴力行為（voie de fait）を除く，法律に適合する方法［適法行為（voie de droit）］による，法のための実力の利用を伴う［債務の履行のため］」。「2　広い意味では，威嚇（intimidation）により，債務の履行を得るための moyens de pression を包含する。例，アストラント」「3　より漠然と，適法又は不適法な，全ての contrainte の行為」（第4の意味もあるが，これは省略する）。この説明からすると，《coercition》(moyen de coercition)《contrainte》(mesure de contrainte ; procédé de contrainte) は強制執行を含む意味の強制を指すために用いられるが，《moyen de pression》は強制執行とは区別された威嚇による強制（広義の間接強制）を指すために用いられるようであり，そうであるとすれば，《moyen de pression》については，「強制方法」ではなく，別の訳語が適当であろう。また，《moyen de pression》をこのように狭い意味で理解することは，M. et J.-B. Donnier がこれを強制執行処分・保全処分とは別の分類とすること（本章【3】）にも調和する。もっとも，Chabas 教授から，本文に掲げた各語を厳密に区別する必要はないとの御教示を頂いたこともあり，ここでは一律に「強制方法」と訳すことにした。

106　たとえば，Carbonnier, op. cit., nᵒ 373 は，アストラントは「moyen de coercition であるが，強制執行 (exécution forcée) の方法ではない」という。Starck, Roland

第2章 アストラントと執行方法の関係

　第二に，フランスの執行方法の典型は，日本法の金銭執行（金銭債務についての直接強制）に相当する各種の差押え（saisie）であり，アストラントのみならず，日本法の非金銭執行に相当する各種の方法については，執行方法の概念との関係が必ずしも明らかではない[107]。別言すれば，執行方法の概念自体が必ずしも明確ではない[108]。アストラントが執行方法かの問題については，この点も踏まえておかねばなるまい。

【2】　アストラントは執行方法でないとする立場
　アストラントは執行方法でないとする立場が，判例であり[109]，通説とい

---

　　et Boyer の同様の叙述については，本文後述【2】参照。Perrot, p. 801 は，「しばしばアストラントは『moyen de coercition』と言われる。この表現は，基本的に不正確なわけではないけれども，しかしながら強制執行方法（voies d'exécution forcée）との混同を招くおそれがある限りで，曖昧さを生む」という。また，M. et J.-B. Donnier の moyen de pression の用語法について，本編注 142。

[107]　日本法の非金銭執行に相当するものとして，不動産の引渡執行に相当する明渡処分（mesure d'expulsion）（1991 年法 61 条以下），動産の引渡執行に相当する差押え＝獲取（saisie-appréhension）（1991 年法 56 条），代替執行に相当する，民法典 1143 条及び 1144 条が定める方法がある（本編第3章 **3** 参照）。M. et J.-B. Donnier, n° 19 ; Perrot et Théry, n° 111 et s. は，これらを本来的履行（執行）（exécution en nature）の一種とするが，本来的履行と執行方法の関係は明確にはされていない。また，明渡処分及び差押え＝獲取は，1991 年法において強制執行処分（mesures d'exécution forcée）の一種として定められているが，M. et J.-B. Donnier, n° 603 は，明渡処分は本来の意味の執行方法ではないという。

[108]　因みに，執行方法（voie d'exécution）について，Cornu, *op. cit.*, p. 910 は次のようにいう。「a［狭義］この方法により，人は，公権力（autorité publique）の協力を得て，彼に対する債務の強制履行（exécution forcée）を得ること，とくに，有責裁判を受けた者又は一定の方式に従って債務の履行を約した者を強制する（contraindre）ことができる。例，差押え＝執行（saisie-exécution），不動産差押え　b［広義］保全差押え（saisies conservatoires）も包含する」。これによると，執行方法の語は，狭義では，日本法の強制執行に相当する意味とも解しうる。ただし，例として挙げられているのは，日本法の金銭執行（動産執行及び不動産執行）に相当するもののみである。

[109]　アストラントは執行方法でないとする判例として，たとえば，[497] Civ II 14 nov. 1979 ; [594] Civ II 16 juill. 1992。

第1編　アストラント概観

　　また，破毀院は，新たに設けられた意見照会制度（saisine pour avis）に基づき，執行裁判官の裁判の執行停止に関する司法組織法典L 311条の12の1第5項及び1992年7月31日のデクレ31条は，アストラントの金額確定を行なう執行裁判官の裁判には適用されないとする意見の理由中で，アストラントは「強制執行処分（mesure d'exécution forcée）とは異なる」と述べる（[605] Avis Cass. 27 juin 1994）。V. Chabas et Deis, J-Cl. n° 59 ; Taormina, Droit de l'exécution forcée, 1998, n° 420-6. 執行停止に関する問題については，第4編第7章2参照。なお，破毀院の意見照会制度は，1991年5月15日の法律491号により司法組織法典L 151条の1乃至151条の3が追加されることによって創設され，2001年6月25日の法律539号の26条により改正が加えられている。新民事訴訟法典のなかの関連規定としては1031条の1乃至1031条の7がある。V. Vincent, Guinchard, Montagnier et Varinard, Institutions judiciaires, 7e éd., 2003, n° 406. 山本和彦『フランスの司法』（1995年，有斐閣）150頁以下も参照。

　　更に，破毀院は，1991年法の経過規定の適用に関しても，[640] Civ II 17 déc. 1997において，アストラントが「強制執行処分ではない」と明言している。補足すると，1991年法の施行日は1993年1月1日であるが，同法97条は「本法は，その施行前に開始された強制執行処分及び保全処分には適用されない」とする。前掲判決の事案は，アストラントの発令・金額確定請求のための召喚は，1991年法の施行日前に行われたが，金額確定の裁判は同法の施行日後に行われたというもので，原判決は，アストラントの金額確定は強制執行処分と同視しうるとして，アストラントの金額確定の管轄に関する同法35条の適用を否定したが，破毀院は，上記のように述べて，原判決を破毀する。なお，1991年法の経過規定（97条）の適用に関連するものとして，[629] Civ II 11 juin 1997もある。これは，アストラントが強制執行処分ではないというものではなく，前掲 [640] Civ II 17 déc. 1997とは理由づけを異にするが，1991年法施行前にアストラントが命じられていた事案で，同法の適用を認めており，結論的には類似する。すなわち，この事案では，1991年5月6日の判決により，暫定的アストラントを経ずに，確定的アストラントが命じられ，同判決は控訴院により1993年1月27日の判決で確認された。その後，控訴院は，このアストラントを確定的アストラントとしてその金額を確定したが，破毀院は，1993年1月27日の控訴院判決が1991年法の施行後であることから，同法34条3項を適用し，暫定的アストラントとして金額を確定すべきであったとして，原判決を破毀する。V. Buffet, pp. 68-69 ; Normand, RTDC 1998. 733 et s..

　　なお，Chabas et Deis, J-Cl. n° 59は，一部の裁判例はアストラントを執行方法と解したようであるとし，関連するものとして，[267] Crim 16 mars 1950（刑事裁判機関は自ら発令した暫定的アストラントの金額を確定できないとする理由として，「民事賠償の執行（exécution）の審判について管轄権を有しない」と判示する）；

える[110]。もっとも，その理由について，学説のいうところは一様ではない。以下では，便宜上，1991 年法下の学説に限定して，アストラントが執行方法でない理由に関する学説の説明を概観し，アストラントが執行方法でない

---

[503] Civ III 18 nov. 1980；[576] Civ III 14 nov. 1990（これらの破毀院第 3 民事部の判決につき，第 4 編注 295 参照。いずれも，アストラントの効力発生時について，執行に関する規定である新民事訴訟法典 503 条を根拠としたもの。アストラントを執行方法と明言するわけではない）等を挙げる。

110 アストラントは執行方法でないとする学説として，Chabas et Deis, J-Cl. n° 59；J. et L. Boré, n° 3；Perrot, p. 801；Perrot et Théry, n° 69；Buffet, p. 68；Cimamonti, n° 72；Fossier, n° 3101；Normand, RTDC 1998. 735；du Rusquec, J-Cl. pr. civ., Astreintes, fasc. 2120, 1993, n° 46；Planiol et Ripert, Traité pratique de droit civil français, t. VII, 2ᵉ éd., 1954, n° 794；Marty, Raynaud et Jestaz, Droit civil, les obligations, t. II, 2ᵉ éd., 1989, n° 679；Starck, Roland et Boyer, n° 556；Carbonnier, Droit civil, les obligations, t. IV, 20ᵉ éd., 1996, n° 373；Vincent et Prévault, Voies d'exécution et procédures de distribution, 19ᵉ éd., 1999, n° 38；Vizioz, n° 6；Fréjaville ②, p. 3；Fréjaville, D 1950. 482（[267]）；Denis, n° 18；Viot-Coster, p. 147 et s.；M. et J.-B. Donnier, n°ˢ 301 et 370. もっとも，M. et J.-B. Donnier, n° 371 は，アストラントが執行方法か否かが問題になるのは，専ら，金額確定の段階のみである，とする（その理由に関し，発令の段階は「その威嚇的性格に鑑み，有責債務者の財産に何ら直接的な結果を生じ得ず，それ故，強制執行に至り得ない」のに対し，「金額確定のみがそのような結果を生じうる」という）。
一方，アストラントを執行方法と解する立場としてよく挙げられるのは，Josserand, Cours de droit civil positif français, t. II, 3ᵉ éd., 1939, n° 598；P. Gleize, Les astreintes, thèse Montpellier, 1935（Gleize の博士論文は入手できなかった。V. Chabas et Deis, J-Cl. n° 39）で，いずれも古いものである。ところが，1991 年法の後には，アストラントを執行方法の一種と説明する見解が，執行法関係の文献のうちにみられる。Taormina は，「アストラントは確かに最も利用される間接的な本来的強制執行方法（voie indirecte d'exécution forcée en nature）である」と述べる（Taormina, Droit de l'exécution forcée, 1998, n° 420-6；Le nouveau droit des procédures d'exécution et de distribution, 1993, n° 183）。ただし，「アストラントを執行手続（procédure d'exécution）と解するこの解釈は，実定法とは一致しない」（Taormina, Droit de l'exécution forcée, 1998, n° 420-6）とも付言する。Blanc, p. 58 は，1991 年法への挿入により同法の立法者はアストラントを執行方法に加えているという（V. aussi Blanc, pp. 63-64）。なお，アストラントは執行方法ではないとする Donnier の見解にも微妙な変化が窺えることに関し，本編注 140 参照。

とする考え方を，できるだけ明らかにしておきたい。

　Chabas et Deis は，アストラントが執行方法でない理由について，時代を遡って Vizioz の次の叙述を引用する[111]。「アストラントの支払いは債務者をその債務から解放しない。現実には，執行処分（mesure d'exécution）が現れるのは，終局的な金額確定（liquidation définitive）の後にアストラントの取立（recouvrement）の確保が問題になる時にすぎない。すなわち，この威嚇的で暫定的な制裁が，その効果を使い果たした時である。アストラントは，履行（exécution）の強制を目的とするけれども，なお執行（exécution）とは独立している」[112]。この Vizioz の叙述では，アストラントが執行方法でない理由として，第一に，アストラントの支払いは債務を消滅させないこと[113]，第二に，執行はアストラントの後に行なわれること[114]が強調されている。こうした理由付けは他の学者にも見られる[115]。

　M. et J.-B. Donnier は，この問題を比較的詳しく論じているが，アストラントが執行方法でない理由について，まず「その目的は直接的には債務者の財産の強制売却ではない」ことを挙げる[116]。

　アストラントが，債務者自身による本来の履行を求めるものである点[117]や強制が間接的な点[118]が，執行方法でない理由に関し，強調されることも少なくない。

　以上の学説が，アストラントが執行方法でない理由として挙げることは，

- 111　Chabas et Deis, J-Cl. n° 59.
- 112　Vizioz, n° 6.
- 113　同旨，Fossier, n° 3101. J. et L. Boré, n° 3も「差押えは，成功すれば，本案債務を消滅させることができる。反対に，アストラントの支払いはそれ自体によって本案債務の消滅をもたらすものではない」という。
- 114　同旨，Fréjaville, D 1948. 36（[221]［222]）; Vincent et Prévault, *op. cit.*, n° 38 ; Fossier, *op. et loc. cit.*.
- 115　本編注 113 及び 114 参照。
- 116　M. et J.-B. Donnier, n° 370. V. aussi n° 372.
- 117　du Rusquec, *op. cit.*, n° 45 ; J. et L. Boré, n° 3（「債務者に対し本来的強制履行（exécution forcée en nature）を，間接的に，強制する」ものという）; Marty, Raynaud et Jestaz, *op. cit.*, n° 290.
- 118　Marty, Raynaud et Jestaz, *op. cit.*, n° 290 ; J. et L. Boré, n° 3（本編注 117 参照）。

概ね，差押えとの比較におけるアストラントの特徴にとどまるようにみえる。この限りでは，アストラントが執行方法でないとは，単に，間接強制が金銭執行（金銭債務についての直接強制）とは異なるという意味にすぎない観がある。しかし，アストラントが執行方法でないと解される理由を，そのように割り切って理解するのは，早計のように思われる。

　Perrot 教授は，1991 年法の起草を担当した委員会の長であるが，執行方法との区別に関し，次のようにいう。「アストラントは財産の獲取（appréhension）にも，人格強制にも至らない。すなわち，財産も人格も侵さない。単に債務者を威嚇することにとどまる。換言すれば，アストラントのレベルでは，債務者に対して，道徳心とはいわないまでも理性による，協議による自発的な履行（exécution amiable et spontanée）がなお期待されているのである」[119]。これによると，Perrot 教授は，アストラントは任意履行の段階に結び付くものであるから，執行方法と異なると解するようにみえる。この考え方は，更に，Perrot 教授と Théry 教授の共著のなかで一層明確にされている。同書は，まず，任意履行と強制執行の間には，その中間的形態として，債務者に任意履行を促す目的で心理的強制を加える様々な方法が存するといい[120]，アストラントを，そのような任意履行を促す方法（incitations à

---

[119] Perrot, p. 801.

[120] Perrot et Théry, n° 49 は次のようにいう。強制執行（履行）（exécution forcée）と任意履行という「両極端の間には，『『やむを得ずにする弁済（paiement résigné）』と呼びうるものがある。これは，自分の義務を任意に履行する方が，履行しないままで通すよりもむしろ好ましいことを，債務者に理解させ，自らの債務を自発的に履行するのを促すため，債務者に対して行われるかなり強力な心理的強制の効果により，得られるものである」。「それを促すのは，よいことですらある。なぜならば，皆の利益になるからである。すなわち，債権者はより迅速に弁済を得るであろうし，債務者は高額な手続費用を免れるであろう。」「結局，経験によれば，任意履行から強制執行へ移行する間には，インセンティブの付与（incitations），（心理的）強制（pressions），威嚇が混ざり合う漠然とした様相の，様々な中間的状態を経る」。なお，強制執行と任意履行の関係について，V. Théry, La place des procédures civiles d'exécution, RTDC 1993, n° spécial, n° 10 et s.. この Théry 教授の見解は，町村泰貴「執行手続における和解的契機」判タ 1043 号（2000 年）19 頁及び同・紹介「La réforme des procédures civiles d'exécution, revue trimestrielle de droit

l'exécution volontaire）の一つと位置付ける[121]。

　Perrot 教授らほど明らかでないにしても，アストラントが執行方法でない理由を，任意履行を促す手段であることに求める考え方は，今日の学説のなかに広く看取できる。たとえば，Starck, Roland et Boyer は，アストラントの「目的は，履行の欠缺又は遅滞（manque de ponctualité）により生じた損害を賠償するものではないが，任意履行（exécution volontaire）を得ることである。これは強制方法（moyen de coercition）であるが，強制執行方法（voie d'exécution forcée）ではない」という[122]。Vincent et Prévault は，「一部の法的方法（moyens de droit）は，厳密な意味でいう『執行方法』ではないが，債務者に対して，自発的な履行（s'exécuter spontanément）を促すある種の強制（contrainte）を行うことを期待して，よく用いられる。その最も典型的な方法がアストラントである」という[123]。また，Chabas et Deis は次のようにいう。「確かにアストラントは任意履行（exécution volontaire）を促すための強制方法（moyen de pression）であり，確かにこれは裁判を遵守させるための強制（contrainte）の具であるが，厳密にいうと，これは，手続的な意味にお

---

　　　　civil, numéro spécial hors série, Sirey, 1993」民訴 40 号（1994 年）265 頁以下でも紹介されている。
[121]　　Perrot et Théry, n°s 56-57. Perrot et Théry は，アストラント以外の，任意履行を促す制度としては，違約金条項（clause pénale）（本編注 13 参照），法定利率の引上げ（通貨金融法典（Code monétaire et financier）L 313 条の 3。本編第 3 章 2【1】参照。V. Perrot et Théry, n° 58 et s..），同時履行の抗弁権，留置権，破毀院の事件簿登録の取消（retrait du rôle）（新民事訴訟法典 1009 条の 1 第 1 項は次のように定める。「破毀申立（pourvoi）が攻撃された裁判の履行を妨げる事件を除いて，破毀申立てがなされた裁判を履行したことを破毀申立人が証明しないときには，破毀院長（premier président）又はその委任を受けた者（délégué）は，履行が明らかに過剰な結果をもたらす性質のものと認められない限り，相手方の申立てにより，法院検事長（procureur général）の意見及び当事者の意見を聴いた後に，事件の事件簿登録を取消す」）を挙げる。また，差押え＝売却（saisie-vente　動産執行に相当する）など，各種の民事執行手続自体が，任意履行を促す機能を果たしうることにも言及する。
[122]　Starck, Roland et Boyer, n° 556.
[123]　Vincent et Prévault, *op. cit.*, n° 31.

ける，執行方法ではない」[124]。また，Cimamonti も，アストラントによる履行と任意履行（exécution volontaire）の関連性を重視する[125]。

以上からすると，アストラントが執行方法ではない理由を，任意履行を促す手段であることに求める考え方は，多数説といえなくないし，少なくとも有力である。そうして，この有力説を前提とすれば，アストラントが執行方法ではないとの立場は，単に間接強制と金銭執行の区別をいうのではなく，間接強制は任意履行を促すものであるから，債務者の意思に関わりなく（その意味で強制的に）権利を実現する方法と区別すべきである旨の立場として，理解すべきことになろう。

更に，アストラントが執行方法ではない理由について，次の点が指摘されることもある。Starck, Roland et Boyer は，アストラントが本案の有責裁判に付随するものであること（付随性）を挙げる[126]。du Rusquec が，アストラントは「既判事項の権威（autorité de la chose jugée）の尊重の確保を目的とする」ことを挙げる[127]のも，類似の趣旨と思われる。また，du Rusquec は，アストラントが「厳密な意味の執行方法にはみられない，刑事的（répressive）色彩を有する」ことも挙げる[128]。こうした指摘には注意を要する。しかし，アストラントが本案の裁判に付随することや制裁の性格を有することは，アストラントが執行方法でない理由としては，いわば副次的に指摘されるにとどまる。故に，アストラントが執行方法でないとする立場の主たる根拠は，やはり任意履行を促す手段であることに求められているとみてよいと思う。

【3】 1991 年法との関係

ところで，アストラントは執行方法でないとする判例・通説の立場は，一見すると，1991 年法の立法者の立場と矛盾するようにみえかねない。というのも，アストラントの一般法を含む同法は，強制執行処分（mesures

---

[124] Chabas et Deis, J-Cl. n° 59.
[125] Cimamonti, n°ˢ 72-73.
[126] Starck, Roland et Boyer, n° 564.
[127] du Rusquec, *op. cit.*, n° 46.
[128] du Rusquec, *op. cit.*, n° 46.

d'exécution forcée）及び保全処分（mesures conservatoires）を中心に定めるいわゆる執行法であると共に，執行事件を担当する執行裁判官（juge de l'exécution）に，アストラントに関する権限の多くを委ねるからである。確かに，同法には，アストラントと執行方法の類似性・関連性を積極的に認める傾向を看取しうる[129]。それでも，同法がアストラントを執行方法と認めたとまではいい難い。1991年法は，アストラントの管轄についてみれば，アストラントに固有の規定を設けており（1991年法33条及び35条），全面的に執行裁判官に委ねる方式は採用していないし，アストラントの条文を，同法中の強制執行処分に関する章（第3章）や保全処分の章（第4章）ではなく，総則（第2章）中に置いている[130]。とくにこの条文の位置からすると，立法者はアストラントを執行方法と位置付けるのを回避したとみることができよう[131]。つまり，判例・通説は1991年法と矛盾するものではないと考えられる。

翻って，アストラントが執行方法ではないとの立場は，アストラントと執行方法の関連性を全面的に否定しようとするわけではない[132]。前述のよう

---

[129] 本編注132乃至134参照。

[130] 1991年法は，第1章「司法権について」・第2章「総則」・第3章「強制執行処分の特則」・第4章「保全処分の特則」・第5章「雑則及び経過規定」に分かれ，総則は，第1節「差押可能財産」・第2節「公の武力（force publique）の援助」・第3節「執行を担当する者（personnes chargées de l'exécution）」・第4節「当事者及び第三者」・第5節「執行行為 (opérations d'exécution)」・第6節「アストラント」・第7節「売却金の配当」となっている。

[131] M. et J.-B. Donnier, n° 372 は，アストラントが，民事執行手続の規定中にあるとしても，厳密な意味の執行方法であるとは限らないとし，アストラントの条文の位置は，それが強制執行処分でも保全処分でもないことを示す旨，指摘する。また，1991年法の立法過程のなかにも，アストラントと執行方法の区別を意識したと思われる説明がある（第4編第5章2【1】(ア)参照）。1991年法の立法に深く関与したPerrot教授らの見解（本文後述）にも注意を要する。なお，アストラントの最初の一般法である1972年法の立法過程でも，アストラントと執行手続の関連性が指摘されているものの，両者は別の制度と扱われたと考えられることにつき，第3編第1章1参照。

[132] アストラントと執行方法の類似性を明示的に指摘するものとして，本編注135及び注136の文献の他，J. et L. Boré, n° 3.

に，アストラントが民事執行手続に関する 1991 年法中に定められていること[133]，また 1991 年法が執行裁判官にアストラントの管轄権を認めること[134]は，両者の類似性・関連性が公認されていることを示すと考えられる。類似性は，しばしば強制という点に求められる[135]。たとえば，M. et J.-B. Donnier は，アストラントは「頑強な債務者の抵抗を克服する債権者の意思により性格付けられた強制方法（mesure de contrainte）であり，それ故に，執行処分（mesure d'exécution）によく類似する」という[136]。

以上のように，アストラントは執行方法に類似・関連するが，執行方法でないと解すれば，アストラントを体系的にどのように位置付けるかは難しい問題となる。1991 年法が，アストラントの条文を総則中に置くことにより，アストラントを執行方法と区別したと解しうるにしても，総則中の条文の位置[137] は，アストラントの体系的位置付けを明確にしているとはいい難い。

学説に目を転じると，アストラントは，伝統的には民法の債権法（obligations）の体系書で扱われ，今日では執行法の体系書でも扱われ，その体系的な位置付けは，現在のところは，定まっているとはいえない[138]。たとえば，M. et J.-B. Donnier は「アストラントの真の法的性質は今日までのところなお不確かである」ことを吐露し[139]，結局のところ「『裁判官の命令権』に由来し，民法の債権法と執行法の境界に位置する，独自的で自律的な強制方法」という[140]。このように，学説は，アストラントの体系的位置付

133　M. et J.-B. Donnier, n° 374.

134　M. et J.-B. Donnier, n° 374（金額確定の管轄に関する）; J. et L. Boré, n° 3. アストラントに関する執行裁判官の管轄権については，第 4 編第 2 章（1991 年法 33 条 2 項）及び同編第 5 章（同法 35 条）参照。

135　本文後述の M. et J.-B. Donnier の見解の他に，du Rusquec, *op. cit.*, n° 45.

136　M. et J.-B. Donnier, n° 374.

137　本編注 130 参照。

138　Couchez, Voies d'exécution, 5ᵉ éd., 1999, n° 4 は「アストラントは一般的には民法（債権法）の授業の中で勉強する」という。なお，本編注 110 に掲げた体系書参照（アストラントが執行法と民法（債権法）の両方の体系書で扱われていることがわかる）。

139　M. et J.-B. Donnier, n° 374.

140　M. et J.-B. Donnier, n° 375. もっとも，アストラントの性質が不明確である旨の本

第1編 アストラント概観

けに苦慮しているが，執行法の体系のなかに位置付ける方向にあるといってよかろう。執行法の体系のどこに位置付けるかについても，学説の一致はみられない[141]ものの，有力と思われるのは，前述【2】の，アストラントを

文で引用した記述及びアストラントと執行方法の類似性に関する記述は，第5版 (M. Donnier, Voies d'exécution et procédures de distribution, 5ᵉ éd., 1999) になって加筆されたもので，従来の版に比較すると，Donnier の態度は，執行方法との類似性により注目する方向に，微妙に変化しているようにみえる。

[141] 近時の執行法の体系書におけるアストラントの扱いは次のようである。なお，Perrot et Théry ; M. et J.-B. Donnier については後述本文参照。

Couchez, Voies d'exécution, 5ᵉ éd., 1999 は序論の中で扱う（本編注 138 も参照）。Guinchard et Moussa, Droit et pratique des voies d'exécution, éd. 2001/2002, 2001 は，第1部「執行の当事者及び第三者」第2部「執行機関」第3部「動産執行の費用」第4部「アストラント」第5部「明渡処分」第6部「保全処分」第7部「財産の売却のための動産差押え」第8部「帰属（attribution）のための動産差押え」…（以下，略）という構成をとる。いずれも，体系書の構成から，アストラントの執行法上の位置付けを知ることは難しい。

Vincent et Prévault, Voies d'exécution et procédures de distribution, 19ᵉ éd., 1999 は，第1部「強制執行法の原則」第1編「執行方法の特殊性」第1章「多様な執行方式（mode d'exécution）」第3款「財産に対する執行（exécution）」「III 履行（執行 exécution）のためのその他の強制方法（procédés de contrainte）：アストラント」において扱う。一見すると，アストラントを執行方法の一種と位置付けるようにみえなくもないが，Vincent et Prévault, *op. cit.*, n° 31 はアストラントが厳密な意味の執行方法ではないと述べる（本文前述【2】の Vincent et Prévault の見解を参照）。

Taormina, Le nouveau droit des procédures d'exécution et de distribution, 1993 は，民事執行手続に関し，第1編「保全処分」・第2編「債務者の財産の売却又は帰属に至らない強制執行処分」・第3編「債務者の財産の売却又は帰属に至る強制執行処分」に大きく分類し，この第2編を「間接的な本来的強制執行処分（mesures indirectes d'exécution forcée en nature）」と「直接的な本来的強制執行処分」に分け，前者は，第1章「債務者が負う債務を第三者により履行させるための債権者の授権」（代替執行）・第2章「アストラント」・第3章「作為命令（injonction de faire）」・第4章「濫用的抵抗のための損害賠償を命ずる有責裁判」とし，後者の「直接的な本来的強制執行処分」は，第1章「明渡処分」（不動産の明渡執行）・第2章「差押え＝獲取」（動産の引渡執行）とする。この分類は，日本の執行法の発想に近いが，前述のように（本編注 110），Taormina はアストラントを執行方法の

第2章　アストラントと執行方法の関係

強制執行の前の段階で任意履行を促す方法と位置付ける Perrot et Théry の見解である。M. et J.-B. Donnier も，前述のようにアストラントの体系的位置付けの困難をいうにせよ，結局は Perrot et Théry と同様の見解に立っている。すなわち，M. et J.-B. Donnier は，強制執行・保全処分等とは別に，強制執行を回避する予防的な機能を有する「強制方法（moyen de pression）」というカテゴリーを設け，アストラントをそこに位置付ける[142]。

【4】　小　括

以上述べたことを要約すると，次のようである。

アストラントが執行方法であるかについては，執行方法に関する規定の適用の有無に関連して，議論がある。判例・通説は，アストラントを執行方法でないとする。ただし，フランスでは執行方法の概念自体が明確ではないことには注意を要する。アストラントを執行方法と区別する理由について，学説の説明は一様ではないが，有力な学説は，この区別の理由をアストラントが任意履行を促す手段であることに求める。

一種と解する点で，フランスでは少数説に属すると考えられることに注意を要する。

[142]　M. et J.-B. Donnier, Voies d'exécution et procédures de distribution, 6ᵉ éd., 2001 ［M. et J.-B. Donnier］は，民事執行手続（第1部）に関し，強制方法 (moyens de pression)（第1巻）・保全処分（第2巻）・執行処分（mesures exécutoires）（第3巻）・混合処分（第4巻）に大別している。強制方法 (moyens de pression) というカテゴリーを設けてアストラントをその中に位置付ける立場は，初版（M. Donnier, Voies d'exécution et procédures de distribution, 1987）以来変わらない。M. et J.-B. Donnier, nᵒ 274 は強制方法（moyens de pression）の概念を，次のように説明する。「それ自体で直接的に債務者の財産の強制売却に至ることはできないから，真の執行処分ではない」。また，保全処分でもないが，「しかしながら，債務の弁済（règlement des dettes）において，重要な予防的役割を果たす。なぜならば，あらゆる執行方法に固有の不都合や厄介を免れるために，多くの債務者に自発的に解放されることを促すからである」。また，1991年法前の版（1ʳᵉ éd., 1987, nᵒ 22 ; 2ᵉ éd., 1990, nᵒ 22）ではあるが，次のようにいう。「差押えによることは絶対的に避けられないわけではない。何故ならば，執行法（le droit des voies d'exécution）は，同様に，債務者を解放させ，債務者を脅かす差押えを免れさせることができる，幾つかの予防的手段を認める。これは強制方法（moyen de pression）であり，債務者の人格［身体拘禁の如し］又は債務者の財産［アストラントの如し］に向けられる」。

第1編　アストラント概観

　アストラントに関する現行規定を定める1991年法は，いわゆる執行法であるが，アストラントの条文の位置等に鑑みれば，アストラントを執行方法でないとする解釈は，1991年法の立法者の立場と矛盾するものではないと考えられる。1991年法の下，アストラントの体系的な位置付けについて，学説は一致しているわけではないが，有力な学説によれば，アストラントは，執行法の体系のなかに，任意履行を促すための，強制執行に至る前の段階の制度として位置付けられる。

　ところで，日本の間接強制は，執行方法として明確に位置付けられている（民事執行法172条1項）。こうした日本法の立場と，間接強制を執行方法でないとするフランス法の立場は，一見相容れない観もあろう。しかし，アストラントが執行方法ではないとする考え方は，間接強制が任意の履行を促す手段であることを重視して，間接強制について他の執行方法よりも穏便な権利実現方法とする方向，他の執行方法とは異なる扱いをする方向を示すものと解するならば，このようなフランス法の視点は，日本の間接強制についての参考になると思う。

第3章　アストラントの適用範囲

　アストラントの適用範囲の問題は，広義では，いかなる債務（義務）に適用しうるかの問題と，いかなる当事者に適用しうるかの問題を含む[143]が，ここでは前者に限定して述べることとし，以下，適用範囲の語は専らこの意味で用いる。

　アストラントの適用範囲の問題は，判例に委ねられた格好になっている。1972年法にも1991年法にも，適用範囲について定める規定は存在しないためである。判例は，かなり早い時期から，広く様々な債務についてアストラントの適用を認めてきている[144]。為す債務（金銭以外の物の引渡債務も含まれる）・為さない債務がその中心をなすが，金銭債務にさえも，適用範囲を拡大するに至っている。すなわち，判例は，他に債務の履行を強制する方法が存する場合でも，アストラントの適用を認め，アストラントの補充性を否定する。判例がアストラントの適用を否定したとされる事例はごく僅かで，履行不能の場合や債権（請求権）の訴求可能性が否定されたような場合にすぎない。なお，アストラントは，文書の提出等を命ずる民事訴訟の付随的裁判についても用いることができる[145]。

　アストラントの適用範囲については，併せて次の点にも注意が必要である。実際にアストラントを適用するか否かは，裁判所の自由な判断に委ねられる[146]。裁判所は，各事案に応じ，アストラントの実効性を基準にして，こ

143　Perrot et Théry, n° 72 et s..

144　山本桂一「フランス法における債務のastreinte（罰金強制）について」我妻先生還暦記念『損害賠償責任の研究（下）』（有斐閣，1965年）124頁以下は，19世紀後半から20世紀前半の古い判例により，アストラントの適用範囲が広汎にわたることを明らかにしている。

145　本章2【2】（とくに注239）参照。Perrot et Théry, n° 72 ; M. et J.- B. Donnier, n° 306.

146　Chabas et Deis, J-Cl. n° 39. アストラントの発令は裁判所の判断に委ねられ，アス

第1編　アストラント概観

れを適用するか否かを決するようである[147]。換言すれば，アストラントの適用が許される範囲は広いにしても，事実上の適用範囲は，実効性を基準に自ずと限られる。

更に，アストラントは，執行名義（titre exécutoire）[148]ではなく，専ら裁判に基づいて用いられてきたことにも注意を要する（1972年法5条もこれを踏襲する1991年法33条1項も，「『裁判』の履行を確保するために」アストラントを命ずることができると定める）。裁判以外の執行名義に基づいてアストラントを用いることができるかについて，学説はほとんど言及していないが，Fossierはこれをはっきりと否定する[149]。

トラントを命ずる又はアストラントの申立てを斥ける裁判に，理由を付す必要もないとされていることにつき，第4編第2章2【1】(イ)及び第3編第2章2(イ)参照。

[147] Chabas et Deis, J-Cl. n° 20は，次のようにいう。「アストラントの適用範囲の制限は，……しばしば，熟慮された法原則の結果というより実践的配慮の結果のようにみえる。裁判官がアストラントを発令するのは，それが実効的で適切な場合である」。

[148] 1991年法2条は，「金額が確定し（liquide）かつ請求可能な（exigible）債権を確認する執行名義（titre exécutoire）を備える債権者は，各執行処分（mesure d'exécution）に固有の要件により，その債務者の財産に対する強制執行（exécution forcée）をすることができる」と定め，同法3条は，執行名義として次のものを列挙する。「司法裁判機関又は行政裁判機関の裁判（décisions）『及び大審裁判所長に付託された和解（transactions）』［1999年11月22日の法律857号4条による追加］で，執行力を有するもの」（1号），「執行停止の効力を有する不服申立てが許されない裁判により執行することができる（exécutoires）ことを宣言された外国の証書（actes）及び判決（jugements）並びに仲裁判断」（2号），「裁判官及び当事者が署名した和解(conciliation)調書の抄本」（3号），執行文の付された公正証書（actes notariés）」（4号），「小切手の不払いの場合に執行士が交付する名義（titre）」（5号），「公法人が交付する名義で法律が認めるもの（les titres délivrés par les personnes morales de droit public qualifiés comme tels par la loi）又は法律により判決と同一の効力（effets d'un jugement）が認められる決定（décisions）」（6号）。

[149] Fossier, n° 3104. 第3編注75のPerrot et Théryの見解も参照。

裁判以外の執行名義に基づいてアストラントを命ずることができるかという問題を直接扱う判例は，見当たらない。学説がほとんど言及しないのも，この点に関する判例がないためではないかと思う。今後の判例の動向に留意したい。なお，判例は，

第3章　アストラントの適用範囲

以下，本章では，まず便宜上，アストラントの適用が否定された事例からみることにする(1)。次いで，適用が肯定された様々な例を概観する(2)。最後に，アストラントの補充性の問題に言及する(3)。なお，適用範囲に関してはChabas et Deisの分析がとくに詳細であるので，本章ではそれを中心にみることにする。

1　アストラントの適用が否定される場合

【1】　概　　説

Chabas et Deisは，適用範囲の限界を次のように説明する[150]。まず，アストラントは独立して存在するものではなく，「前提となる法律関係 (rapport de droit préexistant)，又はより適切には，アストラントを命ずる有責裁判が付される，本案の有責裁判が必要なこと」に基づいて，適用範囲について二つの限界が導かれるという[151]。アストラントを適用できない第一の類型は，「単なる任意的行為 (simple faculté) 又は道義上の義務 (obligation morale)」[152]で，例としては，裁判所への出頭[153]・共犯者の告知 (dénoncer un complice)[154]・夫が前妻に宗教上の離婚状を交付する行為[155]を挙げる。また，アスト

　　仲裁人が仲裁判断に基づいてアストラントを命ずることは，認める傾向にある。第4編第2章2【1】(ｱ)参照。

150　Perrot et Théry, n° 72 ; J. et L. Boré, n°ˢ 30 et 32も，適用範囲の限界につき，Chabas et Deisと概ね同様の事例を挙げて説明する。

151　Chabas et Deis, J-Cl. n° 17.

152　Chabas et Deis, J-Cl. n° 18.

153　[174] Paris 10 nov. 1927. Xは，Yとの合意に含まれる仲裁条項 (clause compromissoire) に基づき，仲裁裁判所 (tribunal arbitral) の手続の開始 (mettre en action) が許される旨の判断と共に，この手続の開始につきアストラントを付して命ずるよう求める訴えを提起し，Yは仲裁条項の無効を主張して争った。同判決は，Xの請求により仲裁条項に定められた仲裁裁判所が招集される (réuni) ことを認めたが，アストラントについては，これを認めた原判決を取消し，「何人に対しても裁判所への出頭は強制できない」と判示する。その理由に関しては，仲裁判断には故障申立て (opposition) が許されない以上，Yの欠席の場合でも仲裁判断は有効かつ終局的になしうる点を挙げる。

154　Chabas et Deis, J-Cl. n° 18 ; 同旨，Colombini, JCP 1948 II 44509 ([223]) ; Kayser,

ラントの適用は「有効（valable）で且つ履行が可能な債務（又は法的義務等）」に限られることから，アストラントを適用できない第二の類型として，「消滅した（éteinte）又は無効な（nulle）債務」を挙げる。履行が不能になった債務については，不能の原因は問わない，という[156]。この第二の類型に関しては，Perrot et Théry が金額確定と関連する旨を指摘している[157]が，

---

nº 10. しかし，反対の判例がある。[223] Nancy 17 déc. 1947. この事件は，附帯私訴の事例で，トラックのタイヤを盗んで売却した者に対し，原審は損害賠償とアストラントを付してタイヤの返還を命じたが，ナンシー法院は，返還を命じた部分を取消して，当該タイヤの買主の名と住所を私訴当事者に知らせることをアストラントを付して命じている。

155 ユダヤ教徒の場合，妻は，夫から Gueth 又は Get と呼ばれる宗教上の離婚状の交付を受けないと宗教上再婚が許されないことから，その交付を拒む前夫を相手取り，前妻が損害賠償と共に離婚状の交付をアストラントを付して命ずるよう求める事例に関し，複数の裁判例がある。[513] Civ II 21 avr. 1982 ; [577] Civ II 21 nov. 1990 は，アストラントを付して離婚状の交付を命じた原判決を破毀し，離婚状の交付は「信仰の自由（liberté de conscience）に属する単なる任意的行為に相当し，その濫用により損害賠償を認めうるにとどまる」と判示する。[607] Versailles 31 oct. 1994 も，損害賠償請求は認めるが，「婚姻に関する宗教法に基づく義務（obligation）の履行を，アストラントを付した命令（injonction）により，確保することは，国家の裁判機関の権限には属さない」と判示する。なお，こうした判例の立場を批判するものとして，Agostini, D 1991. 435 et s.（[577]）; D 1995. 246（[607]）。

156 Chabas et Deis, J-Cl. nº 19. 履行不能によりアストラントの適用が否定される例としては，次のような判例を挙げる。なお，この一部（[35] Req 28 avr. 1868 ; [461] Civ I 12 avr. 1972）は，直接的には，アストラントの発令ではなく金額確定の許否に関するものであるが，事例として参考になろう。

　不可抗力による履行不能の例として，[35] Req 28 avr. 1868. X への証書の引渡し及び遅延日毎の損害賠償（アストラント）を Y に命ずる判決の後，X は遅延日数相当分の損害賠償（アストラント）の支払いを求めたが，原審はこれを認めず，Y の履行遅滞は，当該証書を所持する裁判上の管理人（administrateur judiciaire）Z に対して Y への証書の引渡しを命ずる判決が必要であったことによる，不可抗力を原因とするとした。X は破毀申立てにおいて，原判決のいう不可抗力は，損害賠償（アストラント）を命ずる判決の時点で既に存在していた事情によるもので，その額の決定の際に考慮されており，原判決は民法典1351条（既判事項の権威（autorité de la chose jugée）に関する）等に反すると主張したが，破毀院はこれを斥け，

第 3 章　アストラントの適用範囲

債務者は不可抗力を理由とする遅滞に責任はなく，原判決は既判事項にも反しないとする。

　債務者又は第三者の行為による履行不能の例として，[88] Req 11 mai 1898．X に不動産を売ることを約した Y は，当該不動産に関する債務の消滅 (libération) を証する書面を X に交付すること，当該不動産に設定された抵当権登記の抹消 (mainlevée des inscriptions hypothécaires) をなし，その証明書を交付することについて義務を負ったが，それを果たさなかった。X の訴えについて，第一審は，Y に対し損害賠償の他，アストラントを付して上記の行為を命じ，控訴院は損害賠償とアストラントの額を増額した。折から，抵当権者の差押えにより当該不動産が競売に付されて X 以外の第三者がこれを取得した。X は新たなアストラントと損害賠償を請求したが，第一審は，X が当該不動産を所有することは不可能であるから，アストラントを命ずることはできないとし，損害賠償のみを認めた。原審もこれを支持し，破毀院も破毀申立てを棄却する。

　不可抗力ではない外在的原因 (cause étrangère) による履行不能の例として，[461] Civ I 12 avr. 1972．Y に対し，X らの墓に不当に埋葬されている A の棺の発掘が，遅延日毎 10 フランの（暫定的）アストラントを付して命じられたが，発掘は実現されなかったので，X は，アストラントの金額確定及び将来に向けたアストラントの発令を求めた。原審は，Y が棺の発掘を試みたものの実現できなかったのは，立ち会った者が棺を特定できなかったためで，Y とは全く無関係な事実によるとして，X の請求を斥けたが，X は，原審は不履行が不可抗力による履行不能によることを明らかにしていないこと等を問題として，破毀を申立てた。破毀院は，暫定的アストラントの金額確定は，債務者の faute 及び財産に応じて行われると述べた上で，原審の判断を是認する。なお，判例集の判決要旨は，この破毀院判決について，外在的原因により履行が不能となった場合には，暫定的アストラントの金額確定を拒むことができ，この履行不能が不可抗力によることを要しない旨の判断とする。

　事情の変更による履行不能の例として，[387] Civ I 30 janv. 1961．X 夫妻は，A より不動産を賃借したが，ドイツによる占領の際にドイツ当局により明渡させられた。A は当該不動産をドイツ企業に賃貸し，占領終了後は Y（財産管理局 (administration des Domaines)）がその係争物管理人 (séquestre) となった。X の訴えにより，ドイツ企業の当該不動産の利用を認めた処分行為を無効とし，(1948年 9 月 1 日まで有効な) アストラントを付して，Y に対して明渡し (évacuer) を命ずる判決（1948年 5 月11日）がなされたが，更に，Y との合意により当該不動産の一部を賃借しその後当該不動産の所有者となった B 会社の請求により，(1949年 7 月20日の) A の X に対する解約 (congé) を有効とし，X に対して明渡しを命ずる判決（1949年

金額確定の問題とは別に，この類型を（アストラントの）発令が許されない場合として考える必要はあろう[158]。

更に，Chabas et Deis は，アストラントの適用が否定される別の類型として，「人的性格がとくに顕著な（caractère personnel particulièrement marqué）」債務（著しく個人の人格に関わる債務）を挙げる[159]。この種の債務にアストラントの適用が否定されることについては，Perrot et Théry が，本来の債務の履行を命ずる裁判ができないことの帰結かどうか，問題になりうると指摘する[160]。後にみるように，判例上に現れた事例は，概ね，本来の債務の履行を命ずる裁判が許されないために，アストラントが否定されたと考えられるものである。

この「人的性格がとくに顕著な」債務について，Chabas et Deis は，民法典1142条と関連づけている。そこで，以下では，まず，この種の債務にアストラントの適用が否定されることと，民法典1142条がどのように関連づけられているかについて概観した（【2】）上で，「人的性格がとくに顕著な」債

11月8日）がなされた。その後，Y が支払うべきアストラントの金額を確定すると共に，新たなアストラントの発令を求める X の請求を斥けた判決が，破毀された。その差戻審である本件原審は，事情の変更により，履行がもはや可能でない場合，アストラントは適用できなくなるのであって，本件では，有効と認められた解約の効果により賃貸借は終了している等として，Y に対する新たなアストラントの発令を認めず，破毀院も原審の判断を支持する。

157　Perrot et Théry, n° 72 は，「債務を履行できないこと（inexécutable）が判明すれば，問題が関わるのは，アストラントを命ずる裁判官よりむしろ金額確定を担当する裁判官であり，この裁判官は，この場合，命じられたアストラントの金額を確定する必要がないことを確認するであろう」と述べ，判例として，本編注156の［461］Civ I 12 avr. 1972 を挙げる。

158　類似の趣旨を説くものとして，J. et L. Boré, n° 32．1991年法36条3項は，外在的原因（cause étrangère）により履行不能となった場合，金額を確定する手続においてアストラントを廃止する（supprimer）としている（第4編第6章参照）。J. et L. Boré は，同条に言及した上で「しかし，アストラントの発令の前から既に，債務者に対する外在的原因により，債務の本来的履行が不能なことが明らかならば，アストラントを発令できないであろうことは明らかである」という。

159　Chabas et Deis, J-Cl. n° 32.

160　Perrot et Théry, n° 72.

務の類型に関する事例をみることにする(【3】・【4】)。

【2】 民法典1142条とアストラント

民法典1142条は「何人も厳密には作為を強制されることなし(*Nemo praecise cogi potest ad factum*)」の法諺に由来するとされ,「いかなる為す債務又は為さない債務も,債務者の側の不履行の場合には,損害賠償に変わる」と定める。同条は,議論の多い難解な条文であると共に,アストラントとの関わりが深い条文でもある。アストラントの発生にも関わりがあるように思われるが,この点は後に述べる[161]。また,かつての,アストラントの適法性の議論とも関わりがあるが,これは日本で既に詳しい研究がある[162]ので,立入らない。ここでは,今日のアストラントの適用範囲との関わりをみるにとどめる。同条の解釈についても詳細には立入らず,Chabas et Deis の説明に依拠する。

民法典1142条は,文理的には,為す債務・為さない債務の不履行の場合には,債権者は本来の債務の履行を命ずる裁判を求めることができない意味と解される。為す債務・為さない債務に対置される与える債務は,日本では物の引渡債務と考えられているが,今日のフランスでは,所有権その他の物権を移転する債務と解するのが一般で[163],為す債務も,金銭以外の物の引渡債務を含む,広い概念となる[164]。そこで,民法典1142条の解釈に制限を加

---

[161] 本編第4章【4】参照。

[162] 森田修『強制履行の法学的構造』(東京大学出版会,1995年)197頁以下(とくに学説に関する202頁以下)。

[163] Ghestin, Traité de droit civil, Les effets de la responsabilité, 2ᵉ éd., par Viney et Jourdain, 2001, n° 16. H., L. et J. Mazeaud et Chabas, Leçon de droit civil, t. II, 1ᵉʳ vol., 9ᵉ éd., 1998, n° 19.

[164] Ghestin, *op. et loc. cit.*. 為す債務に金銭債務も含めて考える余地すらあるようである。

引渡債務(obligation de livraison ; obligation de livrer. livraison の語は,山口俊夫編『フランス法辞典』(東京大学出版会,2002年)344頁等によれば,売買の目的物の引渡しを意味するので,上記債務は売主の引渡債務を意味するとも考えられる)を為す債務と説くものとして,たとえば,H., L. et J. Mazeaud et Chabas, Leçon de droit civil, *op. cit.*, nᵒˢ 934-935 ; Carbonnier, Droit civil, les obligations, t. IV, 20ᵉ éd.,

えずそのまま適用すれば,深刻な結果を招きかねず,学説は一般に同条を限定的に解釈する。とくに,同条を個人の自由(人格)尊重の原則に結び付けて,個人の自由(人格)を侵害するおそれがない限り,為す債務・為さない債務の履行を強制することは許されるとの考え方が,従来の通説的な立場である[165]。Chabas et Deis もこのような立場に基づいて,民法典1142条とアストラントの適用範囲の関係を説明する。以下,その説明をみておく。

まず,今日の民法典1142条の解釈について,Chabas et Deis は次のように述べる。同条が禁じるのは「ある者に対し,あることを人的に(personnellement)為すのを実力(force)を以って強制する」ことである[166]。すなわち,民法典1142条は,為す債務及び為さない債務の全てに適用されるのではなく,人的性格(caractère personnel)の債務のみに適用される[167]。また,同条が禁

1996, n° 10 ; Marty, Raynaud et Jestaz, Droit civil, les obligations, t. II, 2ᵉ éd., 1989, n°ˢ 7-8. 本章2【1】【2】も参照。

[165] Ghestin, *op. cit.*, n°ˢ 16 et 16-1. Ghestin, *op. cit.*, n° 16-1 et s. は,このような立場を「伝統的な学説」といい,これを批判して別の解釈を主張する。すなわち,ベルギーの Wery の見解に基づき,民法典1142条の「不履行の場合」の文言を「『本来の債務の履行を命ずる有責裁判の』不履行の場合」と限定的に解し,同条はこの場合に損害賠償を命ずる権能を裁判所に認める趣旨とする。また,債権者は,履行が得られない場合,本来の債務の履行を請求することなく,直ちに損害賠償を請求することもできると解する。

[166] Chabas et Deis, J-Cl. n° 24. 同旨,H., L. et J. Mazeaud et Chabas, Leçon de droit civil, t. II, 1ᵉʳ vol., 9ᵉ éd., 1998, n° 935.

[167] Chabas et Deis, J-Cl. n° 24. 同旨,Carbonnier, Droit civil, les obligations, t. IV, 20ᵉ éd., 1996, n° 372. [312] Civ 20 janv. 1953 も,民法典1142条は「人的な(personnelle),為す債務又は為さない債務の不履行の場合」に限られるという (V. H., L. et J. Mazeaud et Chabas, Leçon de droit civil, t. II, 1ᵉʳ vol., 9ᵉ éd., 1998, n° 935, note 5)。

なお,「人的性格」の債務について,Chabas et Deis, J-Cl. n° 24 は,Carbonnier, *op. et loc. cit.* を引用し,「為す債務が人的性格を有するのは,その対象となる行為が,債務者の決定的に個人的な資質 (qualités irréductiblement individuelles au débiteur) によらねばならない場合」及び為す債務又は為さない債務が「長期にわたる作為又は不作為 (une action ou une abstention prolongées) を意味する場合」を挙げる。Carbonnier, *op. et loc. cit.* は,前者の例として,肖像画の製作を約した芸術家の絵を完成する債務,後者の例として,労働契約における代替不能な労働者の債

じるのは，実力を以って強制する方法すなわち「強制執行（exécution forcée），公の武力による方法（*manu militari*）[168]，身体強制（contrainte physique）を命ずる有責裁判」である[169]。故に，間接的な強制であるアストラントを，人的性格の債務に適用することは同条に抵触しないとする[170]。以上の説明によれば，民法典1142条は，不代替的な債務についての直接強制を禁じるにとどまる，ということになろう。しかし，Chabas et Deis は，例外的に，同条によりアストラントの適用が否定される場合があるとし，これを人的性格がとくに顕著な債務の場合と説明する。この種の債務については，「民法典1142条の原則が再び立ち現れる。すなわち，全ての強制履行（toute exécution forcée）は，アストラントによる間接的なものでさえも，禁止される」という[171]。これは，履行の強制のみならず，本来の債務の履行を命ずる裁判自体が禁止される意味であろう[172]。

以上のことからすると，人的性格がとくに顕著な債務についてアストラントが否定されることは，民法典1142条の適用範囲の問題（債権の訴求可能性が否定されることの帰結）と捉えればよく，アストラントの適用範囲の制限と捉える必要はないようにもみえる。しかし，そう速断してよいか疑問はある[173]。というのも，この種の債務に関する具体的な事例については，次の二点が指摘できるからである。第一に，これらの事例のなかには，民法典1142条が，問題になっていないものが含まれる。第二に，既に触れたように，これらの事例は，基本的には，本来の債務の履行を命ずる裁判が許されない

　　務，競争関係にある舞台に出演しない旨の俳優の債務を挙げる。
168　公の武力による方法に関しては，本文後述3参照。
169　Chabas et Deis, D nº 24.
170　Chabas et Deis, J-Cl. nº 24 ; Chabas et Deis, D nº 24.
171　Chabas et Deis, J-Cl. nº 32.
172　Ghestin, *op. cit.*, nº 16 et s. によると，民法典1142条に関する議論でとくに論じられているのは，本来の債務の履行を命ずる裁判が許されるか否かのレベルの問題である。
173　なお，Chabas et Deis が人的性格がとくに顕著な債務として説明する類型について，J. et L. Boré, nº 30 ; Perrot et Théry, nº 72 は，履行を強制することにより個人の自由を侵害するおそれがある債務と説明するにとどまり，民法典1142条との関係には言及しない。

ために，アストラントが否定されたものと考えられるが，例外も見出せないわけではない。

【3】 人的性格がとくに顕著な債務

Chabas et Deis によれば，「人的性格がとくに顕著な」債務にあたるのは，とりわけ作家・作曲家・画家・彫刻家等の，作品を完成し引渡す債務の場合で，著作人格権（droit moral）に関わるものである[174]。とくに有名な判例は，画家の絵を描く債務に関する Rosa Bonheur 事件の［34］1865年7月4日のパリ法院判決である[175]。原判決は，被告の画家に対し絵を完成させて引渡すことをアストラントを付して命じたところ，パリ法院は「債務者の側の為す債務の不履行は損害賠償に変わり，故に，遅延日毎の金銭による強制の下に，債務者が合意を実現するように，履行のための期間を定める必要はない。本件では，為す債務の実現につき Rosa Bonheur の明確な拒絶があるので，Pourchet が求める損害賠償について裁判する他ない」として，民法典1142条に基づいて損害賠償のみを命じ，アストラントの適用のみならず，その前提となる履行請求自体を否定している。この Rosa Bonheur 事件判決以降，判例は，この種の債務の不履行の場合，損害賠償請求は認めうるにしても，履行請求は認められないとしているようである[176]。もっとも，作品の引渡し

---

174 Chabas et Deis, J-Cl. n° 33. Caron, Abus de droit et droit d'auteur, thèse Paris, 1997, n° 235.

175 ［34］Paris 4 juill. 1865 の事案は，原告が画家 Rosa Bonheur にその代表作のような様式の絵画の作成を依頼し，主題の選択は彼女にゆだね，価格を取り決めたが，数年間履行は得られず，その後拒絶の手紙を受取り，結局，絵画の引渡し及び損害賠償を求めて提訴したというものである。

176 Caron, *op. cit.*, n° 235. Rosa Bonheur 事件判決以外に，画家の絵を描き引渡す債務の不履行の場合に，損害賠償請求は認めうるにしても，引渡請求は認められないとの立場を示した有名な判例として［95］Civ 14 mars 1900（Whisler 事件）及び［207］Paris 19 mars 1947（Rouault 事件）等。V. Chabas et Deis, J-Cl. n° 33. ［95］Civ 14 mars 1900 は，原告は夫人の肖像画の作成につき被告の画家と契約したが，画家はこの肖像画を原告の自由に供することを拒絶し，この肖像画をサロンに展示した後に顔を描きかえたという事案である。原審は原告の肖像画の引渡請求を認めず，破毀院も原告の破毀申立てを棄却した。その理由として，破毀院は，肖像画を描く契

第 3 章　アストラントの適用範囲

の拒絶が権利の濫用にあたる場合は履行を強制できるとする見解が，著作権法の学者の間で有力なようである[177]。

なお，Chabas et Deis は，こうした「アストラントの排除は，文学的又は芸術的作品を対象とする債務に関する事件にしかあてはまらないようである」[178]とし，俳優の出演禁止にアストラントを適用した［81］1896年のパリ法院の Coquelin 事件判決[179]や，映画のコピーの引渡しにアストラントを付した最近の裁判例[180]を挙げている。

　　約は特別な性質の契約で，絵画の所有権が注文者に確定的に取得されるのは，画家がその絵画を注文者の自由に委ね，画家によりその絵画が承認された時であるから，画家がその引渡しを拒絶した場合には，注文者は肖像画の引渡しを請求できないとしている。［207］Paris 19 mars 1947 は，画家と画商の相続人間の紛争で，パリ法院は，絵画の所有権は完成後の留保なしに行われる引渡しによってはじめて移転するのであって，それまでは画家は満足できなければ未完成のまま作品を保持でき，契約の不履行は損害賠償責任を生ずるにすぎないとする。いずれの判決でも，アストラントの適用は問題にはなっていないようである。

177　Caron, *op. cit.*, n° 236（なお，Caron は，前掲 Whisler 事件の事案は，この問題を検討する契機になるとする）。また，Kayser, n° 10 も，作品の引渡しの拒絶が害意（malignité）又は他者からより大きな利益を得るためである場合には，アストラント又は直接強制による引渡しの強制の可能性を指摘する。V. Chabas et Deis, J-Cl. n° 33.

178　Chabas et Deis, J-Cl. n° 34.

179　［81］Paris 21 avr. 1896 は，次のようである。俳優 Coquelin がコメディ・フランセーズ（民間会社であるが政府が関与）を辞職する際，文部大臣（ministre de l'instruction publique et des Beaux-Arts）が下したアレテによると，パリ及び県（départements）の劇場に文部大臣の許可なく出演することは禁じられていた。しかし，数年後 Coquelin がパリで上演を準備している旨の広告がされたので，コメディ・フランセーズは彼を相手取って訴訟を提起した。原審は，Coquelin に対しパリおよび県の劇場に文部大臣の許可なく出演することを禁止し，初演（premières représentations）30回を限度として，違反毎500フランの損害賠償（アストラント）を命じ，パリ法院もこれを支持した。

　　なお，J. et L. Boré, n° 30 は，この古い判決が現在でも通用するかに疑問があるし，またこのような為さない債務の場合は禁止を命じえたとしても，為す債務の場合すなわち俳優に対しある劇場への出演を強制することはできないと解している。

180　［549］Lyon 7 juin 1988. 競争関係の事件で，映画会社ワーナーに対し，独立の配

第1編　アストラント概観

また，Chabas et Deis は，人的性格がとくに顕著な債務に関し，著作人格権関係以外で，アストラントの適用が否定された二つの裁判例を挙げている。ただし，いずれも民法典1142条が適用されたものではない。一つは，血液鑑定（expertise sanguine）に応じるようにアストラントを付して命ずることは，人の身体不可侵の基本原則（le principe fondamental de l'inviolabilité du corps humain）に反して許されないとしたものである[181]。この裁判例では，血液鑑

給業者に対する，映画（クリント・イーストウッド主演の「バード」）のコピーの引渡しが，遅延日毎3000フランのアストラントを付して命じられた。アストラントの適用の許否は直接問題になってはいないようである。

[181] [510] Paris 24 nov. 1981. 父子関係の捜索の訴え（action en recherche de paternité）において，原告が血液鑑定を申立て，被告はこれに異議を申立てず，原審は中間判決（jugement avant dire droit）によりこの証拠調べを命じた。しかし，その後被告はこの鑑定に対する協力を拒絶したため，原審は，被告がそれに従うよう，鑑定人による召喚を拒絶する毎に2000フランのアストラントを付して命じたところ，被告はこの後者の中間判決に対する控訴を提起した。パリ法院は以下のように述べ，控訴を認容して原判決を取消し，アストラントによるべきではないとする。まず，中間判決は本案判決と独立して控訴の対象とはならない（新民事訴訟法典544条・545条。証拠調べの実施に関する判決につき同法典170条）が，当該裁判が基本的な法原則に違反するような場合は例外的に許されるとした上で，「個人に対し，その身体に，軽微であっても，直接の侵害（atteinte）を受忍するよう強制する目的で，民事裁判官が，金銭によるものであっても，強制手段を講じることは，人の身体不可侵の基本原則に反する」という。また，民法典10条（同条は次のようである。（1項）「何人も真実の発顕（manifestation de la vérité）のために司法（justice）に協力しなければならない」。（2項）「法律上要求された場合に，正当な理由なくして，この義務を免れようとする者に対しては，必要ならば，アストラント又は民事罰金により，その履行を強制することができる。ただし，損害賠償は妨げられない」）が「対象とするのは，その一般的な文言にかかわらず，アストラントを命ずる有責裁判が法律上許される場合にすぎず，強制手段が上述のような，我が法の重要な原則に違反するに至る場合ではない」。「人が，法律上要求される，人格そのものに関わる（mettant en jeu son intégrité personnelle）証拠調べに対する協力を拒む場合に，新民事訴訟法典11条に基づいて裁判官が有する権能は，この拒絶からいかなる結論も導きうることのみである」とした（新民事訴訟法典11条1項は次のようである。「当事者は証拠調べに協力しなければならない。ただし，裁判官は不作為又は拒絶からいかなる結論も導きうる」。同条2項については本編注239参照）。

定に応ずるように命ずる裁判自体の許否は，明らかでないが，これを否定するものではないように思われる。他は，ストリップ・ショーの出演契約に関する裁判例で[182]，この場合に法的な債務の存在を肯定すれば，羞恥心を取戻した女性に対して裸体を公衆にさらすことにつきアストラントによる強制が可能になるが，このようなストリップ・ショー契約は民法典6条の善良なる風俗（bonnes mœurs）に反し無効とする。

また，Perrot et Théry は，人的性格がとくに顕著な債務である故にアストラントの適用が否定される例として，夫婦の同居義務を挙げる[183]。この点は，改めて次に述べる。

【4】　夫婦の同居義務

まず，夫婦の同居義務を含めて，家族法上の義務に対するアストラントの適用については，時代と共に変遷があることに留意する必要があろう。Chabas et Deis によれば，次のようである。「かつては家族の義務（とくに夫婦間の義務）に適用されるアストラントの活力は著しかった」[184]。すなわち，19世紀後半の判例には，とくに夫婦の同居義務及び子の監護（引渡し）に関する裁判にアストラントの適用を認めるものが少なからずある[185]。しかし，

　評釈者は，この判決の立場は，全ての医療関係の調査，当事者の出頭を命ずる裁判にも適用しうるとしている。

182　［470］TGI Paris 8 nov. 1973.
183　Perrot et Théry, n° 72.
184　Chabas et Deis, J-Cl. n° 31.
185　Chabas et Deis, J-Cl. n° 31 ; J. et L. Boré, n° 36. 同居義務につき，たとえば，［51］Req 26 juin 1878. 妻に同居を強制するため，裁判官は，状況に応じて，最も実効的な強制方法，とくに損害賠償（アストラント）を命ずる有責裁判を用いることができる，とする。

　子の引渡しについては，たとえば，Bauffremont 事件と呼ばれる有名な事件に関する［46］Paris 7 août 1876及び Paris 13 fév. 1877がある。Bauffremont 公爵（prince）夫妻の別居を認めると共に，夫妻の間の未成年の娘の監護を妻（Y）に委ねる判決の後，Y は Saxe-Altenbourg 公領（duché）に帰化し，再婚した。Bauffremont 公爵（X）は子の引渡しについて Y を召喚し，Seine 民事裁判所は（欠席判決で），事情の変更により子の監護に関する従前の判決を変更しうるとし，子の監護権につ

第1編　アストラント概観

子の監護に関する裁判については，1901年12月5日の法律による刑事制裁の導入[186]以降，この刑事制裁と重複して無用になったため，実際上，アストラントは用いられなくなった[187]，ということである。そうして，Chabas et

いてはYにもXにも認めないとした上で，次のように判断した。子は特定の修道院に移され，21歳又は婚姻までそこにとどまり，両親は週に1回訪問できるが，休日の外出は父のみに許されること，この履行のため，YはXに子を引渡さねばならず，判決の送達から2週間内に子の引渡しがない場合，Xは，必要があれば警視（commissaire de police）及び軍隊（force armée）の援助を得て，子の引渡しをさせることが許されるとした。更に，Yがこの判決を履行しない場合には，Yの収入についての差押え＝差止め（saisie-arrêter）が許されるとし，当該収入に関して係争物管理人（séquestre）を選任した。Yは故障申立て（opposition）をしたが容れられず，更に控訴をした。Paris 7 août 1876 はその控訴審判決であり，子の監護に関しては原判決を支持したが，差押え＝差止め及び係争物管理については認めず，それに代えて，抵抗，損害及び差押え＝差止めの対象とされた収入の程度に応じる損害賠償（アストラント）を命ずることとし，判決の送達から2週間内に子の引渡しがない場合，最初の月は遅延日毎500フラン，次の月は遅延日毎1000フランの支払いを命じ，2月が経過した後に裁判所は終局的に判断する（il sera par la cour fait droit définitivement）とした。しかし，2月が経過してもYは履行をせず，Paris 13 fév. 1877 は，Yに対し，更に遅延日毎1000フランの支払いを命じた。なお，この事件の破毀院判決については第2編第1章3⑺。

　また，Chabas et Deis, J-Cl. n° 31 は，貞操義務の履行を確保する目的でアストラントを適用した古い判例として，[29] Toulouse 29 juin 1864 を挙げる。妻Y_1は不貞行為の相手方Y_2と共に姦通罪に処せられ，夫Xとの別居判決が下された。刑期終了後Y_1がY_2と同居していることから，XはY_1及びY_2を相手取って訴えを提起し，原審は，Y_1はY_2との同居をやめ，Y_2はY_1を退去させることを，遅延日毎25フランの損害賠償（アストラント）の支払いと共に命じ（[28] Trib. civ. Castel-Sarrazin 8 avril 1864），法院もこの判断を支持した。

[186] JO 6 déc. 1901, p. 7569. 未成年者の監護に関する裁判がなされた場合に，その引渡しの拒絶等をする親を1月以上1年以下の拘禁及び16フラン以上5000フラン以下の罰金に処する旨の規定を，刑法典357条に追加するもので，同条はその後の修正を経て，（新）刑法典227条の5（「未成年の子の引渡し（représenter）を，それを請求する権利を有する者に対して不当に拒む行為は，1年［以下］の拘禁及び15000ユーロ［以下］の罰金に処する」）に引き継がれている。V. Chabas et Deis, J-Cl. n° 31.

[187] Chabas et Deis, J-Cl. n°s 31 et 38.

第3章 アストラントの適用範囲

Deis は次のようにいう。「今日では夫婦間の平等の保障，家族における個人の自由の認知のみならず，家族法上の義務の不遵守を制裁する法令の多様化により，アストラントはこの領域で死文化している。こうしてアストラントは家族法上はもはや殆ど用いられてはいない」[188]。「ただし，離婚法においてはアストラントは用いられている」[189]ということで，近時の判決には，面接交渉権の遵守のためにアストラントが用いられる例がある[190]。

このように，家族法上の義務については，全般的に，アストラントの実効性が認められなくなり，利用が低下しているようであるが，同居義務については，判例がアストラントの適用を否定する傾向にあるから，他の家族法上の義務とは区別すべきであろう。同居義務については，かつての判例は，アストラントの適用を認めたのみならず，公の武力による (manu militari) 直接強制も認めていた[191]。しかし，近時の判例は，いずれの強制手段の適用についても否定している。その理由としては，「アストラントも，公の武力も，夫婦間の和解を可能にする理解と信頼の雰囲気を生み出すことはできない」，これらの強制方法は「個人の自由の観念及び現在の風俗に相容れない」と述べている[192]。では，同居を命ずる裁判自体は可能か[193]。この点は，

---

188 Chabas et Deis, J-Cl. n° 31. V. aussi Chabas et Deis, J-Cl. n° 38. J. et L. Boré, n°ˢ 33 et 36 も，家族法の分野ではアストラントの利用が少ないことを認める。もっとも，その理由は，専ら，基本的自由の侵害のおそれがあることに求められている。

189 Chabas et Deis, J-Cl. n° 31.

190 ［603］Paris 12 janv. 1994. V. Chabas et Deis, J-Cl. n° 31 ; J. et L. Boré, n° 36.

191 たとえば，［3］Req 9 août 1826 ;［14］Paris 31 mars 1855. V. Kayser, p. 217, note 33 ; Chabas et Deis, J-Cl. n° 38. なお，公の武力による方法に関しては，本章3参照。

192 ［490］Aix-en-provence 22 juin 1978. この事案は次のようである。夫の離婚請求が排斥され，妻の別居を求める訴えが取下げられた後も，夫婦は同居せず，夫は夫婦の住所地で内縁の妻 (concubine) と同居していた。妻は本訴を提起し，夫は夫婦の住所地に妻を受入れること，夫が拒絶する場合又は内縁の妻がこの住所地に居住を続ける場合には，夫はアストラントを支払わねばならず，内縁の妻が立退いた日から妻が居住できるように公の武力 (force publique) の協力を得られることを明らかにするように求めた。しかし，控訴院は，本文に述べたような理由により，この請求を斥けた原審の判断を正当とした（なお，控訴院は，妻の損害賠償請求は認めている）。

同旨の判決として，［472］TGI Brest 9 juill. 1974. この事件では，妻による離婚請

61

第1編 アストラント概観

明らかではないが，判例は否定的なようである[194]。

2 アストラントの適用が肯定される場合

Denis は既に1973年の時点で「この制度の適用範囲を検討すると，その絶え間ない拡大をみることになる。現在では，裁判官がこの制度を用いることが習慣化したので，判例集がアストラントを命ずる有責裁判を登載する場合には，提起された問題がアストラントに直接的に関連する場合を除いて，もはやこの（適用範囲の）問題をとりあげることさえしない」[195]と述べている。

　　　　求が棄却された後，夫は，妻が夫婦の住所へ戻るように，確定的アストラントを付して命ずる裁判等を求めて本訴を提起したが，裁判所は，次のように判示して夫の請求を全部排斥した。「民法典212条以下は婚姻に基づく義務を列挙し，とくに215条は共同生活についての相互の義務を定めているが，それらには特別な制裁は認められておらず，また，実施がとくにデリケートであり，ひいては……夫婦関係において不適切で，今日我が法が採用する夫婦間の平等の原則と両立し難いであろう一般法上の強制方法又は執行方法によって，その遵守を確保させる権能も認められてはいない」。同居義務の遵守のために「公の武力に訴えることは，個人の自由に対する侵害にあたり，これが現代の国民感情に反するのは必定である（la mentalité moderne ne manquerait pas d'être choquée）」。共同生活の維持を夫婦の一方が拒絶する場合，「強制の手続は，…損害賠償を命ずる有責裁判にせよ，アストラントにせよ，真の和解及び真摯な共同生活の再開には至り得ず，それ（強制手段）が考えられるのは，功利的な意図による場合の他，害意又は復讐の意思による場合のみである」。

193　Perrot et Théry, n° 72.
194　[488] TGI Paris 18 oct. 1977. 離婚請求が棄却された後，夫婦間で同居再開の話がまとまりつつあったが，住所をどこに定めるかにつき争いがあり，夫は，夫婦の住所を夫の現住所と定める裁判を求めて本訴を提起した。裁判所は，夫婦の住所は夫婦間の任意の合意においてのみ存在し，その決定を裁判所に求めることは無駄であるなどとして，請求を棄却したが，その判決理由の中で，とくに「いかなる規定も，夫婦の一方に対し他方との共同生活を続行するように命ずる権限を，裁判所に与えてはいない」とする部分は，傍論的ではあるが，同居を命ずる裁判自体を許さない趣旨と解しうるであろう。また，本編注192の2つの判例も同居請求を認めていない。
195　Denis, n° 15.

第3章 アストラントの適用範囲

すなわち，アストラントの適用範囲は極めて広く，多様な債務に適用されており，それを網羅的に紹介することは，できないと共にその必要もないであろう。ここでは，再び Chabas et Deis の分析に従って，その一端を概観するにとどめる。以下，与える債務・為す債務・為さない債務に区別してみていく。

【1】 与える債務（とくに金銭債務）

既に述べたように（本章1【2】），今日のフランスでは，与える債務は所有権その他の物権を移転する債務と解するのが一般である。特定物を与える債務の場合，合意のみで所有権が移転するから，アストラントは意味がなく[196]，代替物（種類物）を与える債務の場合は，合意のみでは所有権は移転しないから，アストラントが利用できるといわれる[197]。与える債務についてのアストラントの問題は，専ら金銭債務に関するものである。金銭以外の物の引渡しを目的とするような債務についてのアストラントの適用事例は，為す債務の範疇で扱われる[198]。以下でも，金銭債務についてのアストラントの許否のみをとりあげる。この点に関しては，次のような判例・学説の変遷がみられる。

［143］1918年10月28日の破毀院民事部判決は，金銭債務についてのアストラントの適用を否定した[199]。この古い破毀院判決は，アストラントを損害賠償と解するかつての判例の立場に基づくものと理解することもできる。すなわち，民法典1153条1項は，金銭債務の履行遅滞の損害賠償を，原則とし

---

[196] Planiol et Ripert, Traité pratique de droit français, t. VII, 2ᵉ éd., 1954, nº 788 ; Chabas et Deis, J-Cl. nº 22 ; J. et L. Boré, nº 38 ; Denis, nº 17. 民法典1138条参照。

[197] Planiol et Ripert, op. et loc. cit. ; Chabas et Deis, J-Cl. nº 22 ; J. et L. Boré, nº 38 ; Denis, nº 17.

[198] Planiol et Ripert, op. et loc. cit. ; Chabas et Deis, J-Cl. nº 25 ; J. et L. Boré, nº 35 ; Denis, nº 18.

[199] ［143］Civ 28 oct. 1918 は，次のように判示する。「裁判官は，債務者に対して一定の期間内に債務の履行を命ずると共に，付与された期間内の不履行の場合についての損害賠償［訳注：アストラント］を予め定めることができるにしても，この権能が裁判官に属するのは，為す債務，為さない債務又は金銭以外の物を与える債務の場合にすぎない」。

て，法定利息の支払いを命ずる有責裁判によるものに制限する[200]。故に，アストラントを損害賠償と同視するならば，金銭債務についてアストラントを否定する結論は容易に導くことができる。1918年の判決をこのような考え方に基づくものと解する限り，アストラントと損害賠償は異なることが明文化されている（1991年法34条1項）今日，同判決の立場は通用しないことになる[201]。

その後，［343］1956年4月17日の破毀院商事部判決は，（発令の段階の）アストラントが損害賠償とは異なるとして，金銭債務にアストラントの適用を肯定した[202]。もっとも，この1956年の破毀院判決は，「本件では支払いを得

---

200 民法典1153条1項は，1975年7月11日の法律619号により一部修正されており，現行の規定は次のようである。「一定の金額の支払いに限られる債務においては，履行の遅滞から生ずる損害賠償は，法定利率による（au taux légal）〔改正前：法律が定める（fixés par la loi）〕利息の支払いを命ずる有責裁判のみによる。ただし，商事及び保証に関する特別な規定を妨げるものではない」。

なお，同条2項乃至4項（現行）は次のようである。

（2項）「この損害賠償については，債権者は何らの損失も証明することを要しない」。（3項）「支払いの催告（sommation de payer）の日又は支払いの催告であることが十分にわかる信書その他の行為（un autre acte équivalent telle une lettre missive s'il en ressort une interpellation suffisante）の日からでなければ，この損害賠償の義務は生じない。ただし，法律がそれを法律上当然に進行させるときは，この限りではない」。（4項）「遅滞にある債務者が，害意（mauvaise foi）によって，この遅滞とは独立の損害を債権者に生じさせたときには，債権者は，債権の遅延利息とは別の損害賠償を得ることができる」。

201 Chabas et Deis, J-Cl. n° 22 ; J. et L. Boré, n° 39.

202 ［343］Com 17 avr. 1956 は，次のような事案である。マルセイユ市に不動産を収用された者（詳細は不明であるが，同市は1943年には既に不動産を占有していた）が，同市に対し収用賠償金（indemnité d'expropriation）の支払いを命じる裁判を得たが，同市がその支払いの一部を怠っていた（金額は不明）ので，レフェレの裁判官に対してアストラントの発令を求めた。これを認めた原判決の破毀申立てにおいて，同市は，金銭債務にはアストラントを適用し得ないことの他，レフェレの裁判官はアストラントを命じることはできないこと，司法裁判機関は公法人に対してアストラントを命じることはできないことを主張した。本判決はこの破毀申立てを斥け，金銭債務についてのアストラントの適用に関しては次のように判示する。「問題となる発令された威嚇的アストラントは仮の暫定的な手段（mesure provi-

るための実効的な方法が他に全くないので」アストラントが可能であるとも判示していることが，問題になりうる。「実効的な方法が他に全くない」理由は，この事件の債務者がマルセイユ市で，公法人に対する金銭執行は許されないと解されたからのようである[203]。この判示は一見すると，金銭債務についてのアストラントの適用に制限を付し，その補充性を肯定するようにもみえる。しかし，この判決の評釈者は，この判示部分は，単に結論の理由付けを補強するに留まり，上記のような解釈をすべきでないとしている[204]。更に，後の二つの破毀院判決[205]は，このような留保とも解しうる文言を付

    sionnelle et provisoire）であり，損害賠償とは全く異なるものであって，本案について何ら損害を与えるものではなく（ne portait aucun préjudice au principal），債務の履行に対する抵抗を克服するための方法にすぎない」。「このようなアストラントは，単なる警告の性格のものであるから，本件では支払いを得るための実効的な方法が他に全くないので（à défaut, en l'espèce, de tout autre mode efficace d'obtenir paiement），この威嚇を伴いうる債務を認める，既に言渡された金銭の支払いを命じる有責裁判と，何ら矛盾するものではない」。

    なお，この［343］Com 17 avr. 1956 は，発令の段階におけるアストラントと損害賠償の区別を認めるにすぎないと解すべきことについては，第2編第4章1参照。

[203] Denis, n° 20 ; Veillieux, JCP 1956 II 9330（［343］）.

[204] Veillieux, JCP 1956 II 9330（［343］）. 同旨，H., L. et J. Mazeaud et Chabas, Traité théorique et pratique de la responsabilité civile délictuelle et contractuelle, 6ᵉ éd., t. III, 1ᵉʳ vol., 1978, p. 898, note 2.

[205] ［527］Com 3 déc. 1985 ; ［568］Soc 29 mai 1990. V. Chabas et Deis, D n° 23. この二つの判決の事案は，当事者が従前雇用関係にあり，元被用者が債権者，元使用者が債務者となっている点で共通する。

    ［527］Com 3 déc. 1985 の事案は次のようである。Y会社の経営者（dirigeant social）であったXは，辞職後に，Y会社との間で，（継続的な）填補賠償金（金額は不明）の支払いを伴う競業避止義務の合意をしたが，Y会社が支払いをしないため，アストラントを付した当該合意の履行を請求した。この請求を認容した原判決に対しY会社は破毀を申立て，まず，Y会社は当該合意の利益を放棄しているのに，この放棄を許されないとした点で原判決は民法典1134条に反すると主張したが，破毀院は，当該合意は双務的性格を有するから一方的な放棄はなしえないとした。次に，Y会社は，原判決が当該合意の履行を命じ，Xが実際に蒙った損害を考慮した損害賠償を拒んだ点で民法典1149条に反することの他，合意の強制履行を命じうるのは合意について本来的履行が可能な場合のみで，為す債務又は為さない債務を伴う合

第1編　アストラント概観

さないで，金銭債務にアストラントの適用を認めており，そのうちの［568］1990年5月29日判決は，アストラントは損害賠償とは異なるから金銭債務にその適用が認められるとの考え方をはっきりと示している。そこで，今日では，金銭債務にアストラントを適用しうることは「確定的になっている（acquis）」ともいわれる[206]。ただし，下級審のなかには，金銭債務についてのアストラントの適用を否定したと解しうるものもある[207]。なお，金銭債

　　　意はそのような場合ではないから，原判決は民法典1142条及び1184条に反すると主張した。しかし，破毀院は，「民法典1184条2項によると，債務の履行を何ら得なかった当事者は，合意の履行が可能であるときは，それを他方当事者に強制できる」とし，Yの破毀申立てを斥けている。

　　　前掲［527］Com 3 déc 1985 は，金銭債務についてのアストラントの適用の許否を直接問題にするものではないが，次の［568］Soc 29 mai 1990 はこの問題を正面から扱う。労働契約の破棄の責任があるとして，従前の使用者（研究所長）に対し，解雇予告補償金，解雇補償金（indemnités de préavis et de licenciement）及び（1万フランの）損害賠償の支払いを，遅延日毎50フランの確定的アストラントを付して，命じた原判決の破毀申立てにおいて，本件のアストラントは法定利息と無用に重複する等の主張がされたが，破毀院は，「民事上のアストラントは，1972年7月5日の法律により，裁判の履行を確保するためのものであり，損害賠償とは別個独立のものである。従って，民事上のアストラントを，金銭の支払を命ずる有責裁判に付随して命ずること及びこの有責裁判に付される法定利息と併課することができる」と判示する。

206　Chabas et Deis, J-Cl. n° 22. V. aussi J. et L. Boré, n° 39. 結論注72も参照。
207　［654］Paris 6 mai 1999. V. M. et J.-B. Donnier, n° 304. 同判決の事案は次のようである。Yに対し，契約の履行及び履行期が到来した未払いの貸付金を負担すること（prendre en charge les échéances impayées du prêt）を命ずる判決（1997年3月11日）が，控訴なく，確定した後，Xは3回にわたり差押え＝帰属（saisie-attribution 債権執行に相当）を行い，3回目の差押え＝帰属について，Yが異議（contestation）を申立てた。原審はこれを却下したが，Yは控訴し，Xも1997年3月11日の判決をYに履行させるためにアストラントの発令を求めた。これに対し，パリ控訴院は，Yの異議も，Xのアストラントの発令の申立ても認めず，後者に関しては次のように判示した。「Xについて問題になっているのは金銭債権で，これについてXは執行名義を有しており，この弁済を得る最善の方法は，差押えのように有用な執行方法によることである。1997年3月11日の判決が命ずるのは，為す債務ではなく，金銭の支払いにより履行される債務であるから，この判決にアストラントを

第3章　アストラントの適用範囲

務にアストラントを認めた上記3つの破毀院判決は，いずれも個人が，元の使用者又は公法人を債務者としてアストラントを利用する事案で，実際的には，一種の弱者保護のためにアストラントが認められているという見方をすることもできないわけではなかろう。

一方，学説上でも，かつては，金銭債務にアストラントの適用を否定する説[208]が有力であったが，今日では，肯定説[209]が主流といってよかろう。

否定説の主な根拠としては，差押えによる強制執行との重複[210]，遅延利息との関係が挙げられる。とくに法定利率（taux de l'intérêt légal）に関する1975年7月11日の法律619号3条（現行の通貨金融法典（Code monétaire et financier）L 313条の3）1項が「金銭の支払いを命ずる有責裁判（condamnation pécuniaire par décision de justice）の場合には，法定利率は，裁判が，仮であるにせよ，執行することができるようになった日から2月を経過すると5％引き上げられる」と定める[211]ことが，否定説の根拠とされやすい[212]。

付す必要はない（il n'y a pas lieu d'assortir）」。

[208] 古い否定説として，A. Esmein, p. 53, note 1 ; Colin, Capitant et Juillot de la Morandière, Cours élémentaire de droit civil français, 10ᵉ éd., t. II, 1948, n° 174 ; Demogue, Traité des obligations en général, t. VI, 1931, n° 509 ; Ripert et Boulanger, Traité de droit civil, t. II, 1957, n° 1621. V. aussi Chabas et Deis, J-Cl. n° 22.

1991年法後の否定説として，M. et J.-B. Donnier, n° 304 ; Vincent, Guinchard, Montagnier et Varinard, Institutions judiciaires, 7ᵉ éd., 2003, p. 253, note 1. Cimamonti, n° 16 et s. も消極的である（本編注217参照）。

[209] 1991年法後の肯定説として，Chabas et Deis, J-Cl. n° 22 ; Perrot et Théry, n° 73 ; Fossier, n° 3113 ; J. et L. Boré, n° 39 ; Starck, Roland et Boyer, n° 594 ; Buffet, p. 71.

1991年法前の肯定説として，H., L. et J. Mazeaud et Chabas, Traité théorique et pratique de la responsabilité civile délictuelle et contractuelle, 6ᵉ éd., t. III, 1ᵉʳ vol., 1978, n° 2507-2 ; Kayser, n° 8 ; Planiol et Ripert, Traité pratique de droit civil français, 2ᵉ éd., t. VII, 1954, n° 788.

[210] V. Chabas et Deis, J-Cl. n° 22 ; Cimamonti, n° 18. Ripert et Boulanger, *op. et loc. cit.*（破毀院は，金銭債務について例外的にアストラントを否定するとし，続けて，「債権者は，直接，差押手続によらねばならない」という）も，差押えとの重複を理由とする見解とみる余地はある。

[211] 1975年7月11日の法律619号の3条は，1991年7月9日の法律91条により修正され，次の2項が追加された。「ただし，執行裁判官は，債務者又は債権者の申立

第 1 編　アストラント概観

破毀院は，金銭債務に対するアストラントの適用と共に，金銭給付裁判に付される法定利息とアストラントの併課も肯定しており[213]，上記規定を根拠とする否定説も認めないものと思われる[214]が，近年でも，上記規定を理由に根強く否定説を唱える論者はいる[215]。この他，次の点が注目される。まず，アストラントの基礎理論を築いた A. Esmein は，民法典1153条により金銭債務の効果が厳しく制限されていること等を挙げて否定説に与する[216]。また，近時の学説のうちには，全面的な否定説には立たないものの，金銭債務にアストラントを認めると濫用が生じやすいことから，裁判官はこの濫用の危険性を考慮してアストラントの許否を決すべきであるとするものがあ

　　てにより，債務者の事情を考慮して，この引上げの免除又はその金額の縮減をすることができる」。更に，この1975年 7 月11日の法律の 3 条は，2001年 1 月 1 日以降，通貨金融法典に取込まれ，そのL 313条の 3 となっている。

　　なお，通貨金融法典 L 313条の 2 （従前の1975年 7 月11日の法律 1 条）は，法定利率につき次のように定めている。（ 1 項）「法定利率は，全ての事件において，民事年度（la durée de l'année civile）につきデクレにより定める」。（ 2 項）「法定利率は，各年度につき，13週物の定率短期国債の競売収益率（taux de rendement actuariel des adjudications de bons du Trésor à taux fixe à treize semaines）の過去12月の各月平均の合算平均に相当する」（中村紘一・新倉修・今関源成監訳『フランス法律用語辞典（ 2 版）』（三省堂，2002年）177頁参照）。Mégacode civil, 4ᵉ éd., Dalloz 2001, pp. 1943-1944 によると，法定利率は，たとえば，1991年度は10.26％，2000年度は2.74％である。

212　Cimamonti, n° 18.
213　前掲［568］Soc 29 mai 1990. V. Chabas et Deis, J - Cl. n° 58 ; Starck, Roland et Boyer, n° 594.
214　同趣旨，Starck, Roland et Boyer, n° 595 ; Cimamonti, n° 18.
215　M. et J.-B. Donnier, n° 304.
216　A. Esmein, p. 53, note 1 は，金銭債務にアストラントが適用されない理由について，次のようにいう。「民法典1153条は，このような債務［訳注：金銭債務］の可能な効果を厳格に制限したようにみえる。且つまた，ここでは，裁判官の命令は，何ら新たなものを加えるものではないであろう。裁判官は，法の命令を繰返すにすぎないであろう。最後に，1153条が定める損害賠償は，アストラントから生ずる損害賠償と同様に，『債権者は何らの損失も証明することを要しない』」という。なお，上記引用箇所では，アストラントを損害賠償と解するが如き表現があるが，A. Esmein は明らかにアストラントを損害賠償と区別する（本編第 4 章【 5 】参照）。

る[217]。

　他方，金銭債務にアストラントの適用を肯定する説は，その理由として，「実践的な観点からすれば，アストラントが示す威嚇・強制効果は，金銭債務でも，他の全ての債務でも同じであろう」[218]こと，「債務者の負債の漸次的な増加は，債務者にとって，返済に要する資金調達のための最も強力な刺激剤である」[219]ことを挙げる。とくに債務者が不誠実な場合，たとえば財産を隠匿するような場合に，アストラントの実効性が認められるとも指摘される[220]。このような場合，本来の強制執行によるならば，差押えるべき財産がないとして執行不能になりかねず，アストラントは差押えに勝る実効性を発揮しうると考えられているようである。

【2】　為す債務
　為す債務はアストラントの適用範囲の中心をなす[221]。ここにいう為す債務は，金銭以外の物の引渡債務も含む。「いかなる為す債務又は為さない債務も，債務者側の不履行の場合には，損害賠償に変わる」と定める民法典

217　Cimamonti, n° 19. Cimamonti, n° 16 et s. は，金銭債務を，アストラントの適用が制限される場合の一つに分類するが，これは，金銭債務について全面的にアストラントの適用を否定する趣旨ではなく，本文に述べたような趣旨と解してよかろう。少なくとも，遅延利息の規制も，差押えによる強制執行の利用可能性も，金銭債務にアストラントの適用を否定する根拠とはならないとする（Cimamonti, n° 18）。

218　Planiol et Ripert, *op. et loc. cit.*. V. aussi Chabas et Deis, J-Cl. n° 22.

219　H., L. et J. Mazeaud et Chabas, *op. et loc. cit..*

220　Perrot et Théry, n° 73.

221　Chabas et Deis, J-Cl. n° 23 ; J. et L. Boré, n° 34. なお，Larher-Loyer, L'efficacité de l'astreinte : Mythe ou réalité ? Revue judiciaire de l'ouest 1987, p. 261 は，Centre de Documentation Juridique de l'Ouest のデータバンクによると，アストラントがとりわけ頻繁に利用されていたのは，工事の実施（exécution des travaux）で，これには建築業者のみならず賃貸人・隣人による場合も含まれるという。その他，このデータによれば，賃借人・ストライキ参加者等の占有者の明渡し（expulsion），物品の返還（restitution de matériel），労働証明書や給与支払明細書等の文書の引渡し，訴訟における書証の伝達，給与所得者の年金基金（caisse de retraite）への加入，保証人の解除（mainlevée）が挙げられている。いずれもフランスでは為す債務の類型に含まれるであろう。

1142条については，個人の自由（人格）尊重を保障する趣旨の規定として，制限的に解釈するのが従来の通説的見解で，Chabas et Deis によれば，同条は，原則として，不代替的な債務（人的性格の債務）の直接強制を禁止するにとどまり，アストラントの適用を妨げるものではなく，例外的に，著しく個人の人格に関わる債務（人的性格がとくに顕著な債務）の場合のみ，アストラントの適用を否定するにすぎない。このことは既に述べた（本章1【2】）。

アストラントの適用については，債務の原因に基づく区別をする必要はないとされる[222]。すなわち，債務が契約・準契約・不法行為・準不法行為又は法律による[223]にせよ，アストラントの適用は可能であるし，物権（とくに地役権）[224]・人格権（droit de la personnalité）[225]・無体財産権（droit incorporel）[226]の保護のためにも用いうる，とされる。

---

[222] Chabas et Deis, J-Cl. n° 28.

[223] たとえば，本文後述のように，新民事訴訟法典・労働法典は，文書の引渡しにアストラントを認める。Chabas et Deis, D n° 25.

[224] Chabas et Deis, J-Cl. n° 29. 通行地役権に基づく原状回復のためにアストラントを付した事例として，［128］Bourges 24 avril 1912；［585］Civ II 12 juin 1991.

[225] Chabas et Deis, J-Cl. n° 31. 人格権保護の例としては，［522］TGI Paris 31 janv. 1984 が挙げられている。スキャンダルを扱った雑誌を出版した出版社に対し，パリ大審裁判所長はレフェレの手続により，243000冊の雑誌の回収を，1冊につき10フランの威嚇的アストラント（astreinte comminatoire 暫定的アストラントの誤り）を付して命じた。その後43600冊が出版社内にあることが確認されたので，アストラントの金額を1993300フランと確定するよう申立てがされた（上記二つの冊数の差である199400冊にアストラントが適用されると主張）のに対し，本裁判（レフェレの命令）は，アストラントについてレフェレの裁判官は仮にその金額を確定する権限を有するとしたうえで，出版社が発行部数の多い他の雑誌に広告を掲載し続けたこと，徹底した調査をしなかったことを非難しながらも，1972年法8条2項により，諸事情を考慮し，10フランを3フランに減額して160000冊に適用することとし，アストラントの金額を480000フランと確定し，法定利息と併せて支払うように命じた。

[226] Chabas et Deis, D n° 25. 例としては，本章1【3】で述べた，俳優の出演禁止にアストラントを適用した1896年のパリ法院の Coquelin 事件判決（［81］Paris 21 avr. 1896）を挙げるようである。もっとも，これは為さない債務の例である（Chabas et Deis, J-Cl. n° 36）。なお，著作人格権（le droit d'auteur）に関する例外は除く

第3章 アストラントの適用範囲

　労働法の領域に関しても，アストラントはかなり利用されているようである[227]。とくに注目されているのは，使用者が，違法に解雇した従業員代表（délégué du personnel）又は組合代表（délégué syndical）を復職させる債務の場合である。判例は，かつては，この種の為す債務の不履行の場合には損害賠償しか認められないとしたが[228]，1970年代以降，アストラントを付して，復職させる債務の履行を命ずることを認めている[229]。また，被用者への労

　　とされる。この例外についても本章1【3】参照。

[227]　Chabas et Deis, J-Cl. n° 30 は「一般的に労働法の領域でアストラントは非常に実効的であろう」という。Catala, D 1973. 115, note 2（[465]）も，労働者の復職の履行確保に関し，使用者が復職を拒絶した場合に支払う額が判明している損害賠償よりも，その最終的な額が判明しないアストラントの方が，実効的でありうるとみている。

　　ただし，Ghestin, Traité de droit civil, Les effets de la responsabilité, 2ᵉ éd., par Viney et Jourdain, 2001, n° 17-1 によると，不当な辞職（démission fautive ou irrégulière）の場合の，辞職した労働者に対する労働契約の履行請求は，強制労働の禁止により，認められない。また，不当な解雇（licenciement fautif）の場合の労働者の復職について，破毀院は，本文後述の従業員代表の解雇を含む一定の場合を除き，解雇は無効ではなく濫用（abusif）にすぎないとし，民法典1142条を適用して，使用者に対する労働者の復職の請求は否定し，損害賠償請求のみを認める立場を保持している，ということである。

[228]　[391] Soc 13 avr. 1961. 従業員代表（délégué du personnel）であるXとの労働契約の解約を求めたY会社の請求が棄却された後に，XがY会社を相手取り復職を求めた事案で，為す債務である，復職させる債務を会社が履行しない場合には，Xには損害賠償しか認められないとした原審の判断を正当とする。V. J. et L. Boré, n° 30 ; Jeandidier, l'exécution forcée des obligations contractuelles de faire, RTDC 1976, n° 14 ; Catala, D 1973. 115（[465]）.

[229]　Chabas et Deis, J-Cl. n° 30 ; Chabas et Deis, D n° 26.

　　[455] Soc 21 avr. 1971 は，解雇された従業員代表候補者Xが，アストラントを付して復職させること，その不履行の場合の損害賠償等を求めた事案で，控訴院は，復職させる債務の不履行の場合には損害賠償が認められるにすぎず，損害賠償については労働審判所の管轄に属する等として，Xの請求を斥けたが，破毀院は原判決を破毀し，Xを「復職させる債務について，Teissier夫人［訳注：使用者］の不履行の継続は確実であると事実審裁判官が考えたにしても，如何なるアストラントもこのための命令に付すことができるとしても，事実審裁判官は損害賠償について判

第1編　アストラント概観

働証明書（certificat de travail）[230]・給与支払明細書（bulletin de salaire）[231]その他の書類[232]の交付についても，アストラントが適用される。なお，労働法典R516条の18は，労働証明書・給与支払明細書及び使用者が法律上交付すべきその他の書類の交付を，労働審判所の調停部（bureau de conciliation）が命じる場合にアストラントを付すことを認めている[233]。

物の引渡債務（obligation de livrer une chose）についても，Chabas et Deisは為す債務として扱い，アストラントの適用例として，電力の供給[234]，注文

断すべきであった」と判示する。明示的ではないが，アストラントを付して復職させる債務の履行を命ずることを許容したと解しうる（Jeandidier, *op. cit.*, n° 17; Catala, *op. et loc. cit.*）。[465] Soc 14 juin 1972は，レフェレにより，解雇された従業員代表兼組合代表を仮に復職させることを命じた原判決に対する破毀申立てを棄却する。この事案では，一審はアストラントを付して仮の復職を命じているが，このアストラントに関する判断を原審が維持したか否かは明らかでない。[474] Soc 6 nov. 1974は，労働事務所委員会（comité d'établissement）委員兼組合代表を仮に復職させる一審のレフェレの命令を支持した控訴院の判断を正当とし，且つ，一審がレフェレにより併せて命じた（控訴の対象に含まれていた）アストラントについて，控訴院がレフェレにより仮に金額を確定し，仮にその支払いを命じたことも許されるとする。[558] Soc 4 juill. 1989は，一審が復職させることを命じた裁判に基づいて発令したアストラントの金額確定は，一審裁判所の管轄に属するとした原判決を破毀する。

230　[431] Soc 29 juin 1966.
231　[574] Soc 7 nov. 1990.
232　[611] Soc 17 janv. 1995.
233　Chabas et Deis, D n° 25.
234　[85] Req 1ᵉʳ déc. 1897. ホテルに対する電力供給を約したY会社は，ホテル所有者Xが電気代の支払いを拒んだため，送電を停止したが，商事裁判所は，Y会社に対して，契約に従い電力を供給するよう，遅延日毎100フランのアストラントを付して命じ，Y会社がこの判決に従わないため，Xの申立てにより，遅延日毎10000フランのアストラントを命じた。控訴院は，遅延日毎10000フランのアストラントは控訴院判決送達の3日後から進行すると改めた他は，第一審の判断を維持した。Y会社らは破毀を申立て，商事裁判所は遅延日毎100フランのアストラントを定めた後は新たなアストラントを命ずることはできない等と主張したが，破毀院はこの申立てを棄却している。

第3章　アストラントの適用範囲

された製品の引渡し[235]，牛乳の供給[236]を挙げる[237]。また，アストラントは，古くから，文書の引渡しに用いられてきた[238]。労働証明書等の交付についてアストラントが用いられることは既に述べたが，新民事訴訟法典も，当事者又は第三者の所持する証拠書類の提出（11条2項），書証の伝達（communication des pièces）（134条）・伝達された書証の返還（restitution des pièces）（136条）等について，アストラントの適用を定めている[239][240]。

---

[235] ［212］Req 4 août 1947. 事業者に対し，アストラントを付して，顧客が注文した冷蔵庫（armoire frigorifique）の引渡しを命ずることは，民法典1142条に反しないとする。

[236] ［553］Civ I 15 nov. 1988. 農業団体に対し，協同組合（société coopérative）への牛乳の供給の再開をアストラントを付して命じたレフェレの裁判を是認。

[237] Chabas et Deis, J-Cl. n° 25. なお，本章2【1】参照。

[238] ［2］Req 28 déc. 1824（本編第4章【1】参照）；［6］Req 22 nov. 1841（第2編注16参照）．最近の例として，［622］Civ II 3 juill. 1996. 銀行が，債権回収のために交付した171の文書及び関連文書を同銀行に返還することがアストラントを付して命じられ，そのアストラントの金額確定が問題になっている（第4編第6章2【1】(イ)参照）。V. Chabas et Deis, J-Cl. n° 27.

[239] 新民事訴訟法典の関連条文を挙げておく。Chabas et Deis, D n° 25；Fossier, n° 3108. なお，条文の翻訳及び書証に関し，法務大臣官房司法法制調査部編『注釈フランス新民事訴訟法典』（法曹会，1978年）139頁以下参照。

新民事訴訟法典11条2項「当事者が証拠資料（élément de preuve）を所持するときは，裁判官は，他の当事者の申立て（requête）に基づいて，必要があればアストラントをもって，その者にその提出を命ずることができる。裁判官は，一方当事者の申立てに基づいて，必要ならばアストラントをもって（sous la même peine），正当な障害事由（empêchement légitime）がない限り，第三者が所持する全ての文書の提出を求め又は命ずることができる」。

新民事訴訟法典134条「裁判官は，必要ならばアストラントをもって，伝達（communication）の期間および場合によりその方式（modalités）を定める」。なお，書証の伝達（communication des pièces）とは，訴訟当事者が，自己の請求を基礎付けるために使用する書証を，他の訴訟当事者に了知させる行為で（V. Cornu, Vocabulaire juridique, 8ᵉ éd., 2000, p. 174），任意に行われない場合，伝達を命ずるよう裁判官に求めることができる（新民事訴訟法典133条）。

新民事訴訟法典136条「伝達された書証を返還しない当事者に対しては，場合によりアストラントをもって，それを強制することができる」。

第1編　アストラント概観

　不動産の明渡し（退去 vider les lieux）についてもアストラントは用いられる[241]。とくに賃貸借契約の解約（résiliation du bail）後の建物の明渡しについて，第二次大戦以降，頻繁にアストラントが利用された[242]が，この種のアストラントについては1949年7月21日の法律により特別な制限が加えられている。この経緯及び内容は第2編で詳述する。

　予約に基づいて本契約を締結する債務（契約を締結する債務）も，アストラントが可能な為す債務の類型の一つとして説明される[243]。アストラントが主に利用されるのは，厳粛要式契約（contrat solennel）[244]の予約の場合で[245]，

　　　新民事訴訟法典139条2項「裁判官は，その申立て（注：「自らが当事者ではなかった公署証書若しくは私署証書又は第三者が所持する書証」の「謄本の交付又は提出」の命令を求める申立て。新民事訴訟法典138条参照）に理由があると認めるときは，自らが定める条件及び保証（garanties）の下で，事情に応じて原本，謄本又は抄本により，証書又は書証の交付又は提出を，必要ならばアストラントをもって，命ずる」。
　　　新民事訴訟法典142条「当事者が所持する証拠資料の提出の申立て及びその提出は，138条及び139条の規定に従って行われる」。
240　書証の伝達や労働証明書等の交付について発令されるアストラントの金額に関して，本編注33参照。
241　J. et L. Boré, n° 35 ; Jeandidier, L'exécution forcée des obligations contractuelles de faire, RTDC 1976, n° 12 は，為す債務についてのアストラントの適用例として，占有者（occupant）に対する明渡し（vider les lieux）のためにアストラントが用いられるケースを挙げ，判例としては［436］Com 15 nov. 1967 を挙げる。同判決は，建物の明渡し（vider des locaux）のために付されたアストラントの金額を確定する裁判が，適法な理由づけを欠くとする破毀申立てを排斥するものである。
242　Denis, n° 18.
243　Chabas et Deis, J-Cl. n° 26. この類型に属するものとして，保険契約の署名をする（souscrire）債務の履行確保のためにアストラントを適用する事例も挙げられる（Chabas et Deis, op. et loc. cit..)。［613］Civ II 1ᵉʳ mars 1995（第4編注373参照）．
244　厳粛要式契約は，公正証書（acte notarié）によることが必要な厳格な要式契約である。山口俊夫『フランス債権法』（東京大学出版会，1986年）52頁，山口俊夫編『フランス法辞典』（東京大学出版会，2002年）125頁参照。
245　Chabas et Deis, J-Cl. n° 26. 厳粛要式契約の予約にアストラントを適用した例としては，以下の判例が挙げられている。
　　　［73］Req 23 juill. 1889. ガラス工場（verrerie）の所有者Yらはビンの型の特許を

諾成契約（contrat consensuel）の予約については，有用性は少ないとされる。売買の予約のような諾成契約の予約の場合，裁判を以って契約に代えることが可能であるのに対し，厳粛要式契約の場合にはそれが許されないと解されるためのようである[246]。

その他，判例に現れた事例の一部を列挙すると，次のようである[247]。計算を行うこと[248]，新聞への反論文の掲載[249]，弁済後の抵当権抹消（donner

---

有しており，X（発明者（inventeur））はYらに改善（perfectionnement）を提供した。XとYらは，Yらの名で特許を取得すること，YらはXに対し他のガラス工場におけるXの発明の使用を許可すること等を約し，Yらは特許を取得したが，Xに約した許可を拒絶した。一審の商事裁判所は，Yらに対し，契約で定められた条件で特許を使用するためにXが必要とする，公証人作成の委任状（procuration notariée）の引渡しを遅延日毎20フランの損害賠償（アストラント）を付して命じ，控訴院もこれを支持した（ただし，アストラントは控訴院判決送達後2月のみ進行するとした）。Yらは破毀を申立て，特許は消滅し，履行は不能であるのに，原判決が損害賠償ではなく履行を命じたことは民法典1142条及び1234条に反する等と主張したが，破毀院は，Xは委任状の形で現状の特許に関する権利行使の許可のみを求めており，原判決は消滅した物の所有権の移転や実効性ある委任状の引渡しを命ずるものではない等として，破毀申立てを棄却した。

[195] Req 27 juin 1939 は，Yが，夫の債権者Xに対して，夫の債務について，支払い（payement）又は当該債務の額を限度とするYの法定抵当権（hypothèque légale）の代位により弁済することを約したが，これを履行しないことから，アストラントを付して，Yの法定抵当権についてXを代位させること，Yがこの代位を承諾しないならばXに対して債務不履行による損害賠償を支払うことが命じられた事例である。

[246] Kayser, n° 9 ; Chabas et Deis, J-Cl. n° 26. なお，[127] Req 18 mars 1912 は，売買の一方の予約につき相手方が予約完結の意思表示をした事案で，予約者は売買を実現せねばならず，これをしない場合には，裁判がそれに代わるとする原判決を是認する。

[247] Chabas et Deis, J-Cl. n° 27 et s..

[248] [63] Req 28 déc. 1886 は，収支計算報告（reddition de compte）についてアストラントを付した原判決を是認した。reddition de compte については，中村紘一他監訳『フランス法律用語辞典（2版）』（三省堂，2002年）263頁参照。

[249] [140] Civ 1er déc. 1914. 刑事判決（jugement correctionnel）において，A新聞の経営者Yに対し，Xの反論文の掲載を拒んだことにつき16フランの罰金（amende）

mainlevée d'une hypothèque)[250]，店の閉鎖[251]，棺の掘り起こし[252]，取り外された内装の修復[253]，摘出した皮膚の返還[254]等がある。隣人紛争に用いられることもしばしばで，近隣者の権利を無視して設けられた工場設備の除去[255]，

及び20フランの損害賠償と共に，判決が確定（définitif）してから１週間後に発行される最初の号のＡ新聞に，Ｘの反論文を掲載すること，当該反論文を掲載しない号毎に50フランのアストラントが命じられた。その後，ＸはＹに対して損害賠償等の他200フランのアストラントについて（差押え前の）催告（commandement）をしたが，Ｙはアストラントの支払いを拒み，催告に対する異議（opposition）を申立てたが，原審は異議を認めず，破毀院も原審を支持する。

[250] [88] Req 11 mai 1898. 本編注156参照。

[251] [191] Crim 20 janv. 1938. 軽罪裁判所（控訴審）が，酒類提供店（débit de boissons）の所有者に対し，私訴当事者（partie civile）である近隣の喫茶店主ら（cafetiers）に対する損害賠償の支払いと共に，店の閉鎖をアストラントを付して命じた。破毀院も，刑事裁判所によるアストラントの発令を許容する等して，上記判決に対する破毀申立てを斥ける。

[252] [461] Civ I 12 avr. 1972. 本編注156参照。

[253] [190] Crim 13 janv. 1938. 歴史的建造物として登録された建物内の内装を無許可で取り外したことにより，建物所有者と当該内装の買主である古物商が起訴された刑事事件の附帯私訴（私訴当事者は文部大臣（ministre de l'Education nationale et des Beaux-Arts））において，原判決は被告人らに対し取り外された内装の修復をアストラントを付して命じた。原判決は罪刑法定主義に反し，法律の根拠を欠く，国のためのアストラントは許されない等とする被告人らの破毀申立ては，棄却された。

[254] [442] TGI Paris 3 juin 1969. 被告らは，原告（未成年女子）から，原告が被告らの撮影する映画に出演し，裸で刺青を入れさせること，その後この刺青の除去をさせること，この除去した刺青は被告らの所有物とする等の同意を得た。刺青を施すシーンの撮影が行われ，このシーンには，後日摘出される皮膚は高額で売られる旨のナレーションが付された。この刺青をした皮膚の摘出等により，原告は醜い瘢痕が残る等の被害を蒙り，提訴に及んだ。本判決は，原告の請求を容れ，当該合意を公序良俗に反する違法なもの（illicite, immorale et contraire à l'ordre public）としてその無効を宣言し，仮執行宣言を付して，３万フランの損害賠償，映画のなかの原告に関するシーンの削除，遅延日毎100フランで期間を１月とする威嚇的（暫定的）アストラントによる，原告の身体から摘出した皮膚の返還（restituer）を命じた。更に，その皮膚の返還の前に，裁判所が指定したＡ医師により適切な科学的方法で刺青を消すこと，この専門家の関与に必要な費用は被告の負担とすることも命じている。

騒音を遮断する性質の犬舎設置等の方法による，迷惑な犬のほえ声の停止[256]，生垣の刈り込み[257]等の例がある。

【3】 為さない債務

一般に，為さない債務についても為す債務と同様に取り扱われる[258]。継続的又は反復的な不作為を内容とする場合に有用性を発揮するとされる[259]。為さない債務についてアストラントを適用する例としては[260]，前述の俳優に対する出演禁止（1【3】）が有名であるが，その他，氏名の使用禁止[261]，

---

255 ［486］Civ I 9 mars 1977.
256 ［534］Versailles 4 juill. 1986. 犬の所有者に対し，騒音を遮断する性質の犬舎の設置又は同一の結果が得られる犬舎の改造による等，彼の選択によるいかなる方法によろうとも，妨害を停止することを，判決送達後から3月内に行うよう，遅延日毎100フランのアストラントを付して命じた。
257 ［560］Paris 27 sept. 1989. 土地所有者が，相隣者に対し，境界付近の樹木植栽に関する民法典671条を遵守せしめる権利を有する場合でも，thuras の生垣（haie）を2mの高さにすることを命じた判決については，thuras の刈り込みに適切な時期があること及び急激に剪定すれば枯れるおそれがあることから，その即時の履行を得ることはできず，当該生垣が最大の高さになるはずの日を定め，この措置にアストラントを付すことが相当であるとする。
258 Chabas et Deis, D n° 29. Chabas et Deis, J-Cl. n° 36. ただし，［289］Colmar 15 juin 1951 は，威嚇的なアストラントは為さない債務については考えられないとする。なお Denis, n° 19 は，為さない債務については，暫定的アストラントよりも確定的アストラントを命じた判決の方が多いことは確かであるというが，近時の学説は，為さない債務についてのアストラントの適用を容易に肯定することを強調する。
259 Chabas et Deis, J-Cl. n° 36 ; Chabas et Deis, D n° 29. Cf. J. et L. Boré, n° 37.
260 Larher-Loyer, *op. cit.*, p. 261 によると，Centre de Documentation Juridique de l'Ouest のデータバンクでは，為さない債務の場合は，とくに競争事件・隣人紛争に関するものが目立つようである。
261 ［19］Civ 6 juin 1859（Nadar 事件）は，ペン・ネームの使用禁止の事例である。原判決は，被告（原告の弟）らに対し，原告のペン・ネーム（pseudonyme）である Nadar の名の使用を禁止し，違反する場合には，身体をもって，違反毎50フランの支払いを命ずる等とした。破毀院は，違反毎に50フランの支払いを命ずることは，この禁止の制裁にすぎず，民法典5条が禁じた一般的規則制定的処分（dispositions générales et réglementaires）に当たらないが，身体拘禁を命じた部分は，身

第 1 編　アストラント概観

不正競争行為の禁止[262]，通行権行使に対する障害物設置の禁止[263]，近隣者の生活を妨げる行為の禁止[264]，共同の中庭の一定の利用方法の禁止[265]，放送の禁止[266]等がある。

　　体拘禁が商事債務については200フラン以上の支払いの場合に認められるにすぎず（1832年 4 月17日の法律 1 条），且つ，債務者の兄弟のために命ずることはできない（同法19条）として，この部分を破毀，取消した。Observateur の語を含む名称を付した新聞の発行禁止につき［322］Trib. com. Seine 18 janv. 1954. なお，氏名権（le droit au nom）に関するアストラントの適用例に関しては，Denis, n° 22.

[262]　［107］Req 9 mai 1904. 会社の創設年に関する虚偽広告が不正競争行為に相当するとして，以後何らかの方法で，会社の創設年を1889年より前であると示すことを禁じ，その違反につきアストラントを命じた原判決を支持した。［575］Soc 13 nov. 1990 は，競業避止条項（clause de non-concurrence）に違反する不正競争行為の停止が，アストラントを付して命じられた事案に関する。同判決については，第 4 編注254参照。

[263]　［62］Req 13 déc. 1886. このようなアストラントは，制裁にすぎず，民法典 5 条が禁じた一般的規則制定的処分に当たらないとする。前掲［19］Civ 6 juin 1859（Nadar 事件）と同旨である。

[264]　騒音の停止を目的として一定の行為を禁止し，アストラントを付した例として，次のようなものがある。［441］Civ II 30 mai 1969 は，原告と同じ建物に住み，夜間の仕事により騒音を発生させた菓子業者に対し，原告の住居の上の階で営業財産を利用すること（exploitation de son fonds de commerce）を禁止し，これにアストラントを付した原判決について，アストラントを命じたことは所有権侵害とする破毀申立てを棄却した。［594］Civ II 16 juill. 1992は，ball-trap の営業が近隣に限度を超える生活妨害を生じているとして，その営業を行う会社およびスポーツクラブに対し，効果的な防音工事が行われるまでその活動の停止が命じられた例。同判決については，本編注39参照。

[265]　［99］Req 8 janv. 1901. 共同の中庭において，原告の家の扉又は食堂の窓の前で，ベンチの利用や椅子をすえる等し濫用的な方法で留まること（stationner）又は留まらせることの禁止と共に，違反毎に損害賠償の名目で50フランを命じた判決に対する破毀申立てについて，民法典 5 条が禁じた一般的規則制定的処分に当たらず，このような制裁は威嚇的性格を有するにすぎない等として，申立てを棄却した。

[266]　［554］Civ I 22 nov. 1988. 第 3 編注209参照。

第3章　アストラントの適用範囲

3　アストラントの補充性の否定

次に，アストラントの補充性（subsidiarité）の問題についてみておく。Chabas et Deis は，この問題について，「(強制的又はそうではない) 本来的履行（exécution en nature（forcée ou non））を得るための法的方法を債権者が有する場合に，アストラントは常に可能か」と説明する[267]。このアストラントの補充性の問題は，日本法上の間接強制の補充性の問題に相当する。ただし，両者の補充性の捉え方は必ずしも同じわけではないようである。本書の冒頭（序論(ｱ)）で述べたように，日本の間接強制については平成15年（2003年）の民事執行法の改正により，金銭債務を除き，補充性を外す改正がなされているが，この改正前において，間接強制の補充性を肯定していた従来の日本の通説[268]は，債務の類型を基準に，一つの債務には一つの執行方法しか認めないとの考え方を前提にするものであって[269]，他の執行方法の適用が可能な債務については，その執行方法が実際には奏効しなくとも，間接強制の適用は否定する趣旨であったと考えてよかろう[270]。しかし，アストラントの補充性の議論では，補充性を肯定するとしても，他の方法の適用が可能な類型の債務について，その方法が実際に奏効しないならば，アストラントの適用を否定するわけではないようである[271]。

---

[267]　Chabas et Deis, J-Cl. n° 38.

[268]　間接強制の補充性を認める従前の通説につき序論注5，これを批判する学説につき序論注7参照。

[269]　鈴木忠一＝三ヶ月章編『注解民事執行法(5)』（第一法規，1985年）45頁及び102頁（富越和厚），森田修『強制履行の法学的構造』（東京大学出版会，1995年）337頁。

[270]　ただし，鈴木＝三ヶ月編・前掲『注解民事執行法(5)』99頁（富越）は，民事執行法制定前の通説につき，「不作為債務において違反物の除却又は適当処分が許される債務であっても，これによる実効が上がらない場合，たとえば，通行妨害禁止債務において，障害物の除却をしても，人力をもって通行妨害をするときは，間接強制の適用を否定するものではなかったようである」とする。

[271]　J. et L. Boré, n° 31 は「補充的手段」であることの意味を「差押えが不奏効のままである（demeurée infructueuse）場合又は公の武力の関与の拒絶の場合にのみ，

第1編　アストラント概観

アストラントの補充性の議論において，他の履行強制方法として問題にされるものには[272]，日本の金銭執行に相当する各種の差押え（saisie）[273]，動産の引渡執行に相当する特殊な差押え[274]，不動産の引渡（明渡）執行に相当する明渡処分（(mesure d') expulsion）[275]，代替執行に相当する民法典1143条及び同1144条が定める方法（moyen de substitution）[276]がある。更に，「公の武力による執行（exécution *manu militari*）」が問題にされることがある[277]。これ

命ぜられることができる」ものと説明する。また，Viot-Coster, p. 170 は，補充性の語を用いてはいないが，「法的手段が，履行に至るのに実効性がない（inefficaces）ことを露呈する場合にのみ」アストラントの利用を限定する考え方について問題にする。このように，両者は，他の方法が奏効しない場合はアストラントが許されることを前提にして，補充性を観念する。

272　Chabas et Deis, J.-Cl. n° 38 ; Viot-Coster, p. 170 et s. ; Starck, Roland et Boyer, n° 586.

273　各種の差押えの内容につき，山本和彦『フランスの司法』（有斐閣，1995年）62頁以下参照。

274　動産の引渡しの執行方法として，1991年法は差押え＝獲取（saisie-appréhension）を設ける（同法56条）。同法以前の動産引渡執行にはかなり不備があったようである。Taormina, Le nouveau droit des procédures d'exécution et de distribution, 1993, n° 209 によると，差押え＝獲取に相当する1991年法以前の一般的な方法は saisie-revendication であったが，適用範囲が制限されており，契約上の引渡債務には用いることができず，この場合に利用し得るのはアストラントのみであった，という。なお，山本・前掲書79頁以下参照。

275　1991年法61条以下参照。また，山本・前掲書80頁以下参照。なお，明渡処分については，長らく法の欠缺の状態が続いていたところ，1991年法により，はじめて法整備がされている。Perrot et Théry, n° 690 ; Projet de loi, Doc. AN 1989-90, n° 888, p. 27.

276　Perrot et Théry, n° 112.

民法典1143条「ただし，債権者は義務（engagement）の違反により為されたことの除去を請求する権利を有し，債務者の費用によりそれを除去する許可を受けることができ，必要がある場合には損害賠償を妨げない」。

民法典1144条「債権者もまた，不履行の場合には，自ら債務者の費用により債務を履行させる許可を受けることができる。債務者は，この履行に必要な額の前払いを命じられることがある」。同条後段は1991年法82条により追加されたものである。

277　たとえば，Chabas et Deis, J.-Cl. n° 38.

は，公の武力（force publique）を担う警察又は憲兵隊（gendarmerie）（あるいは軍隊）の援助によって行われる執行を意味すると考えられる[278]が，具体的にどのような場合がこれに該当するかは，論者により異なり，明らかではない。たとえば，M. Donnier は，公の武力により人を立去るべきではない場所に連れ戻すもので，専ら人事法（droit des personnes）に関するもので債権法（droit des obligations）には関係しないとし，かつては夫婦同居義務に用いられ[279]，今日では子の引渡義務に用いられるとする[280]。一方，Vincent et Prévault は，公の武力による執行として，明渡処分及び執行士の援助のために公の武力が関与する場合を挙げる[281]。思うに，この概念は，狭い意味では，M. Donnier のいうような意味であるにせよ，広い意味では，Vincent et Prévault の挙げるものを含み，結局，金銭以外の物又は人の引渡しの直接強制を意味し，執行を担当する執行士の求めに応じて，公の武力による援助がなされうる（又はなされる）場合を指すものと思われる[282]。なお，公の武力

---

278 Perrot et Théry, n° 114 ; Vincent et Prévault, Voies d'exécution et procédures de distribution, 19ᵉ éd., 1999, pp. 21-22 ; M. Donnier, Voies d'exécution et procédures de distribution, 5ᵉ éd., 1999, pp. 4-5, note 5.

　なお，《manu militari》は，「公の武力により（par la force publique）」の意味（Roland et Boyer, Locutions latines du droit français, 4ᵉ éd., 1998, p. 294）又は「軍事的協力により（par la main militaire）」の意味で，「公の武力，警察又は憲兵隊の援助を伴って，命令又は債務の履行に用いられる」とされる（Roland, Lexique juridique. Expressions latines, 1999, p. 107）。また，公の武力（force publique）については，Cornu, Vocabulaire juridique, 8ᵉ éd., 2000, p. 392 は，「法律行為の履行及び治安の維持を，必要により実力（force）を以って，確保するために公権力（autorité des pouvoirs publics）の下に置かれる武装した公務員（agents）の総体」という。中村紘一他監訳『フランス法律用語辞典（2版）』（三省堂，2002年）152頁も参照。

279 公の武力による執行はかつて夫婦の同居義務に用いられたが，今日の判例はこれを否定することについて，本章1【4】参照。

280 M. Donnier, Voies d'exécution et procédures de distribution, 5ᵉ éd., 1999, pp. 4-5, note 5.

281 Vincent et Prevault, Voies d'exécution et procédures de distribution, 19ᵉ éd., 1999, pp. 21-22.

282 本文で後述する Planiol et Ripert や Kayser は，公の武力による執行をこのような広い意味で捉えているものと思われる。Perrot et Théry, n° 114 も，明らかではな

による執行は，狭く解する場合のみならず広く解する場合でも，人的執行に通じると理解されていること[283]，明渡処分すなわち不動産の明渡執行についても，このような理解が当てはまること[284]にも併せて留意しておきたい。

さて，判例は，アストラントの補充性を否定すると解される[285]。これは，

いが，同様ではないかと思われる。また，第2編第2章1で示す執行文の文言参照。

[283] M. Donnier, *op. cit.*, p. 4, note 5 ; Vincent et Prévault, *op. cit.*, pp. 20-21（公の武力による執行を，人的執行の項目の下で扱う）; Perrot et Théry, n° 114.

[284] 明渡処分の実施に伴う困難及び人道的な配慮の必要性につき，Perrot et Théry, n° 689.

[285] Chabas et Deis, J-Cl. n° 39 ; Chabas et Deis, D n° 19 ; Perrot et Théry, n° 73 ; Viot-Coster, p. 170.

　参照判例として，しばしば挙げられるのは［94］Req 6 fév. 1900 である（Chabas et Deis, J-Cl. n° 39 ; J. et L. Boré, n° 31 ; Planiol et Ripert, Traité pratique de droit civil français, t. VII, 2ᵉ éd., 1954, n° 789, p. 102, note 1 ; Kayser, p. 218, note 35 ; Viot-Coster, p. 170)。これは次のようなものである。第一審（治安判事）は，被告が設けた障壁が，通行（地役）権（droit de passage ; servitude de passage）を占有する原告の通行を妨害するとして，この障壁を判決送達から5日内に除去するように命じ，当該期間内に履行がない場合には，被告の費用により当該障壁の除去及び原状回復を行うことを原告に許可し，被告はその費用を償還せねばならないとし，更に損害賠償の名目で30フランの支払いを命じ，原審もこれを支持した。被告は破毀申立てをし，faute の存在も損害の存在も確認しないで，損害賠償の支払いを命じたことは違法である等と主張したが，破毀院はこれを斥け，この30フランの支払いを命ずる裁判は，faute により生じた損害の賠償を命ずるものではなく，専ら，被告が付与された期間内に除去をしない場合についての，不確定なもの（titre éventuel）にすぎないとする。この破毀院判決は，一般に，代替執行が可能な場合に（Viot-Coster は民法典1143条に基づく方法が可能な場合と解するようであるが，Kayser は民法典1144条に基づく方法が可能な場合とするようであり，後者が正当であろう），アストラントの適用を認めたものと解されるにとどまるようであるが，更に，代替執行とアストラントの同時併用を認めるものと解することもできよう。

　公の武力による執行が可能な場合にアストラントの適用を肯定した例としては，［51］Req 26 juin 1878 が挙げられる（V. J. et L. Boré, n° 31)。これは，同居義務について「裁判官は，場合に応じて，最も実効的な又は最も事情に適合する強制方法，とくに損害賠償を命ずる有責裁判を用いることについて，自由である」とする。もっとも，同居義務については，公の武力・アストラントのいずれの利用についても，現在の判例は否定的とみられる。この点は本章1【4】参照。

第3章　アストラントの適用範囲

既に述べたアストラントの様々な適用事例からも明らかであろう。学説の多くも，判例の立場を追認するようである[286]。Chabas et Deis は，判例が補充性を否定する理由を次のように分析する[287]。

　第一に，アストラント以外の方法が実際に機能しなくなっている場合があることが挙げられる。これは，具体的には，明渡処分の場合である。後述のように[288]，とくに第二次世界大戦末期以降，裁判所が建物の明渡しを命じても，行政側は社会的・人道的な理由から公の武力の援助を拒絶するために，明渡処分が実施できない事態が頻発するようになり，裁判所はこの事態にアストラントを以って対処するようになる。こうした明渡処分の機能不全現象は，アストラントの利用急増の原因と考えられるが，のみならず，アストラントの補充性を否定する理由として，しばしば指摘される[289]。なお，この種のアストラントは濫用が問題になり，「明渡事件において裁判所が定めるアストラントに威嚇的性格を与えると共にその額を制限する」1949年7月21

　　　なお，金銭債務にアストラントの適用を認めた［343］Com 17 avr. 1956 は，「本件では，支払いを得るための実効的な方法が他に全くないので」と述べるので，補充性を認めたと解する余地もある。しかし，この判決を根拠にして，今日の判例が補充性を肯定していると解することはできない。というのも，金銭債務にアストラントの適用を認めるその後の破毀院判決には，このような制限的な文言は見当たらないからである。また，［343］Com 17 avr. 1956 の上記文言については異なる解釈もある。以上については，本章2【1】参照。

286　Chabas et Deis, D n° 20. 補充性を否定するものとして，Chabas et Deis, J-Cl. n° 38（もっとも，「アストラントの極めて実践的な性格のために，この問題に答えるのは容易ではない」こと，アストラントの補充性は「しばしば肯定された」こと等も指摘する）; J. et L. Boré, n° 31 ; Perrot et Théry, n° 73（ただし，アストラントの補充性は長い間肯定されていたという）; Jeandidier, op. cit., n° 12 ; Kayser, n° 7 ; Viot-Coster, p. 171 ; Starck, Roland et Boyer, n° 586 ; du Rusquec, J-Cl. pr. civ., Astreintes, fasc. 2130, 1994, n° 7 et s.（「アストラントの補充性を語りうるのは特別な場合のみにすぎない」という）。しかし，Denis, n° 16 は，「アストラントは強制方法である。故にそれは強制執行（exécution forcée）が不可能である又は単に困難な場合に用いられるべきである」という。

287　Chabas et Deis, J-Cl. n° 39.

288　第1編第4章【4】，第2編序・第2章1参照。

289　Starck, Roland et Boyer, n° 586 ; du Rusquec, op. cit., n° 8 ; Viot-Coster, p. 172.

日の法律により，制限されるに至る[290]。

アストラントの補充性が否定される理由の第二として，Chabas et Deis は，アストラントは簡便な方法（procédé commode et facile à obtenir）であって，しばしば債権者にとって厳密な意味の執行方法より好ましいことを挙げ[291]，レフェレの手続で迅速にアストラントを得られることも付言する[292]。また，以下のような Planiol et Ripert の記述を引用する。「実力による方法（les moyens de force）は，過激，複雑で，債務者にとってやや不名誉で，時に滑稽で，持続的な実効性（efficacité durable）に欠ける方法にすぎない。しばしばもっと簡単なのは，債務者自身の行為によって，彼が為すべきことの履行を得るよう試みることである」[293]。ここで Planiol et Ripert が「実力による方法」というのは，公の武力による執行のようである[294]。J. et L. Boré も同様に「公の武力の利用は乱暴な（brutal）方法で，しばしば持続的な結果（résultat durable）を欠く」という。また，J. et L. Boré は，差押え（金銭執行）についても「長く，費用のかかる手続である」といい[295]，Starck, Roland et Boyer も同様の指摘をする[296]。すなわち，公の武力を用いる直接強制は苛酷で，最終的な解決にならない場合が少なくなく，差押えもとくに時間・費用に難があると評価されるのに対し，アストラントは穏便で，最終的な解決を得やすく，迅速・廉価に手続を行いうる，要するに簡便な方法と評価されている。アストラントが簡便であるとの認識は，かなり強いようであり，おそらくは，これがアストラントの補充性を否定する最大の理由ではないかと思う。

ところで，以上の Planiol et Ripert 等の見解は，公の武力による執行や差押

---

[290] 第2編第3章参照。

[291] Viot-Coster, p. 171 も，アストラントの補充性否定の理由として，強制執行（exécution forcée）の手続より利用しやすく簡単なことを挙げる。

[292] なお，「レフェレ＝アストラント」の危険性が指摘されることについて，後述本文参照。

[293] Planiol et Ripert, Traité pratique de droit français, t. VII, 2ᵉ éd., 1954, nᵒ 789.

[294] Planiol et Ripert, op. et loc. cit..

[295] J. et L. Boré, nᵒ 31.

[296] Starck, Roland et Boyer, nᵒ 586（執行方法に関する記述であるが，差押えを意味するものと解してよいであろう）。同旨，du Rusquec, op. cit., nᵒ 8.

えすなわち直接強制を念頭に置いたもので，民法典1143条・1144条による方法（代替執行）まで視野に入れているわけではないようである。代替執行が可能な債務に，アストラントの適用を肯定する理由については，Kayser の次の指摘がある。「その理由は，この有責裁判［訳注：アストラント］が債務者にとってより有利でありうる，ということである。この有責裁判は，債務の履行のイニシアティブを債務者に残す。すなわち，債務者にとって最も費用のかからない（onéreuse）又は最も厄介でないやり方で債務を履行しうる」[297]。このように，代替執行との関係では，とくに債務者にとって便宜なことが，アストラントの補充性を否定する理由と考えられているようである。

更に，Chabas et Deis は，アストラントの補充性が否定される第三の理由として，債権者のみならず，裁判所にとっても，債務者にとっても，アストラントはメリットがあることを挙げる。すなわち，債権者には保護の多様化が図られる。裁判所は，アストラントにより，命令に対する不服従の制裁を備えることになるから，実際的な効用があるとする[298]。併せて，裁判所の命令不服従の制裁というアストラントの特殊性は，補充性否定に有利に作用すると指摘する[299]。債務者にとってのアストラントのメリットについては，Chabas et Deis は，再び次のような Planiol et Ripert の記述を引用する。「債務者については，最後にもう一度彼自身の履行を促すことにより，彼の信用と自由に配慮がなされる」[300]。Planiol et Ripert がここでアストラントとの比較の対象にするのも，公の武力による執行のようであるが，そうした直接強制に比べて，アストラントは，任意履行に近い形で対応できるから，人格尊重の理念に資するとの趣旨と解せられる。また，Kayser は，アストラントが強制執行（exécution forcée）の許される債務に適用されることについて，「債務者は，公の武力による執行（exécution *manu militari*）が呈する，彼の人格の侵害を免れる」という[301]。ここでは，公の武力による執行が人格尊重

---

[297] Kayser, nº 7.

[298] このようなアストラントの評価は，明渡処分の機能不全に対処するためにアストラントが活用されるようになった経緯とも関連付けて理解する必要があろう。V. Chabas et Deis, D nº 19.

[299] 同旨，Perrot et Théry, nº 73.

[300] Planiol et Ripert, *op. et loc. cit.*.

第1編　アストラント概観

の理念に反すること，アストラントは，公の武力による執行がもたらす人格侵害を回避できるので，人格尊重の理念に資することが，一層はっきりと指摘されている。

　アストラントが人格尊重の理念に資するとの考え方について，若干補足すると，その前提として，公の武力による執行（明渡処分すなわち不動産の明渡執行も含めて考えられる）は人格尊重の理念に反するとの認識が強いことがわかる[302]。理由は，実力の行使によって，債務者の名誉[303]・住居の保障[304]等広く人格的利益が害されるためのようである。アストラントが人格尊重の理念に資する理由について，Kayser は，こうした公の武力による執行の人格侵害を回避できることをいうにとどまるが，Planiol et Ripert 及びこれを引用する Chabas et Deis は，更に，アストラントでは任意履行に近い形で対応できる点に着目するようである。すなわち，アストラントでは，意思に圧迫を加えるにせよ，債務者は履行しない旨の意思決定の自由を，完全に奪われるわけではなく[305]，曲がりなりにも債務者が自らの意思で行動する形をとるから，人格尊重の理念に資すると考えられているようである。

　ところで，アストラントは，補充性を否定されるにとどまらず，他の方法を凌駕する代替手段となって債権者に濫用されるのではないかという懸念も，一部に存在する。たとえば，M. et J.-B. Donnier は，次のようにいう。アストラントが「差押えを押しのけて行き過ぎたものになって，債権者の側の計画的な行動手段になる危険はないか？　この危険は存在するし，仮払いレフェレ（référé-provision）と同様の成功を収める『レフェレ＝アストラント

---

[301]　Kayser, n° 7. 同旨，Viot-Coster, p. 171.

[302]　本章 3 の冒頭の「公の武力による執行」に関する説明，アストラントの補充性を否定する理由の第二点（アストラントの簡便性）に関して引用した Planiol et Ripert の記述も参照。

[303]　本章 3 で先に引用した Planiol et Ripert の記述参照。

[304]　Perrot et Théry, n° 688. 生活の本拠たる住居についての明渡処分は，転居先がない場合，債務者及びその家族を路頭に迷わせる結果となる等の指摘がある。

[305]　H., L. et J. Mazeaud et Chabas, Leçon de droit civil, t. II, 1er vol., 9e éd., 1998, n° 948 は，「アストラントは債務者の自由を，間接的に損なうにすぎないのであって，この債務者は，裁判官の命令に従うのを拒絶する可能性を，少なくとも理論的には，保持している」との考え方が，今日の判例の立場であるという。

(référé-astreinte)』の出現をみることも，考えられないわけではない。望むべきは，裁判官がこの点について慎重な態度を示し，このような脱線を妨げることである」[306]。Blanc も類似の問題に言及し，アストラントは，差押え＝帰属（saisie-attribution）（日本の債権執行に相当する）や差押え＝売却（saisie-vente）（日本の動産執行に相当する）等のような手続の遅延を懸念せずに利用でき，他の方法を代替する，より便利な手段たりうることや，レフェレ＝アストラントの可能性に触れ，「アストラントが全ての執行手続のなかで最も簡易で，最も経済的で，最も活発なものになりうる」という[307]。この Blanc の叙述によれば，債権者がアストラントを好むであろう理由は，手続が簡易・廉価・迅速なことのようであるが，その他に，アストラントが債権者に利益を生むことも，看過し得ない。債権者によるアストラントの濫用の問題は，とくにこのアストラント金の帰属に関連すると思われるが，アストラント金の扱いが難題であることは，後にみる[308]。

4　小括——日本の間接強制の補充性論との比較

裁判以外の執行名義に基づいてアストラントを発令することは認められていないが，本来の債務の履行を命ずる裁判が許される（請求権に訴求可能性が認められる）限り，アストラントの適用はほぼ否定されないようである（ただし，一定の建物明渡債務に適用されるアストラントには，1949年7月21日の法律による特別な制限がある）。一般に間接強制は性質上は適用範囲を制限されないが，アストラントの適用範囲もほぼ同様に考えられる。しかし，これはアストラントの適用が許される範囲のことであって，実際に適用される範囲ではない。本章の冒頭でも述べたように，アストラントを実際に適用するか否かは，裁判所が，各事案毎に実効的か否かを考えて，裁量的に判断する。すなわち，アストラントの適用は，個別具体的な実効性（についての裁判所

---

[306]　M. et J.-B. Donnier, nº 377.
[307]　Blanc, pp. 63- 64. ただし，Blanc は，アストラントが「一時しのぎの手段（palliatif）」にすぎず，奏効しない場合は差押えが必要になることを付言する。なお，Blanc がアストラントを執行方法の一種と解することにつき，本編注110。
[308]　とくに第4編第3章参照。

の裁量的判断）を基準に制限される。このアストラントの行き方は，裁判所に広い裁量を認めるものであって，恣意的になるおそれがあるにせよ，間接強制の実効性を確保する仕組みとして合理性が認められよう。

アストラントの補充性が否定される根拠としては，上述のように，様々な点が挙げられる。このうち，明渡処分すなわち不動産明渡執行の機能不全現象は，アストラントの補充性が否定される方向に向かう，直接的な契機となったという意味で，看過しえないが，補充性を否定する根拠として十分なものとはいえない。アストラントの補充性を否定する根拠として最も重要なのは，簡易・迅速・廉価で実効的なことであり，人格尊重の理念に親しみやすいことも，少なからず重要な根拠となっているように思う。

日本では，平成15年の民事執行法の改正前，間接強制の補充性を肯定する主な根拠として，間接強制は人格尊重の理念に適しないこと及び手続経済に反する（迂遠ないし実効性に乏しい）ことの二点が挙げられていた[309]。そこで，日仏の間接強制を比較すると，人格尊重の理念との関係においても，手続経済の要請との関係においても，従来，ほぼ正反対の理解がされていたことになる。フランス法の立場に照らすと，間接強制は，人格尊重の理念に適しないわけではないし，手続経済の要請に，常に反するわけではないと思う。故に，従来の日本の間接強制の補充性論には賛成できない。以下，若干敷衍する。

まず，間接強制と人格尊重の理念の関係であるが，この点に関する日仏の理解の相違と，いわば表裏するような形で，直接強制と人格尊重の理念の関係についても，日仏の理解は異なる。すなわち，日本の従来の通説は，直接強制は，「債務者の身体や意思に圧迫を加えない」[310]から，人格尊重の理念に適するが，間接強制は，債務者の意思に圧迫を加えるため，人格尊重の理念に適しないとする。一方，フランスでは，直接強制が必ずしも人格尊重の理念に適すると考えられているわけではない。とくに日本の不動産引渡（明渡）執行に相当する明渡処分については，実力行使により住居の保障や名誉

---

309 我妻栄『新訂債権総論』（岩波書店，1964年）89頁，91頁及び93頁，兼子一『増補強制執行法』（酒井書店，1951年・1955年）286頁，鈴木忠一＝三ヶ月章＝宮脇幸彦編『注解強制執行法(4)』（第一法規，1978年）164頁及び165頁（山本卓）等。
310 我妻・前掲『新訂債権総論』88頁。

等人格的利益を害するおそれがあるので，人格尊重の理念に反するおそれがあると受けとめる傾向が強い。それに対し，アストラントつまり間接強制は，直接強制による人格侵害を回避できるし，任意履行に近い——意思に圧迫が加えられるにせよ，債務者は履行しない旨の意思決定の自由がある——から，人格尊重の理念に資すると考えられている[311]。

このようにみると，直接強制や間接強制が人格尊重の理念に適するかにつき，日本の従来の通説は，専ら意思及び身体に対する圧迫の有無のみを基準に判断するのに対し，フランスの考え方はそうでないことがわかる。すなわち，フランスでは，人格尊重の理念に適するか否かを判断するのに，意思や身体に対する圧迫の有無のみならず，名誉・生活に関する利益等広く人格的利益に対する影響を問題にする。そうして，直接強制については，実力行使が人格的利益に及ぼす影響を深刻に受けとめる。また，間接強制については，意思を圧迫する面のみならず，意思決定の自由が残されている（任意履行に近い）面も考慮する。日本の従来の通説よりも，具体的・実際的で，説得力があるように思う。

日本の従来の通説が観念的・形式的に過ぎることは，既に指摘されてきた[312]が，フランス法の立場に照らせば，そのことは一層明らかになろう[313]。

311　本章3参照。

312　鈴木忠一＝三ヶ月章編『注解民事執行法(5)』（第一法規，1985年）101頁（富越和厚）は，「人格尊重の理念が心理強制手段を回避させるとの理解」について，「人格尊重の理念は，より具体的に身体拘束の禁止，債務者の名誉，住居の平穏，最低生活の保障という方向において見出すべきものであったといえよう」とする。フランス法の考え方はこのような方向にあるといえよう。

　直接強制が人格尊重の理念に適するというのは形式的であると批判するものとして，星野英一『民法概論Ⅲ』（良書普及会，補訂版，1981年）40頁（直接強制について「債務者の身体に直接触れないというだけであって，やることは，明渡の執行などでは債務者の家具を外へ出してしまったりするわけで，むしろ実力の行使は激しく，債務者に大きなショックを与える」という），中野貞一郎『民事執行法（新訂4版）』（青林書院，2000年）10頁等。

　なお，日本でも，とくに住居の明渡執行について，生活の本拠を奪う故に，苛酷執行にならないよう配慮が要請されるとの指摘もされている。石川明「住居明渡執行における債務者保護について」曹時32巻4号590頁以下（ドイツ法における住居

故に，日本の従来の通説には賛成できない。ドイツ法のように，間接強制に拘禁も加える（ドイツ民事訴訟法888条及び890条）ならば，人格尊重の理念との関係に疑問がありうるにしても[314]，専ら金銭の支払いのみを内容とし且つその金額が過剰でない限り，間接強制は実力を伴わず任意履行に近いので人格尊重の理念に親しむとするフランスの考え方を支持したい。

次に，手続経済の要請との関係であるが，日本で間接強制が迂遠，実効性に乏しいといわれてきたのは，不奏効の場合を前提とする又は不奏効の可能性があることに着目するためと思われる。確かに，間接強制では，奏効するか否かは債務者の意思にかかるから，不奏効の可能性は否定できない。しかし，間接強制のやり方次第で，その不奏効の可能性は小さくできるはずである。そうして，間接強制が奏効する場合には，手続が複雑で，かなりの時間・費用を要する直接強制に比べ，間接強制は簡易・迅速・廉価な手続となる。フランス法は，このような視点に立つ。すなわち，アストラントが奏効する場合を前提に，手続経済に資する方法と評価するものと思われる。

間接強制が他の執行方法よりも手続経済に反する場合があることも否定できないが，フランス法が示すように，反対の場合があることも否定できない。にもかかわらず，日本の従来の通説が，一律に，間接強制を手続経済に反す

　　　　明渡執行についての債務者保護規定を紹介し，日本法上も，同様の基準に照らして，住居明渡執行が債務者にとって著しく苛酷である場合は違法になると解してよいとする），中野・前掲『民事執行法』665頁。

[313] なお，日本の直接強制でも債務者の身体に対する実力行使が許されないわけではない。民事執行法6条1項本文は，「執行官は，職務の執行に際し抵抗を受けるときは，その抵抗を排除するために，威力を用い，又は警察上の援助を求めることができる」と定め，必要ならば抵抗者に直接手をかけて押し出す等の対人的な措置もできると解されている。香川保一監修『注釈民事執行法(1)』（金融財政，1983年）195頁（田中康久），鈴木忠一＝三ヶ月章編『注解民事執行法(1)』（第一法規，1984年）99頁（柳田幸三）。

[314] ドイツ法の間接強制の罰金及び拘禁と，人格尊重の理念（基本権）との関係に関し，エベルハルト・シルケン（石川明訳）「ドイツ民訴法における作為・不作為執行の今日的課題」法研74巻9号（2001年）94頁（大濱の質問に対するシルケン教授の答）参照。

るとみなすことには，賛成できない[315]。間接強制に補充性を付すやり方では，本来は間接強制により簡易・迅速・廉価に対応できるはずの事案において，それより複雑で時間・費用のかかる手続を，債権者に強いることになろう。フランス法のように，債権者による，間接強制と直接強制・代替執行の選択を認めた上で，個別の事案に応じて，裁判所が間接強制の実効性が乏しいと考える場合には，間接強制を認めないとする方が，手続経済の要請により適合するし，更には，前述のように，人格尊重の理念にも資するところがあるように思う。

　以上のようなことから，従来の日本の間接強制の補充性論には賛成できない。そうして，日本の間接強制の補充性を基本的に否定した平成15年の民事執行法の改正の方向は，支持されるべきものと思う。なお，金銭債務についての間接強制の適用の是非も問題になっているが，この点については本書の最後の部分で言及する（結論 2【2】㋪参照）。

---

[315] 中野・前掲『民事執行法』10頁は，間接強制は「その運用しだいではより迅速かつ効果的でありうることは，現在の実務における動産や不動産に対する金銭執行，あるいは不動産明渡執行が間接強制的にしか機能しない場合が多い事実からも窺える」という。また，森田・前掲『強制履行の法学的構造』335頁乃至336頁は，間接強制が直接強制に比較して効率のよい制度であることについて，具体的に論じている。

第4章　アストラントの初期の変遷

　本章では，第2編以降では基本的に扱わない，アストラントの発生期ないしその初期，すなわち，19世紀から20世紀初頭を中心に，一部の事項に絞って，アストラントの歴史的な経緯を概観する。本章でとりあげる事項は，発生時点（【1】及び【2】），用語（【3】），発生の契機（【4】），後のアストラントの基礎理論となる学説（【5】）である。

【1】　アストラント（暫定的アストラント）の出現
　アストラントは判例により生み出されたと考えられる[316]。最初にアストラントを認めた判例について，Chabas et Deis はおそらく［1］1811年3月25日の Gray 民事裁判所の判決であるとし[317]，その他に，［2］1824年12月28日の破毀院審理部判決をはじめとする諸判決を掲げる[318]。Viot-Coster は，この［2］1824年12月28日の破毀院判決を「大部分の学説にとって，この破毀院判決はアストラントの理論の源にあたる」とする。同判決は，「文書の

316　Chabas et Deis, J-Cl. n° 6 ; J. et L. Boré, n° 9.
317　Chabas et Deis, J-Cl. n° 6. 同旨，Ripert et Boulanger, Traité de droit civil, t. II, 1957, n° 1617. 同判決につき，Chabas et Deis, J-Cl. n° 6 は Cray と表記するが，Gray の誤りと思われ，D. jur. gén. V° Chose jugée に登載とのことであるが，該当箇所には見当たらなかった。

　　Ripert et Boulanger, *op. et loc. cit.* が同判決の典拠として挙げる Dorville, De l'intérêt moral dans les obligations, thèse Paris, 1901, p. 209, note 3 によると，Gray 民事裁判所は，1811年1月3日の判決で，Nへの30フランの損害賠償及び公の取消し（rétractation publique）をRに命じた後，Nの再召喚に基づき，同年3月25日には，1月3日の判決の履行まで日毎3フランをNに支払うよう，Rに命じた。なお，Dorville は同判決の典拠を明らかにしていない。

318　Chabas et Deis, J-Cl. n° 6 では，本文に掲げたものの他，［4］Req（Chabas et Deis, J-Cl. n° 6 は Civ とするが，誤りと思われる）29 janv. 1834 ;［5］Civ 4 juin 1834 等が挙げられている。

引渡しについて遅延日毎10フランの支払いを命じた……有責裁判は，本質的に推定的で威嚇的なもの（présomptive et comminatoire）にすぎない」とし，後に遅延を理由として請求された金額を，裁判所が事情を考慮して減額しても既判事項の権威（autorité de la chose jugée）に反しないとしたものである。最初にアストラントを認めた判例をどれと解するかは必ずしも明らかでないにせよ，19世紀前半にアストラントの仕組みが判例上に登場したといえる。この時期のアストラントは専ら暫定的アストラントと解される[319]。後述のように，暫定的アストラントに遅れて，確定的アストラントが判例上に現れるが，その後も長い間，専ら暫定的アストラントのみが真正のアストラントと考えられたようである。

【2】 確定的アストラントの出現

　確定的アストラントについては，Chabas et Deis は，1862年11月17日のDouai 法院判決が最初にこれを認めたと解するようである。同判決は，為す債務と共に，不履行の場合につき遅延日毎25フランの支払いを命じた有責裁判は「絶対的で確定的なものであり（absolue et définitive），文言上，これを推定的で威嚇的と解することはできない」とする。同判決に対しては，履行確保のための本案有責裁判に付随する有責裁判に威嚇的性格を認めないことは，既判事項の権威に関する民法典1351条違反とする破毀申立てがなされたが，[32]破毀院民事部の1865年1月24日判決は，この裁判は「確定的，絶対的で，いかなる区別とも相容れない（exclusive de toute distinction）」として，1862年11月17日のDouai 法院判決を支持している[320]。Denis は確定的アストラントの誕生した時期を明らかにすることはできない[321]としながらも，確定的アストラントに関すると確実にいいうる初期の裁判例として19世紀後半の判例を挙げている[322]。そこで，いずれにせよ，確定的アストラ

---

[319] Chabas et Deis, J-Cl. A. Définition et évolution de l'astreinte, 2° Historique.
[320] Chabas et Deis, J-Cl. n° 7 ; Viot-Coster, p. 37.
[321] Denis, n° 178.
[322] Denis, n° 184.［42］Douai 28 nov. 1873 ;［43］Req 14 juill. 1874 ;［87］Req 2 mars 1898 等を挙げる。なお，Chabas et Deis, J-Cl. n° 7 も，本文に挙げた Douai 17 nov. 1862及び［32］Civ 24 janv. 1865 の他に，参照判例として，[70] Req 9 janv. 1889 と

ントが現れるのは，19世紀後半になってからのことと考えてよいであろう。

【3】 アストラントの語

「アストラント（astreinte）」の語は元来は，強制を意味する[323]。この語が，判例上で最初に用いられたのは，Denis によると[324]，有名な Rosa Bonheur 事件に関する［34］1865年7月4日の Paris 法院判決[325] のようである。破毀院は［72］1889年3月20日の民事部判決[326] や［85］1897年12月1日の審理部判決[327] でこの語を用いている。このように「アストラント」の語が判例上で用いられるようになったのは，19世紀後半で，更に，この語が実務のなかに定着するのは，20世紀に入ってからである[328]。

19世紀及び20世紀初頭には，アストラントを示す語として，様々なものが用いられている[329]。これらの語には，制裁又は強制を含意するものと，損害賠償の意味を示すものがみられる。前者の例として，Denis は，「制裁（peine）[330]，刑事制裁（sanction pénale）[331]，金銭による強制（contrainte pécu-

---

共に，Denis が挙げる［43］Req 14 juill. 1874 及び［87］Req 2 mars 1898 を挙げる。

323 Le nouveau petit Robert, 1996 は，astreinte の語には法律用語としての意味の他に，「厳しい拘束（obligation rigoureuse），強制（contrainte）」の意があり，初出年は 1875 年で，動詞の astreindre の派生語とする。astreindre は，厳しく拘束する（obliger strictement）意で，ラテン語の *astringere* に由来する，とする。

324 Denis, n° 9.

325 ［34］Paris 4 juill. 1865 は，Rosa Bonheur という画家の絵を描く債務が問題になったもので，この判例については本編第3章1【3】参照。

326 Viot-Coster, p. 43 は，破毀院の民事部がこの［72］Civ 20 mars 1889 によりアストラントの語を初めて用いたとする。V. Chabas et Deis, J-Cl. n° 8 ; A. Esmein, p. 8, note 1.

327 Denis, n° 9 は，［85］Req 1ᵉʳ déc. 1897 により破毀院が初めてアストラントの語を用いたと解するようであるが，本文で述べたように，破毀院は既に［72］Civ 20 mars 1889 でこの語を用いている。V. A. Esmein, p. 8, note 1.

328 Denis, n° 10. アストラントの語は「19世紀の末までは滅多に用いられなかったが，1910年以降は，諸判決のなかで明らかに支配的である」という。

329 Denis, n° 9.

330 Denis, p. 12, note 3. たとえば，［10］Douai 5 déc. 1849 ;［60］Civ 25 nov. 1884.

331 Denis, p. 12, note 4. たとえば，［21］Orléans 3 déc. 1859 ;［56］Paris 1ᵉʳ avril 1882.

niaire)[332]，金銭の支払いを命ずる有責裁判（condamnation pécuniaire)[333]，罰金（amende)[334]，違約金条項（clause pénale)[335]，金銭による制裁（sanction pécuniaire)[336]，制裁（pénalité)[337]，強制（contrainte)[338]」を挙げ，損害賠償の意味を示す呼称としては，「賠償金（indemnité)[339]，とりわけ損害賠償（dommages-intérêts)[340]」を挙げる[341]。

この用語法のみから，アストラントの性質に関する初期の判例の立場を明らかにすることはできない[342]が，それでも，アストラントを強制・制裁と解する考え方と，損害賠償と解する考え方があることは看取できよう。

概していえば，判例は，アストラントを損害賠償の法理に依拠せしめる方

---

[332] Denis, p. 12, note 5. Denis は［22］Paris 31 déc. 1859 を挙げるが，同判決の判旨のうちには，金銭による強制（contrainte pécuniaire）の語は見当らず，アストラントを意味する語としては「損害賠償」の語が用いられている。

[333] Denis, p. 12, note 6. たとえば，［135］Req 20 oct. 1913.

[334] Denis, p. 12, note 7. たとえば，Trib. civ. Grasse 8 avril 1876. Denis は［45］Aix 12 août 1876 を挙げるが，むしろその原審の前掲判決で用いられたようである。

[335] Denis, p. 12, note 8. たとえば，［45］Aix 12 août 1876；［55］Civ 15 nov. 1881；［60］Civ 25 nov. 1884.

[336] Denis, p. 12, note 9. たとえば，［136］Crim 30 janv. 1914. もっとも既に「アストラント」の語も用いている。

[337] Denis, p. 12, note 10. Denis は［58］Lyon 7 mars 1883 を挙げる。ただし，「制裁（pénalité）」の語は当事者が用いたにとどまるようで，同判決自体は「損害賠償」の語を用いる。

[338] Denis, p. 12, note 11 ; Chabas et Deis, J-Cl. n° 8. たとえば，［37］Rouen 18 nov. 1868；［38］Civ 26 janv. 1870；［87］Req 2 mars 1898（確定的アストラント）.

[339] Denis, p. 13, note 1. たとえば，［55］Civ 15 nov. 1881；［92］Trib. civ. Béziers 21 juill. 1898（確定的アストラント）.

[340] Denis, p. 13, note 2. この例は多い。たとえば，［74］Civ 15 avril 1890；［94］Req 6 fév. 1900.

[341] Denis, n° 9. 更に，「損害賠償」の語がアストラントを指すのに用いられる場合に，「不確定的（éventuels）」「威嚇的（comminatoires）」という形容詞が付される場合があること，アストラントを指すのに，同一判決中で複数の語が用いられている場合があることも指摘する。

[342] Denis, n° 9.

第1編　アストラント概観

向に向かう[343]。それ故，損害賠償との関係が，アストラントの変遷過程の主たる問題点となる。

【4】　アストラントの出現の契機

裁判所がアストラントを用いるに至ったのは何故か。この点を明らかにするのは，難しい。Chabas et Deis は，アストラントの歴史に関し，「いかなる為す債務又は為さない債務も，債務者の側の不履行の場合には，損害賠償に変わる」と定める民法典1142条から説き起こして，次のように述べる。すなわち，個人の自由の保護を目的としたこの規定により，債務者は塡補賠償の支払いにより債務から解放されるが，これでは債権者（裁判の勝訴者）の保護に欠ける。そこで，判例は，債務者に履行を促すための間接的な強制手段として，アストラントを発明したとする[344]。

Denis は，判例によるアストラントの構築の理由として，「執行文の部分的な弱体化（faiblesse partielle de la formule exécutoire）」[345]とよぶ執行の機能不全と，民事上の債務についての身体拘禁の廃止の二点に注目する[346]。Denis によれば，「執行文の部分的な弱体化」は，とくに為す債務について問題になった。民法典1142条に関わらず，為す債務の履行の強制は一般に認められ，その例に，明渡処分があるが，この場合に「執行文の部分的な弱体化」が最も深刻に問題となった。すなわち，執行文には，執行士が執行を行い，請求があれば警察及び軍隊は援助する旨が記載されているが，実際には，執行士が単独で職務を執行できない事態が恒常化し，警察及び軍隊に援助を請求しても，この請求が拒絶される場合が多く，明渡処分を実効あらしめることはできなくなった。他方，身体拘禁の廃止も，債権者の権利保護とくに裁判の権威の確保についての配慮を伴わなかったことから，裁判に対する信頼を失墜させる要因となった。こうして，裁判が無意味になり，裁判所が実効的な強制手段を欠いていた状況で，裁判所がアストラントの制度を創造し発

343　本章【5】の A. Esmein の見解及び第2編序参照。
344　Chabas et Deis, J-Cl. n[os] 5-6. とくに顕著な問題事例として，離婚後の子の監護を認められた親に対し，前配偶者が子の引渡しを拒絶する場合を挙げる。
345　Denis, p. 417.
346　Denis, n[os] 5-6.

第4章　アストラントの初期の変遷

展せしめたとみるのが，Denis の理解のようである。Viot-Coster も，判例によるアストラントの構築の理由として，Denis と同様，債権者が執行文を得ても，実際には，執行が奏効しない状況をとりあげている[347]。

翻って，Denis は明渡事件で問題が恒常化したのは「数十年前から」と述べ[348]，別のところでも，第二次世界大戦直後の住宅難の時期に，同様の問題が深刻化した旨を述べている[349]。Viot-Coster も，執行が奏効しなくなったのは，「とくに20世紀初頭から」で[350]，明渡処分に対する援助の拒絶の事例は，戦争の時期において多数みられた[351]とし，「1914年前は，既判事項（chose jugée）の遵守は公の武力によりほとんど完全に確保されていた」[352]が，「第一次大戦末期以降とくに第二次大戦末期以降，執行文の価値が低下した（plus relative）ようである」という[353]。また，Calbairac は「とくに1935年頃から，裁判の漸次的麻痺に直面した」と説明する[354]。以上のことからすると，執行の機能不全は，少なくとも，アストラントが登場した19世紀には，問題にはなっていなかったように思う。明渡処分の機能不全に関しては後に改めて述べるが，これは，アストラントの創造の契機ではなく，その後の本格的な発展を推進した要因と考えるべきであろう[355]。

身体拘禁の廃止についても，アストラントの発展と関連があると思われるが，創造の契機と解するのは，やや難しい感がある。というのも，前述のようにアストラントの登場が19世紀初頭であるのに対し，民事及び商事上の債務についての身体拘禁の廃止は1867年7月22日の法律によるもので[356]，

347　Viot-Coster, p. 45 et s..
348　Denis, n° 5.
349　Denis, n° 56.
350　Viot-Coster, p. 45.
351　Viot-Coster, p. 46.
352　Viot-Coster, pp. 261-262.
353　Viot-Coster, p. 262.
354　Calbairac, L'exécution des décisions d'expulsion, D 1947, chron. 86.
355　第2編序及び同編第2章参照。
356　M. et J.-B. Donnier, n° 282. なお，A. Esmein, pp. 9-10 によると，1867年7月22日の法律前には，損害賠償の額が300フランを超える場合に身体拘禁が認められていた，ということである。

97

第 1 編　アストラント概観

身体拘禁は「19 世紀のかなりの部分において無視し得ない役割をなお果たしていた」[357]といわれるからである。

　以上のことからすると，裁判所がアストラントを用いるようになったのは，Chabas et Deis の指摘に従って，民法典 1142 条との関連で，とくに為す債務の履行を強制する手段が実践的に必要とされたため，と一応考えられそうである[358]。とはいえ，判例によるアストラントの創造の契機を明らかにするには，詳細な検討が必要であろう。これは筆者の力の及ばないところであり，且つ本書の目的とするところでもないので，この問題には，これ以上立ち入らないことにしたい[359]。

【5】　アストラントの基礎理論──A. Esmein の所説

　裁判実務においてアストラントの利用が定着していく一方で，学説では，アストラントを直接定める法文がないために，その適法性をめぐってかなり激しい議論がなされた。諸説の内容は既に詳しく紹介されている[360]こともあり，一を除き，立ち入らないことにしたい。ここでとりあげるのは，1903 年に発表された論文[361]で展開された，Adhémar Esmein の見解である。彼は，公法学者・法史学者として名高い[362]が，Chabas et Deis は，彼「のおかげで，アストラントの最初の理論的正当化が見出された」という[363]。

357　M. et J.-B. Donnier, n° 280.

358　ただし，森田修『強制履行の法学的構造』（東京大学出版会，1995 年）197 頁以下は，初期のアストラントに関する判例を分析し，「アストラントが 1142 条の不備を補うために創設されたとはいえないことになる」と述べる（同書 199 頁）。

359　なお，民法典 1142 条とアストラントの関係については，本編第 3 章 1 【2】でも言及している。

360　山本桂一「フランス法における astreinte（罰金強制）について」我妻先生還暦記念『損害賠償責任の研究（下）』（有斐閣，1965 年）157 頁以下，山口俊夫『フランス債権法』（東京大学出版会，1986 年）213 頁，森田・前掲『強制履行の法学的構造』202 頁以下。

361　A. Esmein, L'origine et la logique de la jurisprudence en matière d'astreintes, RTDC 1903, p. 5 et s.〔A. Esmein〕.

362　滝沢正『フランス法（2 版）』（三省堂，2002 年）119 頁。

363　Chabas et Deis, J-Cl. n° 54. また，Perrot 教授らも A. Esmein をアストラントの一

第 4 章　アストラントの初期の変遷

　A. Esmein は，アストラントを，損害を修復するための損害賠償の理論と結び付けることを否定し，これは単なる強制方法で，裁判所の命令権 (*imperium*) を根拠とする，裁判所の命令の不遵守に対する制裁——私的制裁 (peine privée)——と解する見解を主張した。以下，この A. Esmein の見解を敷衍する。なお，彼が問題にするのは，専ら暫定的アストラントである。

　A. Esmein は，判例を分析し，判例がアストラントを民法典が定める債務不履行による損害賠償の理論に依拠せしめようとして，様々な矛盾を生じているとする[364]。一方，判例には次のような一貫性があるともいう。「諸判決は，その目的について述べるとき，明快であり，一致している。これは，司法裁判，裁判所による命令の遵守 (respect des décisions judiciaires, des ordres donnés par la justice) を確保することである」[365]。

　そうして，A. Esmein は，アストラントについて，民法上の損害賠償理論とは別の根拠を求めるべきで，学者や判決が用いる用語自体にこの制度の本質的な原則が示されているとした上で，次のようにいう。「裁判所が，真に終局的 (définitive) な裁判をして紛争を全面的に解決する前に，アストラントを付してある行為の実行を命ずるとき，裁判所は何をするのか。裁判所は，命令する (il commande, il ordonne, il enjoint)。Labbé は『Bauffrement [訳注：原文は Beauffremont] 公爵夫人 (princesse) は裁判所の命令 (injonctions) に従わなかった』という。公爵夫人が従おうとしなかった判決は『公爵夫人は裁判所の命令 (ordres) に服従することにより (アストラントの) 効果を排除することができる』という[366] [訳注：下線部は原文斜字体を示す。以下同様]。ここに真実がある。裁判官はこのような場合に，法律を解釈して単に裁判をする (dire simplement le droit) こととは，別のことをする。すなわち，裁判官は命令をする。そして，裁判官が訴訟当事者 (justiciable) を威嚇するのに

　　般化・体系化の推進役と評する。Perrot, nº 1 ; Perrot et Théry, nº 70.
[364]　A. Esmein, pp. 17 et 33.
[365]　A. Esmein, p. 17.
[366]　いわゆる Bauffrement 事件に関して，学者 (Labbé, Encore l'affaire de Bauffrement, Revue pratique de droit français, 1881, t. L. p. 65) 及び判決 ([46] Paris, 13 fév. 1877) が用いた表現を一部改めて引用したもののようである。Bauffrement 事件については本編注 185。

用いる有責裁判は，不服従又は服従の遅延の場合に，民法典の意味の遅延賠償又は填補賠償の性格を有するものではない。これは制裁（peine）であり，諸判決はそのことを繰返し述べている」。「この制裁は確かに，相手方に利益を与える意味の<u>私的制裁</u>（pœna privata）であり，これはある点では考慮すべき要素であるが，ともかく強制的な制裁（peine coercitive）であり，重大な命令には常に制裁が必要である」。「この方法はそれ自体よく知られ，様々なところでみられる。古法においては『命令（injonctions）及び威嚇（menaces）により行う』と呼ばれたことである。しかし，このように振舞う裁判官が行使するのは，厳密な意味での裁判権（juridiction proprement dite）とは全く別の権能であり，その権能の行使は既判事項の権威（autorité de la chose jugée）を生じない」[367]。

A. Esmein は，アストラントを上述のように解することにより，判例の諸々の結論を一貫したものとして理解しうるとする。アストラントと損害賠償の関係については，次のようにいう。アストラントの場合に問題になるのは「債務の履行ではなく，裁判官の命令の履行についての遅滞」であり，「債務者ではなく訴訟当事者（justiciable）の faute」である[368]。「直接的に問題になるのは，不服従を罰することであって，損害を賠償する（réparer）ことではない。従って，遅滞が債権者［訳注：原文は「債務者」］に損害を生じたかの問題は，無関係である。……」[369]。

一旦発令されたアストラントを後に修正しうることについては，A. Esmein は次のようにいう。「アストラントの真の性質は<u>威嚇</u>（menace）である。命令が裁判官の満足するように実行されれば，彼は威嚇を取消す（retire）」。すなわち，裁判官は，アストラントの「全部又は一部を取消し（rapporter）うる」。裁判官は，アストラントを命じたとき，「裁判行為（acte de juridiction）をしたのではない。彼は命令し，彼が裁判官としてその存在を認めた権利の完全な満足を目的とする，事件に固有の規則を制定したのである（rendu un règlement）。彼は<u>命令権</u>（imperium）を有する司法官と

---

[367] A. Esmein, pp. 33-34.
[368] A. Esmein, p. 35.
[369] Ibid.

第4章　アストラントの初期の変遷

して，一旦表明した命令を取消す（retirer）ことができ，規則制定権（pouvoir de réglementer）を有する機関として，一旦設けた規則を取消す（rapporter）ことができる」[370]。

A. Esmein は，こうしたアストラントのシステムには，重大な濫用のおそれがあることに留意しつつも，このシステムを支持する。次に，その適法性を明らかにするために，「裁判官が訴訟当事者（plaideurs）に対しこのような命令（injonctions）を行う権能を有するか，また常に裁量的である（arbitraires）損害賠償が，このような命令の制裁たりうるか」について歴史的な検証を試みる[371]。彼はローマ法に遡り，ローマ帝国の裁判官の実務においても，またその後古法時代まで，こうした裁判官の権能が保持されてきたことを実証しようとする。なお，彼は，イギリス法の差止命令（injonctions）と裁判所侮辱にも言及しており[372]，アストラントと裁判所侮辱の類似性を認めていたようである。

A. Esmein は，法典編纂後も，裁判官が上記の権能を保持したと解する。司法権と行政権の分離，裁判官に対し「委ねられた事件について一般的規則制定的処分（disposition générale et réglementaire）により裁判すること」を禁じる民法典5条に鑑みると，裁判官は命令する権能を失ったようにみえる[373]が，そうではなく，とりわけ（旧）民事訴訟法典（旧）1036条[374]はこの権能を明示的に認めているという[375]。同条は次のようなものであった。「裁判所は，事情の重大性に応じて，係属する訴訟において，職権によっても，『命令を発すること』（prononcer, même d'office, des injonctions），文書を廃棄すること，それが誹謗である旨を宣言すること並びにその判決の印刷及び公示を命ずることができる」。この（旧）民事訴訟法典（旧）1036条は，当

---

[370] A. Esmein, p. 36.
[371] A. Esmein, p. 37 et s..
[372] A. Esmein, pp. 41-42.
[373] A. Esmein, p. 49.
[374] （旧）民事訴訟法典（旧）1036条は，後の民事訴訟法の改正の際に，1971年9月9日のデクレ740号110条により削除され，同条に相当する現行の規定は新民事訴訟法典24条2項である。法務大臣官房司法法制調査部編『注釈新民事訴訟法典』（法曹会，1978年）62頁参照。

時ほとんど注目されることのなかった規定で，法典の注釈者らは「命令を発すること」の文言は，その後に続く，文書を誹謗と宣言してその廃棄を裁判官に認める部分から独立して別個の意味を有するものではなく，せいぜい法廷秩序維持を目的とする命令を認めたにすぎないと狭く解するようであったが，A. Esmein はこの制限的な解釈に反対し，同条を「命令を発すること」の文言により，裁判官の命令する権能を肯定するものと解する[376]。

　A. Esmein は，「故に裁判官は今日でも命令する権利を有しており，これがアストラントの第一の要素である」という。第二の要素は，裁判官が「強制的で威嚇的な損害賠償（dommages-intérêts coercitifs et comminatoires）により自らの命令に制裁を備える（sanctionner）権能」であり[377]，この権能も，命令の権能と共に，古法時代から法典編纂の後に引き継がれたと解する。その理由については，次のようにいう。この「強制方法（moyen de contrainte）として用いられる損害賠償」は，「ある意味では，制裁（peine）に相当するけれども，刑法上の諸原則が適用されないことは確かである。いかなる法文もこれを禁止していない。なぜならば，填補賠償又は遅延賠償に関する民法典の諸条文が対象とするのは，別の事項，別の制度だからである」[378]。

　以上が，A. Esmein の見解の概要であるが，若干付言する。

　まず，前記引用部分からわかるように，A. Esmein は，この論文のなかで，アストラントを指すのに「損害賠償」の語を用いることがある。この用語のみからすると，彼が，アストラントと損害賠償を明確に区別してはいないようにみえないこともない。しかし，論文の全体の趣旨からすれば，また，アストラントを意味する場合の「損害賠償」の語に「強制的」「威嚇的」の限定句を付すことに鑑みても，A. Esmein が，アストラントと（民法上すなわち損害を填補するための）損害賠償の根本的な区別を主張することは，明らかである。

　次に，A. Esmein が，アストラントの目的に関して，判例は一貫して「司法裁判，裁判所による命令の遵守」の確保に求めているという点に留意して

---

[375] A. Esmein, p. 50.
[376] A. Esmein, pp. 50-51.
[377] A. Esmein, p. 52.
[378] A. Esmein, p. 53.

第4章　アストラントの初期の変遷

おきたい。ここにいう「司法裁判」とはおそらくは本案の裁判（債務についての裁判）の意味であって，その履行確保をアストラントの目的と解するのが A. Esmein の立場とみてよかろう。では，本案の裁判と裁判所の命令（injonction ; ordre）の関係について，A. Esmein はどう考えていたのであろうか。この点は必ずしも明らかでないように思われる。命令は本案の裁判に含まれると考えていたとみるのが自然であろうが，命令はアストラントを発令する裁判に含まれると考えていたとみる余地もないわけではないように思われる[379]。

最後に，A. Esmein がアストラントの根拠とする命令権（*imperium*）について付言する。命令権は，ローマ法に由来する観念で，一般に，裁判権（*jurisdictio*）に対立するものとされる。概していえば，裁判権は，法の適用により紛争を解決する権能とされ，本来的な司法権に相当するもののようであるから，命令権は，本来的な司法権とは異なる裁判所の権能と考えられるが，その内容は今日でも明らかではないようである[380]。本書では，命令権

---

[379] 命令と本案の裁判の関係について，第3編第2章2(ウ)参照。

[380] 山口俊夫編『フランス法辞典』（東京大学出版会，2002年）321頁も，命令権と裁判権の区別について「必ずしも明らかでない」という。なお，同書274頁は，命令権について，「評価された当事者の権利を実現するための裁判官の持つ権力としての指揮権」等と説明し，中村紘一他監訳『フランス法律用語辞典（2版）』（三省堂，2002年）166頁は，「裁判上というよりも行政上の性質を有する」等という。

Cornu, Vocabulaire juridique, 8ᵉ éd., 2000 は，裁判権及び命令権について，次のように説明する。裁判権については，ローマ法上の多義的な語で，「伝統的には，学説上で，命令権に対立するものとして，裁判をする（dire le droit）［法の適用により紛争を解決する］任務又は行為を意味するために用いられ」，裁判権と命令権の「区別は，仲裁に関して実益があるが，裁判権と命令権を有する裁判官（magistrats de la justice étatique）については，裁判官職に完全に備わっている多様な権限を，分配する対立とはならない」等とする（Cornu, *op. cit.*, p. 495 et s.）。命令権については，「国の裁判官と異なり，仲裁人には備わっていない，公権力の一部を意味するために用いられる」。「従って，この語は，公権力の一部を保持するのに必要な諸権能の総体を意味する。公の武力を用いる権能，アストラントを命じる権能等」。また，このことから，仲裁判断自体は執行力を有しないもので，執行命令（décision d'exequatur）に基づいて執行力を生じること，仲裁人は，新民事訴訟法典11条2項が定める証拠資料の提出を命じる等の，命令（injonction）の権能を有

について検討することは差し控える。

　さて，A. Esmein の見解が当時の判例の分析に基づくものであるにせよ，判例の立場は，彼の見解に沿う形で直ちに統一されたわけではない。その後も長らくの間，判例は，アストラントを損害賠償理論に依拠せしめる考え方を捨て去ることはなかった。A. Esmein の論文の発表以後，アストラントをめぐる顕著な動きがみられるのは，時代を下って，第二次世界大戦後になってからのことである。この戦後の変遷については，第2編以降で詳しく述べる。そのなかで，判例も立法者もこの A. Esmein の見解をアストラントの基礎理論として承認したことが明らかになろう。

　　しないこと，非訟事件の裁判権を有しないこと等が説明できる，とする（Cornu, *op. cit.*, p. 436）。

第2編　第二次世界大戦後1972年7月5日の法律前までの判例の変遷

序

　本編から第 4 編では，アストラントの第二次世界大戦後の史的変遷について考察する。うち，本編が対象とするのは，第二次世界大戦終了直後の 1945 年から 1972 年 7 月 5 日の法律の前までの時期である。史的変遷の考察を第二次世界大戦後に限定する理由は，本書の冒頭で述べたように[1]，二つある。第一に，それ以前のアストラントの状況は，既に日本で詳細な研究がされているためである。第二に，第二次世界大戦後というのは，アストラントが本格的に体系化され発展する，とくに重要な時期と考えるからであり，このような見方は，Denis の「裁判上のアストラント　性質と変遷」と題する博士論文の見解[2]に基づいている。では，アストラントが本格的に体系化

1　序論(イ)参照。
2　Denis, L'astreinte judiciaire. Nature et évolution, thèse Paris, 1973 [Denis]. Denis が，このアストラントに関する博士論文で，その変遷に関して考察の対象としたのは，概して，第二次世界大戦後から 1972 年法 7 月 5 日の法律までである。アストラントの本格的発展・体系化が，第二次世界大戦以後（又は 1949 年以後）であることを，Denis が強調するのは，暫定的アストラント（その金額確定）についてである (Denis, n° 55 (「総合的な精神（esprit de synthèse）における，暫定的アストラントの真の発展は，1945 年に始まり，1950 年頃に頂点に達する。すなわち，まさにこの時期に，立法者及び破毀院は，全体をまとめる一つの原則（une règle globale）を出発点として，暫定的アストラントの主要な性格の定義を固めた……」); n° 56 (「まさに 1945 年と 1949 年の間に，暫定的アストラントについての賠償原則（principe indemnitaire）が，真に誕生した」); n° 39 (「1949 年になってはじめて，次のような考え方を中心に，物事が秩序立ちはじめたのである……」))。けれども，確定的アストラントについても，その本格的な発展が第二次世界大戦以後であることを否定するわけではないと思う (V. Denis, n°ˢ 233-234)。
　なお，Denis は，暫定的アストラントの金額確定に関する判例の変遷を考察するに際し，第二次世界大戦前の判例の変遷を考察の対象としない理由に関して，次のようにも述べている。「我々の裁判所の従前の変遷を説明することは，この問題をめぐる混乱のため，実際には不可能である。ある裁判所が命じた，これこれのアス

され発展する，とはどういうことか。本編の概略も兼ねて，以下で敷衍しておく。

第二次世界大戦前の判例は，発令の段階については，暫定的アストラントが損害賠償と異なるとの原則を，ほぼ確立していたと考えられる[3]。けれども，暫定的アストラントも金額確定の段階では損害賠償に帰すもの[4]，確定

トラントが，どのカテゴリーに属するかを知るのは，まさに大抵の場合，不可能である」(Denis, n° 39)。

[3] 本編第1章参照。

[4] Denis, n°s 56 et 71 は，第二次世界大戦前に，金額確定時における暫定的アストラントの損害賠償への変化を肯定したと解しうる，複数の破毀院判決があることは認めているが，当時の破毀院は，これを体系化・一般原則化することはなかったと解する。金額確定時における暫定的アストラントの損害賠償への変化を肯定したと解しうる，戦前の破毀院判決としては，たとえば，次のようなものがある。[36] Req 19 mai 1868 は，当事者は「必要があれば，その時に確認される損害に応じて，被申立人に認められる賠償金［訳注：アストラント］を減額せしむるために……破毀申立てをする」ことができると判示する。また［57］Civ 25 juill. 1882 は，控訴院は，遅延日毎に一定額の支払いを命ずる威嚇的な有責裁判，すなわち暫定的アストラントの発令の後に，債権者が「蒙った損害の大きさ……を決定し，彼が確定的に要求する権利を有していたところの損害に現実に相当する額を定める」ことができるとする。その後も，［153］Req 21 déc. 1920 は，暫定的アストラントについて「アストラントの支払いがそれを得た当事者により求められた場合，契約の完全な不履行のために支払われるべき損害賠償の額を，発生した損害を算定する専権 (appréciation souveraine) によって確定する権限」を控訴院が有することを判示する。暫定的アストラントについて，その発令の時に「裁判官は，こうして定められた額が，遅延により債権者に生じた損害に正確に相当することを直ちに理由付ける (justifier) 必要はない」とする複数の破毀院判決（［131］Civ 20 janv. 1913；［170］Civ 14 mars 1927；［183］Civ 5 juill. 1933）も考慮する余地がある。なぜなら，この判示は，反対解釈すれば，金額確定時には，アストラントの額が損害に相当することを理由付ける必要があると解しうるからである（Fréjaville ④, n° 5；Denis, n° 72)。

付言すると，戦前の破毀院判決の中には，一部の学者により，金額確定時におけるアストラントの損害賠償への変化を否定したと解されるものもある。Fréjaville ④, n° 4 (V. Denis, n° 79) は，1951年に，金額を確定されたアストラントと損害賠償の併課を認めたようにもみえるため問題となる破毀院判決として，次の5つの判決を挙げる。［249］Com 25 oct. 1949；［205］Req 11 fév. 1947；［78］Civ 3 juill. 1893；

的アストラントも損害賠償と異なるものではないと扱われていたようである[5]。このように，第二次世界戦前の判例は総じて，アストラントを損害賠償法理に依拠せしめる方向にあったと思われる。とはいえ，こうした判例の立場，とくに暫定的アストラントは金額確定の段階で損害賠償に変化するとの判例の立場が，明確に示されるようになったのは，第二次世界大戦後の，1949年7月21日の法律の後と考えられる[6]。

Denis は，「第二次世界大戦前は，アストラントの利用が少なかったし，とりわけ，アストラントを体系化することは，問題にされていなかった」[7]という。とくに金額確定の手続は，戦前にはあまり利用されなかったようである。Kayser も，1953年の論文で，次のように述べる。「最近まで，アストラントのこの段階 ［訳注：金額確定］ は，ほとんど利用されていなかった。アストラントを命ずる有責裁判は，債務者から債務の履行を得るのに，大抵，十分であって，満足した債権者は，アストラントの金額確定を求めなかった」[8]。

---

[16] Req 25 mars 1857；[158] Req 7 fév. 1922 である。このうち，第一のものは Holleaux, D 1959. 538（[373]）が，第三及び第五のものは Vizioz, n° 9 が，それぞれアストラントと損害賠償の併課を肯定した判例として挙げており，戦前の判決に当たるのは第三乃至第五のものである。もっとも，Fréjaville は，結論的には，最後のものを除いて，金額確定時におけるアストラントの損害賠償への変化を，否定した判例とは解せないとしている。

5 Denis, n°ˢ 182-184. [43] Req 14 juill. 1874；[87] Req 2 mars 1898（確定的アストラントを「予め定められた損害に相当するもの（représentation）」という）；[106] Req 19 avril 1904（確定的アストラントを「予め定められた損害の賠償」とする原判決の判断を支持する）.

6 本編注2，本編第3章 **5** 及び第4章参照。

7 Denis, n° 55.

なお，戦前に，学説上で，アストラントに関する大きな議論があったことは，日本でもよく知られているが，Denis は，「その時期に，学説上提起された唯一の問題は，アストラントの法的価値，その正当化の問題であった」という。Denis のように断定はできないにしても，当時の議論はアストラントの適法性を中心としており，体系化の志向は，少なくとも，強くはなかったと思われる。当時の議論のうち，その後のアストラントの体系化との関係では，ひとまず，既に紹介した A. Esmein の所説（第1編第4章【5】参照）に注目すればよいと思う。

8 Kayser, n° 17.

第2編　第二次世界大戦後1972年7月5日の法律前までの判例の変遷

　アストラントの利用が急増し始めたのはいつかを正確に明らかにすることはできない[9]が，おおよそ，第二次世界大戦の終了の頃と思われる。この要因は，戦争による住宅事情の悪化と，前にも触れた[10]明渡処分（expulsion）（不動産明渡執行）の機能不全の進行にあると考えられる。戦争の影響で住宅難が深刻化するなか，建物の明渡しをめぐる紛争が増加するが，裁判所が明渡しを命じても，執行の奏効に必要な，警察・軍隊による援助を行政側が拒むため，裁判が実現されない事態が頻発する。この事態に直面した下級裁判所は，建物明渡事件を中心に，アストラントを頻繁に用いるようになったと考えられる。

　こうした下級裁判所のアストラントの活用が，破毀院に，判例の統一ないし明確化を促したと考えられる。すなわち，下級裁判所のなかには，アストラントの実効性を高めるため，損害額を上回る額で暫定的アストラントの金額を確定したり，損害額を上回る額の確定的アストラントを命ずるものもみられるようになる。この状況のなか，居住者保護の見地から1949年7月21日の法律が設けられ，建物明渡事件における，確定的アストラント及び損害額を上回る額による暫定的アストラントの金額確定を禁止する。破毀院は，この1949年7月21日の法律を建物明渡事件以外に類推し，暫定的アストラントは金額確定時に損害賠償に変化すること，及び，確定的アストラントは損害賠償と異ならないことが，アストラント一般の原則であることを，明確にしたと考えられる。

　しかし，破毀院は，下級裁判所の根強い抵抗に遭って，[373] 1959年10月20日の第1民事部の判決で，判例を変更し，暫定的アストラントは損害賠償とは異なるので，損害ではなく，債務者のfaute及び資力に基づいてその金額を確定すべきであるとの新たな原則を確立する。前に触れたように，発令の段階の暫定的アストラントが，損害賠償とは異なるとの原則は，戦前に既に固まっていたので，この1959年10月20日の判例変更は，発令の段階及び金額確定の段階を通じて，暫定的アストラントは損害賠償と異なるとい

　9　この点を明らかにしうる，アストラントの利用に関する統計は，管見の及ぶ限り，見当らない。第1編注27参照。
　10　第1編第4章【4】。また，本編第2章参照。

う原則の確立を意味する。1972年7月5日の法律は，この判例上の原則を踏襲すると共に，確定的アストラントにもこの原則を当てはめ，アストラントを損害賠償法理から解放する。1991年7月9日の法律も，この1972年7月5日の法律の立場を踏襲しながら，制度に修正を加えている。

　以上のように，アストラントに関する判例法理が明確に形成されたといえるのは，第二次世界大戦後で，その後，この判例法理は根本的に変更され，二度の立法を経て，制度の基盤が整備されてきた。第二次世界大戦後にアストラントが本格的に体系化され発展するとは，このような意味である。

　さて，本編の考察の中心となるのは，金額確定の段階の暫定的アストラントと損害賠償の関係について，1949年7月21日の法律の後に，判例上の基本原則が明確化し，1959年10月20日の破毀院判決により，その基本原則が転換する過程である。この詳細をみるには，1949年7月21日の法律及び1959年10月20日の破毀院判決を基準に，時代を細区分するのがよいと思う[11]。故に，本編では，1945年から1949年7月21日の法律の前の時期（第2章），1949年7月21日の法律（第3章），1949年7月21日の法律後1959年10月20日の判例変更前の時期（第4章），1959年10月20日の判例変更以後1972年7月5日の法律前の時期（第5章）に分けて，みていくこととする。確定的アストラントの動向についても，上記の時代区分のなかで，併せて扱う[12]。本編の対象とする時期の確定的アストラントには，暫定的アストラントのような著しい変化はなく，判例は，確定的アストラントは損害賠償と異ならないとする立場を維持したと考えられる。けれども，損害賠償とは異なる確定的アストラントが認められれば，高い実効性を期待しうることから，それに対する注目度が高まっていくことがわかる。

　なお，既に触れたように，発令の段階の暫定的アストラントについては，損害賠償とは異なるとの判例上の原則が，第二次世界大戦前にほぼ確立していたと考えられる。また，発令の段階の暫定的アストラントに関する基本的な問題として，損害賠償との関係の他に，既判事項の権威（autorité de la chose jugée）との関係が挙げられるが，この点についても，戦前に判例の立

11　Denis も，同様の時代区分を用いている。Denis, n° 54 et s..
12　Denis も，概ね同様の時代区分を用いている。Denis, n° 233.

場が確立していたと考えられる。本編の対象とする時期とは異なるが，こうした点についても，便宜上，本編で併せて考察する（第1章）。

第1章　暫定的アストラントの発令に関する判例の状況

　暫定的アストラントの発令についての判例は，その金額確定についての判例に先行する形で，既に第二次世界大戦前に，基本原則をほぼ確立しており，その基本原則が1972年7月5日の法律に引き継がれたと考えられる。ここにいう基本原則とは，第一に，暫定的アストラントを発令する裁判は，損害賠償を命ずる裁判とは異なるとの原則，第二に，暫定的アストラントを発令する裁判で定められた金額を，後の金額確定の段階で変更することは，既判事項の権威に反しないとの原則のことである。より重要なのは第一の原則で，第二の原則は第一の原則に基づく派生原則としても理解しうるが，ここでは一応別個に考えておく。以下では，まず，第二の原則からはじめて，この二つの原則が戦前にほぼ確立していたことを検証する（1・2）。次いで，第一の原則に関連する若干の問題をとりあげて判例を考察する。これらの問題については，1972年7月5日の法律の前までに，判例が，基本原則に即する方向で，その解決を図ったと考えられる（3）。

1　暫定的アストラントの発令と既判事項の権威

　Chabas et Deis[13] は，判例により創造されたアストラントが，法文と直接抵触しないように，損害賠償と解されたことから，損害賠償の制度が歪曲され，その歪曲がまず明らかになったのが, 既判事項の権威（autorité de la chose jugée）[14] との関係であると説明し，この点に関する判例として，［2］破毀院

13　Chabas et Deis, J-Cl. n° 6.
14　既判事項の権威は，日本法上の既判力に相当するとも考えられるが，他に既判力に相当する概念として，既判事項の確定力（force de la chose jugée）がある。終局判決は既判事項の権威を有し（新民事訴訟法典480条参照），通常の不服申立てが尽きた場合には，既判事項の確定力を取得する（新民事訴訟法典500条・539条）（法

審理部の 1824 年 12 月 28 日判決及び［6］1841 年 11 月 22 日判決を挙げる。

［2］破毀院審理部の 1824 年 12 月 28 日判決は，文書の引渡しにつき，遅延日毎に 10 フランの支払いを命ずる裁判は「本質的に推定的で威嚇的（présomptive et comminatoire）なものにすぎない」とし，原審が認定した事情に鑑み，遅延を理由に原告が請求した金額を減額したことは，「既判事項の権威に反しない」とする[15]。［6］破毀院審理部 1841 年 11 月 22 日判決は，文書の引渡しにつき遅延の場合には 15000 フランを損害賠償として支払うことを命ずる裁判を「強制の方法（voie de contrainte）」である等とし，長期にわたる遅滞があるにもかかわらず損害賠償請求を否定した原審の判断について「既判事項の権威に反しない」とする[16]。すなわち，これら 19 世紀前半の

務大臣官房司法法制調査部編『注釈フランス新民事訴訟法典』（法曹会，1978 年）299 頁以下参照）。フランスの既判力制度については，江藤价泰「フランスにおける既判力概念に関する学説の発展」『フランス民事訴訟法研究』（日本評論社，1988 年）53 頁以下等参照。

既判事項の権威に関する基本的な条文として，民法典 1351 条を掲げておく。

民法典 1351 条「既判事項の権威は，判決の対象となったものに関してのみ生ずる。請求されたものが同一であること，請求（demande）が同一の原因（cause）に基づいていること，請求が同一の当事者間におけるものであり，彼らにより彼らに対して同一の資格において立てられている（formée par elles et contre elles）ことを要する」。

[15] なお，［2］Req 28 déc. 1824 の事案では，被告は，遅延の大半の原因が原告にあることを主張している。同判決については，第 1 編第 4 章【1】も参照。

[16] ［6］Req 22 nov. 1841 は，A. Esmein がとくに重視するものでもある（A. Esmein, p. 28 et s.）ので，その内容をやや詳しく述べる。

X 夫妻ら特定名義受遺者（légataires particuliers）と包括受遺者（légataire universel）兼遺言執行者（exécuteur testamentaire）Y の立会いのもとで財産目録が作成された後，1810 年の判決で，Y は，財産目録中の特定の文書を，判決の送達から 1 週間内に，X 夫妻に引渡すことを命じられたが，Y はこれに従わなかった。続いて，1811 年の判決で，Y は前記 1810 年判決を履行すること，履行がない場合は，提示されなかった文書の代わりに損害賠償として 15000 フランを支払うこと等を命じられ，この 1811 年の判決は控訴審でも維持された。長らくたって，X らは損害賠償の支払いを欲し，Y は履行の提供を行ったが，X らはこれを拒んだ。再び訴訟手続が進められ，1839 年の判決は，Y が行った提供により判決は履行されたとして，

第1章　暫定的アストラントの発令に関する判例の状況

破毀院判決は，履行の遅延があれば一定額の支払いを命ずる裁判を「威嚇的」なもの又は「強制の方法」とし，諸般の事情を考慮して，当初定めた金額を減免することは，既判事項の権威に反しないとしている。

また，Viot-Coster は，1966年の博士論文で，判例は，アストラントを命ずる威嚇的な裁判が「既判事項の権威を有しない」との立場を非常に堅固に維持しているとし，とくに19世紀後半の3つの破毀院判決[17]を挙げ，その後も同旨の判例が踏襲されているとする[18]。Viot-Coster が挙げる諸判決[19]をみると，これらは，暫定的アストラントの発令時に定められた金額の変更は，既判事項の権威に反しないとの立場にたつものと解しうる。ただし，Viot-

Xらの損害賠償請求を認めず，控訴審も，Xらが損害の発生を証明していないことを主な理由として，第一審を支持した。Xらは，破毀を申立て，原判決が，定められた期間経過後に行われた文書の引渡しを以って，損害賠償を命じた判決からYを解放するのは既判事項の権威に反する等と主張したが，破毀院はこれを斥けた。その理由として，破毀院は，《judicia ordinatoria》と《judicia decisoria》（V. A. Esmein, p. 29, note 1 et p. 30）の区別が必要なこと，1811年の判決では強制方法として損害賠償が命じられたこと等を述べた上で，「被告は，文書を完全に引渡せば，強制方法により命じられた有責判決を免れることができた。法院は，文書の完全な引渡しを要求し，それが行われたことを宣言して，提供が満足を与えるものである旨を宣言したことは，既判事項の権威に反しない」とし，更に，引渡しの遅延によりXらに損害は生じていないことにも言及する。

17　Viot-Coster, p. 70, note 3. [30] Req 8 nov. 1864（履行の遅延日毎100フランの損害賠償の支払いを命ずる先行の判決に基づいて支払われるべき損害賠償の額が問題になった訴訟で，原審がこの損害賠償についての効力発生時，期間等に関して判断したことは，民法典1351条に反するとの破毀申立てを斥け，原審は事実審裁判官の損害賠償の算定に関する専権を行使したにすぎないとする。既判事項の権威又は同条に関する直接的な判示は見当たらない）; [57] Civ 25 juill. 1882（原審は，履行の遅延日毎50フランの損害賠償を命じた仲裁判断を「推定的で威嚇的」なものにすぎないとし，その損害賠償の全額を認めることは拒んだ。破毀院は，この仲裁判断の法的性質に関する原審の評価を正当とし，原審は，民法典1351条に反することなく，実際の損害に相当する額を定めることができたという）; [60] Civ 25 nov. 1884. この最後の判決については，本編注22参照。

18　Viot-Coster, p. 70.

19　Viot-Coster, p. 68 et p. 70, note 3 は，本編注17の3つの判決，注20の判決及び注21の3つの判決を挙げる。

115

第 2 編　第二次世界大戦後 1972 年 7 月 5 日の法律前までの判例の変遷

Coster のいうように，これらの判決により，暫定的アストラントを命ずる裁判の既判事項の権威は否定されている，と断じることには疑問がないわけではない。これらの判決は，一つの下級審判決[20] を除いて，少なくとも，暫定的アストラントを命ずる裁判に既判事項の権威が認められないことを直接明言するものではない[21] し，既判事項の権威を認めているように解する余地のある破毀院判決[22] も，含まれている。

---

[20]　[302] Dijon 24 avril 1952. 同判決は「アストラントを定める裁判は『既判事項の権威を伴わない』とするのが，学説及び判例である」という。そして，とくに本件には 1949 年 7 月 21 日の法律の適用があり，アストラントは威嚇的・暫定的でしかありえないから，一層そのことが当てはまるとするようである。

　なお，この事案はやや特殊で，1949 年法の適用がある明渡事件において，原告は既に発令されていたアストラントを放棄し損害賠償を請求したところ，原審は既判事項の権威及び 1949 年法の原則を妨げるとして排斥した。しかし，同判決はアストラントの金額確定の放棄を適法とし，損害賠償を認めた。Cf. Denis, n° 90.

[21]　本編注 17 の 3 つの判決の他，次の 3 つの判決を参照（Viot-Coster, p. 68)。[183] Civ 5 juill. 1933 は，履行がない場合には一定額の損害賠償を命ずる裁判は「単なる威嚇的な手段の性格を有し，裁判官はこうして定められた額が，遅延により債権者に生じた損害に正確に相当することを理由付ける必要はないのであって，このような有責裁判はその性質上修正がありうる」とするものである。[237] Trib. paix Armentière 15 oct. 1948 は「アストラントは威嚇的で純粋に暫定的な性格を有し，その金額確定のためには，裁判官は原告が蒙った損害並びに裁判の履行に抗する被告らの不誠実な意思（mauvaise volonté）を考慮すべきである」とするものである。この二つの判決のいずれにおいても，既判事項の権威に関する直接的な判示は見当たらない。[378] Soc 24 fév. 1960 は，「命じられた措置が，その効力発生時及び予め定められた額の修正を裁判官に認める，威嚇的性格を有する場合」等を除いて，「判決の事後のいかなる修正も，既判事項の原則に反する」とする。

　なお，Vizioz, n° 5 は，アストラントの裁判の既判事項の権威を否定した判決として [72] Civ 20 mars 1889 を挙げるが，同判決も，その点を明言しているわけではない。履行の遅延日毎一定額の支払いを命ずる裁判に基づく損害賠償（アストラント）の請求について，控訴院が，先行の裁判は威嚇的なものにすぎないとして，その請求の全部を認めることは拒み，先行の裁判が命じたアストラントについて新たな期間にせよ終局的な金額にせよ定めることは，既判事項の権威に反しないと判示するに留まる。

[22]　[60] Civ 25 nov. 1884. 同判決は次のようにいう。「3 月 7 日の先行の判決により

第 1 章 暫定的アストラントの発令に関する判例の状況

　以上のところから，判例は，暫定的アストラントを命ずる裁判が「威嚇的」又は「強制の方法」であることを主な理由として，既に 19 世紀において，暫定的アストラントの金額の変更が既判事項の権威に反しないとの立場を確立していた，とみることが許されよう。ただし，当時の判例は，暫定的アストラントを命ずる裁判が，既判事項の権威を有しない旨を明言しているわけではない。

　一方，判例の立場を支持する当時の学説[23]は，総じて，暫定的アストラントを命ずる裁判は既判事項の権威を有しないと解し，これを理論的に説明しようとした。こうした学説は，二つの立場に区別しうる。以下，簡単にみておく。

　まず，暫定的アストラントを命ずる裁判は，真正な裁判としての性質を有しないと解して，その既判事項の権威を否定する立場がある。1903 年の論文で，アストラントを裁判官の命令権（*imperium*）に基づく強制及び制裁と性質づけ，後のアストラントの理論の基礎を築いた A. Esmein が[24]，この

　　　命じられた書類の提出を行うにつき遅延日毎に 25 フランの制裁（peine）［訳注：アストラントの意］を Munier に対して命ずる 1882 年 4 月 20 日の判決が『既判事項の権威を有していたにしても（si le jugement …a acquis l'autorité de la chose jugée）』，原判決は，この二つの判決の条項の履行に Munier が決して応じなかったわけではないことを確認している……」「こうした事情において Munier が 4 月 20 日の判決に伴なう違約金条項（clause pénale）［訳注：アストラントの意］の効果を全く受けないと判断した原判決は，既判事項の権威にも，主張された法規にも反しない」。この『　』を付した部分が問題となろう。Viot-Coster も，同判決のこの部分について，暫定的アストラントを命ずる裁判に既判事項の権威を肯定したと解しうることは認めるが，「混乱している」という（Viot-Coster, p. 68）。

23　アストラントの修正を，既判事項の権威に反すると解する学説については，Viot-Coster, p. 70. そこでは，Demolombe, Laurent 及び Colin et Capitant の説が挙げられている。

　なお，本文でとりあげる学説は，A. Esmein 以降のものであるが，それ以前の学説で，アストラントと既判事項の権威との関係について重要と思われるものに，Meynial, De la sanction civile des obligations de faire ou de ne pas faire, Rev. prat. dr. fr. 1884, t. LVI, p. 385 et s.（とくに p. 465）もある。V. Viot-Coster, pp. 69-70 ; A. Esmein, p. 26 et s..

24　A. Esmein の所説については，第 1 編第 4 章【5】参照。

立場である。彼は，アストラントと既判事項の権威との関係について，上記論文のなかで次のように述べる。アストラントを命ずる場合，裁判官が「行使するのは厳密な意味での裁判権（juridiction）とは全く別の権能であり，その権能の行使は既判事項の権威を生じない」[25]。この A. Esmein の説に連なる後の学説としては，たとえば，1948 年の論説等における Vizioz の説[26]が挙げられる。Vizioz は，アストラントについて，命令権・司法警察権（pouvoirs de police juridique）に基づく強制且つ裁判官の命令に従わないことに対する制裁[27]であり，「行政的性質の裁判で，裁判としての（juridictionnelle）性質を有するものではない」と解して，既判事項の権威を否定する[28]。先に挙げた Viot-Coster も，Vizioz の説に基づく[29]。Viot-Coster も，暫定的アストラントを命ずる裁判の既判事項の権威を否定し[30]，理由として，「既判事項の権威は本案の有責裁判（condamnation principale）のみに生ずる」のに対し，「アストラントを命ずる有責裁判は別の問題である。それは裁判の履行に関するにすぎず，訴訟の本案（fond）とは別個独立」で，それ故「取消不能（irrévocable）ではない」ことを挙げる。更に，暫定的アストラントを命ずる裁判は，「仮の裁判（jugements provisoires）」に類似するが，「裁判としての性格（caractère juridictionnel）」を有しない点で異なることを強調する[31]。

一方，Hébraud は，1951 年の判例評釈のなかで[32]，アストラントに関する裁判について，真正の裁判としての性質を認めた上で，仮の裁判（jugements provisoires）であることを理由として，既判事項の権威を否定した。Hébraud は，アストラントが命令権（*imperium*）に基づくものであることは

25　A. Esmein, p. 34.

26　Vizioz, n° 5 ; Vizioz, JCP 1948 II 4223（[224] [225] [229]）.

27　Vizioz, JCP 1948 II 4223.

28　Vizioz, n° 5.

29　Viot-Coster, pp. 71-72.

30　Viot-Coster, p. 71. ただし，暫定的アストラントを命ずる裁判は「限定的な権威（autorité restreinte）のみを享受する」ともいう（*ibid.*）。なお，Viot-Coster, p. 66 は，確定的アストラントと既判事項の権威の関係には何ら問題はなく，「この争訟的な裁判（décision contentieuse）は……既判事項の権威を有する」という。

31　Viot-Coster, p. 71.

32　Hébraud, RTDC 1951. 284-285.

第1章　暫定的アストラントの発令に関する判例の状況

認めながらも，命令権と裁判権（juridiction ; *jurisdictio*）を別個の権能として切離す必要はないとしている。J. Boré は後の 1974 年の時点で，この見解を多数説としているが，それでこの議論に決着がつけられたわけではないようである[33]。

既判事項の権威に抵触することなく，暫定的アストラントの金額を変更しうるとの判例の立場は，1972 年 7 月 5 日の法律（8 条 2 項）・1991 年 7 月 9 日の法律（36 条 1 項）により，改めて確認される。そうして，暫定的アストラントを命ずる裁判と既判事項の権威の関係に関する学説の理論的な関心も薄れていったものと思われる[34]。

2　暫定的アストラントの発令と損害賠償

Chabas et Deis[35] は，アストラントの法的性質が損害賠償と解されたことにより損害賠償の制度に生じた歪曲の第二として，アストラントと損害額の一致の問題を挙げ，破毀院は，発令の段階ではアストラントの額は損害額を超えうること[36]，損害が存しない場合にもアストラントを発令しうること[37] を

---

[33] J. Boré, Rép. civ., V° Astreintes, 1974, n°s 69-70 は，暫定的アストラントを命ずる裁判の法的性質について，学説及び判例はその正確な性質決定をしていないが，Hébraud のような見解が多数説という。

[34] アストラントを命ずる裁判と既判事項の権威の関係に関する今日の状況につき，第 4 編第 2 章 2【1】㈦参照。

[35] Chabas et Deis, J-Cl. n° 6.

[36] Chabas et Deis, J-Cl. n° 6 は，この点につき，［2］Req 28 déc. 1824 等を挙げる。同判決については本章 1 参照。同判決は，アストラントの発令を「威嚇的」とし，発令時に定められた金額の減額を認める。明示的ではないが，発令時の額は損害額を上回ることができる旨の判決と解する余地はあろう。

[37] Chabas et Deis, J-Cl. n° 6 は，この点につき，［4］Req（Chabas et Deis, J-Cl. n° 6 は Civ とする）29 janv. 1834 ;［6］Req 22 nov. 1841 を挙げる。［4］Req 29 janv. 1834 は，フランス革命から王政復古までの時期にわたる貴族の財産に関する事件であるが，アストラントについては，次のようである。原判決は，Xらに対し，証書の返還につき遅延日毎 100 フランの損害賠償の支払いと共に証書の返還を命じた。なお，原判決は，この証書は 20 年間忘れ去られた後，良心的でない方法でXらが入

認めたと説明する。そこで引用されているのは，いずれも 19 世紀前半の破毀院判決である。もっとも，Chabas et Deis は，当時の判例はアストラントと損害を切離したわけではなく，損害額を上回る額のアストラントの発令を許容しても事後の修正を認めていたこと，「将来の損害の正確な額が明らかにできないことに鑑みて，予め遅延賠償を命ずるいかなる有責裁判も暫定的にすぎない」[38] と解したようであることを指摘する。

Chabas et Deis も示唆するように，発令の段階のアストラントを損害賠償と異なるとする破毀院の立場が，こうした 19 世紀前半の判例により固まったとは考え難いであろう。というのも，この後の時期にもなお，反対の解釈をとったと考えうる破毀院判決がみられるからである[39]。ただし，アストラントの発令を損害賠償と区別しようとする破毀院の考え方が，萌芽のような形にせよ，アストラントが登場したばかりの 19 世紀前半に既にみられることには，注意を払うべきであろう。

一方，Denis は，20 世紀に入ってからの，戦前の破毀院判決及び戦後まもない 1950 年代初めの破毀院判決を挙げて，暫定的アストラントが発令の段階では損害賠償とは異なるものであるとする破毀院の立場は，早くから固まっていたとみている[40]。まず，Denis が挙げる，戦前の破毀院判決は，暫定的アストラントを命ずる裁判に関して，いずれも次のように判示している。「裁判官は，こうして定められた額が，遅延により債権者に生じた損害に正確に相当することを直ちに理由付ける（justifier）ことを要しない」[41]。次に，

　　　手したことを認定していた。破毀申立てでは，X らは証書の返還の遅延は相手方に何らの損害も生じない旨を主張したが，破毀院は原判決に何ら違法はないとする。
　　　［6］Req 22 nov. 1841 につき本章 1 とくに注 16 参照。同判決は，アストラントの支払いを免じ，当該事件では履行遅滞による損害は生じていないともいう。同判決は，［4］Req 29 janv. 1834 のように直接的ではないが，損害がない場合にもアストラントを発令しうる旨の判決と解する余地はあろう。

38　Chabas et Deis, J-Cl. n° 6. とくに［6］Req 22 nov. 1841（本編注 37）を根拠としている。

39　［90］Civ 10 juin 1898. 本章 **3**(エ)参照。

40　Denis, n°s 42 et 49.

41　Denis, p. 57, note 2.
　　　［131］Civ 20 janv. 1913；［170］Civ 14 mars 1927；［183］Civ 5 juill. 1933. いずれ

第1章　暫定的アストラントの発令に関する判例の状況

　Denis が挙げる，1950 年代初めの破毀院判決[42]のうち，典型的とみられるのは，暫定的アストラントを命ずる裁判につき，次のように判示する一連の判決である。「威嚇的なアストラントは仮の暫定的な手段（mesure provisionelle et provisoire）であり，損害賠償とは全く異なる。というのも，裁判の履行を確保するためのものにすぎないからである」。これらの判決は，いずれもレフェレの裁判官の管轄の問題に関連している[43]。

　後述のように，アストラントに関するレフェレの裁判官の管轄権が本格的に問題になったのは戦後であり[44]，このような事情も考慮すると，発令の段階の暫定的アストラントが損害賠償とは異なるとする破毀院の立場は，既に戦前にほぼ確立していたとみることが許されよう。なお慎重を期すにしても，

　　も次のような判示を含む点で共通する。「裁判所は，為す債務の債務者に対し，一定期間内にそれを履行するように命じ，定められた期間内に彼の側の履行がない場合には，彼は遅延日毎一定額の損害賠償を支払わねばならないと命ずることができる。この有責裁判が単なる威嚇的手段の性格を有する場合には，『裁判官は，こうして定められた額が，遅延により債権者に生じた損害に正確に相当することを直ちに理由付けることを要しない』。このような有責裁判はその性質上，修正が可能である」。本文に掲げたのはこのうちの一部で『　』で示した部分である。なお，アストラントの語の代わりに損害賠償の語が用いられている。

42　Denis, p. 49, note 1.
　　本編注 43 の諸判決の他，［311］Com 17 déc. 1952（「アストラントは威嚇的性格を有する。その金額は債務の不履行から生じ得る損害とは別個独立のものである」として，損害を算定せずにアストラントを命じたことを不服とする主張を排斥する）；［313］Civ I 27 janv. 1953（アストラントを発令する「条項は，過去に生じた損害を理由として主文の別の項目（chef du dispositif）で命じられた損害賠償の付与とは異なり，単なる威嚇的性格を有するもので，このような有責裁判は，その性質上，修正が可能である」）．なお，1950 年代末のものであるが，［371］Soc 11 juin 1959（命じられた労働証明書（certificat de travail）の引渡しの遅滞と損害の因果関係を明らかにしないでアストラントを命じたことを不服とする主張について，本件で命じられたアストラントが純粋に威嚇的であることを理由として排斥する）．

43　［291］Soc 18 oct. 1951 ;［297］Com 28 janv. 1952 ;［301］Soc 7 mars 1952. V. Denis, p. 49, note 1. なお，同旨のものとして，［270］Soc 28 mars 1950. 本章 3 ㈡参照。

44　本章 3 ㈡参照。

1950 年代の初めには,揺るぎのないものとなっていたと考えられる。

3 暫定的アストラントの発令に関するその他の諸問題

以下では,職権による暫定的アストラントの発令の許否(後述(ア)),暫定的アストラントの発令の管轄の問題(後述(イ)以下)を採り上げ,1972 年 7 月 5 日の法律前の判例の状況を考察する。ここで採り上げる問題については,遅くとも 1972 年法前に,破毀院の立場が確立しており,その破毀院の立場が 1972 年法でも踏襲されたと考えられる。

前述 2 でみたように,破毀院は,暫定的アストラントを命ずる裁判が損害賠償を命ずる裁判とは異なるとする基本的な立場を,既に戦前から固めていたと考えられる。ここで採り上げる諸問題は,いずれも,この破毀院の基本的な立場と関連し,整合すると思われるものである。

なお,暫定的アストラントの発令に関わる諸問題は,ここで採り上げるものに限られるわけではなく,他に重要なものとして,アストラントが進行を開始する時点をどのように解すべきか,金額を確定する前にアストラント金を取立てるための執行が許されるかの問題がある。この二つの問題については,その解決が 1992 年 7 月 31 日のデクレに持ち越されることになるので,後述する(第 4 編第 8 章及び第 9 章)こととし,以下では扱わない。

(ア) 職権による暫定的アストラントの発令

暫定的アストラントにせよ確定的アストラントにせよ,裁判所が当事者の申立てをまたずに職権によりアストラントを命じうるかは,アストラントは損害賠償かの問題と共に,アストラントは裁判官の命令権(*imperium*)に基づくものかの問題に関連する。暫定的アストラントの発令を,損害賠償を命ずる裁判と解する場合は,職権による暫定的アストラントの発令は,請求の範囲を超えて(*ultra petita*)裁判することとなり,許されないと考えられる。一方,暫定的アストラントの発令を,損害賠償を命ずる裁判ではないと解する場合でも,職権による暫定的アストラントの発令を許容するためには,別の根拠が必要である。その根拠として通常挙げられるのが命令権で,既述のように(第 1 編第 4 章【5】),命令権は A. Esmein がアストラントの理論的基礎と解したものである。

第1章　暫定的アストラントの発令に関する判例の状況

　職権によるアストラントの発令の許否については，既に19世紀後半に，肯定したと解しうる破毀院判決がある[45]。Bauffremont事件としてよく知られた一連の裁判の一つである。この事件では，子の引渡しを強制するため，原告が被告の収入の差押え＝差止め（saisie-arrêt）及び係争物管理（séquestre）を申立てたのに，原審はその代わりに申立てのない（履行の遅延日毎一定額の）損害賠償の支払いを命じたことが権限濫用にあたるとする破毀申立てがなされた。このことは，職権によるアストラントの発令の適法性が問題にされたと解しうる。破毀院はこの破毀申立てを次のように述べて排斥している。「控訴院にとって問題になったのは，第一審の裁判官が認めた強制方法を評価し，裁判により命じられた措置の履行を確保するのに最も適切と思われる強制方法を決定することのみである。故に控訴院は，権限の濫用も訴権の変更（transformer l'action）もなしに，法律が許容する強制手段の中から選択をすることができたのである。また，控訴院が，第一審裁判官が命じた係争物管理の設定を金銭による強制（contrainte pécuniaire）に代替することにより，請求された以上のことを認めたとすれば，その裁判については再審申請（requête civile）の方法により不服を申立てることができ，破毀によることはできない」。

　判示の最後の部分を傍論と解せば，この判決は，職権によるアストラントの発令を肯定したものと考えられよう。ただ，そう解しても，破毀院の立場がこの判決で固まったとみることは難しい。というのも，その後20世紀の初めには，明らかでないにしても，職権によるアストラントの発令を否定したと解する余地のある破毀院判決がみられるからである[46]。

　暫定的アストラントについて職権による発令を認める破毀院の立場が確立

---

[45]　[50] Civ 18 mars 1878. 原判決については第1編注185。

[46]　Frank, D 1968. 527（[438]）。[136] Crim 30 janv. 1914 は，軽罪裁判所の裁判官は私訴当事者のために「その申立てに基づいて（sur sa demande）」アストラントを発令できるとする。[143] Civ 28 oct. 1918 は職権によりアストラントを命じたことの他，金銭債務についてアストラントを付したこと等を不服とする申立てに対し，「仲裁委員会は申立てのない事項（choses non demandées）について命じたのみならず，上記の諸条文に違反した。故に，再審申請がこの事件で許されるかの判断をする必要はなく，原判決は破毀の対象となる」とし，原判決を破毀する。

したのは，戦後 1960 年代に入ってからのようである。この時期には職権による暫定的アストラントの発令を肯定したと解しうる 3 つの破毀院判決がある[47]。とくに，そのうちの最後に当たる［438］1968 年 4 月 26 日の第 3 民事部判決は，次のように判示し，破毀院の立場を疑いのないものにしたと考えられる[48]。控訴院は「何ら申立てがなくとも (même en l'absence de toute demande)，威嚇的アストラント［訳注，暫定的アストラントの意］を命ずることについて又はそれを排斥することについて，専権 (pouvoir souverain) を有する」。

このように職権による暫定的アストラントの発令を認める破毀院の立場は，アストラントの根拠を裁判官の命令権に求める考え方に基づいたものと理解しうると共に，発令の段階の暫定的アストラントは損害賠償ではないとする，戦前にほぼ固まっていた破毀院の立場を確認するものとして理解することができる。なお，Hébraud は，職権による発令を認める判例の確立を，［373］1959 年 10 月 20 日の破毀院の判例変更の影響の一つとみている[49]。1959 年の破毀院判決は，金額確定の段階でも暫定的アストラントは損害賠償とは異なるとしたもので，直接的には，金額確定に関するもので発令に関するものではないが，暫定的アストラントと損害賠償の完全な切断を意味する判決であることや，その時期に鑑みると，上記の Hébraud のような見方もまた否定できないであろう。

職権による暫定的アストラントの発令を認める判例が確立した当時の学説

---

[47] Denis, n° 44 とくに p. 52, note 1. この 3 つの破毀院判決とは，［399］Soc 7 mars 1962；［413］Civ I 12 fév. 1964；［438］Civ III 26 avril 1968 である。

[48] Hébraud, RTDC 1968. 753 et s.. Hébraud は，［438］Civ III 26 avril 1968 を原則的な判例と位置付け，前掲［399］Soc 7 mars 1962 及び［413］Civ I 12 fév. 1964 には不明瞭なところがあるとみている。彼は［399］Soc 7 mars 1962 については，判示からは職権による発令を肯定したことは明らかではなく，破毀申立事由を照らし合わせる必要があると指摘する。また Hébraud がいうように，［413］Civ I 12 fév. 1964 は，暫定的アストラントの申立てはないが，確定的アストラントの申立てはなされていた事案である。更に，判旨は「威嚇的アストラントは，何ら申立てがなくとも，その金額を自由に決定することができる」とし，職権による発令の許否よりも金額決定の裁量に関する体裁となっている。

[49] Hébraud, RTDC 1968. 754.

の状況に触れておくと，一部の学者が肯定説に立つことを明らかにしていたにすぎず[50]，多くの学者はこの問題について態度を明らかにしてはいなかったようである[51]。この学説の状況についての理解は一様ではなく，前掲［438］1968年4月26日第3民事部判決の評釈者の間でも見方が異なっている。破毀院判事のFrankは，態度を明確にしない一部の学説を，肯定説に近いと解している[52]が，Hébraudは次のように別の見方をしている。「民事訴訟法典1036条は，列挙する措置について職権による発令を明示的に認めるから，裁判官の命令権の条文上の根拠と解されている。この民事訴訟法典1036条が提供できたはずの形式的な根拠と，学説の慎重さを関連づけるならば，この慎重さはそれ自体で，既に非常に重要である。多くの学者がこの問題に沈黙している。このことが，普通法に反する例外的な特権の，拒絶を意味するのは明らかで，さもなければ，明確な言及や理由づけが必要とされたはずであろう」[53]。なお，Hébraudは，アストラントの根拠を命令権に求める考え方に関し，「この考え方は，確かに正当であるが，命令権の概念の不明確さに鑑みれば，これを行過ぎた危険なところまで推し進めるべきではない」[54]と述べ，この考え方を押し進めれば，司法の目的は権利保護にあることを見失う危険がある旨を指摘する[55]。

このように，当時の学説は，職権による暫定的アストラントの発令を認めることには，必ずしも積極的ではなかったようであるし，アストラントの理論的根拠として命令権を強調することに対する懸念もあったようである。それでも，破毀院の立場は，後に1972年法5条で明文をもって確認され，更に1991年法33条1項に引き継がれることになる。

---

50 Hugueney, S 1918-19 I 90（［143］）; Vizioz, n° 8 ; Fréjaville ②, p. 2（ただし，Fréjaville は後に慎重な態度に変わったようである。V. Frank, D 1968. 528（［438］）; Hébraud, RTDC 1968. 753 ; Kayser, n° 13.

51 Hébraud, RTDC 1968. 753. Cf. Frank, D 1968. 528（［438］）.

52 Frank, D 1968. 528（［438］）.

53 Hébraud, RTDC 1968. 753.

54 Hébraud, RTDC 1968. 754.

55 Hébraud, RTDC 1968. 755. なお，Hébraud は，こうした記述に続けて，アストラント金は，債権者が取得すべきではなく，国庫金とすべき旨を主張する。この点については，本編第5章3【2】(イ)参照。

㈠　暫定的アストラントの発令の管轄その1──商事裁判所

　フランスの裁判所には，通常裁判所（juridictions de droit commun）の他に，各種の例外裁判所（juridictions d'exception）がある。例外裁判所とは，法文により特別に認められた事件についてのみ管轄権を有する裁判機関をいい[56]，一般的には，職業裁判官ではなくいわゆる素人裁判官を中心に構成される[57]。

　例外裁判所は，執行上の争いに関する管轄権を有しないとされる[58]。それ故，アストラントを執行方法と解すれば，例外裁判所はアストラントについての（発令及び金額確定の）管轄権を有しないことになる。一方，アストラントを損害賠償と解すれば，例外裁判所もアストラントについての（発令及び金額確定の）管轄権を有することになる。このように，執行方法との関係及び損害賠償との関係についてのアストラントの法的性質論と結び付いて，例外裁判所のアストラントに関する管轄権の有無が問題になりうる。民事の主な例外裁判所として，現在では，商事裁判所・労働審判所・農事賃貸借同数裁判所・社会保障事件裁判所がある[59]。農事賃貸借同数裁判所・社会保障事件裁判所は，第二次世界大戦の末期又は直後を起源とする新しい裁判所である[60]。それに対して，商事裁判所・労働審判所は，古くから存在し[61]，ア

---

[56]　Cornu, Vocabulaire juridique, 8ᵉ éd., 2000, p. 494 ; Cadiet, Droit judiciaire privé, 3ᵉ éd., 2000, nº 147.

[57]　小審裁判所は，例外裁判所に当たるか否かの議論があるが，素人裁判官を含まない。V. Cadiet, op. cit, nº 148. フランスの素人裁判官に関し，ミシェル・マッセ（白取祐司訳）「フランスの司法運営への市民参加」北大法学論集52巻1号（2001年）188頁以下参照。

[58]　Perrot, Institutions judiciaires, 10ᵉ éd., 2002, nº 515. Cf. M. Donnier, Voies d'exécution et procédures de distribution, 1ʳᵉ éd. 1987, nº 232. なお，第4編第2章2【2】参照。

[59]　本編注57参照。商事裁判所・労働審判所・農事賃貸借同数裁判所・社会保障事件裁判所については，山本和彦『フランスの司法』（有斐閣，1995年）223頁以下等参照。

[60]　マッセ・前掲「フランスの司法運営への市民参加」193頁，山本・前掲『フランスの司法』266頁及び273頁等参照。

[61]　マッセ・前掲「フランスの司法運営への市民参加」191頁以下，山本・前掲『フランスの司法』224頁以下及び247頁以下等参照。

第1章　暫定的アストラントの発令に関する判例の状況

ストラントの管轄に関しても問題にされることが多かった。ここでは，商事裁判所に限定して，暫定的アストラントの発令の管轄の問題[62]をみておく。

　商事裁判所は，その裁判の執行に関する管轄権がないとされる（旧民事訴訟法典旧442条，新民事訴訟法典877条）。それ故，アストラントを執行方法と解するならば，商事裁判所は暫定的アストラントを発令する管轄権を有しないことになる。しかし，既に19世紀後半に，破毀院の判決ではないが，[71] パリ控訴院1889年1月18日判決[63]は，商事裁判所は判決の執行に関する管轄権がないことを理由として商事裁判所の無管轄をいう控訴人の主張を排斥し，問題となるのは執行（exécution）上の争い（difficulté）ではなく，制裁としてのアストラントの発令を求める請求であるとして，アストラントを発令する商事裁判所の管轄権を肯定している。Viot-Coster は，判例は古くから，アストラントを発令する商事裁判所の管轄権を肯定してきたと説明している[64]。前掲判決の後の若干の裁判例[65]に鑑みても，判例の立場を Viot-Coster のいうように理解してよかろう。

62　金額確定の段階における同様の問題に関し，本編第4章4【2】(ｱ)参照。

63　Denis, p. 55 note 1 ; Viot-Coster, p. 295, note 1. なお，[71] Paris 18 janv. 1889 は，商事裁判所が本案判決をした後にアストラントの発令を求める申立てがなされた事案で，Paris 控訴院は，本件で問題となるのは「従前に命じた有責裁判の，補完的な制裁として（à titre de sanction complémentaire）アストラントを命ずる有責裁判を目的とする新たな請求」であるという。

64　Viot-Coster, p. 295. なお，Viot-Coster の説明は暫定的アストラントのみならず確定的アストラントにも関するものである。

65　Denis, n° 48 も，暫定的アストラントを発令する商事裁判所の管轄権は肯定されるとし，本文前掲 [71] Paris 18 janv. 1889 の他，以下のような判決を挙げる（Denis, p. 55 note 1）。[214] Trib. com. Meaux 7 oct. 1947 は，商事裁判所には暫定的アストラントの金額を確定する管轄権はないとする一方，暫定的アストラントの発令を求める申立ては容れる。[286] Paris 7 mars 1951 は，暫定的アストラントの金額確定について商事裁判所の管轄権を否定するものであって，発令の管轄に関するものではないが，事実関係から，同判決に先行して，商事裁判所が暫定的アストラントを発令していることがわかる（同趣旨のものとして，本編第4章4【2】(ｱ)のAspéro事件参照）。なお，Denis は，上記判決の他に Trib. civ. Versailles 1er août 1889, GP 1890 II supp. p. 9 を挙げるが，該当する判決は見出せなかった。

第 2 編　第二次世界大戦後 1972 年 7 月 5 日の法律前までの判例の変遷

　商事裁判所に暫定的アストラントの発令の管轄権を認める判例は，まず，発令の段階の，暫定的アストラントを執行方法と区別する考え方に立つものと理解できる。前掲［71］パリ控訴院 1889 年 1 月 18 日判決も，このことを明らかにしている。次に，こうした判例は，結論のみをみれば，発令の段階の暫定的アストラントを損害賠償と解する考え方に基づく，とも理解できそうである。しかし，そのような理解が正鵠を射ているとは思えない。前掲［71］パリ控訴院判決は，理由として，アストラントが損害賠償であることではなく，制裁であることを挙げており，この考え方は，19 世紀当時の判例の分析に基づいてアストラントを制裁であって損害賠償とは異なると解した A. Esmein の所説と軌を一にするものと思われる。このような見方からすると，商事裁判所に暫定的アストラントの発令の管轄権を認める判例は，むしろ，発令の段階では暫定的アストラントが損害賠償とは異なるとする破毀院の基本的な立場と，整合するものと理解しうるであろう。

　(ｳ)　暫定的アストラントの発令の管轄その 2 ——控訴裁判所

　控訴裁判所の管轄に関しても，次のような問題がある。控訴審では，審級の利益を保障するため，新たな請求は禁止される（旧民事訴訟法典旧 464 条）。これとの関係で，控訴審で初めて暫定的アストラントの発令を求める申立てがなされた場合に，控訴裁判所はこのような申立てを容れて暫定的アストラントを発令できるかが問題となる[66]。

　判例上では古くから，暫定的アストラントの発令を求める申立ては（控訴審において禁じられる）新たな請求に当たらないとして，控訴裁判所の管轄権を肯定するものがみられる。ただし，その理由づけは常に同じというわけではない。まず，19 世紀半ばのある破毀院判決は，アストラントの申立てを執行上の争い（difficultés d'exécution）に関するものと解して，上記結論を導く[67]。これは，控訴が認容された場合には執行に関する管轄は控訴裁判所

66　金額確定の段階における同様の問題に関し，本編第 4 章 4【2】(ｲ)参照。

67　［16］Req 25 mars 1857. なお，Paris 24 juill. 1896 も同様の立場をとり（「本件で問題になるのは，新たな請求ではなく，前掲判決が判断した満足についての，法律が定める方式による執行（exécution）である」），同判決に対する破毀申立ては，［86］Req 22 déc 1897 により棄却されている。ただし，［86］Req 22 déc. 1897 は，控訴院で初めてアストラントを申立てることの許否について直接判断するものでは

に属する（旧民事訴訟法典旧472条）ことを，前提にしたものと考えられる。他方，その後の裁判例は，下級審のものではあるが，概して，アストラントが履行の強制手段にすぎないことを理由にして，控訴裁判所の管轄権を肯定したようである[68]。なお，学説においては，職権によるアストラントの発令が許されることを前提に，控訴裁判所が新たな申立てを受けてアストラントを発令しうるのは当然とする考え方もみられる[69]。

　アストラントの申立てを執行上の争いに当たるとした上記破毀院判決は，この問題（控訴審で初めて暫定的アストラントの発令を求める申立てがなされた場合に，控訴裁判所は暫定的アストラントを命ずることができるか）を肯定する判例の考え方を明らかにする上で，確定的なものとみる必要はないように思う。アストラントの申立てを執行上の争いに当たるとする理由づけは，その後の下級審判例には採用されておらず，前述(イ)の商事裁判所に関する判例（[71] パリ控訴院1889年1月18日判決）にも矛盾するからである。この問題を肯定する判例は，むしろ，発令の段階の暫定的アストラントが損害賠償とは異なるとする前述の破毀院の基本的な考え方と，軌を一にするものと理解すべきであると思う。この問題を肯定する一連の判決は，暫定的アストラントと損害賠償の関係について明示的に言及するわけではないが，仮に，暫定的アストラントの発令を求める申立てを損害賠償請求と解していたならば，当然に反対の結論（控訴審で初めてなされた暫定的アストラントの申立ては「新たな請求」に当たるから，控訴裁判所はこうした申立てに基づいて暫定的アストラントを発令することは許されないとの結論）を導いたはずだからである。

　　　ない。V. Denis, p. 52, note 3.
68　[171] Paris 16 mai 1927 は「アストラントが履行強制手段（mesure coercitive d'exécution）である」とし，[220] Colmar 25 nov. 1947 は，「アストラントの理論は為す債務の債務者の不当な抵抗を阻止する目的を有する」とする。[228] Bourges 16 mars 1948 は，申立ては「第一審における請求の性質や範囲，実体（fond）にも何ら変更を加えるものではなく，この請求自体に潜在的に含まれる強制的制裁を求めるもの（invocation）にすぎず，この請求の発展又は結果にすぎない」とし，[233] Dijon 16 avril 1948 は「元の請求に由来し，同じ目的を有する，単なる履行の保障（garantie d'exécution）」である，とする。V. Viot-Coster, p. 247 ; Kayser, n° 14.
69　Vizioz, n° 8 ; Kayser, n° 14 ; Viot-Coster p. 247.

㈎　暫定的アストラントの発令の管轄その3――レフェレの裁判官

日本の仮処分に相当するレフェレ（急速審理手続）により，暫定的アストラントを発令しうるかという問題もある。当時の（旧）民事訴訟法典809条1項は「レフェレの命令は，本案に関していかなる損害（préjudice）も与えることができない」と定めており，レフェレの裁判官がアストラントを発令することは，本案を害することにならないかが問題の焦点であった。この問題について，19世紀末の破毀院は［90］1898年6月10日民事部判決[70]で，次のように判示している。「本案を害する裁判をすることができないレフェレの裁判官は，損害賠償を命ずる有責裁判をすることについて，管轄権を有しない。とりわけ，レフェレの裁判官が命じた措置を当事者が履行しない場合に，レフェレの裁判官がその当事者に対して遅延日毎にある額の金銭の支払いを命ずることは，その権限を逸脱する」。これによると，破毀院がレフェレによるアストラントの発令を否定したのは，レフェレの裁判官による損害賠償の支払命令は本案を害するため許されないと解した上で，アストラントの発令は損害賠償を命ずる裁判に相当すると解したことによるようである。

けれども，レフェレによりアストラントを発令しうるかという問題が，とくに注目をひくようになったのは，前掲破毀院判決が下された時期よりもかなり後になってからのことで，第二次大戦後といわれる。第二次大戦直後に裁判が履行されない現象が深刻化し，裁判の履行を迅速化する必要が感じられるようになったことから，その対策として，迅速な手続であるレフェレによるアストラントの利用が期待されたことによる[71]。この当時も，一部の下級裁判所は，レフェレによる暫定的アストラントの発令を否定する立場をとった。もっとも，その理由とするところは一様ではなく，前掲［90］破毀院1898年6月10日民事部判決と同様に，発令段階の暫定的アストラントを損害賠償とみる解釈によるものの他に，別の理由を挙げるものもみられる[72]。

70　Denis, n° 48 ; Viot-Coster, p. 259.

71　Denis, n° 48 ; Viot-Coster, p. 262.

72　Denis, n° 48.

　　［224］Trib. civ. Guingamp 3 janv. 1948（アストラントは「少なくとも不確定な（éventuelle），損害賠償を命ずる有責裁判にあたる」）及び［236］Bastia 11 oct.

第1章　暫定的アストラントの発令に関する判例の状況

翻って，下級裁判所の多くは，レフェレによる暫定的アストラントの発令を肯定する立場をとった[73]。また，学説上も肯定説が多数説であった[74]。たとえば，Fréjaville は，暫定的アストラントについて，A. Esmein の見解と同様に，裁判官の命令権に基づく，裁判の履行を確保する裁判官の権能の帰結と解することによって，この権能はレフェレを含む全ての裁判官に認められるし，アストラントが本案の裁判と同時に発令される場合か否か，本案の裁判

1948 の理由付けは，前掲［90］Civ 10 juin 1898 と同趣旨で，暫定的アストラントの発令を損害賠償の支払命令とする解釈によっている。

　一方，［211］Colmar 25 juill. 1947 の理由付けは，アストラントと損害賠償の関係を問題にするものではない。明渡しを命ずる裁判を得た者が，この裁判を執行するための公の武力による援助を県知事（préfet）に拒絶されたため，執行（exécution）上の争いについて仮に裁判する権限を有する（旧民事訴訟法典旧 806 条）レフェレの裁判官に申立てをなした結果，アストラントが発令され，それに対し控訴がなされた。Colmar 控訴院は，レフェレの管轄権を否定する理由に関し，以下の三点を挙げる。県知事は公序を理由として援助を延期できるため，県知事の不作為は執行上の争いにあたらず，これに基づいてレフェレの裁判官の管轄権を認めることはできないこと，レフェレの裁判官は「執行名義（titre exécutoire）に何ら付加することはできない」ため，控訴院判決がアストラントを付さずに明渡しを命じたのに対し，レフェレの裁判官がアストラントを命じてこれを加重するのは許されないこと，アストラントは行為を命ずる本案判決に「付随するもの（accessoire）」であるから，これを本案から独立させて別の裁判所に申立てることは許されないこと，である。［239］Trib. civ. Colmar 23 nov. 1948 は，前掲［211］Colmar 25 juill. 1947 の判決理由の第二点を理由とする。［242］Aix 22 déc. 1948 の理由づけも，アストラントと損害賠償の関係を問題にするものではない。本件では，既判事項の確定力を備えた裁判により明渡しが命じられており，明渡しは軍隊の援助により実現できるので，アストラントは効果がなく，故に，執行上の争いに際してレフェレの裁判官はアストラントを発令しえないこと，レフェレで発令されたアストラントは，本案裁判官による修正が可能であり，レフェレの趣旨及びその「仮の性格（caractère provisoire）」にそぐわないこと等を挙げる。

73　Viot-Coster, p. 262 ; Denis, p. 59, note 1.
　　［210］Trib. civ. Amiens 17 juill. 1947 ; ［221］Trib. civ. Sables-d'Olonne 24 nov. 1947 ; ［222］Trib. civ. Seine 5 déc. 1947 ; ［228］Bourges 16 mars 1948 ; ［230］Trib. civ. Sables-d'Olonne 30 mars 1948 ; ［231］Colmar 28 avril 1948.
74　Denis, n° 49 ; Viot-Coster, p. 262.

を行った裁判官がアストラントを命ずる場合か否かも区別する必要はないとする。また，暫定的アストラントを命ずる裁判が本案を害するものではない理由として，その裁判が仮のもの（provisoire）であること，レフェレの裁判官自身でも本案裁判官でも常に修正しうることを挙げる[75]。Vizioz も，暫定的アストラントの根拠を，A. Esmein の見解と同様に，当時の（旧）民事訴訟法典（旧）1036 条に求めた上で，Fréjaville と同様の見解をより詳しく展開している[76]。

こうした下級審裁判例や学説に促されるようにして[77]，破毀院も，[270] 1950 年 3 月 28 日社会部判決により，次のように判示して，レフェレによる暫定的アストラントの発令を肯定するに至る。「威嚇的なアストラント［訳注，暫定的アストラント］は仮の暫定的な手段（mesure provisionnelle et provisoire）であり，損害賠償とは全く異なる。というのも，裁判の履行を確保するためのものにすぎないからである。従前の判決に対する抵抗を克服するために申立てを受けた，農業財産（biens ruraux）に関するレフェレの裁判官は，アストラントを発令する資格を有するのであって，その裁判は，本案を害するどころではなく，本案裁判官が既にした裁判を擁護する（s'appuyer）こと以外の目的を有するものではない」。この破毀院の立場は，その後も繰返し確認される[78]。

以上のように，レフェレの裁判官が暫定的アストラントを発令しうるかに関して，破毀院は，19 世紀末には，発令段階の暫定的アストラントを損害賠償と解して，否定の立場をとるが，1950 年代初めには，発令段階の暫定的アストラントを損害賠償でないと解することにより，肯定の立場に転換したことがわかる。すなわち，2 で述べた発令段階の暫定的アストラントを損害賠償ではないとする破毀院の基本的な立場が，1950 年代初めには，このレフェレの管轄の問題においても貫かれるに至った，とみることができる。

レフェレの裁判官が暫定的アストラントを発令できるとする破毀院の立場

---

75 Fréjaville, D 1948. 36（［221］［222］）. V. aussi Denis, n° 49.
76 Vizioz, n° 5 et s.. V. aussi Denis, n° 49.
77 Viot-Coster, p. 262.
78 ［291］Soc 18 oct. 1951；［297］Com 28 janv. 1952；［301］Soc 7 mars 1952 等。V. aussi Denis, p. 59, note 2.

は，1972年7月5日の法律より一足早く，1971年9月9日のデクレ740号[79]の80条前段により立法化された。これは「レフェレの裁判官は，アストラントを命ずる有責裁判及び訴訟費用（dépens）を命ずる有責裁判をすることができる」と定める。更に，この規定は，現在の新民事訴訟法典491条に引き継がれ，同条1項前段は「レフェレにより裁判する裁判官は，アストラントを命ずる有責裁判をすることができる」と定めている。

---

[79] D 1971 législ. 362.

第2章　1945年から1949年7月21日の法律前まで

　前章で，発令の段階における暫定的アストラントについては，損害賠償とは異なるとの基本原則が，第二次世界大戦前の判例でほぼ確立していたことをみた。これに対して，金額確定の段階における暫定的アストラントについて，損害賠償との関係に関する基本原則が明確化するのは，第二次世界大戦後以降と考えられる。本章以下では，その経緯を中心に考察し，併せて確定的アストラントの動向もみていく。

　本章が対象とする1945年すなわち第二次世界大戦終了直後から1949年7月21日の法律制定前までの時期は，とくに，暫定的アストラントは損害を基準にその金額を確定せねばならないとの原則の確立——広くいえば，アストラントの体系化——の出発点と位置付けられる[80]。

　当時のフランスでは，第二次世界大戦による戦禍のため国土は荒廃し，住宅の供給難が深刻化した。この住宅難に対処するため，多くの不動産の徴発（réquisition）が命じられ，一連の立法措置が講じられるが，その一方で，居住者に対する建物所有者の明渡請求が増加し，下級裁判所は，この請求を容れ，建物の明渡しを頻繁に命ずるようになる。ところが，その執行——明渡処分（expulsion）——の実施不能が恒常化する。その打開策として，下級裁判所はアストラントを多用し，更に，その実効性を高める方法を積極的に試みるようになる。本章が対象とする時期は，こうした下級裁判所によるアストラントの活用によって特徴づけられる。そうして，こうした下級裁判所の動きは，1949年7月21日の法律の制定を招くと共に，破毀院によるアストラントの体系化を促すことになると考えられる[81]。

　本章では，まず，アストラントの活用の契機となった，明渡処分の機能不全に関して述べる（1）。そのうえで，下級裁判所によるアストラントの活

80　本編注2参照。

81　Denis, n° 56.

用，とくにその実効性を高める試みについてみることにする（2）。最後に，この時期に講じられた，住宅難に関する立法措置に触れておく（3）。

1　明渡処分（不動産明渡執行）の機能不全

Toulouse 民事裁判所長の Calbairac は，1947 年の論文で，明渡処分が奏効しない問題をとりあげた[82]。同年，Fréjaville も同様の問題をとりあげた[83]。ここから，1947 年には，明渡処分の機能不全が深刻化していたことがわかる。

明渡処分の本格的な立法化は 1991 年 7 月 9 日の法律（61 条乃至 66 条）で[84]，第二次世界大戦直後の当時，明渡処分に関するまとまった立法は存在しなかった。当時の明渡処分の機能不全の問題を理解する手掛りとなるのは，執行文（formule exécutoire）の文言である。Calbairac によると，当時の執行文は，1871 年 9 月 2 日のデクレに基づくもので，次のようである。「従って，フランス共和国大統領は次のことを命ずる（mande et ordonne）。全ての執行士（huissiers）は請求に基づいて（sur ce requis）この判決の執行（exécution）を行うこと。法院検事長（procureurs généraux）及び第一審裁判所に所属する共和国検事（procureurs de la République）はこれに助力すること。公の武力を担う全ての軍人及び警察官（tous commandants et officiers de la force publique）は適法な請求がある場合にはこれを援助すること」。なお，今日の執行文は，1958 年 12 月 22 日のデクレ 1289 号により一部修正された 1947 年 6 月 12 日のデクレ 1047 号 1 条に基づくが，基本的には，上記と同様であ

---

[82] Calbairac, L'exécution des décisions de justice, D 1947, chron. 85 et s.. 直接的には，公の武力による執行（非金銭債務の直接強制）（exécution directe, exécution *manu militari*, exécution par la force）の執行不能が指摘されている。

なお，この Calbairac の論文は，当時の明渡処分の機能不全の現象に注意を喚起し，それに対するアストラントの実効性を承認した先駆的論文とみられる（Denis, n° 58 ; Fréjaville ①, p. 78）。Calbairac は，唯一の実効的手段たるアストラントの利用の一般化を提唱する。

[83] Fréjaville ①, p. 78 et s..

[84] Perrot et Théry, n° 690.

る[85]。

　この執行文の文言が示すように、執行は執行士が担当し、執行士は、公の武力すなわち警察・軍隊による援助を請求することができる。しかし、公の武力の使用は、行政機関の判断に委ねられており[86]、執行士の請求に対し、行政機関が公の武力の使用を拒む事態が頻発したため、明渡処分の実施不能が恒常化することになった。こうした現象を、Fréjaville は「執行文の衰退 (le déclin de la formule exécutoire)」と呼ぶ[87]。この現象が、深刻化したのは第二次大戦直後と考えられるが、既に戦前から進行しており、前に触れたように[88]、Viot-Coster は第一次大戦末期以降、Calbairac は「社会的及び政治的事情で」「とくに 1935 年頃から」進行していたとする。二度にわたる世界大戦の時期の政治・社会的な混乱が、この現象に関連することが窺える[89]。

　Fréjaville によれば[90]、当時、コンセイユ・デタは、［163］1923 年 11 月 30 日の Couitéas 判決を初めとする一連の判例で、執行の確保に関する行政機関の義務についての立場を明らかにしていた。それによると、原則としては、「執行文を適式に (dûment) 付与された司法裁判 (sentence judiciaire) を所持する者は、交付された名義の執行 (exécution) を確保するために公の武力の

85　現行の執行文は、当時の執行文の「フランス共和国大統領」が「フランス共和国」に、「第一審裁判所」が「大審裁判所」に、執行士につき《huissiers》が《huissiers de justice》に変更されている。

86　Calbairac, op. cit., p. 86.

87　Fréjaville ⑤, p. 215. 前述（第 1 編第 4 章【4】）のように、Denis は「執行文の部分的弱体化 (faiblesse)」と呼ぶ。こうした用語から、フランスの執行文の役割は、日本のそれと異なることが窺える。Guinchard, Droit et pratique de la procédure civile, éd. 2001/2002, 2000, n° 5019, par Fricero によると、「執行文は、行政権 (pouvoir exécutif) に対して、裁判の執行 (exécution) の援助を命ずる命令と定義しうる」。フランスの執行文に関し、竹下守夫「強制執行の正当性の保障と執行文の役割」『民事執行における実体法と手続法』（有斐閣、1990 年）176 頁以下参照。

88　第 1 編第 4 章【4】参照。

89　もっとも、行政機関による公の武力による援助請求の拒否は、今日でも問題となっている。V. Perrot et Théry, n°ˢ 189 et 191. 山本和彦『フランスの司法』（有斐閣、1995 年）82 頁注 4 参照。

90　Fréjaville ⑤, p. 219.

援助を求める権利を有する」[91]。しかし，例外として，行政機関は「公の秩序（ordre public）」を理由として，公の武力の使用を延期又は拒否できる。

そこで，行政機関が公の武力による援助の請求を拒む場合は「公の秩序」を理由とするわけであるが，Calbairac は，行政機関が「公の秩序」を緩やか且つ恣意的に解し，Couitéas 判決が示す原則と例外が入れ替わっているのが現状，と批判している[92]。

なお，Fréjaville によれば，コンセイユ・デタの判例では，公の武力の援助を拒否する行政決定が，公の秩序を理由とすると認められない場合は，当該決定は違法として取消され，債権者は損害賠償請求権を有する[93]。故に，行政機関が公の武力による援助を拒んだ場合，債権者には行政訴訟で争う途があるが，この方法で実際に救済を得るのは難しかったようである[94]。

2 下級裁判所によるアストラントの活用

司法裁判所のなかでも，明渡処分の機能不全に直面して問題解決を迫られる立場にあった下級裁判所は，裁判の実現を図るため，アストラントを多用するに至る。Denis によれば，1945年から1949年の時期における暫定的アストラントの金額確定に関する判例は，専ら明渡しに関するもので[95]，少なくとも20程度の判例があるが，執行援助請求の拒否に直面した裁判官の苛立ちが随所に現れ，この苛立ちが債務者に対する厳しい措置を帰結すると述べている[96]。下級裁判所は，アストラントを単に多用したばかりではなく，ア

---

91 ［163］CE 30 nov. 1923.
92 Calbairac, *op. cit.*, p. 87. 同旨，Fréjaville ①, p. 78.
93 Fréjaville ⑤, p. 219.
94 Fréjaville ⑤, p. 222. Fréjaville は次のようにいう。債権者は，長期にわたる司法裁判所の手続で疲労し，裁判所に対する信頼を失っているため，行政訴訟の着手にまず躊躇する。また，公の武力の援助を拒否する決定を取消すコンセイユ・デタの判決を得ても，行政部がこれを常に遵守するとは限らない。確実に結果を得るためには，取消の訴えと共に損害賠償請求をする必要があるが，この手続の費用は高額で長期に及ぶうえ，勝訴しても賠償金は僅少で，費用倒れになりかねない。
95 Denis, p. 68, note 1.
96 Denis, nº 57.

第 2 編　第二次世界大戦後 1972 年 7 月 5 日の法律前までの判例の変遷

ストラントの実効性を高めるために，次のような方法を試みる。

　第一は，金額確定段階でも損害額との一致を要しない暫定的アストラントを認めようとする試みである[97]。たとえば［237］Armentières 治安裁判所 1948 年 10 月 15 日判決は「アストラントは威嚇的で純然たる暫定的な性格を有するものであり，この金額を確定するには，裁判官は，原告が蒙った損害及び裁判の履行を拒む被告の不誠実な意思（mauvaise volonté）を考慮すべきである」と判示する。この判決は，当該事案では被告が完全な罹災者で住宅取得に全力を尽くしたことを指摘し，結論的には損害相当額の支払いしか命じなかった。それでも，上記判示からすると，暫定的アストラントは金額確定時に損害額に一致することを要しないとの立場をとると考えられる[98]。

　下級裁判所の試みの第二としては，確定的アストラント，とくに損害賠償とは異なる確定的アストラントの利用が挙げられる。この時期のアストラントの大半は暫定的アストラントであるが，一部には確定的アストラントを発令する例もあり[99]，更に，損害とは無関係に算定される確定的アストラントを発令する例もみられる[100]。［198］Pont-l'Evêque 民事裁判所 1942 年 12 月 10 日判決は，本章の対象時期より少し前のものであるが，やはり明渡処分につき公の武力の援助請求が拒まれた事例で，1945 年以降の問題状況と類似した事例と考えられる。この判決は，次のように判示して，損害賠償とは異なる確定的アストラントの有効性を明確に肯定している。「判例は，債務者の抵抗をともかく克服するための間接的な強制方法として，アストラントを用いる権利を裁判所に認めており，こうして発令される有責裁判は，損害賠償の性格を有するものではない。本件では，アストラントは，実効的であるために，単なる脅威であるのみならず制裁（peine）であらねばならず，アストラントがその実効性を十分に保持しうるために，アストラントは威嚇的［訳注，暫定的］でないと判断する必要がある」。同判決の評釈者も，損害賠償と異なる確定的アストラントを是認する[101]。また，レフェレによる確定

97　Denis, n° 57 ; Fréjaville ③, n° 2.
98　Denis, n° 57.
99　Denis, n° 57.［215］Trib. civ. Riom 16 oct. 1947 ;［216］Trib. civ. Seine 7 nov. 1947.
100　Denis, n° 234.
101　DC 1943 J 119（［198］）.

的アストラントの発令を認める［229］Vouziers 民事裁判所 1948 年 3 月 16 日命令も，必ずしも明らかでないが，損害賠償とは異なる確定的アストラントの有効性を肯定したものと考えうる[102]。この事件を担当した判事 Meurisse は，後の論文で，損害賠償とは異なる確定的アストラント（非威嚇的アストラント）を肯定している[103]。同命令の評釈者の Vizioz も，履行確保の実効性の見地から，こうした制裁としての確定的アストラントを肯定する[104]。一方，Fréjaville は，損害額を超えない確定的アストラントは認められるにしても，これは単なる損害賠償でアストラントの名に値しないし，損害額を上回る確定的アストラントは法的基礎を欠くとして否定する[105]。

下級裁判所の試みの第三としては，レフェレによるアストラントの利用が挙げられる。前章でも述べたように[106]，この時期には，裁判の履行の迅速化が強く求められるようになったことから，とくにレフェレでアストラントを発令しうるかが問題となる。暫定的アストラントについては，レフェレでこれを命じうるとする下級裁判所の裁判例が多数現れたことを既に述べた[107]。確定的アストラントについても，前掲［229］Vouziers 民事裁判所 1948 年 3 月 16 日命令のように，レフェレによる発令を肯定するものがある[108]。学説も，積極的にこの問題に取り組む姿勢をみせる。暫定的アストラントについては，レフェレでこれを命じうるとする学説が多数を占める[109]。確定的アストラントをレフェレで命じうるかについては，当時は否定説が一般的なようである[110]が，肯定する説もある[111]。

102　Denis, n° 234.
103　Meurisse, l'astreinte non comminatoire, GP 1948 II doct. 11. V. aussi Denis n° 234.
104　Vizioz, JCP 1948 II 4223（［229］）.
105　Fréjaville ②, p. 4.
106　本編第 1 章 3 ㈍参照。
107　本編第 1 章 3 ㈍参照。
108　［225］Trib. civ. Avesnes 29 janv. 1948（必ずしも明らかではないが，確定的アストラントと解しうる。Vizioz の評釈参照）. Cf. Denis, n°ˢ 57 et 219.
109　本編第 1 章 3 ㈍参照。
110　Denis, n° 218. 否定説として，たとえば，Fréjaville ②, p. 4.
111　Meurisse, *op. et loc. cit.*（V. Denis, n° 58）. Vizioz, JCP 1948 II 4223 は，レフェレで命じられる確定的アストラントについて，レフェレの裁判官自身はこれを変更でき

第2編　第二次世界大戦後1972年7月5日の法律前までの判例の変遷

　第四に，金額確定前の執行が挙げられる。Fréjavilleは，一部の実務が，暫定的アストラントであろうと，アストラントを発令する裁判を金額確定前に執行すること，アストラントを発令する裁判の仮執行を命ずることを認めており，実際に取立てのための差押えが行われていたと指摘する。Fréjaville自身はこの実務に否定的である[112]。

　以上が，下級裁判所によるアストラントの実効性強化の試みの主要なものである。それに対する当時の学説の反応については，既に個別的に言及したが，全般的な動向にも触れておく。当時の学説の状況に関し，Denisは次のようにいう。「下級裁判所（les tribunaux）は，実践的で現実的な内容の裁判を試みた点で，学説に非常に広く支持されたことを強調せねばならない」[113]。すなわち，下級裁判所のみならず学説も，当時の明渡しの執行困難を憂慮し，打開策としてアストラントの実効性に注目した[114]。そうして，個別の問題に関する対立はあるものの，基本的には，学説はアストラントの利用を推進する方向にあったと考えられる。Denisは，アストラントの実効性を重視する学説の姿勢が，とくにレフェレによるアストラントの利用を積極的に認めようとする点に現れているとみる[115]。

　さて，明渡処分の機能不全に直面して，アストラントを活用する下級裁判所の態度は，やや視点をかえれば，弱者保護政策に重点を置き，裁判の執行には非協力的な行政部に対する，司法部の防御策とも捉えられる[116]。この司法部の防御反応は時に過剰にもなったようであり，少なくとも，立法者の

　　　ないが，本案の裁判機関はレフェレの裁判官とは異なる基礎に基づいてその金額を確定できることを前提に，認めるようである（Denis, n° 218）。

112　Fréjaville ③, n° 2.

113　Denis, n° 58. これは暫定的アストラントの章の中の記述ではあるが，この下級裁判所の試みとは，必ずしも暫定的アストラントに限定する趣旨ではないようである。

114　Calbairac, *op. cit.*, p. 88（本編注82参照）; Fréjaville ①, p. 78 et s. ; Fréjaville, L'exécution des jugements d'expulsion, Rev. Loyers 1949, p. 115 et s. 及び本編注115の文献参照。

115　Denis, n° 58. V. Fréjaville ②, p. 2 ; Vizioz, n° 11 ; Meurisse, L'astreinte non comminatoire, GP 1948 II doct. 11.

116　Denis, n° 56. Fréjaville ⑤, p. 217 et s..

第 2 章　1945 年から 1949 年 7 月 21 日の法律前まで

目にはそう映る。そうして，次章でみるように，1949 年 7 月 21 日の法律は，行政部の弱者保護政策を支持する立場から，建物明渡事件におけるアストラントの利用を制限することになる。

3　住宅難に関する諸立法

　1949 年 7 月 21 日の法律の経緯をみる前に，本章の対象時期に講じられた，住宅難に関する立法措置について，Denis の説明に基づいて[117]，簡単に触れておく。Denis は，1949 年 7 月 21 日の法律を，次のような一連の立法による，居住権 (maintien dans les lieux) に関する立法政策の到達点とみている[118]。

　ドイツ占領軍からのフランスの解放に続いて，政府は多くの不動産の徴発 (réquisition) を命じた。そうして，徴発を受けた不動産の所有者に対する保護措置として，1945 年 10 月 11 日のオルドナンス 2394 号[119]の 27 条 6 項は，徴発の期間満了後又は徴発の解除後も居住し続ける者に対して，検察官の申立てにより，レフェレの裁判官が賃料の 10 倍から 100 倍の民事罰金 (amende civile) を命ずることを認めている。この民事罰金については，アストラントとの同質性を指摘する見解[120]や明渡しを命じられた全ての不法占拠者に拡張するよう主張する見解[121]もみられる。

　しかし，住宅難は一層深刻化し，立法者は，所有者の利益を犠牲にしても，居住者を保護するため，明渡しを制限する措置の導入を決断する。1948 年 9 月 1 日の法律 1360 号[122]は，罹災地域，パリ及び人口 4000 人を超える都市等を対象として，賃借人（その死亡の場合は賃借人の家族）に，賃貸借契約期間満了後も居住権を認め，賃貸不動産の所有者に取戻権 (droit de reprise) が認められる場合を厳しく制限する。こうした居住権の保護の範囲は，1949

117　Denis, n°ˢ 59-60.
118　Denis, 1ʳᵉ partie, chapitre I, § I, B の題名。
119　D 1945 législ. 229, Commentaire par Fréjaville.
120　Laurent, D 1948. 147（[210]）. V. aussi Denis, n° 59.
121　Fréjaville ①, p. 78 et s.. ただし，この罰金の率の引下げ及び当事者による申立てを認めるよう提言している。V. Denis, n° 59.
122　GP 1948 II 371.

年7月16日の法律945号[123]により拡張された。そうして，更なる居住者保護立法として，1949年7月21日の法律の制定をみることになる。

---

[123] GP 1949 II 456. V. P. Esmein, p. 15.

第3章　1949年7月21日の法律

「明渡事件において裁判所が定めるアストラントに威嚇的性格を与えると共にその額を制限する（donnant le caractère comminatoire aux astreintes fixées par les tribunaux en matière d'expulsion et en limitant le montant）」1949年7月21日の法律972号（1949年法）は，建物の明渡事件において，確定的アストラントを禁止すると共に，損害額を上回る額による暫定的アストラントの金額確定を禁止することを主な内容とする。1949年法はアストラントの特別法であって，同法上のアストラントは，本書の対象とする狭義のアストラントではないが，アストラントの戦後の変遷をみる上で重要な意義を有するため，ここでとりあげる[124]。重要な意義とは，破毀院が，一時的ではあるが，1949年法の原則を，建物明渡事件以外のアストラント全般に類推するようになったことである。換言すれば，判例が，暫定的アストラントの金額確定及び確定的アストラントに関する基本原則を明確にする上で，この法律が推進役を担ったと考えられる。また，別の視点からいうと，1949年法は，戦後直後の住宅難という特殊な社会状況を前提に，弱者保護を目的として制定された社会法的な性格の立法である。このことは立法過程をみれば明らかである。

以下では，まず，1949年法の提案理由及び議会の審議の概略を述べる（1）。その上で，条文毎に，議会の審議の詳細及び当時の学説の反応をみて（2乃至4），簡単な総括をする（5）。なお，1949年法の今日の状況についても，便宜上，本章で触れておく（6）。

---

[124] 第1編第1章3【2】参照。

第 2 編　第二次世界大戦後 1972 年 7 月 5 日の法律前までの判例の変遷

1　提案理由及び審議概略

【 1 】　提案理由

1949 年法は，後述【 2 】のように，国民議会議員が提出した二つの法案及びそれらを踏まえた国民議会法務委員会案が，母体となっている。故に，同法の提案理由を正確に明らかにするためには，三つの法案の提案理由[125]を個別にみるべきである。が，いずれも同趣旨であるので，ここでは，委員会の報告書に示された提案理由[126]のみを掲げる。

「嘆かわしいことに，わが国では，住宅難は絶えず深刻であり，狭く不衛生なところで生活する非常に多くの家族の境遇は，さして改善されてはいない。

この住宅難にかかわらず，賃借人に対する明渡しの裁判が行われることが非常に多い。幸いなことに，多くの場合，行政はこの明渡しの裁判の執行 (exécution) を許可していない。しかし，民事裁判所は，アストラントを定めて，明渡しを命じている。

アストラントの額は様々であるが，日毎 3000 フランに達するものもある。

このように，我々はしばらく前からこのアストラントの実務において，まさに濫用に直面している。住宅難のために明渡判決を履行できない誠実な (bonne foi) 賃借人が，犠牲者となるだけに，この濫用は一層遺憾である。

アストラントにより定められる法外な額を債務者が支払うことは不可能である。

これは，多くの善良な人々にとって，動産の差押えを意味し，それは壊滅的なものである。ところが，この善良な人々には，別の住居を見つけられないことについて何ら責任はないのである。

賃金に対する差押え＝差止め (saisies arrêts sur le salaire) も同様なことは既に明らかである。

---

[125]　Proposition de loi, Doc. AN 1949, nº 6888, p. 551 ; Proposition de loi, Doc. AN 1949, nº 7111, p. 718 ; Rapp. Citerne, Doc. AN 1949, nº 7400, p. 1030 ; JO AN［CR］30 juin 1949, pp. 3984-3985 の Citerne, Courant, Denis の各発言参照。

[126]　Rapp. Citerne, Doc. AN 1949, nº 7400, p. 1030.

第 3 章　1949 年 7 月 21 日の法律

この状況は速やかに終わらせねばならない。さもないと重大な危険が予想される」。

　国民議会法務委員会の提案理由は以上のようであり，国民議会議員が提出した二つの法案の提案理由も同趣旨であるから，1949 年法の提案理由は次のように概括しうる。住宅難が深刻化するなか，裁判所が賃借人に明渡しを命じても，賃借人は代わりの住居を得る見込みがないため任意に履行せず，明渡しの執行も行政の協力拒絶により不奏効に終わるようになっている。こうした状況下で，裁判所は過大な額のアストラントを頻繁に命じ，アストラントを濫用しているので，居住者保護の見地から規制が必要，ということである。

　アストラントの濫用の実態について，各法案の提案者は様々な具体例を挙げている。その一部を挙げれば，次のようである。明渡しのために命じられるアストラントの金額は，「労働者の住宅（logement ouvrier）の場合にはしばしば日毎 300 フラン乃至 500 フラン」で，「現に 6 万フラン又は 8 万フランの負債を負う者がいる」[127]。無資力者に対し時に「25 万フラン又は 30 万フラン」のアストラントが命じられる例もある[128]し，月額 2 万フラン未満の賃金しか得ていない労働者に対するアストラントの額が，日毎 1000 フラン乃至 3000 フランに達する例もある[129]。アストラントの取立てのために動産の差押えや賃金に対する差押え＝差止め（債権執行）が行われ[130]，退去させられた賃借人は「住む所も財産もなく路頭に迷うことになる」[131]。一方，「所有者は，アストラントとして定められた額の取立てで，自己の財産の現実の賃貸価値をはるかに上回る額を得ている」[132]。苛酷なアストラントに苦しむ者の多くは戦争の被害者で，このような事態はフランス全土に広がり，一般化している[133]，等である。

---

[127]　Proposition de loi, Doc. AN 1949, n° 6888, p. 551.
[128]　JO AN［CR］30 juin 1949, p. 3985. Courant の発言。
[129]　JO AN［CR］30 juin 1949, p. 3985. Denis の発言。
[130]　本文前掲委員会案の提案理由等参照。
[131]　Proposition de loi, Doc. AN 1949, n° 7111, p. 718.
[132]　Proposition de loi, Doc. AN 1949, n° 6888, p. 551.
[133]　JO AN［CR］30 juin 1949, p. 3985. Citerne 及び Courant の発言参照。

第 2 編　第二次世界大戦後 1972 年 7 月 5 日の法律前までの判例の変遷

　また，法案の提案者は，こうしたアストラントの濫用を，司法部と行政部の対立という構図のなかで捉えている。すなわち，裁判所が明渡しを命じる裁判に苛酷なアストラントを付すようになったのは「裁判所と行政部の攻防のようなもの」で[134]，この法案の審議は「行政権と司法権の間の遺憾極まる闘争のエピローグ」であるという[135]。法案の提案者は，この「闘争」については専ら司法部を非難し，行政部を支持する形でその決着を図ろうとした，とみることもできる。

【2】　議会審議の概略

　次に 1949 年法の審議の全体の概略を述べておく[136]。

　この審議は，緊急審議の形式で行われている。原案となったのは，国民議会議員の提出した二つの法案である。すなわち，法務委員会の副委員長である Courant 議員の提出した「明渡事件において裁判所が定めるアストラントに威嚇的性格を与えるための」法案[137]，Denis 議員他の共産党会派の複数の議員が共同で提出した，「居住用建物（locaux d'habitation）の明渡しの判決（jugement d'expulsion）に基づく損害賠償事件におけるアストラントの支払いを無効にする（annuler）ための」法案[138] である。

　Courant 議員提出法案は，次のようである。

　「1 条　建物（local）の占有者（occupant）に対して明渡し（quitter les lieux）を強制するために定められるアストラントは，威嚇的性格を有する。

---

[134]　JO AN ［CR］ 30 juin 1949, p. 3984. Citerne の発言。

[135]　JO AN ［CR］ 30 juin 1949, p. 3985. Courant の発言。

[136]　1949 年法の立法資料は以下の通り。国民議会第 1 読会：Proposition de loi, Doc. AN 1949, n° 6888, p. 551 ; Proposition de loi, Doc. AN 1949, n° 7111, p. 718 ; Rapp. Citerne, Doc. AN 1949, n° 7400, p. 1030 ; JO AN ［CR］ 30 juin 1949, pp. 3984-3988 ; 共和国評議会第 1 読会：Proposition de loi, Doc. CR 1949, n° 548, pp. 493-494 ; Rapp. Biatarana, Doc. ［CR］ 1949, n° 551, p. 494 ; JO CR ［CR］ 1ᵉʳ juillet 1949, pp. 1666-1669 ; 国民議会第 2 読会：Avis, Doc. AN 1949, n° 7727, p. 1274 ; Rapp. Citerne, Doc. AN 1949, n° 7771, p. 1301 ; JO AN ［CR］ 8 juillet 1949, pp. 4401-4402 et 4563.

[137]　Proposition de loi, Doc. AN 1949, n° 6888, p. 551. Courant 議員が法務委員会の副委員長であることは JO AN ［CR］ 30 juin 1949, p. 3986 参照。

[138]　Proposition de loi, Doc. AN 1949, n° 7111, p. 718.

２条　この規定は，本法の審署（promulgation）の日に既判事項の確定力（force de chose jugée）を生じているものも含む全ての裁判に適用する。」

共産党会派の議員提出法案は，次のような単独の条文からなる。

「居住用建物の明渡しの判決に基づくアストラントの支払いは，賃借人が誠実である（bonne foi）ときは，無効である（annulé）。」

こうした二つの議員提出法案を踏まえて，国民議会の法務委員会は次のような法案を提案する[139]。

「１条　建物の占有者に対して明渡しを強制するために定められるアストラントは，常に威嚇的性格を有する。

２条（１項）　明渡しの裁判（décision d'expulsion）に伴うアストラントは，常に金額を確定しなければならない。

（２項）　賠償金の額（montant de l'indemnité）は，実際に生じた損害を補償する額を超えることはできない。これを決定する時には，債務者の資力（possibilités financières）及び裁判の履行をするために債務者が遭遇した困難（difficultés）を考慮しなければならない。

（３項）　アストラントの債務者が，その責めに帰すことができない外在的原因で，かつ裁判の履行を遅滞させ又は妨げたもの（cause étrangère qui ne lui est pas imputable et qui aura retardé ou empêché l'exécution de la décision）の存在を証明したときは，いかなる賠償金も生じない。

３条（１項）　これらの規定は，本法の審署の日に既判事項の確定力を生じているものも含む全ての裁判に適用する。

（２項）　いかなる場合にも，返還を請求することができない」。

法案を相互に比較すれば明らかなように，委員会の法案は，Courant 議員提出法案に更に規定（２条及び３条２項）を追加したものである。いずれの法案も基本的な趣旨は同様で，当初の二つの法案を提案したいずれの議員もこの委員会案に賛成している[140]。更に，本会議では冒頭で，次のような委員会案の修正案が一議員により提出される。これは委員会案の１条と２条を

---

[139]　Rapp. Citerne, Doc. AN 1949, n° 7400, p. 1030.

[140]　JO AN ［CR］ 30 juin 1949, p. 3985 の Courant の発言及び *op. cit.*, p. 3986 の Denis の発言参照。

次のように修正するものである。

「1条　建物の占有者に対して明渡しを強制するために定められるアストラントは，常に威嚇的性格を有する。<u>明渡しの裁判が履行されたときには，裁判官はこれを修正して金額を確定しなければならない。</u>」（下線部が追加修正部分）。

「2条（1項）　<u>確定されたアストラントの額は</u>，実際に生じた損害を補償する額を超えることはできない。これを決定する時には，債務者の資力及び裁判の履行をするために債務者が遭遇した困難を考慮しなければならない。

（2項）　<u>占有者が</u>，その責めに帰すことができない外在的原因で，かつ裁判の履行を遅滞させ又は妨げたものの存在を証明したときは，<u>アストラントは，維持されない。</u>」（委員会案の1項を削除し，2項及び3項をそれぞれ繰り上げている。下線部はそれ以外の文言の修正部分を示す。）

この修正は形式的なものと説明され，委員会もこの修正案を予め了承しているようであるので，この委員会案の修正案が実質的な委員会案とみることもできよう。この法案については，法務大臣から2条及び3条に反対意見が出されたが，結局そのまま国民議会で可決される[141]。

それに対し，共和国評議会[142]は国民議会案のかなりの部分を削除するような修正案を可決する。具体的には，国民議会案の1条に2項を追加し，2条1項後段，同条2項及び3項全体を削除するものである。この共和国評議会の修正案の趣旨は，基本的には，国民議会における法務大臣の反対意見と共通する。

しかし，国民議会の法務委員会は，第1読会で国民議会が可決した法案（国民議会委員会案の修正案）の復活を，第2読会で提案し[143]，再び2条及び3条につき法務大臣との対立をみる。その結果，一部については妥協が成立する（国民議会委員会案の修正案2条1項後段の「債務者の資力及び」の削除）

---

[141]　JO AN［CR］30 juin 1949, pp. 3984-3988. Proposition de loi, Doc. CR 1949, n° 548, pp.493-494.

[142]　共和国評議会は，第四共和政の第二院で，当時のその地位は，第一院である国民議会と対等ではなかったことにつき，山口俊夫『概説フランス法上』（東京大学出版会，1978年）102頁。

[143]　Rapp. Citerne, Doc. AN 1949, n° 7771, p. 1301.

が，この点を除けば，第 1 読会の国民議会案がそのまま再可決され，1949 年法になる[144]。

ここで 1949 年法の条文も挙げておく。なお，前述のように，正式には同法は「明渡事件において裁判所が定めるアストラントに威嚇的性格を与えると共にその額を制限する」1949 年 7 月 21 日の法律 972 号という。

1 条　建物の占有者に対して明渡しを強制するために定められるアストラントは，常に威嚇的性格を有する。明渡しの裁判が履行されたときは，裁判官は，これを修正して金額を確定しなければならない（Les astreintes fixées pour obliger l'occupant d'un local à quitter les lieux ont toujours un caractère comminatoire et doivent être révisées et liquidées par le juge une fois la décision d'expulsion exécutée）。

2 条（1 項）　確定されたアストラントの額は，実際に生じた損害を補償する額を超えることはできない（Le montant de l'astreinte une fois liquidée ne pourra excéder la somme compensatrice du préjudice effectivement causé）。これを決定する時には，裁判の履行をするために債務者が遭遇した困難を考慮しなければならない（Il devra être tenu compte, lors de sa fixation, des difficultés que le débiteur a rencontrées pour satisfaire à l'exécution de la décision）。

（2 項）　占有者が，その責めに帰すことができない外在的原因で，かつ裁判の履行を遅滞させ又は妨げたものの存在を証明したときは，アストラントは，維持されない（L'astreinte ne sera pas maintenue lorsque l'occupant aura établi l'existence d'une cause étrangère qui ne lui est pas imputable et qui aura retardé ou empêché l'exécution de la décision）。

3 条（1 項）　これらの規定は，本法の審署の日に既判事項の確定力を生じているものも含む全ての裁判に適用する（Les dispositions ci-dessus s'appliquent à toutes les décisions de justice même passées en force de chose jugée à la date de la promulgation de la présente loi）。

（2 項）　いかなる場合にも，返還を請求することができない（En aucun cas, il ne saurait y avoir lieu à répétition）。

---

[144]　JO AN〔CR〕8 juillet 1949, pp. 4401-4402 et 4563.

次に，この条文毎に，審議の内容をみていく。また，それと共に，1949年法の制定直後の学説の反応についても併せて触れる。当時発表された同法に関する主要な論説としては，Fréjaville[145]，P. Esmein[146]，Carbonnier[147]のものがあり，この3人の学者の見解を中心に述べる。

2　1949年法第1条

1949年法1条は「建物の占有者に対して明渡しを強制するために定められるアストラントは，常に威嚇的性格を有する。明渡しの裁判が履行されたときは，裁判官は，これを修正して金額を確定しなければならない」というもので，前段は非威嚇的アストラントすなわち「確定的アストラント」の禁止を，後段は履行前の金額確定の禁止を定めるものである。とくに1条前段は，この法律に冠せられた名称に鑑みても，2条1項前段と共に，1949年法の中心となる規定といえる。以下，1条を，前段（【1】）と後段（【2】）に分けて考察する。最後に，同条に関する若干の補足を加える（【3】）。

【1】　第1条前段
(ｱ)　議会審議
1949年法1条前段は，本法の立法過程の中で唯一，反対がなく，終始一貫して維持された規定である。すなわち，アストラントの濫用防止対策として，確定的アストラントの禁止が必要と考えることには，議会内で当初から共通の合意があったということであろう。

1条前段の原案は，Courant議員提出法案の1条「建物の占有者に対して明渡しを強制するために定められるアストラントは，威嚇的性格を有する」

---

[145]　Fréjaville, La loi du 21 juillet 1949 sur les astreintes en matière d'expulsions, JCP 1949 I 792［Fréjaville ③］.

[146]　P. Esmein, Le maintien dans les lieux. Les astreintes en vue de faire évacuer un local（Lois des 16 et 21 juillet 1949), GP 1949 II doctr. p. 15 et s.［P. Esmein］.

[147]　Carbonnier, Astreinte, Loi n° 49-972 du 21 juillet 1949, Rev. loyers 1949, p. 475 et s.［Carbonnier］.

と考えられる。国民議会の委員会案の1条は、「常に」の文言の追加を除き、これをそのまま採用している。Courant議員の法案提出理由では、この条文に関して次のような説明がされている。

「レフェレの裁判官がアストラントを定める場合、アストラントは威嚇的で裁判官による修正が常に可能であるのに対し、アストラントを命ずるのが本案の裁判所（le tribunal）である場合には、アストラントは勝訴者にそのまま取得されてしまう（elles sont acquises）。罰金を単なる威嚇的性格のものとして一般化することにより、現在の状況が示している深刻な危険に対処する必要があると思われる。これにより裁判官はこの罰金（amendes）を修正し、耐え難い強制執行（exécutions forcées）を回避できる」[148]。

この説明によると、本案の裁判所が命ずるアストラントは常に確定的アストラントであるとも解せられそうであるが、本案の裁判所は暫定的アストラントを命ずる場合もあるから、このような解釈は正しくない。また、この説明によると、本条前段は、アストラントを命ずる本案の裁判所の裁判を、暫定的な性格を有するレフェレの裁判に近づける趣旨とも解せられそうであるが、本案の裁判所の裁判とレフェレの裁判の関係について、立法過程では他に何ら言及はないし、本来的には両者は区別すべきであるから、上記の解釈も正しいとは思われない。むしろ、この規定の立法趣旨を明らかにするには、次のような、共和国評議会の法務委員会の報告者の説明の方がより有用と思われる。

「……この法律の第一の目的は、司法官がアストラントを定めて行おうとする強制の緩和です。彼らは、威嚇的アストラントすなわち裁判の履行の後にアストラントの額それ自体の再考を可能にするもののみならず、非威嚇的アストラントすなわち損害賠償による制裁の性格を直ちに備え、その制裁を再考し得ないものを、直ちに発令しています。委員会は、代わりの建物がすぐには見つからなかったため滞留せざるを得ない占有者に、おこりうるこのような状況を、緩和すべきと考えています。委員会は同様に、民法典の適用による判例の考え方から生まれたアストラントの、伝統的な原則に立ち戻ろうともしています。この原則とは、アストラントを、損害賠償を命ずる確定

---

[148] Proposition de loi, Doc. AN 1949, n° 6888, p. 551.

的な有責裁判ではなく，金額（taux）を定める単なる威嚇とし，この威嚇が効果を生じた時すなわち裁判の履行が実際に実現した時に，その金額を再び定めるとするものです。従って，委員会は，国民議会から回付された法案を検討する際に，二つの観点（motifs）に立っています。民法典の伝統的な原則に立ち戻ること，それから，状況を考慮して，新しい住居を見つけるのに何らかの困難を有する占有者に対し，司法官が過度に厳しく対処しないようにすることであり，再度付言すれば，司法官がこのような態度をとるのは，自分達の裁判に，認められるべき執行力がないように感じるためです。委員会はこのような状況で，国民議会が可決した法案の1条，すなわち，以後は全てのアストラントが威嚇的性格を有し，裁判の履行後には司法官のところに戻り，その司法官が所有者に生じた損害を考慮してアストラントの確定的な額を定めることを可能にする規定を，問題なく採択しました」[149]。

この説明によると，1949年法1条前段の立法趣旨は，確定的アストラントを禁じるもので，損害賠償とは異なる確定的アストラントのみならず，損害賠償と一致する確定的アストラントも禁じる趣旨のようである。確定的アストラントを禁じる理由としては，第一に，住宅難の悪化に伴い，居住者保護の見地からアストラントの強制力を緩和する必要があること，第二に，アストラントの伝統的な法理へ回帰すべきことが挙げられている。1【1】で述べた本法案の全般的な立法理由に鑑みれば，本条前段の立法理由の中心は，上記第一点と考えるべきである。けれども，上記第二点にも注意を要しよう。この点からは，立法者が，本条前段はアストラント一般の伝統的な法理に従うもので，建物明渡事件の場合に限らず一般的に正当化されると考えていたことが窺える。そうすると，本条前段が（損害賠償と異なる確定的アストラントの禁止の限度で），後に建物明渡事件以外に類推適用されたこと[150]は，立法の基本的な趣旨とは異なるにしても，立法者の意思と全く相容れないわけではなかったということになろう。

(イ)　学説の評価

Fréjaville は，1949年法の直前の論文で，損害の算定に関して認められて

149　JO CR［CR］1er juillet 1949, pp. 1666-1667, Biatarana の発言。

150　本編第4章 5 参照。

第 3 章　1949 年 7 月 21 日の法律

いる裁判所の評価権（marge d'appréciation）を介して，実務上は，債務者の faute の程度を考慮して損害賠償額が定められ，損害賠償に制裁的機能が付与されているとし，この実務を前提に，アストラントを，不履行の場合に，制裁的機能を伴う厳しい損害賠償が課される旨の債務者に対する予告と主張した[151]。このようにアストラントを損害賠償に関連付け，アストラントの事後的な変更可能性を重視する Fréjaville は，同じ論文で，確定的アストラントと呼ばれているものの実質は損害賠償にすぎないし，損害賠償を上回る確定的アストラントは法的根拠を欠くとしていた[152]。1949 年法に関する論説でも，Fréjaville は同様の立場をとり[153]，確定的アストラントを禁じる 1 条前段を積極的に評価する[154]。この規定の帰結として，Fréjaville は，近年認められてきたレフェレの裁判官による確定的アストラントの発令は否定され，レフェレの裁判官の行過ぎを制約できるとする。ただし，本案（の事実審）裁判官（juge du fond）については，損害賠償の算定に関する専権的な評価権（appréciation souveraine）を利用して，損害賠償の形式で実質的に確定的アストラントを命じうるから，その権限は著しく制限されるわけではない等とする[155]。

Carbonnier は，1 条前段は従前の原則の確認にすぎないとする。しかし，その実益は否定しない。すなわち，実際に確定的アストラントを命ずる例があり，遅延賠償に相当する場合以外の確定的アストラントは原則に反するから，新法はその誤りを明らかにする意義があるとする[156]。

以上のように，Fréjaville も Carbonnier も，1 条前段を支持する[157]。しかし，議会の立場とはやや異なる。まず，損害賠償と一致する確定的アストラント

---

[151]　Fréjaville ②, pp. 1-2. こうした Fréjaville の立場につき，本編第 4 章 3 参照。
[152]　Fréjaville ②, p. 4. 本編第 2 章 2 参照。
[153]　Fréjaville ③, n°ˢ 2-3.
[154]　Fréjaville ③, n° 4.
[155]　Fréjaville ③, n° 4.
[156]　Carbonnier, p. 478.
[157]　P. Esmein, p. 16 et s. も，1949 年法 1 条前段には反対しないようにもみえる。けれども，損害額を超えるアストラントを認める必要性を強調し，且つ，確定的アストラントを擁護する Meurisse 論文を引用すること（P. Esmein, p. 17）に鑑みると，疑問は残る。

153

まで直ちに否定するわけではない。また，損害賠償と異なる確定的アストラントを否定する理由も，専ら，アストラント一般の法理に反することに求められている。

なお，前述のように，1949年法前にも，損害賠償と異なる確定的アストラントを支持した学説がある[158]ことにも留意せねばならない。この立場からは，1949年法1条前段はアストラントの実効性を減殺するものとして，批判されたであろうことが推測できる。

ところで，1949年法の適用範囲は，法律に冠せられた名称によれば，「明渡事件（matière d'expulsion）」のアストラントであるが，より正確には，1条前段が「建物（local）の占有者（occupant）に対して明渡し（quitter les lieux）を強制するために定められるアストラント」に限定している。しかし，1949年法の適用範囲は必ずしも明らかではない。1条前段の「建物」の原語であるlocalの語は，賃貸された場所の意味で用いられることが多く[159]，「占有者」の原語であるoccupantの語は（狭義では）一般に「賃貸人による解約（congé）にも関わらず，賃貸借（bail）期間満了後に居住用建物に居住（occuper）し続ける者」を意味するようである[160]。こうした文理や1【1】で述べた本法案の全般的な立法理由に照らすと，1949年法は，一応，居住用建物の賃借人の明渡事件を念頭に置くと考えられるが，P. Esmeinは，1949年法は一部の賃貸借の場合に限定されるものでないとし，居住用・職業用・商業用・手工業用・行政用等全ての建物，更に農業者が居住・利用する建物の占有者にも，同法の適用があるとする[161]。Carbonnierも，居住用の建物賃貸借とその他の賃貸借（baux à loyer）を区別すべきでないとする。しかし，local（建物）の語は農業経営と関連が薄いことから，農事賃貸借（bail à ferme）に基づく関係には適用されないとする。更に，Carbonnierは，元来，明渡しのためのアストラントが多用されたのは，住宅の徴発（réqui-

---

[158] 本編第2章2参照。

[159] Cornu, Vocabulaire juridique, 8ᵉ éd., 2000, p. 522.

[160] Cornu, *op. cit*., p. 589. なお，occupantの語は，広義では，賃貸借の有無に関わらず居住用建物に居住する者を意味する（*ibid.*）。山口俊夫編『フランス法辞典』（東京大学出版会，2002年）398頁も参照。

[161] P. Esmein, p. 16.

sitions) の場合であるとした上で，違法な徴発の受益者には1949年法の適用を肯定するが，適法な徴発に抵抗する不動産所有者については躊躇し，占有者よりも不利に扱われないのが公平であるにしても，所有者を「占有者」とする解釈にはやや無理があると付言する。一方，買主に引渡しを拒む不動産の売主や競売後の元所有者（saisi après l'adjudication）等の所有者でない者は「占有者」にあたるとする[162]。1949年法の適用範囲は現在でも問題になっており，近時の解釈については後で触れる。

なお，Carbonnier は，アストラントの濫用に直面したこの機会に，立法者がアストラントの一般法を制定しなかったことを批判する[163]。一方，Fréjaville は，1949年法が，明渡事件に限らず，一般的に適用されうることを予測している。彼は，1949年法の適用範囲は明渡事件に限定されているから，少なくとも理論的には，明渡事件以外では判例は損害を上回るアストラントを認めうるとしながらも，アストラントの役割は司法裁判の履行であって，この役割は全ての領域で同一であることを強調する[164]。

【2】 第1条後段

(ｱ) 議会審議

「明渡しの裁判が履行されたときは，裁判官は，これ（アストラント）を修正して金額を確定しなければならない」と定める1949年法1条後段は，文言上，履行前の金額確定を禁じる趣旨と解せられるが，その立法の理由は明らかではなく[165]，当否の議論も見当らない[166]。

1条後段の文言は，当初の Courant 議員提出法案にも国民議会の法務委員会案にもなく，国民議会の本会議で，これを追加する修正案が一議員から提

162　Carbonnier, p. 477.
163　Carbonnier, p. 476. V. aussi Denis, n° 63.
164　Fréjaville ③, n° 6.
165　Denis, n° 84 は，この規定について「立法者は，このような準則を設けるに際して，専ら履行後の金額確定のみが，生じた損害を実際に正確に算定することを可能にすると考えていた」という。ただし，このことを示す立法資料は見当たらない。
166　なお，前述【1】(ｱ)の1条前段に関する共和国議会報告者の発言でも，金額確定は履行後に行われることが前提にされている。

第 2 編　第二次世界大戦後 1972 年 7 月 5 日の法律前までの判例の変遷

出された。修正の理由は次のように説明されている。「Courant 氏の法案は現在の委員会法案の第 1 条と第 3 条からなっており，委員会はこれに第 2 条を追加しました。このような場合によくあるように新しい条文は他の二つの条文と完全には適合しません。そこでこれらの調和をはかるために，私はこの修正案の承認を委員会に求めたのです」[167]。この修正案は，国民議会で委員会の同意を得て直ちに可決され，共和国評議会でも異論なく可決されており，そこでも特別な説明は見当たらない。

なお，国民議会法務委員会案には当初 2 条 1 項として「明渡しの裁判に伴うアストラントは，常に金額を確定しなければならない」旨の規定があった。この規定は，1 条後段と比較すると，金額確定の時期を限定していない点では異なるが，金額確定を義務付ける体裁をとる点で共通するため，1 条後段の原案とみる余地もないわけではない。しかし，この規定は，前述の 1 条後段の追加を提案した議員が，単なる文言の改善を理由に，委員会案の修正を求めた結果，削除されている[168]にすぎないから，この規定からも，1 条後段の立法理由を明らかにする直接的な手掛りは得られない。

(イ)　学説の評価

共に裁判官である Hamiaut et Pépin は，1949 年法制定直後の同法に関する論説で，1 条後段によれば，占有者は居座り続ける限り賠償を免れるとして，この規定の不合理性を手厳しく批判する[169]。この規定の不合理性をより厳しく批判するのは Hébraud で，時代は下るが，1957 年の論文で，1949 年法のとくにこの規定によりアストラントが著しく実効性を失ったことを指摘する[170]。

なお，Carbonnier は，既に進行した部分に限っては，履行前にアストラントの金額を確定しうると解する[171]。当時の実務においても類似の試みが見

167　JO AN [CR] 30 juin 1949, p. 3986. Dominjon 発言。
168　JO AN [CR] 30 juin 1949, p. 3986.
169　Hamiaut et Pépin, La loi du 21 juillet 1949 sur les astreintes risque d'être inopérante, GP 1949 II doctr. 30.
170　Hébraud, L'exécution des jugements civils, RID com. 1957. 189. V. aussi Denis, p. 103, note 2.
171　Carbonnier, p. 478. なお，Carbonnier は，既に進行した部分の金額確定を認める

受けられるが，下級裁判所の一部に限られたようである[172]。
【3】　第1条に関するその他の事項
1949年法1条の審議の過程では，次のような修正も問題になったので，一応言及しておく。
(ア)　議会審議
共和国評議会の法務委員会は，1949年法1条の審議において，「ただし，この規定は，占有が1945年4月21日のオルドナンス770号の適用を受ける略奪（spoliation）の事実に基づく場合には適用しない」という2項の規定の追加を提案した。この理由について委員会の報告者は次のように説明する。「賃貸借に関する諸法律（des lois sur les loyers）に基づいて，期間満了後も暫くそのまま居住する占有者がいることは承知していますが，そうした人々を，略奪の受益者又はその本人（auteur）として建物を占有する者から区別する必要があります。……」[173]。なお，委員会は本会議で「よく考えてみれば，このオルドナンス以外にも略奪に関する条文があるため，誤りをおかすおそれがあると思われた」ことから，「1945年4月21日のオルドナンス770号の適用を受ける」の文言の削除を提案し[174]，共和国評議会では何ら反対もなく可決された。この修正の趣旨は，要するに，本法による保護の対象を誠実な占有者に限定しようとするものと考えられる。しかし，国民議会はこれを受入れず，結局削除された。その理由は言及されていないので，明らかではない。もっとも，国民議会では弱者保護の立場が強力に打ち出されていたので，政治的な理由から，保護の範囲を制限することを受け容れ難かったというような憶測もできないわけではなかろう。
(イ)　学説の評価
Fréjavilleは，共和国評議会の提案を国民議会が排斥したのは正当と評する。居住用建物の違法な獲取（appréhension）は刑事制裁に委ねるべきであるし，司法裁判の履行確保というアストラントの役割はいかなる場合も変わらない

場合でも，金額確定の通常の原則を適用せねばなるまいから，アストラントの実効性を失わしめるおそれはあると付言する。

[172]　本編第4章4【1】(ア)参照。V. Hébraud, *op. et loc. cit..*
[173]　JO CR［CR］1er juillet 1949, p. 1667.
[174]　JO CR［CR］1er juillet 1949, p. 1667. 委員長の発言。

から，占有者の資格によりアストラントの性質を異ならしめるべきでないとする[175]。

3　1949年法第2条

1949年法2条は，1項で「確定されたアストラントの額は，実際に生じた損害を補償する額を超えることはできない。これを決定する時には，裁判の履行をするために債務者が遭遇した困難を考慮しなければならない」とし，2項で「占有者が，その責めに帰すことができない外在的原因で，かつ裁判の履行を遅滞させ又は妨げたものの存在を証明したときは，アストラントは，維持されない」と定める。1項前段は，損害賠償を上回る額によるアストラントの金額確定を禁じるもので，1949年法の中心となる規定である。1項後段は金額確定で履行上の困難を考慮すべきこと，2項は不履行が外在的原因による場合のアストラントの免除を定める。2条の審議の過程では，1項後段及び2項を中心に，損害賠償法理との関係でかなりの議論がされている。以下，同条を，1項（【1】）と2項（【2】）に分けて，考察する。

【1】　第2条第1項
(ｱ)　議会審議
1949年法2条1項の原案は，国民議会の委員会案の2条2項であるが，国民議会の本会議冒頭で修正案が提出され，委員会案の2条1項の削除と共に，委員会案の2条2項の「賠償金」の文言を（金額を）「確定されたアストラント（l'astreinte une fois liquidée）」の文言に改める修正が提案された。委員会案の2条1項の削除に関しては既に触れた[176]から，ここでは触れない。「賠償金」を（金額を）「確定されたアストラント」に改める修正の理由は，「規定の仕方の改善」で，「アストラントの額の支払いか賠償金の額の支払いかの問題が生じないようにするため」と説明されている[177]。この委員会案の修正案（2条1項）が，国民議会の本会議で実質的な審議の対象とな

175　Fréjaville ③, n° 6.
176　本章2【2】。
177　JO AN［CR］30 juin 1949, p. 3986. Dominjon の発言。

る。そうして，最終的には，当該修正案のうち，その後段に，金額確定時に顧慮すべき事由として「裁判の履行をするために債務者が遭遇した困難」と並んで掲げられていた「債務者の資力」の文言が，議論の末削除されて，1949年法2条1項となる。

(a) 国民議会第1読会

国民議会で実質的に審議の対象となった法案（委員会案の修正案）の2条1項は，「確定されたアストラントの額は，実際に生じた損害を補償する額を超えることはできない。これを決定する時には，債務者の資力及び裁判の履行をするために債務者が遭遇した困難を考慮しなければならない」というものであるが，この規定は，まず国民議会の第1読会で法務大臣の強い反対にあう。法務大臣は，後段については一応賛成できる旨を述べた後，金額確定時のアストラントの額を損害賠償額に制限する前段については，次のように述べて削除を求めた。「このことを条文で明確にするには及びません。この規定は既に民法典中に存在します。損害賠償の額もアストラントの額も，生じた損害の埋め合わせであるのは当然のことです。法律自体が既に肯定している原則を，新たな法文で繰り返す必要はほとんどありません。そうすれば法文の解釈に有害な矛盾を生ずるおそれがあります」[178]。なお，後述【2】のように，法務大臣は更に続けて2条2項も民法典の規定と重複する故に削除すべきことを主張した。報告者は，このいずれにも追随できないとし，その理由を併せて次のように説明している。

「一部の規定が，他の立法の中に，民法典の中にあるにしても，裁判所がそれを無視して過大なアストラントを定めていることを，残念ながら我々は毎日確認しているからです。法務委員会はこの2条を全員一致で非常に重要と考えました。何故ならば，裁判所の行き過ぎを将来繰り返さないようにすることが重要だからです。委員長のGrimaud氏が述べたように，この作業において，我々はこの条文を，立法者意思の尊重及び民法典自体の尊重を警告するようなものと考えています」[179]。こうして国民議会は法務大臣の反対を受入れずに，法案（委員会案の修正案）を可決した。

---

178 JO AN [CR] 30 juin 1949, p. 3987.
179 JO AN [CR] 30 juin 1949, p. 3987. またこれに続く委員会副委員長の発言も同旨。

このように，国民議会第1読会の議論では，2条1項のうち，専ら前段のみが問題になった。とはいえ，金額確定段階のアストラントを民法上の損害賠償と解することには，見解の一致がみられる。そのうえで，この立法化の要否が争点となり，法務大臣は民法との重複を理由に，不要とするのに対し，委員会側は現状に鑑み裁判所に対する注意喚起のため，必要とする，という形式的な議論にとどまっている。

(b)　共和国評議会第1読会

国民議会とは異なり，共和国評議会の審議では，2条1項のうち，専ら後段が問題になる。なお，法務大臣は共和国評議会の審議には欠席している[180]。

共和国評議会の法務委員会は，国民議会が可決した法案の，前段は維持するが，後段（「これを決定する時には，債務者の資力及び裁判の履行をするために債務者が遭遇した困難を考慮しなければならない」）は削除する旨の提案をする。その理由は次のように説明されている。前段は「アストラントの額を最終的に定めるべき時は民法典の通常の基本原則を再び適用する，すなわちアストラントの額は生じた損害に応じる，ということです。アストラントの額はこの損害の賠償です。これが伝統的な原則です。我々はこれ以上進んで，債務者の個人的事情を考慮すべしと考えることはできないと判断しました。我々が取り組んでいるのは，損害の賠償の問題です。この損害の額こそ専ら考慮されるべきものです。他方，仮に国民議会の法案をそのまま採択したならば，我々の埋め合わせ（compensation）はいわば全くの単なる表面的なものになることを，明らかにしておきたいと思います。何故ならば，国民議会の採択した法案の2条によると，裁判官は債務者の事情について（自由に）評価することができるようになる（trace aux juges une certaine manière d'apprécier la situation du débiteur）ためです。そういう場合，事実に関する問題は，裁判官が専権的に（souverainement）解決し，それには破毀院の審査も及びません。従って，債務者の事情及び別の建物を見つけるために経験した困難について，司法官は思いどおりに自由に評価することができます。こうした法文は，この支持者達を何ら安心させることはできません。この法文で

180　JO CR［CR］1er juillet 1949, p. 1667 の法務委員会委員長発言参照。

は司法官は全く拘束されません」[181]。ここでは，金額確定段階のアストラントの性質を損害賠償と解することを前提に，後段により，損害以外の算定基準を導入することで伝統的な損害賠償法理と矛盾を生ずること，及び裁判所の裁量の範囲を拡大する懸念が指摘されている。

共和国評議会では，この委員会案に対し，共産党会派の議員から，国民議会案へ復帰する修正案が提案された。委員会側は，とくに国民議会案の後段が債務者の資力を算定基準とする点で不都合を生ずることを強調し，次のように主張した。「占有者つまり債務者が豊かな資力を有する場合，この法案をみると，生じた損害の額を上回る賠償金を認めることができるでしょう。その結果，占有者を保護しようとして，彼の利益に反するようになるおそれがあります。実際に問題となるのは損害の賠償です。損害を発生させた本人が百万長者であろうと貧しい者であろうと，これによって損害の額が変わるものではありません。債権者に帰する額を算定するために，債務者の資力を考慮することは，完全な誤りです……」[182]。これに対して共産党系議員は「委員長の考察は富める者に関しては正当であるにしても，明渡しの脅威にさらされているフランス人の大多数は，遺憾ながら，財産があるわけではなく，非常に乏しい財産しか有しない労働者なのです。従ってごく少数の者に対する不正を避けようとしてこの法案を否定するならば，大多数の関係人に負担を課すのを許すことになります」[183]と応酬した。この共和国評議会の審議では，これ以上の議論はないまま，委員会案が採択される。

(c) 国民議会第 2 読会

国民議会の委員会は，国民議会が第 1 読会で可決した法案の復活すなわち後段の復活を提案する。これに対し，法務大臣が共和国評議会と同様に後段の削除を提案したため，後段の規定は，国民議会の第 2 読会で再び争点となる。

法務大臣が，後段の規定に反対した理由は，共和国評議会の委員会と同様に，それが損害賠償法理に矛盾すると考えられることによる[184]。もっとも，

181　JO CR［CR］1ᵉʳ juillet 1949, p. 1667. 報告者の発言。
182　JO CR［CR］1ᵉʳ juillet 1949, p. 1668. 委員会委員長の発言。
183　JO CR［CR］1ᵉʳ juillet 1949, p. 1668. Girault の発言。
184　JO AN［CR］8 juillet 1949, p. 4402.

法務大臣は，第1読会では，前述のように後段には賛成し，前段に反対していたのに対し，第2読会では後段には反対したが，前段には賛成しているので，主張の一貫性を欠いているようである。けれども，一貫した主張とみる余地もないわけはない。前段は，金額確定時のアストラントを損害賠償と結びつける規定である一方，後段は，金額確定時のアストラントを損害賠償と解する限りにおいて，伝統的な損害賠償法理との矛盾が問題になる性格のものである。そこで，二つの規定を並存させると混乱を招きやすいが，いずれか一方のみであれば当面の混乱は回避できようから，法務大臣としては，とりあえず前段にせよ後段にせよいずれか一方を削除すればよいと考えたのかもしれない。

　法務大臣の反対にあった委員会側は債務者の資力に関する文言を削除する「妥協案」を出す。法務大臣は「微々たる改善」[185]として不満の意を示すが，この妥協案が現行法となる。この修正の理由に関しては，修正案提出の際に「『債務者の資力』の文言は，実際に生じた損害の検討の際に考慮されます (le terme 《possibilités financières》 étant compris)」[186]との発言がある。この趣旨は必ずしも明らかでないが，アストラントの金額確定時に，損害賠償の算定に関する裁判所の裁量を介して，債務者の資力も考慮されうるから，妥協してこの点の明文化を見送るとの考え方に立つと思われる。なお，議会で対立したのは，「債務者の資力」のみならず「裁判を履行するために債務者が遭遇した困難」を，アストラントの金額確定時に考慮することであったが，後者ではなく前者が削除された理由は，明らかではない。この理由を探る上で一つの手掛りとなりうるのは，債務者の資力に関する，前述の共和国評議会の議論である。推測の域を出ないが，この議論に鑑みれば，「裁判の履行をするために債務者が遭遇した困難」はアストラントの減額要因であるのに対し，「債務者の資力」はアストラントの増額要因ともなりうるので，居住者保護という本法の趣旨ないし政治的な見地からは，「債務者の資力」の方が削除の対象にしやすかったというようなことは考えられよう。

　以上のように，2条1項の審議では，後段に関する議論が主となっている。

185　JO AN［CR］8 juillet 1949, p. 4402.

186　JO AN［CR］8 juillet 1949, p. 4402. Minjoz（委員会副委員長）の発言。

第3章 1949年7月21日の法律

その議論をみると，前提となっているのは，金額確定段階のアストラントは損害賠償と異ならないとする考え方で，これが議会の基本的な立場であったことが窺える。

(イ) 学説の評価

金額確定時のアストラントを損害賠償額に制限する2条1項前段について，学説には，その是非は別として，従来の理論[187]又は判例法理[188]に従ったもので，この考え方によれば，アストラントが法令の根拠を欠く私的制裁 (peine privée) で許されないとの批判を回避しうると説くものが多い[189]。ただし，Fréjaville は，従来の破毀院判例のなかに，損害賠償を上回る額でアストラントの金額を確定する考え方を認めたものが存在するという[190]。

2条1項前段の是非については，明らかな対立がある。アストラントを損害賠償と関連づける Fréjaville は，アストラントの金額を現実の損害を上回る額で確定していた従前の実務を濫用と批判し，この濫用に終止符を打つものとして，2条1項前段を積極的に評価する[191]。加えて，Fréjaville は，アストラントの威嚇力を確保するためには，発令の段階のアストラントの額も，現実の損害に近いものとすべき旨を主張する[192]。一方，P. Esmein は，2条1項前段を強く批判する。彼は，裁判の不履行の問題の重大性を強調して，むしろ，アストラントの強化を図るべきで，金額確定時のアストラントの額を損害額に制限すべきではないという。そうして，損害賠償と異なるアストラントは私的制裁で許されない旨の批判を回避するためには，アストラントを英法上の裁判所侮辱に倣って，公的な罰金又は拘禁に改めるべきことを主張する[193]。

---

187 Hamiaut et Pépin, La loi du 21 juillet 1949 sur les astreintes risque d'être inopérante, GP 1949 II doctr. 30 ; Carbonnier, p. 479.
188 P. Esmein, p. 16.
189 P. Esmein, p. 16 ; Carbonnier, p. 479.
190 本編注4参照。Fréjaville は，損害賠償を上回る額でアストラントの金額を確定する考え方を認めた破毀院判例として［158］Req 7 fév. 1922 を挙げる。
191 Fréjaville ③, n°s 2-4 et 9.
192 Fréjaville ③, n° 4.
193 P. Esmein, p. 17.

第 2 編　第二次世界大戦後 1972 年 7 月 5 日の法律前までの判例の変遷

　議会ではとくに議論はなかったが，2 条 1 項前段に関しては，金額確定時のアストラントの上限額となる損害賠償額のなかに，精神的損害が含まれるかについても，学説上の対立がみられる[194]。P. Esmein はこの規定を，損害額を不当に高額に算定しないよう促すものとしたうえで，事実審裁判官（juges du fond）による損害額の算定については破毀院の審査が及ばないことから，アストラントの実効性を確保するため，事実審裁判官は損害額を高く算定し，そのためにとくに精神的損害を利用しうることを指摘する[195]。しかし，Carbonnier はこの解釈に反対する。彼は，この規定が金額確定時のアストラントを「『実際に生じた損害』を補償する額」に限定する点に注目し，この「実際に生じた損害」は，一定の損害賠償を除外する趣旨で，精神的損害などはこれに含まれないと解する。また，この「実際に生じた損害」については例外的に，証明を要するし，破毀院の審査も及ぶと解している[196]。

　アストラントの金額を確定する際には裁判を履行するために債務者が遭遇した困難を考慮すべしとする 2 条 1 項後段については，学説は，法務大臣や共和国議会と同様に，損害賠償理論との関係を問題視する。この規定は，faute の程度を損害賠償の算定基準とする扱いを認めるものと解されるため，損害のみを算定基準とする従来の損害賠償理論に抵触すると考えられるからである[197]。翻って，学説は，実務上は，裁判所が損害賠償額の算定に関する専権に基づき，債務者の態度を考慮する傾向にあったことも認める[198]。それ故，Carbonnier は，1949 年法を「損害賠償理論の修正により，アストラントの改革を行った」と評しつつも，この修正は実務には大した影響を及ぼさないとする[199]。この規定に批判的な Fréjaville も，裁判官に対する拘束力はないとし，この規定の評価を明確にはしていない[200]。

　この 2 条 1 項後段の「困難」の解釈についても，P. Esmein と Carbonnier

194　Denis, n° 64.

195　P. Esmein, p. 16. Hamiaut et Pépin, op. et loc. cit. も同旨。

196　Carbonnier, p. 479.

197　Carbonnier, p. 480 ; Fréjaville ③, n° 5. V. aussi Denis, n° 64.

198　Fréjaville ③, n° 5 ; Carbonnier, p. 480.

199　Carbonnier, p. 480.

200　Fréjaville ③, n° 5.

の間に見解の対立がある。P. Esmein によれば，「困難」は文言上「裁判の履行」すなわち明渡しに関するものである。明渡しは常に可能であって困難はほとんどなく，困難が生じうるのは新たな住宅の取得（relogement）にすぎないとする[201]。これに対して，Carbonnier は，現状では明渡しと新たな住宅の取得は不可分であるので，「困難」は新たな住宅の取得に関すると解すべきである，としている[202]。この点も議会では特別な議論はないが，1949年法が当時の住宅難における居住者保護を目的に設けられたことは明らかであり，Carbonnier の解釈が当然の前提にされていたとみてよいと思う[203]。

このように，2条1項後段は，立法段階でも当時の学説にも，とくに損害賠償法理との関係で問題視されていた。現在でも，この規定については損害賠償との関係で問題が残っている。この点は後に触れる。

【2】 第2条第2項
(ｱ) 議会審議

2条2項は「占有者が，その責めに帰すことができない外在的原因で，かつ裁判の履行を遅滞させ又は妨げたものの存在を証明したときは，アストラントは，維持されない」と定める。原案は国民議会の委員会案の2条3項で，その段階では「占有者」が「アストラントの債務者」，「アストラントは，維持されない」が「いかなる賠償金も生じない」であった。しかし，国民議会の本会議で，2条1項と共に2項についても「規定の仕方の改善」を理由とする修正案が提出される[204]。この修正案が，実質的な審議の対象となり，現行法となる。しかし，この法案もすんなり可決されたわけではない。

(a) 国民議会第1読会

国民議会の法務委員会の報告者は，第1読会における法案全体の総括的な

---

[201] P. Esmein, p. 16.
[202] Carbonnier, p. 480.
[203] 本文前述(ｱ)の共和国評議会の報告者の発言参照。これは2条1項後段の削除を理由づけるものではあるが，そのなかで「困難」について「別の建物を見つけるために経験した困難」と説明している。
[204] JO AN［CR］30 juin 1949, p. 3986. Dominjon 発言。なお2条1項に関する本文参照。

提案理由の説明において，住宅難が深刻化するなか，明渡しを強制される賃借人にとってアストラントの実務が苛酷なものとなっている旨の説明をした後，次のように述べる。

「この過剰なアストラントは民法典1147条及び1148条に矛盾します。実際1147条は『債務者は，必要がある場合には，その者の側に何ら不誠実（mauvaise foi）がない場合であっても，不履行がその責めに帰すことができない外在的原因（cause étrangère）によることを証明（justifie）しないときは常に，債務の不履行又は履行遅滞を理由とする損害賠償を命じられる』と定めています。また1148条は『債務者は，不可抗力（force majeure）又は偶発事（cas fortuit）の結果により，義務付けられたことについて（ce à quoi il était obligé）与えること若しくは為すことを妨げられたとき又は禁じられたことを為したときには，いかなる損害賠償も生じない』と定めています。明渡しを命じられても，空いた建物を見つけられない賃借人が，債務を履行できないのは，その責めに帰すことができない事由すなわち住宅難によることは明らかです」[205]。

この説明によると，法案の提案者は，2条2項を民法典1147条及び1148条と同趣旨と解していたこと，2条2項の「外在的原因」は当時の住宅難を念頭に置いたものであったことがわかる。

さて，この法案に対し，法務大臣は，2条2項は民法典「1147条の原則の単純な繰り返し」[206]のため不要であるとして削除を求めた。同条の適用については通達を以って司法官に注意を促せば足りること，2条2項の存在はかえって裁判の矛盾・曖昧な解釈を招くとしている[207]。しかし，委員会側は，裁判所が民法典の規定を適用しない現状ではその適用を警告する必要が

205　JO AN［CR］30 juin 1949, p. 3985.

206　JO AN［CR］30 juin 1949, p. 3987. なお原文では問題の条文を「2条1項」と呼んでいるが，誤りであろう。

207　JO AN［CR］30 juin 1949, p. 3987. なお JO AN［CR］30 juin 1949, p. 3986 et s. によると，法務大臣は1949年5月12日に法院検事長（procureurs généraux）宛に，アストラントについて「事件の特別な事情及び裁判所の社会的役割を考慮して，節度をもって（avec mesure）用いるのが相当である」旨を指摘する通達を出しており，立法による対応はその通達の効果をみてからでよいと考えていたようである。

あるとして，法務大臣の提案を斥けている[208]。

(b)　共和国評議会第1読会

この2条2項と民法の関係についての議論は，共和国評議会でも繰り返されている。共和国評議会では，法務委員会が，国民議会の法務大臣の立場と同様に，2条2項の削除を提案した。これに対し，共産党会派の議員から，住宅事情の悪化のために代替住宅が見つからず明渡しができない場合はアストラントを課すべきではないことを理由に，国民議会案に従うべき旨の提案がなされた[209]。しかし，委員会の報告者は，現在直面しているのは「不可抗力の典型的な状態」であって，現行法で対処できるため，新たな立法は不要であるし，かえって立法者が不可抗力に関する新たな観念を設けたとの懸念を生ぜしめるおそれがあると主張し[210]，共和国評議会ではこの規定が削除された。その結果，この議論は再び国民議会で再燃することになる。

(c)　国民議会第2読会

国民議会第2読会では，委員会報告者は次のように述べて，国民議会が第1読会で可決した法案の維持を主張した。「重複があることは否めません。しかし，この重複は意図的なもの（volontaire）です。何故なら，我々はこの分野において法律の趣旨が尊重されることを望むからです。問題となることは法律のなかに既に定められていると法務大臣は述べましたが，このことは，彼の反論が二次的なものであり，実質的には我々の意見に同意していることを証明しています。……」[211]。しかし，法務大臣は一貫して2条2項に反対し，次のように，この規定と民法典1147条の文言上の相違が解釈上の混乱を招きうる旨主張する。「民法典1147条と同じ文言を繰り返すに過ぎないならば，これを看過することもできます。しかし，その考え方を踏襲するのに，その条文の形式は修正されています。このようにするとどうなるか，またこの規定の仕方から裁判所がいかなる解釈を導くか，わかりません」[212]。結局，

---

[208]　前述のように，法務大臣は2条2項のみならず2条1項前段についても，民法典との重複を理由に削除を提案した。ここでの委員会側の応答はこの二つの提案に併せてなされたものである。具体的な発言内容は，本章3【1】(ｱ)(a)参照。

[209]　JO CR［CR］1ᵉʳ juillet 1949, p. 1667 et s..

[210]　JO CR［CR］1ᵉʳ juillet 1949, p. 1668.

[211]　JO AN［CR］8 juillet 1949, p. 4402.

法務大臣の反対にかかわらず，2条2項は第1読会の国民議会案のままとなった。

以上の議会の審議の経緯からすると，立法者としては，当時の住宅事情の悪化により代替住居を得られないため明渡さない者はアストラントを免れるよう企図し，民法典1147条及び1148条を再確認する規定として，2条2項を設けたことがわかる。この規定の採否についてはとくに民法典1147条との重複を理由に対立があったものの，2条2項を民法典1147条及び1148条と同趣旨と解すること，また，当時の悪化した住宅事情が，2条2項及び民法典1147条の「外在的原因」又は民法典1148条の「不可抗力」に当ると解することについて，とくに異論はなく，見解の一致があったといってよかろう。しかし，次にみるように，学説上は同様ではない。

(イ) 学説の評価

この規定について，学説は立法の不備を指摘する。P. Esmein は，現状では多額の支払いが可能でないと新たな住宅取得は事実上不能であるが，判例は，債務者が履行に必要な資力を欠く場合について，不可抗力に相当するとはしていないこと，そもそも問題になる裁判の履行は新たな住宅取得ではなく明渡しであって，明渡しは常に可能であることを指摘し，立法者の意図はかなえられないとする[213]。Fréjaville も，法務大臣と同様に，この規定は民法典1147条の単なる繰返しで無意味なこと[214]，不可抗力概念について法案起草者に誤解があることを指摘する。Fréjaville は，法案起草者は裁判所の同条不適用を非難するが，法案起草者の方が伝統的な判例を見落としている，という。彼によれば，伝統的な判例は，戦争やストライキのような重大な危機状態は，それのみでは不可抗力にあたらないとし，不可抗力が認められるためには，履行の個人的且つ絶対的不能が必要で，P. Esmein のいうように，明渡しの絶対的不能の証明は困難である，という。Fréjaville は，結局，住宅難はそれ自体では不可抗力に該当しないと解し，法案起草者の考えを貫くには，民法典1147条の外在的原因とは異なる特別な免除事由を設けるべきで

212　JO AN [CR] 8 juillet 1949, p. 4402.

213　P. Esmein, p. 16.

214　Hamiaut et Pépin, *op. et loc. cit.* も同旨。

あったという。また，議会審議をみると，この規定は一部の有権者に専ら観念的満足を与えるためだけに設けられた印象があること，不可抗力に関する解釈上の混乱を生ずるおそれもあることに言及している[215]。

しかしながら，Carbonnier は，P. Esmein の所説に再び反対し，1949 年法 2 条 2 項についても，明渡しと新たな住宅取得を一体化して捉えるべきで，この規定では不可抗力の概念が拡大されていると主張する。また，不能の判断において債務者の資力を考慮することも認める[216]。

4　1949 年法第 3 条

1949 年法 3 条 1 項は本法に遡及効を認めるもので，「これらの規定は，本法の審署の日に既判事項の確定力を生じているものも含む全ての裁判に適用する」と定める。また 3 条 2 項は「いかなる場合にも，返還を請求することができない」と定める。

(ア)　議会審議

1949 年法 3 条の原案は Courant 議員提出法案の 2 条で，その段階では，現行の 3 条 2 項に相当する規定は存在しなかったが，国民議会の委員会案の段階で追加された。この国民議会の委員会案（3 条）が，議会の審議の対象となり，1949 年法 3 条となる。この 3 条についても，以下のように，1 項の遡及効の是非に関してかなり議論がされている。

国民議会の委員会の報告者は，3 条の提案理由として，法律に遡及効を認めることには原則的には反対であるけれども，明渡しを強制するためのアストラントの濫用により多数の賃借人が苛酷な状況にあることを考慮して，この規定を設けた旨を説明している[217]。これに対して，まず法務大臣が強い反対を表明した。その理由として，例外たるべき遡及効が頻繁に認められすぎていること[218]，アストラントの濫用例が多数に上るとの説明に疑問があること，3 条を適用する場合の手続が不明瞭であることを挙げている[219]。

215　Fréjaville ③, n° 7.
216　Carbonnier, p. 480 et s..
217　JO AN ［CR］ 30 juin 1949, p. 3985.
218　JO AN ［CR］ 30 juin 1949, p. 3987.

第 2 編　第二次世界大戦後 1972 年 7 月 5 日の法律前までの判例の変遷

委員会側も，遡及効について，委員会内部でも反対が強かったことを示唆しながら，それでもあえて肯定するのは，それだけ特別な事情がある故と説明している。すなわち法務大臣の予想に反して，アストラントの濫用例の数は非常に多く，パリの 20 区で明渡しに日毎 1000 フランのアストラントが命じられている例を引いて，アストラントの額が実損害をはるかに超えていると説明している[220]。委員会報告者は，更に，3 条が，法の遵守に欠ける司法官に対する「一種の制裁」たりうることまで示唆している[221]。また 3 条を適用する場合の手続に関しては，有責当事者が（差押えの前に執行士により行われる）催告（commandement）に異議（opposition）を申立てれば，その手続の中で処理できる旨の説明がされた[222]。こうして 3 条は国民議会で可決されるが，遡及効の是非をめぐる議論は共和国評議会で再び繰り返される。

共和国評議会では，法務委員会が以下のような理由を挙げて 3 条の削除を提案した。司法権ないし裁判の尊重，法律不遡及の原則の尊重，遡及効を肯定した場合に生ずる法的不安定，手続的な困難とくに再審査のための費用は賃借人が負担せねばならないこと，また国民議会で示唆されたような司法官に対する一種の制裁のための立法という考え方は妥当でないこと等である[223]。これに対して，共産党会派の議員から，アストラントの濫用による救済の必要性を理由に，3 条を復活させる提案がなされた。この提案は共和国評議会では受入れられなかったが，国民議会第 2 読会で法務委員会から同じ提案がされ，そこでは法務大臣の留保の表明の他には議論はなく，現行法通りに 3 条が可決されるに至る。

3 条の遡及効をめぐる議論は，本稿の目的たるアストラントの変遷との関係では重要とは思われない。が，その立法の経緯は，1949 年法が特別な社会状況を前提に弱者保護を強調して行われた立法であることをよく示してい

---

[219]　JO AN ［CR］ 30 juin 1949, p. 3987.

[220]　JO AN ［CR］ 30 juin 1949, p. 3987 et s. の委員会報告者の発言及び p. 3988 の委員会副委員長の発言。

[221]　JO AN ［CR］ 30 juin 1949, p. 3988.

[222]　JO AN ［CR］ 30 juin 1949, p. 3988 の委員会副委員長の発言。

[223]　JO CR ［CR］ 1ᵉʳ juillet 1949, pp. 1667-1669 の委員会報告者の発言及び p. 1668 の委員長の発言。

るように思う。
　(イ)　学説の評価

　学説も，法務大臣と同様，遡及効を認める立法の増加を嘆かわしく感じており[224]，更に，3条を適用する場合の手続が明らかでないことを問題にする。

　Fréjaville は，3条2項が返還請求を禁じることから，同条の目的は，本法の審署前に行われた本法の内容に抵触する裁判に基づく執行（exécution）を妨げるにとどまる[225]が，この執行を妨げる手続の規定は欠けているから，場合を分けて考える必要があるとする。（とくにレフェレの裁判官が）確定的アストラントを命じていた場合や暫定的アストラントの仮執行を命じていた場合には，債務者は催告又は差押えの処分に対する異議により違法を主張できるが，本案裁判官が損害を上回る額でアストラントの金額を確定していた場合には，違法性を推定する規定がなければ，債務者は違法を証明できないとする[226]。

　P. Esmein は，3条について，アストラントの金額を確定する裁判に本法を遡って適用することを認めると解しても，債務者には違法を主張する方法がないし，このための不服申立方法を解釈により創設することはできないとする。それ故，この規定は，アストラントが命じられたが，まだその金額が確定されていない場合に関するにすぎず，実質的には無意味なものとみる[227]。しかし，Carbonnier はこの解釈に反対する。3条が対象とするのはアストラントの金額を確定する裁判と解すべきで，この規定を無意味なものとすべきではないし，アストラントを命ずる裁判は既判事項の権威（autorité de la chose jugée）を有しない仮の裁判であるから，P. Esmein のような解釈は文理上無理があるとする。不服申立方法については，アストラントの金額を確定した裁判所に対し，本法に基づく金額確定手続の再開と変更の申立てをする方法を提案する[228]。

---

[224]　Fréjaville ③, n° 8 ; Carbonnier, p. 481.
[225]　Carbonnier, p. 482 もほぼ同旨。
[226]　Fréjaville ③, n° 8.
[227]　P. Esmein, p. 17.
[228]　Carbonnier, pp. 481-482.

5　小　括

　以上，1949年法の立法の過程及び当時の学説（1949年法制定当初に同法に関する論説を発表した論者に限定）の反応に関してみてきたことを，簡単に総括しておく。

　1949年法の立法理由は，戦後の住宅難の深刻化に際し，居住者保護の見地から，建物明渡事件におけるアストラントの濫用を防止することにある。明渡しをめぐり，居住者保護を優先する行政部と，裁判の実現確保に腐心する司法部（下級裁判所）の対立を，専ら司法部を非難し行政部を支持する形で，決着を図ろうとするものともいえる。

　翻って，1949年法の柱となる，確定的アストラントの禁止を定める1条前段及び損害を上回る額による暫定的アストラントの金額確定の禁止を定める2条1項前段の立法理由をみると，これらの規定が，建物明渡事件の居住者保護の必要に基づくものであると共に，建物明渡事件のみならず民事事件一般のアストラントに関する法原則に従う趣旨で設けられたことは，否定できない。当時の学説もまた，これらの規定を，アストラント一般の法理を採用するものとみている。

　なお，1条前段及び2条1項前段について，議会ではとくに大きな議論はない。当時この法律を評釈した学説も，上記規定については，従前の実務の行過ぎを是正するとして，概ね賛成する。ただし，これらの学説は，議会とは異なり，損害賠償と一致する確定的アストラントまで直ちに否定するわけではないし，なかには2条1項前段を強く批判するものもある。

　議会の議論や学説の批判がより顕著なのは，上記以外の規定についてである。履行前の金額確定を禁じる1条後段については，議会の議論はないが，学説はその不合理性を強く批判する。金額確定時に債務者側の履行に関する困難な事情を考慮すべきことを定める2条1項後段については損害賠償理論との関係で矛盾がある，外在的原因による不履行の場合のアストラントの免除を定める2条2項については民法の規定と無用に重複する，遡及的適用を定める3条については一般原則に反する等として，議会でも学説でも強い批判がある。

第3章　1949年7月21日の法律

　以上が，既に述べたところの総括であるが，更に，若干の点を補足する。
　まず，議会も当時の学説も，確定的アストラントの禁止を定める1条前段及び損害を上回る額による暫定的アストラントの金額確定の禁止を定める2条1項前段を，民事事件一般のアストラントに関する原則と捉えていたことに関連して，次の二点を指摘しておきたい。第一に，このことは，上記規定が後に破毀院により建物明渡以外の事件に類推されることを，理解する助けとなりうる。この類推適用は，立法の基本的な趣旨とは異なるにしても，立法者の意思と全く相容れないことではなく，当時の学説の状況からしても必ずしも不自然なことではなかったと思われる。第二に，前述のことから，上記規定のような判例法理が，当時既に確立していたのではないか，との疑問も生ずるかもしれない。しかし，前にみた1945年から1949年法前の下級審判例[229]，1949年法の提案理由，とくに敢えて緊急に1949年法が設けられたこと自体からしても，また，学説が，上記規定により従前の実務は制約をうけるということに鑑みても，当時の実務では，確定的アストラントの発令や，損害を上回る額による暫定的アストラントの金額確定がかなり行われていたと考えられる。故に，1949年法制定前の判例の立場は，少なくとも曖昧で，上記規定のような判例法理の確立には至っていなかったとみるのが正当と思う。
　次に，1949年法に対する当時の学説の評価に関して，補足する。個別の規定に関しては既に述べたが，1949年法の全般に対する評価を明らかにしておきたい。1949年法全般についてみれば，当時の学説は批判的である[230]。批判の対象は，個別規定に関してみたように，論者により異なるが，一致して批判が向けられているのは，1949年法が，深刻化する裁判の不履行の問題を等閑に付すること，ひいてはこの問題を一層深刻化させることである[231]。

---

[229]　本編第2章2参照。
[230]　同旨，Denis, n° 63.
[231]　Carbonnier, p. 476 は，1949年法が，苛酷なアストラントを緩和するにしても，「遺憾なことに，そのために裁判の権威をあらためて弱める犠牲が払われている」という。Denis, n° 63 はこの部分を引用し，1949年法について最も手厳しい態度をとるのは，おそらくCarbonnierである，という程である。Fréjaville ③, n° 9 も，

第2編　第二次世界大戦後 1972 年 7 月 5 日の法律前までの判例の変遷

6　1949 年法の今日の状況

1949 年法の立法過程を詳しくみてきた理由は、前述のように、同法がその後のアストラントの変遷に少なからぬ影響を及ぼしたと考えられるためである。次章でその影響を考察するが、その前に、1949 年法の現在の状況に簡単に言及しておくことにする。

1949 年法は、アストラントの一般法である 1972 年法及び 1991 年法によって修正を受けることなく、その特別法として現在も効力を有している。すなわち、1972 年法及び 1991 年法は、暫定的アストラントと確定的アストラントの二種を承認し、アストラントと損害賠償の区別を明記したけれども、1949 年法は、建物明渡事件についてなお確定的アストラントを禁止し（1条前段）、アストラントを損害賠償と結びつけている（2条1項前段）。

1949 年法は、このようにその後に立法化されたアストラントの一般法とは大きく異なるし、これまでみてきたように、そもそも第二次大戦直後の住宅事情の極端な悪化に対処するための緊急の措置として設けられたものである。そこで、戦後相当の年月を経てアストラントの一般法が制定された際に、1949 年法を廃止し、建物明渡事件についてアストラントの一般法に委ねる行き方も、成り立ちえたように思う。にも関わらず 1949 年法がそのまま維持されたのは、おそらく同法の社会法的な性格が、その後のフランス社会に適合し定着したことによると思われる[232]。

もっとも、1949 年法の適用範囲は、今日、かなり制限的に解されているようである[233]。すなわち、住居用・職業用・行政上・商業又は手工業用の建物賃貸借については 1949 年法の適用があるが、農業用賃貸借に関しては

　　　1949 年法が司法権に対する敵意に基づくもので、司法権の力を失わしめるおそれがあることを強く批判する。また P. Esmein, p. 17（損害を上回る額によるアストラントの金額確定の禁止を強く批判し、裁判の履行確保を図るため、アストラントの強化を主張する。本章 3【1】(イ)参照）; Hamiaut et Pépin, *op. et loc. cit.*（1949 年法では、裁判の不履行に関する問題の真の解決にならないとする）.

232　Chabas 教授にご教示頂いた。
233　Chabas et Deis, J-Cl. n° 191.

第3章 1949年7月21日の法律

適用されないと解される[234]。また，同法の「占有者」とは，正当な権原に基づいて占有を開始した者に限られ，squatter と呼ばれる，住居に不法侵入して占有する者のような不法占拠者には，適用されないと解される[235]。不動産の売買（強制処分の場合も任意処分の場合も含む）の売主にあたる元の所有者についても，判例は1949年法の適用を否定する[236]。

ところで，1949年法2条1項前段はアストラントを損害賠償と結び付けているため，その点で理論的な問題が残っている[237]。

まず，2条1項後段は，金額確定時に債務者の遭遇した履行上の困難を考慮せねばならないとしているので，債権者は，アストラントによっては，生じた損害の全部についての賠償金を得ることはできないことになりうる[238]。1949年法が定めるアストラントの法的性質を損害賠償と解する限り，2条1項後段は，損害賠償額の算定基準として，債務者の帰責事由いわゆるfaute の概念を導入することになり，伝統的な損害賠償法理との矛盾が生ずる[239]。これは，前述のように，立法段階でも，共和国評議会及び法務大臣

---

[234] Chabas et Deis, J.-Cl. n° 195. なお，本章2【1】(イ)参照（農業用賃貸借につき，同旨，Carbonnier，反対，P. Esmein）。

[235] Chabas et Deis, J.-Cl. n° 196 ; Chabas et Deis, D n° 133. [580] Paris 16 janv. 1991 ; [597] Civ II 10 fév. 1993（前掲判決に対する破棄申立てを棄却する）。

[236] [598] Civ II 24 mars 1993 は競売により売却された不動産の（元の）所有者について，「引渡しをなすべき売主」の地位にあり，1949年法は適用されないとする。また，[601] Civ II 6 oct. 1993 ; [659] Civ II 10 fév. 2000 は「不動産差押えに基づいて売却された建物に居住する所有者には，1949年7月21日の法律の規定は適用されない」と判示する。なお，売買の裁判上の解除後に売買建物に居住し続ける所有者について同法の適用を否定するものとして，[608] Civ I 15 nov. 1994 がある。V. Chabas et Deis, J.-Cl. n° 196 ; Chabas et Deis, D n° 133. なお，本章2【1】(イ)参照（反対，Carbonnier）。

[237] 本文に挙げた問題以外に，金額確定の管轄の問題もありうる。Chabas et Deis, J.-Cl. n° 193 は，1949年法のアストラントは賠償的性格を有するため，その金額確定の申立ては，控訴審においては新たな請求に当るとして許されず，レフェレにおいても本案の請求に当るとして許されないと解している。

[238] Chabas et Deis, J.-Cl. n° 193 ; Chabas et Deis, D n° 132.

[239] Chabas 教授にご教示頂いた。同教授はこの点を強く問題視されておられる。同旨，Denis, n° 64.

が問題にした点であるが，現在でもなお問題になりうる。

他方，アストラントと損害賠償の併課の可否も問題になる[240]。ある破毀院判決は，占有賠償金（indemnité d'occupation）[241]とアストラントの併課を否定した原判決を，1949年法2条違反として破毀している[242]。この判決の評釈者は，原判決の立場は2条1項前段に関する従来の解釈に従うものであり，破毀院の立場を理解するには，上記規定をアストラントの上限額を画するにすぎないと解すべきであるとしている。つまり，この評釈者によれば，上記破毀院判決は，1949年法のアストラントを損害賠償とは異なると解したもの，ということになる。そうして，彼は，こうした解釈によれば，債務者の支払うべき金額の高額化により実効性が高まること，アストラントの制度の大きな変容は免れること，債権者の損害賠償請求権の侵害も避けられるという利点があるとする[243]。こうした解釈が可能であるにしても，上記判決の事実関係は明らかではないので，他の解釈も成り立つ余地がある[244]。すなわち，仮に，この事案のアストラントが占有賠償金以外の損害賠償に相当するとすれば，この破毀院判決も1949年法のアストラントを損害賠償と解するものにすぎないことになる。故に，この判決のみから，1949年法のアストラントの性質に関する今日の破毀院の立場を明らかにすることはできないと思われる[245]。

240　Chabas et Deis, J-Cl. n° 193 ; Chabas et Deis, D n° 133.

241　Chabas教授によると，占有賠償金とは占有期間中の賃料相当額のことである。たとえば，賃貸人が占有期間中ホテル宿泊を余儀なくされ，その場合に高額のホテル代を支払わねばならなかった場合，ホテル代と賃料の差額分は，占有賠償金にはあたらないことになる。占有賠償金の性質については議論がありうる。V. Bihr, D 1990 somm. 312（[564]）; Denis, p. 82, note 3. [341] Soc 17 fév. 1956は占有賠償金を塡補賠償と解している。本編注247参照。

242　[564] Civ II 6 déc. 1989.

243　Bihr, D 1990 somm. 312 et s.（[564]）. V. aussi Chabas et Deis, J-Cl. n° 193. もっとも評釈者は1949年法に立法論的には反対している。

244　評釈者もこれを認めている。Bihr, D 1990 somm. 312（[564]）.

245　Chabas教授に御教示頂いた。なお，仮に，評釈者の立場に従って，1949年法のアストラントを損害賠償とは異なると解すると，1949年法に基づく場合の金額確定の管轄の問題等にも影響が及ぶと考えられる。本編注237参照。

第4章　1949年7月21日の法律後から
1959年10月20日の判例変更前まで

　本章で考察の対象とする，1949年法後から［373］1959年10月20日の第1民事部判決による破毀院の判例変更までの時期は，暫定的アストラントについて金額確定時に損害賠償に変化するとの原則が明確化し，この原則が支配した時期である。すなわち，1949年法の適用範囲は建物明渡事件のみに限定されていたにも関わらず，その後，破毀院は「確定されたアストラントの額は，実際に生じた損害を補償する額を超えることはできない」と定める同法2条1項前段を，建物明渡事件以外の民事事件全般に類推適用するような立場をとる。この状況は1959年10月20日の破毀院判決により暫定的アストラントの金額確定に関する判例変更が行われるまで続く。もっとも，こうした破毀院の立場に対し，一部の下級裁判所は強い抵抗を示す。また，一部の学説も，アストラントを損害賠償と結びつけることに強く反対する立場をとる。以下では，こうした判例（1・2）・学説（3）の状況，更にこの時期の暫定的アストラントを支配した金額確定の原則について，主要な個別の問題を通して，具体的に考察する（4）。また，確定的アストラントについても，破毀院は，建物明渡事件においてこれを禁止する1949年法1条の趣旨を類推するように，損害賠償と異なる確定的アストラントを認めない立場を明確にするようになる。この点を，本章の最後に考察する（5）。

1　破毀院の立場

　破毀院は，概していえば，戦前から，暫定的アストラントは金額確定の段階で損害賠償に帰すると扱っていたようである[246]。しかし，少なくとも，戦後に下級裁判所が暫定的アストラントの金額を損害額を上回る額で確定す

---

[246]　本編の序参照。

るようになると，判例の立場は曖昧になったと思われる。こうしたなかで，破毀院の立場が明確になるのは，建物明渡事件で損害額を上回る額で暫定的アストラントの金額を確定することを禁止した1949年法の後と考えられる。破毀院は，同法の適用範囲たる建物明渡事件以外の民事事件全般について，金額を確定された暫定的アストラントを損害賠償と解する立場を明らかにする。

破毀院の立場を明らかにした判決と思われるのは，[316] 1953年2月27日第2民事部判決又は [340] 1955年10月27日第2民事部判決である[247]。Chabas et Deis は，破毀院が1949年法に基づいて，全てのアストラントは損害賠償額でその金額を確定せねばならないとする一般原則を導いたとして，前者の判決を挙げる[248]。また，Holleaux は，この二つの判決について，金額確定時に暫定的アストラントの額が損害に相当することを裁判官が理由付け (justifier) ねばならないとしたもので，1949年法2条の影響があるとみている[249]。以下，この二つの判決の内容を確認しておこう。

[316] 1953年2月27日第2民事部判決は，商業用建物の不法占拠者の明

---

[247] Denis は，本文後掲 [341] Soc 17 fév. 1956 も，金額を確定された暫定的アストラントを損害賠償と解する立場を明らかにする破毀院判決の一つと解しているようにみえる（Denis, n° 72）。しかし，この判決は，商業用賃貸建物の明渡しに関し，1949年法に基づいてアストラントの金額を確定した原判決の破毀申立てを棄却したもので，建物明渡事件以外の場合（1949年法の適用がない場合）の破毀院の立場を示すものとして引用することは，疑問である。なお，この判決では，原判決がアストラントの名目による賠償金の他に占有賠償金（indemnité d'occupation）も認めたことにつき，同一の損害の賠償を目的とするもので併課は許されないとする破毀申立てに対し，破毀院は「填補賠償と，遅延賠償に相当するアストラントの，このような併課は禁じられない」と判示している。この判決は，占有賠償金（Chabas 教授によれば，占有期間中の賃料相当額である。本編注241）の性質を填補賠償と解する一方，アストラントを「遅延賠償に相当する」と明言するので，本文で後述するように，Denis は，金額を確定された暫定的アストラントを損害賠償と解する立場をとくに明確にしたものとみている。もっとも，占有賠償金を填補賠償と解することには反対する。

[248] Chabas et Deis, J-Cl. n° 55.
[249] Holleaux, D 1959. 538（[373]）.

第 4 章　1949 年 7 月 21 日の法律後から 1959 年 10 月 20 日の判例変更前まで

渡しに関する事件であるが，1949 年法は適用されていない[250]。また，本件では，当初，明渡しと日毎 300 フランのアストラントが命じられ，その後，裁判以降に生じた商業上の損害賠償，更に日毎 5000 フランの非威嚇的アストラントが命じられた。原判決は，アストラントの額を 800 フランに修正し，第一審の定めた期間以降にそれを拡張し，最終的に「非威嚇的アストラントの名目で」52 万フランの支払いを命じたもので，本判決で問題になったのは確定的アストラントのようである。しかし，Denis は，当時の下級裁判所は確定的アストラントについても暫定的アストラントと同様の方法で金額を確定していたので，この判決も暫定的アストラントに関するものとして扱うことができると述べている[251]。また，以下に示すような判決理由からしても，本判決の射程は確定的アストラントに限定されるものとは思われない。

さて，この判決で，破毀院第 2 民事部はまず「裁判所は，為す債務の債務者に対し一定の期間内にその履行を命じ，所定の期間内に履行がないならば遅延日毎に一定額の支払いをせねばならないと命じうるならば，有責裁判が履行されず，このアストラントの金額確定にいたる場合には，裁判所は，そのアストラントの額が，履行遅滞により債権者に生じた損害に相当することを理由付けねばならない」とした。この判示は，次の 1955 年の前掲判決でそのまま踏襲されている。そうして，破毀院は，原判決につき次のように述べてこれを破毀する。「このようにアストラントの金額を確定するときに，控訴院は，行われた証人尋問（enquête）の結果も考慮しておらず，また，アストラントの額が，認められた賠償（réparations éventuellement accordées）[252]の額と併せて，既に経過した同一期間につき，債務者の履行遅滞により債権者に生じた損害の填補を，超えないことの確認もなしえなかったのであり，

---

[250] 同判決の匿名注釈は，時的な理由から，本件には 1949 年法は適用されていないという（S 1953 I 196）。1949 年法 3 条 1 項との関係では疑問も残るが，Chabas 教授からは，理由は明らかでないが，1949 年法が適用されていないこと自体は明らかである旨のご教示を得た。

[251] Denis, n° 72.

[252] この「賠償」は，判決文によると，裁判以降に生じた商業上の損害の賠償のようであるが，Denis は填補賠償又は占有賠償金に相当すると解している。Denis, n° 72.

その裁判は法的根拠を欠く」。

［340］1955年10月27日第2民事部判決は，（競業避止義務に関するもので）閉鎖を命じられた営業財産（fonds）内の金属製品（quincaillerie）等の売買禁止のために発令された暫定的アストラントが問題になっており，後述のAspéro事件[253]の判決の一つである。破毀院第2民事部はまず，前掲1953年判決と全く同じ表現で，金額確定時にはアストラントの額が損害に相当することを理由付けねばならない旨判示した。本件の原審であるAgen控訴院は，「確定的な司法裁判に対するこのような反復的（renouvelée）で執拗な違反については，裁判官により定められる金銭による制裁を，生じた損害を公平に填補する（réparer）ためのみならず，その金額（importance）を以って，また必要があればその反復を以って，違反者に債務の遵守を強制するために適用すべきである。実際，これがアストラントの目的である」と判示していた。これに対し，破毀院は「こうした理由により，控訴院は，債権者が蒙った損害額を上回る額でアストラントの金額を確定したことになる」のであって，原判決は法的根拠を欠くとし，Agen控訴院判決を破毀している。この1955年の破毀院第2民事部判決は，明渡し以外の事件について，損害を上回る額で暫定的アストラントの金額を確定することを，明確に否定したものといえる。

以上の判決により，破毀院は，1949年法の後には，民事事件全般について，金額を確定された暫定的アストラントを損害賠償と解する立場に立つことを明らかにした，とみられる。

翻って，1949年法以降の破毀院判決の中にも，暫定的アストラントと損害賠償が異なることを肯定したものがあるとみる論者もいる[254]。とくにHolleauxは，1959年10月20日の破毀院第1民事部判決の評釈で，「暫定的アストラントについては，損害賠償との関わりを完全に否定する，非常にはっきりした伝統がある」とし[255]，その根拠として複数の判決を挙げており，そのなかには1949年法以降の破毀院判決も含まれている。［249］1949

---

253 本章2及び4【2】(ア)参照。

254 Denis, n° 75.

255 Holleaux, D. 1959. 538（［373］）. V. aussi Denis, n° 76.

第 4 章　1949 年 7 月 21 日の法律後から 1959 年 10 月 20 日の判例変更前まで

年 10 月 25 日商事部判決（①），[270] 1950 年 3 月 28 日社会部判決（②），[321] 1953 年 12 月 3 日社会部判決（③），[341] 1956 年 2 月 17 日社会部判決（④）及び [343] 1956 年 4 月 17 日商事部判決（⑤）である。しかし，Denis は Holleaux による判例分析を誤りとしている[256]。「アストラントを命ずる有責裁判は判決の履行確保のみを目的にした」ものであり，「アストラントを命ずる有責裁判とは別個独立の，損害賠償を命ずる有責裁判と矛盾するものではなかった」と判示する①1949 年 10 月 25 日商事部判決[257]については，Fréjaville が，ここにいう損害賠償は過去の損害についての賠償を指すのであって，同判決をアストラントと損害賠償の併課を認めたものと解すべきではないとし[258]，Denis もこれを支持し，更にこの判決はアストラントの発令に関すると指摘する[259]。「威嚇的なアストラントは仮の暫定的な手段（mesure provisionnelle et provisoire）であり，損害賠償とは全く異なる。というのも，裁判の履行を確保するためのものにすぎないからである」と判示する②1950 年 3 月 28 日社会部判決[260]については，Fréjaville[261] も Denis[262] も，アストラントの発令に関するものにすぎないとしている。Denis は，③1953

---

[256] Denis, n° 76.

[257] [249] Com 25 oct. 1949 は，トラックの返還につき遅延日毎 500 フランのアストラントを発令すると共に，車の使用を不当に奪われたことにつき 20 万フランの支払いを命じた原判決につき，本文前述のように判示して，これを支持する。

[258] Fréjaville ④, n° 4.

[259] Denis, n° 79.

[260] [270] Soc 28 mars 1950 は，本文前述のように判示し，レフェレによる暫定的アストラントの発令を認める。本編第 1 章 3 ㈷参照。

[261] Fréjaville ④, n° 3.

[262] Denis, n° 76.

[263] [321] Soc 3 déc. 1953 は，威嚇的アストラントは「債務者の財産に対する強制手段であり，裁判の履行を目的とする」とし，アストラントの効力発生時を，その発令より前とすることはできないとする。

[264] Denis, n° 76.

[265] [343] Com 17 avr. 1956 は，威嚇的アストラントは「損害賠償とは全く異なる」等と判示して，レフェレによるアストラントの発令及び金銭債務についてのアストラントの適用を認める。同判決については，第 1 編第 3 章 2 【1】参照。

年12月3日社会部判決[263]についても[264]，⑤1956年4月17日商事部判決[265]についても[266]，同様の批判を向けている。Holleauxが「重要（significatif）」[267]と述べた④1956年2月17日社会部判決についても，Denisは，填補賠償と，遅延賠償に相当するアストラントの併課を認めたにすぎないと解し，この判決はむしろ金額を確定されたアストラントが損害賠償に変化することをとくに明確に認めた判決と解する[268]。もっとも，同判決は1949年法が適用された事案であるので，Holleauxの解釈もDenisの解釈もいずれも疑問である[269]。また，Denisは，金額を確定されたアストラントの賠償的性格を否定する学説が根拠として援用する判例には，更に，アストラントを命ずる裁判は損害賠償を命ずるものとは異なる旨を判示した［313］1953年1月27日第1民事部判決[270]があるが，これも上記学説の根拠となり得ないとしている。その理由として，Denisは，これもまた発令に関するものであるし，またこの場合の損害賠償はアストラントが進行した期間より前の損害に関するにすぎず，前掲①1949年10月25日商事部判決と類似のものと説明する[271]。

以上のような，Holleauxによる判例分析を批判するDenisの見解は，概ね正当と思われる[272]。故に，破毀院は，1949年法以降，1950年代初め，遅くともその半ばには，金額確定時における暫定的アストラントと損害賠償との一致を肯定する判例を確立したとみてよいであろう。更に，破毀院の立場に関するこうした理解の根拠となる判決は，最初に挙げた［316］1953年2月27日判決及び［340］1955年10月27日判決に限られるわけではなく，後述する管轄の問題に関する諸判決もそこに含めることができる。

---

266 Denis, n° 79.
267 Holleaux, D. 1959. 538（［373］）.
268 Denis, n° 79.
269 本編注247参照。
270 ［313］Civ I 27 janv. 1953は，原判決の，アストラントを発令した部分は，別に命じられた「損害賠償の付与とは異なる」と判示するが，この損害賠償は「過去に生じた損害」によるという。
271 Denis, n° 79.
272 ［341］Soc 17 fév. 1956については，本文で述べたように疑問があるが，他の判決については，それぞれ本編注257，注260，注263，注265及び注270で述べたような内容であることから，それらの判決についてのDenisの見解は支持できる。

第 4 章　1949 年 7 月 21 日の法律後から 1959 年 10 月 20 日の判例変更前まで

2　下級裁判所の抵抗

　上述のように，破毀院判例は，金額を確定された暫定的アストラントは損害賠償に変化するとの解釈に固まったとみることができるが，アストラントの実務はこうした破毀院判例によって完全に統一されたわけではなかった。一部の下級裁判所はこれに根強く抵抗する姿勢を示した[273]。典型的なのは，Agen 控訴院と Riom 控訴院の抵抗であろう[274]。前者は，競業避止義務についての Aspéro 事件（後述 4【2】(ア)参照）に関する一連の判決により，後者は，原状回復工事についての Pradon 事件（後述 4【2】(イ)参照）に関する一連の判決により，破毀院判例とは全く異なる立場をとった。すなわち，建物明渡し以外の民事事件に 1949 年法を類推するような扱いを，明確に否定した。

　前掲［340］破毀院 1955 年 10 月 27 日第 2 民事部判決により，損害を上回る額でアストラントの金額を確定したことを理由に破毀された原判決も，Aspéro 事件に関連する Agen 控訴院 1952 年 11 月 14 日の判決で，同判決も Agen 控訴院の立場を示す判決の一つである[275]。しかし，Agen 控訴院の立場をより明確に示すのは，［325］同控訴院 1954 年 6 月 29 日判決である[276]。Agen 控訴院は，この判決において次のように判示している。「本案の訴訟 (instance principale) において，1954 年 3 月 2 日の本院判決[277]が既に明確にしたように，威嚇的アストラントは，裁判官にとって，民事訴訟法典 1006

---

[273]　勿論，破毀院判例に沿う下級裁判例もみられる。たとえば，［277］Trib. par. arr. Dinan 31 juill. 1950（「威嚇的アストラントは，金額を確定される時には，所有者に生じた，物的にせよ精神的にせよ，損害を填補しうるにすぎない」）；［286］Paris 7 mars 1951；［368］Trib. civ. Beaune 19 nov. 1958（威嚇的アストラントの金額確定は「履行遅滞により債権者に生じた損害に相当すべきである」）等が挙げられる。V. Denis, n° 89.

[274]　Denis, n° 73.

[275]　なお，この他，本文後述 4【2】(ア) Aspéro 事件に関する［323］Agen 2 mars 1954 及び［371］Civ II 25 fév. 1959 の原審である，1956 年 11 月 11 日の Agen 控訴院判決参照。

[276]　Denis, n° 73.

[277]　［323］Agen 2 mars 1954.

条［訳注：1036条の誤り］を根拠として，彼が当事者に対して行う命令（injonctions）に従うように当事者を強制する方法に相当する。『その直接的な目的は，履行遅滞により相手方に生じうる損害を填補することにあるのではない』。その金額が変更可能であるにしても，それは，原則的に，有責当事者が定められた日までに裁判による命令を達成することの妨げとなりえた事情を考慮するためである。故に，『威嚇的アストラントの通常の基準は，有責者の faute の程度であり，相手方に生じた損害の大きさは，認められた金額が，衡平の点から，原因なき利得（不当利得 enrichissement sans cause）を生じないようにするための，付随的な算定要素に相当するにすぎない』」（『　』は筆者による）。このように，Agen 控訴院は，金額確定の段階の暫定的アストラントを損害賠償とみる考え方を明らかに否定する。

Riom 控訴院の立場を明確に示す判決は，［350］Riom 控訴院 1956 年 12 月 10 日判決である[278]。この判決で，Riom 控訴院は，前掲［325］Agen 控訴院 1954 年 6 月 29 日判決と非常に類似した判断をしている[279]。前述のように，破毀院は，金額を確定された暫定的アストラントは損害賠償に相当するとの立場を，遅くとも 1955 年には確立しているとみられるから，Riom 控訴院のこの判決は，破毀院に対する正面からの抵抗と解して差し支えないであろう。付言すれば，この Riom 控訴院の判決が，1959 年 10 月 20 日の画期的な破毀院判例の変更を促すものとなるのである。

3　学　　説

Denis は，1959 年までの破毀院の判例法理を最も的確に分析したのは Kayser[280] とみている[281]。この Kayser の見解についてはわが国でも萩教授により既に精緻な紹介がなされている[282]ので，その詳細は述べるまでもない。さて，Denis によれば，Kayser は「アストラントには二つの異なった段階が

---

[278]　Denis, nº 73.
[279]　Denis, nº 123. ［350］Riom 10 déc. 1956 の判旨については本編第 5 章 1【1】。
[280]　Kayser, L'astreinte judiciaire et la responsabilité civile, RTDC 1953. 209 ［Kayser］.
[281]　Denis, nº 74.
[282]　萩大輔「ケーゼルのアストラント㈠㈡」鹿児島大学社会科学報告 11 号（1964 年）

第4章　1949年7月21日の法律後から1959年10月20日の判例変更前まで

存在する。アストラントを命ずる有責裁判とその金額確定であり，これらは単一の原則によっては説明することはできない」[283] ものであり，「最終的には，遅延賠償にせよ，填補賠償にせよ，損害賠償を命ずる有責裁判に吸収されるのが，アストラントを命ずる有責裁判である」[284] と解して，当時の金額確定の原則を明らかにしたとされている。Kayser は，こうした発令と金額確定を区別する考え方を素描した先行的学説として Hébraud の見解[285] を挙げており[286]，後に Hébraud も，Kayser の所説を全面的に支持している[287]。

　Kayser によれば，アストラントに関する当初の問題は法文の欠如による適法性にあったが，一世紀半続いた実務を経て判例上の慣習法の一部となり，更には 1949 年法により，適法性は副次的な問題になり[288]，議論の中心はむしろ法的性質に移行している[289]。この点については，従来から，損害賠償理論に根拠を求める説と，損害賠償理論を完全に排斥し，裁判官の命令権に基づく制裁と解する説があった。前説は，アストラントの発令の威嚇的・暫定的性格の説明ができないことから，既に破毀院に放棄され，後説は A. Esmein が提唱したものであるが，権力分立原理・罪刑法定主義との関係で批判に十分に答えられていない。そこから，Fréjaville[290] による新たなアストラントの考え方が生まれている。この説は損害賠償理論に回帰するが，この損害賠償理論は，従来とは異なり，実務の現状を基礎とする。すなわち，Fréjaville は，実務上，裁判所は加害者の faute の程度を考慮して損害賠償を算定しており，破毀院も，損害賠償の算定に関する専権（pouvoir souverain）を事実審裁判官に認めることを介して，この実務を間接的に容認していると

　　　1頁以下・（鹿児島大学法文学部紀要）法学論集1号（1965年）153頁以下。

[283]　Kayser, n° 4.

[284]　Kayser, n° 28.

[285]　Hébraud, RTDC 1951. 285.

[286]　Kayser, p. 215, note 26.

[287]　Hébraud, L'exécution des jugements civils, RID comp. 1957. 185. V. aussi Denis, n° 74.

[288]　Kayser, n° 1.

[289]　以下の記述は Kayser, n° 4 et s..

[290]　Fréjaville ②, p. 1 et s..

し，Hugueney[291] や Starck[292] が指摘するように，損害賠償には予防的・懲罰的機能が認められるとする。そうして，Fréjaville によれば，アストラントは，債務者が履行しなければ裁判所は損害賠償の算定に関する専権を債務者の不利に働かせて懲罰的機能を伴う重い損害賠償を課すと，債務者を威嚇するものである[293]。Kayser は，この Fréjaville の説を高く評価し，懲罰的機能を認める損害賠償理論によれば，アストラントの金額確定については適切に説明できるとする。しかし，アストラントの発令については，損害賠償とは関わりなしに，債務を履行するように債務者の意思に圧迫を加えるものであり，損害賠償理論では説明がつかないとして，上述のように，アストラントの発令と金額確定の段階を区別する必要があることを強調する。

ここからわかるように，Kayser の見解は，損害賠償理論との関係で，懲罰的機能を認める Hugueney 及び Starck の見解の系譜に属し[294]，アストラントとの関係では，これを懲罰的機能を伴う損害賠償に関連付ける Fréjaville の見解の系譜に属する[295] とみることができる。Fréjaville は，アストラントは金額確定の段階で「損害賠償のベールに隠れて仮面をつける」[296] と述べ，金額確定の段階でアストラントは表面的には消滅したようにみえてもなお存続すると解するが，Kayser は金額確定時にアストラントが損害賠償に変化すると解する[297]。

なお，この 1949 年法以後 1959 年の判例変更前までの時期の学説においては，Kayser のように，金額確定段階のアストラントを損害賠償と結び付ける

---

[291] Hugueney, L'idée de peine privée en droit contemporain, thèse Dijon, 1904, p. 235 et s. ; Le sort de la peine privée en France dans la première moitié du XXe siècle, Études G. Ripert, t. II, 1950, p. 249 et s..

[292] Starck, La responsabilité civile considérée en sa double fonction de garantie et de peine privée, thèse Paris, 1947, p. 359.

[293] Fréjaville ②, p. 4 は，本文に述べたような意味で，アストラントを「損害賠償を厳しく（高めに）算定する旨の，金額で表示された威嚇 (menace chiffrée d'appréciation rigoureuse des dommages et intérêts)」という。

[294] Denis, n° 104.

[295] Denis, n° 105.

[296] Fréjaville ④, n° 9.

[297] Kayser, n°s 18-19 et 28. V. aussi Denis, n° 74.

第 4 章　1949 年 7 月 21 日の法律後から 1959 年 10 月 20 日の判例変更前まで

見解が有力に唱えられる一方で，アストラントは損害賠償とは全く異なることを主張する見解もまた有力に主張されている。後者の立場に立つ，当時の代表的な学説としては，H. et L. Mazeaud を挙げることができる[298]。

4　暫定的アストラントの金額確定に関する諸問題

　暫定的アストラントの金額確定に関する個別的な諸問題について，Denis は，これを実体的な問題と手続的な問題に大別した上で，前者に相当するものとして，債務の履行と金額確定の関係・損害賠償との併課・算定の基準を挙げ，後者に相当するものとして，金額確定の管轄の問題を挙げている[299]。以下では，Denis に従って上記の各問題について，1949 年法以後 1959 年 10 月 20 日の判決までの時期の破毀院の立場をみることにする。このうち，とくに管轄の問題を通して，当時の破毀院が，金額を確定された暫定的アスト

---

[298]　H. et L. Mazeaud, Traité théorique et pratique de la responsabilité civile délictuelle et contractuelle, t. III, 4ᵉ éd., 1950, nᵒˢ 2498-2499. また，当時の Revue trimestrielle de droit civil（RTDC）の H. et L. Mazeaud の判例評釈参照（たとえば，RTDC 1950. 366 et 506 ; RTDC 1951. 83, 257 et 383）。V. Denis, nᵒˢ 75 et 77 ; Holleaux, D 1959. 539（[373]）.

　その他，アストラントを損害賠償とは異なるとする当時の学説として，Holleaux, D 1959. 538（[373]。本章の対象とする時期より若干後になる）; Planiol et Ripert, Traité pratique de droit civil français, t. VII, 2ᵉ éd., 1954, nᵒ 792 ; Ripert et Boulanger, Traité de droit civil, t. II, 1957, nᵒ 1619. ただし，Denis, nᵒ 78 は，Planiol et Ripert（Radouant）及び Ripert et Boulanger について，折衷的な立場（アストラントを損害賠償と区別しながらも，金額確定段階のアストラントを損害賠償と関連付ける）に分類する。

　なお，Denis, nᵒ 75 et s. は，H. et L. Mazeaud と Holleaux が，1949 年法後から 1959 年の判例変更までの破毀院判決のうちに，自説の論拠となる判決（暫定的アストラントが損害賠償と異なるとする判決）があると考えていたことを，強く批判する。そうして，彼らの誤解の原因は，アストラントが発令と金額確定の二段階から成ること及び金額確定の段階でアストラントの性質が変化することを認めようとしなかったことにある，とする。Holleaux による判例の解釈に問題があることについては，本章 1 参照。

[299]　Denis, nᵒ 81 et s..

ラントは損害賠償に変化するとの立場を堅持したことを浮彫りにすることができる。

【1】 実体的な問題
(ア) 債務の履行と金額確定の関係

1949年法1条は「建物の占有者に対して明渡しを強制するために定められるアストラントは，常に威嚇的性格を有する。明渡しの裁判が履行されたときは，裁判官は，これを修正して金額を確定しなければならない」と定める。同条後段は履行前のアストラントの金額確定を禁じるもので，その立法趣旨は明らかではないが，Denis は「立法者は，このような準則を設けるに際して，専ら履行後の金額確定のみが，生じた損害を実際に正確に算定することを可能にすると考えていた。故に，少なくともこの法律の趣旨においては，この準則はまさに，金額を確定されたアストラントが損害賠償に一致するという原則の帰結である」と述べている[300]。

1949年法1条後段については，既述のように，立法当初から批判があった[301]。実際にも，明渡しを命ずる裁判についてのアストラントの強制効果を失わしめ，かえって履行を遅らせる弊害すら生ずると，問題になったようである[302]。Denis は，この問題に対する当時の裁判所の対応を次のように説明する[303]。一部の下級裁判所は，履行前の金額確定禁止によるアストラントの実効性低下を回避するため，履行前に，アストラントの「仮の金額確定（仮の金額決定）(liquidation provisoire)」[304]や「仮の損害賠償 (dommages-

---

300　Denis, n° 84. 本編第3章2【2】(ア)とくに注165参照。

301　本編第3章2【2】(イ)参照。

302　たとえば，[296] Trib. civ. Cholet 9 janv. 1952 は「アストラントはもはや威嚇の機能を有してはおらず，占有者に明渡しを強制するどころか，むしろ反対に，アストラントが損害賠償に変化する時期を遅らせるために占有者が居住し続けることを促しているかのようである」という。V. Denis, n° 87. また，本編第3章2【2】(イ)の Hébraud の見解参照。

303　Denis, n° 85 et s..

304　Denis, n° 86. 「仮の金額確定（仮の金額決定）(liquidation provisoire)」については，この用語に問題があることも含め，第4編第9章(ウ)参照。

　　Denis は，仮の金額確定を1949年法に反しないとする例として，[272] Trib. civ.

第 4 章　1949 年 7 月 21 日の法律後から 1959 年 10 月 20 日の判例変更前まで

intérêts provisionnels）」[305] を認めた。破毀院も，結局こうした不都合を考慮し

Nevers 23 mai 1950 や［285］Trib. civ. Fontainebleau 22 fév. 1951 を挙げる。［285］Trib. civ. Fontainebleau 22 fév. 1951 は次のようにいう。「立法者は……とくに明渡し前の全ての有責裁判及び全ての執行方法（mesures d'exécution）の禁止を欲したとは考えられない」。かような解釈は「アストラントから全ての実効性を奪うであろうし，不誠実な占有者（occupants de mauvaise foi）が，行政当局の不作為を利用し，不利益を受けずに（impunément），裁判所の命令（injonctions）を無視できることになろう」。1949 年法は「単に，裁判の履行後のアストラントの修正及び修正された額によるアストラントの金額確定のみを義務付けるものである。賃貸人が履行前に全ての危険を負担した上で，とりわけ返還についての危険を負った上で，アストラントの総額を仮に確定（決定）し（liquider provisoirement），その支払いを求めることは，何ら禁止されてはいない」。

　仮の金額確定が 1949 年法に反するとする例として，Denis は，［273］Trib. cant. Masevaux 24 mai 1950；［274］Trib. civ. Alençon 20 juin 1950（ただし，仮の金額確定禁止に関する判示は傍論と思われる）；［293］Caen 19 nov. 1951 を挙げる。［293］Caen 19 nov. 1951 は，1949 年法 1 条，2 条 1 項及び 2 項を根拠に「判決の任意的又は強制的な履行まで，発令されたアストラントは既得の（acquise）有責裁判にあたるとは解しえない。従って，アストラントは，存在が確実で，金額が確定し且つ請求可能である債権（créance certaine, liquide et exigible）を欠く間は，仮であっても，算定をすることはできない」とする。Denis 自身も 1949 年法の解釈としては，［293］Caen 19 nov. 1951 の結論を支持する。

305　Denis, n° 87. 履行前に「仮の損害賠償（dommages-intérêts provisionnels）」を命じても 1949 年法に反しないとする典型例として，Denis は，［296］Trib. civ. Cholet 9 janv. 1952 を挙げる。同判決は，「1949 年 7 月 21 日の法律による明渡しの裁判が履行される前のアストラントの金額確定の禁止は，アストラントを発令する明渡しの裁判を前にして，占有者が明渡しをする前に，占有された建物の所有者が損害を蒙ったこと及び占有が不可抗力に帰することができないことが，その時点で確認されているような場合には，一般の法原則（droit commun）に従って，仮に（titre provisionnel）損害賠償を認める権能を裁判官から奪うものではない」という。また，Denis は，同旨の裁判例として，［275］Trib. civ. Compiègne 18 juill. 1950；［279］Trib. civ. Vannes 16 oct. 1950；［298］Trib. civ. Château-Thierry 13 fév. 1952 を挙げる。反対，［304］Agen 11 juin 1952.

　仮の損害賠償を命ずる裁判の利用は，Fréjaville ④，n° 19 で提唱されている。Denis 自身は，仮の損害賠償について，既に経過した期間の損害について，金額を包括的に定める形式による場合は，肯定するが，将来に向かって遅延日毎に金額を

て，建物明渡事件以外では履行前の金額確定を許容し，1949 年法 1 条後段の類推適用はしないことにした[306]，という。Denis は，この破毀院の立場の根拠となる判決として，［345］1956 年 6 月 7 日第 2 民事部判決[307]を挙げる。ただし，この判決が十分な根拠たりうるかには疑問もある。同判決は，建物明渡しではない事件で，債務者の履行前にアストラントの金額確定を許容するものの，この事案のアストラントは「填補的アストラント（astreinte compensatoire）」とされている上に，ここで認められているものは，Denis がいう「仮の金額確定」又は「仮の損害賠償」にとどまるようだからである[308]。

当時の破毀院が，Denis のいうように，1949 年法の適用のない事件においては同法 1 条後段の類推を否定し，履行前の暫定的アストラントの金額確定

定める形式をとる場合は，1949 年法に違反すると解している。

[306] Denis, nº 88.

[307] ［345］Civ II 7 juin 1956 は，次のようである。パン焼き釜を製造した X は，A と共に，そのパン焼き釜による近隣妨害の停止措置を講じるよう，遅延日毎 2000 フランの「填補的アストラント」を付して命じられた。その後，X は遅延日数 105 日分のアストラントを理由とする 21 万フランについての（差押え前の）支払催告（commandement de payer）を受け，これに異議を申立てた。第一審は，この異議は理由がないとしたが，アストラントの額は 10 万フランに減額する判決を行った。これを支持した原判決に対し，X は，現状では損害賠償の金額を確定することはできないと主張して破毀を申立てたが，破毀院は，次のように述べてこれを棄却した。事実審裁判官は，妨害が工事の完成まで継続するとして，損害賠償の額を定める裁判を停止する一方，アストラントの金額を確定したが，そのアストラントは工事の完成まで継続するとの判断をした。故に，「控訴院は，現実の損害の存在を確認したにすぎない」のであり，「その損害の賠償として，控訴院が発令したアストラントは，後日に金額が定められる損害賠償の確定額に充当されるべき，仮払金（provision）の性格を有するにすぎない」。

[308] ［345］Civ II 7 juin 1956 の内容につき，本編注 307。

Denis, p. 110, note 2 も，同判決は，破毀院が暫定的アストラントにつき履行前の金額確定を許容したことの根拠として，十分ではないことを認める。ただし，その理由は，同判決が確定的アストラント（填補的アストラント）に関するためである。また，Denis は，この事案のアストラントは，確定的アストラントであっても，実際には金額確定時に修正されていたことから，暫定的アストラントの場合と同視しうると考える。

第4章　1949年7月21日の法律後から1959年10月20日の判例変更前まで

を認めていたことについて，明確な根拠となる判決を明らかにすることはできない。が，履行前でも損害賠償を認めうることに鑑みれば，当時の破毀院がDenisのいうように履行前の暫定的アストラントの金額確定を認めていたとしても，そのことは，暫定的アストラントは金額確定時に損害賠償に変化するという考え方を当時の破毀院の基本的な立場と解することを，妨げるものではないと思われる。

　(イ)　損害賠償との併課

　暫定的アストラントは金額確定時に損害賠償に変化するという当時の破毀院判例法理からすれば，金額を確定された暫定的アストラントと，同一の原因に基づく損害賠償の併課（cumul）は，論理的に否定されることになる。前述1のように，この時期の破毀院判決には，暫定的アストラントと損害賠償の併課を認めたようにみえるものがあるが，Denisは，そのように解すべきではなく，それらの判決は，アストラントの発令前の損害の賠償とアストラント発令後の損害の賠償の併課[309] あるいは填補賠償と遅延賠償の併課[310]を認めたにすぎないとしており，概ね正当と思われる。

　(ウ)　金額確定の基準

　「確定されたアストラントの額は，実際に生じた損害を補償する額を超えることはできない。これを決定する時には，裁判の履行をするために債務者が遭遇した困難を考慮しなければならない」と定める1949年法の2条1項については，既に述べたように[311]，立法当初から学説上，前段の「実際に生じた損害」の文言に関し，精神的損害を排除する趣旨か，につき対立がみられ，後段については，損害賠償の算定において債務者のfauteを考慮することを認めるもので，損害賠償理論との矛盾が指摘されていた。仮に，前段の「実際に生じた損害」を精神的損害を含まないと解し，後段の文言も文理通りに解するとすれば，1949年法に基づいてアストラントの金額を確定する場合には，確定されたアストラントの額は損害賠償の額とは異なりうるはずである。しかし，Denisは，実際には，1949年法に基づくアストラントの

309　［313］Civ I 27 janv. 1953. V. Denis, n°s 79 et 89. 本章1参照。
310　［341］Soc 17 fév. 1956. V. Denis, n°s 79 et 89. 本章1参照。
311　本編第3章3【1】(イ)。

金額確定は，通常の損害賠償の算定と同様の方法で行われたという。彼は，1949年法2条1項後段に基づいて債務者の履行上の困難を考慮したことを示す判決理由を見出すことはできないとしている[312]。翻って，このことはアストラントの算定に債務者の faute が実際に考慮されなかったという意味ではない。従来の実務では，事実審裁判官（juge du fond）の損害賠償額算定に関する専権の範囲内で，とくに精神的損害の算定において，債務者の faute を考慮する余地が実際にあったとみられている。そうした通常の損害賠償の算定と同様の意味で，1949年法に基づくアストラントの金額確定においても，債務者の faute を考慮する余地があったようである。ただし，破毀院は損害賠償の算定において債務者の faute を考慮することを認めてはいないため，破毀院による判決の破毀を避けるために，下級裁判所は faute を考慮したことを明示的に判決理由に示すことはしなかった，と Denis はいう[313]。なお，前述1で挙げた［341］1956年2月17日社会部判決は，1949年法に基づいて金額を確定されたアストラントを，遅延賠償に相当すると判示する[314]が，Denis は，遅延賠償に限定されるわけではなく，填補賠償にも相当しうると解している[315]。

　根拠となる判決は明らかではないが，Denis によれば，1949年法の適用範囲外でも，アストラントの金額確定における算定の方式は同様で，通常の損害賠償の算定と変わらなかった，ということである[316]。

312　なお，この規定については，Fréjaville により，損害賠償額の算定についての事実審裁判官の専権に鑑みれば，裁判官に対する拘束力がないとの指摘も当初からなされていたことにつき，本編第3章3【1】(イ)。

313　Denis, n° 90.

314　本編注247参照。

315　Denis, n° 91 は，1949年法2条1項の文言が遅延賠償と填補賠償を区別していないことを理由として，金額を確定されたアストラントが遅延賠償のみならず填補賠償に相当しうるとする。ただし，履行前の金額確定を禁じる同法1条に鑑みると，金額を確定されたアストラントは遅延賠償に限定されるとの解釈の方が，立法者の意思に近いともいう。

316　Denis, n° 91.

第 4 章　1949 年 7 月 21 日の法律後から 1959 年 10 月 20 日の判例変更前まで

【2】　手続的な問題

　1949 年法以後 1959 年 10 月 20 日の破毀院判決までの間，暫定的アストラントは金額確定により損害賠償に変化すると解した破毀院の立場は，とくに暫定的アストラントの金額確定の管轄の問題を通して，浮き彫りになる。以下では，商事裁判所・控訴裁判所・レフェレの裁判官の，暫定的アストラントの金額を確定する管轄権の有無について，この時期の判例の立場を考察するが，とくに前二者についてやや詳しく述べることにする。というのも，これらに関する判例が，金額を確定された暫定的アストラントの法的性質に関する，この時期の破毀院の立場を明確にするものとして，重要と思われるからである。

　商事裁判所・控訴裁判所の管轄権のいずれについても，問題となるのは，暫定的アストラントの金額確定の申立ての法的性質であり，これを損害賠償についての新たな請求と解するか，アストラントを命ずる裁判を含む有責裁判についての執行上の争い（difficulté d'exécution）にあたると解するかにより，管轄に関する結論が異なる関係にある。1949 年法以後 1959 年の判例変更までの時期，この二つの問題のそれぞれについて，裁判の争点となった有名な事件がある。商事裁判所の管轄権については Aspéro 事件，控訴院の管轄権については Pradon 事件がそれに当たる。いずれの事件の裁判も長期に及び，複数の判決がある[317]。

　(ア)　金額確定の管轄その 1 ―― 商事裁判所

　ここで問題にするのは，商事裁判所は，自らが発令した暫定的アストラントの金額を確定することができるかである。当時の民事訴訟法典（旧民事訴訟法典）442 条（現在の新民事訴訟法典 877 条に相当する）[318] は，商事裁判所については，その判決の執行（exécution）に関する管轄を否定し，同法典 553 条（1991 年法により削除）[319] は，商事裁判所の判決の執行（exécution）に関し

317　Denis, n° 93.

318　旧民事訴訟法典 442 条「商事裁判所は，その判決の執行については，管轄権をもたない。」フランス民事訴訟法典翻訳委員会の翻訳（法協 90 巻 2 号 394 頁）による。
　　新民事訴訟法典 877 条「商事裁判所は，その判決の強制執行については，管轄権をもたない。」

319　旧民事訴訟法典 553 条「商事裁判所の判決の執行に関して生ずる争訟は，執行が

て生ずる事件は，民事裁判所（1958年の司法制度改革後は大審裁判所）の管轄に属するとしていた。従って，暫定的アストラントの金額確定の申立てを損害賠償についての新たな請求と解すれば，商事裁判所の管轄権は肯定されるが，執行上の争いにあたると解すれば，商事裁判所は自らの発令したアストラントの金額を確定することができず，その金額確定の申立ては民事裁判所（大審裁判所）にしなければならないことになる[320]。

Aspéro事件ではまさにこの点が争点となっている[321]。事案は次のような競業避止義務違反に関するものである。GalisはSéguinaudに金属製品（quincaillerie）等の営業財産（fonds de commerce）を譲渡し，将来に向かって，この行政区画（arrondissement administratif）内では同じ性質の事業（exploitation）をしないことを約したが，その後，GalisはAspéroと共同してAspéro et Lejeune会社として，上記の約定で定めた商品を販売した。Marmande商事裁判所は，Aspéroらに対し，その売り場（rayons）の閉鎖を威嚇的（暫定的）アストラントを付して命じ，この商事裁判所の判決をAgen控訴院も確認した（1952年1月18日及び同年3月2日判決。ただし，Agen控訴院は事件をMarmande民事裁判所に移送した）。Marmande民事裁判所が第1期のアストラントの金額を確定した後，Séguinaudはこの営業財産をDelmoulyに譲渡し，既に取得済みの賠償金（indemnités）を除き，Galisとの約定に基づく全ての権利・進行中の訴訟上の地位（actions）についてはDelmoulyが代位する（subrogé）こととした。Delmoulyは，Marmande民事裁判所において，Aspéroらに対する第2期のアストラントの金額確定を求めたのに対し，被告は同裁判所の無管轄を主張した。しかし，同裁判所は管轄権を肯定し，[323] Agen控訴院1954年3月2日判決も，次のように述べてこの原審の判断を支持した。

「威嚇的アストラントは，裁判官にとって，当事者に対して民事訴訟法典1036条により行う命令（injonctions）に従うよう強制する方法に当たる。こ

なされる地の大審裁判所に提起される。」フランス民事訴訟法典翻訳委員会の翻訳（法協89巻4号432頁）による。

320　Denis, n° 93.

321　以下の記述につき，Denis, n° 94. 人名の綴りにつき，諸判決に一致しない点があるが，Denisの表記に従う。

の金銭の支払いを命ずる有責裁判（condamnation pécuniaire）は，履行遅滞により他方当事者に生じうる損害——また，この損害は裁判の時点では確定できない——の塡補を直接の目的とするものではない。アストラントのこうした制裁的性格（caractère pénal）は，任意の履行（exécution amiable）がない場合には，アストラントが裁判上金額を確定されるべき時にもなお存続する。この有責裁判の総額は，有責当事者が一定の日までに裁判官の命令に従うことができた事情又はできなかった事情を考慮して，修正できる。実際には，この総額が，当該裁判（la disposition）の受益者に生じた損害額を超えるべきでないと判断するとしても，最初の有責裁判は，その本質において，強制手段のままであり，その金額確定は単なる判決の執行に付帯する請求事項（incident d'exécution）に相当する。こうした原則を適用すると，アストラントが商事裁判所により発令された場合，この有責裁判に基づく取立てに必要な手続及びその手続上生じうる争い（contestations）は，民事訴訟法典553条に従って，全面的な裁判権（pleine juridiction）を有する第一審裁判所に委ね，まずこの裁判所により解決されるべきである」。

以上のように，この Agen 控訴院判決は，アストラントの発令と金額確定の間の性質変化を認めず，発令の段階で損害賠償とは異なるアストラントは，金額確定の段階でも同様であるから，確定されたアストラントの額が損害賠償額に制限されるとしても，金額確定請求は損害賠償請求ではなく，執行上の争いにすぎないと解している[322]。この見解は，暫定的アストラントは金額確定により損害賠償に変化するという当時の破毀院の立場とは相容れないものであって，[354] 破毀院 1957 年 2 月 1 日第 2 民事部判決は，Aspéro らの破毀申立てに対し，次のように判示して，この Agen 控訴院判決を破毀している。

「一方で，為す債務の不履行の場合に暫定的に発令されたアストラントの金額確定の申立ては，損害賠償を命ずる新たな有責裁判の申立て（demande de condamnation nouvelle en dommages-intérêts）に当たり，アストラントを発令した判決の執行について申立てられた争い（contestation）にはあたらない。他方，商事裁判所は，商人間の為す債務の不履行により生じた損害の賠償を

---

[322] Denis, n° 94.

認めることにつき，管轄権を有している。従って，これらの（商事）裁判所は，商事債務の不履行の場合に商事裁判所（juridiction consulaire）により発令されたアストラントの金額確定の申立ての審判についても同様に管轄権を有している」。

なお，このAspéro事件では，Agen控訴院と破毀院はそれぞれ同じ判断を再び繰り返している。すなわち，Delmoulyは再びアストラントの金額確定を民事裁判所に申立て，Agen控訴院は，前掲［354］破毀院1957年2月1日第2民事部判決の前の，1956年11月11日に，［323］Agen控訴院1954年3月2日判決と同旨の判断により原判決を支持し，Aspéroらの破毀申立てにより，破毀院も［371］1959年2月25日第2民事部判決により再び，前掲［354］1957年2月1日第2民事部判決と同旨の判断をしている。このように，この時期の破毀院は，暫定的アストラントの金額確定について商事裁判所の管轄権を肯定する立場を明確にしている。のみならず，その理由付け，すなわち暫定的アストラントの金額確定の申立てを損害賠償についての新たな請求とする解釈に鑑みれば，この時期の破毀院が，暫定的アストラントは金額確定により損害賠償に変化するとの判例法理を形成していたことが一層明らかにできよう。

なお，Denisは「他の裁判機関は，この問題について商事裁判所に管轄権があることは自明のことと考えていた」と述べ，その例として，［286］Paris控訴院1951年3月7日判決[323]を挙げる[324]。このように，当時は，破毀院のみならず，一般的には下級裁判所も含めて，暫定的アストラントの金額確定の申立てを損害賠償についての新たな請求と解しており，上述のAgen控訴

---

[323] ［286］Paris 7 mars 1951 は次のように判示する。「このアストラントを，確定的な損害賠償金（indemnité définitive de dommages-intérêts）に変化させるための，金額確定の申立ては，先行する判決の執行の追行に付帯する請求（incident de poursuite en exécution）ではなく，権利の実体に関する別個の請求であり，債務者から新たな有責裁判を得るためのものである。故にそれ（アストラントの金額確定の申立て）は，民事訴訟法典442条が商事裁判所からその管轄権を奪う，執行に関する行為（actes d'exécution）の範疇には含まれない」。こうした理由づけは，明らかに，本文中の破毀院の見解と一致する。

[324] Denis, n° 95.

第4章　1949年7月21日の法律後から1959年10月20日の判例変更前まで

院の態度はかなり例外的なものであったようである。

　ところで，商事裁判所と同様の問題は，労働審判所についても生じうる。この時期の破毀院は，暫定的アストラントの金額確定の申立てを損害賠償についての新たな請求と解して，労働審判所の金額確定の管轄権も肯定している[325]。すなわち［362］1958年7月4日社会部判決において，破毀院は次のように判示した。アストラントの「金額確定はアストラントを損害賠償に変化させる。労働審判所は，個人の労働契約の解消（dissolution）の際に生ずる，為す債務の不履行による損害の賠償を認めることにつき，管轄権を有する。その結果，Meknès労働審判所は，de Gain de Linardsに対し，彼が雇入れられた時に彼の用に供され，労働契約の破棄（rupture）後はもはや何ら権利を有しない社宅（logement de fonction）の明渡し（délaisser）を強制するために，従前に発令した威嚇的アストラントの金額を確定するための管轄権を有していた，ということになる」。

(イ)　金額確定の管轄その2——控訴裁判所

　ここで問題にするのは，控訴審における新たな請求が禁止されることとの関係で，暫定的アストラントの金額確定が，第一審を経ずに控訴裁判所に申立てられた場合に，控訴裁判所はその管轄権を有するかである。控訴裁判所が，控訴を認容し，自らアストラントを命じた場合に，こうした問題が生じうる[326]。

325　Denis, n°s 92 et 96.

326　別のケースも考えられる。控訴裁判所が，控訴を一部認容したが，アストラントを発令する第一審の判断についてはそのまま維持する場合である。この場合にも，暫定的アストラントの金額確定が控訴審ではじめて申立てられ，控訴裁判所はその管轄権を有するかの問題が生じうる（本編注328（旧）民事訴訟法典472条3項参照。［435］Civ II 12 oct. 1967は，このケースに属すると思われる。本編注399参照）。

　しかし，上述のケースは，本文で述べたケースと問題状況をやや異にする。というのは，金額確定の管轄権を控訴裁判所に認める結論を採るとすれば，本文で述べたケースすなわち控訴裁判所が自らアストラントを命じた場合は，アストラントを発令した裁判機関とその金額を確定する裁判機関の一致を認めることになるが，上述のケースでは，その不一致を認めることになりうる（アストラントを発令したのは第一審裁判所と考えうる）からである。このケースは，後に1972年法7条

第2編　第二次世界大戦後1972年7月5日の法律前までの判例の変遷

　当時の民事訴訟法典（旧民事訴訟法典）464条1項本文（現在の新民事訴訟法典564条本文に相当する）[327]は，二審制の原則（la règle du double degré de juridiction）に基づき審級の利益を保護する趣旨において，控訴審における新たな請求を禁止する。故に，暫定的アストラントの金額確定の申立を損害賠償についての新たな請求と解すれば，この申立てが控訴審ではじめて行われた場合には，控訴裁判所の管轄権は否定される。その結果，金額確定の申立ては第一審裁判所に対してしなければならなくなる。一方，当時の（旧）民事訴訟法典472条（現在の新民事訴訟法典570条に相当するが，内容は修正されている）[328]は，控訴を全部認容する判決の場合，執行に関する管轄は

（1975年7月9日の法律による改正前）が，アストラントを発令した裁判機関とその金額を確定する裁判機関の一致を要求したことから，この条文との関係で，第一審が発令したアストラントの金額確定の管轄権を控訴院に認めうるかの問題として論じられるようになる（第3編第4章2(イ)参照）。

　このように，第一審が発令したアストラントが維持されたケースは，控訴審における新たな請求の禁止との関係以外に，1972年法7条との関係で後に顕在化する別の問題を含んでいると考えられることから，ここでは，本文で述べたように，控訴裁判所が自らアストラントを命じた場合を念頭に置くことにした。

[327]　旧民事訴訟法典464条1項「控訴事件においては，いかなる新たな訴えも提起することができない。ただし，相殺に関する場合または新たな訴えが主たる訴訟への防禦である場合には，このかぎりではない。」フランス民事訴訟法典翻訳委員会の翻訳（法協90巻8号1122頁）による。

　新民事訴訟法典564条「当事者は，新たな申立て（nouvelles prétentions）を控訴院に提出することができない。ただし，それが，相殺を主張し，相手方の申立てを排斥させ，又は，第三者の参加あるいは新事実（un fait）の『発生（survenance）もしくは』発見（révélation）から生じた問題を判断させるためである場合には，この限りではない。」法務大臣官房司法法制調査部編『注釈フランス新民事訴訟法典』（法曹会，1978年）323頁による。ただし，同条は，1981年5月12日のデクレ500号25条により『　』の部分が追加されているため，その点は同書の翻訳と異なる。

[328]　旧民事訴訟法典472条（1項）「（原）判決が維持された場合には，執行は，その判決をなした裁判所（の権限）に属する。」（2項）「判決が全部取り消された場合には，その同一当事者間における執行は，控訴裁判所の権限に属する。」（3項）「一部取消しの場合には，控訴裁判所は，執行を自己（の権限）にとどめることが

第4章　1949年7月21日の法律後から1959年10月20日の判例変更前まで

控訴裁判所に属するとし，控訴の一部を認容する判決の場合にも，執行に関する管轄権は控訴裁判所が留保できる旨定めている。従って，暫定的アストラントの金額確定の申立てを執行上の争いにあたると解すれば，控訴を認容する場合，控訴審ではじめて申立てられた暫定的アストラントの金額確定について，控訴裁判所に管轄権を肯定する結論を導くことができる。

　この点が争点となったのが Pradon 事件である[329]。事案は次のようである。La Sioule 電力供給会社は違法にダム（barrage）を増水させた結果，洪水を引起こし，Pradon らの土地に被害を及ぼしたため，Riom 控訴院は 1954 年 5 月 31 日の判決により――おそらく控訴を認容して[330]――電力会社に対し，3ヶ月内に地ならしの工事（travaux d'arasement）を行うことをアストラントを付して命じた。その後，このアストラントの金額確定の申立てが，Riom 控訴院に対してなされ，同法院は 1955 年 5 月 2 日の判決により，発令されたアストラントは修正可能なものであるとし，この金額確定の申立てを，アストラントを発令した「判決の執行の追行に付帯する請求（incident de poursuite en exécution）」に当たるとして，この申立てを認めた。すなわち，Riom 控訴院は，Agen 控訴院と同様に，暫定的アストラントが金額確定により損害賠償に変化することを否定する立場をとった。この Riom 控訴院判決に対し，

　　できるし，必要と認めるならば別の裁判官で構成される同じ（原審）裁判所または他の裁判所に，送致することもできる。以上のすべてにつき，法律が（他に）管轄権を与えている場合を除く。」フランス民事訴訟法典翻訳委員会の翻訳（法協90巻8号1121頁）による。

　　新民事訴訟法典570条（1項）「控訴審判決の執行は，第一審として判決した裁判所又は，その裁判所がその裁判の執行について権限をもたない場合には，大審裁判所の権限に属する。」（2項）「ただし，控訴裁判所は，執行が法律によって他の裁判所の管轄とされているのでない限り，職権にても，執行を自己の権限にとどめることを判決中で決定することができる。控訴裁判所はまた，同様の制限の下で，その判決の執行を管轄する裁判所を指定することができる。ただし，この裁判所が司法上の裁判の執行にたずさわるための管轄権をもっていることを条件とする。」前掲『注釈フランス新民事訴訟法典』325頁の訳による。

[329] 以下の記述につき，Denis, n° 97. なお Pradon 事件の判決として，本文に掲げたもの以外に［385］Civ Ⅰ 30 nov. 1960.

[330] Denis, n° 97.

第2編　第二次世界大戦後 1972 年 7 月 5 日の法律前までの判例の変遷

電力会社の破毀申立てがなされ，破毀院は［367］1958 年 11 月 7 日第 2 民事部判決により，Riom 控訴院判決を破毀した。その理由として，「為す債務の不履行の場合に発令された暫定的アストラントの金額確定申立ては，損害賠償を命ずる新たな有責裁判の申立て（demande de condamnation nouvelle en dommages-intérêts）に当たり，アストラントを発令した判決の執行について申立てられた争い（contestation）にはあたらない」と判示しており，暫定的アストラントの金額確定の申立ての法的性質につき，商事裁判所の管轄権に関する前掲［354］破毀院 1957 年 2 月 1 日第 2 民事部判決の立場を踏襲している。

なお Pradon 事件では，その後も電力会社側の履行は得られず，金額確定申立てと新たなアストラントの発令を求める申立てが繰り返され，Riom 控訴院もこれを認める判決を繰り返すことになる。そうして 4 回目のアストラントの金額確定に関する[331]［350］Riom 控訴院 1956 年 12 月 10 日判決に対する破毀申立てが，1959 年 10 月 20 日の破毀院判例変更を促すことになる。

以上のように，1949 年法から 1959 年の判例変更までの時期，破毀院は，暫定的アストラントの金額確定に関する商事裁判所の管轄権を肯定し，第一審を経ずに控訴審の裁判所に対してなされた暫定的アストラントの金額確定の申立てについては，控訴裁判所の管轄権を否定する立場を明確にしていた。その理由づけは一貫しており，暫定的アストラントの金額確定の申立てを損害賠償についての新たな請求とする解釈によっている[332]。故に，暫定的アストラントは金額確定により損害賠償に変化する，という当時の破毀院の判例法理の存在を，ここで改めて確認できよう。もっとも，その一方で，Agen 控訴院，Riom 控訴院といった一部の下級裁判所は，破毀院とは明らか

331　Holleaux, D 1959. 537（［373］）.

332　なお，Denis, p. 125, note 1 は，［331］Civ Ⅰ 8 mars 1955 が，「アストラントの金額確定の申立てを……執行に付帯する請求（incident d'exécution）にあたると判示しているようである」というが，次のように結んでいる。「この事件では，破毀申立てはこの問題［訳注：控訴院の金額確定の管轄権］を直接的に対象としてはいなかった上に，控訴院は，正確にいえば，アストラントの金額を確定したわけではなかった。債務者による係争物の返還の提供（offre）があったことを理由に，アストラントは進行しなかったことを判断したにとどまる」。

第4章 1949年7月21日の法律後から1959年10月20日の判例変更前まで

に異なる立場をとったことも明らかになる。

　(ウ) 金額確定の管轄その3——レフェレの裁判官

　レフェレの裁判官は，自ら又は他の裁判機関により発令されたアストラントの金額確定の申立てについての管轄権を有するかについて，Denis は「この微妙な問題は，管轄の他の問題とは異なって，学説の関心を掻き立てた」というが，同時に「1949年から1959年までの間は，破毀院がこの問題の解決を直接迫られたことはなかったようである」と述べている[333]。もっとも，下級裁判所の裁判例は複数あり[334]，「これらは全体として否定的である」と説明されている[335]。たとえば，[256] Aix 控訴院1949年12月27日判決は次のようにいう。「レフェレの裁判官は，緊急の場合に，ある債務の債務者に対して威嚇的アストラントを発令するための管轄権を有するとしても，このアストラントの金額を確定する資格を何ら有しない。第一審の裁判官は，それをすることにより，本案に損害を与える（faire préjudice au principal）ことを許さない民事訴訟法典809条により定まる管轄権の制限を逸脱した」とする。

　レフェレの裁判官に本案を害することを禁じた旧民事訴訟法典809条1項（現在の新民事訴訟法典488条1項に相当する）[336] により，レフェレの裁判官が

333　Denis, n° 98. ただし，Denis, n° 99 は，関連する破毀院判例として，確定的アストラントの発令の許否に関する［284］Soc 11 janv. 1951；［301］Soc 7 mars 1952 を挙げる。いずれも「レフェレの裁判官は，威嚇的アストラント又はその終局的な金額確定（liquidation définitive）が本案裁判官に委ねられるアストラントのみを発令できる」と判示する。Denis は，この判示について，異なる解釈が成立ちうるが，破毀院は，レフェレの裁判官による暫定的アストラントの金額確定を否定したと解することもできるとする。これらの判決については，本編第5章4【3】(ウ)も参照。

334　本文に挙げるものの他，Denis, n° 98 は次の裁判例を挙げている。いずれも1949年法の適用があるケースであるが，［258］Trib. par. can. Châtellerault 30 déc. 1949；［265］Trib. civ. Cherbourg 8 mars 1950. なお［276］Trib. civ. Seine 19 juill. 1950 は，アストラントの金額確定が「損害の額を決定するための損害の評価」に当たり，原則的には本案の裁判所（tribunal）のみが管轄権を有するとしながらも，レフェレの裁判官は，緊急の場合には，仮の金額確定（liquidation provisoire）によりアストラントの金額を確定することができるとしている。

335　Denis, n° 98.

336　前掲『注釈フランス新民事訴訟法典』293頁の翻訳による。

損害賠償を命ずることは禁止されていると解することを前提にすれば，暫定的アストラントの金額確定についてのレフェレの裁判官の管轄権を否定する結論は，その金額確定の申立てを損害賠償請求とする解釈を是認したものと理解することができよう。しかし，こうした考え方によることを明示した判例も見当たらないようであるし[337]，そもそも前述のようにこのレフェレの裁判官の金額確定の管轄権について直接扱った破毀院判例もないようである。そこで，この問題についてはこれ以上立ち入らない[338]。

5　確定的アストラント

　本章の最後に，1949年法以降1959年の判例変更までの時期の，確定的アストラントに関する判例の動向を概観しておく。

　既にみたように，1949年法2条1項は，建物明渡事件における暫定的アストラントについて金額確定時の額を損害賠償額に制限したが，破毀院の判例はこの規定を建物明渡事件以外にも類推するような立場をとり，建物明渡事件以外の民事事件一般の暫定的アストラントについて，金額確定時に損害賠償に変化するとの法理を形成した。このように1949年法は，暫定的アストラント全般に大きな影響を及ぼしたとみることができる。同様のことは，確定的アストラントにも当てはまる。すなわち，1949年法は1条で建物明渡事件における確定的アストラントを禁止したが，破毀院判例は，建物明渡事件以外の事件でも，確定的アストラントを制限する立場を明確にした。ただし，建物明渡事件におけるように，全面的に禁止するのではなく[339]，損

　　　　旧民事訴訟法典809条1項「レフェレの命令は本案に関していかなる損害（préjudice）も与えることができない。」

　　　　新民事訴訟法典488条1項「レフェレの命令は，本案に関して既判事項の権威（autorité de la chose jugée）を有しない。」

337　Denis, n°s 98-99.

338　Denisはこの問題について，学説の議論を含め，かなり詳しく述べている。Denis, n° 98 et s..

339　建物明渡事件では，損害賠償に一致する確定的アストラントも禁止される（Denis, n° 235）。[349] Soc 3 nov. 1956は，1949年法の適用範囲内で定められた確

第 4 章　1949 年 7 月 21 日の法律後から 1959 年 10 月 20 日の判例変更前まで

害賠償額を上回る確定的アストラントを禁止し，損害賠償と一致する確定的アストラントのみを認める態度をとったとみることができる[340]。

たとえば，[280] 破毀院 1950 年 11 月 30 日社会部判決[341]は「裁判所は，為す債務の債務者に対して定められた期間内の履行をさせるのに，命じられた期間内に履行しない場合には，債務者は遅延日毎に一定額の損害賠償を支払わねばならないと命ずることができるとしても，遅延が生じれば確定的となる有責裁判で，単なる威嚇的手段という性格をもたないものを，債務者に対して発令する場合には，定められた額が，遅延毎に債権者に生ずる損害に正確に相当することを理由付け（justifier）ねばならない」と判示した上で，命じられたアストラントの額が損害額に相当することは理由付けられていないとし，原判決を破毀している。また [288] 破毀院 1951 年 4 月 13 日社会部判決[342]は「『確定的』と性質づけられるアストラントは，法的に損害賠償と解されるため，判決の履行確保の手段たる性格を失っている。そして，このような有責裁判をする裁判官は，定められた額が，遅延により債権者に生じた損害に相当することを，直ちに，理由付け（justifier）ねばならない」と述べた上で，命じられた有責裁判は損害賠償に相当することが明らかにされていないとして，原判決を破毀している。この他にも複数の破毀院判決[343]が同様の表現を用いて同旨の判断を繰返しており，この二つの判決のような判示は，当時，定型化していたということができる[344]。

本編第 2 章でみたように，1949 年法前には，損害とは別に算定される確定的アストラントを命ずる下級審判例が若干ながらもみられ，一部の学説にも好意的に受け入れられていたようであった。しかし，上述のように，1949

　　　定的アストラントは常に，威嚇的すなわち暫定的な性格を有することを明らかにしている。V. Denis, p. 341, note 3.

340　Denis, n° 235.

341　[280] Soc 30 nov. 1950 は，明渡しについてアストラントを命じた事案であるが，1949 年法は適用されていない。

342　[288] Soc 13 avr. 1951 は，農事財産（biens ruraux）の明渡しで，1949 年法は適用されていない。[294] Soc 7 déc. 1951 及び本編第 3 章 **6** 参照。

343　本編注 352 の諸判決参照。

344　Denis, n° 189.

年法以降，破毀院は一連の判例により，このような確定的アストラントを明確に否定した。Denis によれば[345]，この破毀院の態度について，とりわけ強い批判を加えたのは H. et L. Mazeaud であり，彼らは次のように述べている。1949 年法は「一般原則を設けるものではない。同法が定める事件以外で非威嚇的アストラントを禁じるものではない」[346]。「我々の見解では，非威嚇的アストラントの禁止を遺憾とすべきである。このアストラントは唯一真に実効的である。というのは，このアストラントは，頑強に履行しない者が，遅滞の度に増加していく負担額は（やがて）減額されると期待する余地を一切残さないからである。確かに，このアストラントは損害賠償とは解せない……。」[347]

さて，当時，損害額を超える確定的アストラントを禁止する破毀院の判示が，定型化していたことは前に述べたが，［330］1955 年 2 月 2 日第 1 民事部判決の判示は，従来のそれとはやや異なるものであった。動産の引渡しについての確定的アストラントに関し，不履行を確認した後に，そのまま維持した原判決に対する破毀申立てについて，同判決は「裁判官が，給付の履行を命ずるのに，遅延日毎に計算される額で固定され，定められた期間の満了により確定的に取得されるアストラントを付す場合には，このようにして，不履行によりその後に債権者が蒙る損害を算定している」と判示した。その上で，原告が「蒙る損害の賠償として命じられるこの手段は，事実審裁判官により専権的に（souverainement）算定された損害の評価から成る」等とし，破毀申立てを棄却した。この判決以後，同様の判示を定型的に繰り返す破毀院判決が相次ぐことになる[348]。

損害賠償とは異なる確定的アストラントを肯定する学説のなかには，この新たな表現を用いる一連の判決により，破毀院は，確定的アストラントを損害賠償から切り離そうとする意思を示したとして，破毀院の立場の変化を認めようとする動きもみられた[349]。たとえば，Holleaux は前掲［330］1955 年

---

[345] Denis, n° 235.

[346] H. et L. Mazeaud, RTDC 1950. 367.

[347] H. et L. Mazeaud, RTDC 1951. 257.

[348] 本編注 353 の諸判決参照。

[349] H. et L. Mazeaud, RTDC 1957. 539-540 は，本編注 353 の［353］Civ II 31 janv. 1957

第4章 1949年7月21日の法律後から1959年10月20日の判例変更前まで

2月2日第1民事部判決を挙げて，次のように述べる。この「民事部の重要な裁判を契機とする注目すべき一連の判例により，確定的アストラントが損害に一致することを理由づける（justification）必要はなくなった。単なる，確定的アストラントの金額決定が，それ自体で且つ特段の理由を要しないで，将来の損害の専権的算定（évaluation souveraine）に相当するのである」。「この新しい表現（formule）は何を意味するか？　その意味は明らかである。このきわめて注目すべき判例の傾向は，損害賠償という語の下で（あえていうならば，その『仮面』の下で），確定的アストラントの制裁の性格を明らかに回復させるものである」[350]。

しかし，Denisは，判例分析により，前掲［330］1955年2月2日第1民事部判決及び一連の同様の判決により破毀院の立場が変化したとみるべきではないとする[351]。彼は，前掲［280］1950年11月30日社会部判決や［288］1951年4月13日社会部判決と同様の判示（確定的アストラントの額と損害の一致を理由づけねばならない旨の判示）を含む11個の破毀院判決[352]（第1類型）

を挙げて，破毀院は，確定的アストラントの「適法性（régularité）」を認め，「とくにその額と遅延損害の額を考慮して」「遅延賠償に相当するか否かを検討することに甘んじてはいない」といい，損害賠償と結びつける点では不正確であるが，結論的には正当とする。Rassat, n° 14 も，本文前掲［330］Civ I 2 fév. 1955 に始まる一連の判決に注目し，とくに本編注 353 の［418］Civ I 30 juin 1964 を挙げて，破毀院は「事実審裁判官は損害の算定において自由であるという伝統的な結論を維持するが，少なくとも，遅延期間を単位として命じられる有責裁判（condamnation par périodes de retard）が問題になる場合には，破毀院は，有責裁判のみから導かれる（qui se déduit du seul fait de la condamnation），主張された損害の存在を確認する必要すらないという新しい考え方を加えている」という。Raynaud, n° 21 も，［330］Civ I 2 fév. 1955 等の一連の判例について，損害賠償とは異なる確定的アストラントを認める判例の変化を示すものかどうか問題にしうるとする。Chabas ①，p. 272 は，破毀院が，確定的アストラントと損害賠償の区別を，1972年法までは，明確に認めなかったことを強調するが，［330］Civ I 2 fév. 1955 等の判例により「ほぼ第一歩が踏み出された」ともいう。V. Denis, p. 273, note 1 et n° 236.

350　Holleaux, D 1959. 538（［373］）. V. Denis, n° 236.
351　Denis, n°ˢ 189-190.
352　Denis, p. 272, note 1 ; p. 273, note 2.
　　Denis は，［280］Soc 30 nov. 1950 及び［288］Soc 13 avril 1951 と同旨のものとし

第2編　第二次世界大戦後1972年7月5日の法律前までの判例の変遷

と，前掲［330］1955年2月2日第1民事部判決と同様の判示（確定的アストラントの額は損害についての裁判所の専権的な算定による旨の判示）を含む15個の破毀院判決[353]（第2類型）を比較する。まず，破毀院の各部（第1民事部・第2民事部・社会部・商事部）が，いずれの類型の判決も下していることから，破毀院内部で見解が対立しているわけではないことを確認する。次に，第1類型の判決は全て破毀判決で，第2類型は一つを除き全て破毀申立てを棄却する判決であることを指摘する。そうして，いずれの類型の判決も同時

て，次の9つの判決を挙げる。［294］Soc 7 déc. 1951；［317］Civ II 30 mai 1953；［327］Com 6 déc. 1954；［332］Soc 10 mars 1955；［335］Civ I 6 juin 1955；［355］Soc 9 mai 1957；［361］Soc 13 juin 1958．1959年の判例変更以降のものとして［402］Soc 9 nov. 1962．古い判決であるが，［170］Civ 14 mars 1927．

　　Denisがいうように（本文参照），上記判決はいずれも，［280］Soc 30 nov. 1950又は［288］Soc 13 avril 1951の判示と同様の表現を用いており，且つ，原判決を破毀するものである。

[353]　Denis, p. 272, note 2；p. 273, note 3.

　　Denisは，［330］Civ I 2 fév. 1955と同旨のものとして，次の14の判決を挙げる。［353］Civ II 31 janv. 1957；［364］Civ II 22 juill. 1958；［365］Soc 16 oct. 1958；［370］Civ I 29 déc. 1958．1959年判例変更以降のものとして，［375］Civ I 4 nov. 1959；［376］Soc 12 nov. 1959；［378］Soc 24 fév. 1960；［392］Civ I 26 mai 1961；［401］Civ II 10 mai 1962；［411］Com 3 janv. 1964；［418］Civ I 30 juin 1964；［425］Com 31 mars 1965；［427］Com 23 juin 1965；［433］Com 6 oct. 1966.

　　上記判決のなかには，［330］Civ I 2 fév. 1955の表現と，かなり異なるものも含まれる。［376］Soc 12 nov. 1959及び［378］Soc 24 fév. 1960は，損害の算定が裁判所の「専権」によることには言及していない。［375］Civ I 4 nov. 1959及び［427］Com 23 juin 1965は，確定的アストラントを「損害賠償の補足（supplément de dommages-intérêts）」ともいう（この二つの判決については，本編第5章4【2】参照）。それでも，これらの判決も，［330］Civ I 2 fév. 1955と同趣旨と考えうる。また，Denisがいうように（本文参照），一つの判決を除き，いずれも破毀申立てを棄却する。原判決を破毀したのは［378］Soc 24 fév. 1960で，破毀の理由は，原判決が確定的アストラントの金額の修正を認めたためである。この破毀院判決は，確定的アストラントを発令する裁判については「損害の存在を理由づけ，その損害についてなされた算定それ自体によって，その（確定的アストラントの）金額を決定した」と述べており，この点で［330］Civ I 2 fév. 1955と類似する。同判決につき，Denis, n° 189.

第 4 章　1949 年 7 月 21 日の法律後から 1959 年 10 月 20 日の判例変更前まで

期のもので,「第 1 の表現が系統的に用いられるようになったのは 1950 年であり,第 1 の表現を含む最後の判決は 1962 年である。第 2 の表現を含むものについては,1955 年から 1966 年の間に位置している。たとえば,社会部は 1958 年に第 2 の表現を用いた（この変化の目印と考えられた）後,1962 年に第 1 の表現を用いたが,これで変化といいうるであろうか？」[354] という。

　結局,Denis は,破毀院の判示が二元化した理由は,破毀院が,確定的アストラントを損害賠償の一種と解することにより,確定的アストラントに損害賠償法理を適用した結果にすぎないと解する。すなわち,Denis は次のように考える[355]。通常の損害賠償の場合,損害賠償の算定に関する事実審裁判官の専権の原則（le principe de l'évaluation souveraine des dommages-intérêts par les juges du fond）により,破毀院は,事実審の損害賠償の算定について原則的には審査をしないが,例外的に審査をする場合がある[356]。破毀院は,この通常の損害賠償の法理を確定的アストラントに適用した。その結果,破毀院は,原審による確定的アストラントの金額決定について,損害賠償算定の専権の原則により審査をしない場合に,第 2 の表現を用いたのであり,これは「事実審裁判官が,生じた損害からみて,合理的な額で確定的アストラントを定めていた場合」である。一方,原審による確定的アストラントの金額決定について,破毀院が例外的に審査をする場合は,第 1 の表現を用いたのであり,これは「損害額を明らかに超える裁判又は損害額に言及さえしていない裁判を破毀する」ためである。こうした Denis の判例分析は,説得力があるように思う[357]。

---

[354] Denis, n° 189.

[355] Denis, n° 189 et spéc., n° 190. なお,Denis, n° 189 は,同旨の見解として J. Boré, V° Astreintes, Encyclopédie Dalloz, 1970, n° 103（未見）を挙げる。

[356] なお,Cornu, Vocabulaire juridique, 8ᵉ éd. 2000, p. 829 によると,事実審裁判官の専権（souveraineté des juges du fond）は,次のような権能として説明される。この権能に基づいて「司法系列の第一審及び第二審の裁判機関［いわゆる事実審裁判官（juges du fait）］は,係争事実の確認（constatation）及び評価（appréciation）について,破毀院［法律審裁判官（juge du droit）］の審査を免れる。しかし,この権能は,破毀院がその法的根拠を審査できるように,上記裁判機関が自らの裁判に十分な理由付け（motivation）をすることを,免除するものではない」。第 3 編第 2 章 2 (イ) の専権と自由裁量権（pouvoir discrétionnaire）の区別についても参照。

第2編　第二次世界大戦後1972年7月5日の法律前までの判例の変遷

　前掲［330］1955年2月2日第1民事部判決以降の一連の判決をいかに解するにせよ、この時期の破毀院は、確定的アストラントと損害賠償の区別を正面から認めることはなかった、という点は明らかである。後述のように、こうした破毀院の立場は1972年法まで変わらない。たしかに、一部の学説がいうように、［330］1955年2月2日第1民事部判決以降の一連の判決により、確定的アストラントと損害賠償の区別を認める方向で破毀院が変化を示した、とみることもできないわけではない。しかし、そうした判例の解釈にかなり無理があることは、上述のDenisの説により首肯できよう。故に、確定的アストラントに関する、1949年法以降1959年の判例変更までの時期の破毀院の立場については、損害賠償とは異なる確定的アストラントを否定し、損害賠償と一致する確定的アストラントのみを許容するものと解し、かつ、こうした破毀院判例は1949年法1条（建物明渡事件における確定的アストラントの禁止）の影響を受けたものと解するのが、妥当であると思う。

　以上のように、1949年法以降1959年の判例変更までの時期、破毀院は、暫定的アストラントについても確定的アストラントについても、1949年法を類推するような態度をとって、アストラントを損害賠償法理により拘束しようとした、ということができる。翻って、下級裁判所は、破毀院の立場に全面的に従ったわけではない。一部の下級裁判所ははっきりとこれに抵抗した。また、そうまでしなくとも、下級裁判所は、損害賠償の算定に関して認められていた専権を利用して、アストラントに事実上の制裁の機能を付与する余地があった、ということもできる。こうした点にも併せて注意を払う必要がある。

357　Denisの判例分析が相当と思われることにつき、本編注352及び注353参照。

第5章　1959年10月20日の判例変更から 1972年7月5日の法律前まで

　前章でみたように，1949年法以降，破毀院は，暫定的アストラントについては，損害に応じて金額を確定する立場，すなわち，暫定的アストラントは，発令の段階では損害賠償とは異なるが，金額確定の段階では損害賠償に変化するとの立場をとってきたとみられる。しかし，[373] 1959年10月20日の破毀院の第1民事部の判決は，次のように判示して，重大な判例変更を行う。「暫定的アストラントは損害賠償とは全く異なる強制手段であり，要するに，有責裁判の履行に対する抵抗を克服する方法であり，遅延から生ずる損害を填補することを目的とするのではなく，通常は，頑強な債務者の faute の重大性（gravité）及びその資力（facultés）に応じて金額を確定する」。すなわち，破毀院は，暫定的アストラントについて，発令の段階のみならず金額確定の段階でも，損害賠償とは異なることを認めて，暫定的アストラントを損害賠償から完全に切離す立場をとることを明らかにした。この破毀院の立場は，1903年に発表された A. Esmein の見解（アストラントを損害賠償と区別して，裁判官の命令の遵守を確保するための強制及び制裁と解する見解）に整合するものであると共に，「アストラントは，損害賠償とは別個独立のものとする」と定める1972年法6条に引き継がれることになる。

　本章で考察する1959年の判例変更から1972年法前までの時期は，このような第1民事部の判決を機に，破毀院の判例上，暫定的アストラントは金額確定の段階でも損害賠償とは異なるものであるとの原則が確立し，それに基づいて暫定的アストラントの金額確定に関する仕組みが整備される時期ということができる。

　一方，確定的アストラントについていうと，本章で考察する時期の主たる問題は，1959年の判例変更の影響が確定的アストラントにも及ぶかという点にある。前章で述べたように，1949年法以降1959年の判例変更までの時期の破毀院は，確定的アストラントを損害賠償と解していたとみることがで

きる。1959 年の判例変更は，暫定的アストラントを損害賠償から完全に切離すものであるが，この判例変更の後，破毀院が確定的アストラントについても同様の立場をとるかどうか，が注目されるようになる。

本章でも，前章と同様，暫定的アストラントを中心に考察する。まず，1959 年 10 月 20 日の第 1 民事部判決が決定的な判例変更に当たることについて敷衍し（1），その上で，判例法理の変化について，前章と同様に，主要な個別の問題を通して，具体的に考察する（2）。更に，この判例変更の結果，損害賠償と完全に切離された暫定的アストラントの法的性質如何が問題になるが，この点の議論をみておく（3）。最後に，確定的アストラントについて，1959 年の判例変更の影響が及んだか否かを考察する（4）。

1　1959 年 10 月 20 日の破毀院判決による判例変更

【1】　1959 年 10 月 20 日の破毀院判決

まず，［373］1959 年 10 月 20 日の破毀院第 1 民事部判決の内容を確認しておく。これは，前に述べた（本編第 4 章 4【2】(イ)）Pradon 事件に関する諸判決の一つである。事案を略述すると，Riom 控訴院は，Pradon の土地を浸水させた電力供給会社に対し，地ならしの工事を行うようアストラントを付して命じたが，履行が得られないため，金額確定と新しいアストラントの発令を求める申立てが繰り返してなされ，同控訴院は，その都度この申立てを認めた。その一連の控訴院判決のうち，1955 年 5 月 2 日の判決は，［367］1958 年 11 月 7 日第 2 民事部判決により，暫定的アストラントの金額確定申立ては執行上の争いではなく，損害賠償についての新たな請求に当たることを理由に，破毀されたことは既にみた。

さて，4 回目の控訴院判決（1956 年 5 月 22 日）は，額を遅延日毎 1 万フラン，期間を 3 月として新たなアストラントを発令した。その後，アストラントの額を 90 万フランと確定すると共に，遅延日毎 2 万フランの新たなアストラントを発令することを求める申立てがなされた。電力会社側は，威嚇的アストラントは金額確定の段階では損害賠償に当たるのに，Pradon 側は履行遅滞による損害を何ら証明していないと主張し，二次的に損害の算定のための鑑定，会社の費用により Pradon らが第三者に工事をなさしめることに

第5章　1959年10月20日の判例変更から1972年7月5日の法律前まで

ついては争わない旨の確認がなされること等を求めた。これに対し，[350] 1956年12月10日のRiom控訴院判決は，会社側の主張を斥け，次のように判示した。「威嚇的アストラントは，実際，損害賠償とは全く異なる仮の暫定的手段（mesure provisionnelle et provisoire）で，本案における損害を内容とするものではない。威嚇的アストラントは，要するに，有責裁判の履行に対する抵抗を克服する方法にすぎない。その直接の目的はこの履行の遅滞から生ずる損害を填補することではない。その結果，次のようになる。1）威嚇的アストラントは，有責者が定められた期間内に裁判所の命令に従うのを妨げえた諸事情を考慮して，その金額の修正が可能である。2）威嚇的アストラントは，その通常の基準を有責者のfauteの程度に求めるものであり，他の当事者（colitigant）が蒙った損害の大きさは，付随的な算定要素にすぎず，それは原因なき利得（enrichissement sans cause）を予防する目的を有する」。このように述べて，Riom控訴院は，アストラントの金額確定の申立てを全面的に容れ，90万フランと確定した。ただし，新たなアストラントの申立てに関しては，従前通り遅延日毎1万フランとするアストラントを発令するにとどまり，増額は認めなかった。なお，このRiom控訴院の判示は，これに先立つ [325] 1954年6月29日のAgen控訴院判決によく似ていることは，前に（第4章2）指摘したとおりである。

　このRiom控訴院判決に対する破毀申立てにおいて，会社側は「アストラントの金額を確定する裁判官は，損害額を超えないようにすべきであって，その確認は有責裁判を理由づけるために不可欠である」と主張した。しかし，破毀院は前述のように，「暫定的アストラントは損害賠償とは全く異なる強制手段であり，要するに，有責裁判の履行に対する抵抗を克服する方法であり，遅延から生ずる損害を填補することを目的とするのではなく，通常は，頑強な債務者のfauteの重大性及びその資力に応じて金額を確定する」と述べ，このように判断した原判決を正当とした。

　Denisは，この [373] 1959年10月20日の第1民事部判決について，一方では，この判決が金額確定段階の暫定的アストラントの法的性質に関する破毀院の判断の変更であることは，Pradon事件の判決であることから一層明確になると指摘する[358]。というのも，Pradon事件では前述のように，この判決に先立つ前掲 [367] 1958年11月7日の第2民事部判決で，破毀院が

211

――第2民事部の判断ではあるが――，暫定的アストラントは金額確定段階で損害賠償に変化するとの立場をとることが明らかにされていたためである。また，Denis は，他方で，この［373］1959年10月20日の第1民事部判決は，金額確定段階の暫定的アストラントの法的性質に関する，Agen・Riom 控訴院等の一部の下級裁判所と破毀院の間の抗争において，破毀院が屈服したことを示すものと指摘する[359]。

【2】　その後の破毀院判例

更に，Denis は，［373］1959年10月20日の第1民事部判決を踏襲するその後の8つの破毀院判決[360]を考察し，次のような指摘をしている[361]。まず，当初は，破毀院内部の対立が懸念されえたとする。というのも，上記8つの破毀院判決のうち6つが第1民事部の判決で，第1民事部は1949年法以降1959年10月20日判決前には，金額確定段階の暫定的アストラントと損害賠償の関係に関し，判断を示していなかったのに対し，1949年法以降1959年判決前に，金額を確定された暫定的アストラントは損害賠償に当たる旨の判断を示していた第2民事部[362]の判決が，上記8つのうちには見当たらないことによる。後述のように，暫定的アストラントの金額確定の管轄に関し1966年には破毀院の民事全部会（民事大法廷。Assemblée plénière civile）が

---

[358]　Denis, n° 123.

[359]　Denis, n° 123. なお，本編第4章2参照。［373］Civ I 20 oct. 1959 は本文でみたように［350］Riom 10 déc. 1956 を支持したものであり，更に後者の判断は Aspéro 事件の［325］Agen 29 juin 1954 とよく似ている。これらの下級審判決は，1949年法後1959年の判例変更までの時期において，暫定的アストラントは金額確定段階で損害賠償に変化するとする破毀院の立場に対し，Agen 控訴院・Riom 控訴院等の一部の下級裁判所が根強く抵抗したことを示す，典型的な例にあたる。

[360]　［377］Civ I 20 janv. 1960；［383］Civ I 12 juill. 1960；［385］Civ I 30 nov. 1960；［386］Civ I 17 janv. 1961；［410］Civ I 5 nov. 1963；［424］Civ I 17 mars 1965；［428］Soc 26 oct. 1965；［436］Com 15 nov. 1967.

[361]　Denis, n° 127.

[362]　本編第4章1参照。暫定的アストラントは金額確定段階で損害賠償に変化するとの破毀院の立場を確立した判例と解されうるものとして，［316］Civ II 27 fév. 1953；［340］Civ II 27 oct. 1955.

第 5 章　1959 年 10 月 20 日の判例変更から 1972 年 7 月 5 日の法律前まで

1959 年判決に沿った判断を示す[363] が，Denis は，民事全部会の判決がなされたのはこうした懸念がありえたためと推測している。次に，少なくとも社会部については，判例変更が容易に確認できること[364]，第 1 民事部は 1960 年に既に同旨の判決を 3 回繰返し[365]，早期に判例の立場を固めていること，更に，上記の 8 つの判決中 5 つは破毀申立てを棄却するもの[366] で，下級審が直ちに破毀院の新判例に従ったことと共に，当時の暫定的アストラントの実効性の低下による危機の重大さも示している，と指摘する。原判決を破毀する 3 つの判決[367] が，やや後になって現れていることからは，新たな暫定

363　[430] Ass. plén. civ. 13 mai 1966. 本章 2【2】(イ)参照。

364　1959 年 10 月 20 日の第 1 民事部判決による判例変更後に，同判決を踏襲し，金額確定時の暫定的アストラントと損害賠償は異なるとした社会部の判決として，[428] Soc 26 oct. 1965. 同判決は，アストラントの金額確定及び損害賠償の請求につき，両者を区別しないで包括して金額を算定した原判決を破毀した。

　　1959 年の判例変更前，金額確定時の暫定的アストラントを損害賠償と解した社会部判決としては，Denis, p. 162, note 1 は，[310] Soc 28 nov. 1952；[341] Soc 17 fév. 1956；[362] Soc 4 juill. 1958 を挙げる。しかし，[341] Soc 17 fév. 1956 は，1949 年法が適用されている事案であるので，適例ではない（この点につき，本編注 247 参照）。[310] Soc 28 nov. 1952 は，暫定的アストラントの金額を確定する裁判を，損害賠償を命ずる裁判と同視し，アストラントの額が損害に相当することを理由づけていないとして破毀したもので，確定的アストラントに関する判示も含む（本章 4【3】(ウ)参照）。[362] Soc 4 juill. 1958 は，労働審判所の金額確定の管轄権に関し，暫定的アストラントの金額確定の申立てを新たな損害賠償請求と解して管轄権を肯定した（本編第 4 章 4【2】(ア)参照）。

365　[377] Civ I 20 janv. 1960（金額確定時の威嚇的アストラントの額は損害に一致せねばならないとする破毀申立てを排斥）．[383] Civ I 12 juill. 1960（暫定的アストラントと損害賠償の併課を認めた原判決に対する破毀申立てを棄却）．[385] Civ I 30 nov. 1960（Pradon 事件。損害の大きさを考慮しないでアストラントの金額を確定したこと等を不服とする破毀申立てを棄却）．

366　本編注 365 に挙げたものの他，[386] Civ I 17 janv. 1961（暫定的アストラントと損害賠償の併課を認めた原判決に対する破毀申立てを棄却）；[436] Com 15 nov. 1967（債務者の不当な抵抗と資力を考慮してアストラントの金額を確定した原判決は，抵抗の不当性，資力の内容を明らかにしていないとする破毀申立てを棄却）．

367　[410] Civ I 5 nov. 1963（損害は既に賠償されていることを理由として，アストラントの金額確定の申立てを斥けた原判決を破毀）；[424] Civ I 17 mars 1965（僅か

的アストラントに対する下級裁判所の疑念が見出せる一方，破毀院が再度の判例変更を拒絶したことにより，その判例はまさに固まったと述べる。

もっとも，この時期の破毀院の判決にも，1959年判決には従わないようにみえるものも存在する。前述のように，とくに第2民事部の立場は微妙であり，［449］1970年2月25日判決は損害に基づいて暫定的アストラントの金額を確定することを認めている[368]。この点については，後述する（本章2【1】(ｱ)）。

【3】 学説の反応

当時の学説も直ちにこの［373］1959年10月20日の第1民事部判決を重要な判例変更と評価したようである[369]。

Denisは，「この判例変更は，学説にかなり好意的に迎えられた。最も満足したのは，H. et L. Mazeaud氏らである」と述べる[370]。なるほど，H. et L. Mazeaudは，1959年判決及び［377］1960年1月20日第1民事部判決は，「破毀院が，アストラントから全ての実効性を奪い，それを遅延賠償にすぎないものにしようとした7年間に終止符を打っている。判例上の最も有用な創造物の一つの復活である」と述べている[371]。また，Meurisseは「1959年10月20日の判決はこうして，Esmein, Vizioz, de la Morandière, Mazeaud, Tunc, Reynaud［訳注：ママ。Raynaud］, Hebraud［訳注：ママ。Hébraud］という有力な学説が支持する理論を公認している」と述べる[372]。

しかし，一方では，新たな金額確定の仕組みに基づく問題点も指摘されるようになる。とくに，金額を確定されたアストラントの法的性質という基本

な損害のみに基づいてアストラントの金額を確定した原判決を破毀）；［428］Soc 26 oct. 1965（本編注364参照）．

368　Denis, n° 138.

369　Hébraud, RTDC 1959. 778 ; H et L. Mazeaud, RTDC 1960. 116 ; Meurisse, L'arrêt de la Chambre civile du 20 octobre 1959 sur les astreintes, GP 1960 II doctr. 13 et s. ; Marty et Raynaud, Droit civil, t. II, 1ᵉʳ vol., 1962, n° 679. V. aussi Denis, n° 123.

370　Denis, n° 128.

371　H. et L. Mazeaud, RTDC 1960. 317.

372　Meurisse, *op. cit.*, p. 13.

的な問題が浮上する。この点については後述する（3）ことにし，その前に，1959年の判例変更により暫定的アストラントの金額確定の仕組みがどのように変化したかを考察しておこう。

2　暫定的アストラントの金額確定に関する諸問題

前章でみたように，1949年法後1959年10月20日の第1民事部の判決まで，破毀院は，暫定的アストラントは金額確定の段階で損害賠償に変化すると解する立場をとったとみられる。しかし，1959年の判例変更により，破毀院は，暫定的アストラントは金額確定段階でも損害賠償とは異なると解する立場をとるに至る。その結果，暫定的アストラントの金額確定に関わる個別の諸問題についての1959年判決前の判例の結論を再検討することが必要になった。とくに本編第4章4でとりあげた諸問題の多くについて，この時期に，判例の変更をみることになる。

以下では，前章と同様，実体的な問題と手続的な問題に分け，前者については，算定の基準・損害賠償との併課，後者については，控訴院の金額確定の管轄権の問題を中心に，判例変更の影響をみることにする。後者は，とくに前に触れた1966年5月13日の破毀院民事全部会判決に関するものである。

【1】　実体的な問題
(ｱ)　金額確定の基準
1959年10月20日の破毀院判決は，前述のように，暫定的アストラントは「通常は，頑強な債務者のfauteの重大性及びその資力に応じて金額を確定する」と判示し，暫定的アストラントの金額を確定するための新たな基準として，債務者の「fauteの重大性」及び「資力」を示した。1959年判例を踏襲するその後の判例も，同様に，金額確定の基準としてこの二つを挙げる[373]。しかし，ほぼ同じ表現を繰返すにとどまり，その内容は明らかにされていない[374]。ただ，若干の関連判例を挙げると，[386]破毀院1961年1

373　本編注360参照。
374　Denis, n° 135.

月17日第1民事部判決は，このfauteに関し，原判決が，有責当事者の「抵抗が全く根拠を欠き（dépourvue de tout fondement），その誠実さが疑わしい（bonne foi douteuse）ことを理由として」アストラントを算定したことを正当としている[375]。また，［436］破毀院1967年11月15日商事部判決は二つの基準に関し，次のような判断をしている。原判決が，債務者の「不当な（injustifiée）抵抗」及び「その資力」を考慮してアストラントの金額を確定したことにつき，この「抵抗」がどの点で不当か，この「資力」がどのように考慮されているかを明らかにしていないことを違法とする破毀申立てに対し，次のように判示して，この申立てを棄却した。「アストラントを付した司法裁判により命じられた建物の明渡しについてのProvostの拒絶は，それ自体で不当である。控訴裁判官は，『当事者が提出し弁論を経た訴訟の資料』を審理した上で，Provostの資力によると，アストラントの金額を2000フランで確定すると，専権的に（souverainement）算定したのである」[376]。こうした判決をみる限り，債務者の「fauteの重大性」及び「資力」という二つの金額確定基準については，裁判所に広い裁量が認められるようにみえる[377]。

　債務者の資力を基準とすることの是非については，学説の対立がみられる。J. Boréはこれに反対し，法の下の平等の原則（le principe de l'égalité devant la loi）に基づく，制裁（刑罰）の平等の原則（le principe de l'égalité des peines）との関係で，問題があると考える。いずれにせよ具体的な不都合として，資力の調査に困難があること，債権者の利得が債務者の資力に左右される結果となることを挙げる[378]。これに対して，Denisは，資力を基準とすることは「不可欠でさえある」という。彼は，fauteに対する関係で，資力は二次的な調整基準として用いるべきであるというが，そうして，fauteのみを基準とする場合に起こりうる恣意的な評価を防止できると考える。J. Boréが制裁（刑罰）の平等の原則に反しうるとするのに対しては，Denisは制裁（刑罰）の個別化の原則（le principe de l'individualisation de la peine）により，資力という基準を正当化しうると考える。彼は，本来刑事法上のものであるこの原

---

[375]　Denis, n° 138.
[376]　Denis, n° 139.
[377]　Denis, n°ˢ 138-139.
[378]　J. Boré ①, pp. 166-167.

第5章 1959年10月20日の判例変更から1972年7月5日の法律前まで

則は，民事法上は「ある種の事実上の不公正を防ぐために，有責当事者の財産を考慮すべきことを意味しうるであろう」という。資力の調査についても，扶養料（pensions alimentaires）に関して既に行なわれていると反論する[379]。なお，債務者の資力により債権者の利得が異なる点について，Denis はとくに言及しないようであるが，彼はアストラントを国庫金とすることを提唱するから，問題にしないのであろう。このアストラント金の帰属に関する議論は，後に詳述する（本章3）。

　ところで，前章（第4章4【1】(ウ)）でみたように，判例変更前の暫定的アストラントの金額確定の基準は損害であり，faute を算定基準とすることは，実務上はその余地があったにしても，破毀院の認めるところではなかった。では，新しい判例の下で，損害を算定基準とすることは許されるか[380]。

　破毀院は，まず損害のみを算定基準とすることを否定する。すなわち，[410] 1963年11月5日第1民事部判決は，「上記会社は，相手方の行動により蒙った損害について完全に賠償を得ており，この金額確定は対象を欠くに至ったことを理由として」金額確定の申立てを排斥した原判決を破毀し，[424] 1965年3月17日第1民事部判決は，アストラントの金額確定を「専ら，僅少な損害に基づいて」行った原判決を破毀している。では，損害を一切考慮してはならないか。この点につき，1959年判決によって支持された原判決の [350] Riom 控訴院 1956年12月10日（本章1【1】）及びそれに先立つ同旨の [325] Agen 控訴院 1954年6月29日判決（本編第4章2）は，原因なき利得（不当利得）の発生を防ぐ観点から，損害を付随的な算定要素として認めていた。しかし，破毀院は，損害賠償の算定とアストラントの金額確定は別個に行われるべきであると解して，損害を付随的であっても算定要素とすることを否定したようである。すなわち [428] 1965年10月26日社会部判決は，損害賠償及びアストラントの金額確定について併合した申立てに対し，両者を包括的に算定した原判決について，控訴院は「アストラントに相当する額と損害賠償に相当する額を個別に評価することなく裁判してい

---

[379] Denis, n° 139. もっとも，J. Boré は，資力の調査に関する問題は，扶養義務について既に存在するという。J. Boré ①, p. 167.

[380] 以下の記述につき，Denis, n° 138.

るが，異なる請求の対象となっていたこの二つの債権は，性質も原因も同じではないのであって，異なる計算方式に委ねられる故に，個別にしてはじめて算定できるのものである」として，原判決を破毀している。

　もっとも，前述1【2】のように，損害に基づいて暫定的アストラントの金額を確定することを認める第2民事部の［449］1970年2月25日判決もある。同判決は，「アストラントが確定的とみなされうるためには，この（確定的）性格が，アストラントを発令した司法裁判により明示的に認められていたことが必要である」とした上で，アストラントを発令した裁判が確定的アストラントである旨を明示しなかった場合は，「債権者が蒙った損害に応じて，アストラントの金額を確定しうる」という。Hébraud は，この判決が1959年判例の示した新しい金額確定基準に何ら言及しないことを指摘して問題視するが，それでも「破毀院の判例中にこのような対立を認める必要はない。事実審裁判官は，アストラントの金額を確定する有責裁判を，現実に生じた損害の額に適合させる（mesurer）自由を保持すれば足り，かつてのようにその義務を負うものではない」と述べる[381]。しかし，Denis は Hébraud の見解に反対し，この判決をあくまで孤立したものと捉えている[382]。

　なお，金額確定の基準に関連し，暫定的アストラントの発令時の額によって，その金額確定時の額が制限されるかの問題がある。すなわち，暫定的アストラントの額が遅延日毎の形式で定められていた場合，この額に経過した日数を乗じた額が，金額確定時の暫定的アストラントの上限額とされるべきか，である。［444］破毀院1969年6月25日第3民事部判決は，日毎20フランの威嚇的（暫定的）アストラントが発令され，30日を経過したところで，アストラントの額を600フランとして確定した原判決に対する破毀申立てについて，「控訴院は，威嚇的アストラントを発令した裁判により定められた制限のなかで，専権的に金額を確定しており，損害の存在を確認する必要はなかった」としている。Hébraud は，この判決について，まず，1959年判例を踏襲して（暫定的）アストラントの金額確定時に損害の確認を不要とするも

---

[381] Hébraud, RTDC 1970. 816.

[382] Denis, n° 138.

[383] Hébraud, RTDC 1970. 815 et s..

のとした上で，更に，（暫定的）アストラントの発令の額による制限を肯定したものとみており[383]，Denis も Hébraud の解釈に賛成する[384]。前述のように，新しい判例が示した暫定的アストラントの金額確定の基準は，裁判所の裁量が広く認められるようであるため，恣意的な算定を防止する必要が生ずる。Hébraud は，発令時の額による金額確定時の額の制限を，そうした裁判所の恣意を抑制する方法として評価する[385]。

(イ) 損害賠償との併課

前章（第4章 4【1】(イ)）でみたように，1959年の判例変更前の破毀院の立場からすれば，金額を確定された暫定的アストラントは損害賠償に相当するため，損害賠償との併課は当然に禁止される，と考えられた。しかし，暫定的アストラントは金額確定段階においても損害賠償とは異なるとする新しい判例の立場によれば，従前の理由付けは妥当しないため，金額を確定された暫定的アストラントと損害賠償の併課は，当然には禁じられないことになる。破毀院は，判例変更後，この併課を肯定する複数の判決を下している[386]。仮に，原因が同一であることを理由にこの併課を禁止するとの見解が成り立ちうるとしても，前述(ア)で掲げた［428］破毀院1965年10月26日社会部判決は，損害賠償とアストラントの包括的算定を否定する理由中で，「この二つの債権は，性質も原因（cause）も同じではない」と述べており，破毀院は上記の見解を否定するとみられる[387]。

こうした暫定的アストラントと損害賠償の併課は，暫定的アストラントの実効性を著しく増強すると考えられた。J. Boré はこの点に関し，1966年の論文のなかで，次のように述べている。「故に裁判官は『絶対的な武器』を手にしている。この武器をもって，裁判官は，債務の内容がどうであれ，究

---

[384] Denis, n° 140.

[385] Hébraud, RTDC 1970. 815 et s..「この上限はおそらくこれまでも暗黙のうちに了承されていた。それは裁判官の恣意（arbitraire）に対する適切な保障を債務者に得さしめる」という（Hébraud, *op. cit.*, p. 816）。V. Denis, n° 141. Denis は，発令時に定められた額による制限を認めないと，債務者に対する制裁の予告を欠くことになること，発令時に額を定めることは意味をなさなくなることも指摘する。

[386] ［383］Civ I 12 juill. 1960；［386］Civ I 17 janv. 1961. V. aussi Denis, p. 189, note 3.

[387] Denis, n°ˢ 142-143.

極的には，直接的（本来的）履行（exécution directe）を課して債務者を破滅に追いやることまでできる。これは強大な権能で，その強制効果は並外れているが，濫用を招く可能性があるのは明らかである。古典的アストラントでは，債権者に生じた損害という客観的な観念に必ず依拠せねばならないことから，こうした濫用は回避されていた」[388]。このように，判例変更に基づく新しい金額確定の仕組みは，暫定的アストラントの実効性を増強する反面，濫用の危険を孕んでいることが問題になる。J. Boré は，暫定的アストラントが「その金額確定時に，専断的な制裁（peine arbitraire）の創造に至る」こと，「国庫に帰属しない民事罰金（amende civile），債権者に原因なき利得を生じる私的制裁（peine privée）の創造に至る」ことを問題にする[389]。J. Boré は，立法化により問題は解決するとみていたようである[390]が，1972 年法以降，現在に至るまで，こうした問題はなお十分な解決をみていないことは，後にみるとおりである。

【2】 手続的な問題
(ア) 問題の所在

前章でみたように，暫定的アストラントの金額確定の法的性質は，とくにその金額確定の管轄の問題に直接関係すると解される。1949 年法後 1959 年の判例変更までの時期においては，破毀院は，暫定的アストラントの金額確定の申立てを損害賠償についての新たな請求と解することにより，（執行上の争いに関する管轄権は有しないが，損害賠償請求の管轄権を有する）商事裁判所や労働審判所は，自ら発令した暫定的アストラントの金額を確定する管轄権を有する（商事裁判所につき，Aspéro 事件）が，（新たな請求を審理することができない）控訴裁判所は，控訴審で初めて暫定的アストラントの金額確定の申立てがされた場合，その申立てについての管轄権を有しないとしていた（Pradon 事件）。

しかし，1959 年 10 月 20 日の判例変更により，暫定的アストラントは金額確定の段階でも損害賠償とは異なると解されるに至ったため，暫定的アスト

---

[388] J. Boré ①, p. 163. V. aussi Denis, n° 144.

[389] J. Boré ①, p. 164 et s..

[390] J. Boré ①, p. 168.

第 5 章　1959 年 10 月 20 日の判例変更から 1972 年 7 月 5 日の法律前まで

ラントの金額確定の申立てを損害賠償についての新たな請求とする従前の解釈は維持できなくなったと考えられる。そこで，暫定的アストラントの金額確定の管轄に関する従前の破毀院の結論は再検討されることになる。

さて，1959 年の判例変更前において，Agen・Riom 控訴院といった一部の下級裁判所は，暫定的アストラントの金額確定の申立てを執行上の争いと解し，破毀院との間に一種の対立が見られたことは前に述べた（第 4 章 4【2】㋐㋑）。そこで，新たな破毀院の立場として，容易に想像されるのは，この Agen・Riom 控訴院等の立場を支持する，という方向であろう。しかし，実際にはそうはならず，破毀院は別の新たな解釈を示すことになる。これが ［430］1966 年 5 月 13 日の民事全部会の判決で，暫定的アストラントの金額確定の申立てを「アストラントを発令する先行の手続の続行及び発展」とした。この判決は，前述のように（本章 1【2】）破毀院内部の対立の懸念を払拭するのみならず，直接的には控訴院の管轄権に関するものであるにせよ，例外裁判所の管轄権の問題にも適用可能な，暫定的アストラントの金額確定に関する一般的な理論を示している[391]。

以下では，この 1966 年の民事全部会判決を中心に考察し（㋑），商事裁判所・労働審判所の管轄権の問題への影響，レフェレの裁判官の管轄権の問題に触れる（㋒）。

㋑　1966 年の民事全部会判決

［430］破毀院 1966 年 5 月 13 日の民事全部会（民事大法廷。Assemblée plénière civile）の判決は，Socodimex 事件と呼ばれる，次のような事件に関するものである[392]。Socodimex 社は，チュニジアから輸入した物品をフランス国境で税関当局（administration des Douanes）により留め置かれ，Tarascon 大審裁判所は，控訴審として，1959 年 6 月 3 日の判決で税関当局に対しその引渡し（mise à la consommation）を命じ，同年 10 月 9 日の判決により，威嚇的（暫定的）アストラントを付して判決の履行を命じた。1958 年の司法制度改革により，控訴事件は控訴院に集中されることになった関係で[393]，

---

[391] Denis, n° 145.
[392] Socodimex 事件の他の判決として，［439］Trib. conflits 2 déc. 1968；［446］Civ II 22 oct. 1969.
[393] Denis, n° 148. 1958 年の司法制度改革により控訴事件を控訴院に集中させるよう

221

第 2 編　第二次世界大戦後 1972 年 7 月 5 日の法律前までの判例の変遷

Socodimex 社の申請（requête）を受けた Aix 控訴院長は，1958 年 12 月 22 日のオルドナンス 1273 号の 11 条に基づき，このアストラントの金額確定の手続は，同控訴院で行われるとの命令（ordonnance）をした。Aix 控訴院は 1962 年 6 月 25 日の判決により，次の二つの理由から，アストラントの金額を確定する管轄権があると判断した。すなわち，控訴院長の命令がある以上，同法院の管轄権については審理できないとし，「金額確定の申立ては新たな請求ではなく，アストラントを命ずる判決の単なる執行上の争い（difficulté d'exécution）にすぎない」とした。この点に関する破毀申立てにつき，破毀院民事全部会は次のように判示して，これを排斥した。「法院が審理した申立ては，アストラントを発令する先行の手続の続行及び発展（la continuation et le développement de l'instance précédente prononçant l'astreinte）にすぎない。故に控訴院が自らに管轄権があると判断したのは正当である」。

こうして，破毀院の民事全部会は，金額確定の申立てが「アストラントを発令する先行の手続の続行及び発展」であることを理由に，控訴裁判所が発令した暫定的アストラントの金額確定を，控訴裁判所が行うことを認めた。従前の破毀院は，暫定的アストラントの金額確定の申立てを損害賠償についての新たな請求と解して，第一審を経ずに控訴審で，暫定的アストラントの金額確定の申立てをすることを認なかった[394]。民事全部会は，この従前の破毀院の立場を，金額確定時の暫定的アストラントは損害賠償とは異なるとした ［373］1959 年 10 月 20 日の第 1 民事部判決に即する方向で[395]，変更したものと考えられる。

更に注目すべきことは，この 1966 年の民事全部会判決が，暫定的アスト

　　　　になったことについて，Perrot, Institutions judiciaires, 10ᵉ éd., 2002, nᵒˢ 14 et 161 ; 滝沢正『フランス法（2 版）』（三省堂，2002 年）108 頁及び 191 頁参照。

394　［367］Civ II 7 nov. 1958. 本編第 4 章 4【2】(イ)参照。
395　Denis, nᵒ 151 は次のようにいう。「民事全部会が判断せねばならなかった問題は，1959 年 10 月 20 日の Pradon 判決で解決された問題より，著しく限られたものではあったけれども，民事全部会が，一般的な効果を有するこの判決の結論を考慮していることは否定できない。金額確定が『アストラントを発令する先行の手続の続行及び発展』にすぎないのは，この段階においては，暫定的アストラントはもはや賠償金（indemnité réparatrice）ではなく，有責当事者の faute の重大性に応じて金額を確定される制裁だからである」。

第5章　1959年10月20日の判例変更から1972年7月5日の法律前まで

ラントの金額確定について、「アストラントを発令する先行の手続の続行及び発展」とする解釈を新たに採用した点である。この点で、同判決は、暫定的アストラントの金額確定の申立てを、損害賠償についての新たな請求とする解釈のみならず、「執行上の争い」とする本件原審の解釈も否定したと考えられる[396]。執行上の争いに関する管轄権を有しない商事裁判所の場合を考えてみると、破毀院民事全部会の見解は、商事裁判所に暫定的アストラントの金額を確定する管轄権を認めない解釈をも、否定することになる。すなわち、民事全部会は、Denis がいうように、アストラントの金額確定を「先行の手続の続行及び発展」とする解釈により、「一石二鳥の効果をあげた。すなわち、先にアストラントを発令した控訴院に、直ちに（pour la première fois）金額確定の申立てをすることを認めると共に、商事裁判所及び労働審判所に対して、それらの裁判所が発令したアストラントの金額を確定する管轄権を付与した」[397] ことになる。

なお、Denis は「手続の続行及び発展」の文言の解釈に関し、次のように述べる。まず「手続 (instance)」の語につき、「民事全部会は、アストラントの発令に既判事項の権威（autorité de la chose jugée）を付与するおそれがないようにするために、慎重に『判決』の語（parler de《jugement》ou d'《arrêt》）を避けている」。「『続行 (continuation)』の語は、アストラントの金額確定が、発令と同じ手続の一部であることを示している。しかし、『発展 (développement)』の語を用いたことは、発令と金額確定が明らかに区別されること……を証明している」。「発令と金額確定が連続した二つの手続で行われるわけではない以上、金額確定だけが本案の手続（instance principale）の対象となることもないし、最初の裁判の執行上の争いともならないし、金額確定の申立てが新たな請求となることもない」[398]。

アストラントの金額確定をその発令の「手続の続行及び発展」と解するこの民事全部会の判断は、その後の判例でも踏襲される[399]。

---

[396] Denis, n° 149.

[397] Denis, n° 150.

[398] Denis, n° 149.「先行の手続の続行及び発展」の文言について、cf. Hébraud, RTDC 1966. 844.

[399] 権限裁判所も、Socodimex 事件に関する権限争議決定（arrêté de conflit）につ

223

第 2 編　第二次世界大戦後 1972 年 7 月 5 日の法律前までの判例の変遷

(ウ)　金額確定についての商事裁判所・労働審判所・レフェレの裁判官の管轄権

1966 年の民事全部会判決後 1972 年法までの時期には，商事裁判所又は労働審判所が自ら命じた暫定的アストラントの金額を確定する管轄権を有するかについての破毀院判例は，ないようである[400]。しかし，前述のように，アストラントの金額確定をその発令の「手続の続行及び発展」と解する民事全部会の立場によれば，執行上の争いに関する管轄権を有しない商事裁判所及び労働審判所でも，自ら発令した暫定的アストラントの金額を確定する管轄権を有する，ということになろう。Denis も「控訴院に関して下された 1966 年 5 月 13 日の民事全部会判決の判断は，レフェレの裁判官を除いて，他の裁判機関についても通用する」と述べている[401]。

レフェレの裁判官が自ら発令した暫定的アストラントの金額を確定する管

いて，[439] Trib. conflits 2 déc. 1968 で，「アストラントの金額確定の訴えはその発令のための手続の続行及び発展にすぎない」とし，県知事（préfet）による管轄否認の申立て（déclinatoire de compétence）を却下した（irrecevable）控訴院判決を正当としている。同じく Socodimex 事件に関し，破毀院第 2 民事部も，[446] Civ II 22 oct. 1969 で，民事全部会の解釈を踏襲して，控訴院の金額確定の管轄権を肯定している。ただし，第 2 民事部は，1966 年の民事全部会判決後，この [446] Civ II 22 oct. 1969 の前に，アストラントの金額確定を「執行手続（procédure d'exécution）」にあたるとする判決を下している（[435] Civ II 12 oct. 1967）。この [435] Civ II 12 oct. 1967 は，判文によれば，この判決は「一部取消しの先行の控訴審判決（précédent arrêt partiellement infirmatif）が確認していた（第一審）判決（jugement）により，命じられたアストラントの金額を確定することについて，控訴院の管轄権を認めた」原判決に対する破毀申立てに関するものである。学説は，第一審が発令したアストラントの金額確定について，控訴院の管轄権を肯定したものとして，この判決を挙げる（Chabas ①, p. 275 ; J. Boré ②, n° 55. 反対，Denis, p. 209, note 3. Denis は，本件のアストラントが第一審で発令されたものかは，明らかでないとする）。この判決がアストラントの金額確定を「執行手続」にあたると判示したことについては批判が強い（Chabas, op. et loc. cit. ; J. Boré, op. et loc. cit. ; Denis, n° 152）。いずれにせよ，前掲 [446] Civ II 22 oct. 1969 により，第 2 民事部も民事全部会の判断に従ったとみられる。以上につき，Denis, n° 152.

400　Denis, n° 150.
401　Denis, n° 150.

第 5 章　1959 年 10 月 20 日の判例変更から 1972 年 7 月 5 日の法律前まで

轄権を有するかという問題についても，1959 年の判例変更以降 1972 年法まで，破毀院の判例はないようである[402]。前章（第 4 章 4【2】(ウ)）で述べたように，1959 年の判例変更前においては，レフェレの裁判官は本案を害しえないとの原則との関係で，暫定的アストラントの金額確定の申立を損害賠償請求と解することにより，この申立てについてのレフェレの裁判官の管轄権は否定されるとする考え方が成り立ちえた。しかし，判例変更後は，暫定的アストラントの金額確定の申立てを損害賠償請求と解することができなくなったため，反対に，この申立てについてのレフェレの裁判官の管轄権を肯定しやすくなり，学説は概ね肯定説に立ったようである[403]。更に，この問題については，1972 年法に先駆けて，1971 年 9 月 9 日のデクレ 740 号[404]の 80 条後段に次のような規定が設けられた。「レフェレの裁判官は，自らが命じたアストラントについて，仮に，金額を確定する権限を有する（il est habilité à liquider, à titre provisoire, les astreintes qu'il a ordonnées）」。この規定は，現在の新民事訴訟法典 491 条 1 項後段に引き継がれている[405]。こうして，レフェレの裁判官の金額確定に関する管轄権の問題に，一応の立法的手当てがなされたが，これで問題の解決が十分に図られたわけではない。そのことは次編で述べる[406]。

3　暫定的アストラントの法的性質

1959 年 10 月 20 日の第 1 民事部の判決は，「暫定的アストラントは損害賠償とは全く異なる強制手段であり，要するに，有責裁判の履行に対する抵抗を克服する方法であり，遅延から生ずる損害を填補することを目的とするの

---

[402]　Denis, n° 153.

[403]　Denis, n°ˢ 153-154. 肯定説に立つものとして，Raynaud, n° 17 ; Hébraud, RTDC 1959. 780.

[404]　D 1971 législ. 362.

[405]　新民事訴訟法典 491 条 1 項「レフェレにより裁判する裁判官は，アストラントを命ずる有責裁判をすることができる。この裁判官は，仮に，このアストラントの金額を確定することができる（il peut les liquider, à titre provisoire）」。

[406]　第 3 編第 4 章とくに 2 (ア)参照。

ではなく，通常は，頑強な債務者の faute の重大性及びその資力に応じて金額を確定する」という。すなわち，金額を確定された暫定的アストラントの法的性質について，損害賠償とは異なるとするが，それでは何に当たるか，という点には言及していない。同判決を踏襲するその後の破毀院判例にもこの点の言及はみられない。後の立法も同じであって，1972 年法も 1991 年法も，この点は明らかにしていない[407]。

一方，学説は概ね，金額を確定された暫定的アストラントの法的性質を「私的制裁 (peine privée)」と解した[408]が，そのことをめぐり，議論がなされるようになる。ところで，この「私的制裁」という概念は明らかなものではなく，その概念自体に問題がある。破毀院及び立法者が，アストラントに関してこの概念を用いなかったことには，そのような事情も影響していると思われる[409]。以下では，まず，この私的制裁の観念について概観し（【1】），その上で，暫定的アストラントが私的制裁であることをめぐる学説の議論をみる（【2】）。

【1】 私的制裁の観念

私的制裁については，1904 年の Hugueney の研究[410]がとくに著名であり，Denis はまず彼の研究に依拠して，この概念を説明する[411]。

---

[407] Denis, n° 155.

[408] Denis, n° 157. 私的制裁であるとするのは，たとえば，Marty et Raynaud, Droit civil, t. II, 1ᵉʳ vol., 1962, n° 679 ; Holleaux, D 1959. 537（[373]）; P. Esmein, Peine ou réparation, Mélanges Roubier, t. II, 1961, p. 39 ; J. Boré ①, pp. 164 et 167 ; Boyer, Rec. gén. Lois, 1960, p. 241（[373]）. 一方，私的制裁の観念を避けるものとして，H. et L. Mazeaud et Tunc, Traité théorique et pratique de la responsabilité civile délictuelle et contractuelle, t. III, 5ᵉ éd., 1960, n° 2498（アストラントの性質につき，強制方法（procédé de contrainte）であり損害賠償ではないことをいうにとどまる）; Viot-Coster, p. 130 et s..

[409] Denis, n° 145 は，破毀院が金額を確定された暫定的アストラントが私的制裁にあたるということができなかったのは，法文の欠缺のためであるとする。これは，私的制裁が認められるのは法律により定められた場合であると考えられているからのようである。この点につき，本編注 411 の Cornu による私的制裁の説明を参照。

[410] Hugueney, L'idée de peine privée en droit contemporain, thèse Dijon, 1904.

第5章　1959年10月20日の判例変更から1972年7月5日の法律前まで

　Hugueneyによれば，私的制裁は曖昧な概念ではある[412]が，次の4つの意味がある。第一に制裁の創設・性質・軽重を決定するのが私人との意味，第二に訴追するか否かを決定するのが私人との意味，第三に執行を行うのが私人との意味，第四に利益を受けるのが私人との意味で[413]，前三者の意味は消滅したにしても，第四の意味は存続している，という[414]。Hugueneyは，この第四の意味に限定して私的制裁を考察し，これは制裁と賠償の中間的概念で，制裁及び賠償との比較からのみ明らかになるとし，その比較を試みる[415]。

　Denisは，Hugueneyの考察に基づいて，現代における私的制裁は次の3つの要素により性格付けられる，という。第一にfauteの観念に基づくこと，第二に債務者又は被害者が蒙った損害を理由に取得する賠償金の額を上回ること，第三に金銭は私人・被害者に帰属すること，である。

　この3つの要素に関するDenisの見解を敷衍すると，まず，第一の要素で

---

[411]　Denis, n° 156.

　なお，Cornu, Vocabulaire juridique, 8ᵉ éd., 2000, p. 629は，私的制裁について次のように説明する。「法律により明確に定められた（spécifiés par la loi）場合において，詐害的な行為（agissements frauduleux）――一般的には，契約の相手方（cocontractant）又は共同相続人を害してなされる［故意による虚偽の申告（fausse déclaration intentionnelle），横領（divertissement），相続財産又は共通財産の隠匿（recel de succession ou de communauté）］――をした者に対し，懲罰的制裁（sanction punitive）として課される不利益（perte）で，その利益（profit）はこの行為の被害者に帰属し［故に，私的な性質のものである（le qualificatif privé）］，被害者は最終的には蒙った損害を上回る利益（avantage）を得る。例，相続に関する隠匿について有責である（coupable）相続人［民法典792条］は，共同相続人の利益において（au profit de ses cohéritiers），隠匿又は横領した物についての自己の相続分（part）を断念（abandonner）せねばならない。被保険者の故意による虚偽の申告の場合には，保険料は保険者に確定的に帰属する（demeurent acquise）［保険法典L 113条の8］」。

[412]　Hugueney, *op. cit.*, p. 1.

[413]　Hugueney, *op. cit.*, p. 3. なお，Denis, n° 156はHugueneyの見解を説明するに際し，この第三の意味には言及していない。

[414]　Hugueney, *op. cit.*, p. 10.

[415]　Hugueney, *op. cit.*, p. 25 et s..

ある faute については,それが私的制裁の要件のみならずその算定基準たるべきことを強調する。第二の要素,損害賠償金の額を上回ることに関しては,Hugueney が私的制裁を損害賠償と完全に区別していない点を批判する。すなわち,Hugueney は,私的制裁を「原状回復にとどまらず,被害者に何らかの「上乗せ (plus)」あるいは,ある意味では不正確になるにしても若干でもわかりやすい表現を用いると,利得 (enrichissement) を与える」[416] もの,「損害が生じ,加害者から被害者に支払われる賠償金 (indemnité) の額が,生じた損害の額 (celui du tort éprouvé) と異なる場合,それはもはや賠償ではなく私的制裁である」[417] と説明する。しかし,Denis は,「Hugueney は,民事責任の枠内に留まり,損害賠償とは別個に付与される私的制裁を観念するのに難がある。実際には,私的制裁は『上乗せ』ではなく『別に (à côté)』存在すべきもの」という[418]。第三の要素に関しては,私的制裁金が私人に帰属する理由を問題にする。Denis は,その理由として,私的制裁は私人のみに関すること,faute による行為が独立の犯罪として法定されていない（刑法の欠缺を補完すべき）こと,最も本質的な理由としては,私人の報復 (vengeance) の要求の満足を図るべきこと,を挙げる[419]。

私的制裁の観念に対する批判については,Denis は Starck の論文に依拠する[420]。Starck によれば,私的制裁に対する学説の主要な批判は,次の4点である。第一に「報復という野蛮な観念に基づく」ものであること,第二に,イエーリングのいう「刑罰 (peine) の歴史は一貫した廃止である」こと及び「民事責任の『客観化 (objectivation)』」という二つの歴史的な法原則に反すること,第三に,民事法と刑事法の峻別に反すること,第四に,全部賠償の原則 (la règle de réparation intégrale) を否定する限り,被害者を不当に困窮させたり,被害者に不当な利得 (enrichissement injuste) を生ずること,である[421]。

---

[416]　Hugueney, *op. cit.*, p. 22.
[417]　Hugueney, *op. cit.*, p. 26.
[418]　Denis, n° 156.
[419]　Denis, n°ˢ 156 et 162.
[420]　Denis, n° 158.
[421]　Starck, La responsabilité civile considérée en sa double fonction de garantie et de

第5章 1959年10月20日の判例変更から1972年7月5日の法律前まで

Denis は，こうした批判をアストラントに当てはめた場合，第一の批判及び第四の批判（被害者に不当な利得を生ずること）に対する反駁が難しいという[422]。とくにこのうちの後者，換言すれば，アストラントによる債権者の利得の正当性の是非が，学説上大きな問題になったようである。以下では，アストラントの問題に戻って，この点に関する当時の学説の議論をみることにする。

【2】　アストラントが私的制裁であることをめぐる議論
(ｱ)　アストラントが私的制裁であることを支持する学説

Denis は，「殆どの論者は，アストラントによる債権者の利得が，不当なこと（injuste），おそらくは原因がないものであること（sans cause）さえも，認めている」と述べる[423]。

もっとも，アストラントによる債権者の利得が原因なき利得（enrichissement sans cause）にあたるかについては，J. Boré は肯定するようである[424]が，P. Mazeaud[425]や Rassat は否定する。とくに Rassat は，確定的アストラントに関連してではあるが，この点についてかなり詳しく述べている。まず，

---

peine privée, thèse Paris, 1947, p. 371.

[422] Denis, n° 160.

第一の批判について，Starck は，「私法の懲罰的機能（fonction répressive）は，何よりもまず，fautive な行為による損害の予防の要請により」，また「贖罪（expiation）の考え方により理由づけられる」とし，報復の観念に基づくものではないとする（Starck, *op. cit.*, p. 372）。しかし，Denis は，この Starck の反駁は十分でないとし，この点もアストラントを私的制裁とする場合の難点の一つにあたると考える（Denis, n° 161）。

なお，Starck の挙げる第一の批判及び第四の批判は，H. et L. Mazeaud によるもので（Starck, *op. cit.*, pp. 371 et 385），H. et L. Mazeaud はアストラントについても私的制裁であることは認めていない（本編注 408 参照）。

[423] Denis, n° 161.

[424] J. Boré ①, p. 168（cf. p. 167）.

[425] P. Mazeaud, JCP 1957 Ⅱ 10118（［350］）; JCP 1960 Ⅱ 11449（［373］）. アストラントによる債権者の利得の原因は，債務者の債務不履行・利益を与えた者（appauvri）の faute・判例による慣習法（une règle de notre coutume jurisprudentielle）に求められるとする。

法的意味における原因なき利得と，衡平上不当（injuste）と認められる利得を区別すべきであり，アストラントによる債権者の利得は，法的意味では，原因なき利得でないことには「殆ど異論の余地がない（peu incontestable）ようにみえる」という。その理由として，利得が原因を欠くものであるためには，「この利得が制定法又は慣習法（une règle légale ou coutumière）の適用の結果ではないことが必要である」のに対し，アストラントの場合「債務者が負担する（est appauvri）のは，150年の古い判例上の慣行（usage）に基づき発令されるアストラントの支払いを命ずる有責裁判による」からである等とする[426]。更に，損害賠償は十分ではないこと，及びPradon事件等のように裁判に繰返し抵抗する者を厳しく罰することは不道徳（immoral）でないことから，衡平上の不当な利得にもあたらないとみるようである[427]。同様の考え方は，より控えめながら，Tuncによっても示されている。すなわち，Tuncは「……裁判所侮辱の制度の方がより趣旨に合致する」としながらも，次のように述べる。「損害賠償は，厳密に算定されるならば，それを得る者が蒙った損害の全て，彼が権利を行使するために要した費用の全てを，賠償するものでは決してない。『頑強な』債務者が自らの冷笑的な態度（cynisme）の結果をたっぷりと償わねばならないことは，結局，何ら不道徳なこと（immoral）ではない」[428]。

とくにこのTuncの見解，すなわち，アストラントによる利得を，一種の補足的な損害賠償と解して正当化しようとする見解に対しては，J. Boréによる次のような反論がある。「一方で，事実審裁判官は，直接的で確実な損害を衡平に賠償するため，かなり広い評価権（pouvoirs d'appréciation）を有する。他方で，制裁としてのアストラント（astreinte-sanction）に，債権者からすると，法律が賠償を禁じている，間接的又は不確実な損害を填補するという役割を割りふっても，制裁としてのアストラントの正当化（justification）には殆ど貢献しない。最後に，債権者が得る利得は，間接的でも限界

---

[426] Rassat, n° 23. アストラントによる債権者の利得は，原因なき利得が成立するための4つの要件のうち3つの要件を欠くとする。本文に示した理由付けはそのうちの1つの要件に関するものである。
[427] Rassat, n° 24.
[428] Tunc, RTDC 1960. 672.

第5章　1959年10月20日の判例変更から1972年7月5日の法律前まで

を有している損害に見合うものではない。それは債務者の faute と財産に応じるもので，法律上の限界が全くない」[429]。すなわち，J. Boré は，損害賠償に関する裁判所の裁量が広汎であることを考慮すれば，損害賠償に補足分を認める実際の必要はなく，却ってそれは損害賠償に関する民法典の諸規定に反するおそれがあり，また客観的な限界がない点でアストラントを損害賠償と同視することはできないとみている。なお，J. Boré は，アストラントによる利得の不当性を強める要素として，債権者の悪用により，アストラントが「金の卵を産む鶏，債権者のお気に入り（chérie）」になる危険性等も指摘する[430]。

　(イ)　アストラント金を国庫金とすることを提唱する学説

　アストラントにより債権者が利得することを理論的に正当化できないとする学説は，アストラント金は債権者ではなく国に帰属すべきことを提唱する。この点を早くから主張したのは，後に1972年法の原案の提案者となる P. Mazeaud である[431]。彼は，破毀院1959年10月20日判決の原審である［350］Riom 控訴院1956年12月10日判決の判例評釈において既に，次のように述べていた[432]。「私的制裁は，私法上は賠償しか認めない技術的システムの中に迷い込んでおり，その古めかしさ（archaïsme）は一目瞭然である。しかし，制裁（poena）は必然的に，公的な制裁（peine publique）になるものである。この補足的な有責裁判から被害者に受益せしめる理由は全くない。その利益を得る（s'en appliquer）べきは社会である。他方，ここで損害を蒙っているのは社会ではないか？　国家の発現たる裁判所の裁判に従うことを拒む頑強な債務者の faute は，社会秩序に重大な混乱を招く。それは，伝染して，これらの裁判から全ての効力（toute force）を奪うおそれがある」。「故に，アストラントは，損害賠償しか受けるべきではない債権者に認められる代わりに，私的制裁が消滅した時代においては，社会を代表する国家に支払われるべきことがわかる。外国の複数の立法が採用するのもこの方法である。フラ

429　J. Boré ①, p. 167.

430　J. Boré ①, p. 167. V. aussi J. Boré ②, n° 64.

431　Denis, n° 172.

432　P. Mazeaud, JCP 1957 II 10118（［350］）．彼は1959年の破毀院判決の判例評釈でも同様の見解を繰り返している。P. Mazeaud, JCP 1960 II 11449（［373］）．

ンスの立法者も，画地事件について（en matière de lotissement）（1919 年 3 月 14 日の法律），アストラントを，その金銭が国家に取得される公的制裁にしている。公的制裁たるアストラントを一般化し，その真の性質を承認し，裁判所がその裁判の遵守を確保するこの方法を，反感を持たずに用いることができるようにするのが望ましい」。

　P. Mazeaud は，アストラント金を国庫金とすべき根拠として，とくに次の二点を重視するものと思われる。第一に，制裁は公的であるべきで，制裁による利益は社会に帰すべきこと，換言すれば，私的制裁の観念自体を認めるべきでないこと，第二に，アストラントの制度目的は，債権の満足を図る私益的なものではなく，裁判の遵守を確保する公益的なものであること，である。この第二の根拠は，アストラント金を国庫金とすることを支持する Hébraud の次のような記述の中にもみられる。「本人の意思によらず，本人とは無縁の，公益を示すとされる目的によって，私人の財産を富ませることは，非論理的である」[433]。なお，Denis も，アストラントの目的が裁判の遵守の確保であることを前提に，アストラントは裁判官と訴訟当事者（敗訴当事者）の関係の問題である[434]のに対し，私的制裁は私人間の関係におけるものである[435]から，アストラントについて私的制裁は正当化できないとする[436]。

　アストラントを裁判の遵守を確保するための公益的な制度とする考え方は，裁判官の命令権に基づいてアストラントを根拠づける A. Esmein の見解に，由来するものと考えられる[437]。それ故，アストラントは裁判の遵守を確保するための公益的な制度であるから国庫金化すべきであるとの見解は，A.

---

[433] Hébraud, RTDC 1968. 755. J. Boré も「公的秩序が裁判の不履行により害されたと考えるならば，有責裁判の金銭が付与されるべきは国家と思われる」と述べる。J. Boré ①, p. 167.

[434] Denis, n° 168.

[435] Denis, n° 162. Denis は，私的制裁が本質的に私人間の関係に関することは，私的制裁に関する主要な二つの論文（Hugueney, *op. cit.*; Starck, *op. cit.*）に共通する考え方であるとする。

[436] Denis, n° 168.

[437] 第 1 編第 4 章【5】参照。

第5章 1959年10月20日の判例変更から1972年7月5日の法律前まで

Esmein がアストラントを私的制裁として正当化する点からすると，彼の見解と対立するものの，アストラントの目的の捉え方に鑑みれば，彼の見解の延長上にあるとみることも可能である。

なお，Hébraud は，アストラントの公益性に基づいて国庫金とする方向を支持するにしても，裁判の遵守を強調することについて，警戒感も表している[438]。アストラントの基礎を命令権に求める考え方は正当であるが，「命令権の概念の不明確性を考慮し，行きすぎた (excessif)，危険なところまで推し進めるべきではない」[439] とし，更に次のように指摘する。「確かに，アストラントは司法裁判 (décision judiciaire) の後に，その履行を確保するために行われるものであって，それ故，司法権の尊重——抽象的な価値として示され，それ自体が目的となる——をアストラントの目的とするのは，魅力的なことである。この考え方は，今日では訴訟手続の改革思想 (idéologie réformatrice de la procédure) に益々浸透する傾向にあるが，司法 (la justice) が国民 (justiciables) に奉仕するものであり，その目的は国民の権利の保護であることを忘れている」[440] と指摘する。

アストラント金を国庫金とする方法としては，英米法上の裁判所侮辱罪に類似する刑事上の罰金とする方法[441]と，民事上の罰金とする方法[442] が考えられており，後者の方が多数説のようである[443]。前者の問題点として，Denis は，裁判所侮辱罪の英米における実状に鑑みて危険であること，原則的には事後的に定められるため，強制効果が薄いこと等を挙げ，刑事上の罰金とすることには反対する[444]。後者すなわち民事上の罰金に関しては，Hébraud は，国家の取立ての遅れにより問題が生じうることを指摘する[445]が，

---

438 Denis, n° 166.
439 Hébraud, RTDC 1968. 754. V. aussi Hébraud, L'exécution des jugements civils, RID comp. 1957. 186.
440 Hébraud, RTDC 1968. 755.
441 Hébraud, L'exécution des jugements civils, RID comp. 1957. 190 ; Tunc, RTDC 1960. 672. V. aussi Denis, n° 171.
442 P. Mazeaud, JCP 1957 II 10118（[350]）; JCP 1960 II 11449（[373]）. Hébraud, RTDC 1968. 755. V. aussi Denis, n° 172 et s..
443 Rassat, n° 24.
444 Denis, n° 171.

233

Denis は，この点については，アストラントの期間を決定する権限を裁判官に認めることにより対応しうるとしている[446]。また Hébraud 自身も，1957 年の時点ではアストラントを民事罰金とすることに消極的で，刑事罰金の方が望ましいとしている[447]が，1968 年の時点では民事罰金とすることに好意的である[448]。

このようにアストラント金を国庫金とする方向を支持する学説に対し，確定的アストラントについてではあるが，Rassat は，私的制裁の正当性を強く主張する。「債権者に生じた損害についての単なる賠償では不十分であって，頑強な債務者に対して何らかの形でもっと非難を加える（condamner）べきような場合には，一般的には，裁判のいかなる不履行でも，刑事的に罰すること（incriminer）はおそらく過剰（excessif）に思われる」といい，この場合に私的制裁による解決は極めて適切なものと考えている[449]。Rassat にとっては，私的制裁は排斥されるべき野蛮な概念ではなく[450]，また，Denis のいうように，私人間の関係にとどまるべきものでもないようである。また，Rassat は（確定的）アストラントが司法の威信（prestige de la justice）を保護するものであるが，司法の威信の保護はそれ自体を目的とするのでなく，その目的は国民の権利保護に求めるべきであるとする。その上で，この考え方によれば，アストラントを民事罰金化するとしても，その罰金は裁判所の運営（administration de la justice）のために用いることが考えられるが，そのためには複雑な仕組み（organisation）の創設が必要となろうから，この点を考慮すると一層，私的制裁による解決が優れているという[451]。

以上のように，1959 年の破毀院の判例変更後の，金額を確定された暫定

---

445 Hébraud, L'exécution des jugements civils, RID comp. 1957. 190. この指摘は，アストラントを民事罰金化する当時の民事訴訟法改正案の考察として，なされている。なお，この法案では，金額の修正は将来に向かってのみ許されると考えられていたようである。

446 Denis, n° 173.

447 Hébraud, L'exécution des jugements civils, RID comp. 1957. 190.

448 Hébraud, RTDC 1968. 755.

449 Rassat, n° 25.

450 Rassat, n° 25. これは H. et L. Mazeaud（本編注 422 参照）に対する批判である。

451 Rassat, n° 26.

的アストラントの性質について，当時の学説は一般にこれを私的制裁と解したが，私的制裁のままでよいとする見解と，アストラント金を国に帰属するものとし，民事罰金又は刑事罰金とすべきことを提唱する見解の対立がみられるようになる。アストラント金を国庫金とすること（民事罰金とすること）を提唱した P. Mazeaud は，後にみるように，1972 年法の提案者となり，1972 年法の原案にはアストラント金の一部を国庫金とする規定が盛り込まれることになる。しかし，これは立法過程で削除され，更に，1991 年法の立法過程でも同様の議論がなされるが，これも結実しないままに終わる。結局，1959 年の判例変更以降現在に至るまで，アストラントは私的制裁として存続し，その法的性質に関する上述の議論は，答えがでないまま続くことになる。

4　確定的アストラント

前章 5 でみたように，1949 年法から 1959 年の判例変更までの時期においては，確定的アストラントは，建物明渡事件においては 1949 年 1 条によりその適法性を否定され，建物明渡事件以外の民事事件においても，破毀院は，1949 年法の影響を及ぼして，損害賠償と一致する確定的アストラントのみを肯定する立場をとっていたとみられる。ただし，学説のなかには破毀院の立場が変化しているとみるものもあった。さて，こうした状況にあった確定的アストラントについて，1959 年の判例変更以降は，暫定的アストラントと損害賠償の関係を切断するこの判例変更の影響が及ぶかどうかが注目されることになる。

【1】　学　　説

損害賠償とは異なる確定的アストラントを支持する学説が，以前から存在したことは既にみた（本編第 2 章 2）が，こうした学説は，暫定的アストラントを損害賠償から完全に切断する 1959 年の判例変更の後には，確定的アストラントについても，暫定的アストラントと同様に，損害賠償と切断を図るべきであると主張した[452]。その主な論拠として，実質的には実効性を，形式的には 1959 年の判例変更により認められたこと，あるいは，損害賠償

の算定に裁判所の専権を認める原則を介して既に事実上認められてきていることを挙げる[453]。

たとえば，Meurisse は，1959年の判例変更前の破毀院は損害賠償と異なるアストラントを否定していたと解した上で，次のようにいう。「1959年10月20日の判決は，損害とは無関係な，非威嚇的・確定的アストラントを発令する可能性を確実に（d'une manière certaine）認めているように思われる。裁判官は，威嚇的アストラントの金額を確定する場合に損害を上回る有責裁判をすることができる以上，2回に分けてできることを1回ではできない理由があろうか。これは頑強な債務者に対して司法官が手にする，はるかに実効的な武器である。債務者の心理に従って，裁判官は，二つの武器を利用できるであろう。暫定的アストラントという木刀（le sabre de bois avec l'astreinte provisoire）と，確定的アストラントという真剣（le sabre d'acier avec l'astreinte définitive）である」[454]。このように Meurisse は，実効性を理由に，損害賠償とは異なる確定的アストラントを強力に支持し，暫定的アストラントに関して損害賠償との関係を切断する1959年の判例変更の射程のなかに，確定的アストラントも含まれうると解している。

同様に，実効性を理由に，損害賠償とは異なる確定的アストラントを支持する学説であっても，Holleaux[455]，Raynaud[456]，Rassat[457] は，1959年の判例変更前から，損害賠償の算定に裁判所の専権を認める原則を介して，破毀院は既に事実上，損害賠償とは異なる確定的アストラントを認めていたと解し，これを正面から法的に認めるべきことを主張する。

更に Holleaux は，この時期に「暫定的アストラント」と「確定的アストラント」の用語による分類を用い，後者は修正が不能である故に威嚇的性格は

---

[452] Denis, n° 237.

[453] Denis, n°s 230 et 233.

[454] Meurisse, l'arrêt de la Chambre civile du 20 octobre 1959 sur les astreintes, GP 1960 II doctr. 13.

[455] Holleaux, D 1959. 538 et 539（［373］）．破毀院判例の立場（とくに［330］Civ I 2 fév. 1955 以降）に関する Holleaux の理解については本編第4章 **5** 参照。

[456] Raynaud, n° 21 et s..

[457] Rassat, n° 12 et s..

前者よりも大きいのであるから，前者を「威嚇的アストラント」と呼ぶのは誤まりであるとした。この Holleaux の提唱した用語法は，学説に支持され，後に立法者もこれを採用するに至る[458]。

　Rassat は，確定的アストラントを私的制裁とすることを強力に主張するのみならず，確定的アストラントは目的・性質・性格の点で暫定的アストラントとは異なると主張する点が特殊である。すなわち，暫定的アストラントは「債務者にその債務の本来的履行（exécuter son obligation en nature）を促す」ことを目的とする「強制手段（mesure de contrainte）」で，「予防的性格」のものであるのに対し，確定的アストラントは「訴訟当事者（justiciable）に裁判の履行を促す」ことを目的とする「制裁（sanction）」，「懲罰的性格（caractère répressif）」のものであるという[459]。

　また Rassat は「とりわけ 1959 年の判例変更以降，確定的アストラントと損害賠償を同視しつづける諸裁判の文章には，苦心の跡がはっきりと現れている（rédaction manifestement laborieuse）。これは，破毀院が，（確定的アストラントと損害賠償を同視する）その結論を認めつづけるにしても，もはや十分に信じてはいないことを示している」[460]と述べ，1959 年の判例変更のいわば間接的な影響を認め，損害賠償とは異なる確定的アストラントが公認される時は近いとみている。

　ところで，破毀院の立場の解釈については，論者により微妙に異なる。前章 5 でみたように，1959 年の判例変更前の確定的アストラントに関する破毀院の立場についても，異なる理解が存在し，その微妙なずれは，上述の Meurisse の見解と Holleaux らの見解の間にも看取できよう。更に，1959 年の判例変更後の状況についても，解釈の相違が存在する。上述のように，Rassat は，破毀院が，損害賠償と異なる確定的アストラントを事実上容認しているにしても，正式には認めていないと解している。これは 1967 年の論文の中で述べられていることである。しかし，後に 1972 年法の提案者となる P. Mazeaud は，既に 1959 年の時点で，破毀院は損害賠償と異なる確定的

---

[458] 第 1 編第 1 章 3【1】参照。
[459] Rassat, n° 27 et s..
[460] Rassat, n° 44.

第 2 編　第二次世界大戦後 1972 年 7 月 5 日の法律前までの判例の変遷

アストラントを公認したとみているようである。すなわち，彼は「破毀院は，1959 年に，数日の間隔を置いて，二つの基本的な裁判により，アストラントの法的性質が強制及び履行の手段（procédé de contrainte et d'exécution）であって，賠償の手段ではないことを確定的にした（fixait définitivement）」といい，暫定的アストラントについての 1959 年 10 月 20 日判決と並べて，確定的アストラントについて［375］1959 年 11 月 4 日第 1 民事部判決を挙げている[461]。

このように，論者により理解が異なるこの時期の破毀院の立場は，結局どのように考えるべきであろうか。この点を次に考察する。

【2】　判　　例

前章で述べたように，1949 年法から 1959 年の判例変更までの時期には，1949 年法により確定的アストラントが禁止された建物明渡事件以外の民事事件においても，破毀院は，1949 年法の影響を及ぼして，確定的アストラントを損害賠償と解していたとみられる。翻って，1959 年の判例変更前の時期において，一部の学説は，［330］1955 年 2 月 2 日第 1 民事部判決をはじめとする一連の破毀院判決に着目し，破毀院は，確定的アストラントを損害賠償と切り離そうとする立場を示したと解した。同旨の判決は 1959 年の判例変更後も続いた[462]ので，上記学説のような破毀院判例の解釈もなお維持しうる余地はあった。しかし，この判例解釈には少なからぬ困難が認められる。この点も既に述べた。

さて，1959 年 10 月 20 日判決以降は，破毀院は，確定的アストラントについていかなる立場をとったと解するべきであろうか。

前述【1】のように P. Mazeaud は，破毀院は［375］1959 年 11 月 4 日第 1 民事部判決により，確定的アストラントが損害賠償とは異なることを認めたと解している[463]。Rassat も，暫定的アストラントに関する判例変更の影響が，確定的アストラントにも及んだようにみえた判例として，同じ判決を挙げて

461　P. Mazeaud, JCP 1961 II 12146（［388］）.
462　本編注 353 参照。
463　P. Mazeaud, JCP 1961 II 12146（［388］）.
464　Rassat, n° 18.

第5章　1959年10月20日の判例変更から1972年7月5日の法律前まで

いる[464]。この［375］1959年11月4日第1民事部判決は次のように判示したものである。「事実審裁判官は，遅延日毎に計算される額により固定され，彼らが定めた期間の満了時に，損害賠償の補足として（à titre de supplément de dommages-intérêts），確定的に取得される（acquise définitivement）アストラントを，彼らがした有責判決に付することにより，損害の額を専権的に算定した（souverainement estimé）のであって，損害の存在は，その損害について行われた算定（évaluation qui en est donnée）により，こうして十分に理由づけられている（justifiée）」。同旨の破毀院判決として［427］1965年6月23日商事部判決[465]がある。

こうした判決は，前掲［330］1955年2月2日第1民事部判決をはじめとする一連の破毀院判決の一つに当たり，1959年の判例変更前から既に現れていた確定的アストラントに関する破毀院の変化を示すものとしても理解されうる[466]。更に，Rassatは，［375］1959年11月4日第1民事部判決について次のような特別の意義を認めている。「この表現（formule）は10月20日の判決の表現よりはっきりしないことは確かであるし，この裁判がなお損害賠償を問題にしていることもまた確かであるにしても，損害賠償の『補足』の名目で命じられる有責裁判は，損害賠償を命ずる有責裁判ではないし，おそらく消極的にではあるが疑う余地なく，［訳注：確定的アストラントと損害賠償の］区別が示されたのである」とする[467]。しかし，このような理解について，Denisは，Chabas教授の指摘を引用した上で次のように批判している。「損害賠償『に対する』補足（supplément aux dommages-intérêts）は，損害賠償に当たらないことを意味するのに対し，損害賠償『の』補足（supplément de dommages-intérêts）は，問題になるのはなお損害賠償であることを示している。付言すると，この表現は，不法行為事件で，事実審裁判官が填補賠償にくわえて遅延賠償を認めようとする場合にも用いられている。故にこの表現を重視すべきではない…」[468]。また，Rassat自身も，この判決を契機に破毀院が判例を変更したとみるわけではなく，破毀院はその後確定的アストラ

---

[465] 同旨，［260］Com 30 janv. 1950. V. Denis, p. 276, note 5.
[466] 本編第4章5及び注353参照。また，Holleaux, D 1959. 538（［373］）.
[467] Rassat, n° 18.
[468] Denis, n° 191.

ントと損害賠償を同視する伝統的な結論に回帰している，と解している[469]。

このように，前掲［330］1955年2月2日第1民事部判決をはじめとする一連の破毀院判決，そのうちでもとくに前掲［375］1959年11月4日第1民事部判決のような破毀院判決については，確定的アストラントを損害賠償と切断しようとするものと解する余地はあろう。しかし，少なくとも，暫定的アストラントに関する［373］1959年10月20日の第1民事部判決のように，明確に，確定的アストラントを損害賠償と異なるとする破毀院判決は，1972年法前の時期には見出せない。すなわち，とくに暫定的アストラントについての1959年の判例変更以降，確定的アストラントに関する破毀院の立場は一層微妙なものになったということはできようが，それでも，破毀院は，確定的アストラントを損害賠償と異なることを，少なくとも明示的には，認めていなかったと考えられる。結局，1972年法前の破毀院は，確定的アストラントについては，暫定的アストラントと区別して，損害賠償の一種と解してきたとみるのが自然であろう[470]。

なお，P. Mazeaud が，［375］1959年11月4日第1民事部判決により，破毀院は，確定的アストラントが損害賠償と異なることを認めたと解していたことには，留意を要する。後に1972年法の原案の提案者となった彼の見解は，同法に強い影響を及ぼしたと思われるからである。この点は次編で述べる。

【3】 確定的アストラントに関する諸問題

確定的アストラントに関しても，暫定的アストラントと同様に，学説・判例上で，様々な個別的問題が提起されていた。たとえば，確定的アストラントの発令には当事者の申立てを要するか，損害賠償と併課できるか，管轄は

---

[469] Rassat, n° 18. 根拠となる判決として，［378］Soc 24 fév. 1960 ;［401］Civ II 10 mai 1962 ;［418］Civ I 30 juin 1964 ;［423］Civ I 17 fév. 1965 を挙げている。これらの判決は，最後のものを除き（本章4【3】(ｱ)参照），いずれも，本文前掲［330］Civ I 2 fév. 1955 をはじめとする一連の判決の範疇に属すると考えられる。本編注353参照。

[470] Denis は，1972年法前は，確定的アストラントは損害賠償であり続けたことを強調する（たとえば，Denis, n° 181）。

第5章 1959年10月20日の判例変更から1972年7月5日の法律前まで

どう考えるべきか，期間を付すべきか，金額確定は必要か，発令の裁判の仮執行を許すべきか，発令の裁判に基づく強制執行が可能か，いつの時点から効力が生じるか，控訴による停止的効果が及ぶか等である[471]。これらの問題の殆どは，暫定的アストラントについても問題になり得るものであるが，確定的アストラントに固有の問題としては，とくに金額確定の要否が挙げられる。

しかし，ここではその全ての問題に言及するのではなく，確定的アストラントと損害賠償の関係に関連の深い個別的問題をとりあげ[472]，当時の判例の状況を概観する。この考察により，1972年法前までの破毀院の立場は，確定的アストラントを損害賠償と解するものであったことを，ある程度は裏付けられると思われる。とりあげるのは，損害賠償との併課（(ア)），申立ての要否（(イ)），管轄（(ウ)）である。これらの問題については，後にみるように，確定的アストラントを損害賠償から完全に分離する1972年法により，考え方が変更され，必要に応じて結論も変更されることになる。なお，前記の諸問題のうちここでとりあげないもののなかには，金額確定の要否のように，1972年法により解決されたとみられる問題もあるが，発令の裁判に基づく強制執行の許否や効力発生時の問題のように，同法以降も議論の対象となるものが少なくない[473]。

また，ここでとりあげる判例の多くは1959年の判例変更後のものであるが，便宜上，それ以前のものも含める。このようにしても差支えないと思う

---

471 Denis, n° 199 et s.. Denisは，1972年法前の確定的アストラントの法的性質について損害賠償の性質と強制手段の性質を二重に有するとの解釈に基づき，更に実体上と手続上の問題の区別を併用して，諸問題を分類している。すなわち，実体上の問題のうち，賠償的性質に関するものとして，申立ての要否・損害賠償との併課等，強制的性質に関するものとして，期間の要否・金額確定の要否を挙げる。次に手続上の問題のうち，賠償的性質に関するものとして，管轄・仮執行等，強制的性質に関するものとして，効力発生時・控訴の停止的効果・発令の裁判に基づく強制執行の許否等を挙げる。

472 ここでとりあげる問題は，本編注471のDenisの分類からすると，確定的アストラントの賠償的性質に関するものにあたる。

473 1972年法後もなお議論の対象となった問題の多くは，本編注471のDenisの分類からすると，確定的アストラントの強制的性質に関する問題にあたる。

第 2 編　第二次世界大戦後 1972 年 7 月 5 日の法律前までの判例の変遷

理由は，既にみたように，確定的アストラントを損害賠償と同視する破毀院の立場は，1959 年の判例変更後に限られるものではなく，それ以前から維持されており，とくに 1959 年の判例変更の前後で区別する必要はないと考えるためである。

　(ア)　損害賠償との併課

　確定的アストラントを損害賠償と解する場合，同じ原因に基づく損害賠償との併課は許されないことになる。1972 年法前の破毀院判決の中には，確定的アストラントと損害賠償の併課を認めるものが複数あるが，併課を認められた事例の確定的アストラントと損害賠償は，異なる原因に基づくもののようであり[474]，この時期の破毀院が確定的アストラントを損害賠償とする立場にたつと解することと，矛盾はしないようである。少なくとも，前掲 [375] 1959 年 11 月 4 日第 1 民事部判決，[423] 1965 年 2 月 17 日第 1 民事部判決，[434] 1966 年 12 月 12 日商事部判決では，破毀院は，確定的アストラントは遅延損害の賠償のためのものであるのに対し，それとの併課が認められた損害賠償はその他の損害を賠償するもので，原因を異にすると判示する。また，前掲 [427] 1965 年 6 月 23 日商事部判決では，確定的アストラントは「裁判の不履行により生じる損害」を賠償するものであるのに対し，それとの併課が認められた損害賠償は「相手方に既に生じていた損害」に基づくもので，やはり原因を異にすると判示する。

　なお，確定的アストラントが相当する損害賠償の性質[475]に関して付言すると，判例においても[476]学説においても[477]遅延賠償と解されることが多いが，Denis は填補賠償に相当する場合もありうるとする[478]。

---

[474]　Denis, n° 203.

[475]　Denis, n° 185 et s..

[476]　本文に挙げたものの他，たとえば，[402] Soc 9 nov. 1962 ; [418] Civ I 30 juin 1964. Denis, p. 270, note 2.

[477]　たとえば，Vizioz, n° 11 ; Kayser, n° 2 (「遅延賠償の特別な定め方（un mode de fixation）」という) ; Cunéo, Les astreintes, thèse Paris, 1950, n° 270 ; Raynaud, n° 19. V. aussi Denis, p. 270, note 3.

[478]　Denis, n° 188. とくに為さない債務の場合には填補賠償に当たるとする。

第5章　1959年10月20日の判例変更から1972年7月5日の法律前まで

(イ)　申立ての要否

　確定的アストラントを損害賠償と解する場合には，裁判所は当事者の申立てをまってこれを発令せねばならず，職権によりこれを発令することは，申立てのない事項について裁判することになり，許されないと考えられる[479]。この時期の破毀院は，暫定的アストラントについては，職権による発令が可能であることを明らかにしている[480]。これに対し，確定的アストラントについては，Denis によれば，当時の判例は申立てを要する趣旨で固まっている，ということである[481]。

(ウ)　管　　轄

　暫定的アストラントの金額確定の管轄について既にみたように[482]，アストラントの管轄の問題は，アストラントの法的性質に深く関連すると考えられている。確定的アストラントについても，その法的性質との関係で管轄の問題が生ずるが，暫定的アストラントのように金額確定における法的性質の変化が問題にされなかったため，当時検討の対象にされているのは概ね発令

---

[479]　Denis, n° 202.

[480]　［438］Civ III 26 avr. 1968. 本編第1章3(ア)参照。

[481]　Denis, n° 202. Denis, p. 295, note 2 は，比較参照判例として，［426］Civ I 7 avr. 1965を挙げる。これは次のようなものである。原審は，第一審判決を確認し，損害賠償の支払いと共に，確定的アストラントを付して柱（pilier）等の除去を命じた。破毀申立人は，原告が損害賠償のみを請求したにもかかわらず，第一審判決は除去を命ずることにより申立てのない事項について裁判した（statué ultra petita）とする主張を，原判決が排斥したことについて不服を述べたが，破毀院は，次のように判示して，この不服を失当とした。「（第一審）判決（jugement）は『Marchand が日毎10フランのアストラントを付して除去を求めている』と述べる。更に，召喚状（exploit d'assignation）の内容の判断を求められた控訴審の裁判官は，この請求が，明示的に主張されたのは法廷において（à la barre）のみであるにしても，召喚状に黙示的に含まれている（sous-entendue et implicitement comprise dans la citation）と考えることができた。そこにおいて求められていたアストラントは，為す債務又は為さない債務に関する請求の当然の帰結（corollaire d'un chef de demande）としてのみ考えられるものであり，その実効性を確保する措置（sanction）に相当した」。この判決自体は，確定的アストラントの発令に申立てを要するとの破毀院の立場を，少なくとも明示したものとはいえない。

[482]　本編第4章4【2】及び本章2【2】参照。

の管轄であって，金額確定の管轄については独立させて考察する必要性はあまりないようである[483]。そこで，ここでは，発令の管轄の問題を中心にみておく。

　確定的アストラントを損害賠償と解するならば，確定的アストラントの発令の管轄は，損害賠償請求の管轄と一致するはずである。実際，損害賠償請求に関する管轄権を有する通常裁判所については，確定的アストラントの発令の管轄権はほとんど問題にされず[484]，とくに問題が生じたのは，審級の利益を保護するために新たな請求が禁止される控訴審についてのみのようである[485]。確定的アストラントを損害賠償と解するならば，控訴審ではじめてなされる確定的アストラントの申立ては，控訴審における新たな請求に当たることを理由に，許されないことになる。1972年法前の破毀院は，このような立場をとっていたとみられる。農事賃貸借同数裁判所に関する1959年前のものではあるが，[310] 破毀院1952年11月28日社会部判決[486]は，控訴審たる農事賃貸借同数裁判所[487]は「損害賠償の新たな請求にすぎない非威嚇的アストラントの請求を裁判する管轄権を有しなかった」と判示する。なお，金額確定に関するが，控訴院が確定的アストラントを発令し，その金額確定の申立てが，第一審を経由しないで直接，控訴院に対して行われた場合に，控訴院の管轄権は認められるかの問題もある。確定的アストラントの金額確定の申立ては，1959年の判例変更前の暫定的アストラントのそれとは異なり，アストラントの性質を変更するものではないと考えられることか

483　Denis, n° 214.

484　なお，小審裁判所については，通常裁判所に属するか例外裁判所に属するかに議論があるようであるが，いずれにせよ訴額による制限があるため，アストラントとの関係で問題が生ずることにつき Denis, n° 216.

485　控訴審における新たな請求の禁止に関しては，本編第1章3(ウ)及び第4章4【2】(イ)参照。

486　Denis, p. 311, note 3.

487　農事賃貸借同数裁判所（Tribunal paritaire des baux ruraux）については，小作関係同数裁判所の訳語もある。同裁判所は，現在では第一審のみを担当し，控訴事件は控訴院の管轄となるが，1958年の司法制度改革前には控訴審も担当した。以上について，滝沢正『フランス法（2版）』（三省堂，2002年）188頁以下参照。V. Vincent, Guinchard, Montagnier et Varinard, Institutions judiciaires, 7ᵉ éd., 2003, n° 269.

第 5 章　1959 年 10 月 20 日の判例変更から 1972 年 7 月 5 日の法律前まで

ら，上記の場合の確定的アストラントの金額確定の申立ても新たな請求には当たらず，控訴院の管轄権は認められると解しうる[488]。破毀院も［358］1957 年 11 月 26 日の商事部判決で，上記の場合につき，同様の結論をとるが，理由は異なり，確定的アストラントの金額確定の申立ては，それを発令する「判決の執行（exécution）」に関するもので，新たな請求に当たらない，とする[489]。

例外裁判所である商事裁判所や労働審判所も，損害賠償請求の管轄権を有しており[490]，確定的アストラントを損害賠償と解するならば，これらの例外裁判所も確定的アストラントを発令できることになる。破毀院もこのような立場をとっていたとみられる[491]。

これに対し，レフェレの裁判官については，本案を害することができないとされている（当時の民事訴訟法典 809 条）こととの関係で，とくに問題が生ずる[492]。レフェレの裁判官は本案を害しえないことから損害賠償を命じえないと解した上で，確定的アストラントを損害賠償と解するならば，レフェレの裁判官は確定的アストラントを発令できないことになる。破毀院は，［284］1951 年 1 月 11 日社会部判決において「レフェレの裁判官は，威嚇的アストラント又はその終局的な金額確定（liquidation définitive）が本案裁判官に委ねられるアストラントのみを発令できるにすぎない」と判示し[493]，

---

[488] Denis, n° 215 ; Tunc, RTDC 1962. 344. ただし，Rassat, n° 43 は，確定的アストラントを損害賠償とする破毀院の立場によると，確定的アストラントの金額確定は損害賠償の新たな請求になると解する。

[489] Denis, n° 215.

[490] 商事裁判所や労働審判所の管轄に関し，本編第 1 章 3 (イ)及び第 4 章 4【2】(ア)参照。

[491] Denis, n° 217. 商事裁判所につき，［433］Com 6 oct. 1966 ;［440］Com 29 avr. 1969. ただし，いずれも，商事裁判所の管轄権の有無が直接の争点となったものではなく，事実関係として，商事裁判所が確定的アストラントを発令したことがわかるにとどまる。労働審判所につき，Denis は比較参照判例として，［420］Soc 5 nov. 1964 を挙げるが，労働審判所に関する判断は見当たらない。

[492] 本編第 1 章 3 (エ)及び第 4 章 4【2】(ウ)参照。

[493] ［284］Soc 11 janv. 1951 は，レフェレの命令の控訴審としてその判断を確認するものの，そのアストラントに関する部分を変更し，これを非威嚇的アストラントと

245

その後も同旨の判決がある[494]。このような判示の意味するところは必ずしも明らかではないが[495]，諸判決の結論に鑑みると，破毀院はレフェレの裁判官による確定的アストラントの発令を，否定していたと考えられる[496]。

した原裁判について，民事訴訟法典809条等に違反したとし，アストラントに非威嚇的性格を与えた部分のみを破毀する。

[494] ［301］Soc 7 mars 1952. 本文に掲げた［284］Soc 11 janv. 1951 と同じ判示を繰返した上で，レフェレの命令の控訴審としてその判断を確認するものの，そのアストラントに関する部分を変更し，「当該アストラントは日毎に取得される（acquise jour par jour）」とした原裁判について，「アストラントに非威嚇的性格を与えた」もので，民事訴訟法典809条等に違反したとし，「アストラントは日毎に取得される」と判断した部分のみを破毀する。

また，［459］Civ III 14 déc. 1971 は，本文に掲げたような表現は用いていないが，同旨の判決と考えられる。控訴院がレフェレの命令の控訴審としてその判断を取消し，工事の即時停止を，確定的アストラントを付して命じたことについて，「不履行により相手方に生ずべき損害を予め確定的に算定したことにより，控訴裁判官は，本案を害し」民事訴訟法典809条に違反したとし，アストラントに関する部分のみを破毀する。

[495] 本文に掲げた［284］Soc 11 janv. 1951 等の判示については，レフェレの裁判官による確定的アストラントの発令を否定する趣旨と解することができる一方，「その終局的な金額確定が本案裁判官に委ねられるアストラント」とは確定的アストラントの意味であって，レフェレの裁判官も，レフェレの仮の裁判としてであれば，確定的アストラントを発令できる趣旨と解する余地もあろう。なお，Denis, n° 218.

[496] Denis, n°s 218-219. また，各判決の結論については本編注493及び注494参照。

第3編　1972年7月5日の法律
　　　──アストラントの一般法の成立──

序

　「執行裁判官を創設すると共に民事訴訟の改正に関する1972年7月5日の法律626号」(1972年法)[1]の第2編「民事事件におけるアストラント」は，僅か4ヶ条の簡単なものであるが，アストラントに関する最初の一般法である。本編では，これをその立法過程を中心に考察する[2]。
　その前に，1972年法制定以前の，アストラントに関する破毀院の立場を簡単に振り返っておく。
　破毀院は，発令の段階の暫定的アストラントは損害賠償とは異なるとの立場を，第二次世界大戦前にほぼ固めていたと考えられる（第2編第1章）。金額確定の段階の暫定的アストラントについては，とくに1949年7月21日の法律（1949年法）以降，損害賠償と異ならないとの立場を明確にするが（第2編第4章），[373] 1959年10月20日の第1民事部の判決により，判例を変更し，損害賠償とは異なるとする立場をとるに至る。その後は，この立場を堅持して，個別の問題処理に当たる。そのうちとくに注目されるのは，[430] 1966年5月13日の民事全部会判決で，暫定的アストラントの金額確定の申立てについて，これを損害賠償請求とする解釈のみならず執行上の争いとする解釈も否定し，「アストラントを発令する先行の手続の続行及び発展」とした（第2編第5章2【2】(イ)）。なお，損害賠償とは異なるとされた暫定的アストラント（金）の法的性質について，破毀院は言及しなかったが，学説は私的制裁と解した上で，債権者に帰する扱いの妥当性を問題にし，1972年法のアストラントに関する部分を起草したP. Mazeaud等，一部の学説は，国庫金とすべきことを提唱した（第2編第5章3）。
　確定的アストラントについては，破毀院はとくに1949年法以降，損害賠償と異ならないとの立場を維持した。1959年の判例変更後は，その影響が

1　D 1972 législ. 362.
2　序論注17参照。

及んで確定的アストラントと損害賠償が異なることを破毀院が認めるかどうかが注目された。P. Mazeaud のように，破毀院はこれを認めたと解する学説もあり，微妙な観もあるが，少なくとも，破毀院は確定的アストラントと損害賠償が異なることを明示してはおらず，むしろ損害賠償と異ならないとの従前の立場を維持したとみるのが妥当と思う（第2編第5章4【1】【2】）。

こうした破毀院判例の状況に照らして，アストラントに関する1972年法の重要な意義と思われることを，予め挙げておく。まず，初の一般法の制定により，アストラントの適法性について異論の余地を封じたことが挙げられる[3]。しかし，アストラントに関する1972年法の最大の意義は，確定的アストラントを損害賠償から切り離して，以って二種類のアストラントの統一を図ったことに求めるべきであろう[4]。すなわち，同法は，アストラントは「暫定的又は確定的」（6条中段）で，「損害賠償とは別個独立のもの」と定める（6条前段）。アストラントを損害賠償とは別個独立のものとする規定は，暫定的アストラントについては，1959年以降の破毀院の立場を確認したにとどまるが，確定的アストラントについては，上述のような破毀院の判例法理の変更を意味する。そうして，暫定的アストラントと確定的アストラントの二種類からなるアストラントを，損害賠償とは全く別の制度として確立した，ということができる。因みに，この点について，Denis は，P. Mazeaud が原案を提案したことに鑑みると，驚くべきことではないと述べている[5]。また，最終的には削除されたものの，1972年法の原案には，アストラント金の一部を国庫金とする条文があったことも，とくに注目すべき点である[6]。この点にもまた，P. Mazeaud の考え方が色濃く反映されているということができる。

なお，既にみた1949年法は，建物明渡しのために命じられるアストラントに関して，確定的アストラントを禁止すると共に，損害賠償額を上回る額で暫定的アストラントの金額を確定することを禁止するものであるが，1972年法下でもその効力は維持される[7]。

---

[3]　J. Boré ②, n° 2 et s. ; Chabas ①, p. 271.

[4]　Chabas et Deis, J-Cl. n° 9. Cf. J. Boré ②, n° 2 ; Chabas ①, p. 271.

[5]　Denis, n° 238.

[6]　Chabas et Deis, J-Cl. n° 9 ; Chabas ①, p. 271.

ところで，冒頭で述べたように，1972年法自体は，「執行裁判官を創設すると共に民事訴訟の改正に関する」ものであって，アストラントのみに関する法律ではなく，第2編のみがアストラントの一般法に相当する。実は，この第2編は，他の部分とは別にアストラント固有の法案として起草されたものである。では，何故それが1972年法の中に取り込まれたのか。以下では，まず，そのアストラントの法案が1972年法に挿入された経緯を略述し（第1章1），その後は同法の第2編に絞って考察を進める。まず第2編の提案理由（同章2）を考察し，併せて提案者のアストラントに関する考え方を概観する。次いで，議会審議の概略を述べ，併せて条文を挙げる（同章3）。その上で，第2編の各条文（審議の結果，法案から削除された条文も含む）について個別に審議内容をみていく。また，併せて，これまでの考察に照らして，各条文の意義を明らかにし，各条文に関連する問題についての1972年法下の判例及び学説の動向に言及する（第2章以下）。

また，1972年法の7条は，「民事訴訟の改正に関する諸規定についての1975年7月9日の法律596号」[8]の1条により修正されている。この修正についても，7条の考察の際に併せて扱う。

---

7 本法の審議終了時に法務大臣もその旨を明言する。JO S〔CR〕30 juin 1972, p. 1455. 本編第5章1(ウ)参照。V. J. Boré ②, n° 15.

8 D 1975 législ. 240. 拙稿「アストラントの制度的確立——一九七二年七月五日の法律の成立——」慶應義塾大学大学院法学研究科論文集26号（1987年）246頁で示した同法の題名は誤りであるので，訂正する。それは原案のものにすぎず，議会の審議において本文で示した題名に変更されている。

第 1 章　提案理由及び審議概略

1　アストラントの法案が 1972 年法の法案に取りこまれた経緯

　1972 年法自体は，後に 1975 年 12 月 5 日のデクレ 1123 号により制定されることになる新民事訴訟法典の編纂事業[9]の一環に当たり[10]，法律事項を早急に立法化する必要があって制定されたものである[11]。第 5 共和国憲法は，法律事項を極めて制限し，それ以外の事項は命令事項とする（34 条及び 37 条参照）。民事訴訟に関する事項はとくに法律事項とされてはいないので，民事訴訟法の改正の大部分は，命令の一種であるデクレで行なうことになる[12]。しかし，新たな制度の創設等は法律の形式で行なわねばならないこと

---

[9]　新民事訴訟法典の制定までの変遷の概略については，法務大臣官房司法法制調査部編『注釈フランス新民事訴訟法典』（法曹会，1978 年）3 頁以下参照。新民事訴訟法典に関する多角的な研究として，徳田和幸『フランス民事訴訟法の基礎理論』（信山社，1994 年）。

[10]　1972 年法の法案の作成段階では，当初，これを新民事訴訟法典に属する導入法律（loi d'introduction au futur Code de procédure civile）とすることが考えられたが，雑多な諸規定を体系化することができず，その試みは断念されている。Rapp. Foyer et Mazeaud, Doc. AN 1971-72, n° 2447, p. 3 ; JO AN [CR] 23 juin 1972, p. 2804（Foyer の発言）。

[11]　ここで考察するアストラントの法案が 1972 年法の法案に取りこまれた経緯については，次の立法資料によっている。Rapp. Foyer et Mazeaud, Doc. AN 1971-72, n° 2447, p. 2 et s. ; JO AN [CR] 23 juin 1972, p. 2803 et s. ; JO S [CR] 29 juin 1972, p. 1365 et s..

[12]　三ヶ月章「フランスの司法制度について」『民事訴訟法研究四巻』（有斐閣，1966 年）159 頁以下，前掲『注釈フランス新民事訴訟法典』5 頁以下，滝沢正『フランス法（2 版）』（三省堂，2002 年）141 頁以下及び 306 頁以下等参照。民事訴訟に関する事項を法律事項から外したのは，法典の改正を容易化するためと考えられるこ

第 1 章　提案理由及び審議概略

から，執行裁判官制度の創設をはじめとして，デクレに取りこめない規定を寄せ集めた「執行裁判官を創設すると共に民事訴訟の改正に関する政府提出法案（Projet de loi）」[13] が起草された。他方，これより前に Pierre Mazeaud 及び Jean Foyer により「民事事件におけるアストラントに関する議員提出法案（Proposition de loi）」[14] が提出されていた。因みに，Foyer は，当時の国民議会の法務委員会（Commission des lois constitutionnelles, de la législation et de l'administration générale de la République）の長であると共に，1969 年に設置された，新民事訴訟法典の準備を担当する委員会の長である[15]。そうして，前記政府提出法案に，アストラントに関する議員提出法案が挿入されたのである。この挿入の理由については，次のように説明されている。

「アストラントは執行手続（procédures d'exécution）に論理的な関係を有している。アストラントを命ずる有責裁判は，債務者に自己の債務を履行するように促す方法である。アストラントが金額を確定されて支払われる必要が生ずるときに，アストラントを命ずる有責裁判はそれ自体執行の問題を生じうる。これらの規定は強制執行（exécution forcée）に関する編の直後である第 2 編に置かれる」[16]。

このようにアストラントの法案の挿入の理由は，アストラントと強制執行の関連性に求められている。ただし，強制執行との関連性としては，アストラントが履行を促す方法で，金額確定後に執行の問題が生ずることのみが挙げられており，アストラントを強制執行の一態様と説明するわけではない。故に，1972 年法の法案において，アストラントは，強制執行とは別の制度

とにつき，滝沢・前掲『フランス法』306 頁及び三ヶ月・前掲「フランスの司法制度について」160 頁参照。

13　Projet de loi, Doc. AN 1971-72, n° 2412.
14　Proposition de loi, Doc. AN 1970-71, n° 1658.
15　JO AN ［CR］23 juin 1972, p. 2803 et JO AN ［CR］24 juin 1975, p. 4676（Foyer の発言）．前掲『注釈フランス新民事訴訟法典』6 頁参照。
16　Rapp. Foyer et Mazeaud, AN 1971-72, n° 2447, p. 4. また，Foyer は，議会審議の際に，「政府提出法案は，その大半の規定が強制執行を扱っており，……アストラントに関する規定の位置として自然である（siège naturel）と法務委員会は考えた」と述べている。JO AN ［CR］23 juin 1972, p. 2803.

253

と位置付けられていると解すべきであろう。

アストラントの法案の挿入は，以上の理由でなされたにしても，多分に便宜的な処置の感を拭えない。むしろ，Chabas 教授も指摘するように，「かなり偶然に」挿入されたもので[17]，1972 年法の第 2 編は，それ自体単一の立法ともみうる，強い独立性を有すると考えてよいであろう[18]。

2　第 2 編の提案理由

ここでは，1972 年法の第 2 編の提案理由に関する立法資料に基づいて，提案者の主な狙いや考え方を考察する。以下では，P. Mazeaud と Foyer により提出された法案に付された提案理由説明（㋐）の他に，両名による国民議会法務委員会の報告書（㋑），国民議会で委員会の報告者として Mazeaud が口頭で行った報告の一部（㋒）をみていく。

㋐　Mazeaud 及び Foyer による議員提出法案

まず，P. Mazeaud と Foyer が提案した法案に付された提案理由説明（exposé des motifs）からみておく。これは次のようである[19]。

「民事事件若しくは商事事件において下された裁判が不履行のままであるという事態が，とくに有責裁判が為す債務に関する場合に，大変頻発している。判例は，司法裁判の履行を確保するために，アストラントのシス

---

[17]　Chabas ①, p. 271.

[18]　1972 年法には，アストラントに関する規定として，第 2 編の規定の他に 12 条がある。これは真実の発顕（manifestation de la vérité）のために司法に協力すべき義務を定め，この義務を免れようとする者に対して民事罰金（amende civile）又はアストラントの適用を認める旨の民法典 10 条を付加する規定である。しかし，同条のアストラントは第 2 編が定める裁判の履行確保手段としてのアストラントとは役割を異にしており，また本文に述べたような第 2 編の独立性に鑑みても，本編では考察の対象とはしない。なお，Starck, Roland et Boyer, n° 560 は，アストラントの一般法の他に，多様な領域において裁判官の命令 (injonction) の権能にアストラントを付す多数の規定があるとし，その代表例として，証拠の提出に関する新民事訴訟法典 11 条，1949 年 7 月 21 日の法律等と共に，民法典 10 条を挙げている。同条については第 1 編注 181 参照。

[19]　Proposition de loi, Doc. AN 1970-71, n° 1658, p. 1 et s..

第1章　提案理由及び審議概略

テムを創造せざるを得なかった。この方法は，法律関係の学者や実務家により強調されている一定の役目を果たしている。しかし，立法者が定めた若干の特別な領域（都市計画法典（Code de l'urbanisme）104条参照）を除いて，欠陥を呈している。実際，管轄について，あらゆる裁判機関とくにレフェレの裁判機関が，アストラントを発令しその金額を確定する権能を有するか否かが問題になっている。この権能が，レフェレの裁判官と同様に，あらゆる民事裁判所（小審裁判所，大審裁判所，控訴院）及び商事裁判所に属することを明確にする必要がある。

　他方，現在用いられている用語は不明確である。すなわち，確定的アストラントを威嚇的アストラントと対立させるのは誤まりである。確定的アストラントと対立するのはまさに暫定的アストラントであって，両方とも，程度の差こそあれ著しく威嚇的性格を有している。最後に，特定の規定（都市計画法典104条）を除いて，金額を確定されたアストラントは，有責裁判を得た当事者に利益を与え，こうして彼が自己の損害を証明すれば取得する権利を有する損害賠償と，重複しうる（faire double emploi）。

　アストラントはその全部が，民事罰金と同様に，国庫に取得されると定める方がより論理的であろう。しかし，仮にそうすれば，当事者は金額確定を求めるにつき全く利益を有しないことになろう。故に，当事者が金額確定を求めたアストラントの額を国庫と当事者の間で折半することが適当と思われる」。

以上から，法案の提案者は，頻発する裁判の不履行の対応策としてアストラントがこれまでに果たしてきた機能を承認しながら，立法により明確化ないし解決すべき事項として三点に注目していることがわかる。すなわち，発令及び金額確定の管轄，暫定的アストラントと確定的アストラントの用語，アストラント金の帰属の問題である。

(イ)　Foyer及びMazeaudによる国民議会の委員会報告書

　次に，第1読会における国民議会の法務委員会の報告書（Rapport）から，アストラントの立法理由をみておく。この報告書はFoyerとP. Mazeaudによるもので[20]，まず，アストラントの定義に関し，次のように説明する[21]。

20　Rapp. Foyer et Mazeaud, Doc. AN 1971-72, n° 2447. なお，この報告書と本文前掲

第3編　1972年7月5日の法律

　「アストラントは，履行の遅延が長引くほど高額になる，金銭の支払いを命ずる有責裁判（condamnation pécuniaire）の威嚇（menace）により，債務の任意履行を得る方法である。

　1903年のRevue trimestrielle de droit civilに発表された有名な論文の中でAdhémar Esmeinが示したように，この方法は19世紀の判例により創り出され，改良されたと思われるが，民法典及び民事訴訟法典の本来の内容においては何ら予定されていなかった。

　学説は，アストラントを直接条文に関連付けようと，かなり恣意的で不自然な試みを行ったが，後には実務を法的に基礎付けようとした。学説は一般に，ローマの法務官（préteur）を模して，フランスの裁判官についてもその命令権（imperium）から，債務者に対してその債務の内容の履行を強制するのに適した方法を命ずる権限が導かれると主張している。

　履行されない債務が，『何人も厳密には作為を強制されることなし（Nemo præcise potest cogi ad factum）』という伝統的な格言が適用される，為す債務である場合に，アストラントは明白な利点を示している。

　第二次世界大戦の終わりからアストラントの実務に問題が生じていた。アストラントの実務を立法化した条文も幾つかあったけれども，他方これは，むしろアストラントの実務を歪めるようなものであった。『確定されたアストラントの額は，実際に生じた損害を補償する額を超えることはできない』と定める1949年7月21日の法律がまさにそうである。この規定によって，アストラントは，生来且つ伝統的にみて根本的に別個独立のものである損害賠償の概念に帰せられた。アストラントに関する立法者のこうした介入は，おそらく好意的だったのであろうが，どうあっても時宜を失していて，数十年間判例は動揺し，憂慮すべきためらいをみせた。明渡しの裁判を履行させるために公の武力の援助を与えるべき行政権の無力化を前にして，アストラントは強制執行（exécution forcée）を得る補充的な方法を提供するもののようであり，また社会的な観点からすると非常に微

　　の議員提出法案の提出者は同一であるが，これらの文書に表記された氏名の順序は異なる。本文の記述はこの順序に従っている。

21　Rapp. Foyer et Mazeaud, Doc. AN 1971-72, n° 2447, pp. 10-11.

妙な (sensible) 領域で，アストラントを用いることは，その独自性及び本来的な効用の維持に殆ど資することができなかった，といわなければならない。

　1959年10月20日破毀院第1民事部の基本的な判決により，幸いに判例は転換した。この判決は，アストラントが損害賠償とは全く異なること及び要するに有責裁判の履行に対する抵抗を克服する方法にすぎないことを明確にして，アストラントの真の性格を取り戻した」。

　以上のように，報告書は，アストラントは19世紀の判例の創造にかかるもので，法文上の根拠はなく，通説によれば命令権に基づくものと解されること，典型的な適用領域は為す債務であること，第二次大戦後にとくに問題が生じ，建物明渡事件のアストラントに関する1949年法が，アストラント全般に関する判例に影響を与えたこと，[373] 1959年10月20日の破毀院判決が決定的な判例変更であること等を述べている。このようなアストラントの理解は，これまで考察してきたことと概ね一致する。また，A. Esmein の論文に言及すること，別の箇所でも，アストラントは「司法官の命令権から導かれる方法」と述べる[22]こと等に鑑みても，A. Esmein の見解を支持し基本に据えていることが窺われる。

　翻って，報告書の理解と本書のこれまでの考察の結果には，明らかに異なる点がある。それは，1959年10月20日の破毀院判決の射程範囲，及び，確定的アストラントと損害賠償の関係に関する1972年法前の判例についての理解の仕方である。第2編第5章で詳説したように，1959年判決は，専ら暫定的アストラントに関するものであり[23]，1972年法前の破毀院は，確定的アストラントが損害賠償と異なることを，少なくとも明示的には，認めていなかったと解するのが，本書の立場である。しかし，報告書は，1959年判決を，暫定的アストラントのみならず確定的アストラントにも関するものとし，破毀院は，同判決により（つまり1972年法前に）確定的アストラントが

22　Rapp. Foyer et Mazeaud, Doc. AN 1971-72, n° 2447, p. 11.

23　もっとも，第2編第5章4【1】でみたように，かつて Meurisse は「1959年10月20日の判決は，損害とは無関係な，非威嚇的・確定的アストラントを発令する可能性を確実に認めているように思われる」と述べ，同判決の射程のなかに確定的アストラントも含まれうると解していた。

損害賠償と異なることを認めたと解している。この1959年判決に関する報告書の立場について，以下，若干敷衍しておく。

報告書は，1959年判決について「この判決は『アストラント』が損害賠償とは全く異なること」（『　』は筆者が付した）を明確にしたという。この「アストラント」の語は，暫定的アストラントのみならず確定的アストラントも含む意味と解してよいであろう。このことは，P. Mazeaud が法務委員会の報告者として国民議会で，「破毀院により1959年10月に公認された確定的アストラントは……」と述べている[24]ことからも窺われる。Denis も，損害賠償と異なる確定的アストラントを判例が認めていることを説明するのに「Mazeaud 氏が1959年10月20日の Pradon 判決に言及するのはかなり驚くべきことである」といい，Mazeaud 自身が，この判決の評釈に際し，次のように述べていたことに言及する[25]。「他方，本判決は，暫定的アストラントについてしか判断していないことは注目されよう。第1民事部は，そのことを明確にして慎重さを示したのか，あるいはとくに危険な手段である，確定的アストラントを命ずる有責裁判に対する反対の立場（opposition）を明確にしようと欲したのか？　それに答えることは難しい」[26]。このように Mazeaud はかつて，この判決が暫定的アストラントのみに関することを明言しており，1972年法の立法時の発言とは食い違っている。もっとも，既にみたように（第2編第5章4【1】），かつて Mazeaud は，1959年10月20日判決の直後の
[375] 1959年11月4日第1民事部判決により，破毀院は確定的アストラントについても損害賠償と異なることを肯定したと解していた。故に，判例を変更した判決をいずれとするかを別にすれば，1972年法前の破毀院判例が，確定的アストラントと損害賠償の区別を認めていたと解する点では，Mazeaud の立場は一貫している。

さて，国民議会の法務委員会の報告書は，前掲の，アストラントの定義に関する説明に続いて，この法案で提案する5つの条文は「本質的には，判例の結論を立法化する」[27]ものであると述べる。そして，レフェレの裁判官を

---

[24] JO AN [CR] 23 juin 1972, p. 2804. 後述(ウ)参照。

[25] Denis, n° 238.

[26] P. Mazeaud, JCP 1960 II 11449（[373]）．

[27] Rapp. Foyer et Mazeaud, Doc. AN 1971-72, n° 2447, p. 11.

含めて全ての裁判官がこれを利用できること等に言及する。報告書は，更に続けて，アストラント法には明確化及び修正も必要であるとし，まず，金額確定に関する明確化の必要をいい，とくにレフェレの裁判官が金額確定の権限を有すること，金額確定における裁判官の役割は暫定的アストラントと確定的アストラントでは大きく異なることを説明する。最後に，「最大の改革点（innovation la plus considérable）」[28]として，アストラント金の半分を国庫に帰属せしめる提案にかなり詳しく言及する。

以上のように，Foyer 及び Mazeaud の報告書は，この法案を，基本的に判例に従うものとする。報告書が，判例の変更に相当すると強調するのは，アストラント金の一部を国庫金とする点のみで，その他には，レフェレの裁判官の管轄権をはじめとする手続的な問題，とくに金額確定の手続に関する明確化に配慮する旨を説明する程度である。法案が，確定的アストラントを損害賠償と異なるとする点は，判例法理の変更に相当する重要な点と考えられるが，報告書ではこの点に関する特段の説明はない。その理由は，上述のように，法案提案者が，本書の立場とは異なり，確定的アストラントと損害賠償の区別は，判例で既に認められていると解したことによる，と考えられる。

(ウ)　Mazeaud の口頭報告

最後に，P. Mazeaud が，国民議会の第 1 読会で法務委員会の報告者として行なった口頭の報告をみる。国民議会の第 1 読会で法務委員会の報告者になったのは，Foyer と Mazeaud の二人であるが，他の部分の報告は Foyer が行っているのに対し，アストラントについては専ら Mazeaud が行っている。ここでは，Mazeaud が第 1 読会の本会議（discussion générale）で行なったアストラントに関する全般的な説明[29]をみておく。まず，その最初の部分を引用する。

「我々——Foyer 委員長と私——がアストラントに関する法案を提出したのは，単に，債務者の履行を得るべき債権者の利益のみならず，更に，公益（intérêt général）が問題になる，と考えるからです。契約は経済的な性質を有しますし，債務者が履行する義務がないと考えることが一種の習

---

[28]　Rapp. Foyer et Mazeaud, Doc. AN 1971-72, n° 2447, p. 12.
[29]　JO AN［CR］23 juin 1972, p. 2804.

慣となるならば，社会秩序に重大な混乱を招くでしょう。同様に公益に関わることは——そして，これがおそらくアストラントの第一の機能です——裁判が遵守され履行されることです。ご承知のように，アストラントは財産に対する威嚇です。その目的は，債務者に対して債務の履行を強制すること及び司法裁判の履行の原則の尊重を課すことです。我々の法案の目的は，判例により創り出されたこの方法を，アストラントと損害賠償を混同する習慣があったときのように，一種の死文にさせないことです。実際，今私がお話したこの立法の土台（support législatif）すなわちアストラントと損害賠償の，深い，根本的な区別を定めることが必要です。確かに，ある種の曖昧さにより，かつては，その混同が可能だったのですが。委員長が指摘したように，この問題に関する判例は大きく変遷し，1959年10月20日の最上級裁判所の裁判が，基本的な裁判と考えられます。何故ならば，それはアストラントの問題を決定的に解決したからです。以後，アストラントの金額を確定するときに，制裁に関し，唯一考慮されるのは，債務者の faute すなわち無為（inertie）又は抵抗の能力であり，被害者すなわち債権者に生じた損害ではありません。我々はこの判例の原則を公認しようとしたのです。……」

以上のように，Mazeaud は，まずアストラントの目的から説きおこし，債権者の利益のみならず裁判の遵守という公益が重要なことを指摘する。裁判の遵守の確保がアストラントの目的であるとの考え方は，A. Esmein の見解に由来するものと考えられる[30]。Mazeaud は，その上で，アストラントと損害賠償の区別の明文化の必要をとくに強調している。この後の彼の説明は概して次のようである。アストラントが損害賠償と混同されるのは，アストラントが原因なき利得（enrichissement sans cause）にあたるのではないかという曖昧さがあるためであるが，これは原因なき利得には当たらない。しかし，曖昧さは残りうるから，法案には，暫定的アストラントと「破毀院により1959年10月に公認された確定的アストラント」の二つの形式を取りこんだ。それでも曖昧さは残るので，アストラント金の半分を国庫に帰属せしめる条項を盛り込み，この国庫金を，履行を得られない扶養定期金の債権者の救済

30　第1編第4章【5】及び第2編第5章3【2】(イ)参照。

に当てることとする。そして「この国庫に対する割当の社会的性格が明らかになり，おそらくはこれが我々の法案の核心（l'essentiel）であります」と述べる。

この報告をみると，Mazeaud は，1959 年 10 月 20 日の破毀院判決により，確定的アストラントが損害賠償と異なることが認められた，と解していたことがかなりはっきりする。この彼の解釈に，問題があることは既に述べた（前述(イ)）。ここでとくに注目したいのは，Mazeaud が，アストラントと損害賠償の区別を「立法の土台」といい，明文化する必要をとくに強調することである。アストラント金の帰属の問題については法案の「核心」と述べていることも併せてみると，提案者は，この二点を法案の中心に据えていたと推察できよう。

(エ) 小　　括

以上の考察で，とくに留意しておきたい諸点を確認しておく。

まず，提案者は，この法案を，基本的に，判例法理の立法化と考えている（報告書）。また，提案者は，アストラントを裁判官の命令権を根拠として理解する A. Esmein の考え方を基礎とするようである（報告書及び Mazeaud 口頭報告）。

提案者が，法案の中心に据えたのは，次の二点といえよう。第一は，アストラントには暫定的アストラントと確定的アストラントの二種類があることを（Mazeaud 口頭報告），用語を含めて（提案理由説明），明らかにして，いずれも損害賠償とは異なる旨を明文化すること（Mazeaud 口頭報告）である。第二は，アストラント金の帰属について従来の取扱いを改め，一部を国庫金とすることである。これは，判例の変更に相当する，法案中の最も重要な提案とされている（報告書及び Mazeaud 口頭報告）。更に，提案者は，手続的な問題とくに金額確定の手続及びレフェレの裁判官の権限に関する明確化を図ることも，重要な点としている（提案理由説明及び報告書）。

本書のこれまでの考察によると，この法案が，確定的アストラントを損害賠償とは異なるとする点は，判例の根本的な変更に当たると考えられる。それ故，この点は，アストラント金の国庫金化の提案と共に，この法案の最も重要な提案と考えられる。しかし，そのことは，提案理由に関する立法資料からは明らかにできない。提案者は，この法案が，確定的アストラントを損

害賠償とは異なるとする点を，判例の踏襲と解しているからである（前述(イ)(ウ)）。このような提案者の理解には，問題があることを指摘しておかねばならない。

さて，議会の審議で主な争点となったのは，損害賠償とは異なる確定的アストラントの許容性とアストラント金の帰属である。この二点は，上述のように，提案者の理解は異なるにせよ，判例の根本的な変更に相当する点であり，議会で争点となったのは当然ともいえる。

3　議会審議の概略

P. Mazeaud と Foyer が提出したアストラントに関する法案（Proposition de loi）（以下，Mazeaud = Foyer 案という）は，1条から5条の5ヶ条から成る。国民議会の法務委員会は，これに若干の修正を加えて，政府提出法案（Projet de loi）の7条の後に，7条の1から7条の5として挿入する提案を行った。以下に，その7条の1から7条の5を挙げる。下線部は，Mazeaud = Foyer 案にはない部分である。

> 7条の1　裁判所（Les tribunaux）は，自らの裁判（leurs décisions）の履行を確保するために，職権によっても，アストラントを命ずることができる。
> 7条の2　アストラントは，損害賠償とは別個独立のものとする（indépendante）。アストラントは，暫定的又は確定的とする。アストラントは，裁判官がその確定的性格を明らかにしなかったときは，暫定的とみなす[31]。
> 7条の3　全部若しくは一部の不履行又は履行遅滞の場合には，アストラントを命じた裁判官は，その金額を確定しなければならない。この権能は，レフェレの裁判官に属する。
> 7条の4　司法裁判の不履行が偶発事又は不可抗力によることが証明され

---

[31]　拙稿前掲「アストラントの制度的確立」236頁の Foyer 及び P. Mazeaud 案の6条では，中段が脱落している。

た場合を除き，裁判官は，確定的アストラントの額（taux）を，その金額確定の時に変更することができない。不履行が確認された場合であっても，暫定的アストラントを軽減又は廃止する（supprimer）ことは，裁判官の権限に属する。

7条の5　確定されたアストラントの額は，2分の1は国庫に，2分の1は履行されない有責裁判を得た当事者に帰属する（Le montant de l'astreinte liquidée est attribué pour moitié au Trésor public et pour moitié au plaideur qui a obtenu la condamnation inexécutée）。

　<u>債務者が履行不能の場合には，アストラントの金額確定及び取立ての費用は，受益者が平等に負担する</u>（En cas d'impossibilité d'exécution du débiteur, les frais de liquidation et de recouvrement de l'astreinte seront répartis par parts égales entre les bénéficiaires）。

　次に，議会の審議の経過[32]を簡単に述べる。上記7条の1から7条の5すなわち第2編の条文の大半に関して両院は厳しく対立した。そのために，第2編以外の部分の実質的な審議は第1読会で終了したにも関わらず，法案全体の可決は第3読会まで持ち越されている。両院の対立点は，大別すると，次の二点になる。第一点は，損害賠償と異なる確定的アストラントを認めるか（7条の2），認めるとしても，その確定的な性格を緩和すべきか（7条の4）である。第二点は，アストラント金の帰属の問題である（7条の5）。国

---

[32] 1972年法の立法資料として用いたものは次の通り。

　国民議会第1読会：Proposition de loi, Doc. AN 1970-71, n° 1658 ; Projet de loi, Doc. AN 1971-72, n° 2412 ; Rapp. Foyer et Mazeaud, Doc. AN 1971-72, n° 2447 ; JO AN ［CR］23 juin 1972, p. 2803 et s. ; 元老院第1読会：Projet de loi, Doc. S 1971-72, n° 315 ; Rapp. Le Bellegou, S 1971-72, n° 334 ; JO S ［CR］29 juin 1972, p. 1365 et s. ; 国民議会第2読会：Projet de loi, Doc. AN 1971-72, n° 2491 ; Rapp. Foyer et Mazeaud, Doc. AN 1971-72, n° 2492 ; JO AN ［CR］29 juin 1972, p. 3011 et s. ; 元老院第2読会：Projet de loi, Doc. S 1971-72, n° 368 ; Rapp. Le Bellegou, Doc. S 1971-72, n° 369 ; JO S ［CR］30 juin 1972, p. 1423 et s. ; 国民議会第3読会：Projet de loi, Doc. AN 1971-72, n° 2506 ; Rapp. Foyer et Mazeaud, Doc. AN 1971-72, n° 2534 ; JO AN ［CR］30 juin 1972, p. 3095 et s. ; 元老院第3読会：Projet de loi, Doc. S 1971-72, n° 376 ; JO S ［CR］30 juin 1972, p. 1455.

民議会は，当初の法案の内容を支持したのに対し，元老院はこれらの点で強力な反対を唱えた。前述 2（とくに(エ)参照）の考察に鑑みれば，法案の提案者がその柱としたであろう二点のいずれについても，元老院の反対に遭ったことになる。この両院の対立のため，審議は膠着状態に陥った。しかし，最終的には政府の示した妥協案に従って決着が図られている。その妥協案とは，上記第一点については，国民議会の立場に従い，確定的アストラントを全面的に承認する。しかし，上記第二点については，元老院の立場に従い，アストラント金の帰属に関する 7 条の 5 を削除する，というものである。つまり，国民議会の委員会報告書が「最大の改革点」と述べ，Mazeaud が「法案の核心」と言った試み（前述 2(イ)(ウ)参照）は挫折している。こうして，最終的に第 2 編は，5 条から 8 条の 4 ヶ条の条文（法案の 7 条の 1 から 7 条の 4 にほぼ相当する）から構成される結果となっている。

なお，このように妥協的な解決が図られた背景には，次のような事情がある。前述のように，そもそも 1972 年法は，民事訴訟の改革の一環である政府提出法案を基礎としており，一連の改革を実現するため，政府はとくに政府提出法案の部分の早期成立を強く望んだ。すなわち 1972 年法の施行は，1971 年 9 月 9 日のデクレなど民事訴訟改革の支柱となる諸立法の施行日に併せて，1972 年 9 月 16 日に予定されていた。政府が妥協案を示したのは，この日程に間に合わせるためである。その結果，この案に沿って，アストラント法の内容が定まることになった[33]。

ここで，1972 年法の第 2 編の最終的な姿である，5 条から 8 条も示しておく。7 条は，1975 年 7 月 9 日の法律 1 条により修正されているので，その修正後の条文を示し，修正前の条文を括弧の中に示す。この 1975 年の修正を別にすれば，前記法案との違いは，7 条の 5 及びレフェレの裁判官に金額確定の権限を認める 7 条の 3 後段に相当する規定がないことである。

---

[33] なお，法務大臣は，本法の審議終了時に，本法は，法曹による二つの大きな会議の期待に答えるものであることを付言する。第一は，代訴士（avoués）による 1966 年の Montpellier における会議の，アストラントに関する報告書にある，裁判所の権限の強化の要請，第二は，La Baule の弁護士の全国組織（association nationale）の会議における，裁判の履行確保のための規定の強化の要請である。JO S［CR］30 juin 1972, p. 1455.

5条　裁判所は，自らの裁判の履行を確保するために，職権によっても，アストラントを命ずることができる（Les tribunaux peuvent, même d'office, ordonner une astreinte pour assurer l'exécution de leurs décisions）。

6条　アストラントは，損害賠償とは別個独立のものとする（L'astreinte est indépendante des dommages-intérêts）。アストラントは，暫定的又は確定的とする（Elle est provisoire ou définitive）。アストラントは，裁判官がその確定的性格を明らかにしなかったときは，暫定的とみなす（L'astreinte doit être considérée comme provisoire, à moins que le juge n'ait précisé son caractère définitif）。

7条　全部若しくは一部の不履行又は履行遅滞の場合には，裁判官は，アストラントの金額を確定する（Au cas d'inexécution totale ou partielle ou de retard dans l'exécution, le juge procède à la liquidation）。［1975年7月9日の法律1条による修正前：「全部若しくは一部の不履行又は履行遅滞の場合には，アストラントを命じた裁判官は，その金額を確定しなければならない（Au cas d'inexécution totale ou partielle ou de retard dans l'exécution, le juge qui a ordonné l'astreinte doit procéder à sa liquidation）」］。

8条　司法裁判の不履行が偶発事又は不可抗力によることが証明された場合を除き，裁判官は，確定的アストラントの額を，その金額を確定する時に変更することができない（Sauf s'il est établi que l'inexécution de la décision judiciaire provient d'un cas fortuit ou de force majeure, le taux de l'astreinte définitive ne peut être modifié par le juge lors de sa liquidation）。

　不履行が確認された場合であっても，暫定的アストラントを軽減又は廃止することは，裁判官の権限に属する（Il appartient au juge de modérer ou de supprimer l'astreinte provisoire, même au cas d'inexécution constatée）。

第2章　1972年法第5条

　1972年法5条（本章では，以下，本条という）は「裁判所は，自らの裁判の履行を確保するために，職権によっても，アストラントを命ずることができる」という。本条は，アストラントの発令の管轄について定めると共に，職権による発令を肯定するものである。更に，アストラントの目的が「裁判の履行を確保する」ことにある点を明らかにする規定とも考えられる。

1　議会審議

　本条は，Mazeaud = Foyer 案の1条，政府提出法案に挿入された7条の1に相当する。Mazeaud = Foyer 案では，「職権によっても」の文言はなかったが，国民議会の委員会でこの文言が追加されている。

　本条について，議会における議論は全くなく，国民議会の委員会案がそのまま両院の第1読会で採択されている[34]。

　もっとも，アストラントの発令の管轄については，前にみたように（本編第1章2(ア)），Mazeaud = Foyer 案の提案理由説明に次の説明がある。「管轄について，あらゆる裁判機関（toutes les juridictions）とくにレフェレの裁判機関が，アストラントを発令しその金額を確定する権能を有するか否かが問題になっている。この権能が，レフェレの裁判官と同様に，あらゆる民事裁判所（小審裁判所，大審裁判所，控訴院）及び商事裁判所に属することを明確にする必要がある」。国民議会の委員会報告書にも，「司法官の命令権に導かれる方法であるアストラントは，レフェレの裁判官を含むいかなる裁判官（tout juge）の用にも供せられる（à la disposition）（7条の1）」[35]という同趣旨の説明がある。

---

[34]　JO AN [CR] 23 juin 1972, p. 2811 ; JO S [CR] 29 juin 1972, p. 1370.
[35]　Rapp. Foyer et Mazeaud, Doc. AN 1971-72, n° 2447, p. 11.

職権による発令を認めることについては，提案者がその旨の説明をするにとどまり[36]，特別な説明は見当たらない。

アストラントの目的については，前にみたように（本編第1章2(ウ)），Mazeaud の口頭報告で，「同様に公益に関わることは——そして，これがおそらくアストラントの第一の機能（fonction）です——裁判が遵守され履行されることです。……その目的は，債務者に対して債務の履行を強制すること及び司法裁判の履行の原則の尊重を課すことです」との説明がある。ただし，この説明は本条に直接関連付けて行われたものではない。

2　考　察

本条については，以上のように，議会の審議では特別な議論がなかったが，それでも従来の判例を単に確認するにとどまるものではない。すなわち，本条は，文理的にも，また立法過程でも，二種のアストラントを区別してはいないから，いずれのアストラントにも適用されると解される。その結果，確定的アストラントに関する従来の判例法理の修正をもたらすことになる。これは，理論的にみれば，確定的アストラントと損害賠償の切断の帰結である[37]。以下では，こうした本条による判例法理の修正について，発令の管轄の問題（(ア)）と職権による発令の問題（(イ)）に区別して確認する。更に，本条の考察の最後に，この制度の目的について言及する（(ウ)）。

(ア)　発令の管轄

本条は，アストラントの発令の管轄に関して「裁判所は，自らの裁判の履行を確保するために，……アストラントを命ずることができる」という。上述のように，立法過程では，レフェレの裁判官を含む，全ての裁判機関にアストラントを発令する管轄権を認める趣旨と説明されていることから，立法趣旨からすると，本条の「裁判所」とは，全ての裁判機関を指すものと解される。なお，これは理論的には，A. Esmein の考え方に従い，アストラントを裁判官の命令権に基づくものと理解した帰結であると思われる[38]。また，

36　JO AN［CR］23 juin 1972, p. 2811.
37　関連する指摘として，Chabas ①, p. 273；J. Boré ②, n° 17.

上述のように，本条は単に「アストラント」というから，暫定的アストラントにも確定的アストラントにも適用されると解される。第2編でみたように，1972年法前の判例は，アストラントの性格が暫定的か確定的かにより，発令の管轄も異なるとしていたから，本条は，従来の判例に一部修正をもたらすことになる。以下では，こうした従来の判例と本条の関係について，暫定的アストラントと確定的アストラントの場合に分け，具体的に確認する。なお，アストラントの発令の管轄権の有無が問題になる裁判機関はいろいろある[39]が，ここでは，第2編の考察で採り上げた裁判機関についてみるにとどめる。

　暫定的アストラントについてみると，判例は，発令の段階の暫定的アストラントが損害賠償と異なるとの立場を，戦前あるいは遅くとも1950年代には確立していたと考えられる（第2編第1章2）。本書では既に，この基本的な判例の立場に関連して，暫定的アストラントの発令の管轄につき，商事裁判所・控訴裁判所・レフェレの裁判官の場合をとりあげ，その問題の所在及び1972年法前の判例の立場を既に考察した（第2編第1章3(イ)―(エ)）。要約すると次のようである。商事裁判所については執行の管轄権がないこと，控訴裁判所については新たな請求が禁止されること，レフェレの裁判官については本案を害することが禁止されることとの関係で，それぞれ暫定的アストラントの発令についての管轄権の有無が問題とされた。判例は，商事裁判所及び（控訴審ではじめて暫定的アストラントの発令を求める申立がなされた場合の）控訴裁判所の管轄権については早くから肯定した。この二つの裁判所の管轄権の問題には，発令段階の暫定的アストラントと損害賠償との関係と共に，執行方法との関係をどう解するかという問題も関わっており，いずれの裁判所の管轄権についても肯定する判例の立場は，発令段階の暫定的アストラントを損害賠償でもなく，且つ，執行方法でもないとする解釈に基づくものと考えられる。レフェレの裁判官の管轄権についても，判例は1950年代には肯定する立場を確立している。更に，このレフェレの裁判官に関する判例は，1971年9月9日のデクレ80条前段（後の新民事訴訟法典491条1項前段

38　本編第1章2(イ)及び本章1で採り上げた国民議会の委員会報告書参照。
39　第4編第2章2【1】(ア)参照。

に相当)[40] が,「レフェレの裁判官は,アストラントを命ずる有責裁判及び訴訟費用を命ずる有責裁判をすることができる」と定めることによって,立法的に確認されている。従って,商事裁判所・控訴院[41]・レフェレの裁判官についてみれば,本条は,これらの裁判機関に自らの裁判の履行を確保するために暫定的アストラントを発令する管轄権を肯定して,従来の判例の立場を確認するものと考えられる。

一方,確定的アストラントについてみると,本書では,P. Mazeaud らとは異なり,1972 年法前の判例は確定的アストラントを損害賠償と解していたとみている。1972 年前の判例は,この立場に基づき,確定的アストラントの発令について,商事裁判所の管轄権は肯定し,(控訴審ではじめて確定的アストラントの発令を求める申立てがなされた場合の)控訴裁判所の管轄権及びレフェレの裁判官の管轄権は,いずれも否定する立場をとっていたと思われる(第 2 編第 5 章 4【3】㈦)。

本条は,商事裁判所,控訴院及びレフェレの裁判官について,自らの裁判の履行を確保するために,確定的アストラントを発令する管轄権を肯定したと解されることから,控訴院及びレフェレの裁判官の管轄権については,判例の結論を修正したと考えられる[42]。この判例の修正は,形式的には本条によるものであるにしても,実質的には,本法が 6 条で確定的アストラントと損害賠償の分離を実現したことによる,といえる[43]。ただし,レフェレの裁判が仮のものであることとの関係で,レフェレの裁判官による確定的アストラントの発令については,確定的アストラントと損害賠償の分離が実現した

---

40 これらの規定につき,第 2 編第 1 章 3 ㈐参照。

 1972 年法の制定直後に,控訴院長が行うレフェレによるアストラントの手続についても,1971 年 9 月 9 日のデクレ 80 条と同旨の規定が設けられている。すなわち,「新民事訴訟法典に挿入される第 3 連の諸規定を設ける」1972 年 8 月 28 日のデクレ 788 号 (D 1972 législ. 475) の 152 条 1 項前段は,「院長は,アストラントを命ずる有責裁判をすることができる」と定める。V. Denis, p. 59, note 4.

41 1958 年の司法制度改革以降は,控訴裁判所となるのは控訴院のみである。第 2 編注 393 参照。

42 控訴院につき Chabas ①, p. 273 ; J. Boré ②, n° 44 ; Denis, n° 261. レフェレの裁判官につき,Chabas ①, p. 273 ; J. Boré ②, n° 46. Cf. Denis, n° 260.

43 Chabas ①, p. 273 ; J. Boré ②, n°ˢ 44 et 46.

からといって，それだけで単純に問題が解決するわけではない。この点は後述する。商事裁判所の管轄権については，本条は，従前の判例の結論を維持している。これに関し，次の二点に留意しておきたい。まず，確定的アストラントの申立てを損害賠償請求と解する従前の理由付けは，本法6条により，否定されたと考えるべきである。次に，商事裁判所のような，執行に関する管轄権のない例外裁判所に，確定的アストラントの発令の管轄権を認めることは，本条が，確定的アストラントを執行方法でないとの立場に立つことを示すと考えられる。このことは，前述のように，暫定的アストラントの場合にも同様にあてはまる。

レフェレの裁判官が確定的アストラントを発令しうるかに関し，Chabas et Deis は，新民事訴訟法典により解決されたという。具体的には，本案を害することの禁止（旧民事訴訟法典809条1項）が緩和されたこと[44]，新民事訴訟法典の規定（491条）が，暫定的アストラントと確定的アストラントの区別をせずに，レフェレの裁判官が「アストラント」を発令できると定めること，更に1972年法の6条が確定的アストラントを損害賠償から切離したことを挙げる[45]。破毀院も，[487] 1977年5月4日の第2民事部判決[46]で，レフェレの裁判官が確定的アストラントを発令できることを明確に認めた。しかし，その場合のアストラントの確定的な性格を，レフェレの裁判が仮のものであることとの関係で，どのように解するかが，更に問題になりうる。この点について，レフェレの裁判官が発令した確定的アストラントは，レフェレの裁判官に対する関係で確定的な性格を有するにとどまり，本案裁判官は常にこれに拘束されないとする考え方[47]と，本案についてレフェレの裁判官

---

[44] 旧民事訴訟法典809条1項及びこれに相当する新民事訴訟法典488条1項については，第2編注336参照。

[45] Chabas et Deis, J-Cl. n° 157.

[46] [487] Civ II 4 mai 1977 は，レフェレの裁判は「常に仮の性質（nature provisoire）を有し，本案に関する既判事項の権威を有しない」のに，原審は，レフェレの裁判官が確定的アストラントを発令する権能を否定し，1971年9月9日のデクレ80条及び1972年法6条に違反したとする。

[47] Vizioz, JCP 1948 II 4223（[224] [225] [229]）; Denis, n° 260. なお，J. et L. Boré, n° 51 も同旨。

第2章　1972年法第5条

と結論を同じくする場合にはアストラントに関するレフェレの裁判に拘束されるとの考え方[48]がある。破毀院は，前者の立場に立っているとみられる[49]。

　さて，以上述べたことは，本案の裁判を行った裁判機関がアストラントを発令する場合，すなわち，裁判機関が自らの裁判の履行確保のためにアストラントを命ずる場合に関する。ところで，本条は，「裁判所は，『自らの(leurs) 裁判』の履行を確保するために，……アストラントを命ずることができる」ということから，他の裁判機関の裁判の履行確保のためにアストラントを命じうるか，という疑問が生じた[50]。とくに問題になったのは，レフェレの裁判官についてである[51]。本条の文言に忠実に従えば，レフェレの裁判官が，他の裁判機関の裁判の履行確保のためにアストラントを発令することは，否定されると解せられる。しかし，肯定する解釈も成り立たないわけではない。理由としては，こうしたレフェレの裁判官の権限を認めれば，

---

[48]　Rassat, n° 35（本案裁判官は，本案の結論に応じて，レフェレの裁判官が発令したアストラントを維持するか取消すかの選択肢しか有しない，とする）; Lévy, JCP 1992 II 21842（[581]）（本案裁判官は本案についてレフェレの裁判官と同じ結論を採るならば，暫定的なアストラントにせよ確定的なアストラントにせよ，レフェレの裁判官による金額確定を修正し得ない，とする）。

[49]　[581] Civ II 6 fév. 1991. レフェレにより発令された確定的アストラントの額は，偶発事又は不可抗力の場合を除いて，修正できないとした原判決を，「レフェレの命令は，本案に関して，既判事項の権威を有しない」と定める新民事訴訟法典488条違反として破毀する（同条については本編注44参照）。同旨の判決として，[491] Civ II 18 oct. 1978 もよく挙げられるが，前者ほどはっきりしたものではない（Lévy, JCP 1992 II 21842）。[491] Civ II 18 oct. 1978 は次のようである。レフェレの命令により暫定的アストラントの金額確定と確定的アストラントの発令がなされ，これらの債権の担保のために差押え＝差止め（saisie-arrêt）が行われたが，控訴院は，債務者がアストラントを支払う義務があるとすることはできないとし，差押え＝差止めを解除（mainlevée）した。破毀院は，この控訴院判決について，レフェレの裁判は常に仮のもので，レフェレの命令に拘束される必要はないとの原則を適用したものとし，これを支持する。

[50]　Chabas et Deis, J-Cl. n° 89 ; J. Boré ②, n° 49 et s.．

[51]　Lobin, n° 20. なお，Normand, RTDC 1982. 195 et s.（[508]）は，1972年法前の判例実務は，レフェレの裁判官が他の裁判機関の裁判のためにアストラントを命ずるのを認めていたとする。

第3編　1972年7月5日の法律

手続が迅速・簡便になしうるるし[52]，新民事訴訟法典491条（1971年9月9日のデクレ80条に相当）は「レフェレにより裁判する裁判官は，アストラントを命ずる有責裁判をすることができる」と定めるにすぎず，文言上制約はないこと[53]等[54]が挙げられる。更に，前述のように，立法過程でも，本条については，全ての裁判機関にアストラントを命ずる権限を認める趣旨であることが強調されるにとどまり，その権限を自らの裁判の履行確保の場合に制限するとの説明は見当たらない。この点も，否定説が絶対ではないことを示すであろう[55]。この問題について，下級審の裁判例は分かれた[56]が，学説では肯定するものが有力であり[57]，後に破毀院も肯定する立場を明らかにした[58]。

52　Normand, RTDC 1982. 196（[508]）. V. aussi J. Boré ②, n° 51.

53　J. Boré ②, n° 51. もっとも，Boré は，1972年法5条は法律の規定であるから，命令に相当する新民事訴訟法典491条に優先するとの反論がありうることを指摘する。同旨，Lobin, n° 20.

54　Normand, RTDC 1982. 197（[508]）は，1972年法5条（本条）の文言についても，レフェレの裁判官が，他の裁判機関の裁判の履行確保のためにアストラントを発令することを否定すると解すべき必然性はないとする。Normand は，本条の文言には複数形が用いられている（本条の「裁判所」の原語は Les tribunaux であり，「自らの裁判」の原語は leurs décisions である）こと，一方，アストラントを命じた裁判機関にその金額を確定させようとする（1975年法による改正前の）1972年法7条の場合には，単数形が用いられていることに注目し，本条は，本案の裁判をする裁判機関とアストラントを命ずる裁判機関が同一であることを義務付けるより，むしろ，アストラントの目的を強調する趣旨であるとする。

55　同旨，Normand, RTDC 1982. 196（[508]）.

56　否定する裁判例として，たとえば，[508] Rouen 31 mars 1981. 肯定する裁判例として，たとえば，[532] Versailles 2 mai 1986. 第4編第2章2【2】とくに同編注88参照。V. Chabas et Deis, J-Cl. n° 89.

57　肯定説として，たとえば，H., L. et J. Mazeaud et Chabas, Traité théorique et pratique de la responsabilité délictuelle et contractuelle, t. III, 1ᵉʳ vol, 1978, nᵒˢ 2507-9 et 2507-11 ; Normand, RTDC 1982. 195 et s. ; Plantavit de La Pauze, GP 1986 II 465（[532]）. Perrot, n° 5 は，否定する裁判例について，「この有害な結論はそろって（unanimement）遺憾とされた」という。一方，否定的な立場としては，J. Boré ②, n° 51 ; Lobin, n° 20.

58　[542] Com 23 fév. 1988 ; [590] Com 21 janv. 1992. 第4編第2章2【2】とくに同編注89参照。

しかしながら，後にみるように（第4編第2章2【2】），他の裁判機関の裁判の履行確保のためにアストラントを発令する場合について，1991年法は，これを執行裁判官の管轄とする新たな規定を設けて（同法33条2項），別の立法的解決を図っている。

(イ) 職権による発令

裁判所が職権によりアストラントを発令しうるかの問題も，既にみたように，アストラントと損害賠償の関係に関連すると考えられており，1972年法前の判例の立場は，暫定的アストラントと確定的アストラントで異なっていた。すなわち，前者について肯定し（第2編第1章3(ア)），後者については否定する立場をとっていたとみられる（第2編第5章4【3】(イ)）。本条は，確定的アストラントについて職権による発令を認めたと解されることから，その点で判例の立場を修正したといえる[59]。職権で確定的アストラントを命じうることについて，学説にはこれを問題視するものがある。すなわち，Denisも，裁判官の権能を不当に拡大すると批判し[60]，J. Boréも，対審による弁論を経ずに，職権で発令された場合，濫用の危険が大きいことを指摘する[61]。更にJ. Boréは，対応策として，職権により発令する場合には予め対審の弁論の機会を保障すること，理由中に，債務者の資力や不履行の重大性に関する説示を義務付け，破毀院の審査を可能にすることを提案している[62]。

しかし，1972年法下の判例は，職権による確定的アストラントの発令について，躊躇することなく更に進んで，理由を付す必要はないとし[63]，事前に当事者の陳述（explications）を促す必要もないとした[64]。

59　Chabas ①, p. 273 ; J. Boré ②, n° 19 ; Denis, n° 251.
60　Denis, n° 271. なお，本編第3章2【1】(ウ)参照。
61　J. Boré ②, n° 69.
62　J. Boré ②, n° 71. なお，本編第3章2【1】(ウ)参照。
63　[473] Civ III 23 oct. 1974 は，1972年法5条及び6条により，「アストラントは損害賠償とは別個独立のものであり，裁判所がその発令を理由付ける必要なしに職権で命ずることができる強制方法に相当する」と判示する。V. Chabas et Deis, J-Cl. n° 50.
64　[494] Civ II 21 mars 1979 は，1972年法5条及び6条によれば確定的アストラントを職権で命ずることができるとし，「この点について，自由裁量権（pouvoir discrétionnaire）を有する裁判官は，事前に当事者の陳述（explications）を促す必要

付言すると，暫定的アストラントについて職権による発令を認める判例が確立したのは1960年代であるが，こうした判例は，裁判所に暫定的アストラントを発令する「専権（pouvoir souverain）」を認める[65]。裁判に理由を付す義務が免除されると解される「自由裁量権（pouvoir discrétionnaire）」とは異なり，「専権」は裁判に理由を付す義務を免除するものではないと解されている[66]から，1960年代の上記判例は，暫定的アストラントを職権で発令することは認めても，その理由を付す必要を否定するものではなかったと考えられる。しかし，1972年法下の判例は，裁判所の権限を強化する方向に進み，アストラントの発令に関し，理由を付す義務が免除されると解される「自由裁量権」を認めるに至った。すなわち，前述のように，確定的アストラントを職権で発令する場合に事前に当事者の陳述を促す必要がないと判断する際，破毀院は，この「自由裁量権」を根拠にしている[67]。また，破毀院は，アストラントを求める申立てを排斥する場合にも理由を付す必要はない[68]としており，その際も，この「自由裁量権」を根拠に用いている。なお，

はない」と判示する。同旨，[537] Civ II 11 mars 1987. V. Chabas et Deis, J-Cl. n° 50 ; J. et L. Boré, n° 55.

65 　第2編第1章3(ｱ)参照。職権による暫定的アストラントの発令を肯定したと解しうる1960年代の三つの判決（第2編注47及び注48参照）はいずれも，暫定的アストラントの発令に関し，裁判所が「専権的に（souverainement）」判断すること又は裁判所の「専権（pouvoir souverain）」を認める。

66 　L. Boré, D 1997. 231（[622]）; J. Boré, La cassation en matière civile, 1997, n° 1429.

67 　本編注64参照。

68 　[516] Civ III 3 mai 1983（確定的アストラントの申立てを認めなかった原判決に対する破毀申立てに対し，「事実審裁判官は，申立てのないアストラントを発令するために又はアストラントの申立てを排斥するために自由裁量権（pouvoir discrétionnaire）を有するのであり，自らの裁判に理由を付す（motiver）義務はない」と判示する)。同旨，[518] Civ III 9 nov. 1983（アストラントの申立てを認めなかった原判決に対する破毀申立てに対し，「事実審裁判官は，アストラントの申立てを排斥するために自由裁量権を有するのであり，自らの裁判に理由を付す義務はない」と判示する。なおアストラントの性格は不明）；[609] Civ II 23 nov. 1994（理由を示さないで，確定的アストラントの申立てを排斥した原判決は，新民事訴訟法典455条（判決に理由を付すことを要求する）に違反する旨の破毀申立人の主張を認めず，「控訴院は，1972年7月5日の法律によりその自由裁量（discrétion）に委ね

こうした 1972 年法下の裁判所の権限の強化の傾向は，発令の段階のみならず，金額確定の段階にもみられる（本編第 5 章 2【2】(イ)）。

後述のように，1991 年法は，確定的アストラントは，暫定的アストラントの後にはじめて命じうるとする（同法 34 条 3 項）ので，1991 年法下では直ちに職権で確定的アストラントが発令される可能性は封じられた。それでも，職権でアストラントを発令すること自体はそのまま認められ（同法 33 条 1 項），アストラントを発令する裁判に理由を付すことや事前の当事者の陳述を促すことを義務付けるような特別な立法措置はとられていない。

(ウ)　制度目的

本条は，「裁判の履行を確保するために」アストラントは命じられると定めることから，アストラントの制度目的が「裁判」の履行確保であることを明らかにする規定と考えることもできる。有力な学説はこのように解している[69]。立法資料中には，本条が制度目的を定める趣旨を含むとする明示的な説明は，見当たらないが，本条をこう解しても，立法趣旨に反するわけではないと思われる。前述のように，P. Mazeaud は第 1 読会の冒頭の総論的な報告で，アストラントの目的として債務の履行確保と裁判の履行確保を挙げ，とくに裁判の履行確保による公益の保護をアストラントの機能として強調している。この P. Mazeaud の説明は，直接的には，アストラント金の一部を国庫金とする旨の法案 7 条の 5（本編第 6 章参照）を理由付けるためのものとみられるが，法案提出者が，アストラントの——少なくとも，主要な——目的を裁判の履行確保と考えていたことは，明らかである。

ところで，アストラントの目的に関する 1972 年法前の学説として，二種類のアストラントは目的を異にするとの Rassat の見解がある。Rassat によれば，アストラントを定義するのに，従来の学説には，債務者に対して債務の本来的履行を強制する方法というものと，訴訟当事者に対して裁判の履行を

られた権能を用いたにすぎない」とする). V. J. et L. Boré, n° 54 ; Chabas et Deis, J-Cl. n°ˢ 15 et 50.

69　Normand, RTDC 1982. 197（[508]）（本編注 54 参照）; Chabas ①, p. 271 ; Chabas et Jourdain, J-Cl. resp. civ., Astreintes, fasc. 224-2, 1986, n° 10. 本条を踏襲する 1991 年法 33 条 1 項について，それがアストラントの目的を定める趣旨と指摘するものとして，Chabas et Deis, J-Cl. n° 11 ; Perrot et Théry, n° 69 ; J. et L. Boré, n° 3.

強制する方法というものがあり，また Kayser は，アストラントの役割は，債務の履行により契約関係の正義を図ると共に，裁判の履行により社会秩序を図ることにある，としていた[70]。Rassat の見解は，こうした従来の考え方を全面的に覆すものではないにしても，暫定的アストラントの主な目的は「債務者にその債務の本来的履行を促す」ことにあり，その本質は強制方法で予防的な性格のものであるが，確定的アストラントの主な目的は「訴訟当事者（justiciable）に裁判の履行を促す」ことにあり，その本質は制裁で，懲罰的な性格のもの，と解する[71]。このように二種のアストラントは目的を異にするとの Rassat の見解について，Chabas 教授は，本条により否定されたと指摘する[72]。つまり，本条には，アストラントの目的を明らかにする意義と共に，暫定的アストラントでも確定的アストラントでも目的は異ならないことを明らかにする意義も認めうる。

翻って，Chabas 教授は，本条により，債務の履行確保をアストラントの目的と解することも否定される，という見方はしていない。アストラントの目的として裁判の履行確保のみならず債務の履行確保も挙げ，前者を直接的な目的，後者を間接的な目的とする[73]。法案提出者も，前述のように，債務の履行確保がアストラントの目的であることは否定しない。1991 年法下であるが，本条を踏襲する 1991 年法 33 条 1 項に基づき，裁判の履行確保がアストラントの目的であることを強調する Perrot et Théry は，債務の履行確保をアストラントの目的と解することも否定するようにもみえる。しかし，次の記述をみると疑問も残る。「アストラントの本質的な機能は，まず，裁判官の裁判が尊重されるようにすること，その結果，この裁判により確認される債務が，履行されるようにすることである。この微妙な差異は……実益を欠くものではない」[74]。なお，この実益について，Perrot et Théry は，適用範囲やアストラント金の帰属の問題等を挙げる[75]。

---

[70] Kayser, n°s 3 et 29.

[71] 第 2 編第 5 章 4【1】参照。

[72] Chabas ①, p. 271. 同旨，Chabas et Jourdain, *op. cit*., n°s 9-10 ; Chabas et Deis, J-Cl. n°s 12-13.

[73] Chabas et Jourdain, *op. cit*., n° 8 ; Chabas et Deis, J-Cl. n° 11.

[74] Perrot et Théry, n° 69.

第2章　1972年法第5条

　このようにみると，本条は，アストラントの目的は専ら裁判の履行確保のみで債務の履行確保はアストラントの目的でないというよりは，裁判の履行確保が債務の履行確保よりも重要で本質的な目的であることを明らかにする趣旨，と考えられているようである。

　では，アストラントの目的として，債務の履行確保よりも裁判の履行確保が重視されるのは何故か。次の三点を挙げることができると思う。

　第一に，アストラントの根拠を裁判所の命令権に求めた A. Esmein の見解が，こうした制度目的の捉え方の理論的な基礎となっていると考えられる[76]。もっとも，本条にいう「裁判」（本案の裁判を意味すると考えられる）と，A. Esmein のいうような裁判所の「命令（injonction；ordre）」の関係は，必ずしも明らかでないように思われる。本案の裁判の中に命令が含まれると解するのが当然と受け止められているようであるが，この点はあまり論じられていないようにみえる[77]。

75　Perrot et Théry, p. 82, note 1. この実益に関わる事項としては，適用範囲・金銭の帰属の問題の他，効力発生時，アストラントの免責事由である外在的原因の観念が挙げられている。

　　適用範囲と目的論の関わりに触れると，Perrot et Théry は，アストラントは裁判の履行確保を目的とするから，その適用範囲も債務ではなく裁判を基準として画されると考えているようである。すなわち，Perrot et Théry, n° 72 は，「より一般的には，ある債務を債務者に課す裁判を，債務者が遵守するよう強制することが問題になる度に（toutes les fois）」アストラントが用いられるという。また，「アストラントが本案の有責裁判に付随するものである限り，裁判官が，強制執行（exécution forcée）が許される真の債務の存在を確認して，有責裁判をした以上，常にアストラントを命ずることができる，ということを原則とするのが当然と思われる」という。

76　J. et L. Boré, n° 3 は「アストラントは何よりもまず裁判官の命令権の表れ（manifestation）である。故に，アストラントは裁判の履行を確保するためのものである」という。また，A. Esmein 自身も，アストラントの目的が裁判の履行確保であるとの考え方を示唆することにつき，第1編第4章【5】参照。

77　「命令（injonction）」と本案の裁判を同視するような説明はしばしば見受けられるので，命令は本案の裁判に含まれるとの解釈が，当然視されているように思われる。たとえば，1991年法下ではあるが，Perrot et Théry は，アストラントについて，「当事者に対して『裁判官の命令（injonctions du juge）』を任意に履行することを強

277

第3編　1972年7月5日の法律

第二に，アストラントの歴史的な経緯と関連があると考えられる。Chabas

制するため」(n° 56) のものと説明する一方で，「債務者に対し，『その者を有責とする裁判 (décision de justice qui le condamne)』を自ら履行するのを促すように強制するため」(n° 69) のものと説明する (『　』は筆者が付した)。また，1991年法の36条の法文自体も「命令」の語を用いており (同条1項は「暫定的アストラントの額は，命令 (injonction) を受けた者の態度及びその者が命令を履行するために遭遇した困難を考慮して，確定する」と定め，同条3項は「裁判官の命令 (injonction du juge) の不履行又は履行遅滞が，全部又は一部において，外在的原因によることが証明されたときは，暫定的又は確定的アストラントは，全部又は一部において廃止される」と定める)，同条の「命令」の語は本案の裁判と同義と考えられる。同条の「命令」の語に関する特段の説明は，立法資料中には見当らないが，たとえば，Catalaによる国民議会法務委員会の報告書からは，この「命令」の語が「判決 (jugement)」及び (本案の)「有責裁判 (condamnation)」と同義と捉えられていることが窺える。第4編第6章1【1】及び【3】(ア)参照。

「命令」と本案の裁判の関係を詳述するものとしては，Denis, n° 164 et s. がある。Denisは，裁判官は (本案の) 有責裁判をする (condamner) とき，履行義務 (devoir d'exécuter) を創設することにより「命令」をすると解し，「命令」とアストラントの区別の必要を強調する。その一部を引用すると，次のようである。「重要なのは，アストラントと命令を混同しないことである。裁判官は有責裁判をするときに履行義務を創設し，この履行義務は実際には為す債務又は為さない債務の形で示される。(こうして) 裁判官は命令を発する。この命令は，先験的には，制裁を欠いている。また，裁判官は同時に，制裁を課す旨の威嚇として (en tant que menace de sanction)，アストラントを発令する。この制裁は，命令が奏効しない場合に効力を生ずる。つまり金額を確定されたアストラントは，制裁になる」。「この全体が，分かち難い一つのまとまりを成している。アストラントは命令の存在を明らかにするのである」(Denis, n° 165)。

また，Denisは，有責裁判により履行義務を創設するとの考え方と，判決は確認的であるとの原則 (le principe du jugement déclaratif) (判決は既存の権利を確認するものであり，権利を創設するものではないとの原則) との関係についても論じている (Denis, n° 164)。フランスでは，例外的に形成判決 (jugement constitutif) は認められるにしても，確認判決 (jugement déclaratif) が原則で，日本の給付判決に相当するものも確認判決の分類に含めて考えられている (江藤价泰「フランスにおける形成判決の効力」『フランス民事訴訟法研究』(日本評論社，1988年) 123頁注20。Vincent et Guinchard, Procédure civile, 25ᵉ éd., 1999, n°ˢ 192-193)。「命令」が本案の裁判に含まれると解することは，この点に関連して問題があるようである。

第2章 1972年法第5条

教授は，アストラントの目的論と「執行文の衰退」と呼ばれる現象との関係を指摘する[78]。すなわち，建物の明渡しを命ずる裁判の執行（明渡処分）の機能不全が深刻化するなかで，その打開策として裁判所がアストラントを利用するようになったことから，裁判の履行確保がアストラントの目的であるとの認識が高まった，ということのようである。Chabas教授はとくに指摘していないが，アストラントがもともと裁判実務のなかで形成されてきたことも，関連すると思う。

第三に，アストラント金（の全部）を債権者が取得することを批判するための根拠となるから，アストラントの目的が裁判の履行確保であることが一層重視される，という見方もできよう。前述のように，P. Mazeaudのアストラントの目的に関する説明も，アストラント金の帰属に関する法案を理由づけるための説明とみられる。

さて，既に触れたように，1991年法（33条1項）も，本条を踏襲して「裁判の履行を確保するために」アストラントが命じられる旨を定めることとなる。そうして，上述のようなアストラントの制度目的に関する状況は，1991年法下でもとくに変わることはない。

---

[78] Chabas et Jourdain, *op. cit.*, n° 8 ; Chabas et Deis, J-Cl. n° 11. 類似のものとして，Kayser, n° 3. なお，「執行文の衰退」については第2編第2章1参照。

Chabas et Jourdain, *op. cit.*, n° 8 ; Chabas et Deis, J-Cl. n° 11 は，当初，司法裁判は一般に遵守されており，アストラントは，何よりもまず，債務の本来的履行を促すために役立ったが，執行文の衰退に伴い，何よりもまず，裁判自体を保護する手段になった，という。

第 3 章　1972 年法第 6 条

　1972 年法 6 条（本章では，以下，本条という）は「アストラントは，損害賠償とは別個独立のものとする。アストラントは，暫定的又は確定的とする。アストラントは，裁判官がその確定的性格を明らかにしなかったときは，暫定的とみなす」とする。本条前段はアストラントと損害賠償の関係，中段はアストラントの種類，後段は発令されたアストラントの性格の解釈に関して定めている。

1　議 会 審 議

　本条は，Mazeaud = Foyer 案の 2 条，政府提出法案に挿入された 7 条の 2 に相当する。両者は同文で，本条は，それを無修正で認めたものである。しかし，議会では，その結論に落ち着く前までには，確定的アストラントの許容性をめぐり，大きな議論があった。概略すれば，第 1 読会では，原案をそのまま採択した国民議会案に対し，元老院は強く反対し，「アストラントは，損害賠償とは別個独立のものとする。アストラントは，威嚇的性格を有する。」との修正案を採択する。この「威嚇的性格」とは，確定的アストラントにも認められる威嚇力を有するという意味ではなく，暫定的性格と同義であり，この修正案の後段は確定的アストラントを否定する趣旨である。政府は元老院案に反対し，妥協を促す。第 2 読会では，国民議会は，確定的アストラントを認める立場を堅持し，元老院の修正案を排して再び原案通りの修正案を採択する。政府も国民議会案に賛成し，結局，元老院は，妥協を求める政府の意向に従って，この国民議会案を受け入れる。しかし，本条に関する対立は完全に解消されたわけではなく，対立の一部は，後述の 8 条（法案の 7 条の 4）の議論に引き継がれた，といえる。以下，この経緯を詳しくみる。

第3章 1972年法第6条

(ア) 第1読会

第1読会の国民議会の審議で，本条に関して注目されるのは，既にみた（本編第1章2(ウ)）本会議における Mazeaud の報告である。そこでは，アストラントと損害賠償の区別は「立法の土台」であるとして，その明文化の必要が強調されると共に，これが判例の確認であること，確定的アストラントについては「破毀院により1959年10月に公認され，その金額確定は当初に定められた額で行なわれるから，勿論最も強力な強制方法である」[79] と説明されている。前に述べたように（本編第1章2(イ)(ウ)），この Mazeaud の判例解釈には問題がある。1972年法前の判例は，確定的アストラントについては損害賠償と異なることを認めなかったと考えられるし，また，Mazeaud が掲げる［373］1959年10月（20日）の破毀院判決は，確定的アストラントではなく暫定的アストラントに関するものだからである。しかし，国民議会では，そうした問題の指摘もなく，本条は何ら異論なしに採択されている。

これに対し，元老院の法務委員会の報告者 Le Bellegou は，確定的アストラントを否定する修正案を提案した。以下では，彼の発言の一部を引用しながら，元老院の考え方をみる。

まず，「アストラントは，損害賠償とは別個独立のものとする」とする本条前段に関する発言をみておく。元老院は，この規定に反対してはいないが，その解釈は，国民議会とは異なっていることがわかる。

「『アストラントは，損害賠償とは別個独立のものとする』。これは確かです。しかし，問題になるのは，いかなる損害賠償でしょうか？ それは，本案の訴えのなかで債権者に既に認められた損害賠償（ceux qui ont été accordés au cours de l'action principale）です。その他，このアストラントが損害賠償の性格を有するか否かについては，際限なく議論できます。というのも，語られる全ての判決は，これが頑強な債務者が行った faute の填補（compensation）であることを示しているからです。この領域の基本的な判決と考えられる1959年の判決が述べているのは，まさに，行われた faute の重大性を考慮して，アストラントを最高額で維持する，ということです」[80]。

---

[79] JO AN［CR］23 juin 1972, p. 2804（Mazeaud の発言）.

[80] JO S［CR］29 juin 1972, p. 1370.

第 3 編　1972 年 7 月 5 日の法律

　このように，元老院の側は，本条前段の「損害賠償」を既に認められた損害賠償の意味に縮小解釈して，この規定に賛成したにすぎず，アストラントを損害賠償の一種と考えていることがわかる[81]。この元老院の立場は，暫定的アストラントについてみれば，1959 年 10 月 20 日以降の破毀院判例に反する。もっとも，上記引用部分に鑑みれば，元老院の報告者は，1959 年判決はアストラントと損害賠償の関連性を否定したわけではないと解したようである。また，この報告者は，続けて，「私が懸念するのは，アストラントをこれこれの概念に法的に関連付けるということではなく……」[82] と，アストラントの法的性質論には固執しない旨の発言をしており，アストラントが損害賠償であること，本条前段の「損害賠償」を限定的に解すべきことを，強固に主張する意図はなかったようである。

　次に，確定的アストラントに関する Le Bellegou の発言を拾って，確定的

---

[81] このことは，Le Bellegou の次の発言からもわかる（JO S［CR］29 juin 1972, p. 1367. ただし，この部分は，本条よりむしろ，アストラント金の国庫金化を提案する 7 条の 5 に関する）。「国民議会は，アストラントの法的根拠について更に先に進んで，アストラントは，債権者に認められる損害賠償でもないと考えるに至っています。この債権者は，履行遅滞に苦しんで，そのために訴訟の際に彼が提示した損害とは別に，損害を蒙ることになります。確かに，アストラントは，債務者が有責とされた時点で債権者に認められる損害賠償とは，異なります。債務者が履行と同時に損害賠償を命じられることはありえます。この損害賠償は，アストラントを命ずる有責裁判とは異なります。アストラントを命ずる有責裁判は，暫定的なものでありましょうし，強制手段（mesure de contrainte）ですし，履行がないために債権者に生じた損害の賠償（réparation）に当たります。どうして，アストラントが法的根拠を損害賠償から借用していない，といえるのでしょうか。私が引用した諸判決は，頑強な債務者の faute について述べています。さて，損害を生じさせるいかなる faute であってもその faute により――これは我が法の重要な原則です――損害を生じさせた者が，この損害の賠償をしなければならなくなります。我々は，損害賠償についての普通の考え方をしています（Nous sommes dans la notion habituelle des dommages et intérêts）。この考え方は，国民議会の同僚達から，時代遅れのものにされました。彼らはそこに，判決の履行確保のための一種の刑事制裁（sanction pénale）を認める可能性のようなものがあると考えました。……」（下線は筆者が付した）。

[82] JO S［CR］29 juin 1972, p. 1370.

第3章　1972年法第6条

アストラントに反対する元老院の考え方を探る。以下の発言は，確定的アストラントの，とくに判例に関するものであるが，その趣旨は明瞭とはいえない。

　1959年10月20日の破毀院判決[83]「及び同旨の他の判決により，ある種の確定的で修正不能なアストラントが設けられたということは，私にはいい過ぎに思えます（Dire qu'on a, par cet arrêt et par d'autres du même genre, institué une sorte d'astreinte définitive et irrévisable me paraît excessif）。なぜならば，判例に言及したときには，各事件の事案を検討すべきだからです。この事件で問題になったのは，非常に不誠実な会社で，……まさにこの場合において，まず控訴院，続いて破毀院が，（先行の）判決で発令されていたアストラント（の額）をアストラントの確定額とし，このアストラントを確定的なものと考えたのです。他の諸判決も同じ考え方を明らかにしています。実際，破毀院の民事部の別の判決のなかに，次のような別の判決理由（note）を見出せます。『事実審裁判官は，遅延日毎で計算され，彼らが定めた期間の満了時に，損害賠償の補足として，確定的に取得されるアストラントを，彼らがした有責判決に付すことにより，損害の額を専権的に算定したのであって，損害の存在は，その損害について行われた算定により，こうして十分に理由づけられている……』。このように，最初の判決の時に発令されていたアストラントを（そのまま）命ずる確定的な有責裁判を，公認した複数の裁判（des décisions qui ont consacrées la condamnation définitive à l'astreinte qui avait été prononcée lors du jugement initial）があります。以後，確定的で修正不能なアストラントを維持すべきである，というべきでしょうか？　元老院の法務委員会は，そうは考えませんでした」[84]。

この引用部分の冒頭及び，他の箇所でLe Bellegouが，アストラントは暫定的性格を「判例のなかで常に有していた」と述べる[85]ことからすると，元老院の報告者は，確定的アストラントについて判例は否定すると考えたよう

---

[83] JO S［CR］29 juin 1972, p. 1367によると，Le Bellegouは，「1961年10月20日」の破毀院判決と述べるが，これは，1959年10月20日の破毀院判決の誤りであろう。

[84] JO S［CR］29 juin 1972, p. 1367.

[85] JO S［CR］29 juin 1972, p. 1371.

にもみえるが，上記引用部分の全体の趣旨とくに最後の部分からすると，反対に，判例はこれを肯定すると考えたようにみえる。また，Le Bellegou が問題にした確定的アストラントは，損害賠償と異なるもののみか，損害賠償の一種にすぎないものも含むのかも，判然としない[86]。

付言すると，元老院の報告者は Mazeaud の見解に反対するつもりであっても，Mazeaud の見解に引きずられている観が否めない。というのも，上記引用部分によると，Le Bellegou も，Mazeaud と同様に，暫定的アストラントに関する1959年10月20日の破毀院判決を，確定的アストラントに関するものと考えているようだからである[87]。なお，これと同旨の別の破毀院民事部判決として引用されているのは，[375] 1959年11月4日第1民事部判決のようである。同判決は，1959年10月20日判決と同旨の判決とはいえないが，確かに確定的アストラントに関するものである。Mazeaud がかつて，損害賠償と異なる確定的アストラントを認めたものと解し，1959年10月20日判決と並べて，アストラントと損害賠償の分離を確定的にした判決と説いたものである[88]。Le Bellegou がこの判決をどう解したのか，その正確なところはよくわからない。

次に，元老院側が，確定的アストラントに反対する理由をみる。これは，Le Bellegou の以下の発言に示されている。

「実際，不誠実な（mauvaise foi）債務者は……高額のアストラントを命じられます。しかし，裁判の履行を拒んでいても，全ての債務者が必ずしも不誠実なわけではありません。裁判の履行に困難がある債務者もいます。裁判の履行手段を欠き，当面は，義務を果たす手段を探さねばならない債務者もいます。このように必ずしも不誠実なわけではない債務者に，アストラントを確定的に適用することは，私には行過ぎに思えます。アストラントを発令した裁判官は，その金額確定時に，それを維持する又は減額す

---

[86] J. Boré ②, n° 17 は，「元老院は……民事判例が，損害賠償と異なる確定的アストラントを決して公認していなかったと指摘した」という。しかし，このような指摘は，少なくとも明示的な形では，見当らない。

[87] Denis, n° 238 も，Mazeaud の解釈と同様に，Le Bellegou の1959年10月20日判決の解釈にも，問題があることを指摘する。

[88] 第2編第5章4【1】【2】及び本編第1章2(イ)参照。

る権利，更に，債務者の不誠実が完全に証明された場合には，増額する権利も有するべきです。しかし，私が個人的に重視し，また元老院の法務委員会からも支持を得ていることは，裁判官が，履行の状況を評価して，命じられた期間内に裁判を履行しなかった頑強な債務者の誠実又は不誠実の程度（le degré de bonne ou de mauvaise foi）を，正確に測定できるようにすべきである，ということです。いいかえれば，この点について私は裁判官を絶対的に信頼しています。国民議会で採択された条文では，アストラントが確定的であるのは，裁判官がその旨を宣言した場合に限られることが明らかにされています。しかし，裁判官がそう考えるとき，裁判官には，履行の時点における債務者の誠実さ又は不誠実さを審査する方法がないことになりましょう。これが元老院の法務委員会が，国民議会の条文を受け入れなかった理由です」[89]。

このように，元老院の報告者が，確定的アストラントを否定する理由として強調するのは，履行時の債務者の誠実・不誠実の程度を正当に評価する機会がないことである。悪質な不履行の対策は，暫定的アストラントの金額確定時の増額を認める方法によればよいとし，それよりも悪質でない債務者に対する確定的アストラントの適用を危惧する。その危惧の内容は，次のLe Bellegouの発言から看取できよう。彼は，アストラントを再考する権能を裁判所が保持すべき理由について，次のようにいう。

「実際，次の観点を見失うべきではありません。債務者が判決の履行に何らかの困難を有するとき，これは支払能力がある状態にはなく（ce qui n'est pas *in bonis*），彼には他の債権者もあるということで，もし彼が過大なアストラントの重みに押しつぶされるならば，彼にはおそらく多額の損害が生ずるでしょうが，同様に他の債権者の担保を減少させることにもなりましょう。そこに危険があるのです」[90]。

以上から，元老院側が確定的アストラントを否定する理由は，次のように要約できよう。確定的アストラントは，履行時の債務者の誠実・不誠実を正当に評価する機会を認めないため，債務者に過大な負担を強いる危険があり，

---

89 JO S ［CR］29 juin 1972, p. 1367.
90 JO S ［CR］29 juin 1972, p. 1371.

ひいては他の債権者にも悪影響を及ぼす危険もあるから，認めるべきではない，と[91]。

以上のような考え方に基づく元老院の法務委員会案は，そのまま採択されるが，その採択前に，政府を代表する法務大臣が，同案に反対し，国民議会案を支持する旨の意見を述べている。

法務大臣は，まず，Le Bellegou の報告は「判例の現在の傾向に対する……批判」であるが，国民議会の見解は「ある種の緩和策（correctifs）を導入しながら，判例及び学説の変遷の枠内にある」ので，「この二つの見解の溝は非常に深い」とする。続いて，法務大臣は，両院の妥協案を示唆する。すなわち，国民議会案は「判例法（droit prétorien）に二つの修正を導入するものです。アストラントは，損害賠償とは別個独立のものとしています。その金額については──これは明らかに非常に独創的な改革です──2 分の 1 が国庫に，2 分の 1 が当事者に帰属するとしています」と指摘した上で，元老院の反対の焦点は，後者にあるはずであるとして，本条について譲歩を求めた[92]。

この譲歩を拒む Le Bellegou の発言の後，法務大臣は，本件が，従来からこの議会でも再三問題となった裁判の不履行の対策であることを指摘した上で，国民議会案に賛成する理由を次のように述べる。「経験上我々にわかったことは，アストラントを暫定的とみなすことが常に可能であれば，債務者……（中略）……は，不誠実であればあるほど，アストラントが暫定的とみなされば裁判官が常に行うこの修正を，当てにするようになる，ということです」。また，元老院案に対する反対の要点を次のように説明する。「実際，それは裁判官に対するある種の不信を示し，裁判官の権能を制限する，ということです。私の考えでは，ある状況では，不誠実に（par mauvaise foi, par méchanceté），判決の履行を拒む一部の者の態度に対して，裁判官は，最後の手段として，アストラントを確定的なものと判断しうるべきです。……」。そして，最後に次のように結んでいる。「私は，採択されている案が柔軟だ

---

[91] 法務大臣も，国民議会の第 2 読会で，「アストラントは，実際に訴額（intérêt du litige）をはるかに超えるほど重い負担を，有責者の肩に課すに至ることに，危険が存する」と元老院が考えている旨，述べている。JO AN［CR］29 juin 1972, p. 3012.

[92] 以上の発言につき，JO S［CR］29 juin 1972, p. 1370.

と考えます。なぜならば，この案は，一般的には，アストラントを暫定的とみなすべきことを，よく示しているからです。『裁判官がその確定的性格を明らかにしなかったときは』と付け加えられています。これは，裁判官がこの確定的性格を宣言するのは，それが不誠実で頑強な者を譲歩させる唯一の方法であることを心底から確信した場合に限られる，という意味です」[93]。

以上のことからすると，法務大臣が元老院案に反対し国民議会案に賛成する理由は，次の三点に集約できよう。第一は，元老院の見解は「判例の現在の傾向」に反するのに対し，国民議会の見解は「緩和策を導入しながら，判例及び学説の変遷の枠内にある」こと，第二に，暫定的アストラントは，債務者が後の修正を期待するために，実効性に欠け，裁判の不履行の対策として十分でないこと，第三に，国民議会案は暫定的アストラントを原則とし，確定的アストラントを不誠実な債務者に対する例外的手段とする点で，柔軟であることであり，とくに強調されたのは，第二点とみられる[94]。こうした法務大臣の見解も妥協案も，第1読会では元老院に通用しないかにみえたが，次の第2読会では，結局，効を奏することになる。

(イ) 第2読会

第2読会では，国民議会で再び最初の国民議会案への修正が提案され，異論なく採択されている。国民議会側の論拠は，元老院における法務大臣の反論のそれとほぼ同様である。

国民議会では，MazeaudでなくFoyerが委員長兼報告者として，次のように述べている。元老院が確定的アストラントを認めないことは「法的に逆行することになります。というのも，現在の判例は，こうした確定的アストラントの可能性を認めており，他方，司法官は非常に節度をわきまえて（très modéré）それを利用するにすぎず，濫用に至ったということは聞かないからです」[95]。このように，国民議会では，報告者も報告書も，判例が，損害賠償と異なる「確定的アストラントの可能性」を認めているとし，この点が強調されている。もっとも，報告書は，その参照判例として，1959年10月20

---

[93] 以上の発言につき，JO S［CR］29 juin 1972, p. 1371.

[94] 第2読会の国民議会でも，法務大臣は，元老院でこの点を主張した旨を述べている。JO AN［CR］29 juin 1972, p. 3012.

[95] JO AN［CR］29 juin 1972, p. 3012.

日その他の破毀院判決は掲げず，［388］Paris 控訴院 1961 年 2 月 16 日判決という下級審判決を挙げるにとどまる[96]。

また，委員会の報告書は，アストラントの「実効性は非常に衰えており，経験的にそれが明らかになるのは，アストラントが暫定的である場合，すなわち裁判官が金額確定の時にその額を修正しうることを債務者が承知している場合である」という[97]。これは元老院における法務大臣の反論の第二点と同旨である。

更に，Foyer は次のようにいう。「アストラントの真の機能が忘れられていたようにみえます。実際，アストラントは金銭の支払いを得ることを目的とするものではありません。これは他の方法によってなしえます。その目的は，為す債務の債務者がすべきことを実行するのを促すこと又は為さない債務の債務者が不作為義務を怠るのを避けることです。この領域では，アストラントは明らかに有用です。そして，暫定的アストラント――大抵の場合はこれでしょう――，さもなければ，確定的アストラントを――不誠実な (de mauvaise foi, de mauvaise volonté) 債務者，司法を愚弄する債務者又は自分に対する有責裁判に従うのを計画的に拒む債務者であると裁判官が考えるときに――発令する権能を裁判官に委ねることが，私には必要に思えます」[98]。この Foyer の発言は，確定的アストラントをとくに不誠実な債務者に対する例外的な方法とする点で，元老院における法務大臣の反論の第三点と類似する。

なお，上記引用部分のなかで，Foyer が，アストラントは金銭債務には適用されないと述べる点は興味深い。しかし，1972 年法では，適用範囲に関する条文は最初から予定されておらず，立法趣旨を明らかにするためにとくに重要と思われる，Mazeaud = Foyer 案の提案理由説明も（本編第 1 章 2 (ア)）第 1 読会の国民議会の委員会報告書も（本編第 1 章 2 (イ)），アストラントは金銭債務に適用されないとか，債務の類型により適用範囲を制限する趣旨の説明は全く見当らず，ただ，アストラントの適用される債務の典型が，為す債

---

[96] Rapp. Foyer et Mazeaud, Doc. AN 1971-72, n° 2492, p. 2.
[97] Rapp. Foyer et Mazeaud, Doc. AN 1971-72, n° 2492, p. 2.
[98] JO AN［CR］29 juin 1972, p. 3012.

務である旨の説明があるにとどまる。こうしたことに鑑みても，上記のFoyer の発言は，1972年法の立法趣旨を考える上では，とくに重視する必要はなかろう。

さて，法務大臣は，元老院における自らの主張を要約し，国民議会でも，両院の妥協の必要を説き，本条については国民議会案に賛成するが，別の条文については元老院案を支持する旨を付言した[99]。

元老院では，この法務大臣の期待通り，妥協により，国民議会案がそのまま採択され，これで本条の審議は終了する。ただし，確定的アストラントに関し，元老院は国民議会の立場に完全に追随すると決断したわけではない。すなわち，本条につき国民議会案を受け入れる代わりに，元老院法務委員会は，確定的アストラントの修正の余地を広げる趣旨の7条の4（後の8条）の修正案を提案する[100]。こうして，元老院は，確定的アストラントを認めるにしても，その確定的性格の緩和を求めるようになるが，この審議の内容については，後にみることにする（本編第5章1）。

2 考　察

【1】　第6条前段及び中段

(ア)　判例との関係

「アストラントは，損害賠償とは別個独立のものとする。アストラントは，暫定的又は確定的とする」と定める本条前段及び中段の意義は，既に述べたように（本編・序），従来の判例を修正して，確定的アストラントを損害賠償から完全に切り離したことにある。これは，本条のみならず，アストラントに関する1972年法自体の，最も重要な意義と考えられる。因みに，Denis は，この原案の提案者である P. Mazeaud と Foyer を「新しい確定的アストラントの『父』」と呼んでいる[101]。

---

[99] JO AN [CR] 29 juin 1972, p. 3012.

[100] JO S [CR] 30 juin 1972, p. 1424. Le Bellegou 及び法務大臣の発言参照。Le Bellegou は本条の採択に際し，「妥協の目的において，また7条の4について法務委員会の名で提案する条文の状態で」国民議会案を受け入れるという。

けれども，本条が，判例を修正して「新しい確定的アストラント」を創設する意義を有することは，議会の審議において明確に認識されていたとはいい難い[102]。少なくとも，原案の提案者である P. Mazeaud と Foyer は，本条を，判例を確認する趣旨としている。これは，たびたび触れてきたように[103]，また Denis も指摘するように[104]，とくに P. Mazeaud が，1972 年法前の判例によって，損害賠償と異なる確定的アストラントが認められたと解していたことによる。なお，Chabas 教授は，破毀院が確定的アストラントと損害賠償の完全な切離しを認めていなかったことを明言しながらも，この立法前に判例の変化を認めようとした学説[105]と同様の考え方に立って，破毀院の [330] 1955 年 2 月 2 日第 1 民事部判決又は [375] 1959 年 11 月 4 日第 1 民事部判決以降，確定的アストラントと損害の一致は直接的には要求されなくなったことに言及し，「故にそれほど無理をしないで（presque sans optimisme excessif），原案の提案者たる報告者（les rapporteurs de la loi, auteurs de la proposition）は，確定的アストラントが仏法に存在することを主張できた」と説明する[106]。

(イ)　元老院の立場

本条中段に強く反対した元老院も，損害賠償と異なる確定的アストラントの立法化が，判例の修正に当たることを，少なくとも明瞭な形で，主張したわけではない。そもそも，元老院の報告者の論旨は明瞭とはいえず，損害賠償と異なる確定的アストラントのみに反対したのか，それとも，従来の判例が認めてきた，損害賠償の一種である確定的アストラントも含めて反対したのか，また，確定的アストラントに関する判例をどう解釈し，自らの立場を

101　Denis, n° 238.

102　なお，法務大臣は，元老院にて，国民議会案には判例法の二つの修正があると述べ，その一つに，アストラントが損害賠償と別個独立とする点を挙げるから，損害賠償と異なる確定的アストラントを認めることを判例の修正と解していたとみる余地はある。

103　とくに本編第 1 章 2(イ)参照。

104　Denis, n° 238.

105　第 2 編第 4 章 5 とくに同編注 349 及び同編第 5 章 4【1】【2】参照。

106　Chabas ①, p. 272.

判例との関係でどう理解したのか，いずれも判然としない。

　元老院の報告者が，アストラントを損害賠償の一種と解したことは，かなりはっきりしている。元老院は，「アストラントは，損害賠償とは別個独立のものとする」とする本条前段に反対してはいないが，元老院の報告者は，この「損害賠償」を既に認められた損害賠償の意味に縮小解釈しており，暫定的アストラントさえ損害賠償の一種と解したことがわかる。Chabas 教授も，「アストラントが暫定的であろうと確定的であろうと，元老院議員が執着していたのは，まさに損害賠償アストラントである」と述べている[107]。こうした元老院の立場は，暫定的アストラントについての［373］1959 年 10 月 20 日の破毀院判決以降の確定的な判例に反する。その上，元老院の報告者は，同判決について，確定的アストラントに関するものであるとか，アストラントと損害賠償の関係を否定したわけではないというような趣旨の発言をしている（本章 1 (ｱ)）。このように，元老院側の主張には，不明瞭な点があるのみならず，当時の判例・学説と明らかに乖離する点がある。

　また，元老院は，確定的アストラントを否定するために，アストラントは「威嚇的性格を有する」との修正案を提案しているが，この用語にも問題がある。この修正案の「威嚇的性格」とは「暫定的性格」の意味で，1949 年法 1 条も従来の判例も元老院と同様の用語法によっている。しかし，既に述べたように[108]，1959 年 10 月 20 日判決の評釈で Holleaux はこの用語法を不当と評し，威嚇的性格はアストラントの本質で，確定的アストラントにおいて，より顕著なことを指摘して以来，学説はこれに従うようになっている。Mazeaud ＝ Foyer 案の提案理由説明（本編第 1 章 2 (ｱ)）中でも，Holleaux と同様に，従来の用語法の誤まりが指摘され，用語の明確化が法案の目的の一つとされている。このような状況で，元老院がアストラントの「暫定的性格」を意味するのに特別な理由もなく「威嚇的性格」の語を用いたことからは，元老院のアストラントに関する見識の低さが窺える[109]。

　元老院の立場には，以上のような問題があるが，これらの問題点を捨象し，

107　Chabas ①, p. 272.

108　第 1 編第 1 章 3【1】及び第 2 編第 5 章 4【1】参照。

109　Denis, p. 346, note 3 も「驚くべき」ことと評している。また，第 2 読会の国民議会の委員会報告書は，皮肉を交えたように，「元老院がまさに正しく強調するよ

第3編　1972年7月5日の法律

元老院が確定的アストラントに反対した実際的・実質的な理由を考えてみると，それは履行時の債務者の誠実又は不誠実の程度を審査する機会が保障されず，債務者に過剰な負担を強いる危険，ひいては他の債権者の担保の減少も招く危険もある，ということであろう。一言でいえば，確定的アストラントの「苛酷性」である。この元老院の考え方は傾聴に値する。

　国民議会及び法務大臣が（損害賠償とは異なる）確定的アストラントを支持する理由は，判例との関係を除くと，次の二点に集約しうる。一つは，暫定的アストラントに加えて確定的アストラントを認めれば，裁判所は具体的事情に応じて柔軟に対処できる，ということである。もう一つの理由は，確定的アストラントには暫定的アストラントを上回る強制効果があること，すなわち高い「実効性」で，これが確定的アストラント支持の主たる理由とみてよかろう。確定的アストラントの許否をめぐる両院の対立は，実質的には，こうした「苛酷性」対「実効性」の構図において理解しうる。そうして，1972年法の立法段階では，国民議会側が主張する「実効性」が勝利したが，元老院側の「苛酷性」についての懸念も無用ではなかった，といえる。というのも，次にみるように，同様の懸念は，学説の一部からも指摘され，更に後の1991年法による法改正に繋がるからである。なお，第2読会で，Foyerは確定的アストラントについて「司法官は非常に節度をわきまえてそれを利用するにすぎず，濫用に至ったということは聞かない」と述べている。しかし，Denisも指摘するように[110]，当時の確定的アストラントは損害賠償に一致するものにすぎなかったことに留意すべきである。

　(ウ)　学説の立場

　学説をみると，まずChabas教授は，MazeaudとFoyerの「成功を祝すべきである」と高く評価する[111]。また，損害賠償と異なる確定的アストラントを支持する学説が1972年法前から存在したことは既にみた通りであり[112]，そうした学説がこの立法を支持したことは容易に推測されよう。

　　　うに，アストラントは威嚇的である」という。Rapp. Foyer et Mazeaud, Doc. AN 1971-72, n° 2492, p. 2.
　110　Denis, n° 240.
　111　Chabas ①, p. 272.
　112　第2編第4章**5**及び同編第5章**4**【1】参照。

第3章　1972年法第6条

　元老院と同様に確定的アストラントが苛酷な結果を生ずる危険性を懸念する学説としては，Denis と J. Boré の見解を挙げておく。既に触れたように，この濫用の問題は 1991 年法による改正に関係することにも鑑み，各々の見解についてやや詳しく紹介する。

　Denis は，確定的アストラントの廃止を主張する。すなわち，アストラントの性格を暫定的なものとして統一し，常に事後的な金額修正の機会を保障すべきことを主張する[113]。彼は，損害賠償との切離しにより，確定的アストラントが大きな実効性を得ることは否定しない[114]。しかし，第一に，確定的アストラントの強制効果は，問題となる利益に対して過剰であるし，第二に，暫定的アストラントを以って代替できる故に，確定的アストラントは不要と主張する[115]。この二点について敷衍すると，次のようである。

　Denis は，強制効果が過剰なことを，新たな確定的アストラントが「専断的且つ固定的な制裁（peine arbitraire et fixe）」[116]であることから説明しようとする。要約すれば，次のようである。すなわち，損害賠償と異なる確定的アストラントは制裁（peine）であり，その額を決定する基準は，有責当事者の faute の重大性及び資力と考えられる[117]。しかし，faute は損害のような客観的な基準でないし[118]，とりわけ，未だ行われていない faute に基づいて

---

[113] Denis, nº 275. なお，この結論に至る考察において，Denis は，二種類のアストラントの相違に関する，次のような理解を基本に据えている。彼によれば，暫定的アストラントは，発令の段階では強制であるが，金額確定の段階では，強制の性質が失われて，性質が変化する。すなわち，1959 年の判例変更以降は，私的制裁（peine privée）に変化する。しかるに，確定的アストラントは発令の段階から二つの性質を併有する。すなわち，強制の性質と共に，1972 年法以降は，私的制裁の性質を併有する（とくに Denis, nºˢ 269-270）。

[114] Denis, nº 264. Denis は，確定的アストラントが損害賠償にすぎない場合でも，「将来に対して予定されたものである」以上，それなりの威嚇力・強制力を有する，と解している（Denis, nº 192）。なお，Denis によれば，確定的アストラントが損害賠償にすぎないならば強制力を有しないとする学説が有力であったが，彼は，その学説は強制と制裁（peine）を混同するものと批判する（Denis, nº 192 et s.）。また破毀院も学説と同様の誤りを犯したという（Denis, nº 196 et s..）。

[115] Denis, nº 264 et s.

[116] Denis, nº 268.

第3編　1972年7月5日の法律

適切に制裁を定めることは,「離れ業（tour de force）」である[119]。資力という基準は調整機能をもつにしても,裁判官が,暫定的アストラントでなくわざわざ確定的アストラントを選択するときには,強制の効果をあげるため,先験的に,行われる可能性のある faute は重大であると判断して,faute が行われた後に算定する場合よりも,高額のアストラントを命じやすい。このように,確定的アストラントの額は,faute が行われる前に,専断的に（arbitrairement）決定される[120]。そのまま固定され,faute が行われた後の変更は許されない。この点で,予め明確に定められた刑罰を自動的に適用し裁判官の裁量を否定する「絶対的法定刑（peine fixe）」に匹敵する。絶対的法定刑が刑法上強く否定されるにも関わらず,こうした確定的アストラントを認めるのは不合理である[121]。

確定的アストラントを不要とする Denis の見解は,次のように要約しうる。暫定的アストラントの実効性が強力に制限されていた1959年の判例変更前ならば,懲罰的な確定的アストラントの擁護も考えることができた。しかし,判例変更後の暫定的アストラントは,実効性を有するのみならず,金額確定時における裁量に基づく事後的評価が保障されている点で,その保障のない確定的アストラントより優れている[122]。1972年法は,確定的アストラントを,1959年以降の判例に基づく暫定的アストラントと同一の仕組みに委ねている[123]が,その結果,期間の制限がないこと・職権による発令が認められること・損害賠償との併課も認められること等の点で,確定的アストラントは弊害をもたらすおそれが大きい[124]。両者は適用範囲も性質等もほぼ同一であるから,確定的アストラントを維持する必要はない[125]。以上が,Denis の主張である。

117　Denis, n° 265.
118　Denis, n° 266.
119　Denis, n° 265.
120　Denis, n° 266.
121　Denis, n° 267.
122　Denis, n° 269.
123　Denis, n° 270.
124　Denis, n°ˢ 271-272.

第3章　1972年法第6条

　J. Boré もまた，確定的アストラントの危険性を指摘する[126]。しかし，Denis のように確定的アストラントの廃止まで主張する趣旨ではないようである。また，J. Boré の批判は，確定的アストラントのみにとどまるものではなく，暫定的アストラントも含めたアストラントの裁量性に向けられている。すなわち，彼は，1972年法が，裁判官の裁量を全面的に認めて制約を加えなかったこと，それ故にアストラントが専断的な制裁（peine arbitraire）であることを，とくに確定的アストラントに関して批判し，裁判官の権限濫用に因る問題と，債務者の情報不足（défaut d'information）に因る問題に区別して，対応策を提案する[127]。敷衍すれば，以下のようである。

　J. Boré は，アストラントの場合，裁判官の中立性（impartialité）の保障は十分ではなく，損害の算定の如き客観的な基準を欠くことや，不服申立ての保障も弱いこと等から，裁判官の権限濫用が生じやすいことを指摘し[128]，算定に関する濫用の対応策としては，上限の設定を提案する。アストラントの柔軟性や実効性等を損ねるとの批判も考えられるので，この上限は，一定の額（une somme fixe）ではなく，係争利益に応じた額（taux proportionnel à l'intérêt du litige）によるべきであるとする[129]。また，とくに確定的アストラントが対審の弁論を経ずに職権で発令された場合，裁判官の情報不足が権限濫用につながるため，その対応策として，対審の弁論を必要的なものとし，理由中に債務者の資力や不履行の重大性に関する説明を義務付けるよう提案する[130]。

　債務者の情報不足は，とくに確定的アストラントの場合に，不測の重い負担を債務者に強いることになりうる[131] ため，J. Boré は次のような対応策を

125　Denis, n° 272.

126　J. Boré ②, n°s 17 et 79.

127　J. Boré ②, n°s 62 et 67-78.

128　J. Boré ②, n° 70. なお，不服申立ての保障が弱い理由としては，控訴審におけるアストラントの発令が認められること（本編第2章2(ｱ)参照），判例によれば，破毀院は制裁の程度に関する審査権限を有しないこと等が挙げられている。

129　J. Boré ②, n° 72. この提案は，とくに確定的アストラントを念頭に置いたものではないようである。

130　J. Boré ②, n° 71.

提案する[132]。すなわち，確定的アストラントの前にまず暫定的アストラントを用いること，確定的アストラントの代わりに損害賠償を利用すること，確定的アストラントに期間を付すこと，確定的アストラントの既得金額を債権者が債務者に定期的に通知するよう義務付け，その通知を欠く場合にはアストラントの進行をとめること等である。

後にみるように，1991年法は，確定的アストラントの濫用の対策として，暫定的アストラントの後にはじめて発令しうるものとし，期間を付すべき旨を定める（同法34条3項）。こうして上述のJ. Boréの提案の一部は，やがて実現することになる[133]。

㊁　アストラントと損害賠償の併課等

第2編でみたように，アストラントと損害賠償の関係は，個別の諸問題の結論に影響を及ぼす基本的問題と考えられてきている。そこで，「アストラントは，損害賠償とは別個独立のものとする」との本条前段の定めは，既に判例がこの理を肯定していた暫定的アストラントの場合には，特段の影響を及ぼさないものの，判例の修正に相当する確定的アストラントの場合には，諸問題の取扱いに，大きな影響を及ぼすことになる。発令に関わる手続的な問題への影響は既にみた通りである（第2章2㋐）。

アストラントと損害賠償との併課については，本条前段はこれを肯定する趣旨と解せられる。この点は，Foyerが明言している。彼は，法案7条の5の審議の際に，本条1項の趣旨を次のように説明する。「それは何を意味するでしょうか？　アストラントを，債務不履行の事実から債権者に生ずる損害を賠償する損害賠償に，加えることができる，ということです」[134]。なお，

131　J. Boré ②, n° 73.

132　J. Boré ②, n°ˢ 74-78.

133　なお，Boréは，債務者の情報不足に因る問題の対策として，本文に挙げたものの他に，アストラントの進行開始日をアストラントの裁判の送達以後とすること（J. Boré ②, n° 76），アストラントについて控訴の停止的効果を及ぼすこと（J. Boré ②, n° 78）等を挙げる。この二つの対策は，確定的アストラントのみを念頭に置いたものではないようであるので，本文では省略したが，後にみるように，前者については実現していない（1992年7月31日のデクレ51条2項）ものの，後者は近時の判例変更により実現している（第4編第8章）。

元老院の報告者は，本条の「損害賠償」を既に認められた損害賠償の意味に縮小解釈した（本章1(ｱ)及び2【1】(ｲ)）。この元老院の解釈によれば，既に認められた損害賠償とアストラントの併課は許されても，それ以外の場合は両者の併課は許されないことになろう。しかし，元老院もこうした解釈を強硬に主張してはいないし，立法の経緯全体に鑑みても，本条前段の立法趣旨は，Foyer の上記発言のように，アストラントと損害賠償の併課を認めるものと解するのが自然である。Chabas 教授も「アストラントが，どのようであれ，損害賠償に——遅延賠償にも填補賠償にも——加えられることは，明白である」と述べる[135]。暫定的アストラントについては，判例は1959年の判例変更後から損害賠償との併課を認めている（第2編第5章2【1】(ｲ)）から，本条前段はこの点を変更するものではないと解される。しかし，確定的アストラントについては，判例は損害賠償との併課を認めていたとは解し難い（第2編第5章4【3】(ｱ)）ので，本条前段はこの点で判例の立場を変更すると解される[136]。

　もっとも，1972年法下の裁判実務が，アストラントを損害賠償と完全に切離して扱っていたかといえば，疑問の節もある[137]。［476］1975年5月28日商事部判決は，「債務者の不誠実並びに濫用的で fautive な抵抗」を確認し

---

[134] JO AN［CR］29 juin 1972, p. 3013.

[135] Chabas ①, p. 274. V. aussi Denis, n°ˢ 252 et 271 ; J. Boré ②, n° 22.

[136] J. Boré ②, n° 22. 確定的アストラントと損害賠償の併課を認める判例として［478］Civ I 17 fév. 1976（不動産の売却のために3月の期間が与えられ，その期間経過後15000フランを支払うよう，遅延日毎100フランの「非威嚇的アストラント」を付して命じられた場合について，破毀院はこのアストラントを確定的アストラントと解し，このアストラントと15000フランの法定利息の支払いを命ずる有責裁判の併課を認めた原判決を支持する）．

[137] Larher-Loyer, L'efficacité de l'astreinte : Mythe ou réalité ? Revue judiciaire de l'ouest 1987, p. 269 は，Rennes 及び Angers の二つの控訴院の裁判を対象にして1984年に行ったアストラントの実態調査を踏まえ，「アストラントの金額を確定する裁判のなかには，かなりはっきりと（plus ou moins expressément），生じた損害に依拠するものがあり，まるで裁判官（magistrats）はアストラントと損害の分離を決心できないようである」といい，この趣旨の若干の例を挙げている。また，Blanc, p. 60 は，「債務者の faute に応じてアストラントの金額を確定するのが慣行

た控訴院は，損害も考慮にいれて，(暫定的) アストラントの金額を確定しうるとする[138]。また，[477] 1976年1月21日第1民事部判決は次のように判示する。「1972年7月5日の法律の6条は，債権者が，自らの損害が発令されたアストラントの額を上回ると考えるならば，債権者に補足の損害賠償 (dommages-intérêts supplémentaires) を請求する可能性を留保するために，アストラントは損害賠償と別個独立のものとすることを明確にしている」[139]。[546] 1988年4月13日第1民事部判決は，アストラントを「仮の損害賠償として (à titre de dommages-intérêts provisionnels)」命じた原判決を破毀していない[140]。

しかし，少なくとも 1972 年法下の末期の破毀院は，アストラントと損害

であり，そのアストラントの額が債権者に認められる損害賠償額から控除されることは明らかにされていた」という。これが 1972 年法下の実務であるとは明言していないが，文脈上はそのように読める。

なお，拙稿「フランスにおけるアストラント——その現状に関する基礎的考察——」比較法研究 51号 (1989年) 115頁は，1972年法下のアストラントの概要に関し，次のように説明していた。「損害賠償との関係ないし取立金の取扱いは，わが国の間接強制と同様に考えてよい。『アストラントは損害賠償と無関係である』(同法6条) との規定があるが，判例はこの規定を取立金の額が損害額を下回る場合には不足分の損害賠償請求を妨げない趣旨にとどまると解している。また損害額を上回る場合にはその差額分は債権者に帰属することになる」(なお，本書では，上記1972年法6条の訳を「アストラントは，別個独立のものとする」に変更している)。この説明は，本文後掲 [477] Civ I 21 janv. 1976 を根拠にしたのである。しかし，今日の視点からすると，同判決は 1972 年法下初期の判例の混乱を示す一つの例とみるべきであり，同判決を根拠にした上記の説明も不当であった。本文で後述するように，少なくとも 1972 年法下末期の破毀院判例は，日本法 (民事執行法 172条4項) とは異なり，アストラントと損害賠償を全く別のものと扱う立場を明確にする。

[138]　[476] Com 28 mai 1975 は，「威嚇的なアストラントは債務者の faute の重大性及びその資力に応じて金額を確定されるべきであるにしても，『債務者の不誠実並びに濫用的で fautive な抵抗』を確認した控訴院は，債務者による債務の履行遅滞により債権者に生じた損害もまた考慮にいれて，アストラントの金額を確定することができた」という。V. Chabas et Deis, J-Cl. n° 58.

[139]　Chartier, La réparation du préjudice dans la responsabilité civile, 1983, n° 765 et p. 905, note 1.

[140]　[546] Civ I 13 avr. 1988 について，J. et L. Boré, n° 82 は，「おそらく破毀院が考

第 3 章　1972 年法第 6 条

賠償の別個独立性を貫徹する姿勢を明確にしたように思われる。すなわち，[555] 1989 年 2 月 28 日第 1 民事部判決は，アストラントの金額を確定したことにより既に判断されたものとして，損害賠償請求を排斥した原判決について，アストラントは損害賠償と併課しうること，アストラントの金額を確定した判決の既判事項の権威は損害賠償請求を妨げるものではなく，二つの訴えは対象を異にするとし，原判決を本条及び既判事項に関する民法典 1351 条に違反するとして破毀した[141]。[585] 1991 年 6 月 12 日第 2 民事部判決は，損害に応じてアストラントの金額を確定することを相当とした原判決を，本条違反として破毀し[142]，[588] 1991 年 11 月 20 日第 2 民事部判決は，既に認められていた損害賠償をアストラントの額から控除した原判決を，本条違反として破毀し[143]，[595] 1992 年 12 月 2 日第 2 民事部判決は，アストラントの金額確定の申立てと損害賠償請求が同時になされた事案で，損害がアストラントの額を上回ることの証明がないとして，損害賠償請求を排斥した原判決を，本条違反として破毀する[144]。なお，[556] 1989 年 3 月 20 日第 1 民事部判決は，アストラントについて責任保険（assurance de responsabilité）の対象とならないとしている[145]。

しかし，このようにアストラントと損害賠償の両方を債権者に認めること

　　えたのは，裁判官が損害額に拘束されたことを金額確定の裁判のなかで示さなかった限り，この誤まった性質決定は不要なものと解しうる，ということである」という。

141　Chabas et Deis, J-Cl. n° 58.
142　Blanc, p. 60.
143　Chabas et Deis, J-Cl. n° 58 ; J. et L. Boré, n° 82.
144　Chabas et Deis, J-Cl, n° 58 ; Blanc, p. 60.
145　[556] Civ I 20 mars 1989 は，次のようである。請負人 X は A の家の改修工事を請負ったが，工事の後に欠陥（désordres）が明らかになり，X の建築者責任（responsabilité de constructeur）の保険者である保険会社 Y を含む，関係者全員の間で合意（accord）がなされ，この合意により，X は合意で定められた必要な工事を 2 週間内に行う旨を約した。X はこれを遵守せず，裁判所は，X に対しこの工事の実施を命じ，この訴訟において X に対して命じられたアストラントの金額を 78480 フランと確定し，更に，Y は X に対する有責裁判について責任を負う（prendre en charge）とした。しかし，控訴院は，保険契約で定められた保険負担対象外項目

第3編　1972年7月5日の法律

は，1972年法の法案の提案者自身も問題視していた。この点は後述する（本編第6章）。

【2】　第6条後段

「アストラントは，裁判官がその確定的性格を明らかにしなかったときは，暫定的とみなす」と定める本条後段は，発令されたアストラントの性格が不明な場合において，暫定的アストラントに対する確定的アストラントの一種の補充性を認める。この規定については，アストラントの性格の解釈に関する争いを回避できるとして，学説は好意的に評価する[146]。

ところで，前にみたように，この規定について，法務大臣は「裁判官がこの確定的性格を宣言するのは，それが不誠実で頑強な者を譲歩させる唯一の方法であることを心底から確信した場合に限られる，という意味」という。Foyer も，直接，本条後段と結び付けて説明したわけではないが，「大抵の場合」は暫定的アストラントが発令され，確定的アストラントが発令されるのは「不誠実な債務者，司法を愚弄する債務者又は自分に対する有責裁判に従うのを計画的に拒む債務者であると裁判官が考えるとき」であるという。これらの発言は，確定的アストラントに強硬に反対する元老院の説得のためになされたにしても，これらの発言に鑑みると，立法者の考え方としては，確定的アストラントを著しく悪質な債務者にのみ適用する，つまり，確定的アストラントに補充性を認める趣旨であった，ともいいうる[147]。本条後段をそのような立法者意思の表れとみる余地もないわけではない[148]。しかし，

　　（franchise）の金銭についても，Xに対してアストラントを命ずる有責裁判についても，Yは担保責任（garantir）を負わないとした。Xは破毀を申立て，アストラントについての控訴院の判断を争ったが，破毀院は，「アストラントは，その性質自体から，司法裁判の履行を当事者に強制することを目的とするものであって，この（保険）契約により担保される『建築についての職業上の危険』の定義に該当するものではない」等として，破毀申立てを排斥する。

　　この判決は，アストラントと損害賠償の区別に直接言及するものではないが，Chabas et Deis, J-Cl. n° 58 は，アストラントと損害賠償の区別の帰結とみている。第4編注76も参照。

146　J. Boré ②, n° 23. 同旨, Chabas ①, p. 273.
147　Denis, n° 240.

この規定によって，発令時における暫定的アストラントと確定的アストラントについての裁判官の選択が，制限されると解することは，文理的に無理であろう。Chabas 教授が「本法は，裁判官に対し，二つの形式のアストラントの間で，彼にとってより好ましいと思われるものを，選択する権利を認めている」と述べるのも，同様の趣旨と思われる[149]。もっとも，1991 年法は，確定的アストラントの危険性を懸念して，暫定的アストラントを先行させるべき旨のJ. Boré の提案（本章2【1】(ウ)）と同様の改正を行なったので，同法下では，確定的アストラントの補充性は明確なものになる。

---

[148] Denis, n° 240.
[149] Chabas ①, p. 273. Denis, n° 240 も，批判的な見地から，1972 年法には「裁判官が確定的アストラントを欲する限り広く用いるのを，禁じるものは何もない」という。一方，J. Boré ②, n° 23 は，6 条後段について，裁判官が「熟慮の末（délibérément）にしか」確定的アストラントを発令しないようにする効果がある，とする。

第4章　1972年法第7条

　1972年法7条が同法8条と共に，アストラントの金額確定に関するものであることは明らかであるが，以下にみるような立法の経緯に鑑みると，7条は，とくにその管轄に関する条文と考えられる。さて，7条（本章では，以下，本条という）は，1972年法の成立時には，「全部若しくは一部の不履行又は履行遅滞の場合には，アストラントを命じた裁判官は，その金額を確定しなければならない」と定めていたが，1975年7月9日の法律（以下，1975年法という）1条により，「全部若しくは一部の不履行又は履行遅滞の場合には，裁判官は，アストラントの金額を確定する」と修正されている。そこで，まず，1972年法の審議の経緯をみてから，1975年法の審議の経緯をみることにする。

1　議 会 審 議

【1】　1972年法の議会審議
　本条は Mazeaud = Foyer 案の3条，政府提出法案の7条の3に当たり，両者は同文で，「全部若しくは一部の不履行又は履行遅滞の場合には，アストラントを命じた裁判官は，その金額を確定しなければならない。この権能は，レフェレの裁判官に属する」というものであった。国民議会の委員会報告書は本条に関し，次のようにいう。「追加された7条の3は，レフェレの裁判官がアストラントを発令した場合に，アストラントの金額を確定する権能がこの司法官に属することを明らかにするものである。この結論は，判例が進んできた方向であり，それは当然である（qui est dans la nature des choses）。というのは，また繰り返さねばならないが，アストラントは損害賠償に類するものではなく，純然たる強制方法にすぎない（purement et simplement un moyen de coercition）からである」[150]。この説明からも，また既にみた（本編第1章 **2**）Mazeaud = Foyer 案の提案理由説明や国民議会の委員会報告書か

らしても，提案者側は，本条のうち，とりわけ後段の定めを重視していたと思われる。それは，本条の審議で Mazeaud が報告者として述べたように「この点に関する判例及び学説の問題（difficultés）を考慮して」[151] のことのようである。しかし，この後段は，元老院で削除され，国民議会も第 2 読会で元老院案に同意したため，最終的には，原案の前段のみから成る本条が採択された。

元老院が原案の後段の削除を提案した理由は，委員会の報告者 Le Bellegou の次の発言に示されている。「この点についてレフェレの裁判官に管轄権を付与した 1971 年 9 月 9 日の訴訟手続に関するオルドナンス［訳注：デクレの誤まり］がある状態では，原則は定立されています──そしてそれは全く一般的なものであります──。故に，それを本法で繰返すのは有益ではありませんでした。命令制定権（pouvoir réglementaire）の管轄に属する，解決済の問題に関することですから」[152]。すなわち，後段の削除の理由は，1971 年 9 月 9 日のデクレと重複すること，命令事項に属すること，である。国民議会でも Foyer が元老院の理由に賛成する旨を述べる。もっとも，Foyer は，元老院側の削除の理由につき「レフェレからこのような権限を奪おうとしたからではなく，この純粋な手続の規定は命令事項に属する（d'ordre réglementaire）と考えたからです」と説明するだけで[153]，デクレとの重複にはとくに言及していない。

一方，採択された部分「全部若しくは一部の不履行又は履行遅滞の場合には，アストラントを命じた裁判官は，その金額を確定しなければならない」については，ここでは全く問題にされていない。しかし，1975 年には次にみるように，その修正が問題になる。

【2】 1975 年法の議会審議

1975 年法は，1972 年法「を修正・補完する」Foyer 議員提出法案[154] に基づ

150　Rapp. Foyer et Mazeaud, Doc. AN 1971-72, n° 2447, p. 12.
151　JO AN［CR］23 juin 1972, p. 2811.
152　JO S［CR］29 juin 1972, p. 1371.
153　JO AN［CR］29 juin 1972, p. 3012.
154　Proposition de loi, Doc. AN 1974-75, n° 1443.

いており，この法案が，1972年法と同様，民事訴訟法の改正に伴って諸々の法律事項を別に整備する必要から提案された旨が，Foyer により説明されている[155]。

1975年法1条は，1972年法7条を「全部若しくは一部の不履行又は履行遅滞の場合には，裁判官は，アストラントの金額を確定する」と修正するもので，この提案は，第1読会で両院とも異論なく採択されている。

1975年法の法案の提案理由説明は，1条について，次の二点で1972年法7条の緩和を図ることにある，と述べる[156]。第一は，1972年法7条は，アストラントの金額確定の管轄を「アストラントを命じた裁判官」に限定するようにみえる点に関する。「アストラントを命じた裁判機関とは別の裁判機関が，その金額を確定することを許容する必要があると思われる。従って，アストラントがレフェレの裁判官又は準備手続裁判官（juge de la mise en état）により命じられたにしても——彼らは，実際，一般原則に基づいて，仮に（à titre provisoire）その金額を確定する権能しか有していない（実際，1971年9月9日のデクレ80条は『レフェレの裁判官は，アストラントを命ずる有責裁判及び訴訟費用を命ずる有責裁判をすることができる。レフェレの裁判官は，自らが命じたアストラントについて，仮に（à titre provisoire），金額を確定する権限を有する』と定める）——，本案裁判官が金額を確定しうるであろう」。緩和が必要な第二の点は，次のようである。「現行の7条は，全部若しくは一部の不履行又は履行遅滞の場合には，裁判官にアストラントの金額を確定することを強制している。この定め方は好ましくない。実際，裁判官がアストラントの金額を確定せねばならないのは，自らのためにアストラントが命じられた当事者が，そのために裁判官に申立てをする場合に限られる」。すなわち，

---

155 JO AN〔CR〕24 juin 1975, pp. 4676-4677. なお，1975年法の立法資料は次の通り。国民議会：Proposition de loi, Doc. AN 1974-75, n° 1443 ; Rapp. Foyer, Doc. AN 1974-75, n° 1630 ; Rapp. supplémentaire, Foyer, Doc. AN 1974-75, n° 1729 ; JO AN〔CR〕24 juin 1975, p.4676 et s.. 元老院：(Proposition de loi, Doc. S 1974-75, n° 437 未見) ; Rapp. Girault, Doc. S 1974-75, n° 479 ; JO S〔CR〕30 juin 1975, p. 2381 et s..

156 以下は，Rapp. Foyer, Doc. AN 1975-76, n° 1630, p. 3 による。次の資料からも同様のことがわかる。JO AN〔CR〕24 juin 1975, p. 4677（Foyer の報告）; Rapp. Girault, Doc. S 1974-75, n° 479, p. 3 ; JO S〔CR〕30 juin 1975, p. 2382（Girault の報告）。

この修正の目的は，レフェレの裁判官・準備手続裁判官が命じたアストラントの金額確定を本案裁判官が行えること，及び金額確定は申立てによることを明確にするため，ということである。

2　考　察

既に述べたように，本条が，アストラントの金額確定の，とくに管轄に関する規定であることは，以上のような立法の経緯から明らかであろう。本条は，発令の管轄を定める5条と同様に，文理的にも，立法過程でも，暫定的アストラントと確定的アストラントをとくに区別していないので，いずれのアストラントにも適用されると解される[157]。確定的アストラントについては金額確定の要否自体が問題になり，本条は8条と共に，これを肯定するものと解しうるが，この問題に関しては，8条の考察のところで述べる（本編第5章）。

1975年法による改正前の本条は，「アストラントを命じた裁判官は，その金額を確定しなければならない」と定めて，金額確定の管轄を発令の管轄に結び付けている。議会審議の過程では言及されていないようであるが，この考え方は，金額確定を「アストラントを発令する先行の手続の続行及び発展」と判示した［430］1966年5月13日の破毀院民事全部会判決の立場に従ったものと解される[158]。既に述べたように（第2編第5章2【2】(イ)），同判決の理由付けによれば，金額確定の申立てを損害賠償請求とする解釈を否定して，控訴院が発令したアストラントの金額確定の管轄権を控訴院に認めうると共に，金額確定の申立てを執行上の争いに関するとの解釈も否定して，商事裁判所等の金額確定の管轄権も肯定できる。本条もまた，このような結論を認めるものと考えられる。また，この1966年の民事全部会判決は，とくに金額確定の申立てを損害賠償請求とする解釈を否定する点で，［373］

---

[157]　J. Boré ②, n° 52. V. aussi Chabas ①, p. 275.

[158]　Chabas ①, p. 275 ; J. Boré ②, n° 55. なお，1966年の民事全部会判決以前に，Hébraud, RTDC 1959. 780は「金額確定は，当然に，アストラントを発令した者の権能に属すると思われる」と述べ，同判決と同様の考え方を示している。V. Denis, n°s 153-154.

1959年10月20日の第1民事部判決の立場に沿うものである。そうして，本条も，アストラントを損害賠償とは別個独立のものと定める1972年法6条の趣旨に沿うものといえよう。

　1975年法による改正は，上述のように，レフェレの裁判官・準備手続裁判官が命じたアストラントの金額確定を本案裁判官に認めることを意図するもので，より一般的には，アストラントを命じた裁判機関以外の裁判機関にその金額を確定する途を開くものといえる。

　しかし，金額確定の管轄の問題は多様でかなり複雑であり，1975年法による改正で問題の全てが解決されたわけではない。そうして，後にみるように（第4編第5章），1991年法35条は，金額確定の原則的な管轄権を執行裁判官に付与して，大幅な変更を加えることになる。ここでは，1975年法による改正前の本条に関して指摘されていた問題のうち，レフェレの裁判官及び控訴院に関するものを採り上げ，どの問題が1975年の改正により解決され，どの問題が未解決のまま1991年法まで残されたかを考察する。

　㋐　レフェレの裁判官の管轄権

　レフェレの裁判官がアストラントの金額を確定する権限を有する点を明らかにすることは，1972年法の提案者がとくに重視した事項の一つである（本編第1章2㋐㋑㋓），が，1972年法は提案者の意図を実現するものではなかった。一方，1972年法に先立ち，1971年9月9日のデクレ80条後段が，レフェレの裁判官は「『自らが命じた』アストラントについて，『仮に』，金額を確定する権限を有する」と定め，この限りでは，立法的な解決が図られていた。この規定は，後の新民事訴訟法典491条1項後段[159]に相当する。レフェレの裁判官によるアストラントの金額確定の問題については，本条のみならず，この1971年のデクレ80条（新民事訴訟法典491条）が重要である。さて，1972年法の成立後，本条に関してとくに指摘された問題には，次の二点がある。

　第一は，レフェレの裁判官が，自ら発令したアストラントについて，「終

---

[159]　新民事訴訟法典491条1項「レフェレにより裁判する裁判官は，アストラントを命ずる有責裁判をすることができる。この裁判官は，仮に，このアストラントの金額を確定することができる（il peut les liquider, à titre provisoire）」。

第4章　1972年法第7条

局的に（à titre définitif）」金額を確定しうるか，である。前掲1971年のデクレ80条の文理解釈によれば否定されるが，1975年法による改正前の本条は，アストラントを発令した裁判機関のみに金額確定の管轄権を認めるから，同条を根拠として，レフェレの裁判官による終局的な金額確定を認める考え方も成立ちうる[160]。

　では，1975年法による改正前の本条の立法趣旨はどうあったか。1972年法の審議を振り返ると，原案には，金額を確定する「権能は，レフェレの裁判官の権限に属する」との規定があったが，元老院はこの削除を提案し，国民議会もこれに同意をした経緯がある。削除の理由は，元老院の報告者によれば，1971年のデクレ80条との重複及び命令事項に属する，ということである。しかし，学説は，この削除された規定はレフェレの裁判官による終局的な金額確定を認めるもので，1971年のデクレ80条と同じではないと指摘した[161]。この学説の指摘を踏まえると，1972年法の立法者は，上記規定の削除を通して，レフェレの裁判官による金額確定については1971年のデクレ80条に委ね，以ってレフェレの裁判官が終局的に金額を確定することは否定した，と考えることはできよう[162]。とはいえ，議会では，レフェレの裁判官による終局的な金額確定の許否に関する議論はないから，結局，この点に関する立法者の意思は明らかとはいえまい。

　1975年法の提案理由説明（本章1【2】）は，本条の改正の目的の一つに，レフェレの裁判官が発令したアストラントの金額確定を，本案裁判官が行え

---

[160] J. Boré ②, n° 60.

[161] J. Boré ②, n° 60 ; Denis, n° 154 ; Chabas ①, p. 275. なお，法案の提案者は，議会で削除された規定と1971年のデクレ80条の相違をわきまえていたことが窺える。すなわち，本章1【1】のように，第2読会の国民議会の報告者Foyerは，元老院の削除案に賛成する理由として，命令事項に属する旨を挙げるだけで，1971年のデクレ80条との重複は挙げていない。

[162] Chabas ①, p. 275 ; Normand, RTDC 1976. 603（1975年法による改正前の本条は，レフェレの裁判官には無関係とする）. 反対，J. Boré ②, n° 60. J. Boré は，元老院が上記規定を削除したのは「おそらく，うっかりして」であるが，上記規定の削除の真の理由は，元老院の報告者のいうようなことではなく，これを削除しても実質的には変わりがない（1975年法による改正前の本条により，レフェレの裁判官による終局的な金額確定は認められる）ことにあると考える。

るようにすることを挙げる。更に，レフェレの裁判官について「一般原則に基づいて，仮に，その金額を確定する権能しか有していない」と説明して，1971年のデクレ80条を引用する。故に，1975年法の立法者は，1971年のデクレ80条に従い，レフェレの裁判官による終局的な金額確定を否定しようとしたと考えられる[163]。

破毀院は，既に1975年法前に，[474] 1974年11月6日の社会部判決で，レフェレにより命じられたアストラントの金額確定について，原審はレフェレにより「1971年9月9日のデクレ740号の80条の規定に従って，仮に金額を確定した」ものとし，原審を支持した[164]。1975年法はこの判決の影響を受けているとも考えうる[165]。1975年法以降，学説も，レフェレの裁判官による終局的な金額確定には否定的であり[166]，この議論は，形式的には1971年のデクレ80条及びそれを引き継ぐ新民事訴訟法典491条に基づき，実質的にはレフェレの裁判が仮のものであることに従って，終息した観がある。たとえば，後の1991年法下で，Chabas et Deis は，新民事訴訟法典491条が，レフェレの裁判官に対し，彼が発令したアストラントの金額確定を，仮に行う権能しか認めないのは「レフェレの命令は仮のもので，本案に対する既判事項の権威を有しないから，当然のこと（logique）である」としている[167]。

第二の問題は，「他の裁判機関が発令した」アストラントの金額確定を，

---

[163] Normand, RTDC 1976. 604.

[164] [474] Soc 6 nov. 1974 について，Normand, RTDC 1976. 605 は，実際には，原審の行った金額確定が仮の性格のものであった形跡はないが，破毀院社会部は，相手方（使用者）の悪質性等を考慮して，原裁判を破毀しないですむように，原審の金額確定が仮のものであったという理由づけをしたとみる。V. Lobin, p. 151, note 55；Chabas et Deis, J-Cl. n° 118. 同判決につき，第1編注229も参照。

[165] Lobin, n° 37.

[166] 否定説として，Normand, RTDC 1976. 604；Lobin, n° 38. 1991年法下では，J. et L. Boré, n° 74；Chabas et Deis, J-Cl. n° 118. 因みに，1975年法による改正前，J. Boré ②, n° 60 は肯定説に立ち，Chabas ①, p. 275 も肯定すべきところであるが，1972年法により否定されたと解していた。なお，Chabas ①, p. 275 は，1972年法前は肯定説が多数説であったという。

[167] Chabas et Deis, J-Cl. n° 118.

レフェレの裁判官が行いうるかである。1975年法による改正前の本条によれば，否定的に解される[168]。しかし，1975年法による改正により，他の裁判機関が発令したアストラントの金額確定を許容する途が開かれたので，改正後の本条によれば，上記の問題について肯定する余地が生じた。ところが，破毀院は，[528] 1986年2月19日の第2民事部判決で，本案の裁判官により発令されたアストラントについてレフェレの裁判官が仮に金額を確定することは，新民事訴訟法典491条に違反するとし，否定説に立つことを明らかにした[169]。こうして問題が決着したかといえばそうではなく，この破毀院判例の不都合が，1991年法による金額確定の管轄に関する改正を促すことになる。

(イ) 控訴院の管轄権

金額確定に関する控訴院の管轄権は，かつては，とくに控訴審における新たな請求の禁止との関係で問題にされたが，[430] 破毀院1966年5月13日民事全部会判決により，控訴裁判所が発令したアストラントの金額確定を，控訴裁判所が行うことが認められた[170]。本条は，この判例の結論を認めることになる。一方，本条との関係で，「第一審」が発令したアストラントの金額確定を控訴院が行いうるかが問題になり，1975年法による改正前，一部の学説は，本条により否定されると解した[171]。しかし，1975年法による改正で，本条は，他の裁判機関が発令したアストラントの金額確定を行う可能性を認めるに至ったので，第一審が発令したアストラントの金額を確定する権限を控訴院に認める解釈が成り立つことになる。1975年法1条の立法過程では，第一審が命じたアストラントの金額確定を控訴院に認めるべきか

168　Chabas ①, p. 273, note 13 ; J. Boré ②, n° 54.

169　Chabas et Deis, J-Cl. n° 118 ; Perrot, n° 11.

170　Chabas ①, p. 276 ; J. Boré ②, n° 59. ただし，Chabas et Jourdain, J-Cl. resp. civ., Astreintes, fasc. 224-2, 1986, n° 94 ; Chabas et Deis, J-Cl, n° 116 は，第一審裁判所（tribunal）が発令したアストラントの金額確定を控訴院がなしうることに関して，この [430] Ass. plén. 13 mai 1966 を挙げる。この判決については，第2編第5章2【2】(イ)参照。

171　Chabas ①, p. 276 ; J. Boré ②, n° 55. なお，Chabas 及び Boré は，1972年法前にこの点を肯定した判決として，[435] Civ II 12 oct. 1967 を挙げる。この判決につき，第2編注326及び399。

第3編　1972年7月5日の法律

の問題は言及されてはいないが，ともあれ，破毀院は1975年法により修正された本条に基づいて，この問題を肯定する立場を明らかにし[172]，学説も，1975年法による改正により肯定されるに至ったと解した[173]。このように，控訴院は第一審が命じたアストラントの金額を確定しうるかという問題は，1975年法による改正で一旦決着がついたようにみえた。しかし，後述のように（第4編第5章2【1】(イ)），1991年法下では，金額確定の管轄について大きな変更が加えられたため，この結論も再考を要することになる。

---

[172] [558] Soc 4 juill. 1989は，第一審が発令したアストラントについて金額確定の管轄権を有するのは第一審のみであるとして，第一審が発令したアストラントの金額確定の申立を排斥した控訴院判決を，1972年法7条及び新民事訴訟法典566条違反とする。また，[567] Civ II 28 mai 1990は，別の控訴院が命じたアストラントの金額確定の申立を排斥した控訴院判決を破毀したもので，1975年法により修正された1972年法7条に基き，「アストラントを発令した裁判官はその金額を確定する管轄権を有するにしても，その管轄権は専属的ではない」と判示する。[579] Civ III 16 janv. 1991は，1975年法により修正された1972年法7条は，アストラントを発令した裁判官が金額を確定することを要求するわけではなく，「第一審裁判機関により命じられた仮執行に関わらず」，控訴院は，第一審が命じたアストラントの金額を確定しうるとする。V. Chabas et Deis, J-Cl. n° 116 ; Blanc, p. 63 ; Buffet, p. 73.

なお，上記破毀院判決は，第一審が命じたアストラントの金額確定について，控訴院の管轄権を認めたにしても，これを専属的な管轄権とするわけではない。[589] Versailles 12 déc. 1991も，「アストラントを発令したいかなる裁判官も，そのアストラントの金額を確定する管轄権を有する」ことは1972年法7条により認められており，従って，「控訴の移審的効果は，第一審裁判所（tribunal）が，控訴の対象となった先の判決で命じたアストラントについて，金額を確定することを禁じる効果を有するものではない」とする。V. Chabas et Deis, J-Cl. n° 116 ; Perrot et Théry, p. 102, note 1 ; Buffet, p. 73.

[173] Chabas et Deis, J-Cl. n° 116 ; J. et L. Boré, n° 73.

第5章　1972年法第8条

　1972年法8条（本章では，以下，本条という）は2つの項から成り，1項は「司法裁判の不履行が偶発事又は不可抗力によることが証明された場合を除き，裁判官は，確定的アストラントの額を，その金額を確定する時に変更することができない」，2項は「不履行が確認された場合であっても，暫定的アストラントを軽減又は廃止することは，裁判官の権限に属する」と定める。本条は，アストラントの性格に応じて異なる金額確定の態様について定めるものといえよう。

1　議会審議

　本条は Mazeaud = Foyer 案の4条，政府提出法案に挿入された7条の4に相当する。両者は同文で，本条は，それをそのまま認めたものである。本条について両院の一致をみたのは第3読会の元老院で，それによりようやく1972年法の審議が終了した。ただし，本条の審議が長引いた原因は，本条に固有の問題に関する見解の対立より，むしろ先にみた6条についての確定的アストラントの許否をめぐる対立によるところが大きい。

(ア)　第1読会

　国民議会では，本条と同文の法案が採択されるが，法案の趣旨は，次のような委員会報告書の説明に示されている。「金額確定に関する裁判官の職務は，アストラントが暫定的性格を有するか，それとも確定的性格を有するかに応じて明らかに異なっている。アストラントが確定的性格を有するときは，裁判官の役割は加法又は乗法の単純な算術的な作用にとどめられる。債務者が不可抗力のために履行不能に陥ったのでないならば，裁判官はアストラントを発令した有責裁判に基づく額を修正する（réviser）ことができない。反対に，発令されたアストラントが暫定的性格を有するときは，裁判官は，額を減じる権能，更には，アストラントを全体的に廃止する（supprimer totalement）権能を有する。この制度の趣旨に鑑み（dans l'esprit du système），遅滞の事実から債権者が蒙った損害を，裁判官が考慮しないことはいうまでもない。アストラントは損害賠償と同視できないからである。裁判官が考慮するのは，faute の重大性，債務者が示した，程度の差はあるにしても顕著な不誠実（la plus ou moins grande mauvaise volonté）である」[174]。ここで，とくに注目しておきたいのは，暫定的アストラントの金額確定の基準を，債務者の faute の重大性とし，損害を排している点である。これは，[373] 1959年 10 月 20 日の破毀院判決の立場に従うものと考えられる。また，Mazeaud は国民議会の報告者として，本条の趣旨を，次のように説明する。「これは債権法（droit des obligations）において我々が承知している原則を認めるものです。アストラントがその金額で確定される（liquidera l'astreinte à son montant）のは，アストラントが暫定的であるにせよ確定的であるにせよ，履行の拒絶が，専ら債務者の faute に基づく場合に限られることは明らかです。この履行の拒絶が偶発事又は不可抗力に基づくならば，アストラントの金額を確定できないであろうことは，いたって明らかです」[175]。

以上の趣旨で提案された法案を，元老院は排斥し，2 つの項から成る次のような修正案を提案する。1 項は「裁判所は，アストラントの金額を確定する時に，事件（cause）の事情，債務者の faute 及びその資力を考慮して，アストラントを増額，減額（réduire）又は廃止することができる。」というもの，2 項は「アストラントは，司法裁判の不履行が確認された場合に限り，増額することができる。アストラントは，不履行の場合において，この不履行が偶発事又は不可抗力によることが証明されたときに限り，廃止することができる」というものである[176]。元老院の報告者 Le Bellegou は，「アストラントは，損害賠償とは別個独立のものとする。アストラントは，威嚇的性格を有する」という 6 条（法案 7 条の 2）に関する元老院の修正案の審議において，本条の上記修正案に言及し，これは裁判所が厳しい態度をとりうるようにするものであるが，アストラントの発令の段階ではなく金額確定の段階で，そ

---

[174] Rapp. Foyer et Mazeaud, Doc. AN 1971-72, n° 2447, p. 12.

[175] JO AN [CR] 23 juin 1972, pp. 2811-2812.

[176] JO S [CR] 29 juin 1972, p. 1371（議長の発言）; Projet de loi, Doc. AN 1971-72, n° 2491, p. 3.

の可能性を認めるものである，という趣旨の説明をする[177]。また，6条の上記修正案が採択された後の本条の審議においては，本条の上記修正案は既に採択されたも同然との説明をしている[178]。要するに，本条についての元老院の修正案は，確定的アストラントを認めない6条の修正案と，いわばワン・セットと捉えられており，確定的アストラントを認めない代わりに，「債務者の不誠実（mauvaise foi）が完全に証明された場合」[179]，金額確定時にアストラントの増額を認めることにより，著しく不誠実な債務者に対処しようとするものといえる。

(イ) 第2読会

国民議会は，特別な説明をすることなく，元老院が採択した修正案を排し，第1読会で採択した原案を再び採択する[180]。これに対し，元老院は，6条（法案7条の2）については，法務大臣の妥協案に従い，確定的アストラントを認める国民議会案を採択する一方，本条については，国民議会案の1項を次のように修正する法案を採択する。「司法裁判の不履行が偶発事，不可抗力又は『履行を妨げたことについて十分に重大であると裁判官が考える原因 (une cause que le juge estime suffisamment grave pour avoir fait obstacle à l'exécution)』によることが証明された場合を除き，裁判官は，確定的アストラントの額を，その金額を確定する時に変更することができない」（『　』が，国民議会案を修正し追加された部分である）。なお，2項（「不履行が確認された場合であっても，暫定的アストラントを軽減又は廃止することは，裁判官の権限に属する」）は，国民議会案をそのまま受け入れている。確定的アストラントを例外的に再考できる事由として，国民議会案は，偶発事及び不可抗力を挙げるが，これに「履行を妨げたことについて十分に重大であると裁判官が考える原因」を追加することにより，確定的アストラントを再考する可能性を

177　JO S［CR］29 juin 1972, p. 1371. Le Bellegou は「我々の委員会が定めた条文は，裁判所に対し，厳格に対処するあらゆる可能性（toute possibilité de sévérité）を与えますが，それは履行上の困難（difficultés de l'exécution）が認められた時であり，事実に関する判決（jugement sur le fait）の時ではありません」という。

178　JO S［CR］29 juin 1972, p. 1371.

179　JO S［CR］29 juin 1972, p. 1367（Le Bellegou の発言）. 本編第3章1(ア)参照。

180　JO AN［CR］29 juin 1972, pp. 3012-3013.

広げることが，この元老院案の目的である[181]。

(ウ) 第3読会

国民議会の委員会報告書は，元老院は「実際には，一方の手で与えたものを他方の手で取戻した」のであり，「確定的アストラントの存在を認めるようにみえるのに，別の規定で狡猾に（insidieusement）この性格を取り上げるのは，立法者にふさわしくないことである」と強く非難する[182]。また，国民議会の報告者 Foyer は，元老院案を排斥する理由に関して，次のように説明する。「履行を妨げたことについて十分に重大であると裁判官が考えるこの原因が，克服不能な事情（événement insurmontable）のことであるならば，それは不可抗力と異ならず，それを追加する理由は理解できません。この事情が不可抗力と異なるならば，この事情に重大ではない予測不能性・克服不能性（une imprévisibilité, une insurmontabilité moins grave）を認めるのであれば，確定的アストラントの観念は大半が覆され，暫定的アストラントと同じことになります」[183]。こうして，国民議会は第1読会及び第2読会で採択した，原案通りの修正案を再び採択する。

ところで，この第3読会まで審議が続けられていたのは，本条の他には，後述第6章のアストラント金の一部を債権者に帰属せしめない旨の7条の5のみで，法務大臣は，本条の国民議会案に賛成する一方，7条の5に関する国民議会の妥協を求め，結局，国民議会は，7条の5の削除に同意する。元老院は，この7条の5に関する国民議会側の譲歩を考慮して，本条については，実質的な議論はなしに，国民議会案に同意した。こうして，本条の採択により，1972年法全体の審議が終了するに至る[184]。

付言すると，審議の最後に，法務大臣は，1949年7月21日の法律はそのまま効力を保持することを指摘し，次のように述べている。「これは確定的

---

[181] JO S [CR] 30 juin 1972, p 1424. Le Bellegou は「再考の可能性は，非常に狭き門を通るものでした。私は単に，それを少々広げる（entrouvrir）ことを，我々の法務委員会が抱く懸念を国民議会がよく理解して下さるよう期待しつつ，提案するのであります」等と述べる。

[182] Rapp. Foyer et Mazeaud, Doc. AN 1971-72, n° 2534, p. 2.

[183] JO AN [CR] 30 juin 1972, p. 3095.

[184] JO S [CR] 30 juin 1972, p. 1455.

アストラントの定着を認める規定を著しく緩和するものであります。私の意見では，これは，あなた御自身［訳注：元老院の報告者を指している］が表明し，元老院が同意した，懸念の一部を和らげる性質のものです」[185]。

2　考　察

金額確定には，終局的・最終的なものの他に，中間的に行なわれるものも考えられる。中間的な金額確定も，本法以前から議論の多い問題であったが，本条は終局的・最終的な金額確定についてのみ定めている[186]ので，以下では，これのみを考察する。中間的な金額確定については，1991年法に関連して第4編（第9章(ウ)）で考察する。

【1】　第8条第1項
本条1項は，確定的アストラントの金額確定に関するものである。ここでは，本条1項に関する問題として，確定的アストラントの金額確定の要否((ア))，不履行が不可抗力・偶発事による場合の確定的アストラントの扱い((イ)) に関して考察する。
　(ア)　確定的アストラントの金額確定の要否
確定的アストラントの金額確定については，本法以前から，そもそも必要か否かに学説の対立があり，不要説の趣旨は，単なる算術的な操作にすぎないから，手間をかける必要がないというもののようである[187]。しかし，1972年法は必要説をとったものと解されている。その理由としては，7条及び本条1項の文言，また本条1項は不可抗力及び偶発事の場合に確定的アストラントの修正を予定することが挙げられる[188]。更に，必要説をとる Denis

---

[185]　JO S［CR］30 juin 1972, p. 1455.
[186]　Chabas ①, p. 274. Cf. J. Boré ②, n° 29 et s..
[187]　Denis, n° 208. Denis, p. 303, note 1 は，不要説をとるものとして，Boyer, J-Cl. proc. civ. 2° app. art. 116-148, n° 88 及び Chabas, J-Cl. civil, art. 1146-1155, fasc. VIII 6° cahier, n° 29を挙げる。ただし，いずれの資料も入手できなかった。その他, Meurisse, l'astreinte non comminatoire, GP 1948 II doct. 11 も不要説に属しよう（V. Denis, n° 247）。

は，金額確定を任意的なものとすれば，とくに確定的アストラントに期間の制限がない場合，債権者にとって「金の卵を産む鶏」になるという[189]。この論者は，裁判所が強制の実効性を確認し，実効性が認められる場合にはアストラントを将来に向かって消滅させるようにできること，とくに為さない債務の場合には裁判所は違反の存否の判断をする必要があること等から，金額確定の必要を理由づけようとする[190]。また，1991年法下であるが，Perrot et Théry は，アストラントの債権の性質の変化という点から金額確定の必要を説いている。すなわち，金額確定前のアストラントは単なる威嚇ないし潜在的な権利にすぎず，存在が確実で，金額が確定し，請求が可能な債権であること（créance certaine, liquide et exigible）という金銭執行（差押え）の要件[191]を満たしていないが，金額確定を経ると，これらの要件を充足し，取立ての可能な債権に変わることを強調する[192]。

　(イ)　不履行が不可抗力又は偶発事による場合

　本条1項は，不履行が「不可抗力又は偶発事」による場合を，確定的アストラントの金額変更不能性の例外とする。この点につき，Mazeaud は第1読会で，債権法の原則を認めるもので，履行の拒絶が不可抗力に基づくならば，債務者の faute に基づくものでないから，アストラントの金額を確定できないと説明する。民法典1148条は「不可抗力又は偶発事」を，債務不履行による損害賠償の免責事由とする。本条1項の立法趣旨は，この民法典1148条が定める損害賠償の免責事由をそのまま確定的アストラントの免責事由とする趣旨と考えられる。

　なお，一般に，民法上の「不可抗力」と「偶発事」は同義と解される[193]。

188　Chabas et Deis, J-Cl. n° 173. V. aussi Chabas ①, p. 274 ; Denis, n° 247.

189　Denis, n° 247. 彼は，金額確定を確定的アストラントの「適切な運用（bon déroulement）を効果的にコントロールする唯一の方法」と考えている。

190　Denis, n°ˢ 207-208. Rassat, n° 42 も必要説にたって次のようにいう。「この様々な手続を首尾よく成し遂げるためにも，状況に終止符を打つためにも，履行がされた場合も，履行がされないことが確実にみえる場合も，確定的アストラントの金額を確定することはなお必要である。作用それ自体が単純であっても，裁判機関はそれを必ず行なうべきである」とする。

191　こうした差押えの要件につき，第4編第9章(ア)参照。

192　Perrot et Théry, n° 85.

故に，立法者は本条1項についても同様に考えていたことが推測できる。のみならず，本条1項の「不可抗力」と「偶発事」をとくに区別する考え方はみあたらない。そこで，以下では，「不可抗力又は偶発事」というところを，「不可抗力」の語で一括する。

　本条1項の立法趣旨からすると，立法者は，本条1項の「不可抗力」を民法典1148条のそれと同じ意味のもの，と考えていたはずである。学説も一般に，同様に解したものと思われる。しかし，遅くとも，1972年法末期には，本条1項の「不可抗力」の意味について異なる解釈が現れている。[573] 破毀院1990年11月7日第3民事部判決は，給付を命ずる裁判の時点で既に債務者の責めに帰すべき事由で履行不能の状態にあった事案において，不可抗力の場合には当たらないとして確定的アストラントの金額を確定した原判決を，本条1項に反するとし，破毀した[194]。この破毀院判決は，債務者の責めに帰すべき事由による履行不能でも，本条1項の不可抗力にあたるとする趣旨と考えられる。評釈者のMestreはこの判決を支持し，本条1項の不可抗力は，履行の可能性の有無の観点から判断されるべきであるとし，本条1項の不可抗力は，債務者の責めに帰すべき事由による場合も含む，履行不能を意味するとの解釈を提示する[195]。

　本条1項の「不可抗力」についての新しい解釈は，確定的アストラントの

193　H., L. et J. Mazeaud et Chabas, Leçons de droit civil, t. II, 1er vol, 9e éd., 1998, n° 573. 山口俊夫『フランス債権法』（東京大学出版会，1986年）220頁。

194　[573] Civ III 7 nov. 1990. 不動産会社Yは1980年5月16日にXと不動産（駐車場（garage））の売買を約し，1983年7月7日判決（既判事項の確定力を有する）は，この売買を有効（parfaite）とし，確定的アストラントを付して当該不動産の引渡し（mis à la disposition des acheteurs）を命じた。Xはこのアストラントの金額確定を申立て，控訴院は，1988年9月13日判決で，アストラントとして922000フランの支払いをYに命じた。控訴院は，その理由において，1982年10月15日に行なわれた当該不動産の第三者に対する売買は，Xが公署証書の作成（réalisation de l'acte authentique）のためにYを召喚した1981年10月27日より後であるから，不可抗力に当たらないとした。破毀院は，「アストラントを付して為す債務を命じた裁判より前に行なわれた第二の売買により，この裁判は履行不能の状態になっていた」と述べ，原判決は1972年法8条に違反するとした。

195　J. Mestre, RTDC 1991. 535（[573]）．同旨，Cimamonti, n° 56.

免責事由を損害賠償の免責事由と一致させることに対する批判ともいえる。1991 年法は，確定的アストラントの免責事由を，広げるにせよ，損害賠償の免責事由に限定する立場を維持するので，新法下でも，上述のような問題状況が続くことになる。

ところで，本条 1 項が，不履行が不可抗力による場合の確定的アストラントの減額を認めるものかにつき，学説の対立がみられる。J. Boré は，本条の規定の仕方について，アストラントの金額確定の要件とその額の修正の要件を混同していると批判し，不可抗力の場合には金額を確定することはできず，故に減額もできないと主張する[196]。なお，Mazeaud も第 1 読会の国民議会で，不可抗力の場合は「金額を確定できない」と述べていることからすると，J. Boré の見解に近いとみる余地もないわけではない。一方，Denis は，債務者の faute と不可抗力が競合する場合に民事責任の一部免責を認める考え方を，確定的アストラントにあてはめ，これを減額できる可能性を指摘する[197]。破毀院の判決の中にも，一部の不履行が不可抗力による場合に確定的アストラントの減額を認める趣旨，と解しうるものがある[198]。

翻って，Denis は，こうした減額を緩やかに認めてしまえば，確定的アストラントが暫定的アストラントと変わらなくなるおそれがあるから，そうすべきでない，ともいう[199]。更に，Chabas 教授は，確定的アストラントの減

---

[196] J. Boré ②, n°s 26-27.

[197] Denis, n° 248. Cf. Denis, n° 211. なお，Starck, Roland et Boyer, n° 619 も，1972 年法下では，不履行が不可抗力による場合に，裁判官は確定的アストラントを「軽減する権能を有していた」という。

[198] [475] Civ III 17 déc. 1974 は，「司法裁判の全部『又は一部の』不履行が偶発事又は不可抗力によることが証明された場合を除き，裁判官は，確定的アストラントの額を，その金額を確定する時に変更することができない」（『　』は筆者が付した）と判示する。ただし，この事件では，破毀院は，むしろ確定的アストラントの減額を否定している。すなわち，「『賠償的』アストラント（astreinte « indemnitaire »）」という名目で命じられたアストラントについて，原審は，債務の一部が履行されたことから，損害が減少したことを理由に，アストラントを減額したが，破毀院は上記のように判示した上で，本件のアストラントは確定的アストラントと考えるべきで，これを変更することはできないと述べ，原判決を破毀する。

[199] Denis, n° 248. ただし，Denis は確定的アストラントの制度に反対であることにつ

額が認められるか否かとは別に，本条1項がとくに手続の引延ばしに悪用されて，確定的アストラントの実効性の減殺に繋がる危険があることを懸念する[200]。この二人の論者は共に，不可抗力と並べて「履行を妨げたことについて十分に重大であると裁判官が考える原因」を挿入する元老院の提案に批判の目を向け[201]，結局のところ，不可抗力は厳しい縛りであるから，確定的アストラントの修正は，暫定的アストラントの場合よりはるかに厳しく制限されると考える[202]。

このように，学説のなかには，確定的アストラントの実効性確保のため，その修正が認められる場合を厳しく制約すべきである旨の見解がみられる。しかし，破毀院や立法者は，むしろ確定的アストラントの修正可能性を拡大する方向に向かった，ということができる。すなわち，既述のように，破毀院は本条1項の不可抗力を広く履行不能の意味に解するような立場をとり，1991年法は，不可抗力に代えて「外在的原因（cause étrangère）」の概念を導入したうえで，不履行が部分的に外在的原因による場合のアストラントの一部廃止を明認するようになる（同法36条3項。第4編第6章）。

【2】 第8条第2項

本条2項は，暫定的アストラントの金額確定の態様に関するものである。ここでは，本条2項に関する問題として，暫定的アストラントの金額確定の基準（(ア)）及び暫定的アストラントの金額確定についての裁判所の権能（(イ)）をとりあげる。

(ア) 暫定的アストラントの金額確定の基準

本条2項は，直接的には，暫定的アストラントの金額確定の基準を定めてはいない。しかし，第1読会の国民議会の委員会報告書から，本条2項は，暫定的アストラントの金額確定の基準を，損害ではなく債務者の faute とする考え方に基づくことがわかる。この立法者の考え方は，既に述べたように

き，本編第3章2【1】(ウ)参照。

200 Chabas et Jourdain, J-Cl. resp. civ., Astreintes, fasc. 224-2, 1986, n° 144 ; Chabas ①, p. 274.

201 Chabas ①, p. 274 ; Denis, n° 249.

202 Chabas et Jourdain, *op. et loc. cit* ; Denis, n° 248.

(本章1⑺)，暫定的アストラントの金額確定の基準を，損害ではなく，債務者のfauteとその資力とする［373］1959年10月20日の破毀院判決の立場に従うものと考えられる[203]。ただし，債務者の資力については，国民議会の委員会報告書が触れていないことに鑑みると，立法者がこれを暫定的アストラントの金額確定基準と考えていたかどうか，疑問はある[204]。元老院が第1読会で採択した法案は，事件の事情，債務者のfauteと並んで，債務者の資力を暫定的アストラントの金額確定の基準と定めるが，この元老院案は排斥されている。国民議会がこれを排斥した理由は，明示されてはいないが，確定的アストラントを認めるためであって，この元老院案の内容を必ずしも全面的に否定するわけではないと考えることはできる。この点からみると，債務者のfauteと共に，その資力が金額確定の基準となることを，立法者は否定してはいないとみる余地はある。

Chabas教授もJ. Boréも，本条2項について，1959年以降の判例に従い，債務者のfaute及び資力に基づいて，金額確定を行なう趣旨と解している[205]。更に，この二人の論者は，確定的アストラントでは，発令の段階で，債務者のfauteと資力の評価が行なわれるともいう[206]。

ところで，暫定的アストラントの金額確定では，損害を基準とする必要はないにしても，損害を考慮することも許されないか。国民議会第1読会の委員会報告書に鑑みれば，許されないというのが立法趣旨であり，その理由は，アストラントは損害賠償と異なること，すなわち6条前段と考えられる。既に述べたように（本編第3章2【1】㈡），1972年法下の破毀院判決には，暫定的アストラントの金額を確定する際に，損害を考慮することを認めるようにみえるものもあるが，少なくとも1972年法下の末期の破毀院は，損害の考慮を否定する立場を明らかにしている。

203　J. Boré ②, n°s 28 et 36. V. aussi Chabas ①, p. 274.
204　なお，1949年法（2条1項）の立法過程では，アストラントの金額を確定する際に債務者の資力を考慮する旨の文言は削除された経緯がある。第2編第3章3【1】㈦参照。また，債務者の資力を金額確定の基準とすることの是非に関する学説の対立について，第2編第5章2【1】㈦参照。
205　Chabas ①, p. 274 ; J. Boré ②, n° 36.
206　Chabas ①, p. 274 ; J. Boré ②, n° 35.

(イ) 暫定的アストラントの金額確定に関する裁判官の権能

(ア)で述べたように，本条2項は，暫定的アストラントの金額確定では，少なくとも，債務者のfauteを基準とし，損害を考慮することは許さない趣旨と考えられる。しかし，こうした基準が直ちに裁判所を拘束したわけではない[207]。

1972年法下の判例は，アストラントの発令の段階における裁判所の権限を強化する傾向にあることをみた（本編第2章2(イ)）が，金額確定の段階についても同様の傾向にある。破毀院は，アストラントの金額確定を行うには，裁判所は裁判（債務）の不履行の存在を確認せねばならないとする[208]が，「不履行が確認された場合には，裁判官は，アストラントの金額を確定するための自由裁量権（pouvoir discrétionnaire）を有する」と判示した[209]。ここにいう「自由裁量権」とは，裁判に理由を付す義務を免除するものと解されている[210]。故に，破毀院は，暫定的アストラントの金額を確定する裁判では，不履行の存在を確認する他に，理由中に金額確定の根拠を示す必要はな

---

[207] Starck, Roland et Boyer, n° 617 は，1991年の改正前の状況について，「アストラントの金額を確定する裁判機関は，損害賠償に対するアストラントの別個独立性を考慮した算定基準（critère d'appréciation）に，何ら拘束されなかった。損害にも，fauteにも，従う必要はなかった。債務者の資力（ressources）又は履行のために遭遇した客観的な困難も，少なくとも理論的には，それ以上に考慮されたわけではなかった」という。

[208] [486] Civ I 9 mars 1977（破毀申立人は，アストラントの金額を確定しうるのは，不履行がfautiveな場合に限られると主張したのに対し，破毀院は，原審がアストラントの金額を確定する裁判を不履行の存在のみから根拠づけたことを正当とする）；[536] Civ II 18 fév. 1987（原審は，一部にせよ，債務の不履行の存在に争いがない点を摘示することにより，アストラントの金額を確定する裁判を正当に理由づけているとする）. V. Chabas et Deis, J-Cl. n° 107 ; J. et L. Boré, n° 84.

[209] [554] Civ I 22 nov. 1988. 原審は，テレビ放送禁止のために命じられたアストラントについて，減額をせず，55万フランと確定した（レフェレの手続による）。破毀申立てでは，債務者のfauteの程度が検討されていない点が問題にされたが，破毀院は本文のように判示して，申立てを斥けた。[538] Civ III 18 mars 1987 ; [571] Soc 25 sept. 1990 も，「事実審裁判官は，暫定的アストラントを軽減又は廃止するための自由裁量権を有する」と判示する。同旨，[582] Civ II 20 fév. 1991.

[210] 本編第2章2(イ)参照。

第 3 編　1972 年 7 月 5 日の法律

いとしたことになる[211]。

　こうした判例は，暫定的アストラントの金額確定の基準を債務者の faute（とその資力）とする 1959 年判決の立場を変更するものではないにせよ[212]，1959 年判決及び本条 2 項の立法趣旨から外れて金額確定が恣意的になる危険を増幅した，ということはできよう。1991 年法は，暫定的アストラントの金額確定の基準を明文化しており，同法下では，判例に変化がみられることは後述する（第 4 編第 6 章 2【1】）。

　ところで，本条 2 項は，暫定的アストラントの金額確定における裁判官の権能として，減額（軽減）及び廃止のみを挙げる。そこで，暫定的アストラントの金額確定の段階で，発令時に定められた額を，維持すること及び増額することができるか，が問題になる。発令時の額の維持については，判例はこれを肯定し[213]，学説にも異論はないようである[214]が，増額の許否はとくに問題になりやすい。第 1 読会で元老院が採択した法案は，暫定的アストラントの金額確定段階の増額を明認する。この元老院案は排斥されたが，実質的な検討を経て否定されたわけではない。故に，増額の許否に関する立法者の考え方は明らかではないというべきであろう。学説は，暫定的アストラントの金額確定時の増額には，否定的である[215]。1972 年法前に，Hébraud はこ

---

[211]　暫定的アストラントの金額を確定する理由を示す必要がない旨を明示した判例としては，[481] Civ III 19 oct. 1976. 債務者の faute の重大性・その資力について原判決は判断を示していないとする破毀申立てに対し，「1972 年 7 月 5 日の法律 8 条の適用により，暫定的アストラントを軽減又は廃止すると判断する場合には，裁判官は自らの裁判に理由を付す（motiver）必要はない」と判示する。同旨，[550] Com 14 juin 1988.

[212]　Perrot, n° 15 は，1991 年の改正直後に，次のように述べる。「判例は今日一貫して，生じた損害に基づいてアストラントの金額を確定することを，裁判官に禁じている。裁判官はその額を，頑強な債務者が犯した faute の重大性に応じて算定せねばならない。この異論の余地のない結論は……」。また，Chabas ②, p. 300 も，1991 年の改正に関連して，「債務者の抵抗及び資力」を，従来の判例が採用してきた基準としている。

[213]　[536] Civ II 18 fév. 1987；[554] Civ I 22 nov. 1988. V. Chabas et Deis, J-Cl. n° 111.

[214]　肯定説として，Chabas ①, p. 274；J. Boré ②, n° 37.

[215]　Chabas 教授は 1972 年法成立直後は，暫定的アストラントの金額確定時の増額を

の増額禁止に恣意的な金額確定を抑制する意義を認めていた[216]が，Denis も，同様の見地から，金額確定時の増額を認めれば，債務者は蒙りうる不利益の限界を知りえず，発令時の額の決定も無意味になるし，係争利益に照らして極端に高額になりうると指摘する[217]。

　実際には，暫定的アストラントは，金額確定時に，大幅に減額されることが多いようである。そのため実効性の低下が問題となって，1972年法及び1991年のいずれの立法段階でもその対策が検討されている。次章では，こうした1972年法の立法段階の取組みをみよう。

　　肯定したようにもみえる（Chabas ①, p. 274. V. aussi Denis, p. 186, note 1 ; J. Boré, Rép. civ., V° Astreintes, 1974, n° 58）が，後には，1972年法はこの増額を否定すると解する（Chabas et Deis, J-Cl. n° 111）。また，Denis は，J. Boré も 1970年の段階では増額を肯定したという（Denis, n° 140. なお，Denis, p. 185, note 3 によれば，これは J. Boré, Rép. civ., V° Astreintes, 1970, n°s 50-51 に基づいているようであるが，この資料は入手できなかった）が，いずれにせよ，J. Boré は後に増額を否定する（J. Boré ②, n° 39 ; J. Boré, Rép. civ., V° Astreintes, 1974, n° 58. J. et L. Boré, n° 87 は増額の否定が「1972年法8条2項から明らかに帰結される」という）。

216　第2編第5章2【1】(ア)参照。
217　Denis, n°s 140-141.

第6章　アストラント金の帰属に関する条文の削除

　1972年法第2編は，既にみた4ヶ条のみから成るが，Mazeaud = Foyer案には，この他に，アストラント金の帰属に関する次の条文（5条）がある。「確定されたアストラントの額は，2分の1は国庫に，2分の1は履行されない有責裁判を得た当事者に帰属する」。これは政府提出法案の7条の5（1項）となるが，結局，審議の途中で姿を消してしまう。

　立法化されなかったとはいえ，このMazeaud = Foyer案5条（政府提出法案7条の5）は，立法段階ではアストラントに関する最も重要な提案と位置付けられ（本編第1章2㈤），1972年法の他の条文と比較すれば，はるかに多くの時間がこの審議に費やされている。更に，1972年法の成立後も学説はしばしばこの規定に言及している。こうしたことに鑑みても，Mazeaud = Foyer案5条は，立法化された他の条文と同様あるいはそれ以上に，注目に値しよう。

1　議 会 審 議

　国民議会の法務委員会は，Mazeaud = Foyer案の5条に，2項として「債務者が履行不能の場合には，アストラントの金額確定及び取立ての費用は，受益者が平等に負担する」を追加し，7条の5として，政府提出法案への挿入を求め，国民議会はこれを採択する。しかし，元老院は一貫して本条の削除を強く求め，国民議会は，第2読会で，一部を修正するが，元老院の同意を得ることができず，第3読会では元老院案に同意することとなる。この政府提出法案の7条の5（以下，本条という）の削除に至ったのは，既に述べたように（本編第1章3），本法の早期成立を強く望む法務大臣が，元老院に対し，確定的アストラントに関する国民議会案への同意を求めると共に，国民議会に対し，本条を削除する元老院案への同意を求めて，両院の妥協を図った結果でもある。こうした経緯等から，本条の審議は十分に尽くされた

第6章 アストラント金の帰属に関する条文の削除

とは言い難い。が，それでも，アストラント金の帰属をめぐる問題の所在を，把握するのに役立つものである。

(ア) 第1読会
(a) 国民議会

本条の提案理由は，国民議会の委員会報告書の次の部分に示されている[218]。

「現代において経験上明らかになることは，司法官が，少なくとも高額の，アストラントを発令することにある種の嫌悪感（quelque répugnance）をもつこと，また，アストラントを著しく軽減する方向で修正する傾向がかなり強いことで，なぜならば，アストラントは，定義上損害を填補するものではなく，債権者に根拠のない利益を得さしめるという感覚を，司法官がもっているからである。法的な見地からすると，この場合には，原因なき利得（enrichissement sans cause）の考え方を完全に排除すべきであると思われる。アストラントの受領（encaissement）により債権者が得る利得は，この受領が，裁判官によりなされたアストラントを命ずる有責裁判という権原（titre）に基づいて行われるという意味で，原因のある利得（enrichissement causé）である。用語の専門的で正確な意味では，その点について原因なき利得は存在しない。

それでも，衡平（équité）の点からみれば，アストラントの制度は司法官の心中にある種の懸念（quelques scrupules）を生じさせているように思われる。

アストラントの利益（produit）は，いかなる場合も，満足を得た債権者には帰属せず，全部国庫に帰属すると定めて，裁判官が宣言しうる民事罰金（amende civile）の性格を認めれば，そうした懸念は完全に払拭できたであろう。

委員会は，問題を様々な角度から検討した結果，この結論には不都合があると考えた。なぜならば，この場合には，債権者は何らの利益（espèce d'intérêt）も有しないであろう——アストラントの発令を得ることについては，利益を有するとしても（なお，裁判官がアストラントを職権で発令で

---

[218] Rapp. Foyer et Mazeaud, Doc. AN 1971-72, n° 2447, pp. 12-13.

きることは明文で定められている），少なくとも，アストラントの金額を確定することについては，利益を有しないであろう——からである。委員会は，債務の履行は債権者にとって利益になるのみならず，公益（intérêt général）にもなると考える。なぜならば，約束は守られるべきであり，債務は弁済されるべきだからである。そこで，委員会は，アストラント（金）の額（le montant de l'astreinte）を，満足を得た債権者と国庫の間で分配することからなる妥協的な解決法を提案する。

この規定に関する討論の中で，Gerbet 委員は，当然で正当な懸念から，債務者が履行不能の場合にはアストラントの金額確定及び取立ての費用は国庫と債権者の間で平等に負担することを定めるべきであると指摘した。委員会はこの提案を採択した。

他方，委員会は，こうして新たな財源が国庫のために用意されるようになることから，この財源は，用途を定め（recevoir une affectation），扶養定期金（pensions alimentaires）の支払いの問題という，まさに懸念されている社会問題の解決に当てるべきであると考えた。

政府は近時，このための規定を政府提出法案の形式で提案すると述べている。

委員会は，アストラントの利益を，支払いを得ていない扶養料債権者の援助金（subsides）を供給する基金（fonds）に当て，この基金は，支払われるべき金額を限度として，債権者に代位する（ce fonds étant lui-même subrogé, à due concurrence, dans les droits du créancier）という報告者らの要望を受け入れた。」

以上の報告書の説明の他，本会議の口頭報告等に鑑みると，提案者の考え方は以下のように整理できよう。

提案者によれば，アストラント金の全部を債権者に帰せしめる従来の方法には，難点がある。主な難点は，「原因なき利得に関する誤解に基づく混乱（la confusion fondée sur un faux enrichissement sans cause）」[219]を招く，換言すれば，債権者の利得は裁判に基づくから原因なき利得ではない[220]が，衡平

---

[219] JO AN [CR] 23 juin 1972, p. 2804（Mazeaud）．
[220] もっとも，本条 2 項の追加修正を提案した Gerbet は，「しかし，私の意見では，

第6章　アストラント金の帰属に関する条文の削除

を害するおそれがある，という点である。また，そうした懸念故に，金額確定時に大幅な減額がなされて，アストラントの実効性の低下に繋がる，との提案者の問題意識も看取できる。債権者がアストラントの金額確定の時期を遅らせて利益を追及する弊害があることも，難点の一つである[221]。こうした難点を回避する方法として，まず，アストラント金の全額を国庫に帰する方法があるが，これは債権者にアストラントの金額確定の申立てをする利益を失わしめる難点がある。そこで，提案者は，アストラント金を債権者と国庫で折半する方法を示し，その理論的な理由づけとしては，アストラントが債権者の利益のみならず公益（裁判の履行確保[222]・私法秩序の維持）に資することを挙げ，政策的には，その国庫金を扶養料債権者のための基金に当てることにして，議会の支持を得ようとした。

しかし，折半という方法については，提案者の Mazeaud 自身が「たしかに，これはおそらく大雑把なもの（une cote peut-être mal taillée）です」[223]と述べており，これが十分に根拠付けられるものではないことを自認している。法務大臣も，分配割合を裁判官の判断に委ねる方法について質問をする。Mazeaud は，その方法も検討したが，採用しなかった理由を，次のように説明する。

「しかし，この点について私はある種の懸念を抱いております。一方では，裁判官は，債権者自身の資力を考慮して，アストラントの利益の全部を，国庫に与えることができましょう。その場合，債権者はアストラントの金額確定を申立てる利益をもはや有しないでしょう。他方，反対に，裁判官はアストラントの利益の全部を，債権者に与えることもできましょう。そうすると，私が既に指摘した曖昧さが再び生じることになりましょ

　　原因なき利得が生じうるからこそ，議員提出法案（proposition）は，国庫に半分を帰属させると考えたのであり，さもなければ，それは理由づけられないでしょう」と述べる。JO AN〔CR〕23 juin 1972, p. 2812.
[221]　JO AN〔CR〕23 juin 1972, p. 2804（Mazeaud）.
[222]　とくに Mazeaud は，アストラントにより保護される公益の中身として，裁判の履行確保の点を重視することについて，本編第1章2(ウ)で引用した Mazeaud の口頭報告及び本編第2章2(ウ)の他，第2編第5章3【2】(イ)参照。
[223]　JO AN〔CR〕23 juin 1972, p. 2812（Mazeaud）.

う」[224]。

しかし，この考え方は国民議会にとって十分に説得力のあるものではなかったようである。というのも，後にみるように，第2読会では，国民議会は分配割合を裁判官に委ねる修正案を採択するに至るからである。

なお，本条2項の趣旨については，提案者のGerbetが次のように説明する[225]。「万が一，かれこれするうちに債務者が支払不能（insolvable）になったために手続が奏効しない場合，この費用については，国庫が利益を受けることになるから，半分ずつ平等に負担するのが当然です」。

(b) 元老院

一方，元老院は本条に強く反対する。その理由は多岐にわたる。委員会の報告者 Le Bellegou の発言から拾ってみると，次のようである。

まず，既にみたように，Le Bellegou はアストラントをなお損害賠償の一種と解していた（第3章2【1】(イ)）。それ故に，アストラントを「一種の刑事制裁（sanction pénale）」化しようとする国民議会の考え方は，受け入れ難いものであった。とりわけ，アストラントによる債権者の利得は不当である（裁判に基づくものであるから，原因なき利得ではないが，衡平を害する）とする考え方について，Le Bellegou は「元老院法務委員会は，従おうとは思いませんでした」という。また，訴訟法は濫控訴に対する民事罰金を認めるから，一種の民事罰金の導入は可能であるにしても望ましいことではなく，「我々には刑法典があります。私人たる当事者（plaideurs privés）間の関係に制裁（pénalité）の観念を導入すべきではありません」という。折半という方法については，「専断的（arbitraire）」と批判する[226]。

Le Bellegou は，扶養料債権者の基金に結び付ける点を，「誠実なふりをして，自分の良心をごまかしています（La main sur le cœur, on se donne bonne conscience）！」[227]と，とくに辛辣に非難する。法務大臣は，国民議会案に反対しなかった理由に関して，扶養料債務の履行確保は政府の最大の懸案事項の

---

[224] JO AN［CR］23 juin 1972, p. 2812（Mazeaud）. V. aussi JO AN［CR］23 juin 1972, p. 2804（Mazeaud）.
[225] JO AN［CR］23 juin 1972, p. 2812.
[226] JO S［CR］29 juin 1972, p. 1367.
[227] JO S［CR］29 juin 1972, p. 1367.

一つで，そのための基金の設立に際し財源の問題があることを指摘する。しかし，Le Bellegou は，扶養定期金に関する基金はまだ法制化されておらず，また，扶養定期金に関する法令が準備されているところであるから，この規定はその際に審議すべきである，と応酬した[228]。

更に，6条（法案7条の2）の審議の際のものではあるが，Le Bellegou の次の発言も注目される。「仮に，債務者がアストラントを命じられ，債権者が執行する（exécuter）手立てをもたない——なぜならば，公の武力（force publique）は，債権者に認められないであろうからです——として，アストラントの半分が国庫に入るのは，全く理屈に合わない（paradoxal）でしょうに！」[229] この発言は，いわゆる「執行文の衰退」現象（不動産明渡執行（明渡処分）を担当する執行士が，警察・軍隊による援助を請求する場合に，行政側がこれを拒み，執行不能になる状態が恒常化したこと。とくに第2編第2章1）に関するものである。Le Bellegou の発言を，法務大臣が第2読会で敷衍している[230]ので，これも参照しよう。「彼は次のことを指摘しました。司法官が，始終（bien souvent）アストラントの手続に頼らざるを得ないのも，政府の代表者——県知事（préfet）又は副県知事——が，これもまた始終，政治的又は社会的な理由で判決の執行（exécution）を確保するための公の武力の援助を拒否する，ということを司法官が承知しているからであること，従って，ある程度までは，まさに国がある種の怠慢（carence）により，執行確保の任を負う裁判所補助吏（officiers ministériels）に対する援助を躊躇して，アストラントに頼らざるを得ないようにしていること，をです」。要するに，国が怠慢により利益を得るのはおかしい，との批判である[231]。この元老院の主張は，法務大臣の注意を引くことになる[232]。

---

[228] JO S［CR］29 juin 1972, p. 1372.
[229] JO S［CR］29 juin 1972, p. 1371.
[230] JO AN［CR］29 juin 1972, p. 3013.
[231] この批判について，Foyer は，「国は，ある裁判の強制執行について拒否することができたということから，アストラント（金）の額の一部を受領して，受益者となるべきではない」というものと説明する。なお，Foyer は，本文後述（(イ)(a)）のように，この拒否は，判例によると必ずしも不当ではないことも付言する。JO AN［CR］29 juin 1972, p. 3013.
[232] JO AN［CR］29 juin 1972, p. 3013.

第3編　1972年7月5日の法律

(イ)　第2読会

(a)　国民議会

国民議会ではまず，Delachenal と Gerbet の二人の議員の名で，国民議会の第1読会の採択案を修正した次の案が提出される[233]。

「確定されたアストラントの額は，有責裁判から利益を受ける当事者（plaideur bénéficiaire de la condamnation）と国庫の間で，裁判官が衡平（équitable）と認める割合で分配する。

債務者が履行不能の場合には，アストラントの金額確定及び取立ての費用は，同一の割合で負担する」。

これは，折半という分配方法を専断的とする元老院の批判を考慮したものである[234]。しかし，法務大臣は，元老院がこれに同意する見込みはないとした。更に，法務大臣は，とくに国の怠慢による受益の議論を持ち出した。すなわち，国が，執行確保に必要な公の武力による援助を拒むことにより，裁判が実現されず，裁判所がアストラントに頼らざるを得ない状況を生み出しているにもかかわらず，アストラント金を取得するとすれば，任務を怠ることで利益を得るようなもので，不当である旨，元老院が主張していること（本章1(ア)(b)）に言及した。そうして，元老院の主張にはそれなりの説得力があるし，国民議会にとって最も重要なのは法案の7条の2（1972年法6条）であるから，本条については元老院の削除案を受け入れる方がよい旨述べた。この法務大臣の反対を受けて，アストラント金の帰属先を「国庫」とする代わりに，既存の「国民連帯基金（Fonds national de solidarité）」とする修正案が，Delachenal の名で提出される。これは，とくに国の怠慢による受益の懸念を払拭する趣旨である[235]。ただし，国が公の武力による援助を拒むことは，「必ずしも fautive ではない」ことを，Foyer は「Couitéas 判例」[236]に言及して指摘している[237]。

---

[233]　JO AN [CR] 29 juin 1972, p. 3013（議長発言）.

[234]　Rapp. Foyer et Mazeaud, Doc. AN nº 2492, p. 1.

[235]　JO AN [CR] 29 juin 1972, p. 3013（Foyer）.

[236]　第2編第2章1参照。Couitéas 判決（[163] CE 30 nov. 1923）は，公の秩序を理由とする場合には，執行を確保するための公の武力による援助を行政部が拒否することを認める。

第6章　アストラント金の帰属に関する条文の削除

　しかし，この修正も，法務大臣の十分な納得を得てはいない。法務大臣は，なお元老院案への同意を勧めるが，功を奏さず，最後に，2項の削除を求める。その理由は次のように説明されている。本条2項は「国庫の場合には，説明がつくものでした。国民連帯基金が関与する以上は，もはや理由がありません」[238]。この修正が認められた結果，国民議会が第2読会で採択した案は次のようになる。

　「確定されたアストラントの額は，有責裁判から利益を受ける当事者と国民連帯基金の間で，裁判官が衡平と認める割合で分配する」[239]。

　なお，この第2読会でFoyerは，損害賠償とは異なるアストラントが債権者に帰属する場合，これが私的制裁（peine privée）に当たることを明言する[240]。

(b)　元老院

　さて，元老院は，この国民議会の修正案になお強硬に反対し，再び，本条を削除する案を採択する。反対の理由は，Le Bellegouの次の発言に示されている[241]。

　「民事訴訟（litige de droit privé）において，当事者の一方に対して宣告された有責裁判の額の一部を，不確かな条件で（dans des conditions incertaines），公的基金に提供する理由は，現在のところありません。実際，一

---

[237]　JO AN [CR] 29 juin 1972, p. 3013.

[238]　JO AN [CR] 29 juin 1972, p. 3014. なお，本条2項の提案趣旨は，本章1(ア)(a)のGerbet発言参照。

[239]　Projet de loi, Doc. S 1971-72, n° 368, p. 3 ; JO AN [CR] 29 juin 1972, p. 3014.

[240]　JO AN [CR] 29 juin 1972, p. 3013. Foyerは，アストラントは損害賠償と別個独立のものとすると定める法案7条の2（1972年法6条）前段の趣旨に言及した上で，次のようにいう。「この別個独立性，アストラントは損害賠償に加えることができるということは，アストラントに私的制裁（peine privée）の性格を与えます。さて，他方で損害賠償により賠償を受けているこの債権者が，債務者の抵抗からある意味で利益を引出すことは，衡平の見地からは，少々不当に思われます（l'équité peut trouver quelque peu abusif）。こういうわけで，委員会はアストラントに，一部は私的制裁で一部は民事罰金という，ある意味で混合的な性格を与えることができると考えました」。

[241]　JO S [CR] 30 juin 1972, p. 1425.

331

方では，これがどのように機能するかを知るのは困難ですし，他方では，特別な用途の基金（fonds à destinations particulières）及び財務省（ministère des finances）のその使い方に関する元老院の懸念を，皆さんはご承知です。道路投資基金（fonds d'investissement routier）及び例の連帯基金に関する実例によれば，この点について，我々は全面的に信頼するわけにはいきません」。

このように，元老院の反対の理由は，民事訴訟と公的基金の関連性の欠如，とくに公的基金の使途に関する強い不信である。法務大臣も，法案の早期成立のために両院の妥協を図る観点から，元老院の立場に同調した[242]。

(ウ) 第3読会

国民議会の法務委員会は，第2読会で国民議会が採択した法案を再び提案した。しかし，法務大臣は，両院合同同数委員会（commission mixte paritaire）の開催も示唆しつつ，本条について国民議会の譲歩が得られれば，残る，法案7条の4（1972年法8条）に関する元老院の同意を引き出せるであろうことを強調し，粘り強く妥協を促した。その結果，委員会案は採択されず，本条は削除されることで決着が図られた[243]。

なお，この審議の中でいささか興味を引くのは，「司法扶助（aide judiciaire）の基金が存在しないとは，何と残念なことか」という国民議会の一議員の発言である[244]。もっとも，法務大臣は，司法扶助のための基金にせよ，扶養定期金の基金にせよ，それを議論するのはよいが，アストラントの立法にこういう規定を導入すべきではない，というのが元老院の立場であると述べている[245]。

2 考　察

ここでは，本条について，概括的なところ（(ア)）を述べてから，国民議会（(イ)）・元老院（(ウ)）の各立場に関して，個別に考察を加えておく。

---

[242] JO S [CR] 30 juin 1972, p. 1425.
[243] JO AN [CR] 30 juin 1972, pp. 3095-3097.
[244] JO AN [CR] 30 juin 1972, p. 3095 (de Grailly).
[245] JO AN [CR] 30 juin 1972, p. 3096.

㈦　私的制裁の維持

　本条の削除により，1972年法にはアストラント金の帰属に関する規定は存しない。その結果，アストラント金は，従来通り，債権者に帰属し，その法的性質を私的制裁（peine privée）と解する点で，学説は一致している[246]。この解釈は，本条の審議の経緯をみれば，立法者の考え方にも一致する。すなわち，アストラント金の帰属に関しては，これを債権者以外に帰属させることに強く反対して本条の削除を求めた元老院案が採用されたのであるから，立法者は，アストラント金は債権者に属すると考えた，ということになろう。アストラントの法的性質については，元老院側はこれを損害賠償と解したにしても，本法6条が「アストラントは，損害賠償とは別個独立のものとする」と定めることから，元老院側の解釈を立法者が採用したと考えるのは無理である（本編第3章2【1】）。むしろ，第2読会でFoyerが，債権者に帰属するアストラントが私的制裁に当たる旨明言することに鑑みても，それが立法者の考え方とみるのが妥当であろう。

　学説には，1972年法の結論を批判し，削除された本条に好意的な見解が多くみられる[247]。前にみたように，既に1959年の判例変更以降，学説は暫定的アストラントを私的制裁と解し，更にその許容性をめぐる議論を展開していた[248]。概略すれば，私的制裁の観念それ自体についても議論はあったが，アストラントに関しては，原因なき利得ではないか，そうでないとしても衡平上不当な利得であって正当化できないのではないか，が主要な争点となった。正当化しえないとする学説には，アストラントの公益性に鑑みて国庫金とすることを提唱するものがあり，そのうちには更に，刑事罰金とする見解と民事罰金とする見解がみられた。1972年法の提案者 P. Mazeaud はこの民事罰金化を唱えた立場の先駆者であった。従って，1972年法前にアストラントが私的制裁であることを批判していた学説が，1972年法の黙示的な結論に批判的なこと，そうした学説のうち，国庫金とくに民事罰金とする方向を支持していた学説が，本条に好意的なことは容易に想像できる。ただ

---

　[246]　Chabas ①, pp. 271, 273 et 275 ; J. Boré ②, n°ˢ 62-63 ; Denis, n° 169 ; Lobin, n° 4.
　[247]　Chabas ①, pp. 271 et 276 ; Denis, n° 177 ; J. Boré ②, n°ˢ 62, 65 et 79. V. aussi Lobin, n° 4.
　[248]　第2編第5章**3**参照。V. J. Boré ②, n° 64.

し，本条が，アストラント金の全部ではなく一部のみを国庫金ないし公金とする点は，国庫金・民事罰金化を支持する学説にとっても，批判の対象となりうる[249]。この批判については後述する（(イ)）。

1972年法前の学説上の主たる争点であった，アストラントによる債権者の利得の正当性に関する立法者の立場についても，確認しておこう。本条の提案者・国民議会側は，第1読会の委員会報告書で，アストラントによる債権者の利得は「アストラントを命ずる有責裁判という権原に基づいて行われるという意味で」，原因なき利得ではないが，衡平の点から懸念があるとした。一方，元老院側は，アストラントは損害賠償の一種であり，債権者の利得を不当と解する国民議会の立場には従えないとした。このように，議会では，アストラントによる債権者の利得について，衡平上不当な利得と解するか，損害賠償であって正当な利得と解するかで見解が対立し，立法者の立場は定まらなかったといえる。

(イ) 国民議会の立場

本条は，アストラント金の国庫帰属を図る点で，学説の支持を得たが，それを徹底せず，アストラント金の一部の債権者取得を認める点では，学説の批判も受けている。以下では，国民議会（端的には提案者）が，このような折衷的な方法を主張した理由に関して若干考察を加える。

折衷的な方法を提案する理由に関して，国民議会の委員会報告書は，仮に，アストラント金の全部が国庫に帰属するとすれば，債権者にアストラントの金額確定を申立てる利益がなくなる，としている。すなわち，国民議会は，アストラント金の一部を債権者に取得させることにより，アストラントの利用のインセンティブを確保して，その利用低下を回避しようとした。

この国民議会の考え方について，J. Boré は次のように批判する。「この金額確定は強制効果を増大するものであって，債権者が本案の債務の履行を得ていない限り，アストラントの金額が確定されることに，債権者は重要な利益を有する。また，履行を得ていた場合であっても，債権者にとって，債務者が彼に対して行った抵抗の『報いを受ける（paie le prix）』のは，一般的には不快なこと（désagréable）ではない。せいぜい，債権者は金額確定の手続

---

[249] Denis, n° 177. Cf. J. Boré ②, n° 65.

第 6 章　アストラント金の帰属に関する条文の削除

のために支出せねばならなかった費用の弁済を，債務者から得ることで十分である」[250]。この J. Boré の批判はそれなりに筋の通ったものといえよう。ただし，後にみるように，1991 年法下では，J. Boré は債権者がアストラント金を取得することを全面的に肯定している[251]。債権者に金額確定の手続費用のみ認めれば足りるわけではない，と考えるに至ったようである。

　Denis は，アストラントを完全に民事罰金とすることを支持するが，その場合の難点に触れているので，これも参照しておく。彼は次のようにいう。「金額を確定されたアストラントを，純粋な民事罰金にする方が簡単だったであろう。債権者の無関心——これは理解できる——の結果，そして国の傍観主義 (attentisme) ——こちらはおそらくは打算的 (intéressé) である——を回避するためには，ある期間を経過した後，裁判官が職権によりアストラントの金額を確定することを認めねばならないとしても」[252]。Denis は，アストラント金を完全に国庫金化する場合の難点として，まず，国民議会と同様に，債権者はアストラントの金額確定の申立てをしなくなることを挙げる。更に，国に金額確定の申立てを委ねた場合，手続が遷延すること，職権による金額確定を認める必要があることを指摘する。

　そもそも，アストラント金の全部が国庫に属するとすれば，Denis が示唆するように，アストラントの金額確定の申立権者は債権者ではなく国とすることが考えられよう。しかし，本条の提案者らは，金額確定の申立てを国に委ねる方法は，認めなかったようである[253]。その理由は明らかでないが，Denis のいうような手続の遷延の懸念とは別に，次のような理由づけも考えられよう。すなわち，金額確定の申立人を国とした場合，国は必ずしも履行の状況をよく知るわけではないから，手続が円滑に進むことは期待し難い。手続の円滑化のためには，履行の状況をよく知る債権者を当事者として手続に関与させるのが適当と考えられる。また，アストラントの発令の段階までは債権者が当事者であるのに，金額確定の段階で国を当事者とすれば，金額

---

[250]　J. Boré ②, n° 65.
[251]　第 4 編第 3 章 2【2】(ウ)。ただし，1991 年法下で発表された J. Boré の見解は，L. Boré との共同執筆によっている。
[252]　Denis, n° 177.
[253]　Denis, n° 174.

確定の手続の法的性質について改めて問題を惹起するおそれもないわけではあるまい。こうした観点から，本条の提案者は，金額確定の申立を国に委ねる考え方を採らなかったのではないかとも推測しうる[254]。

(ウ)　元老院の立場

元老院は本条に強く反対したが，その理由は多様である。①債権者の利得は不当ではない，②制裁（pénalité）の観念は刑事に属すから民事の領域に導入すべきでない，③アストラント金を国庫に帰す方法は，国が怠慢により利益を得ることになって不合理である，④アストラント金を折半する方法は専断的である，⑤扶養料債権者の基金に結び付ける方法については，そのような基金は未だ存在しない，⑥扶養料の履行確保は固有の立法で扱うべきである，⑦国民連帯基金に帰す方法については，公的基金に帰せしめる理由はない，⑧公的基金の不明朗等が挙げられている。

J. Boré は，元老院の論拠を薄弱と評する。とくに国が怠慢により利益を得るのは不合理であるとの論拠については，「アストラントの典型的な領域（domaine d'élection）は，まさに公の武力による執行（exécution manu militari）が許されない，為す債務の領域である」と反駁する[255]。この J. Boré の反論については，次のような補足が必要に思う。元老院側が国の怠慢と捉えた，公の武力による援助の拒否が，とくに問題とされるのは，建物の明渡しの場合と考えられる。しかし，この種の建物明渡事件については，アストラントの額を損害賠償の額に制限する 1949 年 7 月 21 日の法律が適用される[256]ため，1972 年法の適用はない。従って，本条を認めても，国の怠慢がとくに問題となる事件で，国がアストラント金を得る可能性はない，ということになる[257]。

J. Boré は，元老院の立場を，結局，次のようにみている。元老院は，おそらくは，アストラント金を債権者が取得することを損害賠償に結び付けて

---

[254]　この点については Chabas 教授から御教示を得た。

[255]　J. Boré ②, n° 66.

[256]　第 3 読会における，1949 年 7 月 21 日の法律に関する法務大臣の発言（JO S ［CR］ 30 juin 1972, p. 1455. 本編第 5 章 1 (ウ)）参照。

[257]　Denis, n° 176 は，同趣旨の発言を法務大臣が行ったかのようにいう。しかし，立法資料中に見当たらなかった。なお本編注 256 参照。

考えている。また，元老院は，アストラント金の全部を債権者に取得させることにより，「裁判官が，アストラント——とくに確定的アストラント——を，ある程度緩和して（avec une certaine modération），用いるようになることをとくに望んでいた」。そうして，J. Boré はこの後者の考え方に注目し，「制裁の私的な性格（caractère privé）は，実際には，制裁の裁量的な性格（caractère arbitraire）についてのある種の歯止めになる」[258]と，私的制裁に利点があることを指摘する。すなわち，アストラント金を債権者が取得する仕組みでは，債権者の利得が過剰にならないように，裁判所はアストラントの高額化に慎重になるであろうから，アストラントの濫用の抑制効果が期待できる，というのが J. Boré の考え方で，また彼によれば，元老院の考え方ということになろう。なお，J. Boré は，1972 年法がアストラントを私的制裁のままにとどめたことに批判的である[259]一方で，このように私的制裁の利点を指摘しており，更に，後の 1991 年法下では，アストラントが私的制裁であることを全面的に支持するようになる[260]。

このように，J. Boré によれば，元老院が本条に反対した基本的な理由は，アストラントを損害賠償とする解釈と，アストラントの濫用に対する懸念で，J. Boré は，このうちとくに後者を主たる理由とみるようである。この J. Boré のような見方もあるが，アストラントの濫用に対する懸念は，本条よりも 6 条中段に関し，元老院が確定的アストラントに反対する際に，主たる理由となったもの（本編第 3 章 2【1】(イ)）で，元老院が本条に反対した主たる理由は，アストラントを損害賠償と解したところにあったように思う[261]。すなわち，元老院にとっては，アストラントによる債権者の利得は損害賠償で，当然に正当な利得であり，制裁として公的な性格を認める必要はなかった，とみるのがより自然ではないかと思う。

(エ) 小　括

1959 年の判例変更以降の学説の状況（第 2 編第 5 章 3【2】）に照らし合わ

---

[258] J. Boré ②, nº 66.
[259] J. Boré ②, nºˢ 62 et 79.
[260] 本編注 251 参照。
[261] Chabas ①, p. 274 は，「常に損害賠償アストラントの支持者である元老院」は，この法案に反対したと説明する。

せると，本条については，アストラントによる債権者の利得を，私的制裁のままにとどめるべきか，それとも民事罰金化すべきか，民事罰金化するとしても，全面的にそうすべきか，一部にとどめるべきかとの議論が期待されたはずである。しかし，本条の実際の審議では，元老院がアストラントを損害賠償とする解釈に固執したために，アストラントが私的制裁であることを議論の前提にできず，損害賠償かそれとも民事罰金化すべきか，というよくかみ合わない議論が行われた[262]。本章1の冒頭で，本条に関する議論は十分に尽くされたとは言い難いと述べたが，これは，単に，本条の審議が政治的妥協により終結したためのみならず，アストラントが私的制裁であることをどう考えるべきかという真の論点の議論が欠けた，という意味を含んでいる。

それでも，本条の審議は，アストラント金の帰属に関し，どのような問題があるか，どのような解決策があるか，を把握するのに役立つ。たとえば，本条の提案理由（本章1(ア)(a)）によれば，アストラント金の全部を債権者が取得する方法については，債権者の利得の正当性についての疑念，それに関連する暫定的アストラントの実効性の低下，利潤追求目的の債権者による悪用，といった問題が生じていることがわかる。アストラント金を債権者に帰属させない方法としては，従来の学説の議論では，単に，国に帰属させる方法が挙げられる程度であったが，本条の審議をみると，公的な基金に帰属させる方法，とくに扶養料債権者の救済や法律扶助のための基金の財源に当てる方法も，ありうることがわかる。アストラント金を，債権者と，債権者以外の公的な機関との間で分配する発想は，一見奇異ではあるが，アストラントの利用のインセンティブを確保すると共に，債権者の過剰な利得を回避するための方法として，実際的であって，注目に値するように思う。また本条の審議の経緯は，アストラント金の帰属の問題解決が容易でないことも，よく示していると思う。こうして1972年法では決着がつかなかったこの問題は，後の1991年法の立法段階で，あらためて検討されることになる。

---

[262] Denis, n° 177 も，「この極めて重要な問題に関する審議は，各々の底意によって大きく損なわれ，真の問題には軽く触れられたにすぎなかった」という。

第4編　1991年7月9日の法律
　　　──アストラントの改正──

序

　(a)　「民事執行手続（procédures civiles d'exécution）の改正についての1991年7月9日の法律650号」（1991年法）[1]は，1972年法第2編（5条乃至8条）に代わる，アストラントの新たな一般法を設けた。すなわち1991年法は，その第2章「総則」の第6節を「アストラント」と題して，33条乃至37条の5ヶ条を設け，94条の3号で1972年法5条乃至8条を廃止した。更に，1991年法の適用のためのデクレである「民事執行手続の改正についての1991年7月9日の法律650号の適用のための民事執行手続に関する新たな規則を設ける1992年7月31日のデクレ755号」（1992年デクレ）[2]は，その第2編総則の第3章を「アストラント」と題して，51条乃至53条の3ヶ条を設けている。本章では，1991年法33条乃至37条の立法過程を中心にしながら，1992年デクレ51条乃至53条も含めて，考察する[3]。

　1991年法が新たに設けたアストラントの規定は，1972年法第2編の規定を踏襲しつつ，その一部を修正し，新たな規定を追加したものである。すなわち，1991年法によるアストラントの改正は，形式的には，1972年法第2編の，全面的な改正にみえても，実質的には，その部分的な改正にとどまる。とはいえ，1991年法のアストラントの条文の数は，1992年デクレを含めれば，8ヶ条となり，1972年法（4ヶ条）の二倍に増加していることからも窺

---

[1] JCP 1991 III 64891. なお，1991年法の施行日・経過規定（同法97条）とアストラントの関係につき，第1編注109参照。
　　1991年法の全体を紹介する文献として，山本和彦「フランス新民事執行手続法について（上）（下）」ジュリ1040号69頁以下及び1041号61頁以下（1994年），同「試訳・フランス新民事執行手続法及び適用デクレ㈠㈡」法学58巻2号172頁以下及び同3号152頁以下（1994年），同「フランス司法見聞録㉑㉒」判時1463号25頁以下及び1465号38頁以下（1993年）等。

[2] JCP 1992 III 65652. なお，本編注1も参照。

[3] 序論注18参照。

えるように，1991年法による改正点は少なくない[4]。

1991年法によるアストラントの最大の改正点は，確定的アストラントについて，暫定的アストラントを経由しないで命ずることを禁止すると共に，期間の定めを要求した点であろう。この点を中心に，1991年法による改正には，アストラントの高額化の抑制又は裁判所の裁量の制限に繋がるものが目立つ。それ故，概していえば，この改正は，アストラントの適正化を図る方向のものと考えられよう[5]。

1991年法による改正で，とくに注目しておきたい点としては，確定的アストラントに関する上記の改正の他に，次の二点がある。執行裁判官にアストラントに関する広汎な管轄権を付与したこと，また，改正には至らなかったが，立法段階で，アストラント金の扱いが大きな問題となったこと，である[6]。

(b) 本論に入る前に，ここで，1972年法について簡単に振返り，次いで，1991年法による改正においてとくに注目しておきたい前記三点について，若干敷衍しておく。

---

[4] 1991年法及び1992年デクレによるアストラントの改正点は，字句の修正にとどまる点を除くと，次のようである。①アストラントに関する規定を，執行法の総則に置いたこと，②他の裁判所の裁判にアストラントを付す場合，アストラントの発令の管轄は，執行裁判官に属するとしたこと（1991年法33条2項），③暫定的アストラントを経由しないで，確定的アストラントを用いることを禁じると共に，確定的アストラントの期間制限を義務付けたこと（1991年法34条3項），④アストラントの金額確定の管轄は，原則として，執行裁判官に属するとしたこと（1991年法35条），⑤暫定的アストラントの金額確定の基準を明定したこと（1991年法36条1項），⑥不履行が外在的原因による場合には，アストラントは全部又は一部廃止されるとしたこと（1991年法36条3項），⑦アストラントの裁判は仮に執行できる旨の明文の規定を設けたこと（1991年法37条），⑧アストラントの効力発生時に関する明文の規定を設けたこと（1992年デクレ51条），⑨アストラントの金額を確定する管轄権がない場合の扱いにつき，明文の規定を設けたこと（1992年デクレ52条），⑩アストラントの金額確定前の強制執行を禁止したこと（1992年デクレ53条1項），⑪アストラントの金額確定前の保全処分は，仮の算定を要件として，認めたこと（1992年デクレ53条2項）。

[5] 本編第1章1参照。

[6] 本編第1章1参照。

序

　アストラントが判例上に現れてから約1世紀半を経て，1972年法はその第2編でアストラントの初の一般法を定めるに至った。暫定的アストラントと確定的アストラントを，損害賠償とは全く異なる制度として統一し（同法6条前段及び中段），発令と金額確定の手続とくに管轄に関して，暫定的アストラントと確定的アストラントを原則として共通の仕組みに委ねた（同法5条及び7条。なお，8条は金額確定に関し，アストラントの性格に応じて異なる扱いを定める）。こうした1972年法の立法者の態度は，暫定的アストラントについては［373］1959年10月20日の破毀院第1民事部判決以降の判例の確認にとどまるが，確定的アストラントについては，従来の判例法理を覆すことになるため，大きな変更となった。

　1972年法のアストラントの規定は4ヶ条から成るごく簡単なものであり，これでアストラントに関する全ての問題が解決されたわけでは，勿論ない。1972年法が明確化を図ろうと定めを設けた管轄にしても，とくにレフェレの裁判官に関して問題が残ったことは，既述の通りである[7]。とりわけ，1972年法に関する大きな問題としては，次の二点が挙げられる。第一は，確定的アストラントは苛酷な結果を生ずる危険があるのではないか，第二は，アストラント金を債権者に取得させてよいか，である。この二つの問題点は既に1972年法の審議の段階から現れており，第一点は，同法6条の審議における確定的アストラントを否定する元老院側の主張のなかに，第二点は，アストラント金の一部を国又は公的基金に帰属せしめる旨の，実現をみなかった法案7条の5に，それぞれ見出せる。また，1972年法の成立直後から，学説のなかにも同趣旨の批判がみられた[8]。

　(c)　この二つの問題は，1972年法後1991年法に至る約20年の間に，現実化ないし深刻化したようであり[9]，いずれも，1991年法の立法作業の段階で，基本的な課題となる。その結果，同法は，確定的アストラントについては「暫定的アストラントの発令の後に，かつ裁判官が定める期間についてのみ，命ずることができる」との制約（34条3項）を加えるに至る。一方，アスト

---

[7]　第3編第2章2(ア)及び第4章2(ア)参照。
[8]　第3編第3章及び第6章参照。
[9]　本編第1章1参照。

第4編　1991年7月9日の法律

ラント金の取扱いについては，1991年法は，1972年法と同様に，特別な規定を設けず，債権者がアストラント金の全部を取得する従来の扱いに，何ら変更を加えていない。しかし，1991年法の原案では，損害賠償への充当及び一部を公的基金に帰属せしめる旨の提案があったことは，特筆に値しよう。

　この二点の他に，1991年法によるアストラントの改正でとくに注目すべき点は，執行裁判官に，アストラントに関する広い管轄権を付与したことである（同法33条2項・35条）。アストラントの管轄の問題は，1972年法及び1975年の改正によっても，十分に解決できないままにあった。一方，執行裁判官は，執行に関する事件を専門に担当する裁判機関で，1972年法で創設されたにも関わらず実施に至らず，1991年法で修正の上実施の運びとなった[10]。執行裁判官にアストラントの権限を広く付与する改正は，アストラントの管轄の問題解決に，この新しい執行裁判官の制度を用いたものといえよう。この改正には，アストラントと執行の関連を積極的に認めようとする立法者の態度が窺える。こうした立法者の態度は，立法資料からは明らかでない[11]が，アストラントの一般法を，執行に関する法律である1991年法の中に置いたこと自体からも窺える。

　しかし，既に述べたように[12]，1991年法がアストラントをいわゆる執行方法（voie d'exécution）と位置付けていると結論づけるのは，早計である。1991年法が執行裁判官に認めたアストラントに関する管轄権は，広いにせよ制限的であること，アストラントの管轄の規定も，執行裁判官の管轄に関する一般規定とは別に設けられていること，アストラントの規定は，1991年法の，強制執行に関する章ではなく，総則の章の中に置かれていることに留意する必要がある。1972年法までの判例は，一貫しているとはいえないにしても，基本的には，暫定的アストラントを執行方法と区別したとみることができる[13]。1972年法も，（確定的アストラントを含む）アストラントと執

10　執行裁判官については，本編第2章2【2】参照。
11　本編第1章1参照。
12　第1編第2章【3】。
13　1972年法までの判例上では，アストラントの（発令・金額確定の）管轄に関連して，アストラントと執行方法の関係が問題になることが多かった。管轄に関する当時の判例の状況については，第1編注99に掲げた各部分参照。

344

行方法を区別する立場をとったと考えられる[14]。1991年法も，こうした従来の判例及び立法者の立場を維持したとみてよい[15]。

(d)　なお，1972年法以後1991年法までの時期の，アストラントに関する大きな動きとして，1980年7月16日の法律による行政上のアストラント (astreinte administrative) の立法化がある。行政上のアストラントとは，行政裁判機関が行政機関に対して命ずるアストラントのことである[16]。本書の冒頭で述べたように，行政上のアストラントは，本書の考察の対象とはしないが，便宜上，簡単に触れておく。

従来の判例は，行政裁判機関が行政機関に対してアストラントを命ずることを否定していたようである[17]が，「行政事件において発令されるアストラント及び公法人 (personnes morales de droit public) による判決の履行に関する1980年7月16日の法律539号」[18]は，コンセイユ・デタに対し，公法人に対するアストラントを命ずる権限を認め，これに関する規定を設けた。また，同法は，1987年7月30日の法律588号による改正で，コンセイユ・デタが「公役務の管理を行う私法上の団体 (organismes de droit privé chargés de la gestion d'un service public)」に対してアストラントを命ずることも認めた。更に，1991年法後のことであるが，1995年2月8日の法律125号[19]による，行政地方裁判所及び行政控訴院法典 (Code des tribunaux administratifs et des cours administratives d'appel) の改正で，行政地方裁判所及び行政控訴院にも，公法人及び公役務の管理を行う私法上の団体にアストラントを命ずる権限が認められた[20]。そうして，行政上のアストラントの規定は，現在では，2000年

14　第3編第1章1，第2章2(ア)及び第4章2参照。

15　本編第2章2【1】(ア)，第5章2【1】(ア)，第7章2，第8章及び第9章参照。アストラントは執行方法でないとする立場は通説でもあることにつき，第1編第2章【2】。

16　Chabas et Deis, J-Cl. n° 215. 行政裁判機関が私人に対してアストラントを命ずる場合，司法裁判機関が行政機関に対して私法上アストラントを命ずる場合は，いずれも行政上のアストラントではない (Chabas et Deis, *op. et loc. cit.*)。

17　たとえば，[164] CE 27 fév. 1924. その他の判例につき，Chabas et Deis, J-Cl. n° 216.

18　D 1980 législ. 286.

19　D 1995 législ. 178.

20　Chabas et Deis, J-Cl. n°ˢ 217- 219.

5月4日の一連の立法措置[21]により成立した行政裁判法典（Code de justice administrative）の中に置かれている（L 911条の3以下）[22]。

この行政上のアストラントの仕組みは，本書の対象とする民事上のアストラントにかなり類似する[23]が，アストラント金の帰属に関しては，大きな相違がある[24]。すなわち，行政上のアストラントでは，裁判所はアストラント金の一部を申立人（原告 requérant）に与えない旨の判断ができる（行政裁判法典L 911条の8第1項。1980年7月16日の法律の旧5条1項に相当）[25]。申立人に支払われない部分のアストラント金は，当初は，地方公共団体設備基金（fonds d'équipement des collectivités locales）に帰属するとされていた（1980年

---

[21] 2000年5月4日のオルドナンス387号並びに同日のデクレ388号及び389号。Vincent, Guinchard, Montagnier et Varinard, Institutions judiciaires, 7ᵉ éd., 2003, nº 15.

[22] Cf. Vincent, Guinchard, Montagnier et Varinard, *op. cit.*, nº 132 ; Perrot, Institutions judiciaires, 10ᵉ éd., 2002, nº 600.

[23] Chabas et Deis, J-Cl. nº 219.

行政裁判法典L 911条の6及びL 911の7（1980年7月16日の法律の旧3条及び旧4条に相当）は以下のようであり，1972年法の6条乃至8条の文言に酷似する。

行政裁判法典L 911条の6「アストラントは，暫定的又は確定的とする。アストラントは，裁判所（la juridiction）がその確定的性格を明らかにしなかったときは，暫定的とみなす。アストラントは，損害賠償とは別個独立のものとする」（1972年法6条に類似する）。

行政裁判法典L 911条の7　1項「全部若しくは一部の不履行又は履行遅滞の場合には，裁判所は，自らが命じたアストラントの金額を確定する」。（1972年法7条に類似する）。

2項「裁判の不履行が偶発事又は不可抗力によることが証明された場合を除き，裁判所は，確定的アストラントの額を，その金額を確定する時に変更することができない」（1972年法8条1項に類似する）。

3項「不履行が確認された場合であっても，裁判所は，暫定的アストラントを軽減又は廃止することができる」（1972年法8条2項に類似する）。

[24] Chabas et Deis, J-Cl. nº 219.

[25] 1980年7月16日の法律の旧5条1項は「コンセイユ・デタは，アストラントの一部が申立人（requérant）には支払われないものとすることができる」と定めていた。行政裁判法典L 911条の8第1項は，上記規定の「コンセイユ・デタ」の文言が「裁判所（la juridiction）」と修正されている以外は，同文である。

7月16日の法律旧5条2項）が，現在では，国の予算に当てられることになっている（行政裁判法典 L 911条の8第2項）[26]。1972年法の法案，更には1991年法の法案にも，アストラント金の一部を債権者以外に帰属せしめる条文があったが，いずれも実現をみていない。しかし，同様の発想は，このように，行政上のアストラントに関して，1980年7月16日の法律により，実現したわけである。

　(e)　以下では，まず，アストラントの改正が提案された理由について，1991年法の法案の提案理由から明らかにする（第1章1）。次いで，アストラントに関する議会審議の全体を概略し，1992年デクレも含め，条文を挙げる（第1章2）。その上で，アストラントに関する各条文（審議の結果法案から削除された条文も含む）について，個別に審議内容をみていく。また併せて，各条文に関連する問題につき，1991年法下の判例・学説の動向に言及する（第2章乃至第7章）。更に，1992年デクレについては，立法過程を知ることはできないが，アストラントに関する各条文に考察を加える（51条につき第8章，53条につき第9章）。なお，1992年デクレ52条に関しては，便宜上，1991年法35条と併せて考察する（第5章）。

---

[26]　1980年7月16日の法律の旧5条2項「この部分は，地方公共団体設備基金に帰属する（Cette part profite au fonds d'équipement des collectivités locales）」。
　行政裁判法典 L 911条の8第2項「この部分は，国の予算に当てられる（Cette part est affectée au budget de l'Etat）」。

第1章　提案理由及び審議概略

1　提 案 理 由

　1991年法は，政府提出法案[27]によるものである。法案に付された政府の提案理由説明（exposé des motifs）によると，保全処分（mesures conservatoires）を含む執行方法（voies d'exécution）に関する，1806年の民事訴訟法典制定以来の全面改正が，Perrot 教授を長とする委員会によって検討された。その結果，複雑な検討を要する，不動産執行及び順位配当手続の改正（la réforme de la procédure immobilière et des procédures d'ordre）は後に回すことになり，本法案は，改正の第一段階として，各種動産差押えに適用される法律及び執行（exécution）の一般原則を扱うとされる。なお，執行方法に関する事項は，人の自由並びに所有権及び債務の基本原則に関するものであって，憲法典34条により法律事項に属すると説明されている[28]。また，この「改正の基本方針（lignes directrices）」としては，次のような七つの点が挙げられている。すなわち，①現行法との連続性（近時の部分的改正や判例に配慮する），②執行名義の見直し（revaloriser），③各種執行方法の重要性の再検討，④裁判官の役割及び管轄の明確化（1972年法で創設された執行裁判官を通じて「全ての執行上の紛争（le contentieux de l'exécution）」の集中を図る等），⑤誠実な債務者に対する人道的配慮，⑥本法律を実施するための細則を定める命令規定（textes réglementaires）の重要性，⑦将来の法典化である[29]。

　政府の提案理由説明は，以上のような総論的なレベルでは，アストラントに言及していない。ただし，Catala による国民議会の法務委員会の報告書は，

---

[27]　Projet de loi, Doc. AN 1989-90, n° 888.
[28]　Projet de loi, Doc. AN 1989-90, n° 888, pp. 3-4.
[29]　Projet de loi, Doc. AN 1989-90, n° 888, pp. 5-8.

第1章　提案理由及び審議概略

本法案の内容を「債権者の権利の保護：執行名義の見直し（revalorisation）」と，「債務者の権利の保護：執行名義の見直しに対する代償（contrepartie）」に大別し[30]，後者のなかでアストラントを採上げ，この改正は「複数の点で，実質的に，アストラントの額を，合理的な範囲に制限する見地」に立つものと説明する[31]。

次に，政府の提案理由説明は，各条文に関する提案理由を説明する各論的なレベルでは，アストラントの改正に関して次のように説明する[32]。やや長くなるが，全文を引用する。なお（　）内の条文は法案の条文であり，本法成立後の条文を訳注の形で付記する。

「1972年7月5日の法律626号により定められた，司法裁判官──及び，1980年7月16日の法律539号以降は，コンセイユ・デタ──が用いる強制方法（procédé de contrainte）であるアストラントは，判決の履行（exécution）を確保するための重要な手段である。

経験及び執行裁判官の制度を考慮に入れ，法案は，現行法に一部修正を加えてその実効性の強化を図る（le projet de loi apporte au droit en vigueur certains aménagements pour en renforcer l'efficacité）。

通常，アストラントは，裁判官がこの手段に訴えるときは，［本案の］有責裁判を含む裁判自体のなかで（par la décision même qui porte condamnation）定められる。さて，当初はアストラントが付されていなかった判決の履行を促すために，アストラントが必要になることがありうる。法案はこのために執行裁判官に管轄権を与えており，故に，執行裁判官は事情によりそれが必要なときは，他の裁判官がした裁判にアストラントを付すことができることになる（32条2項。［訳注：1991年法33条2項］）。

且つ又，執行裁判官にはアストラントの金額を確定するための原則的な管轄権が与えられる（34条。［訳注：1991年法35条］）。

30　Rapp. Catala, Doc. AN 1989-90, n° 1202, p. 15 et s..

31　Rapp. Catala, Doc. AN 1989-90, n° 1202, p. 22. なお，このCatalaの報告書は，アストラントの額を制限する趣旨の，具体的な改正点として，暫定的アストラントを経ないで確定的アストラントを命ずることを禁止する点を挙げ，その一方で，アストラント金を損害賠償に充当する旨の改正点を批判している。

32　Projet de loi, Doc. AN 1989-90, n° 888, pp. 15-17.

第4編　1991年7月9日の法律

　この法案（texte）は，確定的アストラントの制度に重要な改革をもたらす。確定的アストラントは，暫定的アストラントとは異なり，債務者の責めに帰すことができない外在的原因による不履行が確認された場合（si l'inexécution constatée résulte d'une cause étrangère non imputable au débiteur）を除いて，その金額確定の時に変更が許されないことは知られている。この厳格な準則が，しばしば実務上の大きな問題の根源であることが明らかになっている。実際，裁判官は，事情をよく知らぬまま（mal informé de la situation）高額に過ぎる確定的アストラントを定めた場合，長い期間を経た後に行われうる金額確定の時点では，自らの裁判に拘束されることになり，自らの裁判が過剰な結果（conséquences excessives）に至っていても，これを修正できない。一部の司法官が望んだ，確定的アストラントの廃止までには至らずとも，法案は，指摘された不都合を避けるのに適した諸規定を含んでいる。一方では，発令された最初のアストラントは必ず暫定的となる。他方では，裁判官が，確定的アストラントを命ずる場合，従ってこれは暫定的アストラントの金額を確定した後にはじめてなしうることであるが，裁判官はその期間を定めねばならないことになる。換言すれば，確定的アストラントを命じうるのは，裁判官がより確実に情報を得ている（mieux informé）場合のみで，かつ確定的アストラントは時限的な性格（caractère temporaire）を有することになる。更に，いかなる暫定的アストラントよりも前に確定的アストラントが発令されたとき又は裁判官がその期間の指示を怠ったとき，このアストラントは，あたかも暫定的アストラントであるようにして金額を確定することを，法案は明らかにしている（33条。[訳注：1991年法34条]）。

　更に，法案は1972年7月5日の法律の6条が表明する，アストラントは損害賠償とは別個独立のものとするとの原則について再検討している。

　この規定は1972年法の議会の審議の際に非常に議論があったもので，確定されたアストラントの額（le montant de l'astreinte liquidée）と不履行から生ずる損害を賠償するための損害賠償を債権者が取得することを認めている。

　多数の論者（commentateurs）がこのシステムの問題性を強調した。実際，このシステムでは実務上，債権者の不当な利得（enrichissement injus-

第 1 章　提案理由及び審議概略

tifié）を避けるために裁判官が最低限の額でアストラントの金額を確定するようになり，その代わりにアストラントから生ずる，頑強な債務者に対する脅威の重大性は大きく失われている（beaucoup moins sévère）。

　こうした場合に，法案は，一方では，アストラントの金額確定は，債務者が犯した faute を考慮してなされることを明らかにする。他方では，確定されて債権者に支払われる額を，不履行を理由として（au titre de l'inexécution）債権者に認められうる損害賠償の額から控除することを定める。最後に，行政上のアストラントに存在するものに倣って，金額を確定されたアストラントの一部が，債権者ではなく，第三者に支払われるようにできることを定める。受益者としては，家族手当金庫（caisses d'allocations familiales）を介して，自己の債権を回収できない扶養料債権者を援助する社会扶助基金（fonds d'aide sociale）を選ぶのが適切と思われた（36 条。[訳注：1991 年法には相当する条文はない]）」。

以上の政府の提案理由説明によれば，アストラントの改正案の柱は，次の三点に集約できよう。第一は，「執行裁判官の制度を考慮に入れ」た改正で，執行裁判官に対する，アストラントの発令及び金額確定の管轄権の付与である。第二は，確定的アストラントによる苛酷な結果を防止しその適正化を図る対策で，確定的アストラントに補充性を付し，期間の定めを義務付ける。第三は，アストラントと損害賠償の関係の再検討に関わる改正とも捉えられるが，主な狙いは，とくに暫定的アストラントの実効性を強化するため，アストラントによる利得の正当性を確保することにあると考えられる。これに関連するのは，暫定的アストラントの金額確定の基準の明確化，アストラント金の損害賠償への充当及び公的基金への帰属である。前に（本編序），1991 年法の改正でとくに注目すべき点は，確定的アストラントの制限・アストラント金の扱い（に関する改正案の挫折）・執行裁判官に対するアストラントに関する管轄権の付与の三点と述べたが，これは，とくに以上のような政府の提案理由説明に拠っている。

　なお，アストラントの規定が 1991 年法という執行に関する法律に挿入された理由，及び，強制執行処分の部分ではなく総則に挿入された理由について，政府の提案理由説明には，特別な言及はみられない[33]。

　ところで，先にみたように，Catala による国民議会の法務委員会の報告書

351

は，アストラントの改正案について，総括的には，債務者保護の一環で，「アストラントの額を，合理的な範囲内に制限する」ものと説明する。一方，政府の提案理由説明は，この改正案を，アストラントについての（現行法の）「実効性の強化を図る」ものと説明する。この二つの説明は，矛盾するようにもみえる。Catalaの報告書では，とくに確定的アストラントの制限の点が重視された[34]のに対し，政府の提案理由説明では，とくにアストラント金の正当性を確保するための改正点が重視されたのかもしれない。あるいは，政府の提案理由説明の「実効性の強化を図る」とは，アストラントの額の適正化により間接的に実効性の強化を図ることを含む広い意味なのかもしれない。

因みに，成立した1991年法は，アストラント金の正当性を確保するための改正の中心となるはずであった，アストラント金の損害賠償への充当及び公的基金への帰属に関する規定をもたない等，元の法案とは様相が異なる。成立した1991年法，更に1992年デクレをみると，Catalaの報告書がいうように，債務者を保護し，アストラントの不当な高額化を防止するための改正点が目立つ。確定的アストラントに制限を付す改正（1991年法34条3項）の他，不履行が外在的原因による場合のアストラントの一部廃止を定める改正（1991年法36条3項。法案の原案と同じではない）も，とくに確定的アストラントの高額化を抑制すると考えられる[35]。効力発生時に関する制約（1992年デクレ51条）[36]もアストラントの高額化を抑制するもの，金額確定前の強制執行の禁止（1992年デクレ53条1項）[37]も，少なくとも債務者を保護するものと考えられる。更に付言すると，裁判所の裁量を制約する改正点も目立つ[38]。これに相当する改正点としては，上述の，確定的アストラントに関す

---

33 強いていえば，法案の提案理由説明が，アストラントを「強制方法（procédé de contrainte）」「判決の履行（exécution）を確保するための重要な手段」というにとどまるのは，アストラントと執行方法を区別することを示唆するとも考えられる。とくに《procédé de contrainte》の語については，第1編第2章【1】参照。

34 本編注31参照。

35 本編第6章2【2】参照。

36 本編第8章参照。

37 本章第9章(イ)参照。

る制約（1991年法34条3項），効力発生時に関する制約（1992年デクレ51条）の他，暫定的アストラントの金額確定の基準を明定する改正（1991年法36条1項）も挙げられる[39]。前に（本編序），1991年法による改正は，アストラントに制約を加えその適正化を図る方向のものと述べたが，これは，Catalaの報告書の見解を手掛りに，以上のように考えたためである。

2　議会審議の概略

政府提出法案（以下，原案という）のアストラントに関する条文は，次の32条から36条である。

32条　いかなる裁判官（tout juge）も，自らの裁判（sa décision）の履行を確保するために，職権によっても，アストラントを命ずることができる。
　　執行裁判官は，事情によりその必要があるときは，他の裁判官がした裁判にアストラントを付すことができる。
33条　アストラントは，暫定的又は確定的とする。アストラントは，裁判官がその確定的性格を明らかにしなかったときは，暫定的とみなす。
　　確定的アストラントは，暫定的アストラントの発令の後に，かつ裁判官が定める期間について（pour une durée que le juge détermine）のみ，命ずることができる。これらの要件の一つを欠いたときは，アストラントは，暫定的アストラントとして金額を確定する。
34条　アストラントは，確定的であっても，執行裁判官が金額を確定する。ただし，アストラントを命じた裁判官に事件がなお係属しているとき又はこの裁判官が金額を確定する権限を明らかに留保したときは，この限りではない。
35条　暫定的アストラントの額（montant）は，命令を受けた者の態度及びその者が命令を履行するために遭遇した困難を考慮して，確定する。
　　確定的アストラントの額（taux）は，その金額を確定する時に変更す

---

[38]　J. et L. Boré, n° 26.
[39]　本編第6章2【1】参照。

第4編　1991年7月9日の法律

ることができない。

　裁判官の命令の不履行又は履行遅滞が外在的原因（cause étrangère）によることが証明されたときは，暫定的又は確定的アストラントは，廃止される（supprimée）。

36条　アストラントとして債権者に支払われる額は，不履行又は履行遅滞により債権者に生じた損害を理由として債権者が主張しうる賠償の確定額に充当する（Les sommes versées au créancier au titre de l'astreinte s'imputent sur le montant définitif de la réparation à laquelle il pourrait prétendre à raison du dommage que lui a causé l'inexécution ou le retard dans l'exécution）。

　裁判官は，アストラントの一部が債権者には支払われないものとすることができる（Le juge peut décider qu'une part de l'astreinte ne sera pas versée au créancier）。この部分は，社会活動国民基金に帰属する（Cette part profite au fonds national d'action sociale）。

　この裁判官の裁判は，法律上当然に仮に執行することができる。

　さて，1991年法の法案全体は，第2読会の後に両院合同同数委員会（commission mixte paritaire）を経て第3読会で成立に至るが，上述の32条乃至36条，すなわちアストラントに関する部分の審議は，第2読会で両院の一致をみて終了している。その経過を概観しておく[40]。

　第1読会では，まず国民議会の法務委員会が，アストラント金の損害賠償への充当を定める規定（原案36条1項）の削除及び，1972年法6条に相当する「アストラントは，損害賠償とは別個独立のものとする」という規定の挿

---

[40] アストラントに関する1991年法の立法資料として用いたものは次の通りである。
国民議会第1読会：Projet de loi, Doc. AN 1989-90, n° 888, pp. 15-17 et 43-44 ; Rapp. N. Catala, Doc. AN 1989-90, n° 1202, pp. 22, 72-78 et 151-152 ; JO AN ［CR］3 avril 1990, pp. 51-53 ; 元老院第1読会：Projet de loi, Doc. S 1989-90, n° 227, pp. 11-12 ; Rapp. J. Thyraud, Doc. S 1989-90, n° 271, pp. 47-51 et 107-108 ; JO S ［CR］15 mai 1990, p. 843-847 ; 国民議会第2読会：Projet de loi, Doc. AN 1989-90, n° 1355, p. 9 ; Rapp. N. Catala, Doc. AN 1989-90, n° 1557, pp. 38-40 et 74 ; JO AN ［CR］25 avril 1991, pp. 1743-1744 ; 元老院第2読会：Projet de loi, Doc. S 1990-91, n° 306, p. 8 ; Rapp. J. Thyraud, Doc. S 1990-91, n° 314, pp. 22 et 50-51 ; JO S ［CR］24 mai 1991, p. 1057.

入(原案33条の修正。現行34条1項に相当)を提案した。国民議会の本会議では,この二点に関し,原案に対する激しい批判はあったものの,委員会の修正案には異論はなく,そのまま採択された。なお,その他の条文については国民議会では然したる議論もなく原案通り可決される。これに対し,元老院では,この二点を含め,より多岐にわたる修正案が提出され,活発な議論がみられた。元老院の法務委員会の修正案はアストラント金の一部を公的基金に組入れる規定(原案36条2項)の削除に留まったが,議員提出の修正案は多様で,同規定に関するもの,損害賠償への充当を定める原案(原案36条1項)の復活を求めるもの,確定的アストラントの制約に関する新設規定(原案33条2項。現行34条3項に相当)の削除を求めるもの,不可抗力等の場合の取扱いに関するもの(原案35条3項。現行36条3項に相当)がみられる。このうち,委員会修正案と,議員提出修正案のうちの最後のものが可決された。

　第2読会では,国民議会は,アストラント金の一部を公的基金に帰属させる規定(原案36条2項)の削除は議論なく受け入れたが,不可抗力等の場合の取扱い(原案35条3項)に関する元老院の修正については,更に政府と委員会から異なる修正案が提出され,議論の末,政府案が可決された(現行36条3項)。元老院は,この国民議会案を異論なく受け入れたことから,アストラントに関する審議は終了する。

　議会審議で問題となった事項は,次の二点に集約できよう。第一点は,アストラント金の取扱いで,損害賠償への充当の許否(原案36条1項。現行34条1項参照)と公的基金への帰属の許否(原案36条2項)が,この点に関する。第二点は,確定的アストラントの扱いである。確定的アストラントの暫定的アストラントに対する補充性及び期間の制約の許否(原案33条2項。現行34条3項)の他,不可抗力等の場合の取扱い(原案35条3項。現行36条3項)も,形式的には二つのアストラントに関わるにしても,実質的にはとくに確定的アストラントに関係する議論と考えてよいであろう。アストラント金の取扱いにしても,確定的アストラントの扱いにしても,1991年の改正の重要な点であると共に,1972年法の立法段階で大きな議論があったところで,1972年法の立法当時からの問題が,再び検討されたといえる。なお,この改正のもう一つの重要な点である,アストラントの発令及び金額確定の

第4編　1991年7月9日の法律

管轄権を執行裁判官に付与する改正は，議会審議では議論もなく，原案通り可決されている（原案32条及び同34条。現行33条及び35条）。

議会審議の結論たる最終的な条文は，以下のようである。原案と異なるのは，条文の数字が1ずつ増加していること，「アストラントは，損害賠償とは別個独立のものとする」との条文が追加されていること（34条1項），不可抗力等の場合の取扱いに関する条文（36条3項。原案35条3項）に「全部又は一部において」の文言が追加されていること，アストラント金を損害賠償に充当する旨の原案36条1項及びアストラント金の一部を社会活動国民基金に帰属せしめる原案36条2項に相当する条文がないこと（37条参照）である。なお，下線は，原案にはない追加の部分を示すために付してある。

（1991年法　第2章総則　第6節アストラント）
33条　いかなる裁判官も，自らの裁判の履行を確保するために，職権によっても，アストラントを命ずることができる（Tout juge peut, même d'office, ordonner une astreinte pour assurer l'exécution de sa décision）。

執行裁判官は，事情によりその必要があるときは，他の裁判官がした裁判にアストラントを付すことができる（Le juge de l'exécution peut assortir d'une astreinte une décision rendue par un autre juge si les circonstances en font apparaître la nécessité）。

34条　<u>アストラントは，損害賠償とは別個独立のものとする</u>（L'astreinte est indépendante des dommages-intérêts）。

アストラントは，暫定的又は確定的とする（L'astreinte est provisoire ou définitive）。アストラントは，裁判官がその確定的性格を明らかにしなかったときは，暫定的とみなす（L'astreinte doit être considérée comme provisoire, à moins que le juge n'ait précisé son caractère définitif）。

確定的アストラントは，暫定的アストラントの発令の後に，かつ裁判官が定める期間についてのみ，命ずることができる。（Une astreinte définitive ne peut être ordonnée qu'après le prononcé d'une astreinte provisoire et pour une durée que le juge détermine）。これらの要件の一つを欠いたときは，アストラントは，暫定的アストラントとして金額を確定する（Si l'une de ces conditions n'a pas été respectée, l'astreinte est liquidée comme une astreinte provisoire)。

35条　アストラントは，確定的であっても，執行裁判官が金額を確定する。ただし，アストラントを命じた裁判官に事件がなお係属しているとき又はこの裁判官が金額を確定する権限を明らかに留保したときは，この限りではない (L'astreinte, même définitive, est liquidée par le juge de l'exécution, sauf si le juge qui l'a ordonnée reste saisi de l'affaire ou s'en est expressément réservé le pouvoir)。

36条　暫定的アストラントの額は，命令を受けた者の態度及びその者が命令を履行するために遭遇した困難を考慮して，確定する (Le montant de l'astreinte provisoire est liquidé en tenant compte du comportement de celui à qui l'injonction a été adressée et des difficultés qu'il a rencontrées pour l'exécuter)。

　　確定的アストラントの額は，その金額を確定する時に変更することができない (Le taux de l'astreinte définitive ne peut jamais être modifié lors de sa liquidation)。

　　裁判官の命令の不履行又は履行遅滞が，<u>全部又は一部において</u>，外在的原因によることが証明されたときは，暫定的又は確定的アストラントは，<u>全部又は一部において</u>廃止される (L'astreinte provisoire ou définitive est supprimée en tout ou partie s'il est établi que l'inexécution ou le retard dans l'exécution de l'injonction du juge provient, en tout ou partie, d'une cause étrangère)。

37条　この裁判官の裁判は，法律上当然に仮に執行することができる (La décision du juge est exécutoire de plein droit par provision)。

また，1991年法の適用のためのデクレである，1992年デクレの関連条文も，ここで併せてあげておく。

(1992年デクレ　第2編総則　第3章アストラント)

51条　アストラントは，裁判官が定める日から効力を生じ，この日は，債務についての裁判を執行することができるようになる日より前とすることができない (L'astreinte prend effet à la date fixée par le juge, laquelle ne peut pas être antérieure au jour où la décision portant obligation est devenue exécutoire)。

ただし，既に執行することができる裁判に付されるときは，アストラントは，その発令の日から効力を生ずることができる（Toutefois, elle peut prendre effet dès le jour de son prononcé si elle assortit une décision qui est déjà exécutoire)。

52条　1991年7月9日の法律35条の適用について，無管轄は，アストラントの金額確定の申立てを受けた裁判官が，職権で顧慮する（Pour l'application de l'article 35 de la loi du 9 juillet 1991, l'incompétence est relevée d'office par le juge saisi d'une demande en liquidation d'astreinte)。

この裁判官の裁判に対しては，控訴院がこの裁判をした場合を除き，新民事訴訟法典が定める要件に基づいて，抗議の申立てをすることができる（Si ce n'est lorsqu'elle émane d'une cour d'appel, la décision du juge peut faire l'objet d'un contredit formé dans les conditions prescrites par le nouveau code de procédure civile)。

53条　いかなるアストラントについても，その金額を確定する前には，強制執行処分をすることができない（Avant sa liquidation, aucune astreinte ne peut donner lieu à une mesure d'exécution forcée)。

アストラントの金額がまだ確定されていないときは，アストラントを命ずる裁判に基づき，金額を確定する権限を有する裁判官が仮に算定する額について，保全処分をすることができる（La décision qui ordonne une astreinte non encore liquidée permet de prendre une mesure conservatoire pour une somme provisoirement évaluée par le juge compétent pour la liquidation)。

次章以降は，1991年法のアストラントに関する各条文について，議会の審議の内容をみていく。立法過程で姿を消した原案36条1項及び2項については，34条1項に関連して，併せて考察する。なお，立法資料として，

41　Catala, Doc. AN 1989-90, n° 1202.

42　Perrot, L'astreinte, Ses aspects nouveaux, GP 1991 II doctr. 801 et s. [Perrot].

とくに Catala による国民議会の法務委員会の報告書[41]が，詳細で重要性が高いと思うので，若干長くなるが，その多くを引用しておく。また，1991年法の起草を担当した委員会の長である Perrot 教授が，1991年9月19日にパリ商事裁判所でアストラントに関する講演を行っており，その講演原稿が公表されている[42]。これも，立法趣旨を探るうえで重要な手掛りになると思うので，しばしば言及する。

第 2 章　1991 年法第 33 条

　1991 年法 33 条（本章では，以下，本条という）は，アストラントの発令，とくにその管轄に関するもので，2 つの項からなる。本条 1 項は「いかなる裁判官も，自らの裁判の履行を確保するために，職権によっても，アストラントを命ずることができる」という。1972 年法 5 条を踏襲するもので，主語が「裁判所は（les tribunaux）」から「いかなる裁判官も（tout juge）」に改められた以外に，文言上変更はない。本条 2 項は，「執行裁判官は，事情によりその必要があるときは，他の裁判官がした裁判にアストラントを付すことができる」とする。これは，1972 年法にはない新設の規定で，執行裁判官にアストラントの管轄権を付与する重要な改正の一環である。

1　議 会 審 議

　本条は，原案の 32 条に相当するが，国民議会でも元老院でも何ら議論がないまま，第 1 読会で原案通り可決された。故に，本条の立法趣旨を明らかにする手掛りは，政府の提案理由説明，国民議会の法務委員会の報告書，元老院の法務委員会の報告書である。以下，この順で，それらの内容を確認する。

　政府の提案理由説明は，前述の通り（本編第 1 章 1）で，本条に関しては，2 項を新設する趣旨の説明にとどまる。すなわち，アストラントの発令は，通常，本案裁判と同時に行なわれるが，本案裁判にアストラントが付されていない場合，後に必要があれば，執行裁判官がアストラントを発令できるようにするのが本条 2 項の趣旨と説明される。

　一方，Catala による国民議会の法務委員会の報告書は，本条に関し，「アストラントを発令する裁判官の権能」と題して，はるかに詳しい説明をしている。長くなるが，以下にその主要な部分を引用する[43]。なお，〈　〉は原文の斜字体の部分を示す。

「1972年7月5日の法律5条は，いかなる裁判所（tribunal）についても，アストラントを職権によっても命ずる権能を認めていた。法案32条は，こうした規定の踏襲を提案すると共に，当該規定を，確立された実務慣行（pratique établie）を公認するための新たな原則により補完する。

故にいかなる裁判官も，自らの裁判（sa décision）の履行を確保するためにアストラントを命じうることが明らかになる。いかなる裁判官も，この特権の行使の有無についても，アストラントの額及び期間の決定についても，完全な自由を有している。この全面的な判断権（cet entier pouvoir d'appréciation）こそが，裁判上のアストラント（astreinte judiciaire）と，法文（texte）により命じられる法律上のアストラント（astreinte légale）の区別の根拠となっている。

司法官の〈命令権（*imperium*）〉の表れであるアストラントを命じうるのは，その管轄権の範囲がどうであれ全ての裁判官であり，通常裁判所（tribunaux de droit commun），例外裁判所（juridictions d'exception）及び控訴裁判所のいずれの裁判官であるかを問わない。

留意することとして，32条は，裁判官が〈職権によっても〉アストラントを命じうる原則を踏襲している。即ち，裁判官は，この趣旨のいかなる申立てもなくしてアストラントを命ずる場合でも，〈権限を超えて（ultra petita）〉裁判することにはならない。

且つ又，32条は革新的な重要な規定を含んでいる。これは執行裁判官に『事情によりその必要があるときは，他の裁判官がした裁判にアストラントを付す』権限を認めるためのものである（2項）。もっとも，この革新性は，実質面よりむしろ形式面にある（moins dans le fond que dans la forme）。即ち，この原則がこうして法文化されるのはこれが最初であるが，裁判官がよく用いる実務を制度化した（systématiser）にすぎない。

この実務は，次のような司法官の認識から生まれた。これは，有責裁判の執行上の争い（difficultés d'exécution）について審判を求められた裁判官には，この争いを解決するための最も実効的な措置を講ずること，具体的にはアストラントの発令が，認められるべきであるというものである。実

---

43 Catala, Doc. AN 1989-90, n° 1202, pp. 72-73.

際にとくに問題が生じたのは，レフェレの裁判官の場合である。他の裁判機関がした裁判の執行上の争いを審判するのは，大抵，レフェレの裁判官である。良識的には，［他の裁判機関がした裁判について］レフェレの裁判官はアストラントを命じうると考えられるし，このような立場が勝っていた（Le bon sens, qui voulait qu'il soit autorisé à ordonner des astreintes, a prévalu）が，『裁判所は，〈自らの〉裁判の履行を確保するために，職権によっても，アストラントを命ずることができる』とする1972年法5条の定め方（rédaction）からすると，曖昧であった。［それでも］下級裁判所（tribunaux）は，数多くの裁判により，［他の裁判機関がした裁判について］レフェレの裁判官がアストラントを発令することを認めており，Versailles控訴院も，この点について，執行を担当する裁判官（juge de l'exécution）は，自らがした判決に限らず，〈全ての〉判決の履行を確保することを明らかにした（1986年5月2日）。

故に，32条はこの判例を執行裁判官につき公認するよう提案するものであり，執行裁判官はアストラントを命ずることができるようになるが，それは必要がある場合に限られ，この必要については，執行裁判官の判断に全面的に委ねられる（laissée à son entière appréciation）」。

このCatalaの報告書は，本条1項については，1972年法5条を踏襲するものという。従来の「裁判所は」の文言に代えて新たに「いかなる裁判官も」の文言を用いる点には言及していない。1972年法5条の立法過程（第3編第2章1）でも，裁判官の命令権に関する言及がみられたが，Catalaの報告書も，本条1項がアストラントの発令の管轄を広く認める根拠に関し，裁判官の命令権を持ち出す点が注目される。この点に鑑みれば，同報告書も，アストラントについて，これを裁判官の命令権に基づくものと解するA. Esmein[44]の提唱にかかる従来の通説に依拠すると解せられよう。また，アストラントの額及び期間の決定は裁判官の完全な自由に属するとし，その広い裁量を強調する点にも注目しておきたい。次に，本条2項に関して，同報告書は，これは新しい重要な規定であるが，実質的には，執行上の問題を扱う裁判機関にアストラントの発令を認めようとする従来の実務慣行の制度化に

44　A. Esmeinの所説については，第1編第4章【5】。

とどまるという。すなわち，他の裁判官の裁判の履行確保のためにアストラントを発令しうるかは，1972年法5条の文言によれば疑義があるが，判例は，レフェレの裁判官についてこれを肯定し，本条2項はこの判例の立場を執行裁判官について認めるものとする。

最後に，Thyraudによる元老院の法務委員会の報告書をみると，本条に関する説明[45]は，簡略ながら，国民議会の報告と同趣旨である。敷衍すると，本条1項については，1972年法5条の「原則を，全ての単独裁判官（juge unique）とくに執行裁判官にアストラントを命ずる権限を与えて，再確認する」という。この説明は，旧法の「裁判所は」と新法の「いかなる裁判官も」の文言の差異に留意するものであろう。本条2項については，「この新しい原則は，レフェレの裁判官にアストラントの発令を認める複数の裁判例を確認する。実際，1972年7月5日の法律5条を厳格に解釈すると，本案についての裁判をした裁判所のみが，その履行を確保するためアストラントを命じうると解することができた」という。

2　考　察

【1】第33条第1項

本条1項が，1972年法5条を踏襲するものであることは，条文の文言のみならず，国民議会及び元老院の委員会報告書からも明らかといえよう。1972年法5条は，アストラントの発令の管轄，職権による発令及び制度目的に関する規定と考えられる（第3編第2章）から，本条1項も同様に考えられる。ただし，アストラントの発令の管轄に関する規定は，新設条文である本条2項により二元化されているから，本条1項は，1972年法5条のように，発令に関する（アストラントの一般法上）唯一の管轄規定ではない。自らの裁判の履行確保のためにアストラントを発令する場合の管轄規定にとどまる。

以下では，まず，自らの裁判の履行確保のためにアストラントを発令しうる裁判機関の範囲（(ア)），職権による発令（(イ)）についてとりあげ，最後に，

---

[45] Thyraud, Doc. S 1989-90, n° 271, pp. 47-48.

アストラントを発令する裁判に関する若干の問題に言及する（(ウ)）。制度目的に関連する点は，このなかで触れる。

　(ア)　自らの裁判の履行確保のためにアストラントを発令できる裁判機関

「自らの裁判の履行を確保するために……アストラントを命ずることができる」ものについて，1972年法5条は「裁判所」というところを，本条1項は「いかなる裁判官も」に改めている。この文言の変更は，自らの裁判の履行確保のためにアストラントを発令しうる裁判機関の範囲の拡大を図るものか否かは，一応問題にしうる。この文言の変更につき，国民議会のCatalaの報告書は言及していないが，元老院のThyraudの報告書が「全ての単独裁判官とくに執行裁判官」にアストラントを命ずる権限を与えるものであるという。これによれば，本条1項は，自らの裁判のためにアストラントを命ずる権限を，新たに単独裁判官に拡大する趣旨のようでもある[46]。しかし，この文言の変更をこのような実質的な変更と解する必要はあるまい。まず，1972年法の立法過程をみれば，5条の趣旨は，単独裁判官によるアストラントの発令を否定するものではないと考えられる[47]。更に，Chabas教授は「1972年法の制度の下では，全ての裁判官（tout juge）が，………，自らの固有の裁判（sa propre sentence）の履行を保障するためにアストラントを発令しうるのは既定のこと（acquis）であった」と説明する[48]。1991年法の起草を担当した委員会の長であるPerrot教授も，1972年法と「考え方は同じままである」とし，「単独裁判官でもこの権能を有する。この単独裁判官とは，とくにレフェレの裁判官（新民事訴訟法典491条），準備手続裁判官，商事裁判所の報告裁判官（juge rapporteur）である。こういうことはみな，あまり

---

[46] Blanc, p. 58も，本条1項について，自らの裁判の履行確保のためにアストラントを命ずる権限を「…全ての裁判官に拡大する」ものと説明する。

[47] 1972年法の5条の立法趣旨については「アストラントは，レフェレの裁判官を含むいかなる裁判官（tout juge）の用にも供せられる」等と説明されている。第3編第2章1参照。なお，金額確定の管轄に関する1972年法7条を改正する1975年法1条の立法過程でも，単独裁判官であるレフェレの裁判官及び準備手続裁判官に，アストラントを発令する権限があることが，前提とされている。第3編第4章1【2】参照。

[48] Chabas ②, p. 299.

によく知られているから，これ以上いうまでもない」[49]という。以上のことから，上記文言の変更は，単独裁判官に既に認められていた権能を明確化するための形式的変更で，Thyraudの報告書に鑑みれば，立法者には，とくに1991年法により実施される執行裁判官にも同様の権能が認められることを明確にする意図があったと考えられる。

　結局，本条1項は，自らの裁判の履行確保のためにアストラントを発令しうる裁判機関の範囲について，1972年法5条の立場をそのまま維持するものであるから，1972年法5条に関して述べたこと（第3編第2章2(ア)）が，基本的にはそのまま当てはまる。

　1972年法5条の立場は，アストラントを，損害賠償とも執行方法とも異なるとするものと考えられた。本条1項も同様といえる。とくに，商事裁判所のような，執行に関する管轄権がないとされる例外裁判所にアストラントの発令を認める点は，立法者がアストラントを執行方法とは区別することの証しと考えうる[50]。

　レフェレの裁判官については，アストラントを発令しうることが，別途，新民事訴訟法典491条（従前の1971年9月9日のデクレ80条）により認められていること，確定的アストラントの発令に関して問題になる余地があることを1972年法5条に関して述べたが，これらのことは1991年法下でも当てはまる。ただし，レフェレの裁判官が，他の裁判機関の裁判の履行確保のためにアストラントを命ずる権限を有するかの問題については別で，この点は本条2項に関して述べる。

　本条1項につき新たに注意を要するのは，前述のように，新設の執行裁判官についてである。立法趣旨によれば，本条2項のみならず本条1項に基づく権能も認められる。学説も同様に解しており[51]，実務上も，本条1項に基づく権能はよく用いられているようである[52]。

　ところで，（自らの裁判の履行確保のために）アストラントを発令しうるか否かの議論の対象となった裁判機関として，本書では，商事裁判所（執行上

49　Perrot, n° 5.

50　Perrot et Théry, n° 76.

51　Perrot et Théry, n°s 76-77 ; Fossier, n° 3131 ; M. et J.-B. Donnier, n° 316.

52　Fossier, n° 3131.

の争いに関する管轄権を有しない例外裁判所の典型)[53],控訴院及びレフェレの裁判官のみをとりあげてきた。しかし,同様の議論は,古くから,様々な裁判機関についてなされている。どのような問題があるかについて,ここで簡単に触れておく。

小審裁判所は,原則として,訴額により管轄権が制限される。現在は7600ユーロを超える請求については管轄権を有しない(司法組織法典R 321条の1)。この訴額による管轄の制限との関係で,小審裁判所はアストラントの発令を否定又は制限されるのではないかが問題になった[54]。この議論は,アストラントの金額不定性の他,アストラントと損害賠償の関係にも関わりがある。しかし,1972年法5条が,(自らの裁判の履行確保のために)アストラントを発令しうる裁判機関を制限しない立場を明らかにして[55]以降,とくに今日では,管轄権の有無を決定するための訴額の算定でアストラントを考慮することなく,小審裁判所がこれを発令しうることは定説化している[56]。

控訴院に関しては,新たな請求の禁止の原則との関係で問題があったことは既に述べたが,これとは別に,訴額が一定額を超えないと控訴が許されない場合[57]において,控訴の許否(控訴院の管轄権の有無)を決定するための訴額の算定で,アストラントを考慮すべきかの問題もある[58]。小審裁判所の管轄権の問題と類似するが,こちらは,結論が明らかに定まるには至っていな

53　第2編第1章3(イ)参照。

54　Chabas et Deis, J-Cl. n°s 78 et 153 ; J. et L. Boré, n° 50 ; Denis, n°s 47 et 216 ; Viot-Coster, p. 249 et s..

55　1972年法の原案(Foyer及びMazeaudによる議員提出法案)の提案理由説明は,アストラントを発令する権能が,小審裁判所にも属することを明確にする必要がある旨,明言している。第3編第1章2(ア)参照。

56　Chabas et Deis, J-Cl. n°s 78 et 153 ; J. et L. Boré, n° 50. この点を明確にした破毀院判決はないようである(J. et L. Boré, n° 50)。Cf. Fossier, n° 3127.

57　現在,小審裁判所については,原則として,訴額3800ユーロまでの請求は控訴が許されない(司法組織法典R 321条の1)。労働審判所については,控訴不許額は毎年デクレにより修正される(労働法典L 511条の1)。なお,本編注198で言及する労働法典R 517条の3も参照。

58　金額確定の裁判に対する控訴についても,控訴不許額との関係で問題がある。この点に関しては,本編第5章2【1】(イ)参照。

第2章　1991年法第33条

いようである[59]。

　刑事裁判機関及び行政裁判機関についても，特別な定めに基づく特殊なアストラントを発令できる以外に，狭義のアストラントを発令できるかの問題がある[60]。刑事裁判機関については附帯私訴の場合に[61]，行政裁判機関については私人に対する場合に[62]，それぞれ問題になる。

　最後に，仲裁人が，仲裁判断の履行確保のためにアストラントを命じうるかも問題になりうる。学説・判例は肯定的である[63]。なお，仲裁人が命じた

---

[59]　消極説として，J. et L. Boré, n° 48 ; Viot-Coster, pp. 246 et 253. Chabas et Deis, J-Cl. n° 81 は，必ずしも明らかでないが，積極説のようである。

　　積極説に立つ古い破毀院判決として，[74] Civ 15 avril 1890 ; [123] Req 18 juill. 1911 ; [130] Civ 24 déc. 1912. いずれも，「請求の算定（évaluation d'une demande）において，それが控訴不許額（taux du dernier ressort）を超えるか否かを判断するためには，本案の請求（demande principale）のみならず，付加的に求められた損害賠償も考慮すべきであり，現在の損害賠償と単なる不確実な損害賠償（dommages-intérêts purement éventuels）を区別する必要はない」とし，遅延日毎のアストラントを求める部分は「請求の価額不定の要素（élément indéterminé de la demande）に相当する」という。アストラントを損害賠償と解するもので，現在では判例としての価値を有するか疑問である。J. et L. Boré, n° 48 は，消極説に立つ判例として，[390] Soc 16 mars 1961 を挙げる。ただし，Chabas et Deis, J-Cl. n° 81 は，その判例としての意義を疑問視する。

[60]　狭義（一般法上）のアストラント・特殊な（特別法上の）アストラントについて，第1編第1章3【2】参照。

[61]　Chabas et Deis, J-Cl. n°s 85 et 153 ; J. et L. Boré, n° 53 ; L. Boré, Le juge pénal, l'astreinte et les condamnations à une obligation de faire, GP 19-20 juin 1996, doctr. 7 et s..

[62]　Chabas et Deis, J-Cl. n° 88.

　　なお，行政機関に関するアストラントについては，①行政裁判機関が発令する，行政機関に対するアストラント（行政上のアストラント。本編序(d)参照），②行政裁判機関が発令する，行政機関のためのアストラント（本文参照）の他に，③司法裁判機関が発令する，行政機関に対するアストラント，④司法裁判機関が発令する，行政機関のためのアストラントがありうる。後の二つの場合も認められるが，③の場合はとくにその要件の問題がある。Chabas et Deis, J-Cl. n° 91 ; J. et L. Boré, n°s 40-44. ④の場合については，Chabas et Deis, J-Cl. n°s 94-95 ; J. et L. Boré, n° 40.

[63]　Chabas et Deis, J-Cl. n° 86 ; J. et L. Boré, n° 52 ; Fossier, n° 3129. いずれも，判例と

アストラントが効力を生ずるには，執行命令（ordonnance d'exequatur）を要するとされる[64]。

(イ)　職権による発令

本条1項は，1972年法5条と同じく，職権によるアストラントの発令を認める。1991年法は，暫定的アストラントを経ずに確定的アストラントを命ずることを禁じる（同法34条3項）が，暫定的アストラントの段階を経た場合には，本条1項により，職権で確定的アストラントを命ずることはできる。また，暫定的アストラントについては，直ちに職権で命ずることができる。また，既にみたように（第3編第2章2(イ)），1972年法下の判例は，アストラントの発令に関する裁判官の「自由裁量権（pouvoir discrétionnaire）」を認めて，発令の裁判にその理由を付す必要はないとし，職権で確定的アストラントを発令するにも，裁判に理由を付すことのみならず，予め当事者に陳述を促すことも必要ないとした。Catalaによる国民議会の報告書が，アストラントを命ずる権限に関する裁判官の完全な自由を強調することに鑑みても，1991年法の立法者は，アストラントの発令に関する裁判所の裁量を強化する傾向の判例を，基本的には，容認するもののようにみえる[65]。アストラントの発令の段階の裁判所の恣意の防止は，確定的アストラントに補充性と期間制限を認めること（34条3項）で足りると考えたようである。

しかし，学説には批判がみられる。1972年法についても，とくに確定的アストラントの職権による発令が認められたことに関して，裁判所の権限拡大の危険性が指摘されていた（第3編第2章2(イ)）が，1991年法についても，1972年法下の判例を踏まえた上で，類似の強い批判がみられる。すなわち，

して，次の2つを挙げる。[57] Civ 25 juill. 1882（工事の履行につき遅延日毎50フランの支払いを命ずる仲裁人の判断を，威嚇的にすぎない等とした原審の判断を正当と認める）；[586] Paris 11 oct. 1991（仲裁判断により命じられたアストラントに関するが，問題となったのはその金額確定のみで，仲裁人の権限は否定されている）。

64　Chabas et Deis, J-Cl. n° 86 ; J. et L. Boré, n° 52. Cf. Fossier, n° 3129.

65　Cf. Perrot, n° 6. 1991年法の起草を担当したPerrot教授は，アストラントを発令する場合に予め当事者の説明を求める必要も，裁判に理由を付す必要もないことにつき，とくに批判的な意見は述べていない。

第 2 章　1991 年法第 33 条

　J. et L. Boré は，アストラントの制裁としての性格を重視し，元来は刑事法の領域で認められてきた罪刑法定主義等の憲法上の諸原則が，アストラントにも適用され[66]，そうした原則の一つである防御権の尊重（respect des droits de la défense）との関係で，アストラントには重大な欠陥があるとして，これを欧州人権条約（Convention européenne des droits de l'homme）6 条の要請に照らして明らかにしようとする[67]。J. et L. Boré は，職権によるアストラントの発令を認めること自体にも批判的なようであるが，とりわけ，裁判所が職権でアストラントを発令する場合に，事前に当事者の陳述を促す必要がないことについては，対審の原則を定めるフランス新民事訴訟法典 16 条との関係で問題であることにも触れた上で，欧州人権条約に違反すると主張する[68]。

　また，後述のように（第 6 章 2【1】(イ)），1991 年法下では，暫定的アストラントの金額を確定する裁判に，理由を要求するとみられる破毀院判決が現れている。L. Boré は，この判決を機にして，発令の裁判に大きく拘束される確定的アストラントについては，発令の段階で裁判に理由を要求すべきことを主張する[69]。M. et J.-B. Donnier も同様であるが，1991 年法が確定的アストラントに補充性を付したことから，実務上の問題は大幅に解消されたとしている[70]。

　(ウ)　発令に関するその他の問題

　本条 1 項は，アストラントの目的が裁判の履行確保であることも，明らか

----

[66]　J. et L. Boré, n° 19.
[67]　J. et L. Boré, n°ˢ 22-23. 欧州人権条約 6 条は「公正な裁判を受ける権利（droit à un procès équitable）」に関する規定で，同条 3 項は刑事被告人（accusé）に，とくに保障されるべき諸権利を列挙する。J. et L. Boré は，欧州人権裁判所が「刑事事件（matière pénale）」を広く解釈し，行政上の制裁又は懲戒上の（disciplinaires）制裁のように，制裁的性格（caractère sanctionnateur）を有する全ての裁判を含ましめているから，アストラントのような民事上の制裁も除外されないと解する。そうして，同条 3 項がアストラントにそのまま適用されるわけではないが，この規定に基づく最小限の保障がアストラントについても要求されると解する。
[68]　J. et L. Boré, n° 23.
[69]　L. Boré, D 1997. 232（[622]）.
[70]　M. et J.-B. Donnier, n° 355.

にしている。この点も 1972 年法 5 条と同様で，同条について述べたこと（第 3 編第 2 章 2 (ウ)）が，本条 1 項にもそのまま当てはまる。なお，本条 1 項に関連する近年の問題として，本案の裁判が取消された場合に，既に支払われていたアストラント金の返還請求が認められるか，という問題がある。下級審にはこれを否定するものがあるが，［663］破毀院 2000 年 9 月 28 日第 2 民事部判決は，アストラントが本案の裁判に付随するものであること（付随性）を挙げて，本条に基づき，この返還請求を認める[71]。

次に，アストラントを命ずる裁判と既判事項の権威（autorité de la chose jugée）の関係について，今日の状況に触れておく。

この点は，かつてはアストラントの適法性（暫定的アストラントの金額変更の許否）に関わる重要な問題と考えられた（第 2 編第 1 章 1）が，今日ではそうした意義は失われ，学説の関心は薄らいでいるようである。とはいえ，今日でも学説の説くところが一致しているわけではない。アストラントを命ずる裁判と既判事項の権威について比較的詳しく述べる J. et L. Boré は，暫定的アストラントの場合と確定的アストラントの場合を区別する。暫定的アストラントを命ずる裁判は，レフェレの裁判と同様の[72]，仮の既判事項の権

---

[71]　［663］Civ II 28 sept. 2000 は次のようなものである。ある市町村（commune）に対して，レフェレの命令によりアストラントを付して為す債務の履行が命じられ，このアストラントは執行裁判官により金額を確定されて，当該市町村はこれを支払った。その後，このレフェレの命令は控訴院により取消されたので，当該市町村は執行裁判官に対してアストラントの返還を求める訴えを提起した。原審は，この返還請求を認めず，その理由として，「アストラントの金額確定は当該市町村の態度について制裁を加えるものであって，命令が取消されても，この市町村の態度は『何ら許されるものではない（n'a nullement été absous）』」と述べた。しかし，破毀院は，原判決を 1991 年法 33 条違反として破毀し，次のように判示する。「アストラントは，それが付されている有責裁判に付随するものである（l'astreinte est une mesure accessoire à la condamnation qu'elle assortit）」。「アストラントの金額確定として行われた裁判は，既判事項の確定力（force de chose jugée）を得ていたにせよ，アストラントが付されている裁判の変更により，法的根拠を欠き，当然に消滅（anéantissement）に至る。故に，必要ならば，返還を請求する権利が認められる」。

　返還請求を否定する下級審判決としては，本件原審の他，［645］Versailles 16 sept. 1998. V. Note sous［663］D 2000 IR 254.

威（autorité de la chose jugée provisoire）を有するにとどまるが，管轄・受理可能性（recevabilité）に関する判断については，確定的アストラントと同様であって，既判事項の権威を有するとする。確定的アストラントを命ずる裁判については，本来の既判事項の権威を有することを認めるようである[73]。

一方，Buffet 破毀院判事（当時。後に第2民事部の部長も務めた）は，アストラントの種類を問題にせずに，アストラントを命ずる裁判は既判事項の権威を有しないという[74]。この二つの見解からすると，学説は，暫定的アストラ

---

[72] レフェレの裁判と既判事項の権威の関係については，新民事訴訟法典488条に次のような定めがある。

同条1項「レフェレの命令は，本案に関して（au principal）既判事項の権威を有しない」。同条2項「レフェレの命令（elle）は，新たな事情がある場合にのみ，レフェレにより修正又は取消すことができる」。

Vincent et Guinchard, Procédure civile, 25e éd. 1999, n° 798 は，同条2項を根拠に，「レフェレの命令は，仮の処分を修正する限りにおいて，ある種の既判事項の権威を有する」という。

[73] J. et L. Boré, n°s 62-63.

暫定的アストラントを命ずる裁判でも，管轄・受理可能性に関する判断は既判事項の権威を有することについて，J. et L. Boré は，同旨の判例として，とくに［439］Trib. conflits 2 déc. 1968 を挙げる。これは Socodimex 事件（第2編第5章2【2】(イ)参照）に関するもので，次のようである。大審裁判所が，税関当局（Administration des Douanes）に対して暫定的アストラントを命ずる管轄権があると判断してこれを命じ，税関当局はこの裁判に対して控訴したが，後に控訴を取下げた。この暫定的アストラントの金額を確定する手続の段階で，県知事の管轄否認の申立て（déclinatoire de compétence）があり，控訴院はこれを排斥したので，権限争議（conflit）が提起された。この権限争議について，権限裁判所は，暫定的アストラントを命ずる管轄権を肯定した大審裁判所の前記裁判は，既判事項の確定力（force de chose jugée）を有すること，アストラントの金額確定の申立てはその発令のための手続の続行及び発展にすぎないことを述べた上で，アストラントの金額を確定することのみを求める手続で，管轄否認の申立てを許さないとした控訴院の判断は正当とする。

この他，J. et L. Boré は参照判例として［514］Civ I 4 mai 1982；［523］Soc 5 juill. 1984 も挙げる。いずれも，司法裁判所が行政機関に対して命じた暫定的アストラントの金額を確定する手続の段階で，司法裁判所の管轄権の有無を争うことを許さない趣旨である。

ントを命ずる裁判については既判事項の権威を否定する傾向にあるが，これを完全に否定しうるか，また確定的アストラントの場合をどう解するかについては定まっていない，といってよいかと思う[75]。

判例についてみると，注意を引くのは，最近の破毀院が，[675] 2002年4月30日第2民事部判決で，「アストラントを発令する裁判の条項（disposition）は，何ら争い（contestation）を解決するものではなく，故に既判事項の権威を有しない」と判示することである[76]。この事案のアストラン

---

74 Buffet, p. 71. アストラントを命ずる裁判が既判事項の権威を欠くことの帰結として，アストラントの金額・期間の変更が可能なことを挙げる。

75 アストラントを命ずる裁判と既判事項の権威の関係について，J. et L. Boré, Buffet以外の論者の見解に触れておくと，次のようである。

　Chabas教授は，暫定的アストラントを命ずる裁判について，既判事項の権威を全く否定することには消極的で，J. et L. Boréのように，仮の権威を認めることに好意的である（この点は，Chabas教授に直接御教示頂いた）。Fossier, n° 3139は，暫定的アストラントを命ずる裁判は，「本案に関しても（au principal），仮の事項に関しても（au provisoire），既判事項の権威を有しない」という。Perrot et Théry, n° 79はBuffetの見解に近く，アストラントの種類に言及することなく，その発令に関し，既判事項の権威に関する原則が適用されないとする。ただし，Buffetのように，アストラントを命ずる裁判は既判事項の権威を有しないと明言するわけではない。

　なお，確定的アストラントを命ずる裁判に既判事項の権威を認めるか否かは，確定的アストラントの概念の理解の違い（第1編第1章3【1】）にも関連すると思われる。

76 アストラントを命ずる裁判と既判事項の権威の関係について，注目すべき近時の判例としては，他に，1991年法の施行直前の［594］Civ II 16 juill. 1992がある。V. J. et L. Boré, n° 62 ; Perrot et Théry, p. 93, note 4. この破毀院判決については，第1編注39参照。

　[675] Civ II 30 avr. 2002は，次のようなものである。協同組合（société coopérative）Yに対して，アストラントを付して工事を実施すること，及び，Xに損害賠償を支払うことを命じ（Yを有責とし），Yに対する有責裁判（condamnations）について，Z_1及びZ_2は連帯して担保責任を負う（garantir *in solidum*）とする判決がなされ，この判決は控訴院で確認された。Xはアストラントの金額確定を申立て，この申立てを受けた執行裁判官は，Yの清算人（liquidateur）に対して一定額の支払いを命ずると共に，このYの清算人に対する有責裁判について，Z_1及びZ_2は担

第 2 章　1991 年法第 33 条

トの種類は明らかでなく，おそらくは暫定的アストラントと推測されるが，破毀院は，アストラントの種類に言及することなく，これを発令する裁判の既判事項の権威を否定する。上述の Buffet の見解と同様である。

　　保責任を負う旨の判決をした。この判決に対して Z_1 が控訴し，控訴院はこれを認容して，アストラントは一身専属的性格の強制方法（mesure de contrainte à caractère personnel）であり，Z_1 はアストラントが付された債務についての担保責任を負わないとした。この控訴院判決に対し Y が破毀を申立て，原判決は先行判決の既判事項の権威に反すると主張した。破毀院は，本文のように述べた上で，「裁判官に申立てられたのはアストラントの金額確定のみであることから，工事の実施について担保責任があるとする，効力をもたない（inopérante）有責裁判に向けられた批判を捨象すると，控訴院が，アストラントは一身専属的性格の強制方法であるとして，Z_1 は Y のアストラントの支払いにつき担保責任を負わないと判断したことは，既判事項の権威に反するものではない」という。

　　この［675］Civ II 30 avr. 2002 は，既判事項の権威との関係よりもむしろ，アストラント（金債務）は一身専属的であるとし，故にアストラントを命じられた本人以外の第三者は，アストラントについて担保責任を負わないとする点が，重要と思われる。便宜上，この点についても併せてここで触れておく。担保責任の点に関して同旨の判決は，最近，破毀院の他の部でも出されており，前掲判決の他に［651］Civ III 24 fév. 1999 及び［674］Civ I 3 avr. 2002 がある。アストラントに関する最近の判例の動向として，注目すべきところである。

　　［651］Civ III 24 fév. 1999 では，不動産の賃貸人が，当該不動産の修繕工事を行うようアストラントを付して命じられ，原審は，アストラントの金額を確定した後に，賃貸人のアストラントの支払いについて，修繕工事を施工した企業が，担保責任を負うとした。この点について，破毀院は「アストラントは一身専属的な性格の強制方法」であって，原審は 1991 年法 36 条に違反したとする。［674］Civ I 3 avr. 2002 では，アストラントを命じられた者（離婚した妻）が，金額を確定されたアストラント金の支払いについて，前夫（死亡）の相続人の担保責任を訴求したが，原審はこれを認めず，破毀院も「アストラントは一身専属的な性格の強制方法であり，これについて担保訴訟（recours en garantie）によることはできない」として原審を支持する。

　　Perrot 教授（RTDC 2003. 144（［674］［675］））は，これらの破毀院判決は，アストラントが制裁であって，損害賠償とは異なるとの考え方に基づくものとし，同様の考え方に基づくものとして，アストラント金の支払いは責任保険の対象とならないとする［556］Civ I 20 mars 1989 も挙げている。同判決については第 3 編第 3 章 2【1】㈡。

373

最後に，アストラントを命ずる裁判の不服申立て（控訴）について述べる。学説は，概ね，特別な制限に服することなく，許されると解するようである[77]。暫定的アストラントを命ずる裁判については，その金額を確定する裁判と同時でなければ，控訴は許されないとする学説[78]もあるが，少数説で，その射程範囲も明らかではない。すなわち，アストラントの発令は，①（アストラントによる履行確保の対象となる）本案の裁判と同時に行なわれる場合，②本案の裁判の後に行なわれる場合の他，③証拠調べの裁判の履行確保のため中間的な裁判により行われる場合があるが，前記少数説は，③の場合を念頭におくことは確かであるにしても，②の場合，更に①の場合まで，その射程にいれるものかどうかは明らかでない。

 アストラントを命ずる裁判に対する不服申立ては，通常は，前記①の場合を前提に，本案の裁判に対する不服申立てと同時になされる形をとるようである[79]。本案の裁判について控訴が許される限り，アストラントを命ずる裁判についても控訴が許され，本案の裁判のみに控訴がなされた場合であっても，アストラントは本案の裁判に付随する性質（付随性）を有することから，その控訴の効果はアストラントの裁判にも及ぶと考えられる[80]。

 前記③の場合のアストラントを命ずる裁判に対する不服申立ては，証拠調べの実施に関する裁判は本案に関する判決（jugement sur le fond）と同時でなければ控訴の対象となしえない旨の新民事訴訟法典170条との関係で，特有の問題がある。この点に関して1972年法下に二つの破毀院判決があり，いずれも確定的アストラントを命ずる裁判については，新民事訴訟法典170

---

[77] J. et L. Boré, n° 65 ; Fossier, n° 3138 ; Chabas et Deis, J-Cl. n° 80. 後二者は，暫定的アストラントに関するものであるが，確定的アストラントについても同旨と解してよかろう。

[78] M. et J.-B. Donnier, n° 336. 暫定的アストラントを命ずる裁判を，証拠調べの実施に関する裁判と同視して，新民事訴訟法典170条（本文後述）の適用を肯定した上で，同条の「本案に関する判決（jugement sur le fond）」にあたるのが金額確定の裁判である，と解する。確定的アストラントを命ずる裁判については直ちに控訴ができるとする。

[79] J. et L. Boré, n° 65 は，本案の裁判に対する不服申立てを伴わずに，アストラントを発令する裁判のみに対する不服申立てがなされることは，稀という。

[80] Chabas et Deis, J-Cl. n° 80.

条の適用はないとし，直ちに控訴をすることを認める[81]。

【2】 第33条第2項

本条2項は，他の裁判機関の裁判の履行確保のための，アストラントの発令については，執行裁判官の管轄とする。執行裁判官（juge de l'exécution）は1991年法で実現された制度で（同法5条乃至10条参照），執行に関する事件を全般的に担当し（1991年法8条により改正された司法組織法典（Code de l'organisation judiciaire）L 311条の12の1参照）[82]，大審裁判所長又はその委任を受けた者がこの任に当たる（1991年法7条により改正された司法組織法典L 311条の12）。

執行裁判官の制度は1972年法で創設された（同法9条）が，必要な命令規定（textes réglementaires）が公布（publiés）されず，実施をみないままであった[83]。そのため，1991年法前は，執行に関する事件の管轄について，従

---

[81] [515] Civ II 20 avr. 1983；[535] Soc 21 juill. 1986. いずれも鑑定の実施に際して，確定的アストラントを命ずる裁判がなされたものである。1983年の判決の事案では，確定的アストラントを付して鑑定人への文書の提出を命ずる判決について控訴がなされ，1986年の判決の事案では，確定的アストラントを命ずる命令の取消の申立てを排斥した命令及びこの確定的アストラントの金額を確定した命令について控訴がなされている。いずれの場合も，控訴院は，新民事訴訟法典170条を適用して，即時の控訴は許されないとした。それに対して，破毀院は，新民事訴訟法典170条並びに1972年法6条及び8条によれば，新民事訴訟法典170条による「控訴権の制限は，確定的アストラントを命ずる裁判（décisions portant condamnation à une astreinte définitive）には適用されない」として，原判決を破毀している。

[82] 1991年法8条により改正された司法組織法典L 311条の12の1は，執行裁判官の管轄に属する事項として，執行名義に関する争い，強制執行に際して提起された異議（contestations），保全処分の許可及びその執行（mise en œuvre）に関する異議，強制執行処分及び保全処分の執行又は不執行に基づく損害賠償の請求を挙げる。その他，執行裁判官は，消費者倒産（surendettement des particuliers）（消費法典（Code de la consommation）L 332条の1及びL 332条の2）等の管轄権を有する。V. M. et J.-B. Donnier, n° 83 et s.；Perrot et Théry, n° 228 et s.. また，山本和彦『フランスの司法』（有斐閣，1995年）83頁以下参照。

[83] Rapp. Catala, Doc. AN 1989-90, n° 1202, pp. 33-34；Blanc, p. 21. また，山本・前掲『フランスの司法』83頁参照。

前の法準則が適用されていた。すなわち，執行に関する事件は，原則的には，大審裁判所の管轄に属していたが，差押えの種類や債権の額により，小審裁判所の管轄に属する場合もあり，商事債権の保全差押えに関しては商事裁判所（長）の管轄権が認められるし，更に，迅速な解決が要求される場合には，これらの裁判所の所長がレフェレの裁判官として管轄権を有していたとされる[84]。1991年法は，このように分散し複雑であった執行に関する事件の管轄を一元化するため，1972年法の執行裁判官の制度を大幅に修正した上で，この制度の実施を図った[85]。

本条2項の立法趣旨については，国民議会のCatalaの報告書が詳説しており，要約すれば，次のようになる。本条2項は，執行事件を管轄する裁判機関に，他の裁判機関の裁判のためにアストラントを発令する権限を認めようとする従来の実務を制度化するものである。具体的にいえば，従来，レフェレの裁判官が，他の裁判機関の裁判のためにアストラントを発令する権限を有するかの問題があり，1972年法5条の文理解釈によれば否定しうるが，判例は肯定した。この判例の立場を，レフェレの裁判官に代えて，執行裁判官について認めるのが本条2項の趣旨ということである[86]。

---

[84] Projet de loi, Doc. AN 1989-90, n° 888, p. 9 ; Rapp. Catala, Doc. AN 1989-90, n° 1202, p. 34 ; Blanc, p. 22. なお，Rapp. Catala, Doc. AN 1989-90, n° 1202, p. 34 ; Blanc, p. 22 は，商事債権の保全差押えについて商事裁判所が管轄権を有すると説明しているが，M. Donnier, Voies d'exécution et des procédures de distribution, 1re éd., 1987, n° 231 et s. ; Taormina, Le nouveau droit des procédures d'exécution et de distribution, 1993, n° 73 によると，商事債権の保全差押えの許可を与える権限は，商事裁判所長にあるとされる。

1991年法前の執行に関する事件の管轄権の詳細について，Taormina, *op. cit.*, 1993, n° 64 et s..

[85] Projet de loi, Doc. AN 1989-90, n° 888, pp. 9-10 ; Rapp. Catala, Doc. AN 1989-90, n° 1202, p. 34 ; Blanc, p. 22.

[86] なお，1991年法の起草を担当した委員会の長であるPerrot教授は，本条2項の趣旨について，次のようにいう（Perrot, n° 5）。「大抵の場合（Très souvent），アストラントの好機となるのは，得るべきものを得られない債権者が，待つことに飽き，強制執行手続に頼ろうと考える時点であり，得るべきものを得るため，レフェレの裁判官のところへ行く時点である。この裁判官がアストラントを発令する権能を奪われているならば，債権者は，行ったり来たり（navette）を強いられ，ほとんど不

第 2 章 1991 年法第 33 条

　このCatalaの報告書のように，レフェレの裁判官が他の裁判機関の裁判にアストラントを付すことを判例が肯定していたと解することには，異論もみられる[87]。たしかに，1972年法下，Catalaの報告書が肯定判例として挙げる[532] Versailles控訴院1986年5月2日[88]とは，反対の立場をとる控訴院判決もあった。しかし，Catalaの報告書は言及しないが，破毀院も，[542] 1988年2月23日商事部判決でVersailles控訴院と同様の結論をとる[89]。故に，結局は，Catalaの報告書がいうように，1972年法下の判例はこの問題を肯定する立場をとったと解してよかろう[90]。

　　合理である。このようにして，いかなる先行の有責裁判にも，この有責裁判が他の裁判官から発せられたものである場合でも，アストラントを付すことを執行裁判官に認める1991年法の規定が説明される」。本条2項の立法趣旨に関するPerrot教授の見解については，この他，後述本文参照。

[87] M. Donnier, Voies d'exécution et procédures de distribution, 5ᵉ éd., 1999, nº 328 は，Catalaの報告書が挙げた[532] Versailles 2 mai 1986について，批判の余地があるとし，「いずれにせよ，控訴院の一つの判決は，判例をつくりだすのに決して十分なものではなかった」という。Croze, nº 36 も，「判例はその時まで躊躇していた」という。なお，Perrot, nº 5 も，「ある種の判例 (une certaine jurisprudence)」はこの問題を否定したという。

[88] [532] Versailles 2 mai 1986 は次のようにいう。「明らかな制限はないことから (à défaut de précision limitative)，1972年7月5日の法律5条は，判例により長らく裁判官に認められてきた，アストラントによって裁判の履行を確保する一般的な権能を考慮するものとしか解釈できない。執行を担当する裁判官 (juge de l'exécution) は，自らが行なった裁判のみならず，全ての裁判の履行を確保する，義務の如き，権能を確かに有する」。

[89] ただし，理由の点では，[542] Com 23 fév. 1988 は [532] Versailles 2 mai 1986 とは異なり，レフェレの裁判官に執行上の争いに関する管轄権を認めていた新民事訴訟法典（旧）811条（この旧規定は1992年7月31日のデクレ305条により削除された）を根拠とする。また，1991年法成立後であるが，1972年法に関し，[590] Com 21 janv. 1992 で，破毀院は再び同様の結論をとる。同判決は，「新民事訴訟法典811条に定められた要件により裁判を求められたレフェレの裁判官は，1972年7月5日の法律5条の規定により，他の裁判機関の裁判の履行確保のために，職権によっても，アストラントを命ずる権能を認められている」とする。V. J. et L. Boré, nº 51 ; Taormina, droit de l'exécution forcée, 1998, nº 420-12.

[90] 以上の1972年法下の判例の状況につき，第3編第2章 2 (ｱ) も参照。

さて，1991年法下では，本条2項の解釈に関する問題として，まず，次の二点が挙げられる。第一は，他の裁判機関の裁判の履行確保のためにアストラントを命じうるのは，執行裁判官に限られるか，である。学説は肯定的である[91]。この立場によれば，レフェレの裁判官が，他の裁判機関の裁判の履行確保のためにアストラントを命ずることも，本条2項により，許されないことになる[92]。

第二の問題は，本案の裁判をした裁判機関が，後に，(本条1項に基づいて) アストラントを命ずることはできるか (本条2項に反しないか) である。この点については，破毀院内部に対立がある。[642] 1998年4月28日商事部判決は否定し，[650] 1999年2月18日第2民事部判決は肯定する[93]。学説も対立している[94]。否定説は，執行裁判官の管轄権が一般的には専属的であること (司法組織法典L 311条の12の1) を主な根拠とする。これに対し，肯定説に立つPerrot教授は，次のように反論する[95]。本案の裁判をした裁判機関は「事件を実際によく知っており，有責債務者に期待しうることを判断するにも，強制方法 (moyen de coercition) としてのアストラントの方針 (principe) 及び額を判断するにも，とくに適切ではないか」。司法組織法典L 311条の12の1による前に「アストラントに関する執行裁判官の管轄権の

---

[91] Chabas et Deis, J-Cl. n° 89 ; J. et L. Boré, n° 51 ; Taormina, *op. et loc. cit.*. Taormina は，その根拠として，執行裁判官に専属的管轄権を認める一般規定である，司法組織法典L 311条の12の1第4項 (「執行裁判官以外のいかなる裁判官も，職権により自らの無管轄 (incompétence) をとりあげねばならない」1991年法8条参照) を挙げる。

[92] J. et L. Boré, n° 51 ; Croze, n° 36 ; Cimamonti, n° 28 ; Buffet, p. 70.

[93] 商事部判決 [642] Com 28 avr. 1998 は，受命裁判官 (juge-commissaire) に関するもので，第2民事部判決 [650] Civ II 18 fév. 1999 はレフェレの裁判官に関するものである。

[94] 肯定説として，Chabas et Deis, J-Cl. n° 89 (「なぜならば，本案の裁判とアストラントを命ずる有責裁判に時間的な隔りがありうることは，常に認められてきたからである」) ; Perrot, RTDC 1999. 465 et s. ([650]) ; Normand, RTDC 1999. 690 et s. ([650]) ; M. et J.-B. Donnier, n°s 320-321 ; Buffet, p. 70 ; Cimamonti, n° 27. 否定説として，Jullien, D 1999 somm. 218 ([650]) ; Fossier, n° 3132.

[95] Perrot, RTDC 1999. 466-467.

性質及び範囲について，まずよく考えるべきである」。「33条の構造から，これは補足的な権能（faculté complémentaire）と考えるべきである。有責裁判をした裁判機関の管轄権を排除するどころか，債権者の便宜を図るために，ある種の上乗せ（une sorte de plus）をするものである」。Perrot教授は，更に本条の立法の経緯にも言及し，要するに，この規定は「債権者が，判決をした裁判機関のところに戻らなくともすむよう，身近な裁判官（juge de proximité）の管轄権を認めて，債権者の負担を軽減する（faciliter la tâche）ための純粋な便宜」を図る趣旨で，否定説はこの趣旨に反するとする。肯定説が正当であろう。また，肯定説は，アストラントが執行方法とは異なるとする従来の判例・通説（第1編第2章）にも適合するものと思われる。

　この他，本条2項に関しては，次の点も問題になりえよう。執行裁判官が，他の裁判官の裁判にアストラントを付すことができるのは，「事情によりその必要がある」場合とされるが，これをどう解すべきかである。「事情によりその必要がある」場合か否かの判断について，Catalaの報告書は「執行裁判官の判断に全面的に委ねられる」という[96]。この点について，近時，破毀院は［671］2001年12月20日第2民事部判決で，執行裁判官の「専権（pouvoir souverain）」に属すると判示していることが注目される[97]。

---

[96] なお，Taormina, Le nouveau droit des procédures d'exécution et de distribution, 1993, n° 93 は，本条2項に基づいて執行裁判官がアストラントを命ずる場合として，とくに事件の価額（montant de la cause）が執行手続の費用額を下回るために裁判の執行ができない（1991年法18条2項は，費用の額が債権額を著しく上回る場合に，執行に協力する執行士の義務の免除を認める）場合を想定する。

[97] ［671］Civ II 20 déc. 2001 は，商事裁判所の裁判にアストラントを付した執行裁判官の裁判を支持した原判決に対する破毀申立てについて，当該破毀申立理由は，「事情によりその必要がある」場合かを判断する「執行裁判官の専権（pouvoir souverain）」について非難するにすぎないとして，破毀申立てを斥ける。

　一般に「専権」とは，「自由裁量権（pouvoir discrétionnaire）」と異なり，裁判に理由を付す義務を免除するものではないとされる（第3編第2章2(ｲ)参照）ので，［671］Civ II 20 déc. 2001 の「専権」の文言を重視するならば，この判決は「事情によりその必要がある」場合かの判断については，裁判に理由を付す必要があるとするものと解する余地もある。

第3章　1991年法第34条第1項その他

　1991年法34条1項（本章では，本条1項という）は「アストラントは，損害賠償とは別個独立のものとする」と定めており，これは1972年法6条前段を全くそのまま踏襲するものである。そこで，一見問題がないようにみえるが，そうではない。法案の原案にはこの条文はない。その代わりに，アストラント金の帰属に関して，原案36条1項が「アストラントとして債権者に支払われる額は，不履行又は履行遅滞により債権者に生じた損害を理由として債権者が主張しうる賠償の確定額に充当する」と定めており，これが審議の過程で削除されて，本条1項が挿入されている。また，アストラント金の帰属に関して，原案は更に別の条文を用意していた。これは「裁判官は，アストラントの一部が債権者には支払われないものとすることができる。この部分は，社会活動国民基金に帰属する」と定める原案36条2項である。1972年法の立法過程でも同趣旨の条文があったが，それと同様，この原案36条2項も審議の過程で削除されている。本章では，本条1項と共に，この原案36条2項に関しても考察する。

1　議会審議

　原案36条1項が本条1項にかわる経緯（【1】）と，原案36条2項の削除の経緯（【2】）に分けて，みておく。

【1】　第34条第1項
　本条1項のもとになった原案36条1項，アストラント金を損害賠償に充当する規定についての政府の提案理由説明は，前に（本編第1章1）みた通りである。要約すれば，アストラントを損害賠償とは別個独立のものと定め，損害賠償と別にアストラント金の取得を債権者に認める1972年法下で，裁判所が，債権者の利得の正当性に関する疑念から，アストラントを金額確定

時に大幅に減額し，その実効性が低下したことに対する改善策の一つとする[98]。なお，後にみる原案36条2項も同趣旨と説明する。

　国民議会は，この原案36条1項を削除し，代わりに本条1項に相当する「アストラントは，損害賠償とは別個独立のものとする」の規定を挿入する。元老院でも，異論はあったものの，この国民議会による修正案が採択されている。以下，これを詳しくみる。

　㋐　国民議会

　国民議会では，委員会内部では問題もあったようである[99]が，Catalaの発案に基づいて[100]委員会から，原案36条1項を削除して本条1項の挿入が提案される。Catalaの報告書によると，「アストラントは，損害賠償とは別個独立のものとする」という1972年法6条に相当する規定が原案に存しない理由は，アストラントを損害賠償に充当する原案36条1項がある故に，アストラントが損害賠償との別個独立性を失うためである[101]。しかし，報告書は，原案36条1項の削除を提案し，その理由を次のように説明する[102]。

　「……36条1項の規定が，アストラントの性質それ自体に関するある種の混乱をもちこまないかを問題にしうる。何故ならば，アストラントは判決の履行方法（modalité d'exécution）と考えられ，従ってこれを賠償額に充当する必要はないか，さもなければ，アストラントは債権者に生じた損害の賠償に貢献するもので，賠償の（indemnitaire）性格を帯び，その場合にはアストラントを損害賠償に実際に関連付けることができるか，このうちのどちらかだからである。さて，次のことにはほとんど異論はないようである。アストラントは何よりもまず，履行を得るための，威嚇方法（mesure comminatoire），私的制裁（peine privée）であり，従って賠償の目的をもちえない。すなわちアストラントは債権者に生じた損害を賠償する

---

[98]　Catalaによる報告書も，原案の提案理由について同趣旨の説明をしている。Rapp. Catala, Doc. AN 1989-90, n° 1202, p. 77.

[99]　委員会では，原案36条1項の審議は一旦保留されている。V. Rapp. Catala, Doc. AN 1989-90, n° 1202, p. 75 ; JO AN [CR] 3 avril 1990, p. 52（Mazeaudの発言）.

[100]　Rapp. Catala, Doc. AN 1989-90, n° 1202, pp. 75 et 78.

[101]　Rapp. Catala, Doc. AN 1989-90, n° 1202, p. 75.

[102]　Rapp. Catala, Doc. AN 1989-90, n° 1202, pp. 77-78.

ものではなく，頑強な債務者を『罰する（punit）』ものである。故にアストラントは損害賠償とは明らかに区別されねばならない」。このようにCatalaの報告書は，原案はアストラントの法的性質に混乱を招くとし，アストラントは損害賠償でないとする通説の立場を強調して，原案に反対する。

国民議会はこの委員会案を採択する。委員会案に対する反対意見はなかった。ただし，1972年法の起草者であった P. Mazeaud が，原案に対して強い批判を繰返している。たとえば，次のようである。

「……私は政府に次のことを理解するように求めます。仮に，報告者の修正案を採択しないならば，我が法の一部であり，破毀院の裁判を考慮して我々が再導入したアストラントの観念は，あっさり廃止されるでしょう。そのことはあなたが誰よりもよく御存知です。法務大臣！ アストラントの観念と損害賠償の観念をはっきり区別することは，アストラントがその威嚇的性格を保持するために，重要なことです。これが全裁判官一致の要求であることは，民事訴訟法典に関する全裁判が，よく示しています。……」[103]。

このように P. Mazeaud は，アストラントの威嚇性ないし実効性を確保するのに損害賠償との区別が不可欠で，これが判例であることを強調する。原案の提案者たる政府側も，「委員会の名により Catala 女史により提示された意見並びに Mazeaud 氏の意見により納得しまして，修正案に賛成します」[104]と，反論しなかった。

(イ) 元老院

元老院の委員会は，この国民議会案を支持したが，社会党系議員，共産党系議員のそれぞれから，原案36条1項を復活させる修正案が提出される。ただし，この修正案は，「アストラントは，損害賠償とは別個独立のものとする」という条文については，国民議会案を修正せず，残すようである[105]。

---

[103] JO AN [CR] 3 avril 1990, p. 52. なお，Mazeaud の批判は，原案36条1項の審議を一旦保留した委員会にも向けられている。本編注99参照。

[104] JO AN [CR] 3 avril 1990, p. 53. 法務大臣の発言。

[105] 元老院の審議では，「アストラントは，損害賠償とは別個独立のものとする」の規定を削除する提案は，見当らない。なお，原案36条1項を復活させる修正案の

第 3 章　1991 年法第 34 条第 1 項その他

この修正案の理由は次のようである。

「……アストラントとして支払われた金額が損害賠償の確定額に充当されないならば，先刻お話した原因なき利得（enrichissement sans cause）の場合と同じということになります。債権者の損害全体を計算する場合にアストラントがそれに充当されることは，全く当然に思われます。フランス法では，自らの損害の全賠償以上のものを要求することは，誰にもできないのです」[106]。

この修正案に対しては，次のような反論がある。

「……前提とされるのは，当然のことながら，賠償の算定と同時にアストラントの金額確定が行われることです。従って，私が想像するに，ごく当然に，裁判所は，最終的な賠償額を言渡す場合に，アストラントの額を考慮するかしないかを——裁判所が欲するままに——決めます。しかし，アストラントの観念を明快なものにしておくためには，アストラントが損害賠償に充当されることを法案のなかで示すのは適当ではありません。改めて，衡平の見地からすると（pour des raisons d'équité），異種混合となり（nous mélangeons des genres），私には具合が悪いように思えます。……」[107]。

これに対して修正案の提案者は再反論する。

「私の意見では，正確には，その二つは同時に行われるわけではありません。まさに最後に，全てが履行され，諸々の算定が行われる（l'on fait les comptes）時に，履行遅滞のために債権者に支払うべき賠償が算定されます。この時点で，アストラントの存在が確認されますし，裁判官が算定を行うのに，アストラントを損害賠償に充当することを遵守するようにします。これは全く当然のように思われます。……」[108]。

しかし，この修正案は否決され，元老院でも国民議会案が支持を得る。

提案者の一人である Dreyfus-Schmidt は，現行 34 条 3 項を削除する提案もしており（第 4 章 1 参照），その際，「アストラントは，損害賠償とは別個独立のものとする」の規定については支持する旨を明らかにしている（JO AN［CR］15 mai 1990, p. 843）。

[106]　JO S［CR］15 mai 1990, p. 845. Dreyfus-Schmidt の発言。
[107]　JO S［CR］15 mai 1990, p. 845. Rudloff の発言。
[108]　JO S［CR］15 mai 1990, p. 845. Dreyfus-Schmidt の発言。

第 4 編　1991 年 7 月 9 日の法律

【2】アストラント金を債権者以外に帰属せしめる条文の削除

ここでは,「裁判官は,アストラントの一部が債権者には支払われないものとすることができる。この部分は,社会活動国民基金に帰属する」という原案 36 条 2 項についてみる。この規定についての政府の提案理由説明は,本編第 1 章 1 及び本章 1【1】でみたように,原案 36 条 1 項と同趣旨で,債権者に損害賠償と別にアストラント金の取得を認める 1972 年法下で,裁判所が,債権者の利得の正当性に対する疑念から,アストラントを金額確定時に大幅に減額し,その実効性が低下したことに対する改善策の一環とされる。更に,原案 36 条 2 項については,行政上のアストラントに倣うことや,社会活動国民基金とは,「家族手当金庫を介して,自己の債権を回収できない扶養料債権者を援助する」ものとの説明がある。

この原案 36 条 2 項について,国民議会は,第 1 読会では支持したが,元老院は議論の末,これを削除する。国民議会も,第 2 読会ではこの元老院案を支持したため,この規定は姿を消すことになる。この経緯を詳しくみるが,国民議会の第 2 読会では原案 36 条 2 項に関する議論は全くないので,以下では,専ら第 1 読会における,両院の立場をみておく。

㋐　国民議会

国民議会の Catala の報告書は,原案 36 条 1 項を削除すべき旨を述べた後に,原案 36 条 2 項については,次のように述べて支持する。

「しかし,損害賠償に加えられる,高額のアストラントにより,債権者が時に過剰に利益をうるとの批判に無関心なままではいられない。こういう理由から,場合によっては,アストラントの一部が債権者には支払われないことを認めることができる。この点から,36 条 2 項により提案された仕組みは,満足の行く解決を与えるもののように思われる。すなわち,裁判官は,アストラントの一部を社会活動国民基金に帰属するものとすることができる。社会活動国民基金という選択は,この組織の目的が,自らの債権を回収できない扶養料債権者を援助するものであることから,説明がつく。

革新的な規定はまさに,行政上のアストラントに適用される措置のような,既存の措置にヒントを得たものである。行政事件において発令されるアストラント及び公法人による判決の履行に関する 1980 年 7 月 10 日［訳

第 3 章　1991 年法第 34 条第 1 項その他

注：16 日の誤り］の法律 539 号は，実際，その 5 条で，コンセイユ・デタは，アストラントの一部が，申立人（requérant）ではなく，地方公共団体設備基金に支払われるものとすることができると規定している」[109]。

このように Catala の報告書は，政府の提案理由説明と同様，債権者の利得の過剰な高額化あるいは，それを避けるため裁判所が金額確定時にアストラントを減額する故に，その実効性が低下する状況[110]に，対策を講ずる必要性を認める。そうして，原案 36 条 1 項によるアストラント金の損害賠償への充当には反対するが，原案 36 条 2 項は上記対策として支持する。国民議会は，この委員会案を議論なしに採択する。

(イ)　元老院

元老院では，原案 36 条 2 項に関する二種類の修正案が提出され，活発な議論が行われる。修正案の一つは，委員会が提出した，原案 36 条 2 項を削除する案で，共産党系議員からも同一の提案がなされている。他は，「裁判官は，アストラントの一部が債権者には支払われないものとし，この部分に民事罰金（amende civile）の性格を認めるものとすることができる」というものである。これは，アストラント金の損害賠償への充当を定める原案 36 条 1 項の復活を提案した，社会党系議員から提案されたもので，当初は「確定的アストラントの総額（montant total）が支払われるべき損害賠償を超えるときは，裁判官は，この超過分に民事罰金の性格を認めることができる」とされていたが，原案 36 条 1 項の復活が認められなかったために，上述のように改められている。

原案 36 条 2 項を削除する修正案の理由について，委員会は，「この『異種混合（mélange des genres）』は適当でないと思われた」とする[111]。また，共産党系議員からは次のような理由説明が行われている。

「まず，我々が問題にするのは，アストラントが全部，債権者に支払われるか否かを定める権限を付与される裁判官の裁量（pouvoir arbitraire）の正当性（bien-fondé）についてです。いかなる基礎に基づいて，このよう

109　Rapp. Catala, Doc. AN 1989-90, n° 1202, p. 78.

110　このような問題意識は，本文に引用した部分には現れていないが，これより前の箇所で説明されている。Rapp. Catala, Doc. AN 1989-90, n° 1202, p. 77.

111　Rapp. Thyraud, Doc. S 1989-90, n° 271, p. 51.

第 4 編　1991 年 7 月 9 日の法律

な裁判が行われうるか？　いかなる要素が考慮されるか？　続いて，我々は，アストラントの一部を社会活動国民基金に帰属せしめる意図に，あるデマゴギーを感じます。Cathala［訳注：Catala の誤り］女史は，その報告書の 78 頁で『社会活動国民基金という選択は，この組織の目的が，自らの債権を回収できない扶養料債権者を援助するものであることから，説明がつく』としています。どうして，またいかなる基準で——繰返しますが——，裁判官は債権者から他の債権者のために金銭を奪うことができるのでしょうか？　更に，法務大臣，この条文の第 2 項に定められたこの立場は『何人も代理人により訴えない（nul ne plaide par procureur）』という法諺に適うでしょうか？　故に，同僚諸氏の方々，我々の意見では首尾一貫しない規定の削除を提案します」[112]。

一方，アストラントの一部を民事罰金とする，すなわち国庫に帰属させる修正案の提案理由は，原案の趣旨を維持するものであるが，社会活動国民基金は適当でない，というものである[113]。

議論の概略を述べると，まず，政府は原案の削除に反対して，改めて原案の理由を説明し，アストラントは相当額で金額を確定されねば実効性がない一方，債権者は理由なしに利得すべきでないことを挙げ，原案が採用されないと，アストラントが僅少な額で確定される事態が続くことに注意を促した。更に，政府の立場はアストラントを民事罰金化する修正案に近いが，社会活動国民基金でも悪くはない等と述べた[114]。これに対し，民事罰金化案の提案者は原案を批判し，赤十字やフランス財団（Fondation de France）等他の組織ではなく社会活動国民基金に結び付ける理由，国庫に帰すべきでない理由が不明なこと等を指摘した[115]。ここで，原案の削除に賛成する議員から，現時点でこの問題に決着をつけるのは時期尚早という趣旨の発言がある。彼は，アストラントと損害賠償が混同されているようであるが，両者は区別せねばならないことを強調し，またアストラントは裁判官が定める以上「原因なき利得（enrichissement sans cause）」ではなく，「裁判官が不当なことをな

---

[112]　JO S ［CR］15 mai 1990, p. 845. Pagès の発言。
[113]　JO S ［CR］15 mai 1990, p. 846 の Dreyfus-Schmidt の発言参照。
[114]　JO S ［CR］15 mai 1990, p. 846. 法務大臣の発言。
[115]　JO S ［CR］15 mai 1990, pp. 846-847. Dreyfus-Schmidt の発言。

しうる限りは，不当な利得（enrichissement injuste）」であると述べてから，次のように締めくくる。「このアストラントの行方についてより明確な見解をもつべきでしょう。現時点では社会活動基金はよい解決とは私には思えません。この基金は確かに存続するでしょうが，おそらく永続的に存続するわけではないでしょう。その時には再び立法者に問題にされねばならないでしょう。アストラントが民事罰金の性格を有すると我々が決めることができるかどうか，今晩の時点では私には確信がありません。故に，法案の往復（navette）時にアストラントに関する規定が洗練され完全であるためには，法務委員会の修正案に投票するのが賢明です」[116]。

その後若干の発言を経て，最後に，政府は民事罰金化案を支持すると述べたが，結局，元老院は，原案36条2項を削除する委員会案を採択する。そうして，国民議会の第2読会では，委員会もこの元老院の結論を支持し[117]，本会議でも議論はなく[118]，36条2項の削除が決定する。

2 考　察

【1】　第34条第1項

「アストラントは，損害賠償とは別個独立のものとする」と定める本条1項は，1972年法6条前段をそのまま踏襲するものであるから，1972年法との関係はとくに問題にする必要はない。けれども，本条1項が原案にはなく，アストラントの金額を損害賠償額に充当する原案36条1項の削除された結果，盛り込まれたことについて，その意義を考えておきたい。

アストラントを損害賠償とは別個独立のものとする原則は，確定的アストラントについては1972年法により確立されたと考えられるが，暫定的アストラントについては既に [373] 1959年10月20日の判決により確立されていた（第2編第5章とくに1及び第3編とくに第3章2）。原案36条1項は，アストラントと損害賠償の一致を求めるものではないから，その意味では，従

116　JO S [CR] 15 mai 1990, p. 847. Rudloff の発言。
117　Rapp. Catala, Doc. AN 1989-90, n° 1557, pp. 39-40.
118　JO AN [CR] 25 avril 1991, p. 1744.

来の原則を根底から覆すものではないが，アストラントと損害賠償の併課を認めない点で[119]，従来の原則の修正を企図するものである。

原案36条1項の提案理由については，債権者に損害賠償に加えてアストラント金の取得を認める制度の下で，債権者のアストラント金による利得の正当性に関する裁判所の疑念に起因した，金額確定時のアストラントの大幅な減額が，アストラントの実効性の低下を招いたことが挙げられている。同様の問題は，既に1972年法の立法過程でも指摘されていた（第3編第6章1(ア)）ことに留意したい。1972年法の立法過程では，その解決策として，アストラント金の一部を債権者以外に帰する方法のみが提案されたが，1991年法の立法過程では，1972年法の際と同趣旨の方法（原案36条2項）と共に，アストラント金を損害賠償へ充当する方法まで提案されたわけである。このことからは，確定的アストラントを含むアストラントを，損害賠償とは別個独立とする原則を確立した1972年法下で，上記のような債権者の利得の正当性の問題及びそれに起因するアストラントの実効性の低下の問題が，より一層深刻化したことが窺われる。

原案36条1項は，両院で議論の対象となるが，排斥された理由は，国民議会のCatalaの報告書及びP. Mazeaudの発言に基づいて理解すべきであろう。すなわち，原案は，判例及び通説となっている，アストラントを損害賠償と完全に区別する考え方に，混乱を生じうること，更に，Mazeaudが強調するように，アストラントの威嚇力・実効性を確保するためには，損害賠償との切断が不可欠なこと，がその理由とみられる。こうした審議の経緯をみると，結局は従来の原則がその堅固さを示したと考えられる。

学説の反応をみると，原案36条1項の削除について，Chabas教授は「伝統（classicisme）への回帰はまさにCatala女史及びP. Mazeaud氏の精力的なとりなしのおかげである」と好意的に評価する[120]。反対に，この削除をとくに批判する見解は見当たらない[121]。すなわち，学説も，議会と同様，アス

---

119 1972年法6条前段はアストラントと損害賠償の併課を認める趣旨と解されることにつき，第3編第3章2【1】(エ)参照。

120 Chabas ②, p. 299.

121 なお，原案の起草を担当した委員会の長であるPerrot教授に直接お尋ねしたところ，今日（2002年3月の時点）では，原案36条1項を支持するわけではない，

第 3 章　1991 年法第 34 条第 1 項その他

トラントを損害賠償と別個独立のものとする従来の原則を堅固なものと受けとめているようにみえる。ただし，アストラントを含む私的制裁の観念を民事責任・懲罰的損害賠償の観点から再評価する学説の動きがあることは後述する（【2】(エ)）。

　原案36条1項の提案により，アストラントを損害賠償と別個独立のものとする原則の修正を求める動きがあったことには留意すべきである。しかし，以上のような審議過程及び学説の反応をみると，むしろ，この原則の堅固性が確認されたと考えられる。そうして，原案36条1項の提案理由とされた，アストラントによる債権者の利得の正当性の問題やアストラントの実効性の問題の解決は，1991年法下の学説の状況をみると，原案36条2項の示す方向でなされることに期待が寄せられているようにみえる。このことを次にみよう。

【2】　アストラント金を債権者以外に帰属せしめる条文の削除
(ア)　1972年法の審議との比較
　「裁判官は，アストラントの一部が債権者には支払われないものとすることができる。この部分は，社会活動国民基金に帰属する」という原案の36条2項は，1972年法の審議の過程で削除された規定（Mazeaud及びFoyerによる議員提出法案の5条・後の政府提出法案の7条の5。第3編第6章参照）と同趣旨である。とくに，この規定の最終段階の修正案，すなわち，国民議会が第2読会で修正可決した法案「確定されたアストラントの額は，有責裁判から利益を受ける当事者と国民連帯基金の間で，裁判官が衡平と認める割合で分配する」に類似する。この原案は，債権者と国庫の間での折半を定めていたが，折半については専断的，国庫については，国が一種の怠慢により利益を得るのは不当との元老院の批判を考慮して，上記のように修正され，その後，政治的な妥協により削除された。1991年法の原案36条2項は，こうした1972年法の審議の延長上にあるものとして理解しうる。
　原案36条2項の提案理由をみると，まず，アストラントによる債権者の利得の正当性の疑念及びそれに起因するアストラントの実効性の低下が挙げ

　ということであった。

られており，1972年法の場合とほぼ同様である。また原案36条2項には，アストラント金を扶養料債権者の援助に当てる構想が結び付けられているが，この点も1972年法の原案の場合と類似する（第3編第6章1(ｱ)(a)参照）。更に，原案36条2項は，1972年法後に成立した1980年7月16日の法律の，行政上のアストラント金の一部を公的基金に帰する規定（本編序参照）に倣うものとされる。この点では1972年法の場合よりも理由付けが補強されている。

行政上のアストラントの例がありながらも，原案36条2項は，1972年法の場合と同様，元老院の反対で削除され，アストラントは私的制裁の性格をそのまま維持した。元老院が原案36条2項に反対した理由は，多岐にわたる。元老院の委員会によれば，「異種混合」が適当でないためである。その他，元老院の審議の過程では，アストラント金の一部が債権者に支払われないものとする場合の裁判官の判断基準が明らかでないこと，国や他の組織でなく社会活動国民基金が選ばれた理由や扶養料債権者の援助に結び付ける理由が明らかでないこと等の批判がみられる。更に，元老院の審議の終盤に，アストラントは「原因なき利得」には当たらないが（衡平上の）「不当な利得」でありうるとした上で，アストラント金の帰属につき明確な態度決定をするのは時期尚早の旨の発言がある。この発言が，元老院による原案36条2項の削除を，決定的にしたように思われる。

元老院が原案36条2項に反対した理由を，1972年法の法案7条の5に反対した理由と比較すると，いずれも，公的基金に帰属せしめる根拠が不明とする点等，類似する。しかし，アストラントによる債権者の利得が正当か否かについて，元老院の考え方は，1972年法の段階と1991年法の段階で，異なることに留意すべきである。元老院は，1972年法の段階では，（国民議会とは異なり）アストラントによる債権者の利得を損害賠償として正当と解していたが，1991年法の段階では，もはやアストラントによる債権者の利得を正当化する根拠は示しておらず，むしろ（国民議会と同様に）その不当性を認めるようである。

アストラント金を債権者以外に取得させる提案は，1972年法と共に1991年法でも再び否決され，一見すれば，もはや実現の見込みがないようにみえる。しかしながら，1972年法の段階でも1991年法の段階でも，アストラントによる債権者の利得が正当であることについて議会の一致があって，こう

第3章 1991年法第34条第1項その他

した提案が否決されたわけではない。とくに1991年法の審議の段階では，1972年法の段階に比較して，債権者の利得の正当性に対する疑念が，一層深まっていることがわかる。1972年法の法案7条の5の削除は全くの妥協であったが，原案36条2項の削除も，結局，当面の妥協的な決着という色彩が強い。故に，近い将来，アストラント金を債権者以外に取得させる提案が実現する可能性は，なお否定できないと思う。このことは，次にみる学説の状況からも，看取できよう。

　(イ) 債権者がアストラント金を全部取得することを批判する学説

　概して，原案36条2項に関する学説の関心は高いようであるが，その削除に関して学説の評価は分かれる。原案36条2項の削除を支持する立場，批判する立場のいずれも有力である。まず，後説すなわち，1991年法がアストラント金を全面的に債権者に取得させる制度を維持したことを批判し，債権者以外の者にアストラント金が帰属する仕組みの導入を支持する立場[122]をとりあげる。

　この立場の主要な論拠は次の三点である。第一に，アストラントによる債権者の利得は，不当・過剰である[123]。第二に，裁判官においても，債権者の利得の正当性に対する疑念が強いため，金額確定時にアストラントが大幅に減額され，その結果，アストラントの実効性が損なわれている[124]。第三に，アストラントが裁判の履行確保を目的とすること，若しくは，裁判官の命令違反の制裁であることに整合しない[125]。更に，第四として，債権者が営利目的でアストラントを悪用しやすいことも挙げられる[126]。なお，以上

---

[122] 本文後述部分で列挙する学説の他，Croze, p. 68, note 81 も，債権者以外の者にアストラント金が帰する仕組みに好意的とみる余地はあろう。彼は，アストラントによる債権者の利得の正当性に疑問を付し，原案36条2項に言及する。ただし，その削除を直接批判してはいない。

[123] Perrot et Théry, n° 94 ; Perrot, n° 16 ; Chabas ②, p. 300 ; du Rusquec, J-Cl. pr. civ., Astreintes, fasc. 2120, 1993, n° 42 ; du Rusquec, La nature juridique de l'astreinte en matière civile, JCP 1993 I 3699, n°⁸ 4 et 11 ; Starck, Roland et Boyer, n° 572. Cf. Croze, p. 68, note 81（本編注122参照）.

[124] Perrot et Théry, n° 94 ; Perrot, n° 16 ; Starck, Roland et Boyer, n° 572.

[125] du Rusquec, *op. cit.*, J-Cl. pr. civ., fasc. 2120, n° 43 ; du Rusquec, *op. cit.*, JCP 1993 I 3699, n° 7 ; Perrot et Théry, n° 94 ; Perrot, n° 16 ; Starck, Roland et Boyer, n° 572.

の四点は，いずれも1972年法の原案7条の5の提案理由として指摘されたことであり（第3編第6章1（ア）(a)），とくに第一点及び第二点は，1991年法の原案36条2項を支持する理由として，国民議会のCatalaの報告書が指摘した点でもある（前述1【2】(ア)）。

上記第一点について若干補足しておく。議会でも指摘されているように，債権者によるアストラント金の取得は，裁判に基づくものであるから，「原因なき利得（enrichissement sans cause）」ではない[127]としても，衡平の見地からすれば，債権者の利得は十分に正当化できるものではないと考えられている[128]。こうした問題意識は従来から根強い[129]が，更に，1972年法下の次のような破毀院判例により増幅されているとみられる[130]。すなわち，破毀院は，アストラントの金額を確定することにより生ずる金銭債務に，法定利息が発生するという[131]。そこで，債権者は，アストラント金と損害賠償に

---

126 Chabas et Deis, J-Cl. n° 63（現行制度では「債権者は，相手方が司法権に抵抗することに利益を見出す」）。

127 Chabas ②, p. 300 ; Chabas et Deis, J-Cl. n° 63. Cf. J. et L. Boré, n° 94. ただし，du Rusquec, *op. cit.*, J-Cl. pr. civ., fasc. 2120, n° 42 は，「原因なき利得という論拠は，その効力を保持するようである」という。

128 Perrot et Théry, n° 94 ; Perrot, n° 16.

129 1959年10月20日の破毀院の判例変更以降，顕著である。第2編第5章3【2】，第3編第6章2（ア）参照。

130 Perrot, n° 16 ; du Rusquec, *op. cit.*, JCP 1993 I 3699, n° 4.

131 ［517］Civ I 18 oct. 1983 ;［583］Com 19 mars 1991.
　　アストラント金の法定利息がいつから発生するかについては問題がある。［517］Civ I 18 oct. 1983 は（アストラントの金額を確定する）「裁判を執行することができる（exécutoire）ようになった日」とするが，［583］Com 19 mars 1991 は「民法典1153条の1の適用により，裁判の日から法定利率による利息が生ずるとすることができる」という。J. et L. Boré, n° 93 は，「民法典1153条の1は『賠償金（indemnité）』に関するものであるが，アストラントは賠償金ではなく制裁である」といい，民法典1153条の1の適用には否定的である。Perrot et Théry, n° 85 は，同条には言及せずに，アストラントの金額を確定した日から利息が発生するという。V. Chabas et Deis, J-Cl. n° 100 ; Cimamonti, n° 80.
　　なお，民法典1153条の1は次のようである。（1項）「いかなる事件（matière）でも，賠償金（indemnité）を命ずる有責裁判は，申立て又は判決の特別な定めが

加えて，更にアストラント金の法定利息も取得できることになり，これでは債権者の利得は過剰ではないか，というわけである。なお，このアストラント金の法定利息は遅延利息（遅延賠償）と考えられる。

　ところで，債権者以外にアストラント金が帰属する仕組みの導入を主張する学説も，いかなる仕組みを導入すべきかになると，見解は一致しない。

　Perrot 教授は，原案36条2項のように，アストラント金の一部のみが債権者に支払われ，残部は公的基金（caisse publique）に入る制度を支持し，その妥当性を次のように説明する。

> 「この折衷的な解決方法により，債務者は自らの不服従を高額を以って支払うことになるし，債権者は濫りに利得することにはならなくなるし，裁判官は発令したアストラントを過剰に緩和しようとはしなくなる」[132]。

　Chabas 教授は，1991年法・1972年法の原案の考え方自体は，支持する。ただし，アストラント金の帰属先，債権者にアストラント金の一部取得を認めることの是非についての立場は，明らかでない[133]。

　一方，du Rusquec は，アストラント金を債権者と公的組織の間で分配する方法について，否定的である。債権者にアストラント金の取得を認める限りで，矛盾を回避できないと指摘し[134]，また1972年法でも1991年法でも否定されたのであるから，その見直しは期待し難いとする[135]。彼は，債権者の取得するアストラント金を補充的な損害賠償と認める方法，法律扶助全国評議会（Conseil national de l'aide juridique）のような組織に帰する方法にも言及するが[136]，結局，新民事訴訟法典32条の1[137]が定める「遷延的（dilatoire）

　　なくとも，法定利率による利息を伴う。法律に反対の規定がある場合を除いて，この利息は，裁判官が別の定めをしない限り，判決の言渡し（prononcé）から生ずる」。（2項）「損害の賠償としての賠償金（indemnité en réparation d'un dommage）を認める裁判を控訴裁判官が単純に確認する（confirmation pure et simple）場合には，この賠償金は，第一審判決から法定利率による利息を当然に（de plein droit）伴う。他の場合には，控訴で認められた賠償金は，控訴の裁判から利息を生ずる。控訴裁判官は，常に本項の規定の適用を免除する（déroger）ことができる」。

132　Perrot, n° 17. V. aussi Perrot et Théry, n° 95.
133　Chabas ②, p. 300. Cf. Chabas et Deis, J-Cl. n° 63.
134　du Rusquec, *op. cit.*, J-Cl. pr. civ., fasc. 2120, n° 42.
135　du Rusquec, *op. cit.*, JCP 1993 I 3699, n° 9.

又は濫用的に訴訟をする者」に対する民事罰金との類似性を根拠に，アストラントを民事罰金とする方法を提唱する[138]。Starck, Roland et Boyer も，アストラントに民事罰金の性格を認め，英米法上の裁判所侮辱罪のように，国に帰する制度を支持する[139]。ただし，債権者にアストラント金の一部取得を認めることの是非をどう考えるかは，明らかでない。

(ウ) 債権者がアストラント金を全部取得することを支持する学説

次に，原案36条2項の削除，すなわち債権者がアストラント金を全部取得するのを認める1991年法の立場を，好意的に評価する学説をみよう。

Blanc は，アストラントによる債権者の利得が「原因なき利得に大いに類似する」としながらも，原案36条2項の削除を正当とし，その理由について，まず，行政訴訟との違いを挙げる。これは，行政上のアストラント金の一部を公的基金に帰せしめる1980年7月16日の法律を，原案36条2項がモデルとしたことに対する批判と受けとめられる。次に，債権者が債務者から補足的な利益を得るにしても，債務者の執拗な抵抗を克服するのに債権者は相当の犠牲を払わねばならないことを挙げる。債権者が取得するアストラント金を，一種の補足的な損害賠償として正当化できるという趣旨のようである。最後に，アストラントの過剰な高額化を回避できるとする[140]。この最後の点は，後述のように，J. et L. Boré が「裁判官の自主規制」として評価する点と同旨であろう。

J. et L. Boré は，私的制裁の健全性を強調すると共に，債権者がアストラント金を全部取得することを批判する学説の，主要な三つの論拠（前述(イ)）について，それぞれ反論を試みている[141]。第一に，（債権者は既に損害賠償を

---

136 du Rusquec, *op. cit.*, J-Cl. pr. civ., fasc. 2120, n° 42.
137 新民事訴訟法典32条の1は「遅延的又は濫用的に訴訟をする（agit en justice）者に対しては，100フラン（15ユーロ）乃至1万フラン（1500ユーロ）の民事罰金を命ずることができる。ただし，損害賠償の請求は妨げられない（sans préjudice des dommages-intérêts qui seraient réclamés）」と定める。
138 du Rusquec, *op. cit.*, JCP 1993 I 3699, n°s 10-11 ; du Rusquec, *op. cit.*, J-Cl. pr. civ., fasc. 2120, n° 43.
139 Starck, Roland et Boyer, n° 572.
140 Blanc, p. 66.
141 J. et L. Boré, n°s 94-95.

得ているから）アストラントによる債権者の利得は不当との批判に対しては，「大抵の場合，アストラントは為す債務又は為さない債務の履行確保のために行なわれ，損害賠償が同時に（parallèlement）認められるわけではない」点を看過すべきでないという。第二に，裁判官が，アストラントによる債権者の利得の正当性に対する疑念から，金額確定時にアストラントを大幅に減額し，その結果アストラントの実効性が損なわれるとの批判に対しては，「この裁判官の自主規制は我々には大変健全にみえる。これにより，裁判官が広い自由裁量権（pouvoir largement discrétionnaire）を有する制裁の適用において，濫用を適切に回避できる」という。第三に，裁判の履行確保という制度目的に整合しないとの批判に関しては，「国家のみが法の適用を保障するわけではなく，国家はこの役割を私人と共有する」こと，私的制裁は「私人に裁判へのアクセスを強力に促すもの（puissante incitation à agir pour chaque citoyen）」で，健全なことを強調する。

　アストラントを含む私的制裁を，私人に裁判へのアクセスを促すものというJ. et L. Boréの見解は，アストラントに関する従来の学説にみられなかった新しい視点である。が，これはCarvalの近時の論文に依拠したもので[142]，Carvalは，私的制裁を民事責任の懲罰的機能から正当化しようとする。故に，BlancもJ. et L. Boréも，概していえば，アストラントを実質的には損害賠償と解して，債権者によるアストラント金の全部取得を理由づけようとする立場ということになろう。

　ところで，J. et L. BoréはCarvalの見解に基づいて，債権者によるアストラント金の全部取得を正当化できると考えるようであるが，Carval自身は私的制裁の一部を債権者以外の者が取得することを否定してはいない。むしろ原案36条2項の考え方を支持する。こうしたCarvalの見解の一部をみておく。

　㈡　私的制裁の正当化を試みる近時の学説

　Carvalは1995年に出版された「私的制裁の機能における民事責任」と題する博士論文[143]において，英米法系の懲罰的損害賠償の考え方を視野に入

---

[142] なお，Chabas et Deis, J-Cl. n° 63 も Carval の見解に注目する。

[143] Carval, La responsabilité civile dans sa fonction de peine privée, LGDJ, 1995.

れ，民事責任の私的制裁の機能すなわち懲罰的機能の正当化を試みる。私的制裁に関する著名な研究としては，1904 年の Hugueney の論文，更に 1947 年の Starck の論文があることは既に述べた（第 2 編第 5 章 3【1】）が，Starck の論文以降は，多くの文献において私的制裁の観念は顧みられなかったようで，Carval の論文は私的制裁についての半世紀ぶりの本格的研究とみられる。Carval は，私的制裁の機能は現代において重要な役割を果たし，フランス法では公ではないけれども，とくに人格権保護，競争法，労働者・消費者の保護の分野で発展しており，英米法系の国やケベックでは懲罰的損害賠償 (dommages et intérêts punitifs ou exemplaires) の名で公に発展しているとする。そうして，フランスでも，私的制裁の機能を公に認めて法的枠付けを行なう必要があるとし，憲法や欧州人権条約との関係，他の制裁との比較，適用範囲，制度のあり方について検討して，様々な提案をする[144]。

　Carval によれば，私的制裁は，報復の観念に基づく原始的なものではなく，その利点はとくに次の三点にある。第一に，大半の被害者が訴訟を諦めて泣き寝入りするなかで，私的制裁には訴訟を促進する機能がある。この考え方はアメリカで大いに発展している。第二に，検察の任務を代替するような，法の遵守を確保する役割を果たした私人には，それ相当の報酬が与えられるべきであり，私的制裁はこの報酬の機能を果たす。第三に，加害者と被害者の間の緊密な繋がりを作り出す機能がある[145]。

　Carval は，私的制裁による債権者の利得の正当性を，この報酬という観点から理由付ける。しかし，私的制裁が過剰な利得になる場合があることを否定しない。それは，債権者の利得がこの報酬に相当する合理的な額を上回る場合である。その例の一つとして，Carval はアストラントを挙げる。すなわち，多額のアストラント金の全部を債権者が取得することも，問題になりうると指摘する[146]。そして，私的制裁による債権者の利得が過剰になる場合の対策の一つとして，立法により私的制裁の一部又は全部を国又は公益的組織に帰せしめる方法を挙げる。Carval によれば，この方法はアメリカで利用

---

[144] Carval, *op. cit.* の Viney の序文参照。
[145] Carval, *op. cit.*, n°s 238-239.
[146] Carval, *op. cit.*, n° 318.

されている。そして，フランスの例の一つとして，アストラントに関する1991年法の原案36条2項を挙げる[147]。

㈹　小　　括

原案36条2項に関する以上の考察を要約すると，次のようである。

アストラント金を債権者以外に帰属させる法案は，1972年法に続いて1991年法でも否決され，アストラントは，その全額を債権者が取得する，いわゆる私的制裁のままにとどまった。しかし，アストラントによる債権者の利得の正当性に対する疑念及びそれに起因する暫定的アストラントの実効性低下の問題は未解決であるから，同種の法案が再び提案され，実現する可能性は否定できない。

学説は，アストラント金の全部を債権者が取得する現行制度の当否について，対立している。アストラントを債権者以外に帰属させる制度の導入を主張する学説は有力であるが，いかなる制度がよいかの点では，見解は一致しない。とくに，アストラントの帰属先は国かそれ以外の公的機関（扶養料債権者の援助や法律扶助に関するものが挙げられる）か，債権者の一部取得を認めるかが，問題になる。

一方，アストラント金の全部を債権者が取得する現行制度（私的制裁）の維持を支持する学説は，アストラントを，実質的には損害賠償とくに懲罰的損害賠償のようなものと解するようである。もっとも，こうした学説の一部が依拠する，私的制裁に関する近時の学説（Carval。アメリカやケベックの懲罰的損害賠償の制度に鑑み，私的制裁の正当化と法的枠づけを検討する。とくに私的制裁に裁判へのアクセスを促す機能を認める）は，むしろ，原案36条2項のような，アストラント金の一部を国又は公的機関に帰属させる方法を支持する。債権者が取得する部分は，法遵守を確保する役割を果たした私人に対する報酬として，公的機関に帰属する部分は，その報酬の限度を超えるものとして，理由づけようとする。

以上が，原案36条2項に関するこれまでの考察の要約である。

とくに興味深いのは，アストラント金の一部を債権者に取得させ，残部を

---

[147] Carval, *op. cit.*, n° 322. なお，国や公益的組織に帰せしめることによって，私的制裁の特性が失われないかについては，Carval, *op. cit.*, n° 323.

公的機関に帰属させる折衷的な方法をめぐる動向である。この方法は，理論的に問題があるし，学説が一致して支持するところではない。それにしても，この方法は，従来，私的制裁の観念に批判的な立場から支持されるにとどまっていたところ，近時は，私的制裁の観念を積極に評価する立場からも支持を得るようになっている。概していえば，いずれの立場も，この折衷的な方法を，アストラントの利用のインセンティブを確保できる利点と，債権者の過剰な利得を回避できる利点を併せ持つ，実践的な方法として，評価していると思われる[148]。この折衷的な方法が，アメリカでどのように用いられているかの検討も要するところであるが，いずれにせよ，フランスで現実性をもって検討されていることは，注目に値しよう。

---

[148] 1972年法の原案が，このような考え方に基づいていたことにつき，第3編第6章1(ア)(a)及び2(イ)，(エ)も参照。また，本章2【2】(イ)のPerrot教授の見解も参照のこと。

第4章　1991年法第34条第2項及び第3項

　1991年法34条（本章でも，以下，本条という）2項及び3項は，アストラントの種類に関するものである。本条2項は「アストラントは，暫定的又は確定的とする。アストラントは，裁判官がその確定的性格を明らかにしなかったときは，暫定的とみなす」と定める。1972年法6条中段及び後段をそのまま踏襲するものである。本条3項は「確定的アストラントは，暫定的アストラントの発令の後に，かつ裁判官が定める期間についてのみ，命ずることができる。これらの要件の一つを欠いたときは，アストラントは，暫定的アストラントとして金額を確定する」と定める。これは1972年法にはない新設の規定で，確定的アストラントについて，暫定的アストラントとの関係で補充性を付し，かつ期間を付すことを義務付けるものである。1991年法によるアストラントの改正における，最も重要な改正点であり，以下でも，この本条3項を中心にみることにする。

1　議会審議

　本条2項は原案の33条1項，本条3項は原案の33条2項に相当し，いずれも第1読会で原案通り可決されている。しかし，1972年法をそのまま踏襲する本条2項は何ら問題にされていないのに対し，本条3項については，立法趣旨に関する説明もかなり詳しくなされ，更に元老院の第1読会では，修正案が提出され，結局取下げられたものの，興味ある議論がなされている。以下，既にみた（本編第1章1）政府による提案理由説明の相当箇所に触れた上で，国民議会の法務委員会の報告書，元老院の法務委員会の報告書及び元老院における議論をみておく。
　まず，政府の提案理由説明は，本条3項をアストラントに関する改正の中心の一つと扱って重点的に説明する。概していえば，裁判官が事情をよく掴まぬままに極端に高額な確定的アストラントを命じて，実務上深刻な問題と

なっている。確定的アストラントの廃止を望む声もあるが，法案は，裁判官が事情をよく掴んでから，時的制限を付して確定的アストラントを命ずるようにし，不都合を回避することにした，というものである。

Catala による国民議会の法務委員会の報告書は，本条 2 項が 1972 年法 6 条を踏襲するもので，適切である旨[149]を述べた後，本条 3 項について，次のようにいう。

「この規定は，確定的アストラントの特別に硬直的な性格から生ずる不都合に対処しようというものである。アストラントの額（taux）が金額確定時に変更できないならば，債権者が最終的に蒙った損害とは不釣合いな，非常に高額なアストラントの支払いを債務者が命じられることが，実際に起きる。債務者が予想よりも迅速に履行したならば，損害は債権者が恐れていたよりも小さくなりうる。さて，裁判官は自らの裁判に縛られ，当初に定めた額（taux）により，アストラントの金額を確定するしかない。その結果は，債務者にとって時に非常に深刻であるし，債権者の賠償（indemnisation）は，ある場合には，過剰な（excessif）性格を呈しうる。こういうわけで，法案の起草者は，確定的アストラントをあっさり廃止するよりもむしろ，メカニズムを二段階に分けて作り上げた。すなわち，まずは裁判官は暫定的アストラントを発令する。それから，一旦このアストラントの金額が確定されれば，裁判官は，その際に用いる資料（éléments d'information）を考慮して，確定的アストラントを発令でき，その期間を決定せねばならない（il pourra ordonner une astreinte définitive dont il devra déterminer la durée）」[150]。

Catala の報告書は，本条 3 項に関し，確定的アストラントの不当な高額化を債権者の損害との関係で問題にする点等を除くと，政府の提案理由説明と同様である。

国民議会では，本条 2 項及び 3 項に関する議論はなく，原案通り可決された。

元老院の法務委員会の報告書は，本条 3 項に関し，「法案の起草者は，裁

149　この部分の報告書の内容については，第 1 編注 69 参照。
150　Catala, Doc. AN 1989-90, n° 1202, pp. 74-75.

判官が確定的アストラントを直ちに発令するのを禁じることで，アストラントの金額確定の時に裁判官の自由を制限する措置を排除しようとした」[151]ものと述べ，国民議会と同様，原案に賛成する。

しかし，元老院では，前に触れたように，社会党系の議員から本条3項の削除を求める修正案が提出された。この修正案の趣旨説明では，確定的アストラントの前に暫定的アストラントを経ねばならない点が強く非難され，その理由としては，確定的アストラントを選択する裁判官の判断は信頼に足るものであって，指摘されるような問題は生じていないと思われること，暫定的アストラントでは，金額確定時の減額を見越した債務者に対し威嚇効果があがらず，実効性を欠くことが挙げられている[152]。

この修正案は，結局取り下げられるが，その契機となったのは，法務大臣の発言である。これは政府による提案理由説明を補足する内容であるので，その一部を，提案者側の反応と共に，掲げておくことにする。

「法務大臣：……この改正点が議論の対象となりうることは私も喜んで認めます。実際に，法案の起草者は，裁判官の裁判を実効的にするために法案を作成し，逆説的なことに，それと同時に今日存在する実効的な武器，すなわち必要があれば直ちに確定的アストラントに頼る途を，裁判官から奪うことにしたということができます。

この規定は非常に注意深い検討の末に採用されました。改正委員会に対して即時の確定的アストラントを認めないように求めたのは，まさに裁判官自身なのです。

実際，確定的アストラントの場合には金額確定の時に誤りを是正できませんので，その時に過剰なレベル（niveaux excessifs）に達することがありえます。

さて，実務によると，裁判官が債務者の現実の資力について誤まった情報を得ている場合があること，同様に，一部の非職業的裁判官は時に，おそらく過剰に，確定的アストラントに頼る傾向があることがわかります。

---

[151] Thyraud, Doc. S 1989-90, n° 271, p. 48.

[152] JO S ［CR］15 mai 1990, p. 843. Dreyfus-Schmidtの発言。なお，この修正案の提案者は，アストラントの一部を民事罰金とする旨の修正も併せて提案している。本編第3章1【2】(イ)参照。

こういうわけで，確定的アストラントは，必要な場合に，暫定的アストラントの金額確定の後にはじめて命じうること——その時には裁判官は債務者の事情につきより正しい情報を得ているでしょう——そして——補足的な予防策として——いかなる確定的アストラントにも時的な制限をすべきことを，法案は定めているのです。

　この規定は，私の意見では，慎重であって，アストラントの実効性を減じるものではありません。すなわち，裁判官が高額の暫定的アストラントを定めることも，望めば高額で金額を確定することも，何ら妨げられませんし，その時には裁判官はおそらくよりよく事情を掴んでいるでしょう。

　結論として，政府は——残念ながら——Dreyfus-Schmidt 氏の修正案には同意しません。

　議長：Dreyfus-Schmidt 氏，修正案を維持しますか。

　Dreyfus-Schmidt：単なる可能性を，裁判官から取り上げるよう求めたのが，当の裁判官自身であったということに，私は少々驚いています。実際，確定的アストラントの発令は，現時点では，何ら強制されません。まず暫定的アストラントを発令できるのです。……」[153]

　以上の議論から，本条3項による確定的アストラントの即時の発令の禁止は，裁判官側からの実務上の要請に基づくこと，とくに非職業的裁判官に確定的アストラントの濫用傾向があることがわかる。そうして，裁判官の判断に対する信頼を基礎にした，実効性確保のための確定的アストラントに関する現状維持の主張は，その濫用傾向を裁判官自身が自認するとあっては，貫きえなかった，といえよう。こうして本条2項及び3項は第1読会で両院の一致をみる。

2　考　　察

　1972年法6条をそのまま踏襲する本条2項は，立法過程でも問題になっておらず，他に，特別な議論もないようである。故に，以下では，専ら本条3項とくにその前段を，考察の対象とする。

---

[153]　JO S［CR］15 mai 1990, p. 844.

(ア) 第34条第3項の趣旨

本条3項の立法趣旨は，政府の提案理由説明，Catala の報告書及び法務大臣の発言からすると，端的には，確定的アストラントの過剰な高額化を回避するためといえる。もっとも，この目的を達する方法としては，まず確定的アストラントの廃止が考えられよう。実際に裁判官側からも同様の要望があったようである[154]が，立法者は廃止を選択していない。その理由について，立法資料からは次のことが読み取れる。まず，確定的アストラントが過剰に高額化する原因は，発令時に裁判官が債務者側の事情を正確に掴めないことにあると考えられる。故に，暫定的アストラントの段階を経ることにより，その事情を正確に掴める機会を保障すればよいし，更に補足的な対策として，確定的アストラントに時的制限を義務付ければ弊害に対処できる，ということである。廃止に踏み切らなかった最大の理由は，立法資料からは明らかではないが，確定的アストラントの実効性がそれなりに高く評価されたことによると思われる。つまり，本条3項は，確定的アストラントによる実効性確保とその弊害防止を調整する策と考えられる。

なお，本条3項又は確定的アストラントの廃止が，裁判官側からの要望であるというのは，元老院議員の反応にも現れているように，一見奇異な感がある。しかし，この点は，確定的アストラントの濫用の傾向がとくに職業裁判官でない場合に認められる旨の法務大臣の発言[155]と，Perrot 教授の次の説明[156]を照らし合わせれば，納得がいこう。すなわち，Perrot 教授によれば，

---

154 同旨，Perrot, n° 8.

155 類似の指摘は他にも見られる。Taormina, Droit de l'exécution forcée, 1998, n° 420-9, c)は，確定的アストラントを直ちに発令する危険性を指摘した上で，「確定的アストラントは，実務上，とくに商事裁判所（juridictions consulaires）により用いられていた」という。商事裁判所の裁判官は，商人間で選ばれた商人で，職業裁判官ではない（Perrot, Institutions judiciaires, 10° éd., 2002, n° 116）。なお，近年，商事裁判所に職業裁判官を導入するための改革が検討されている（マッセ（白取祐司訳）「フランスの司法運営への市民参加」北大法学論集52巻1号（2001年）198頁及び199頁，Vincent, Guinchard, Montagnier et Varinard, Institutions judiciaires, 6° éd., 2001, n° 220）が，実現していない（Vincent, Guinchard, Montagnier et Varinard, Institutions judiciaires, 7° éd., 2003, n° 220）。

156 Perrot, n° 8. 同旨，Perrot et Théry, n° 82.

第4編　1991年7月9日の法律

　確定的アストラントに異議を唱えたのは，とくに控訴院の裁判官——職業裁判官であり，経験も豊富である[157]——で，彼らは，第一審——職業裁判官とは限らない[158]——で発令された確定的アストラントの金額を確定する時に，極端な高額に難渋していた，ということである。

　ところで，立法者は，確定的アストラントの高額化による弊害として，基本的には，債務者の負担過重を問題にしたようである[159]が，それだけではなく，債権者の利得が過大になることも，視野に入れていたとみてよかろう。これは，Catalaの報告書が確定的アストラントの帰結として，債務者の状況悪化と共に，債権者の賠償（indemnisation）の過剰性を指摘すること，とくに1991年法の起草を担当した委員会の長であるPerrot教授が，期間の制限なしに確定的アストラントが発令された場合に，債権者に利得の増大を目当てにした遷延的な傾向がある旨を強く指摘する[160]ことから窺える。債権者の利得過剰は，本来的にはアストラント金の帰属の問題に由来し，確定的アストラント固有の問題ではないと考えられる。が，事後的に金額を調整できない確定的アストラントの場合，暫定的アストラントに比べてより一層，債権者の利得の過剰性が顕著となるので，立法者はこの点も考慮に入れていると思われる。

　確定的アストラントによる債権者の利得を制限しようとする立法者の配慮は，とくに本条3項が確定的アストラントを命ずるには期間を定めねばならないとする点に，現れているとみることができそうである。この改正点について立法過程では固有の説明はあまりなく，過剰な高額化に対する補足的な予防策というような趣旨の法務大臣の説明があるにとどまるが，Perrot教授の次の記述が注目される。「こうした時的制限のない（*in aeternum*）確定的アストラントは，もはや今日では受け入れられない。このような確定的アス

---

[157] Perrot, Institutions judiciaires, 10ᵉ éd., 2002, n° 164.
[158] 第一審裁判所には，通常裁判所の他に，各種の例外裁判所が含まれる。例外裁判所はいわゆる素人裁判官を中心に構成されることにつき，第2編第1章3(イ)。
[159] 本条3項について，Croze, n° 37 は，「立法者は債務者に負担が積み上がること（accumulation）を危惧した」と述べるし，Chabas ②, p. 299 も，「不幸な債務者を救済する明らかな目的」によるとみている。Perrot et Théry, n° 82 も同様。
[160] Perrot, nᵒˢ 8-9. 同旨，Perrot et Théry, n° 82.

トラントにより，収益を強く期待する債権者が時間稼ぎをする事態が，あまりにも頻繁に生じるようになってしまった」[161]。これによれば，期間を義務付ける立法の趣旨は，とくに確定的アストラントで収益を図ろうとする債権者の遷延的傾向の防止にあることが窺える[162]。なお，Perrot 教授はこの期間を「1月，2月又はそれ以上」という[163]。

(イ) 第34条第3項に関する諸問題

本条3項の前段の解釈について，問題になる点を二点挙げておく。

第一は，確定的アストラントを命ずるのに，暫定的アストラントの「発令」のみならず，その「金額確定」まで必要か，という問題である。政府の提案理由説明及び法務大臣の発言も Catala の報告書も，確定的アストラントを命ずるのに，暫定的アストラントの金額確定を前提とするので，立法者は必要説に立つと解するのが自然である。それでも，本条3項が「確定的アストラントは，暫定的アストラントの『発令』の後に……命ずることができる」と定め，「発令」の語を用いていることには疑問は残ろう。学説にも必要説に立つものもある[164]が，有力な反対説が存する[165]。

第二は，本条3項の「期間」に関するものである。この「期間」について，Croze は，暫定的アストラントの期間と解する余地があると指摘する[166]。もっとも，Croze 自身は，「これらの要件の一つを欠いたときは，アストラントは，暫定的アストラントとして金額を確定する」と定める本条3項後段

---

161 Perrot, n° 9. 同旨，Perrot et Théry, n° 84.
162 同旨，J. et L. Boré, n° 59. Cf. Blanc, p. 62.
163 Perrot, n° 9.
164 Croze, n° 37.
165 Chabas et Deis, J-Cl. n° 149 ; J. et L. Boré, n° 58. Chabas et Deis は，その理由として，本条3項の文言の他に，「金額を確定するのが通常，執行裁判官である以上は，確定的アストラントの発令の前に暫定的アストラントの金額確定を要求することは，多くの問題を生ずるであろう」という。また，J. et L. Boré は，債務者の不履行があれば，確定的アストラントの発令を求めうるとする。
166 本条3項前段の原文は，《Une astreinte définitive ne peut être ordonnée qu'après le prononcé d'une astreinte provisoire et pour une durée que le juge détermine》となっており，文理的には，《une durée》を，暫定的アストラントの期間と解することも可能である。

を根拠に，上記のような解釈には否定的である[167]。また，Taormina は，この期間（金額確定の日）を定める義務は，暫定的アストラントにも同様に関係するかを問題にするが，本条の「制限的な性格」を理由に否定する[168]。立法趣旨としては，本条 3 項の「期間」が，確定的アストラントの期間を指すことは明らかである。そのことは各立法資料も明示する[169]し，前述のような確定的アストラントの弊害防止を目的とする立法であることからも容易に理解できる。学説でも，上述のように本条 3 項の「期間」の解釈を問題にするものが多いわけではない。概していえば，学説は，当然のように，本条 3 項の「期間」を確定的アストラントの期間と解し[170]，また，暫定的アストラントについては，期間を定めるか否かは裁判官の自由な判断に委ねられると解している[171]。

最後に，確定的アストラントに関する立法論的批判に言及しておく。本条 3 項前段が，確定的アストラントについて，暫定的アストラントを経由しない発令の禁止及び時的制限を課すことについて，学説にはとくに有力な批判は見当らず，概して，この改正は学説に支持されていると思われる。それでも，確定的アストラントの廃止が望ましいとする学説がないわけではない。M. et J.-B. Donnier は本条 2 項及び 3 項より「確定的アストラントは，唯一の真正なるアストラントである暫定的アストラントに対する，副次的な地位を公式に与えられている」ことを評価するが，廃止の方が望ましかったとし，「いずれにせよ，確定的アストラントは，将来，もはや端役しか演じないであろう」という[172]。また，J. et L. Boré は，廃止とまではいわなくとも，「債

---

[167] Croze, n° 37.

[168] Taormina, *op. cit.*, n° 420-15 b）.

[169] Catala の報告書及び法務大臣の発言参照。また，政府の提案理由説明も「確定的アストラントは時限的な性格（caractère temporaire）を有することになる」という（本編第 1 章 1 参照）。

[170] Chabas et Deis, J-Cl. n°⁵ 50 et 165 ; Perrot, n° 9 ; Perrot et Théry, n° 84 ; J. et L. Boré, n° 59 ; M. et J. - B. Donnier, n° 323 ; Starck, Roland et Boyer, n° 608 ; Fossier, n° 3153. なお，Blanc も，本条 3 項の「期間」を確定的アストラントの期間と解するようである（Blanc, p. 62）が，彼の記述のうちには，暫定的アストラントの期間と解するようにみえる箇所もある（Blanc, p. 61）。

[171] Chabas et Deis, J-Cl. n°⁵ 50 et 165 ; J. et L. Boré, n° 59 ; Fossier, n° 3134.

務者が自らの faute は軽微であることを証明してもその額を減額できない以上，確定的アストラントは比例原則（principe de proportionnalité）に違反する」という[173]。なお，立法資料からは，裁判官の中に確定的アストラントの廃止の主張があったことがわかるし，1972年法下の学説にも同様の主張があったことは，既にみた通りである（第3編第3章2【1】(ウ)）。こうしてみると，確定的アストラントの制度には根強い不信・批判があることが指摘できる。

172　M. et J.-B. Donnier, n° 324.
173　J. et L. Boré, n° 21.

第5章　1991年法第35条及び1992年デクレ第52条

　本章の主たる対象は，1991年法35条であるが，便宜上，これに関連する1992年デクレ52条を併せて考察する（本章2【2】）。

　1991年法35条（本章では，以下，本条という）は，「アストラントは，確定的であっても，執行裁判官が金額を確定する。ただし，アストラントを命じた裁判官に事件がなお係属しているとき又はこの裁判官が金額を確定する権限を明らかに留保したときは，この限りではない」と定める。本条は，36条と共にアストラントの金額確定に関するものであるが，とくにその管轄に関する規定である。1972年法の「全部若しくは一部の不履行又は履行遅滞の場合には，裁判官は，アストラントの金額を確定する」と定める7条（1975年7月9日の法律1条により改正）に相当する。しかし，本条は，1972年法7条の内容を大きく変更し，金額確定を，原則として執行裁判官の管轄に属するものとする。

1　議会審議

　本条は，原案の34条に当たるが，国民議会でも元老院でも議論がなく，第1読会で原案通りに可決された。故に，本条の立法趣旨を明らかにする手掛りは，政府の提案理由説明[174]，Catalaによる国民議会の法務委員会の報告書，元老院の法務委員会の報告書[175]であるが，実質的な内容を伴っているのは，Catalaの報告書のみである。

---

[174] 政府の提案理由説明は，前述（本編第1章1）の通りで，本条が改正点の一つであり，「執行裁判官にはアストラントの金額を確定するための原則的な管轄権が与えられる」という程度にとどまる。

[175] 元老院のThyraudの報告書は，1972年法7条を引用した上で，本条はこの管轄権を執行裁判官に認めるというような説明にとどまる。Thyraud, Doc. S 1989-90, n° 271, p. 49.

国民議会の Catala による報告書は次のようにいう。

「アストラントは，暫定的でも確定的でも，判決の執行から生ずる争い (difficultés nées de l'exécution d'un jugement) に対処するための強制手段 (mesure coercitive) と考えられている。故に，アストラントの発令 (son prononcé) ［訳注：「金額確定 (liquidation)」の誤りと思われる］が，司法組織法典（新）311 条の 12 の 1（法案 8 条参照）により定義されているような執行裁判官の管轄[176]に加わる (entre) のは，非論理的なことではない。

以上が，アストラントが確定的であっても，アストラントの金額を確定するための原則的管轄権を執行裁判官に与える法案 34 条の目的である。この特権の行使がこの裁判官に属するのは，法案 32 条［訳注：現行 33 条］によってこの裁判官に認められる権限により，自らアストラントを命じた場合又は他の裁判官がアストラントを命じた場合である。

しかし，この原則的管轄権の例外も，法案 34 条により定められている。執行裁判官がアストラントの金額を確定できないのは，アストラントを命じた裁判官に事件がなお係属している場合又はこの裁判官が金額を確定する権限を明らかに留保している場合である。この制限は，アストラントが有責裁判 (condamnation) を構成する要素と考えられること，及び当該事件の本案について審判する裁判官 (juge du fond de l'affaire) から彼の〈命令権 (*imperium*)〉に由来する特権を奪いえないことにより，理由付けられる」[177]（〈　〉は原文の斜字の部分を示す）。

2　考　察

【1】　第 35 条
(ア)　第 35 条の趣旨
　本条の立法趣旨を知る唯一の手掛りともいうべき Catala の報告書によると，本条が，アストラントの金額確定の原則的な管轄権を執行裁判官に付与する理由は，アストラントが「判決の執行から生ずる争いに対処するための強制

---

[176] 司法組織法典 L 311 条の 12 の 1 が定める執行裁判官の管轄については，本編注 82 参照。
[177] Catala, Doc. AN 1989-90, n° 1202, pp. 75-76.

手段と考えられている」こととの論理的な関連,すなわち,アストラントが執行と関連すること,に求められている。アストラントを命じた裁判官に例外的に金額確定の管轄権を認めた理由は,「アストラントが有責裁判を構成する要素と考えられること,及び当該事件の本案について審判する裁判官から彼の命令権に由来する特権を奪いえないこと」,すなわち,アストラントが本案の手続の一部であること,裁判官の命令権を根拠とするものであることに求められている。

　Catala の報告書は,1972 年法の制度を変更する理由は明らかにしていない。この点については,Perrot 教授の説明が参考になる。Perrot 教授は,1972 年法の制度が不十分な理由として次の二点を挙げる。第一に,1972 年法 7 条は,アストラントの金額確定の管轄権を有する裁判機関を明らかにしておらず,規定の仕方が曖昧なことである。第二に,とくにレフェレの裁判官の場合に問題があるとし,判例が,レフェレの裁判官について,他の裁判官が命じたアストラントの金額を確定する権限を否定したこと[178]に言及する。そうして,「曖昧さという難点のある制度を簡素化するため,改革が必要なことは明らかであった」という[179]。こうした説明によると,金額確定の管轄の明確化・簡素化の要請,更に——レフェレの裁判官の問題に言及する点に鑑みれば——金額確定の手続の迅速化の要請[180]が,本条の設けられた実質的な理由と考えられる。

　さて,以上のことからは,立法者が,アストラントを執行方法とは異なると考えていることも,明らかになろう。執行裁判官を,アストラントの金額を確定する原則的な機関に据える理由は,アストラントが執行方法であるため,とはされていない。アストラントを命じた裁判官にその金額を確定する権限が認められる理由,より端的には,そのこと自体——執行に関する管轄権がない例外裁判所も,アストラントを発令できる以上（33 条 1 項。本編第 2 章 2【1】(ア)),その金額を確定することも可能である——からは,アストラントを執行方法と区別する立法者の考え方が,かなりはっきりとみてとれ

---

[178] 第 3 編第 4 章 2 (ア)参照。

[179] Perrot, n° 11. 同様の趣旨を説くものとして,Perrot et Théry, n° 87.

[180] J. et L. Boré, n° 76 も,アストラントの金額を確定する権限を執行裁判官に集中させた立法者の意図について,簡素化及び迅速化を配慮したものとみている。

第 5 章　1991 年法第 35 条及び 1992 年デクレ第 52 条

る。

　本条は，例外的に，執行裁判官以外の裁判機関が金額確定の管轄権を有するのは，アストラントを自ら命じた場合で，かつこの裁判機関に「事件がなお係属しているとき」又はこの裁判機関が「金額を確定する権限を明らかに留保したとき」とする。具体的にどのような場合がこれに当たるかについては，立法資料からは明らかにならない。この点については，Perrot 教授[181]及び破毀院判事 Buffet[182]の説明によると，次のようである。「事件がなお係属しているとき」とは，たとえば，準備手続裁判官（juge (magistrat) de la mise en état）が，書証（pièces）の提出（production）や伝達（communication）につきアストラントを付して命じた場合である[183]。Buffet 判事は，この場合，通常は，準備手続裁判官が属する裁判機関（大審裁判所や控訴院）がその金額を確定する管轄権を有するという[184]。破毀院も同旨の判断をしている[185]。「金額を確定する権限を明らかに留保したとき」とは，裁判官が履行状態の確認を欲する場合で，Buffet 判事によれば，とくにレフェレの裁判官に多い。なお，Perrot 教授らは，権限の留保をどの程度明らかにすべきかが問題にな

---

[181]　Perrot, n° 12 ; Perrot et Théry, n° 87.

[182]　Buffet, p. 74.

[183]　他の例として，Perrot et Théry, n° 87 は，裁判所が鑑定を命ずる際にアストラントを付す場合を挙げる。Buffet, p. 74 は，アストラントを伴う中間判決（jugement avant dire droit）の場合，労働審判所の調停部（bureau de conciliation）が発令したアストラントについて同審判所の判決部（bureau de jugement）が金額を確定する場合を挙げる。この最後のケースに関しては，Cf. Croze, p. 68, note 86 ; Cimamonti, n° 42（労働法典 R 516 条の 18 第 6 項により，労働審判所に事件が係属している限り，調停部が仮に金額を確定しうるとする）.

[184]　その理由に関して，Buffet, p. 74 は次のようにいう。「準備手続裁判官は，判決を行う裁判体の発現（une émanation de la formation de jugement）にすぎないし，準備手続裁判官の裁判により，彼らの属する裁判機関に，事件が係属しなくなるわけではない（ne dessaisissant pas）」。なお，Perrot, n° 12 は，書証の伝達につき，アストラントを付してこれを命じた裁判官が金額を確定すると説明する（Cf. Perrot et Théry, n° 87）。

[185]　［627］Civ II 26 mars 1997 は，控訴院の準備手続裁判官（conseiller de la mise en état）がアストラントを付して書証の伝達を命じた場合に，その金額確定につき控訴院の管轄権を肯定する。V. Buffet, p. 75 ; Chabas et Deis, J-Cl. n° 117.

るという[186]。

本条の「確定的であっても」という文言については，本条の金額確定の管轄に関する定めが，確定的アストラントと暫定的アストラントの区別なしに適用されること[187]，また確定的アストラントにも金額確定が必要であること[188]，を意味すると考えられる。

(イ) 第35条に関する諸問題

本条に関する問題は，執行裁判官ではなく，アストラントを命じた裁判官がその金額を確定する場合に関係している。

まず，アストラントを命じた裁判官が，その金額確定の申立ての審判をすることにつき，欧州人権条約6条が定める，公平な裁判所（tribunal impartial）による裁判を受ける権利の侵害にならないか，が問題になった事件がある。破毀院は，特別な理由を述べることなく，同条約に違反しないとしている[189]。

金額確定の管轄権の有無が問題になる裁判機関は種々ある[190]が，ここでは，とくに問題になりやすい，レフェレの裁判官及び控訴院の場合に触れておく。

---

186 Perrot et Théry, n° 87 は，アストラントを命じた裁判機関が，「…の期間内に履行がない場合は当裁判所に申立てをすることができる（qu'il nous en sera référé à défaut d'exécution dans un délai de …）」「この期間を経過したときは，新たに申立てをすることができる」（passé ce délai, il sera à nouveau fait droit）」といった，従来よく用いられた定型的な文言をそのまま用いた場合，本条の「金額を確定する権限を明らかに留保したとき」に当たるかどうか問題になりうるとする。

187 類似の指摘として，Chabas et Deis, J-Cl. n° 176.

188 Chabas et Deis, J-Cl. n° 174 ; Perrot et Théry, n° 85 ; Cimamonti, n° 34. 確定的アストラントの金額確定の要否の議論については，第3編第5章2【1】(ア)参照。

189 [641] Civ II 8 avr. 1998. V. Perrot et Théry, p. 103, note 2. この事件では，1991年法35条が欧州人権条約6条に反するかが直接的に問題になったわけではなく，アストラントを命じた控訴院の裁判体の一員であった裁判官が，金額を確定した控訴院の裁判体の構成員でもあったことにつき，条約違反が主張された。

190 刑事裁判機関については，Chabas et Deis, J-Cl. n° 121. 仲裁人については，1991年法施行前に，アストラントの金額を確定する権限を否定する下級審の判決がある。本編注63参照。Chabas et Deis, J-Cl. n° 122 ; Fossier, n° 3142 ; M. et J.-B. Donnier, n° 366.

第5章　1991年法第35条及び1992年デクレ第52条

　レフェレの裁判官に関しては，「レフェレにより裁判する裁判官は，アストラントを命ずる有責裁判をすることができる。この裁判官は，仮に，このアストラントの金額を確定することができる」と定める新民事訴訟法典491条との関係で，問題が生じうる。とくに，「事件がなお係属しているとき」及び「金額を確定する権限を明らかに留保したとき」でない場合において，レフェレの裁判官は，自ら命じたアストラントについて，新民事訴訟法典491条に基づいてその金額を確定することができるか，それとも，その場合の金額確定は本条により執行裁判官の管轄となるか，が問題になる[191]。破毀院は，後者の立場をとる[192]。

　控訴院については，第一審が発令したアストラントについて控訴院がその金額を確定しうるかの問題がある。既にみた（第3編第4章2(イ)）ように，1972年法下の判例は，1975年法による1972年法7条の改正の後，この控訴院の管轄権を認めていた。1991年法下では，学説の多くが，本条によりこの場合の控訴院の管轄権は否定されたと解しており[193]，これらの学説により，同旨と解されている破毀院判決もある[194]。しかし，この点で学説が一致しているわけではなく，異なる見解もある[195]。

　なお，本条に直接関係する問題ではないが，アストラントの金額を確定す

---

[191]　Chabas et Deis, J-Cl. n° 119.

[192]　[639] Civ II 17 déc. 1997. V. Perrot et Théry, p. 102, note 4. 最近の判例として，[666] Civ II 15 fév. 2001.

[193]　Chabas et Deis, J-Cl. n° 117 ; Taormina, *op. cit.*, n° 420-18 ; J. et L. Boré, n° 77 ; Cimamonti, n° 39 ; Croze, p. 68, note 86.

[194]　[627] Civ II 26 mars 1997. V. Chabas et Deis, J-Cl. n° 117 ; Taormina, *op. cit.*, n° 420-18 ; Buffet, p. 76. 同判決の事案は，アストラントを発令したレフェレの裁判官の裁判に対して控訴がなされ，控訴院は原裁判を確認すると共に，原裁判が発令したアストラントの金額を確定したもので，破毀院は，控訴院による金額確定を本条に違反するとした。なお，同判決では，他に，控訴院の準備手続裁判官が書証の伝達のために発令した別のアストラントの金額を確定する管轄についても，問題になっている。本編注185参照。

[195]　Fossier, n°ˢ 3143 et 3155 は，第一審が発令したアストラントの金額確定についての控訴院の管轄権に関し，次のように場合を分けて説明する。第一審によるアストラントの発令を控訴院が確認したときには，原則として，執行裁判官が金額を確定

る裁判に対する不服申立てに関する問題について付言する。一般に執行裁判官の裁判については控訴が許されている[196]ので、アストラントの金額を確定する執行裁判官の裁判に対する控訴は常に可能と解される[197]。しかし、訴額が一定額を超えないと控訴が許されない旨の制限に服する裁判機関が、アストラントの金額を確定する場合に問題が生ずる。破毀院は、アストラントの金額確定の請求が、控訴不許額を超えない限り、控訴は許されないとするようである[198]が、学説には、アストラントの金額を確定する裁判機関の

>   するが、控訴院が金額確定の権限を留保する場合又は事件が控訴院になお係属している場合は別で、この場合、債務者は審級の利益を失うことになる（判例として、Paris 4 juill. 1995（未見）等を挙げる）。第一審が発令したアストラントについて控訴が提起されているときは、仮執行の有無による区別を要する。原則として、控訴院がアストラントを伴う本案の債務について審理している間は、控訴の執行停止効（effet suspensif du recours）により、金額確定は禁止される。しかし、仮執行が許された第一審の裁判に伴うアストラントについては、控訴の移審効（effet dévolutif）に鑑み、本案についての審判をする前であれば、控訴院がその金額確定の権限を有する、という。
>
>   Perrot et Théry, n° 87 は、アストラントを命じた裁判官が金額確定の権限を留保したときに金額を確定しうることをめぐり、問題が生ずる場合として、アストラントを伴う、仮執行の許された第一審の裁判に、控訴がなされた場合を挙げる。そうして、原則として、控訴院が第一審の裁判を確認したときは、控訴の移審効により、控訴院が、第一審の発令したアストラントの金額を確定する管轄権を有する、という。しかし、第一審がアストラントの金額確定の権限を留保していたときに、第一審がその権限を保持するかは問題で、判例は、控訴院の管轄権を認める傾向にあるが、仮執行の点を考慮すると、少なくとも控訴院が裁判をしない間、第一審が金額確定をなしうるかにつき、検討の余地がある、とする（Perrot et Théry, p. 104, note 1）。
>
> 196 1992年デクレ28条「裁判所運営上の処分（mesures d'administration judiciaire）に関するものでない限り、執行裁判官の裁判に対しては、常に控訴をすることができる」。
>
> 197 Perrot et Théry, n° 88.
>
> 198 ［592］Soc 25 juin 1992. 1991年法施行前の判決で、労働審判所に関するものである。労働法典R517条の3は、労働審判所が終審として審判する事件として、1号で「請求の額がデクレで定める額を超えないとき」、2号で「アストラントが付されていても、労働証明書、給与支払明細書又は使用者が交付せねばならない全て

性質によって控訴の許否を決する考え方に対する批判もある[199]。

【2】 1992年デクレ第52条

1992年デクレ52条は，1991年法35条の関連規定で，次の二つの項から成る。1項は，1991年法「35条の適用について，無管轄は，アストラントの金額確定の申立てを受けた裁判官が，職権で顧慮する」。2項は「この裁判官の裁判に対しては，控訴院がこの裁判をした場合を除き，新民事訴訟法典が定める要件に基づいて，抗議の申立て（contredit）をすることができる」と定める。

1992年デクレ52条については，言及すべきことはあまりない。

まず，同条1項を根拠として，1991年法35条の金額確定の管轄の定めは，公序（ordre public）に属すると解されている[200]。

同条2項の「抗議の申立て」とは，管轄についての裁判に対する不服申立てのことで，新民事訴訟法典80条以下の定めに従うとされる[201]。この2項に関しては，1996年12月18日のデクレ1130号による改正により，1992年デクレ9条の1が執行裁判官の管轄に関する裁判に対する抗議の申立てを禁じたことから，問題が指摘されている。すなわち，本条2項の「裁判官の裁判」が執行裁判官により行われたものである場合に，本条2項を1992年デクレ9条の1の特則と解すべきかといった疑問が生ずることになる[202]。

の文書の引渡しを請求の目的とするとき。ただし，第一審の判決が他の請求の額について判断している場合を除く（à moins que le jugement ne soit en premier ressort en raison du montant des autres demandes）」を定める。本件では，給与支払明細書及び労働証明書の引渡しのために命じられたアストラントの金額確定の申立てが問題となっている。破毀院は，この申立てを排斥した労働審判所の判決に対する控訴を却下した原判決を破毀し，アストラントの金額確定請求については，労働法典R 517条の3の2号ではなく1号を適用すべきであるとする。

199　Perrot et Théry, n° 88.
200　Chabas et Deis, J-Cl. n° 114 ; Perrot et Théry, n° 87.
201　Blanc, p. 166. 抗議の申立てに関する新民事訴訟法典80条以下の規定については，法務大臣官房司法法制調査部編『注釈フランス新民事訴訟法典』（法曹会，1978年）107頁以下参照（ただし，一部の規定には若干の改正が加えられている）。
202　Perrot et Théry, n° 87.

第 6 章　1991 年法第 36 条

　1991 年法 36 条（本章では，以下，本条という）は，アストラントの性格に応じて異なる金額確定の態様について定めており，3 つの項から成る。

　本条 1 項は暫定的アストラントに関するもので，「暫定的アストラントの額は，命令を受けた者の態度及びその者が命令を履行するために遭遇した困難を考慮して，確定する」と定める。「不履行が確認された場合であっても，暫定的アストラントを軽減又は廃止することは，裁判官の権限に属する」と定めていた 1972 年法 8 条 2 項に一応相当するが，内容は異なる。すなわち，本条 1 項は新しい規定で，暫定的アストラントの金額確定の基準を明文化する。

　本条の 2 項は確定的アストラントに関するもので，「確定的アストラントの額は，その金額を確定する時に変更することができない」と定める。また，本条の 3 項は「裁判官の命令の不履行又は履行遅滞が，全部又は一部において，外在的原因によることが証明されたときは，暫定的又は確定的アストラントは，全部又は一部において廃止される」と定める。この二つの規定は共に，「司法裁判の不履行が偶発事又は不可抗力によることが証明された場合を除き，裁判官は，確定的アストラントの額を，その金額を確定する時に変更することができない」と定めていた 1972 年法 8 条 1 項に由来する。本条 2 項は，条文の体裁は異なるにしても，1972 年法を踏襲する規定である。しかし，本条 3 項は 1972 年法とは異なり，確定的アストラントの変更不能性を緩和すると考えられる。

1　議 会 審 議

　本条は原案では 35 条に相当する。本条の 1 項及び 2 項は原案通りで，第 1 読会で両院の一致をみている。これに対し，本条の 3 項は，原案に修正が加えられている。この規定は，アストラントに関する条文のうち，最も審議

第 6 章　1991 年法第 36 条

が長引いたもので，第 2 読会の元老院の審議でようやく両院の一致をみている。

以下では，各項毎に立法の経緯をみる。

【1】　第 36 条第 1 項

本条 1 項について議会の議論はない。政府の提案理由説明・両院の法務委員会の報告書をみておく。

政府の提案理由説明は，既にみた通りで（本編第 1 章 1），本条 1 項は「アストラントの金額確定は，債務者が犯した faute を考慮してなされることを明らかにする」趣旨の，現行法の改正点として説明されている。この改正の目的は，アストラント金の損害賠償への充当及び公的基金への帰属の提案と同様で，「実務上，債権者の不当な利得（enrichissement injustifié）を避けるために裁判官が最低限の額でアストラントの金額を確定するようになり」，アストラントの実効性が低下した現状に鑑み，暫定的アストラントの実効性を確保すること，とされる。

次に，国民議会の Catala による報告書は，本条 1 項に関して次のようにいう。

「暫定的アストラントは，債務者の態度及び判決（jugement）を履行するのに債務者が遭遇しえた困難を考慮して，その金額を確定する。すなわち，債務者が有責裁判（condamnation）に従うのに多少とも迅速さを示したことに従って，また，債務者が直面した困難（債務者の自らの態度又は債務者が避けられなかった事情から生じた困難…［訳注：…は原文のまま］）の性質に応じて，裁判官はアストラントの額（taux）を減額又は増額することができる」[203]。

同報告書は，本条の原案（35 条）全体に関し，「現行の一般原則（les règles actuellement en vigueur）」を踏襲すると説明するので，本条 1 項も従来の判例法理の踏襲と解するようである。

元老院の Thyraud の報告書も，本条 1 項について「現在まで遵守されている判例の慣行（pratique jurisprudentielle observée）を確認する」[204] という。

---

[203] Catala, Doc. AN 1989-90, n° 1202, p. 76.

以上のように，本条1項の立法趣旨は，暫定的アストラントの実効性確保を目的に，その金額確定の基準が債務者の faute であることを明らかにする趣旨である。1972年法にはない新設規定ではあるが，実質的には，従来の判例法理の踏襲と考えられている。なお，Catala の報告書は，暫定的アストラントの金額確定時の増額を認めるが，後述するように（2【1】(ウ)），この点は問題がある。

【2】 第36条第2項

本条2項についても，議会の議論はない。のみならず，この規定に関する説明は立法資料中に殆ど見当たらない。政府の提案理由説明（本編第1章1）は，「確定的アストラントは，暫定的アストラントとは異なり，債務者の責めに帰すことができない外在的原因による不履行が確認された場合を除いて，その金額確定の時に変更が許されないことは知られている」という程度である。国民議会の Catala の報告書にも特別な説明はない[205]。本条2項との関係で1972年法の修正があるとの指摘はある（後述【3】）が，この指摘は実際には本条3項に関わるものである。なお，同報告書は，本条の原案全体を「現行の一般原則」の踏襲とみる（前述【1】）から，本条2項も同様ということになる。元老院の Thyraud の報告書も，再確認の規定という程度である[206]。

本条2項が定める，確定的アストラントの金額確定に関する実質的な議論は，次にみる本条3項の審議のなかで行われる。

【3】 第36条第3項

前述のように，本条3項は原案を修正したものである。すなわち，本条3項は「裁判官の命令の不履行又は履行遅滞が『，全部又は一部において，』外在的原因（cause étrangère）によることが証明されたときは，暫定的又は確定的アストラントは，『全部又は一部において』廃止される」というが，

---

[204] Thyraud, Doc. S 1989-90, n° 271, p. 49.
[205] Catala, Doc. AN 1989-90, n° 1202, p. 76.
[206] Thyraud, Doc. S 1989-90, n° 271, p. 50.

原案（35条3項）にはこの『　』を付した二つの文言はなく，この挿入が議会で問題になった。換言すれば，議会の争点は，不履行が部分的に外在的原因による場合のアストラントの扱いである。その議論の経緯を以下にみよう。

　(ア)　第1読会

　政府の提案理由説明には，本条3項の原案に関し，前述【2】で引用した説明があるにすぎない。1972年法の踏襲にすぎないと考えられているようである。それに対し，Catala による国民議会の法務委員会の報告書は，本条3項の原案を1972年法を修正するものと指摘する。その部分をみておこう。

　「── 確定的アストラントの額 (taux) は，その金額を確定する時に変更することができない。注目されるのは，この規定が現行法を──1972年法8条が，この額は『司法裁判の不履行が偶発事又は不可抗力によることが証明された場合を除き』修正できないことを明らかにしている範囲で──少々修正することである。法案は，この例外を踏襲していない。なぜならば，法案は，この場合に確定的アストラントを単純に (purement et simplement) 廃止することを提案するからである（後述参照）。

　── 暫定的又は確定的アストラントは，不履行又は履行の遅滞が『外在的原因』による場合には廃止される。この規定は，自らによるものではない理由により判決 (jugement) を履行できなかった債務者に，制裁を課すのを避けようとするものである。問題になりうるのは，たとえば，不可抗力，偶発事による場合…［訳注：…は原文のまま］である」[207]。

　この Catala の報告書は，本条3項の原案が1972年法を修正するものとして，議論の対象になりうることを示唆した，ともいいうる。もっとも，同報告書は同時に，委員会による原案の支持を表明し，国民議会では議論はなく原案通り可決される[208]。

　元老院では，まず Thyraud による法務委員会の報告書が，「偶発事又は不可抗力を保留する現行の諸原則 (les règles actuelles) が確認されている」として，無修正の可決を提案した[209]。しかし，社会党系の議員から，「裁判官

---

[207] Catala, Doc. AN 1989-90, n° 1202, pp. 76-77.
[208] JO AN［CR］3 avril 1990, p. 51.
[209] Thyraud, Doc. S 1989-90, n° 271, p. 50.

の命令の不履行又は履行遅滞が『，全部又は一部において，』外在的原因によることが証明されたときは，暫定的又は確定的アストラントは，『軽減(modérée) 又は』廃止される」(『 　』は修正部分を示す) との修正案が提出された。修正案の提案者は，その理由について，まず「不履行が確認された場合であっても，暫定的アストラントを軽減又は廃止することは，裁判官の権限に属する」と定める1972年法8条2項を引用し，本法案はアストラントを軽減する可能性を放棄しているとして，次のようにいう。「裁判官の命令の履行の遅滞が，全部又は一部において，外在的原因による場合がありうることは，明らかです。こういうわけで，我々の修正案は『軽減』の語を再び挿入することにしています」[210]。この修正案は，委員会及び政府の支持を受け，議論もなく，元老院で採択される[211]。

(イ) 第2読会

国民議会では，元老院案に対して，二つの修正案が提出されている。一つは委員会の案[212]で，「軽減又は」の文言を削除するものである。他の一つは，政府の案[213]で，「軽減又は廃止される」の文言を「全部又は一部において廃止される」の文言に置きかえるものである。結局，後者(政府の修正案)が，国民議会及び元老院の賛成を得て，本条3項となるのであるが，二つの修正案をめぐって国民議会で議論が行われる。

まず，委員会の修正案の提案理由については，「不可抗力の場合には，アストラントを軽減するという裁判官に与えられた可能性を否定するもので，このような場合にはアストラントの全体の廃止が当然である (logique)」[214]と説明されている。原案に関する第1読会のCatalaの報告書の説明 (前述(ア))と同趣旨であり，この修正案の目的は原案と同様とみられる。ただし，この修正案には，元老院によるもう一つの修正部分 (「……不履行又は履行遅滞が『，全部又は一部において，』外在的原因によることが証明されたときは」の『 　』

---

[210] JO S [CR] 15 avril 1990, p. 844. Dreyfus-Schmidt の発言。

[211] JO S [CR] 15 avril 1990, p. 844.

[212] Catala, Doc. AN 1989-90, n° 1557, p. 39. ただし，JO AN [CR] 25 avril 1991, p. 1743 の議長の言では，報告者Catala及びGouzesの提案と説明されている。

[213] JO AN [CR] 25 avril 1991, p. 1743.

[214] Catala, Doc. AN 1989-90, n° 1557, p. 39.

の部分）が残っている点で，原案と異なる。

次に，政府の修正案の提案理由は，次のように説明されている。

「根本的には（Sur le fond），Catala 女史が正しいのではないかと懸念しています。しかしながら，『軽減又は廃止される』の文言を『全部又は一部において廃止される』の文言に置きかえる予定の自らの修正案の方を，政府が好むことにかわりありません。これによって，軽減という，不確定で，原則に反することをいわないで（sans faire référence à une éventuelle modération qui est contraire à la règle），同じ目的を達成できるでしょう。実際的に考えただけのことです（il y a là une volonté de pragmatisme et rien d'autre）。政府の修正案が採択されれば喜ばしいことですが，さもなければ委員会の修正案に賛成します」[215]。

1972 年法のアストラントの条文の起草者であった P. Mazeaud も，この政府案を支持したが，最も高く評価したのは元老院案である。その理由を彼は次のように説明する。

「なぜならば，何といっても，裁判官にある種の自由を残しておくべきだからです。念を押しますが，アストラントは威嚇的な方法（mesure comminatoire）です。裁判官からアストラントを調整する（moduler）可能性を奪うことは，アストラントの意味を失わしめるでしょう」。

また Mazeaud は「民事責任では，不可抗力，偶発事——つまり外在的原因——は，責任の全部を免除するわけではない，少なくとも，必ずそうなるわけではない（du moins, pas nécessairement）」ことを強調する[216]。

一方，Catala は，政府の修正案について，「裁判官に何ら判断の余地（appréciation）を認めなかった」原案の精神自体を変更するもので，「『全部又は一部において廃止される』の文言を採用すれば，不可抗力による不履行の場合に調和しない，判断権（pouvoir d'appréciation）を裁判官に認めることになります」と批判する。それに対し，政府側は次のように反駁する。「当初の法案は，不履行が全部，外在的原因によることが予定されていました。

---

[215] JO AN ［CR］25 avril 1991, p. 1743. 法務大臣補佐官（le ministre délégué auprès du garde des sceaux）の発言。

[216] JO AN ［CR］25 avril 1991, p. 1743.

元老院から来た法案では，不履行は全部又は一部において外在的原因によるものです。故に，パラレルにしておくべきだと私は思います（Le parallélisme me paraît donc devoir être maintenu）」。この政府側の発言を機に討論はほぼ終了し，国民議会では政府の修正案が採択された[217]。元老院でも議論なしに可決される[218]。

以上のように，本条3項の審議では，原案の段階でとくに予定されていなかった，不履行が部分的に外在的原因による場合のアストラントの扱いが争点になり，これを一部の廃止とすることで決着させるに当たり，全部の廃止とする扱い，軽減を認める扱いのいずれも否定された。全部廃止の扱いが否定された理由は，実際的な配慮と，不履行の全部が外在的原因による場合との不均衡のようである。また，軽減でなく一部の廃止とされた理由は，軽減は不確定的・例外的で好ましくないため，ということのようである。ただし，Mazeaud及びCatalaの発言，一部廃止と定めれば，軽減と定める場合と同じ目的が達成できる旨の政府側の説明からすると，一部の廃止も，実質的には軽減とかわらず，裁判所の裁量的判断に委ねられると理解されていたようにみえる。

2 考　　察

以下では，本条1項（【1】）と3項（【2】）をとりあげる。2項の考察は省略し，同項が定める確定的アストラントの金額確定については，3項の考察のなかで言及するにとどめる。最後に，金額確定に関するその他の若干の問題について述べる（【3】）。

【1】　第36条第1項

本条1項は，1972年法8条2項に相当する。1972年法8条2項の立法趣旨は，損害ではなく債務者のfauteを暫定的アストラントの金額確定の基準とするもので，[373] 1959年10月20日の破毀院判決の立場に従うものと考

---

[217] JO AN [CR] 25 avril 1991, pp. 1743-1744.
[218] Thyraud, Doc. S 1990-91, n° 314, p. 22 ; JO S [CR] 24 mai 1991, p. 1057.

第 6 章　1991 年法第 36 条

えられる（第 3 編第 5 章 2【2】(ア)）。本条 1 項について，政府の提案理由説明は，金額確定の基準を債務者の faute とする趣旨と説明し，両院の法務委員会の報告書は，判例の踏襲とする。この判例とは［373］1959 年 10 月 20 日の破毀院判決を指すと思われる。故に，本条 1 項の立法趣旨は，1972 年法 8 条 2 項と同趣旨と考えられる[219]。

しかし，本条 1 項の規定の仕方は 1972 年法 8 条 2 項とは異なり，暫定的アストラントの金額確定の基準を明文化するので，新たな規定の内容を検討する必要がある。以下では，第一に，本条 1 項の定める二つの基準の意味（(ア)），第二に，金額確定の基準の明文化の意義（(イ)），第三に，金額確定時の暫定的アストラントの増額の許否（(ウ)）についてみることにする。

(ア)　暫定的アストラントの金額確定の基準

本条 1 項は，暫定的アストラントの金額確定の基準として，命令を受けた者の「態度」と「命令を履行するために遭遇した困難」を挙げる。この二つの基準のそれぞれの内容は，必ずしも明らかではない。本条 1 項が債務者の faute を考慮し，［373］1959 年 10 月 20 日の破毀院判決に従う趣旨であるにしても，1959 年判決は暫定的アストラントの金額確定の基準を，債務者の「faute の重大性」と「資力」とするから，少なくとも，文言上は本条 1 項のそれと異なる。

本条 1 項が定める二つの基準を区別して説明するのは Catala の報告書のみで，それによっても，債務者の「態度」には，履行の迅速性が関わること，履行上の「困難」については，この困難が債務者に起因する場合とそうでない場合が含まれること，がわかる程度である[220]。学説でも，二つの基準の

---

[219] Perrot, n° 15 は，暫定的アストラントの金額確定に関し，今日の判例は一貫して，損害を考慮することを禁じ，債務者の faute の重大性を基準としており（第 3 編注 212 参照），この点は 1972 年法から黙示的に帰結されるが，本条 1 項により明示的に再確認されているという。Perrot et Théry, n° 93 も，本条 1 項について，アストラントは債務者の faute の重大性及びその資力に基づいてその金額を確定するとした 1959 年 10 月 20 日の破毀院判決と同様の考え方において，算定の基準を 1972 年法よりも明確化したものと説明する。また，M. et J.-B. Donnier, n° 350 は，「文言は変化したけれども，基準は 1972 年法が定めた基準に非常に類似したままである。すなわち，一方では，……債務者の faute の重大性，他方では，その資力である」という。

個々の意味を説くものは少ない。Cimamontiによれば，債務者の「態度」とは，従来のように，fauteの重大性を意味し，履行上の「困難」は「債権者又は第三者の態度——fauteがある場合もない場合も含まれる（fautif ou non）——を，より広くは，直接的にも間接的にも債務者の責めに帰すことができない履行上のいかなる障害をも，債務者の免責のために（à la décharge du débiteur）考慮できるようにする」ものである[221]。

では，債務者の資力は，暫定的アストラントの金額確定の基準となるか。この点は，1972年法の場合（第3編第5章2【2】(ｱ)）と同様，明らかでないが，学説には肯定的なものが少なくない[222]。

損害については，破毀院は，これを暫定的アストラントの金額確定の基準としてはならないとする1972年法下の立場を，1991年法下でも再確認している。すなわち，［657］1999年10月28日第2民事部判決は，債権者に生じた損害が少ない（《peu important》）ことから，アストラントを減額すべきであるとした原判決を破毀する。ただし，下級裁判所のレベルでは，この原審のように，破毀院の確定的な立場に表だって抵抗するものがある他，裁判理由中には示さなくとも，実際には損害を考慮してアストラントの金額を確定する傾向があるようである[223]。

(ｲ) 金額確定基準の明文化の意義

本条1項が暫定的アストラントの金額確定の基準を明文化した目的につい

---

220 なお，Croze, n° 39 は，本条1項の基準に関し，「履行を欲しない者と履行ができない者の区別があるようである。アストラントが後者の場合によく適合する技術かは問題にしうる」という。

221 Cimamonti, n° 50.

222 Chabas ②, p. 300（本文後述(ｲ)で引用するChabas教授の見解参照）; M. et J.-B. Donnier, n° 350 ; Perrot et Théry, n° 93. ただし，Perrot, n° 15 は，本条1項の基準を債務者のfauteと同様というにとどまり，資力には触れない。本編注219参照。

223 Perrot教授は，［657］Civ II 28 oct. 1999 の判例評釈（RTDC 2000. 162 ; Procédures 2000. comm. n° 1）のなかで，1991年法34条1項及び36条1項から，破毀院の結論を当然とした上で，原判決のように，実際にはアストラントの金額を確定する際に損害を考慮する傾向があることを示唆する。そうして，この実務の傾向も理解できないわけではなく，問題の根源は，アストラント金の全部が債権者に帰属する点にあるとする。

て，政府の提案理由説明は，暫定的アストラントの実効性確保にあるとする。しかし，学説の説くところは同じではない。1972 年法下の判例は，裁判所に暫定的アストラントの金額確定の「自由裁量権（pouvoir discrétionnaire）」を認め，理由を付す義務を否定した（第 3 編第 5 章 2 【 2 】(イ)）が，有力な学説は，本条 1 項には，こうした判例の態度に歯止めをかける意義があるとしている。

　Chabas 教授は，早い段階から，本条 1 項の実益を次のように指摘していた。

　「従来判例が採用してきた基準（債務者の抵抗及び資力）と大きく異なるわけではない。しかし，今度は，法文はより積極的にみえる。すなわち，裁判官に対して債務者の faute を考慮することを〈義務付けている〉。その結果，裁判官は自らの裁判に〈理由を付す（motiver）〉べきことになる。これは従前は免れていたことである」（〈　〉は原文の斜字体の部分を示す）[224]。

　J. et L. Boré もこの見解を支持して，次のように述べる。

　「問題となっているのは，拘束力を有する基準であって，裁判官に対する単なる訓示（recommandation）ではない。故に，裁判官は自らの裁判を，これらの基準に照らして正当化する（justifier）ために，理由を付すべきことになる。………故に破毀院はこの点の事実に関する理由（motifs de fait）について最小限の審査は行わねばならないであろう」[225]。

　このように，有力な学説は，本条 1 項を，1972 年法下の判例を修正し，暫定的アストラントの金額を確定する裁判に理由を付す義務（算定根拠を示す義務）を裁判所に課すものと解した。そうして，1991 年法下の破毀院の態度が注目されたところ，[622] 破毀院 1996 年 7 月 3 日第 2 民事部判決が現れ，学説に好意的に評価されている[226]。

---

[224] Chabas ②, p. 300.

[225] J. et L. Boré, n° 86. V. aussi J. et L. Boré, n° 21.

[226] L. Boré, D 1997. 232（[622]）; J.-B. Donnier, n° 354 ; Chabas et Deis, J-Cl. n° 111 ; Buffet, p. 77. また，Fossier, n° 3145 は，[622] Civ III 3 juill. 1996 には言及しないが，裁判官は暫定的アストラントの金額を確定する際にこれを軽減する権能（pouvoir modérateur）の行使について理由づけねばならないとする。なお，Chabas et Deis

この事件では，金融機関Xが債権回収のためにYに交付した170余の文書について，YはXに返還するようアストラント（判例集には明示されていないが，暫定的アストラントと考えられる）を付して命じられた。このアストラントの金額を確定する裁判を確認する控訴院判決に対して，Yは破毀を申立て，次のように主張した。控訴院が，Yの誠実さ（bonne foi）を証明するための証拠を排斥するのに「概して（de façon générale），これらの文書は余りに古い」というのみで，具体的に検討していないのは新民事訴訟法典5条（処分権主義）違反である。また，Yが直面した困難に関する証拠（Yの健康状態の悪化を示す証明書及び娘の交通事故に関する証明書）を排斥するのに，「概して，これらの文書は余りに不明確である」というのみで，どの点で不明確かを全く説明していないのは，1991年法36条等に違反する。こうしたYの主張に対して，破毀院は，Yが2つの文書の返還しか証明せず，Yが履行していないことを控訴院は確認した旨を述べた上，次のように判示した。「控訴院が，取調べた提出文書は余りに古く且つ不明確であるから，Yを免責することはできないと判断して，相当と認める額でアストラントの金額を確定したことは，その専権の行使にあたる（dans l'exercice de son pouvoir souverain）」。

既述のように，「専権（pouvoir souverain）」は「自由裁量権（pouvoir discrétionnaire）」と異なり，裁判所は裁判に理由を付す義務を免れるものではないと解される[227]ことから，この判決は，暫定的アストラントの金額を確定する理由づけを裁判所に要求したものと考えられる。また，[672] 破毀院2001年12月20日第2民事部判決[228]も，この判決と同様の立場に立つものと

は反対の趣旨の判例として，控訴院は「アストラントの額を軽減しないと判断するのに，自由裁量権を行使したにすぎない」と判示した［624］Civ III 14 nov. 1996を挙げるが，この事件には1991年法は適用されていない。同旨，Buffet, p. 77, note 6.
　一方，Perrot et Théryは，［622］Civ II 3 juill. 1996に言及せず，暫定的アストラントの金額確定段階で裁判官が有する金額変更の権限は「時に『自由裁量権』といわれる」という（Perrot et Théry, n° 93）。

[227] L. Boré, D 1997. 231（［622］）。また，第3編第2章**2**(イ)参照。
　なお，Buffet, p. 77は，この暫定的アストラントの金額確定に関する専権について次のように説明する。「裁判官は，法律が定める判断基準の枠内で，自らが欲するように裁判することができるにしても，裁判の理由はこの基準に相応するものでなければならない」。

第 6 章　1991 年法第 36 条

思われる。

　[622] 1996 年 7 月 3 日第 2 民事部判決の評釈者 L. Boré は，金額確定の裁判に理由が必要な根拠について，アストラントの制裁としての性格に注目し，次のように述べる。

　「実際，忘れてならないのは，アストラントが，その発令時には単なる威嚇であるにしても，その金額確定時には真正の制裁（véritable peine）になることである。さて，憲法院は，立法者が『処罰（punition）の性格を有するいかなる実効確保措置（sanction）』にも特別な保障をすることを望んでいる。制裁の宣告（le prononcé d'une peine）を理由づける義務は，最小限の保障に当たるように思われる。この点について，刑事裁判官が宣告した制裁の量（量刑）につき理由づける必要はないことを理由に，反論することはできないであろう。というのも，その代わりに，刑事裁判官は，被告の有責性（culpabilité）について自らの裁判を理由づけねばならないからである。ここで問題になるのも，債務者の誠実さ（bonne foi）についての，まさにこの種の理由（motivation）である」[229]。

　なお，L. Boré は，金額確定の裁判に理由が要求されても，実務上は，「X 氏の態度及び Y 裁判の履行のために彼が遭遇した困難を考慮して，アストラントは Z フランと定めるべきである」というような，定型化した理由が用いられる事態を予想する。そうして，こうした事態を避けるため，この理由に関する破毀院の審査が慎重たるべきことを指摘する[230]。

---

[228]　[672] Civ II 20 déc. 2001 の事案では，原判決が，暫定的アストラントの金額を減額しないで確定したことに関し，破毀申立人（債務者）は，自らが主張した錯誤（erreur）について，原判決は，単に債務を免除しうるものではないというだけで，これを債務者の態度として考慮すべきかを検討しておらず，1991 年法 36 条に違反すると主張した。しかし，破毀院はこの主張を斥け，破毀申立人の主張した錯誤がアストラントの減額をなすべき性質のものではないと控訴院が判断したことは，「その専権的判断権の行使にあたる（dans l'exercice de son pouvoir souverain d'appréciation）」とする。

[229]　L. Boré, D 1997. 231-232（[622]）. 同旨，J.-B. Donnier, n° 354. なお，L. Boré らは，確定的アストラントについては，これを発令する裁判にも理由を付すよう主張することにつき，本編第 2 章 2【1】(イ)参照。

[230]　L. Boré, D 1997. 232（[622]）. V. aussi J. et L. Boré, n° 86.

427

(ウ) 金額確定時の増額の許否

1972年法8条2項は，暫定的アストラントの金額確定時における軽減及び廃止を明文で認めており，更に，1972年法下の判例は発令時の額の維持も認めたが，増額については明らかではなく，学説は否定的であった（第3編第5章2【2】(イ)）。

本条1項は，1972年法8条2項のように，明文をもって暫定的アストラントの軽減及び廃止の可能性を認めているわけではないが，金額確定の基準を債務者の faute とする立法趣旨は，1972年法8条2項とかわらないことからしても，1972年法と同様の扱いを否定するものとは考え難い。学説も，金額確定時における暫定的アストラントの軽減・廃止・維持のいずれも認められると解している[231]。問題は，1972年法の場合と同様，金額確定時の増額の許否である。

前にみたように，Catala の報告書は，金額確定時の暫定的アストラントの増額を肯定するが，学説上は否定説が有力であり[232]，実務上も増額しないのが普通のようである[233]。増額を否定する理由としては，1972年法に関して既にみたように，増額を認めれば，不利益の予測可能性が害され，発令時の金額決定が無意味となり，過度の高額化のおそれがある等の点が挙げられる。更に，J. et L. Boré は，次のように説明する。「制裁の〈予測可能性〉は，アストラントを課せられるいかなる者にとっても，最小限の保障に当たる。不履行が続けば裁判官は確かにより高額の新たなアストラントを発令できるが，その金額確定時においては従前のアストラントを加重することはできないであろう。判例が常に述べるのは，アストラントが威嚇的性格を有することであり，アストラントは威嚇に当たる。さて，威嚇できるのは，将来に向かってであり，過去に遡ってではない。アストラントの威嚇的性格はその遡

---

[231] M. et J.-B. Donnier, n° 356 ; Perrot et Théry, n° 93. Chabas et Deis, J-Cl. n° 111 ; J. et L. Boré, n° 86 が直接言及するのは，廃止と維持の扱いの許容性のみであるが，軽減の扱いは当然認められると解するためであろう。

[232] Chabas et Deis, J-Cl. n° 111 ; J. et L. Boré, n° 87 ; M. et J.-B. Donnier, n° 356 ; Perrot et Théry, n° 93 ; Cimamonti, n° 52. 反対，Blanc, p. 64. Cimamonti, n° 52 によると，A. Sériaux, Droit des obligations, 1992（未見）も反対。

[233] J. et L. Boré, n° 87.

及を禁じる」（〈 〉は原文の斜字体の部分を示す）[234]。このように増額否定説については複数の根拠が示されている。それに対し，増額肯定説の根拠は明らかではない。1972年法の立法過程で元老院が，著しく不誠実な債務者に対し，増額を認める提案をしたこと（第3編第5章1(ア)）に鑑みても，増額肯定の根拠としては，暫定的アストラントの実効性の強化が考えられる程度である。

【2】 第36条第3項

本条3項は，1972年法8条1項に代わるもので，次の三点が修正点と考えられる。第一に，確定的アストラントのみならず暫定的アストラントも適用の対象とすること，第二に，偶発事又は不可抗力に代えて「外在的原因」の観念を導入すること，第三に，不履行が外在的原因による場合の効果として，アストラントの変更可能性ではなく，全部又は一部の廃止を定めること，である。以下，この三点について述べ，最後に，とくに確定的アストラントとの関連で，本条3項の評価につき学説が対立していることに触れる。

第一の修正点，すなわち暫定的アストラントも本条3項の適用対象に含めたことについては，立法資料にとくに説明はない。この点につき，Perrot et Théry は次のようにいう。おそらく，1972年法の段階では，暫定的アストラントの金額を確定する裁判官には常にその金額を修正する権能と共にそれを廃止する権能が認められるから，同法8条1項（本条3項の前身）の適用対象に暫定的アストラントを含める必要はないと考えられたのであろう。しかし，「1991年法の立法者は，アストラントの廃止（suppression）とその金額修正（révision de son taux）の区別を明らかにするよう配慮した。そうして，こうした見地からは，もはや暫定的アストラントと確定的アストラントを区別する必要はない」[235]。

第二の修正点，すなわち本条3項が「偶発事又は不可抗力」に代えて「外在的原因」を導入したことについても，立法資料にはほとんど説明がない[236]。

---

234 J. et L. Boré, n° 87.

235 Perrot et Théry, n° 90.

236 ただし，第1読会の国民議会の Catala の報告書は，外在的原因の観念が，不可

「外在的原因」の語は，民法典1147条が，債務不履行による損害賠償の免責事由として用いる。1949年法2条2項も建物明渡事件のアストラントの免責事由としてこの語を用いるが，この規定は民法典1147条と同趣旨で設けられたものである（第2編第3章3【2】(ア)）。民法上の外在的原因には，不可抗力・偶発事の他に，第三者の行為（fait）・被害者の faute があると説かれる[237]。本条の「外在的原因」も同様に解するのが普通で，1972年法8条1項の「偶発事又は不可抗力」よりも広く，第三者及び債権者の行為を含むとされる[238]。

しかし，異なる見解もある。Cimamonti は，［573］破毀院1990年11月7日第3民事部判決（第3編第5章2【1】(イ)）を，1972年法8条の「偶発事又は不可抗力」には，債務者の責めに帰すべき事由による履行不能も含まれるとしたものと解し，本条3項の「外在的原因」も，1972年法の「偶発事又は不可抗力」と同様に，広く履行不能を意味するもので，債務者の責めに帰すべき事由による履行不能の場合も含むとする[239]。

近年，破毀院は，［656］1999年10月14日第2民事部判決により，債務者の責めに帰すべき履行不能の事案で，履行不能になっているから，アストラントの金額を確定する必要はない（il n'y avait pas lieu à liquidation）とした。この判決の評釈者の Perrot 教授は，同判決を支持する[240]と共に，その重要性を強調する。もっとも，同判決は通常の判例集には登載されておらず，詳

　　抗力・偶発事のそれよりも広いことを窺わせる。

[237]　H., L. et J. Mazeaud et Chabas, Leçons de droit civil, t. II, 1er vol., 9e éd., 1998, n° 572. 山口俊夫『フランス債権法』（東京大学出版会，1986年）221頁。

[238]　Chabas et Deis, J-Cl. n°s 112 et 178 ; Chabas ②, p. 300 ; Buffet, p. 76 ; Perrot et Théry, n° 90（ただし，債権者の行為には言及していない）; J. et L. Boré, n° 88（本文後述の J. et L. Boré の見解）. Cf. Cimamonti, n° 56.

[239]　Cimamonti, n° 56.

[240]　M. et J.-B. Donnier, n° 363 も，同判決を支持するが，これを履行不能の場合にアストラントの金額を確定する必要はないとしたものと説明しており，債務者の責めに帰すべき事由による履行不能のケースであることには言及していない。なお，Fossier, n° 3146 は，同判決を，外在的原因のうちの，物の滅失による履行不能の事例として掲げる。

細は不明である[241]。この「金額を確定する必要はない（il n'y a pas lieu à liquidation）」という表現は，アストラントを「廃止」する場合によく用いられるといわれる[242]が，同判決が本条3項を適用するものか，またこの事案はどの時点で履行不能になったものか，も明らかではない。

　本条3項の「外在的原因」をめぐる，以上の問題状況は，1972年法8条1項の「偶発事又は不可抗力」のそれ（第3編第5章2【1】(イ)）と同様である。本条3項は「偶発事又は不可抗力」に代えて「外在的原因」の概念を導入するにせよ，1972年法と同じく，アストラントの免責事由を損害賠償の免責事由に限定しており[243]，この点に疑問が呈せられている，ということになろう。

　なお，本条の外在的原因については，債務者が証明せねばならないと解される[244]。また，この外在的原因についての裁判所の判断は，破毀院による

241　[656] Civ II 14 oct. 1999 は，Perrot 教授の判例評釈（RTDC 2000. 163）によれば，次のようである。報道関係の会社に対し，1組の写真をその所有者に返還すること，返還されていない各写真につき遅延日毎一定額を支払うことが命じられた。しかし，アストラントの金額を確定する時点で，当該写真は滅失していたことが確認された。滅失の時期は，上記判例評釈からは不明である。破毀院は，執行裁判官の裁判を確認した控訴院の判断を支持し，債務の履行は不能になっているから，金額を確定する必要はないとする。また，破毀院は，不能となった返還債務は消滅し，損害賠償請求訴訟（action en réparation）のみが可能なことを併せて述べる。なお，Perrot 教授は，本件の履行不能が，債務者の faute によると明言するが，この点が判決中で直接言及されているかどうかは，明らかでない。

242　Perrot et Théry, p. 99, note 2.
　なお，Perrot et Théry, p. 99, note 2 は，この「金額を確定する必要はない」という表現は，誤解を招くおそれがあるともいう。すなわち，この表現は，金額確定の手続（instance）を無益のように思わせる。しかし，この場合も，実際には必ず金額確定の手続が行われる。裁判官の関与が，債務者にアストラントの支払義務がないと判断するためである点で，通常と異なるにすぎない，という。

243　本条3項の立法趣旨を説明するのは Catala の報告書のみであるが，そこでは「この規定は，自らによるものではない理由により判決を履行できなかった債務者に，制裁を課すのを避けようとするものである」と説明されている（本章1【3】(ア)）。立法者としては，履行不能につき有責な債務者のために，本条3項を適用することは予定していない，と考えられる。

審査の対象となるとされる[245]。

さて，本条3項の第三の修正点は，不履行が外在的原因による場合の効果として，アストラントの変更可能性ではなく，その全部又は一部の廃止を定めることである。そのうちの，不履行が部分的に外在的原因による場合が，議会の争点となったところである。議会では，この場合の効果として，アストラントの全部の廃止や軽減（減額）とすることも提案され，結局は，一部の廃止と定めることで決着が図られたが，一部の廃止と軽減の異同には曖昧さが残ったことは，既にみた。本条3項が定める不履行が外在的原因による場合の効果につき，学説はどう解するかといえば，概ね次のようである。まず，不履行が外在的原因による場合に，アストラントを廃止しなければならない点では，裁判所に裁量の余地はない[246]。しかし，アストラントの一部廃止は単なる減額と同じで，この点では裁量が認められる[247]。たとえば，Starck, Roland et Boyer は，本条3項により，不履行が外在的原因による場合，裁判官はアストラントを廃止せねばならないとした上で，この規定は「一方で，外在的原因は，履行又は不履行の唯一の（exclusive）原因である必要はない旨を，他方で，廃止は減額に帰着しうる旨を定めることにより，裁判官にある種の判断の余地（certaine marge d'appréciation）を与えることは確かである」と述べる[248]。

244　Perrot et Théry, n° 90 ; J. et L. Boré, n° 88（本文後述の J. et L. Boré の見解）.

245　Chabas et Deis, J-Cl. n°s 111-112 et 178 ; J. et L. Boré, n° 88 ; Buffet, p. 77（「債務者が外在的原因（又は全部の履行不能）に遭わなかったことを，少なくともこれが問題にされたときには，裁判官が確認したこと」について，破毀院は確認する権限を有するという）. [631] Civ II 25 juin 1997（アストラントの金額確定において，不履行が外在的原因によるかの判断は，裁判所の「専権（pouvoir souverain）」に属するという）.

246　Chabas et Deis, J-Cl. n°s 112 et 178 ; Chabas ②, p. 300（本条3項を「強行的」という。本編注251）. Cimamonti, n° 57 も同旨であろう.

247　Chabas ②, p. 300（本編注251）; J. et L. Boré, n° 88（本文後述の J. et L. Boré の見解）; Cimamonti, n° 57（「単なる減額又は緩和」）. Perrot, n° 14 は「faute の部分と外在的原因の部分の配分決定（doser）は裁判官の権限に属する」という。同旨，Blanc, p. 65.

248　Starck, Roland et Boyer, n° 619.

なお，1972年法8条1項については，不履行が「偶発事又は不可抗力」による場合の，確定的アストラントの減額を認めるものか否かの点で，学説の対立があった（第3編第5章2【1】(イ)）。これを肯定する解釈によれば，本条3項がアストラントの一部廃止を認める点は，1972年法と実質的にはかわらないとの見方もできよう。

最後に，本条3項に対する学説の評価は，確定的アストラントとの関係で，分かれることに触れておく。確定的アストラントの制度に批判的な[249]J. et L. Boré は，債権者の faute，第三者の行為又は自らの責めに帰すことができない事情の存在を債務者が証明すれば確定的アストラントを免れうること，外在的原因が部分的に関わる場合でも確定的アストラントを「軽減」できることから，「確定的アストラントの制度を緩和するこの安全弁は，大変時宜に適っている（très bienvenue）」という[250]。一方，Chabas 教授は，不履行が部分的に外在的原因による場合にアストラントの「減額」を認めることが，確定的アストラントと暫定的アストラントの区別を曖昧にし，確定的アストラントの実効性を損う危険がある，と強く懸念する[251]。

---

[249] J. et L. Boré が確定的アストラントを比例原則違反と解することにつき，本編第4章2(イ)。

[250] J. et L. Boré, n° 88.

[251] Chabas ②, p. 300 は次のように述べる。

「この規定は強行的（impératif）であり，破毀院は裁判官によるその適用を慎重に審査すべきことになる。なぜならば，些かでもルーズなやり方を許せば，確定的アストラントの歪曲ひいては事実上の廃止につながりうるからである。

実際，新法は――大変よいことには――現在では外在的原因（これは以後，不可抗力に加えて，第三者の行為及び被害者の行為を含む）を対象とするにしても，〈部分的な（*partielle*）〉外在的原因及び，相関的に，確定的アストラントであろうとアストラントの単なる〈減額〉を認める。おそらく考えられたのは，その一部の履行が外在的原因により完全に妨げられた可分債務である。しかし，部分的な外在的原因が，faute と共に存在してその重大性を減じる事情（événement）と解されるおそれがある。裁判官は，この便法で，金額確定時に確定的アストラントを調整するいかなる自由も，隠蔽するであろう。それは確定的アストラントの効果を損なうであろう」（〈　〉は原文の斜字体の部分を示す）。

Chabas 教授は，その後に，「部分的な外在的原因」について，「債務者が，彼の faute の重大性を減じる効果しかない，予測不能（imprévisible）でも抵抗不能

第 4 編　1991 年 7 月 9 日の法律

【3】　金額確定に関するその他の問題

裁判所は，アストラントの金額を確定するためには，裁判（債務）の不履行の存在を確認せねばならない。この点は，1972 年法下の判例によって明らかにされている（第 3 編第 5 章 2【2】(イ)）。履行された場合については，[633] 破毀院 1997 年 7 月 9 日第 2 民事部判決は，「アストラントの金額を確定する必要はない（il n'y avait pas lieu à liquider）」とし，学説もこの破毀院の立場を支持するようである[252]。ただし，同判決及びこれを支持する学説は，遅滞なく履行された場合に限って，アストラントの金額を確定する必要がないとする趣旨か，それとも，遅滞があった上で履行された場合も，アストラ

（irrésistible）でもない事実に遭遇した場合，又は彼の faute が第三者もしくは被害者である債権者の faute と競合した場合」と説明する（Chabas et Deis, J-Cl. n° 178）ので，当初危険視した解釈を支持するようにみえる。とはいえ，この部分的な外在的原因により，確定的アストラントが歪曲され，暫定的アストラントとの区別が曖昧になることを一貫して懸念する。

[252]　Perrot, Procédures 95-99 n° 56（[633]）; Perrot et Théry, n° 89 ; Buffet, p. 76 ; Chabas et Deis, J-Cl. n° 107. ただし，Chabas et Deis は，[633] Civ II 9 juill. 1997 を挙げて，「アストラントの発令を伴う裁判が履行されたならば，金額確定は行われない」と述べる一方で，「金額確定が行われるのは，本案の債務の履行が得られた場合，あるいは……」とも述べており，一貫しないようにみえる。

なお，[633] Civ II 9 juill. 1997 は次のようである。Y 会社に対して，X に賃貸した場所につき，水道と電気を再開し，X の「移動住宅（mobil home）」の出入口を封鎖しているバスを除去して原状を回復することが，レフェレにより暫定的アストラントを付して命じられた。その後，このアストラントの金額が確定され，更に確定的アストラントが命じられた。原判決は，Y 会社は履行をした（遅滞の有無は不明）から，この確定的アストラントの金額を確定する必要はないとした。その破毀申立てにおいては，本件では外在的原因の存在は主張されておらず，それ以外の場合には，確定的アストラントの額は，その金額を確定する時に変更することができないのであるから，原判決は 1991 年法 36 条に違反する旨が主張されたが，破毀院は，次のように判示して，破毀申立てを斥けている。「原判決は，専権的判断（ap-préciation souveraine）により，原状回復措置を命じた裁判は履行されたとする。原判決が，そのことから，この措置の履行のために命じられたアストラントの金額を確定する必要はないとしたのは，正当である」。

第6章　1991年法第36条

ントの金額を確定する必要がないとする趣旨かは，明らかでない。

アストラントの金額を確定する手続における，不履行についての証明責任の分配には，問題がある。この問題がとくに意識されるようになったのは1972年法の末期以降で[253]，破毀院の立場は一貫していない。[575] 1990年11月13日社会部判決は，為さない債務の事案で，アストラントの金額の確定を求める債権者が，不履行（違反行為）についての証明責任を負うとする[254]。また，為す債務の事案でも，[610] 1995年1月11日第2民事部判決等は，アストラントの金額の確定を求める債権者が，不履行についての証明責任を負うとする[255]。しかし，[670] 2001年10月2日商事部判決は，為す

253　同様の趣旨として，Cimamonti, n° 45.

254　[575] Soc 13 nov. 1990 は次のようなものである。Y が X 会社を相手どって労働契約破棄の責任を追及した訴訟における，X 会社の反訴について，労働審判所は，Y の競業避止義務違反を確認し，アストラントを付して，Y に対して競業避止義務に反する行為の停止を命じ，控訴院もこの判断を支持した。このアストラントの金額確定を求める X の請求について，労働審判所はこれを斥け，控訴院も，アストラントを命ずる判決の後に Y が不正競争行為を行ったことを X 会社は証明していないとして，労働審判所の判断を支持した。X は破毀を申立て，「債務から解放されたと主張する者（celui qui se prétend libéré）は，弁済又はその債務の消滅をもたらした事実を証明しなければならない」と定める民法典1315条2項に反する旨を主張したが，破毀院も原審を支持し，「アストラントの金額の確定を請求する，為さない債務の債権者が，債務者に対する禁止に違反があったことを証明すべきである」と判示する。

255　[610] Civ II 11 janv. 1995は，次のようである。X の土地に穴を掘った Y に対し，アストラントを付して土地の原状回復が命じられ，アストラントはその裁判の送達から1月後に遅延日毎に進行するとされ，送達は1988年3月4日になされた。1989年11月27日に当該土地の原状回復がされていることが執行士により確認され（faire constater），X は 1988年4月4日から 1989年11月27日までの期間についてのアストラントの金額の確定を求めた。このアストラントの金額を確定する必要はないとした原審の判断を，民法典1315条2項（本編注254参照）違反とする破毀申立てに対し，破毀院は次のように判示している。「為す債務の履行遅滞から生ずる権利を主張する，この債務の受益者は，債務者の履行遅滞を証明すべきである」。「原判決は，アストラントが発令された場合に，アストラントの付された為す債務が，履行されなかった期間を明らかにして，アストラントが進行したことを証明せねばならないのは，その金額確定を請求する者であるとして，履行を確認した日ま

債務についてのアストラントの金額の確定が求められた事案で，債務者が履行したことにつき証明責任を負うとする[256]。

学説も対立している。従来有力であったのは，アストラントの金額を確定する手続では，債務の種類に関わらず，債権者が不履行についての証明責任

でアストラントが進行したことを自由裁量権により（discrétionnairement）推定していないのは正当で，証明責任について誤った（renverser la charge de la preuve）ものではない」。

同様に，為す債務の事案で，アストラントの金額の確定を求める債権者が，不履行の証明責任を負うとするものとして，[648] Civ II 21 janv. 1999 もある（V. Perrot et Théry, p. 105, note 5）。同判決は，通路の原状回復義務についてのアストラントの金額の確定が求められた事案で，債務者が履行したことを証明すべきであるとした原判決を，証明責任につき誤ったものとして破毀する。

[256] [670] Com 2 oct. 2001 は，次のようである。裁判上の清算（liquidation judiciaire）が行われている会社に対し，レフェレにより，アストラントを付して，工業用地（site industriel）の原状回復及び同土地の汚水（liquides polluants）の除去が命じられ，アストラントは反復して発令された。原審は，2回目に発令されたアストラント（遅延日毎 2000 フランの確定的アストラント，期間 3 月）の金額を 180000 フランとし，更なるアストラント（遅延日毎 1000 フランの暫定的アストラント）の発令を認めた。当該会社の清算人（liquidateur）は，破毀申立てにおいて，アストラントが付された為す債務の債権者が，その金額の確定を求めるには，不履行を証明すべきであり，原審が，清算人は履行を証明していないとしたことは証明責任について誤ったものである等と主張した。しかし，破毀院は，「控訴院は，その判断権を専権的に行使することにより（dans l'exercice souverain de son pouvoir d'appréciation），当該会社の清算人は，原状回復義務を履行したこと又は裁判官の命令に従ったことの証明――その証明責任はこの清算人が負う（la preuve, dont il avait la charge）――をしなかったと判断したものである」等として，破毀申立てを斥けた。

また，[635] Civ III 8 oct. 1997 も，為す債務についてのアストラントの金額の確定が求められた事案で，債務者が履行について証明責任を負うとの立場をとるものと考えうる（V. Fossier, n° 3145）。事案の詳細は明らかでないが，原審が，除去を命じられたテレビ・アンテナがなお立っていることは，執行士の事実確認（constat）により，判明していること等を挙げ，この事実確認の後に当該アンテナが除去されたことを債務者が証明しておらず，アストラントの金額を確定すべきであるとしたことについて，同判決は，証明責任について誤るものではないとする。

を負うとする説である257。この説は，おそらくは，アストラントの支払請求権を主張する者が，この権利の発生原因となる不履行の事実について証明責任を負うべきであるし，そうすることにより，債権者の利得や債務者の負担が過大になることを回避しうる，というような考え方に基づくものと思われる258。一方，債務の種類で区別し，為さない債務の場合は債権者が証明責任を負うが，為す債務・与える債務の場合は債務者が証明責任を負うとする説259 もある。しいていえば，破毀院は，かつては第1説に立つようにみえたが，現在のところ，第2説に与する方向にある，とみることができそうである。

なお，［636］破毀院1997年11月27日第2民事部判決260 は，アストラント

257　Chabas et Deis, J-Cl. n° 107 ; J. et L. Boré, n° 84 ; Perrot et Théry, n° 89. Perrot, RTDC 2002. 148（［670］）は，アストラントの金額を確定する手続で，債権者が不履行の証明責任を負うことは「伝統的には，一種の自明の理のように（un peu comme une évidence），常に認められてきた」ことであるという。

なお，Perrot 教授は，従来，本文の第1説を支持していた（Perrot, Procédures 95-99 n° 57（［636］）; Perrot et Théry, n° 89）が，［670］Com 2 oct. 2001 の評釈（Perrot, RTDC 2002. 148）では，債務者に証明責任を負わせるのが妥当と解するようである。債務の種類による区別の要否には触れていない。

258　Perrot, RTDC 2002. 148（［670］）は，アストラントの金額を確定する手続で，債権者が不履行の証明責任を負うとの考え方について，次のように説明する。「アストラントは，金銭による威嚇のように条件付で発令される，私的制裁であって，最終的には債権者の懐（tirelire）に入り，明らかに債権者が請求する資格（qualité de demandeur）をもつだけに一層，この結論が当然のように思われていた」。

J. et L. Boré, n° 84 は，アストラントの金額を確定する手続で債権者が不履行の証明責任を負うとする「判例は，アストラントの厳格性を緩和しようとする破毀院の意思を示している。なぜならば，一般原則では（en droit commun），まさに債務者が，債務からの解放（sa libération）を証明せねばならないからである」という。

259　Fossier, n° 3145 ; Mestre, RTDC 1991. 536（［575］）. Mestre は与える債務には言及しないが，為さない債務の場合に不履行の証明責任を債権者が負うのは，為さない債務の特殊性に基づく例外的な扱いとしている。

260　［636］Civ II 27 nov. 1997 は次のようである。Y会社に対して，アストラントを付して，一定の製品の販売のためにある種の容器包装（conditionnements）を使用することを禁じる旨の裁判がなされた。その後，執行裁判官が，X会社の申請（requête）に基づいて，Yの違反を証明するため，執行士による事実確認（constat）

の金額確定の申立てがなされる前であっても，執行裁判官が，1992年7月31日のデクレ（1992年デクレ）32条による申請に基づく命令（ordonnance sur requête）を以って，違反行為を証明するための執行士による事実確認（コンスタ constat）[261]の処分をすることを認める。この破毀院判決により，債権者は債務者の違反行為を証明するための簡易迅速な手段を得たといわれる[262]。なお，申請に基づく命令は，対審によらずに行われる仮の裁判で（新民事訴訟法典493条），1992年デクレ32条は，法律が定める場合の他，緊急の処分を対審によらないで行う必要がある場合に，執行裁判官が申請に基づく命令を発することを認める。

　アストラントの金額確定の段階で，債務者の不履行の有無を審理する際，先行の裁判で命じられた債務の内容が，問題になることもある[263]。フランスでは，裁判の解釈を求める申立てが認められている[264]ので，債務の内容

　　　を行うことを許可する命令をした。Yは，執行裁判官に対して，この命令の取消（rétractation）を請求したが，この請求を斥ける命令がなされた。控訴院は，Yの控訴を容れて前記二つの命令を取消し（annuler），その理由として，執行裁判官がなしうる保全処分は，保全差押え（saisies conservatoires）と裁判上の担保（sûretés judiciaires）であり，アストラントの金額の確定を求める申立てを受けていない執行裁判官が，事実確認（constat）のための処分を命ずることはできないとした。しかし，破毀院は，アストラントの金額を確定する手続（instance）の前でも，執行裁判官は1992年7月31日のデクレ32条による権限を行使できるとし，原判決を同条及び1991年法35条違反として破毀した。V. Fossier, n° 3145.

[261] 事実確認（コンスタ）については，司法研修所編『フランスにおける民事訴訟の運営』（法曹会，1993年）118頁以下参照。

[262] Perrot, Procédures 95-99 n° 57（［636］）.

[263] 以下の記述につき，Buffet, pp. 77-78 参照。

[264] 新民事訴訟法典461条は，全ての裁判官に自らの裁判（控訴がなされている場合を除く）の解釈をする権限を認めている。更に，［634］Civ II 9 juill. 1997 は，執行裁判官に，他の裁判官の行った裁判の解釈をする権限を認める。V. Buffet, p. 78.

　　　なお，前掲『フランスにおける民事訴訟の運営』166頁は，フランスで判決の解釈が問題になる理由について，次のようにいう。「フランスでは判決主文の表現方法が必ずしも十分に統一されておらず，長文であり（わが国の給付訴訟に当たる事件においても，給付請求権の確認判決と，請求権の根拠の表現も含めた給付判決がなされる。），また，なす債務の履行を命じる複雑な内容の判決がしばしばある（請

第 6 章　1991 年法第 36 条

を明確にする必要があれば，当事者はこの申立てをすることも考えられるが，[628] 破毀院 1997 年 3 月 26 日第 2 民事部判決は，執行裁判官が，アストラントの金額を確定するに際して，債務の内容について解釈をすることを認める[265]。なお，裁判の解釈とは，不明確な主文の内容を，理由に基づいて明

> 　　負契約の不完全履行による修繕義務に基づく修繕工事を命じる判決など）ことなどが原因である」。
>
> [265]　[628] Civ II 26 mars 1997 は次のようである。Y に対し，アストラントを付して工事の実施とくに不動産の一部（portion）の収去を命ずる 1989 年 2 月 2 日の判決が確定した後，X は執行裁判官に対してアストラントの金額確定及び新たなアストラントの発令を求めたが，請求の一部は容れられなかったため，控訴した。X の控訴を認容し，アストラントの金額を確定し，新たなアストラントを命じた原判決に対し，Y は破毀を申立て，次のように主張した。執行裁判官は判決の執行上の争いのみを判断できるのであって，当該判決に新たな裁判を追加することはできない。前記 1989 年の判決は，Y の車庫（garage）のうち，公道と，Y の土地と X の土地の境界線で画される Y の土地の角に位置する部分の収去を命じたのに，原判決は，Y の母屋（construction principale）のうち，Y の土地と X の土地の境界線から 2.65m の幅にわたり，X の車庫の建物（héberges du garage）に張り出した部分の収去を命じることにより，先行の判決の既判事項の権威に反し，民法典 1351 条及び司法組織法典 L 311 条の 12 の 1 に違反する。この破毀申立てに対して，破毀院は，まず，「1991 年 7 月 9 日の法律 36 条によりアストラントの金額を確定する執行裁判官は，アストラントを命じた裁判の解釈が必要なときには，アストラントを伴う命令又は禁止がいかなるものかを調査する権限を有する」と述べる。その上で，本件では，前記 1989 年の判決で，この区画の文書と共に，承認された見取図のレイアウト（dispositions schématiques du plan de masse approuvé）に基づいて，眺望のための隣地との間隔（prospect）を回復するように，不動産の一部の収去が命じられているとする。そうして，原判決は，前記 1989 年の判決の既判事項の確定力に反するものではなく，当該見取図を実地に適用したにすぎないのであって，前記 1989 年の判決の主文が定める工事の全部は行われていないことを確認して，アストラントの金額を確定しており，破毀申立てには理由がないとする。
> 　　なお，アストラントの金額確定の手続で，債務の内容が問題になった最近の事例として，たとえば次のようなものがある。
> 　　[655] Soc 27 mai 1999. 労働審判所は，X を解雇した Y 会社に対して，アストラントを付して「企業活動への参加による従業員の配当金（participation due aux salariés）を X が受領しうるための，全ての情報及び文書」を X に提供するよう命じた。X はアストラントの金額確定を申立てたが，控訴院はこれを斥け，その理由

第4編　1991年7月9日の法律

らかにすることであって，明確な主文に変更を加えるものではないとされる。

　　　　として，Yに対する命令が不明確なために，Yの履行が妨げられ，金額確定も妨げられた旨を述べた。しかし，破毀院は，原判決を1991年法36条3項及び労働法R442条の15違反として破毀する。その理由に関して，破毀院は次の二点を挙げる。まず，原判決は，アストラントの廃止を理由づける外在的原因を何ら示していない。また，Yに対して行われた命令は，解雇された従業員に対する，企業の成果への参加（participation aux résultats de l'entreprise）に関する権利についての，情報提供に関する法規に従って，労働法R442条の15が定める証明書を交付する義務を，当然に含むものである。

　　［676］Civ II 30 mai 2002. アストラントを付して，名称の変更を命じられた団体が，遅滞なく名称を変更したが，一部の文書において旧名称を使用していた事案で，原審は，名称を変更する義務は旧名称の使用に及ぶものではないとして，アストラントの金額確定の申立てを斥けた。しかし，破毀院は，当該有責裁判は，当然に，旧名称の使用禁止も内容とすると述べ，原判決を既判事項の権威に反するものとして破毀する。

第7章　1991年法第37条

　1991年法37条（本章では，以下，本条という）は，アストラントについての仮執行に関する規定で，「この裁判官の裁判は，法律上当然に仮に執行することができる」と定める。1972年法にはこれに相当する条文はなく，1991年法で新たに設けられたものである。

1　議会審議

　本条は原案の36条3項をそのまま認めたものである。原案36条の1項はアストラント金を損害賠償に充当する旨，同2項は，裁判官はアストラント金の一部が債権者に支払われないと定めることができる旨の規定で，いずれも議論の末削除された（本編第3章1）のに対し，原案36条の3項は，特段の説明も議論もないまま，国民議会第2読会で両院の一致をみている[266]。

2　考　　察

　前述1のように，立法審議の段階で特別な説明は全くないため，本条の立法趣旨は不明であるが，アストラントについて仮執行を認める趣旨であることは明らかである[267]。仮執行とは，通常の不服申立ての期間及びその期間内の不服申立ては判決の執行を停止する（新民事訴訟法典539条）にも関わらず，判決の送達後にその執行を認めるもので，新民事訴訟法典514条乃至526条に仮執行に関する定めがある[268]。アストラントについての仮執行とは，アストラント金を取立てるための仮執行を意味する。仮執行には，法律上当

---

[266]　JO AN [CR] 25 avril 1991, p. 1744.

[267]　アストラントについての仮執行に関する従前の状況については，V. Chabas et Deis, J-Cl. n° 124 ; Denis, n°ˢ 52, 221 et 262.

[268]　Vincent et Guinchard, Procédure civile, 25ᵉ éd., 1999, n° 1285.

然に許される場合と裁判官が個別に命ずる場合があり，後者が通常である[269]が，本条は，アストラントの場合は前者である旨を明らかにする。もっとも，アストラントについての仮執行は，本案の裁判に仮執行が許される場合に限られると解される[270]。

本条は，仮執行ができるのは「この裁判官の裁判」であるというにとどまり，この「裁判」が何を意味するかは明らかではない。アストラントの金額を確定する裁判が，これに当たることには異論がないが，アストラントを発令する裁判も含まれるかは問題になりうる。学説は否定的で，その理由として，1992年デクレ53条が金額確定前の執行を禁止すること，及び本条の位置が挙げられる[271]。

アストラントについての仮執行の停止の許否に関しては，議論がある。仮執行の停止に関する一般的な定めである新民事訴訟法典524条は，「仮執行が命じられたとき」に控訴院長がレフェレにより仮執行を停止できるといい，判例は，同条につき，法律上当然に仮執行ができる場合にはその適用はないとする[272]。学説は，この判例の立場を前提に，新民事訴訟法典524条をアストラントの場合に適用することには否定的である[273]。

269　新民事訴訟法典514条1項は，「仮執行は，それが法律上当然に許される（bénéficient）裁判に関するものでないときは，命じられなかった限り，行うことはできない」と定める。法務大臣官房司法法制調査部編『注釈フランス新民事訴訟法典』（法曹会，1978年）305頁参照。Vincent et Guinchard, *op. cit.*, n° 1286 et s..

270　Chabas et Deis, J-Cl. n°ˢ 124 et 182.

271　Chabas ②, p. 300. Croze, n° 40 は主に条文の位置を挙げ，1992年デクレ53条には言及しないが，この論文は同デクレ公布前に書かれたものである（Croze, n° 1）。M. et J.-B. Donnier, n° 333 は，1992年デクレ53条と関連付ける。また，本条の「裁判」の解釈の問題には触れずに，本条につきアストラントの金額を確定する裁判の仮執行を認める旨説明するものとして，Chabas et Deis, J-Cl. n° 125 ; Perrot et Théry, n° 88 ; Fossier, n°ˢ 3148 et 3159 ; Vincent et Guinchard, *op. cit.*, n° 543 ; Buffet, p. 68.

272　[492] Civ II 14 mars 1979 ; [525] Civ III 20 mai 1985. V. Chabas et Deis, J-Cl. n° 125.

273　Chabas et Deis, J-Cl. n° 125 ; J. et L. Boré, n° 91 ; Atias, La défense à exécution provisoire de l'astreinte liquidée, D 1995 chron. 272, n°ˢ 3-4 ; Fossier, n° 3148.

第 7 章　1991 年法第 37 条

　　一方，執行裁判官による裁判について，1991 年法 8 条により設けられた司法組織法典 L 311 条の 12 の 1 第 5 項[274]は，控訴は執行を停止するものではないが，控訴院長は執行停止を命じうると定め，1992 年デクレ 31 条はこの執行停止に関する細則を設けている。一部の学説は，この 1992 年デクレ 31 条が，アストラントに適用されるとする[275]。執行裁判官の裁判に対する控訴は執行を停止するものではない（司法組織法典 L 311 条の 12 の 1 第 5 項，1992 年デクレ 30 条）ことから，執行裁判官の裁判は当然に執行できると解されるにも関わらず，1992 年デクレ 31 条はその執行の停止を定めるのであるから，アストラントの裁判が当然に執行できることは，新民事訴訟法典 524 条の場合とは異なり，1992 年デクレ 31 条の適用を妨げるものではない[276]等と解する。

　　しかし，破毀院は，上記学説と反対の立場をとる。破毀院は，近年設けられた意見照会制度（saisine pour avis）[277]に基づいて，[605] 1994 年 6 月 27 日の意見で「執行停止に関する，司法組織法典 L 311 条の 12 の 1 第 5 項及び 1992 年 7 月 31 日のデクレ 31 条の規定は，アストラントの金額を確定する執行裁判官の裁判には，適用されない」と述べ，この結論を後の判決でも踏襲している[278]。破毀院は，その理由を，1994 年の意見のなかで次のように述

---

[274] 司法組織法典 L 311 の 12 の 1 第 5 項「裁判所運営上の処分（mesures d'administration judiciaire）を除き，執行裁判官の裁判に対しては，控訴院の裁判体（formation）に控訴をすることができ，この裁判体は速やかに裁判する。控訴は，執行を停止するもの（suspensif）ではない。ただし，控訴院長は，処分の執行停止を命ずることができる」。

[275] Atias, *op. cit.*, n° 4 ; J. et L. Boré, n° 91 ; Vincent et Guinchard, *op. cit.*, n° 543. Croze は，1992 年デクレの公布前の論文で，司法組織法典 L 311 条の 12 の 1 に基づく執行停止の可能性を指摘する。Croze, n° 40 et note 89.

[276] J. et L. Boré, n° 91. V. aussi Chabas et Deis, J-Cl. n° 125.

[277] 破毀院の意見照会制度については，第 1 編注 109 参照。

[278] [632] Civ II 25 juin 1997 ; [660] Civ II 10 fév. 2000（司法組織法典 L 311 条の 12 の 1 第 5 項及び 1992 年デクレ 31 条は，「裁判にアストラントを付すためにせよ，先に命じられたアストラントの金額を確定するためにせよ，その性質又は額を変更するためにせよ，アストラントについて執行裁判官が裁判するときには，適用されない」). V. Fossier, n° 3148.

べている。

「1991 年 7 月 9 日の法律の 35 条は，アストラントの金額確定は執行裁判官の権限に属する。ただし，アストラントを命じた裁判官に事件がなお係属しているとき又はこの裁判官が金額を確定する権限を明らかに留保したときは，この限りではない，と定める。アストラントは，強制執行処分とは異なるものであり，故に，いかなる裁判機関がアストラントについての裁判を行うにせよ，アストラントは同じ原則に従う（Distincte d'une mesure d'exécution forcée, elle obéit donc aux mêmes règles, quelle que soit la juridiction dont elle émane）」。

アストラントについて司法組織法典 L 311 条の 12 の 1 第 5 項及び 1992 年デクレ 31 条の適用を認めると，執行裁判官がアストラントの金額を確定した場合には仮執行の停止が可能であるのに対し，執行裁判官以外の裁判機関がアストラントの金額を確定した場合には仮執行の停止は許されないことになる。こうした均衡・一貫性の欠如を，破毀院は避けようとしたもの，と学説は受けとめている[279]。このような実際的な理由とは別に，注目すべきことは，破毀院が，アストラントは強制執行とは異なることを，司法組織法典 L 311 条の 12 の 1 第 5 項等の適用がない理由として，明示する点である。破毀院判事 Buffet もまた，アストラントが強制執行の方法ではなく，その規定が 1991 年法のなかで独立性（autonomie）を保持することを示す一例として，仮執行の停止が認められない点を挙げている[280]。

---

[279] Julien, D 1997. 537（[629] [632]）; Vincent et Guinchard, *op. cit.*, nº 543 ; J. et L. Boré, nº 91; Buffet, p. 68 ; Chabas et Deis, J-Cl. nº 125.

[280] Buffet, p. 68.

第8章　1992年デクレ第51条

　本章及び次章では，1992年デクレのアストラントに関連する条文（51条及び53条）をみる。なお，デクレの立法資料は公開されていないので，1991年法の各条文の場合とは異なり，デクレの条文についての立法の経緯は明らかにできない。

　1992年デクレ51条（本章では，以下，本条という）は，アストラントの効力発生時（point de départ）すなわちアストラントが進行を開始する時点について定めており，1972年法にはない新しい規定である。二つの項から成り，本条1項は，「アストラントは，裁判官が定める日から効力を生じ，この日は，債務についての裁判を執行することができるようになる日より前とすることができない」とし，本条2項は，「ただし，既に執行することができる裁判に付されるときは，アストラントは，その発令の日から効力を生ずることができる」とする。効力発生時に関する裁判官の裁量権を原則として認めた上で，本案の裁判の執行可能性を基準にして，その裁量権に制約を付すものといえる。

　アストラントの効力発生時は，アストラントの法的性質論（アストラントと損害賠償及び執行方法との関係をめぐる議論）と結び付いて，長らく議論の対象となってきた。以下では，まず従来の問題状況を概観し（(ア)），それに照らして本条の趣旨を考察する（(イ)）。

　アストラントの効力発生時に関連するものに，控訴によりアストラントの進行は停止するかという問題がある。19世紀以来，破毀院はこれを否定してきたが，近年，本条にも言及しながら，この判例を変更している。本章では，この問題も併せて考察する（(ウ)）。

　(ア)　アストラントの効力発生時に関する従前の状況

　前述のように，アストラントの効力発生時に関する従来の議論は，アストラントと損害賠償・執行方法との関係をどう解するかという法的性質論と結び付いていた。学説は多岐に分かれていたようである[281]が，ここでは，効

力発生時を，（本案の）裁判が行われる時点（言渡し）より前となしうるとして，アストラントの遡及を認める説（以下，遡及説という），（本案の）裁判が行われる時点（言渡し）より前とはなしえないとする説（以下，裁判時説という），（本案の）裁判の送達より前とはなしえないとする説（以下，送達時説という）をとりあげるにとどめる。なお，この議論は，効力発生時に関する裁判官の裁量を必ずしも否定するものではないようである。むしろ，裁量を原則として認めた上で，これをどの程度制限するかというレベルでなされていたように思われる。すなわち，実務上，裁判官はアストラントを発令する場合，債務者のために履行のための期間を設定し[282]，その期間を経過した後にアストラントの進行を開始させるとすることが多いといわれるが，諸学説はこの実務慣行を否定するものではないようである[283]。また，後述する[504] 1980年11月27日の破毀院社会部判決前の，従来の議論は，アストラントが本案の裁判と同時に発令されるケースを念頭におくもので，本案の裁判の後にアストラントが独立して発令されるケースについては，考慮されてはいなかったように思われる。

遡及説は，アストラントを損害賠償と解することを根拠とする。たとえば，RadouantやKayserは，確定的アストラントが損害賠償とは別個独立のものであることが明らかになる1972年法の前の時期において，暫定的アストラントは損害賠償と異なると解して，その効力発生時につき送達時説をとりながらも，確定的アストラントは損害賠償と解して，その効力発生時につき遡及説をとっている[284]。もっとも，Denisは，確定的アストラントを損害賠償と解する立場が必然的にアストラントの遡及を認める結論に結び付くわけではなく，上記学説は確定的アストラントの強制の性格を考慮していない点で不当なことを指摘する。すなわち，確定的アストラントを，損害賠償と解するにしても，同時にこれは強制であり，過去に対する強制は無意味であるか

---

281   Chabas et Deis, J-Cl. n° 102.

282   Denis, n° 225 は，この期間を猶予期間（délai de grâce）と解する。

283   Denis, n° 256（裁判時説をとるが，本文に述べた実務慣行を積極的に評価する）; Kayser, n° 13（暫定的アストラントにつき送達時説をとるが，本文に述べた実務慣行を否定していない）．

284   Radouant, JCP 1941 II 1654（[196]）; Kayser, n° 13.

ら，その遡及を認めるべきではないとする[285]。この指摘は正当と思うが，いずれにせよ，確定的アストラントを含め，アストラントは損害賠償とは別個独立のものである旨が明文化された 1972 年法以降は，遡及説はその根拠を失って，支持されなくなったようである[286]。

　1972 年法下の効力発生時をめぐる議論の中心は，裁判時説と送達時説の対立にあるといえる。また，1972 年法は，暫定的アストラントと確定的アストラントを，損害賠償とは別個独立の（同法 6 条），裁判の履行を確保する手段として統一化した（同法 5 条）ことから，同法下では，従前の Radouant や Kayser の見解のように，二種類のアストラントの効力発生時を明らかに異ならしめる考え方はされなくなったようである[287]。さて，裁判時説は，1972 年法下ではとくに Denis が強く主張しており，その根拠は次のように要約できよう[288]。アストラントは，強制であるから，遡及させることはできないが，執行方法ではないから，裁判の執行は送達の後でなければならない旨の規定（現在の新民事訴訟法典 503 条 1 項。1972 年 8 月 28 日のデクレ 788 号 59 条。旧民事訴訟法典旧 147 条も同趣旨である）[289] の適用はないため，ア

285　Denis, n° 224.

286　Denis, n° 256 は，アストラントを損害賠償とは別個独立のものとする 1972 年法下でも，アストラントを「債務」の不履行の制裁と解するならば，遡及説を根拠づけうると指摘する。ただし，Denis は，アストラントは債務の不履行の制裁でないこと，かつ，本文で述べたように，アストラントは強制であることを理由として，遡及説を批判する。

287　1972 年法以降，効力発生時の問題につき，暫定的アストラントと確定的アストラントを区別する必要がないと指摘するものとして，Chabas, RTDC 1981. 633（［503］［504］）. J. Boré ②, n° 20 も同趣旨とみられる。

288　Denis, n°ˢ 45, 224-225 et 256 ; Denis, D 1977. 561 et s.（［483］）; Denis, Rép. pr. civ., V° Astreintes, 1978, n° 9. 1972 年法下で裁判時説をとるものとして，Lobin, n° 23 et s. ; Weill et Terré, Droit civil, les obligations 4ᵉ éd., 1985, p. 852, note 19. なお，これらの論者とくに Denis と Lobin は，アストラントの発令の時を基準にして，この時からアストラントを進行させることができるというが，本案の裁判と同時にアストラントが発令されるケースを前提とするようであり，本案の裁判の時からアストラントを進行させることができるとする立場と同視してもよいように思う。

289　新民事訴訟法典 503 条 1 項は次のようである。「判決は，これに対立する者に送達された後に限り，この者に対して執行することができる。ただし，判決の履行が

ストラントの効力発生時を送達の前とすることは許される。そして，強制という目的に適合するよう，アストラントの実効性を最大限に発揮させるには，その効力発生時を裁判が行われた時点とするのが適切，というものである。

一方，送達時説は，概していえば，裁判の執行ができない状態ではアストラントを進行させることもできないとの考え方に基づくもので，裁判の執行ができるのはその送達後であること（新民事訴訟法典503条）から，アストラントの効力発生時も送達後とする[290]。こうした送達時説に対しては，アストラントを執行方法と混同する危険があるとの批判がある[291]。送達時説に与する学説のなかにも，アストラントは執行方法でないから，その根拠を新民事訴訟法典503条に求めるべきではないとし，裁判の不履行に制裁を課すには予め債務者が裁判を了知する機会を保障すべきことを根拠に据えるものがある[292]。

任意のものであるときは，この限りではない（Les jugements ne peuvent être exécutés contre ceux auxquels ils sont opposés qu'après leur avoir été notifiés, à moins que l'exécution n'en soit volontaire）」。

なお，旧民事訴訟法典旧147条は，フランス民事訴訟法典翻訳委員会の「フランス民事訴訟法典翻訳（二）」法協78巻2号209頁によると，次のようである。「訴訟担当代訴士がいる場合には，判決は，代訴士に送達されたあとでなければ執行することができない。それに違反した場合は，無効とする。被告敗訴を宣告する仮処分判決及び終局判決は，このほか，当事者本人又はその住所に送達される。その場合は，代訴士に送達した旨を記載する」。

[290] 1972年法前のものとしては，Kayser, n° 13 ; Radouant, JCP 1941 II 1654（[196]）（本文で述べたように，いずれも暫定的アストラントに関する）; Rassat, n° 39（確定的アストラントに関する）. 1972年法後のものとしては，H., L. et J. Mazeaud et Chabas, Traité théorique et pratique de la responsabilité civile délictuelle et contractuelle, t. III, 1ᵉʳ vol. 1, 6ᵉ éd., 1978, n° 2501（ただし，アストラントの効力発生時を裁判官が定めなかった場合に関する。効力発生時を裁判官が定める場合は，（本案の）裁判の言渡し前としない限り，自由に決定できるとするので，この意味では，むしろ裁判時説である）; Perrot, RTDC 1981. 451（[504]）（ただし，本案の裁判と同時にアストラントが命じられた場合に関する。Perrot教授の見解については，後述本文参照）。

[291] Denis, n° 225 ; Denis, D 1977. 561.

[292] Chabas, RTDC 1981. 633 et s..

第 8 章　1992 年デクレ第 51 条

　ところで，判例については，1972 年法前の状況を明らかにするのは容易ではなく[293]，ここでは，1972 年法下の破毀院の立場をみるにとどめる。1972 年法下の破毀院の立場にも，一見すると，裁判時説と送達時説の対立があるようにみえた。すなわち，破毀院の第 3 民事部は，[483] 1976 年 11 月 9 日の判決[294]を機に，新民事訴訟法典 503 条を根拠として，アストラントは裁判の履行を確保するためのものであって，この裁判の送達の前に効力を生ずることはできない旨の判示を繰返した[295]が，破毀院の社会部は [504] 1980 年 11 月 27 日の判決で，アストラントは，新民事訴訟法典 503 条の適用がある強制執行ではないと判示し，アストラントの効力発生時を裁判の日とする原判決を正当とした。学説のなかには，破毀院内部に対立があるとみて，破毀院の見解を統一する合同部（chambre mixte）の判決を期待する声もあった[296]が，Perrot 教授は，[504] 1980 年 11 月 27 日の社会部判決の評釈のなかで，破毀院の立場は一貫していると主張した。Perrot 教授の見解を要約すれば，次のようである。[483] 1976 年 11 月 9 日の判決等従来の破毀院判決は，本案の裁判と同時にアストラントが発令された場合について，本案の裁判がその送達により執行できるようになる前に，アストラントは進行しえないとするものである。一方，[504] 1980 年 11 月 27 日の社会部判決は特殊なケースを扱うもので，本案の裁判の後に独立してアストラントが発令され，その時点では本案の裁判が既に執行できるようになっていたので，アストラントはそれが発令された日から進行しうるとしたものである。いずれの判決も，アストラントの効力発生時を，本案の裁判が執行できるようになる前とする

293　1972 年法前の判例に関しては，Chabas et Deis, J-Cl. n° 102（暫定的アストラントに関し，「判例には迷いがみられる」という）et n° 166（確定的アストラントに関し，「無秩序の極み（régnait le plus grand désordre）」という）; Denis, n°ˢ 45 et 225.

294　[483] Civ III 9 nov. 1976 は，アストラントを付して看板の変更を命じ，この判決言渡しから 1 月後にアストラントが進行を開始するとした原判決を破毀する。

295　[503] Civ III 18 nov. 1980（アストラントを付して建物の明渡しを命じ，この判決言渡しから 1 月後にアストラントが進行を開始するとした原判決を破毀）; [576] Civ III 14 nov. 1990（召喚を，アストラントの効力発生時とした原判決を破毀）等。

296　Chabas, RTDC 1981. 633 ; Marty, Raynaud et Jestaz, Droit civil, les obligations, t. II, 2ᵉ éd., 1989, n° 299. 破毀院の合同部については，滝沢正『フランス法（2版）』（三省堂，2002 年）196 頁参照。

449

ことができないという立場で，一貫している，というものである[297]。

本条すなわち 1992 年デクレ 51 条は，Perrot 教授——1991 年法の立法作業を担当した委員会の長でもある——の，上述のような破毀院判例の解釈に基づいたものと考えてよいであろう。

(イ) 第 51 条の趣旨

前述(ア)のように，アストラントの効力発生時について，1972 年法前は，アストラント（とくに確定的アストラント）と損害賠償の関係，アストラントと執行方法の関係と絡めて議論がされ，アストラントが損害賠償とは別個独立のものであることが明らかになった 1972 年法下でも，執行方法との関係と絡んで議論は続き，破毀院の立場にも矛盾があるようにみえた。本条には，こうした長期の混迷状態に終止符を打つ意義がある。とくにアストラントが日毎○○フラン（ユーロ）という形式で定められる場合，効力発生時は，当事者にとって深刻な問題となりうる[298]ので，本条の実際的意義は少なからぬものと思う。

本条の内容は，前述(ア)のように，Perrot 教授の判例解釈——1972 年法下の判例は，アストラントの効力発生時を，本案の裁判が執行できるようになる前とすることができないとの趣旨で一貫しているとする——を前提に，判例に従うものと考えられる。すなわち，アストラントの効力発生日は「債務についての裁判を執行することができるようになる日より前とすることができない」とする本条 1 項は，本案裁判の送達の前にはアストラントは効力を生じえない旨の第 3 民事部の一連の判決に基づいたもので，「ただし，既に執行することができる裁判に付されるときは，アストラントは，その発令の日から効力を生ずることができる」とする本条 2 項は，本案裁判の後に独立してアストラントが発令された場合に関する［504］1980 年 11 月 27 日の社会部判決に基づいたものと考えられる[299]。

---

[297] Perrot, RTDC 1981. 451 et s.（［504］）. なお，Chabas 教授は，［504］Soc 27 nov. 1980 を機に，破毀院内部に対立があるとみている（本文及び本編注 296 参照）が，それでも，アストラントの効力発生時を本案の裁判の送達より前となしえないという見地からみれば，上記判決と従来の破毀院判決は必ずしも矛盾するわけではない旨，示唆する。Chabas, RTDC 1981. 634.

[298] Perrot et Théry, n° 81.

従来の学説との関係でみると，本条は，裁判の執行ができない状態ではアストラントを進行させることもできないとの考え方に基づく送達時説を，基本にしたものといえよう[300]。本条1項が，本案の裁判を「執行することができるようになる日」といい，「送達」の語を用いないことについては，Perrot教授がThéry教授との共著のなかで，次のように説明する。本案の裁判が執行可能になるのは，送達の時点でない場合もある。すなわち，控訴審判決及び仮執行が許されている第一審判決はその送達があれば執行できるようになるが，仮執行が許されていない第一審判決の場合，執行できるようになるのは，控訴期間を経過した後である[301]。故に，アストラントの効力発生時の基準を，（本案の裁判の）送達に限定するのは適切でない，としている[302]。

送達時説については，アストラントと執行方法を混同する危険があるとの批判があった（前述(ア)参照）ことに鑑みると，送達時説を基本とする本条についても，同様の批判がありえよう。この点について，一部の有力な学説は，本条2項が新民事訴訟法典503条（判決の執行はその送達の後でなければならないとする）の適用を排除することにより，アストラントが執行方法でないことが明らかになっているとする[303]。ただし，本条2項には批判もある。

---

299 Perrot et Théry, n° 81 et p. 95, notes 1 et 4 も同様の趣旨によると思われる。

300 Chabas ②, p. 299 が，本条について，破毀院第3民事部の立場を採用したものというのも，同様の趣旨と考えてよいであろう。

301 Perrot et Théry, n° 81 et p. 95, note 1. なお，控訴期間内は執行が停止されることにつき，新民事訴訟法典539条，控訴期間は原則として判決の送達（notification）の日から起算されることにつき，同法528条参照。控訴期間は，訴訟事件の場合1月である（同法538条）。

302 Perrot et Théry, p. 95, note 1 は，アストラントは裁判の送達前には効力を生じえないという従来の判例の言回しは，アストラントは裁判の送達から効力を生じうることを示唆する限りでは，不当と指摘する。

303 Chabas ②, p. 299 ; Perrot et Théry, n° 81 ; Cimamonti, n° 75.

なお，本条2項に関して，アストラントと執行方法の区別を指摘する論者は，本条1項の根拠を説明する際にも，アストラントを執行方法と結び付けないように配慮しているようである。すなわち，Perrot et Théry, n° 81 は本条1項に関し，「アストラントは強制方法（moyen de contrainte）であり，債務自体は既に請求できるも

すなわち，本条2項が，アストラントを命じた裁判の送達前におけるアストラントの進行開始を認める[304]ことを批判し，「アストラントは……債務者の意思を強制するためのものである。債務者がアストラントの存在を知らないならば，何の強制も働かない」という[305]。

ところで，本条1項は，「裁判官が定める日から」アストラントの効力が生ずるといい，効力発生時に関しても，原則的には，裁判官の裁量を認めている。本条の狙いはこの裁量権に制限を加えることにあるといえるが，裁量権自体を否定したわけではないことには留意する必要がある。前述(ア)でも触れたが，一般に，裁判官はアストラントを発令する際，一定の期間を定め，その期間を経過した後にアストラントを進行させる，といわれる[306]。この期間の起算点について，[667]破毀院2001年3月22日第2民事部判決は，アストラントを本案の裁判と同時に命じた事案で，本条1項に基づき，裁判の送達より前とすることを否定している[307]。アストラントが既に執行できる裁判に付される場合は，本条2項に基づき，上記の期間の起算点は，アストラントの発令の日とすることができる，ということになろう。

なお，本条1項は，裁判官に対し，アストラントの効力発生時を定める義

のであるにしても，債権者がその債務者に対し強制を以て請求することはできない時点において，アストラントを進行させるのは，実際不合理である」と，アストラントが強制方法であることに基づいて説明する。また，Chabas②, p. 299は，本条1項に関し「アストラントは……fauteを制裁するものであって，執行することができない裁判に従わないという行為にはfautiveな抵抗は存在しない」といい，アストラントが制裁であることに基づいて説明する。

[304] Perrot et Théry, n° 81.
[305] J. et L. Boré, n° 61.
[306] Fossier, n° 3135 ; Perrot et Théry, n° 81.
[307] [667] Civ II 22 mars 2001の事案では，原判決は，共同所有者の組合（syndicat de copropriétaires）の請求に基づいて，一部の共同所有者に対し，建物居住の名目による占有の停止を，アストラントを付して命じ，判決の言渡しから6月内に履行がない場合には，遅延日毎200フランのアストラントが発生するとした。しかし，破毀院は，共同所有者に認められた当該期間は，「判決の送達の時から進行しうるにすぎない」とし，原判決を，1992年デクレ51条に違反するとして破毀する。類似の趣旨のものとして，[600] Civ II 5 mai 1993（1991年法及び1992年デクレの適用はない）. V. J. et L. Boré, n° 61.

務を課すものと解する学説が少なくない[308]が，この義務違反の効果は必ずしも明らかでない[309]。

(ウ) 控訴によるアストラントの進行停止の可否

控訴は，判決の執行（exécution）を停止する（新民事訴訟法典539条）[310]。以下では，この控訴の執行停止効（effet suspensif）との関係で，控訴によりアストラントの進行が停止されるかについてみる。この問題は，具体的には，アストラントを伴う判決（仮執行は許されていない場合）に対する控訴が全部棄却されて，第一審判決が全部維持された場合を前提とし，この場合に，アストラントの効力発生時について，第一審判決を基準とする（控訴はアストラントの進行を停止しない）か，控訴審判決を基準とする（控訴はアストラントの進行を停止する）か，という形で現れる。

この問題をめぐる従来の状況は，効力発生時それ自体の問題とは異なり，はっきりしていた。すなわち，破毀院は，19世紀以来一貫して，第一審判決が維持された場合，控訴はアストラントの進行を停止しないとの立場をとり続けた[311]。しかし，学説上は，破毀院の立場に反対を唱える有力説が根

---

[308] Fossier, n° 3135 ; Chabas ②, p. 299 ; Blanc, p. 165 ; Cimamonti, n° 75.

[309] Cimamonti, n° 75 は，裁判官がアストラントの効力発生時を，明示的に定めていない場合でも，必ずしも，違法として裁判の効力が否定されるわけではなく，アストラントが本案の裁判と同時に命じられていた場合は，本条1項により，裁判の送達の日から進行し，本案の裁判が執行できるようになった後にアストラントが発令される場合には，本条2項により，アストラントの発令の日から進行すると解しうるとする。なお，Chabas et Deis, J-Cl. n° 102 は，アストラントの効力発生時は黙示的に定めうるとする。J. et L. Boré, n° 61 は，アストラントの効力発生時を定めることを，裁判官の義務と明言するわけではないが，裁判官がこれを怠る場合について，アストラントは進行しないとも考えられるが，判例は，判決の送達の日から進行すると判断するものと推測する。

[310] 新民事訴訟法典539条「通常の方法による不服申立ての期間は，判決の執行（exécution）を停止する。その期間内に行われた不服申立ても同様に執行を停止する（suspensif）」。

[311] 19世紀の判例として，[32] Civ 24 janv. 1865（確定的アストラントと思われる）；[38] Civ 26 janv. 1870 ; [55] Civ 15 nov. 1881（いずれも，暫定的アストラントか確定的アストラントか不明）等がある。この他，暫定的アストラントについて [195] Req 27 juin 1939 ; [431] Soc 29 juin 1966 等，確定的アストラントについて

第4編　1991年7月9日の法律

強く存在した[312]。

破毀院は，その理由として，「控訴された第一審判決（jugement）が確認されたときは，控訴の執行停止効は，第一審判決により宣告された有責裁判に基づく被控訴人の権利を，何ら侵害するものではない」という趣旨の判示を繰返していた[313]。第一審判決を維持する控訴審判決（控訴棄却判決）の確認的な性格を根拠にするようである[314]。

こうした破毀院の立場について，反対する学説の多くは，強制ないし制裁であるアストラントを，単なる損害賠償と混同するものと主張した[315]。たとえば，19世紀の判例を考察し，アストラントを裁判官の命令違反の制裁と構成して，今日のアストラントの基礎理論を築いたA. Esmeinの有名な論文のなかにも，既にこのような批判が見出せる[316]。A. Esmeinは，この問題

---

　　　[401] Civ II 10 mai 1962 ; [423] Civ I 17 fév. 1965 ; [531] Civ II 23 avr. 1986等がある。

312　A. Esmein, pp. 36-37 ; P. Esmein, Les astreintes. Leurs nouvelles applications, GP 1941 I doctr. 82 ; Kayser, n° 13（ただし，確定的アストラント（Kayserはこれを損害賠償と解する）については破毀院の立場に賛成する）; Raynaud, n° 13（暫定的アストラントに関する）; Viot-Coster, pp. 155-156（ただし，暫定的アストラントについては，破毀院の立場に実際上大きな不都合はないとする）; Rassat, n°^{os} 39-40（確定的アストラントに関する）; Chabas, D 1970. 414（[450]）; Denis, n°^{os} 226-227 et 257（ただし，暫定的アストラントについては，裁量性・金額確定時における変更可能性に鑑みて，破毀院の立場に賛成する。Denis, n°^{os} 46 et 226）; J. Boré, Rép. civ., V° Astreintes, 1974, n° 32 ; Chabas et Jourdain, J-Cl. resp. civ., Astreintes, fasc. 224-2, 1986, n°^{os} 83 et 136 ; J. et L. Boré, n° 65.

313　[531] Civ II 23 avr. 1986. 本編注311に掲げた他の諸判決（[32] Civ 24 janv. 1865を除く）も，本文に示したものと同旨の判示を含む。

314　Perrot, n° 7. V. aussi Chabas et Deis, J-Cl. n° 103 ; Fossier, n° 3135.

315　本編注312参照。そこに掲げるほとんどの論者が，このように主張する。ただし，Viot-Coster, pp. 155-156は，この問題をアストラントと執行方法との関係から考察しており，損害賠償との関係については言及していない。J. et L. Boré, n° 65も直接的には損害賠償との関係に言及していないが，J. Boré, *op. cit.*, n° 32を参照。なお，Denis, n° 227は，確定的アストラントについて，損害賠償と解しつつも，強制としての性格を強調して判例の立場に反対し，判例は損害賠償理論に拘泥しすぎていると批判する。

を，自らの理論と破毀院判例の結論が唯一異なる点であるとし[317]，控訴によりアストラントの進行が停止されるべき理由について，次のようにいう。「命令が実行されるべきか否かを，上官が判断しない間は，その命令は麻痺する」[318]。

なお，破毀院の立場を批判する学説のなかには，暫定的アストラント又は確定的アストラントの一方のみについて問題にするものもある。すなわち，暫定的アストラントについては判例を批判するが，確定的アストラントについては，これを損害賠償と解して，判例を是認するもの[319]，確定的アストラントについては判例を批判するが，暫定的アストラントについては，金額確定時の変更により調整が可能であることから，判例の立場は必ずしも不当でないとするもの[320]がある。また，判例の立場を批判するにしても，濫控訴のケースに限っては理解しうるとするもの[321]，アストラントは執行方法でないとの考え方と整合することに一定の積極的な評価をするもの[322]もある。

1991年法及び1992年デクレが施行された後にも，破毀院は，従来と同じ判断を繰返した[323]が，その約1年後の［629］1997年6月11日の第2民事部判決[324]は，従来の破毀院の立場に従った原判決を破毀し，次のように判示した。「アストラントを伴う，執行することができない第一審判決 (jugement non exécutoire) が確認されたときは，アストラントは，控訴審判決 (arrêt) が執行することができるようになる日から進行を開始するにすぎない。ただし，控訴裁判官が，それより後の効力発生時 (point de départ) を定めている場合は，この限りではない」。そして，「アストラントは裁判の

316　A. Esmein, pp. 23-25 et 36-37. A. Esmein の見解については，第1編第4章【5】。
317　A. Esmein, p. 36.
318　A. Esmein, p. 37.
319　Kayser, n° 13. 本編注312参照。
320　Denis, n°ˢ 46 et 226 ; Viot-Coster, p. 156. 本編注312参照。
321　Chabas, D 1970. 414. V. aussi Denis, n° 46.
322　Viot-Coster, p. 155.
323　［621］Civ II 20 juin 1996.
324　同判決につき，本編注331参照。

第4編 1991年7月9日の法律

履行を確保するためのものであり,損害賠償とは別個独立のものである」と ころ,原審の判断は,1991年法33条,同法34条及び1992年デクレ51条に 違反するとした。破毀院は,半年後にも全く同じ判断を示している[325]。

　この判例変更について,アストラントの効力発生を遅らせるための濫控訴 を促すと批判し,従前の判例に立ち返る方がよいとの主張[326]もあるが,学 説の多くは,この判例変更を画期的なものとして高く評価する[327]。

　破毀院は,控訴によるアストラントの進行停止を認める根拠条文として, 3つの条文を挙げる。1991年法33条すなわちアストラントが「裁判の履行 を確保するため」のものであること,同法34条（1項）すなわち「損害賠償 とは別個独立のものとする」ことは,学説が,従来の破毀院判例を批判する 根拠としてきたところと,一致する[328]。

　破毀院は,もう一つの根拠条文として,1992年デクレ51条すなわち本条 を挙げる。本条の立法趣旨は明らかでないけれども,解釈論としては,この 条文単独でも,判例の結論を根拠づけることは可能であろう。学説のなかに

---

[325] ［637］Civ II 9 déc. 1997.

　なお,関連するものとして,［661］Civ II 16 mars 2000. アストラントを付して 債務の履行を命じた第一審判決（1990年4月24日）を取消した控訴院判決が,破 毀されたが,被告は,差戻裁判所に対する申立て（déclaration）をせず,この申立 てが許される期間（破毀判決の送達から4月。新民事訴訟法典1034条）が経過し た。その後,アストラントの金額確定が申立てられ,本件原審は,1990年4月24 日判決の送達から1月後を,アストラントの効力発生時とした。しかし,破毀院は, 1990年4月24日判決を執行することができるようになるのは,差戻裁判所に対す る申立期間の経過後であると述べ,原判決は1992年デクレ51条及び新民事訴訟法 典1034条に違反するとして,これを破毀した。V. M. et J.-B. Donnier, n° 338 ; Fossier, n° 3135.

[326] Taormina, Droit de l'exécution forcée, 1998, n° 420-15.

[327] Perrot, RTDC 1997. 743（[629]）; Perrot et Théry, n° 81 ; Julien, D 1997. 537 （[629]）; Chabas et Deis, J-Cl. n° 103 ; M. et J.-B. Donnier, n° 337 ; Starck, Roland et Boyer, n° 607 ; Buffet, p. 72.

[328] ［629］Civ II 11 juin 1997の評釈 Perrot, RTDC 1997. 744 ; Julien, D 1997. 537はい ずれも,同判決が,アストラントが裁判の履行確保のためのもので,損害賠償とは 別個独立なことを,控訴によるアストラントの進行停止の根拠として挙げている点 を,高く評価する。

も，このような解釈が見うけられる[329]。なお，破毀院は，控訴の執行停止効を定める新民事訴訟法典539条には言及していない。新しい判例を積極的に評価する学説も，同様である。

　この他，[629] 1997年6月11日判決に関する若干の留意点を挙げると，まず，同判決は，「執行することができない第一審判決」が控訴審で支持された場合について，控訴によるアストラントの進行停止を認めるにとどまる。控訴審が支持した第一審判決に仮執行が認められている場合には，控訴はアストラントの進行に影響を及ぼさないと解される[330]。次に，同判決は，控訴によるアストラントの進行停止に関する判断のなかでは，アストラントの種類について何ら言及していない[331]。前に触れたように，かつての学説のなかには，暫定的アストラントか確定的アストラントかによりこの問題を区別して考えるものもあったが，同判決はこうした考え方も暗に否定したものと思われる。

---

[329] Starck, Roland et Boyer, n° 607. Fossier, n° 3135 は，本条は「アストラントを伴う第一審裁判に対する控訴の効果を，暗に（implicitement）定めている」という。反対，Cimamonti, n° 76.

[330] Perrot et Théry, n° 81 ; Chabas et Deis, J-Cl. n°ˢ 103 et 168 ; M. et J.-B. Donnier, n° 337 ; Starck, Roland et Boyer, n° 607 ; Fossier, n° 3135.

[331] 因みに，[629] Civ II 11 juin 1997 は，確定的アストラントが命じられていた事案であるが，破毀院は1991年法34条3項を適用して，暫定的アストラントとして金額を確定せねばならないとしている（第一審判決が確定的アストラントを命じたのは1991年法施行前であるが，破毀院は，控訴院の確認判決が同法施行後であることを理由に，同法34条の適用を肯定する。この点につき第1編注109参照）。半年後の [637] Civ II 9 déc. 1997 で問題となったアストラントの種類は，判例集の記載からは明らかではないが，Chabas et Deis, J-Cl. n° 103 は，暫定的アストラントの事案としている。

第 9 章　1992 年デクレ第 53 条

　1992 年デクレ 53 条（本章では，以下，本条という）は，アストラントの金額を確定する前に，アストラント金の支払いを目的とする債権について強制執行及び保全処分をなしうるかに関し定める。1972 年法にはない新しい規定である。本条 1 項は，「いかなるアストラントについても，その金額を確定する前には，強制執行処分をすることができない」として，金額確定前の強制執行を禁止する。また，本条 2 項は「アストラントの金額がまだ確定されていないときは，アストラントを命ずる裁判に基づき，金額を確定する権限を有する裁判官が仮に算定する額について，保全処分をすることができる」として，金額確定前の保全処分は許容する。

　アストラントの金額を確定する前に，これを発令する裁判に基づいて行うアストラント金債権についての強制執行及び保全処分（以下，金額確定前の執行という）は，アストラントの実効性を強化する方策として，一部の学説・裁判所により支持されたが，その許否につき見解は分かれ，議論が続いてきた。本条は，1972 年法下の破毀院の立場に従って，この議論に立法的な決着をつけたと考えられる。以下，この点を敷衍する（㈠・㈡）。また，本条 1 項に関しては，終局的な金額確定に先駆けて，中間的な金額確定を行い，これに基づいてアストラントの一部の支払いを得るための強制執行をすることができるか，という問題がある。これは，別途説明する（㈢）。

　㈠　金額確定前の執行に関する従前の状況

　金額確定前の執行の許容性が，本格的に問題になるのは，第二次世界大戦後，とくに 1949 年 7 月 21 日の法律（1949 年法）制定後である。同法が，建物明渡しについてのアストラントに大きな制約を加え，その実効性を低下せしめたことが，この問題に注目を促す契機になったと思われる[332]。

　1949 年法制定からまもない時期，下級審のレベルで，金額確定前の執行

---

[332] 類似の指摘として，Kayser, n° 15 ; J. Savatier, L'exécution des condamnations au

の許否につき，対立が顕著になる[333]。いずれかといえば，下級審はこれを積極的に認める傾向にあったようである[334]。Fréjaville も 1951 年の論文で，暫定的アストラントを発令する裁判に基づく差押え＝差止め（saisie-arrêt）の可能性を認める事例は増加傾向にあり，判例集に登載されるものは僅かであるが，実際にはもっと多数に上るであろうと述べている[335]。

---

payement d'une astreinte, D 1951. chron. 37.

 とくに 1949 年法の 1 条後段が，建物からの明渡しがあってはじめて，アストラントの金額を確定するとし，履行前の金額確定を禁じたこと（第 2 編第 3 章 2【2】）が，金額確定前の執行についての注目を促したのではないかと思われる。

 なお，1949 年法の前に既に，金額確定前の執行を積極的に認める傾向が，下級裁判所のうちにみられたことにつき，第 2 編第 2 章 2 参照。金額確定前の執行に関する，古い破毀院判決につき，本編注 344。

333 判例の状況につき，Denis, n° 53 ; J. Savatier, *op. cit.*, p. 37. なお，以下に挙げる判例は，最初と最後のものを除き，いずれも 1949 年法が適用されている事案である。

 消極的な立場として，たとえば，［247］Paris 13 juill. 1949. 金額確定前のアストラントの「債権は，不確定（éventuelle）で，本質的に暫定的で，取消可能（révocable）なものであり，これを差押え＝差止め（saisie-arrêt 債権執行に相当）の基礎とすることはできない」とする（建物明渡事件ではない）。［258］Trib. par. cant. Châtellerault 30 déc. 1949. 金額確定前のアストラントの債権は，「その額が不定であるのみならず，その存在が不確実である」とし，既に着手されていた差押え＝執行（saisie-exécution 動産執行に相当）の手続の効力を否定した。

 積極的な立場として，たとえば，［259］Trib. civ. Seine 19 janv. 1950. アストラントは「解除条件付きの有責裁判」であり，これは「解除条件が未成就の間は，差押え＝差止めの基礎となしうる。差押え＝差止めは本質的に保全処分の性格を有し，有効判決により執行処分に変化するにすぎないものである」と判示し，アストラントを命ずる裁判に基づく差押え＝差止めを許可する裁判の取消（rapport）を求めた申立てを排斥した。［281］Trib. civ. Cherbourg 4 déc. 1950 は，アストラントを命ずる裁判に基づく（差押え前の）催告（commandement）に対する異議（opposition）を排斥した。なお，時代は下るが，［397］TGI Nantes 8 fév. 1962 は，金額確定前のアストラントについての，差押え＝執行を目的とする催告に対する異議を排斥した（建物明渡事件ではない）。

334 Denis, n° 53.
335 Fréjaville ④, n° 14.

第4編　1991年7月9日の法律

学説上でも，この時期に，金額確定前の執行を認める見解が強力に主張されるようになり，対立をみるようになる[336]。積極説は，アストラントの実効性確保の必要を強調した。一方，消極説は，債権の存在が確実であること（以下，確実性（certitude）という），その金額が確定していること（以下，金額確定性（liquidité）という）及び請求が可能であること（以下，請求可能性（exigibilité）という）が差押え（金銭執行）の要件である[337]ところ，金額確定

---

[336] 積極説として，Hémard, S 1948 II 97（[210]）（保全処分及び差押え＝差止めを認める）; R. Savatier, D 1950. 252（[258]）; H. et L. Mazeaud, RTDC 1950. 367 ; J. Savatier, *op. cit.*, p. 37 et s. ; Kayser, n° 15.

消極説として，Nuville, JCP 1951 II 6038（[281]）（ただし，例外として，差押え＝差止めについては，保全の段階に限り，金額確定前のアストラントに基づいて行うことを認める）; Fréjaville ④, n° 10 et s.（ただし，保全処分については認める。Fréjaville ②, p. 3）.

[337] Vincent et Prévault, Voies d'exécution et procédures de distribution, 19ᵉ éd., 1999, n° 71 は，債権の確実性について，債権の存在に争いがなく，債権が現実に（actuelle）存在することを意味するという。金額確定性については，1991年法4条が，「債権が金銭により評価されている（évaluée en argent）とき又は執行名義（titre）がその評価を可能にする全ての要素を含んでいるときは，債権はその金額が確定している（liquide）ものとする」と定める。なお，Perrot et Théry, n° 282 et s. も参照。

債権の確実性・金額確定性・請求可能性が差押えの要件であることは，旧民事訴訟法典551条の次のような規定に示されている。「いかなる動産差押え又は不動産差押え（saisie mobilière ou immobilière）も，執行名義に基づいて，金額が確定し，かつ確実なもの（choses liquides et certaines）についてのみ，行うことができる。請求可能な債務（dette exigible）が金額で示されていないときは，その評価（appréciation）がなされるまで，差押えの後，その後の全ての手続（poursuites）を停止する」。この条文は，1991年法後も，効力を有する。Perrot et Théry, n° 286.

もっとも，1991年法は2条において，「金額が確定し（liquide）かつ請求可能な（exigible）債権を確認する執行名義（titre exécutoire）を備える債権者は，各執行処分（mesure d'exécution）に固有の要件により，その債務者の財産に対する強制執行（exécution forcée）をすることができる」と定め，債権の金額確定性及び請求可能性が，強制執行の要件である旨を明らかにする。債権の確実性については，同条は直接定めていないが，Perrot et Théry, n° 283 は，同条は債権の確実性も強制執行の要件とする趣旨という。

前のアストラントはこうした要件を満たしていないと反論した。

　この時期の学説の議論については，次のような指摘ができる。第一に，議論の前提となっているのは，専ら暫定的アストラントである[338]。確定的アストラントが除外されているのは，この当時，一般的には，確定的アストラントは損害賠償の一種と解され，アストラントとして十分に認知されていなかった[339]ためであろう。第二に，論点となるのは，金額確定前のアストラントが，債権としての確実性・金額確定性・請求可能性を備えるか否かである。この議論の詳細には立ち入らない。第三に，消極説も，保全的な性格の執行処分については，例外としてその適用を認める方向にある。この点では，学説には概ねの一致がみられる，といってよいであろう[340]。この保全的な性格を有する処分とは，保全処分（mesure conservatoire）及び差押え＝差止め（saisie-arrêt）の初期の段階のことで，これらにつき簡単に補足する。

　まず，保全処分は，上述の議論の当時には，特別な場合に限定されていた。一般的に保全処分を認めたのは1955年11月12日の法律1475号で，更に1991年法も保全処分に関し改正を加えている[341]。差押え＝差止めは，1991年法前の，債権執行に相当する手続と考えられるが，執行名義（titre exécutoire）を有しない債権者でも行いうる。これは二段階に区別され，最初の，差押えの段階は，単なる保全処分の性格を有するにすぎないと解されていた。この段階で，債務の履行が得られれば終了するが，そうでなければ，次の段階に進むことになり，差押債権者は，執行名義を有するにしても，この手続を有効とする判決（jugement de validité）を得ないと，第三債務者から

---

[338] 本編注336の積極説の各文献参照。ただし，Kayser, n° 15は，確定的アストラント（Kayserはこれを損害賠償アストラントと呼んでいる）に言及し，これを命ずる裁判に基づく強制執行を認める。

[339] 当時の確定的アストラントに関して，第2編第4章**5**及び第5章**4**参照。

[340] 本編注336の消極説参照。ただし，Fréjavilleは，金額確定前の暫定的アストラントにつき，保全処分は認めるも，差押え＝差止めには反対する。Fréjaville ②, p. 3 ; Fréjaville ④, n° 10 et s.. V. aussi Chabas et Deis, J-Cl. n° 106.

[341] Perrot et Théry, n° 751. 1991年法による保全処分の改正について，山本和彦「フランス新民事執行手続法について（下）——日本法との比較を中心として」ジュリ1041号（1994年）64頁参照。

給付を得ることができない。こうした従来の差押え＝差止めは1991年法により廃され，これに基本的に代わるものとして，差押え＝帰属（saisie-attribution）が設けられている[342]。

さて，1972年法は，この金額確定前の執行の許否について定めなかったので，同法下でも，この議論は続いた。1972年法下の議論は，暫定的アストラントのみならず，確定的アストラントにも及ぶようになる。確定的アストラントについても金額確定前の執行が問題にされるようになったのは，1972年法が，確定的アストラントも損害賠償とは異なるアストラントの一形式として公認する（同法6条中段）と共に，確定的アストラントにも金額確定を要求すると解されること（同法7条・8条1項。第3編第5章2【1】(ｱ)参照）から，理解できよう。そうして，金額確定前の執行の許否につき，アストラントの種類に応じて結論を異にする学説[343]もみられるようになる

---

[342] Blanc, p. 72 et s.; Perrot et Théry, n° 340.

　　差押え＝差止めについて，旧民事訴訟法典旧557条は次のように定めていた（1955年11月12日の法律により改正された条文を示す。Blanc, p. 72）。「いかなる債権者も，公署証書又は私署証書（titres authentiques ou privés）に基づいて，その債務者に属する金銭（sommes）及び財産（effets）で，性質上不動産ではないものについて第三者の手中で差押え＝差止めをする（saisir-arrêter）こと又はその引渡し（remise）について異議を申立てる（s'opposer）ことができる」。この条文から判るように，差押え＝差止めは金銭債権の他，動産の引渡請求権を差押えの対象とする。これに対して，差押え＝帰属は，金銭債権のみを差押えの対象とする。執行名義を有する債権者のみに認められ，改めて手続を有効とするための訴訟をする必要もない。差押え＝帰属の詳細については，山本・前掲「フランス新民事執行手続法について（下）」ジュリ1041号61頁以下参照。

[343] Lobin, n° 27 et s. は，金額確定前の執行の問題を，執行の種類及びアストラントの種類に応じて区別して検討する。そして，保全差押え（saisie conservatoire）については，いずれのアストラントの場合にも肯定するが，差押え＝差止めについては，確定的アストラントの場合には肯定するも，暫定的アストラントの場合には消極的であり，差押え＝執行（動産執行に相当）については，いずれのアストラントの場合にも否定する。J. Boré ②, n° 30 et s. は，いずれのアストラントについても，一部的金額確定（liquidation partielle）が可能であるとした上で，暫定的アストラントにつき，一部的金額確定を介して，保全差押え及び差押え＝差止めの保全段階に着手することを認めるが，差押え＝執行は否定し，確定的アストラントについて

が，こうした学説の基本的な考え方は，金額確定時の変更可能性の有無を根拠に，暫定的アストラントよりも確定的アストラントの方が，金額確定前の執行を認めやすい，というもののようである。

ところで，破毀院は，1972年法前には，金額確定前の執行に関する立場を明確にしていなかったようである[344]が，同法下では，この点につき判断を下すようになる。［511］1982年2月18日第2民事部判決は，1972年法7条により，「アストラントの強制的取立て（recouvrement forcé）は，アストラントの金額を確定しないで行うことはできない」と判示し，確定的アストラントにつき，金額確定前に，差押え＝執行（saisie-exécution　動産執行に相当）を行うことを認めなかった。続いて，［524］1985年2月7日第2民事部判決は，1972年法7条及び8条に基づき，アストラントを発令する裁判は，その金額確定がなされていない以上，執行名義とはならないとして，確定的アストラントにつき，金額確定前に，不動産差押え（saisie immobilière）を行うことを認めなかった。これらの判決により，破毀院は，強制執行については，アストラントの金額確定前にこれを行うことを，否定する立場を明らかにしたと考えられる[345]。なお，この破毀院の立場は，アストラントの種類を問わないと考えてよいように思う。前述の，アストラントの種類に応じて区別する学説の考え方に現れているように，金額確定前の執行は，暫定的アストラントよりも確定的アストラントの方がより肯定しやすいところ，いずれの事案も，確定的アストラントに関して，金額確定前の強制執行を否定するからである[346]。

一方，［540］破毀院1987年5月13日第2民事部判決は，「差押え＝差止めの保全の段階においては，債権者は，証書により，債権が概して確実である

　　　は，一部的金額確定を介して，「執行方法の対象となりうる」という。一部的（中間的）金額確定については，本文後述㈡参照。

344　Denis, n° 53（暫定的アストラントに関する）．古い破毀院判決には，アストラントを発令する裁判に基づく差押え＝差止めを否定したと解しうるものがある。［24］Req 31 déc. 1860. ただし，Kayser, p. 230, note 91 は，同判決はこの点を判断したものではないとする。

345　Perrot et Théry, p. 100, note 1 ; Cimamonti, n° 86.

346　同旨，Véron, GP 1985 II panor. 142（［524］）．

ことを証明すれば（justifier d'un titre constatant une créance certaine en son principe）足りる」等とし，アストラント（その種類は不明）を発令する裁判に基づく差押え＝差止めの取消（mainlevée）を認めた原判決を破毀した。同判決は，直接的には，差押え＝差止めの保全段階に関するものであるが，間接的には，保全的な性格の処分について，アストラントの金額確定前にこれを行うことを肯定する破毀院の立場を明らかにしたものと考えられる[347]。

(イ) 第53条の趣旨

前述(ア)のように，1972年法下の破毀院の立場は，アストラントを発令する裁判に基づく，強制執行は否定するが，保全的な性格の処分は許容するものと考えられる。本条は，この1972年法下の判例に従う趣旨と理解できる[348]。もっとも，1991年法は，不動産差押えを除き，強制執行及び保全処分につき全面的な改正を行ったため，金額確定前のアストラントの執行に関する1972年法下の判例が，そのまま1991年法下に通用するわけではない。差押え＝差止めについていえば，前述のように1991年法はこれに代えて差押え＝帰属を設けるが，金額確定前のアストラントに基づいて差押え＝帰属を行うことはできないと解される[349]。

本条は，形式的にみれば，このように判例に従う趣旨であるが，実質的にいかなる考え方に基づくものであろうか。1991年法では，強制執行により実現されるべき債権の要件としては，債権の確実性・金額確定性・請求可能性が要求される（1991年法2条)[350]。しかし，保全処分により保全されるべき債権の要件としては，債権が「概して理由があるようにみえる（paraît fondée en son principe）」ことが要求されるにとどまり，債権の確実性・金額確定性・請求可能性は要求されない（1991年法67条1項)[351]。この点に鑑み

---

[347] 関連する指摘として，Perrot et Théry, p. 100, note 2 ; Chabas et Deis, J-Cl. n° 106 ; Cimamonti, n° 87.

[348] 同旨，Chabas ②, p. 300 ; Taormina, Droit de l'exécution forcée, 1998, n° 420-21.

[349] Chabas et Deis, J-Cl. n° 106 ; Cimamonti, n° 89. 差押え＝帰属につき本編注342参照。

[350] Perrot et Théry, n° 282 et s.. 1991年法2条について，本編注337参照。

[351] Perrot et Théry, n°ˢ 286-287 et 758 et s.. 1991年法67条1項は，次のようである。「概して理由があるようにみえる（paraît fondée en son principe）債権を有するいか

れば，本条の立法者は，金額確定前のアストラントについては，債権としての確実性・金額確定性・請求可能性のいずれか又は全部が欠ける，と考えたことまではわかるが，それ以上のことは定かではない。

　Perrot et Théry は，「アストラントの金額確定は，潜在的な権利を，存在が確実で，金額が確定し，且つ請求可能な債権に変化させるという重要な効果を有する」[352] と述べており，金額確定の前の段階では，アストラント金の支払いを求める権利は，確実性・金額確定性・請求可能性のいずれも欠けている，と考えるようである。このような学説が有力にみえる[353]が，金額確定性に欠けることのみをいう学説もある[354]。

　本条の趣旨について更に付言するならば，本条，正確にはその1項は，アストラントの実効性を制約する規定ということができる。このことは，金額確定前の執行についての積極説の根拠が，専らアストラントの実効性の強化にあった[355]ことに鑑みれば，一層明らかになる。

　なお，本条1項に関連して，旧EEC条約220条に基づき1968年9月27日にブリュッセルで署名された「民事事件及び商事事件における裁判管轄及び裁判の執行に関する条約」（いわゆるブリュッセル条約）43条について言及されることがある。同条は，「アストラントを命ずる外国の裁判は，その金額が，裁判が行われた国（Etat d'origine）の裁判所により終局的に定められていた（définitivement fixé）場合にのみ，執行を求められた国（Etat requis）において執行することができる」と定めている[356]。

　　なる者も，その取立て（recouvrement）を脅かしうる事情を証明するならば，事前の催告（commandement）なくして，その債務者の財産に対して保全処分を行う許可を裁判官に求めることができる」。1992年デクレ210条にも同様の規定がある。なお，保全処分には，保全差押え（saisie conservatoire）と裁判上の担保（sûreté judiciaire）がある（1991年法67条2項）。これらの保全処分について，山本・前掲「フランス新民事執行手続法について（下）」ジュリ1041号64頁参照。

352　Perrot et Théry, n° 85.
353　Chabas et Deis, J-Cl. n° 104 ; J. et L. Boré, n° 64.
354　Fossier, n° 3137 ; Vincent et Prévault, Voies d'exécution et procédures de distribution, 19ᵉ éd., 1999, n° 72.
355　Fréjaville ④, n° 15 は，金額確定前の執行を支持する立場の論拠はほぼ，実効性の強化に尽きるという。

金額確定前の保全処分を許容する本条2項について触れると，この保全処分を行うには，「金額を確定する権限を有する裁判官」すなわち執行裁判官又はアストラントを発令した裁判官（1991年法35条）による，アストラントについての仮の算定が要求されている。1991年法67条1項[357]によると，保全処分を行うには，原則として裁判官の事前の許可を要するが，例外として，同法68条は「債権者が執行名義又は未だ執行力を生じていない裁判を援用するときは，裁判官の事前の許可は要しない」とする。アストラントを命ずる裁判に基づき保全処分を行う場合は，この68条により，事前の許可を不要とする学説[358]もあるが，Perrot et Théry は，アストラントについての仮の算定が必要であるため，1991年法68条の適用はなく，常に事前の許可を要するという[359]。

(ウ)　中間的な金額確定

本条1項の「金額確定」の文言を，終局的な金額確定のみならず中間的な金額確定も含む意味に解すると，アストラントの金額を終局的に確定する前であっても，中間的に確定する裁判を得て，アストラントの一部の支払いを得るための強制執行をすることはできる，ということになる。以下では，こ

---

[356]　ブリュッセル条約43条の，アストラントの金額が「終局的に定められていた（définitivement fixé）」とは，Gaudemet-Tallon, Les conventions de Bruxelles et de Lugano, 2ᵉ éd., 1996, nº 413によると，「アストラントの金額が確定されて（liquidée）いなければならないことを意味するにとどまり，金額確定の裁判に対するいかなる不服申立ても尽きている（à l'abri de toute voie de recours）ことを要するものではない」。

　なお，[593] Paris 7 juill. 1992 は，金額確定の裁判を不要とする国（ベルギー又はオランダのようである）で命じられたアストラントの裁判についてフランスで執行を求める者は，ブリュッセル条約43条により，予め，裁判が行われた国において，アストラントの支払いについて終局的な形式（forme définitive）で行われた裁判——単なる金銭給付裁判に類するもの——を得る必要があるとする。V. Fossier, nº 3137 ; Perrot et Théry, p. 100, note 1 ; Cimamonti, nº 79.

[357]　1991年法67条1項については，本編注351参照。

[358]　Cimamonti, nº 90.

[359]　Perrot et Théry, nº 85. Fossier, nº 3137 も同旨のようである（「非常に特殊な事前の許可が先行する」という）。

第9章　1992年デクレ第53条

のような解釈は許されるか，換言すれば，このような中間的な金額確定は許されるかという問題[360]をとりあげる。こうした問題は，金額確定前の執行の許否に関連して，従来から論じられていたが，ここでは，かつての議論[361]には立ち入らず，1991年法下の問題状況に言及するにとどめる。

なお，このような中間的な金額確定については，その法的性質論ともあいまって，これを指す用語自体が定まっていない[362]ため，以下では，便宜上「中間的な金額確定」という。因みに，従来このためによく用いられたのは，《liquidation provisoire》（仮の金額確定（仮の金額決定））という語である。ただし，この用語法には有力な批判がある[363]他，この語は別の意味で用いられる場合もある[364]から，その点でも注意を要する。後述するように，近時においては，《liquidation provisionnelle》（一部的金額確定）という語が，一部の有力説に支持されている。

さて，1991年法下の学説は，中間的な金額確定を許容する点では一致しているようである[365]。また，この問題につき，アストラントの種類により区別して考える必要はないとするものと思われる[366]。しかし，中間的な金

---

[360] Chabas et Deis, D n° 122.

[361] 1972年法前の議論に関しては，たとえば，Kayser, n° 20 ; Viot-Coster, p. 81 et s. ; Denis, n°ˢ 53, 86 et 100 参照。また，1972年法前の裁判例について，第2編第4章4【1】(ア)とくに同編注304参照。また，1972年法下で，中間的な金額確定を肯定したとされる裁判例として，[533] Versailles 25 juin 1986. V. Chabas et Deis, J-Cl. n° 74 ; J. et L. Boré, n° 90.

[362] 本文に挙げるものの他，中間的な金額確定を指す語として従来用いられたものには，《liquidation partielle》（一部的金額確定）(J. Boré ②, n° 29 et s. ; Viot-Coster, p. 81)《liquidation anticipée》（予先的金額確定）(Chabas et Jourdain, J-Cl. resp. civ., Astreintes, fasc. 224-2, 1986, n° 47) がある。

[363] 1991年法前の批判として，たとえば，Kayser, n° 20. 1991年法下の批判として，本編注367，注368及び本文後述の Chabas et Deis の見解参照。

[364] 《liquidation provisoire》の語について，たとえば，Perrot et Théry, n° 85 はこれを本条2項の保全処分のための仮の算定を指す意味で用いる。また，Cimamonti, n° 81 は，この語をレフェレの裁判官による金額確定を指す意味で用いるようである。

[365] 1991年法下でこの問題に言及するものとして，Chabas et Deis, J-Cl. n° 70 et s. ; Chabas et Deis, D n° 121 et s. ; J. et L. Boré, n° 90 ; Perrot et Théry, n° 86 ; Fossier, n°ˢ 3140 et 3154. いずれも，中間的な金額確定を認める。

額確定が仮の裁判か否かの点では，学説の対立がみられる。

　Chabas et Deis 及び J. et L. Boré [367] は，中間的な金額確定を仮の裁判ではないと解する。Chabas et Deis は中間的な金額確定を「一部的金額確定（liquidation provisionnelle）」と呼び，J. et L. Boré もこれに同調する。Perrot et Théry も同様の立場とみる余地がある[368]。この問題につき詳しく論じるのは Chabas et Deis であるので，ここではその見解を概略しておく。Chabas et Deis によれば，一部的金額確定は，アストラントの発令以降，既に経過した期間について行われる。一部的金額確定も，金額確定の一種であるから，その管轄や方法についても，金額確定に関する原則が適用される。「アストラントの一部的金額確定は，レフェレの裁判官又は準備手続裁判官により許可される仮払い（provisions）[369]ではない。この仮払いは，本質的に仮のものである（provisoires）」。一部的金額確定は，仮のものではなく，それを行う時点で「確定的に定まった（définitivement acquises）事情」に基づいて行われ，その裁判は既判事項の権威を有する。そうして，アストラントは進行を続ける[370]。

---

[366] この点につき，Chabas et Deis, J-Cl. n° 70.

[367] J. et L. Boré, n° 90. 一部的金額確定を行う裁判に既判事項の権威を認める。また，この種の金額確定を指すには，《provisoire》の語よりも《provisionnelle》の語の方が正確であるという。

[368] Perrot et Théry, n° 86 は，中間的な金額確定について，通常の金額確定の手続の一環として説明すると共に，《liquidation provisoire》の語に疑問を付す（p. 101, note 2）。

[369] 新民事訴訟法典809条2項は，レフェレの裁判官に仮払いを許可する権限を認め，同法771条3号は，準備手続裁判官に同様の権限を認める。

[370] Chabas et Deis, J-Cl. n° 74. 同旨，Chabas et Deis, D n° 121 et s..

　なお，Chabas 教授には次のような御教示を頂いた。まず，一部的金額確定が終局的な金額確定と異なるのは，その後もアストラントが進行する点である。また，一部的金額確定に基づく執行すなわち一部的執行（exécution provisionnelle）は，アストラントを命ずる裁判に基づき仮の算定を経て保全処分を行う本条2項が定める手続とも，性質を異にする。すなわち，第一に，後者に要求される仮の算定は，金額確定ではなく，はるかに裁量的で証拠も要しない。第二に，一部的執行は，相当期間経過後に，終局的な金額確定と同様の審理を経て行うため，時間を要するのに対し，本条2項の手続は数日間で行われる迅速なものである。第三に，一部的執行の場合は全ての執行方法が可能で，債権者はアストラント金を手にしうるのに対

第9章　1992年デクレ第53条

　他方，Fossierは，中間的な金額確定を仮の裁判と解し，これを「仮の金額確定（仮の金額決定）(liquidation provisoire)」と呼ぶ。Fossierによれば，債権者は中間的な金額確定に基づいて得た金銭を「金額確定の手続により，本案債務の債務者が適切に履行したことが最終的に明らかになれば，返還する」ことになる。中間的な金額確定の管轄も，レフェレの裁判官や準備手続裁判官等，仮払い(provisions)について裁判する裁判機関に属することになる[371]。

　前述の用語の点からも窺えるように，中間的な金額確定を仮の裁判とする立場は，従前はかなり有力であったようである[372]。しかし，1991年法下では，仮の裁判ではないとする立場の方が有力にみえる。また，破毀院もこの立場に与するようである。すなわち，[613] 1995年3月1日第2民事部判決[373]は，「暫定的アストラントを廃止する裁判官は，既判事項の確定力

し，本条2項の手続は保全処分のみに限られ，債権者はアストラント金を手にしえない，ということである。

[371]　Fossier, n° 3140.
[372]　Chabas教授自身も，1991年法前には，暫定的アストラントの一部的金額確定を仮のものと解していた（Chabas et Jourdain, J-Cl. resp. civ., Astreintes, fasc. 224-2, 1986, n° 47）が，その後，改説する旨を明らかにしている（Chabas et Deis, D n° 124）。同様に，暫定的アストラントに関してであるが，J. Boré ②, n° 31 ; Viot-Coster, p. 83.
[373]　Chabas et Deis, J-Cl. n° 74 ; J. et L. Boré, n° 90 ; Buffet, p. 76.
　[613] Civ II 1er mars 1995の事案は，次のようである。大審裁判所は，1984年6月20日の判決により，Yに対して，Xに家を売る際に締結した保険契約に署名する債務の履行を，暫定的アストラント（①）を付して命じた。その後，同裁判所は1987年5月27日の判決（1988年6月8日の控訴院判決により確認されている）により，前記（①）アストラントを1984年8月6日から1985年10月6日までの期間について42000フランとしてその金額を確定すると共に，新たなアストラント（②）を命じた。更に，同裁判所は1989年5月29日の判決により，この新たなアストラント（②）を，1987年7月3日から1988年8月1日のまでの期間について79000フランとしてその金額を確定すると共に，再び新たなアストラント（③）を定めた。また，同裁判所は1991年3月19日の判決により，Xによる差押えの結果行われた動産の売却の取消（annulation）を求めるYの申立を斥けると共に，1984年6月20日の判決についてのYの再審の訴えを却下した。
　控訴院は1993年1月20日の判決で，1984年6月20日の判決により発令された暫

(force de chose jugée) を得た，アストラントの金額を確定する従前の裁判を害することはできない」と判示しており，中間的な金額確定を許容した上で，これを仮の裁判ではないとする立場をとるものと思われる。

定的アストラント（①）を廃止（supprimé）した。本判決はこの部分を破毀し，本文に掲げたように判示する他，次のように述べる。1984年6月20日の判決により発令されたアストラント（①）は，確定した裁判（décision de justice définitive）により，その金額を確定されている。この裁判が有する既判事項の確定力（force de chose jugée）に反しないで，控訴院がなしうるのは，1989年5月29日の判決により発令された新たなアストラント（③）について，その金額確定の申立てを裁判する際に，これを廃止することにとどまる。しかし，控訴院は上記のように判断したため，既判事項の権威に関する民法典1351条，新民事訴訟法典480条及び1991年法36条に違反した。

結　　論

1　本論の総括

　以下では，まず，第 1 編から第 4 編までで述べてきたところを，要約する。

【1】　アストラント概観（第 1 編）
　第 1 編では，第 2 編以降の，第二次世界大戦後の変遷の考察に入る前に，予め述べた方がよいと思う事項をとりあげた。
　(a)　第 1 章では，1991 年 7 月 9 日の法律（1991 年法）の下の，現行のアストラントの制度について，基本的な特徴，手続，種類の三点において概観した。
　アストラントの基本的な特徴としては次の点が挙げられる。①執行方法（強制執行の一態様）ではないと解されること，②手続について発令と金額確定の二段階構造をとること，③暫定的アストラントと確定的アストラントの二種類があること，④制度目的は裁判の履行確保とされること（1991 年法 33 条 1 項），⑤理論的には，裁判所の命令権（*imperium*）に基づく，裁判所の命令の不遵守に対する制裁と解されること，⑥アストラント金は債権者が取得するが，その法的性質は，損害賠償ではなく（1991 年法 34 条 1 項），私的制裁（peine privée）——制裁であって，その利益を私人が享受するという意味で私的な性格のもの——と解されることである。損害賠償との関係は，アストラントの過去の変遷における最大の問題であり，私的制裁であること（債権者がアストラント金の全部を取得すること）の当否は，現在のアストラントをめぐる最大の問題といえる。その他の基本的な特徴としては，⑦裁判所の裁量が広く認められること，⑧本案の裁判に付随するものであること，⑨

結　論

適用範囲が広く，補充性はないことを指摘できる（第1編第1章1）。

　アストラントの手続は，発令（prononcé）と金額確定（liquidation）の二段階から成る。アストラントの発令は，職権でもでき，本案の裁判と同時にすることもできる。確定的アストラントについては，暫定的アストラントの後にはじめて発令でき，期間を定めねばならない（1991年法34条3項前段）。金額確定は，アストラント金を取立てるための強制執行の要件となる（1992年デクレ53条1項）。確定的アストラントの金額を確定する時には，外在的原因による不履行（又は履行不能）の場合を除いて，発令段階で定められた金額を変更することはできない（1991年法36条2項・3項）。これに対して，暫定的アストラントの金額を確定する時には，債務者の態度・履行するのに遭遇した困難（1991年法36条1項。実質的には債務者のfaute）を基準として，発令段階で定められた金額を（遡及的に）変更することができるが，増額することは一般に否定される（第1編第1章2）。

　アストラントの種類には，①暫定的アストラントと確定的アストラント，②一般法上のアストラント（狭義のアストラント）と特別法上のアストラント（特殊なアストラント）がある。①は，金額確定段階において，発令段階で定められた金額の（遡及的な）変更が許されるか否かによる分類で，暫定的アストラントが原則的なものであり，確定的アストラントは補充的である。②は，従来，裁判上のアストラントと法律上のアストラントという名で呼ばれていた分類に概ね相当する。本書の対象は，一般法上のアストラントのみとする（第1編第1章3）。

　(b)　第1編の第2章及び第3章は，アストラントの基本的な特徴のうち，第2編以降では扱いにくいが，日本の間接強制に照らし合わせると，とくに注目に値すると思う二つの点の考察に当てた。

　第2章では，アストラントは執行方法（voie d'exécution）かという問題を扱った。これは，アストラントについて，執行方法に関する規定の適用があるか否かに関連して，論じられてきた問題である。アストラントは，強制方法（moyen de pression ; moyen de coercition ; mesure de contrainte）であるにしても，執行方法ではないと解するのが，判例・通説である。アストラントが執行方法でない理由は，有力な学説によれば，任意履行を促す手段であるためであり，体系的には，アストラントは強制執行に至る前の段階の制度と位

置付けられる。こうした考え方は，間接強制について，任意履行を促す手段であることを重視し，他の執行方法よりも穏便な方法とする方向，他の執行方法とは異なる扱いを認める方向を示すものとして，日本法にも参考になると思う。

(c) 第3章では，アストラントがいかなる債務に適用できるかの問題を扱った。裁判以外の執行名義に基づくアストラントの発令は認められないが，本来の債務の履行を命ずる裁判が許される（請求権が訴求可能性をもつ）限り，金銭債務の場合も含めて，アストラントの適用はほぼ無制限に許される。ただし，実際にアストラントを適用するか否かは，裁判所が，個別の事案に応じて実効性を基準に裁量的に判断する。つまり，具体的実効性が，事実上の適用範囲を限界づける。アストラントの補充性が否定される理由は，日本の不動産明渡（引渡）執行に相当する明渡処分（expulsion）が奏効しないこと，アストラントは簡易・迅速・廉価で実効的なこと，債務者の人格尊重に資すること等である。

日本では，平成15年の民事執行法の改正により，間接強制の補充性は基本的に否定されたが，その改正前の従来の通説は間接強制の補充性を肯定し，主な理由として，間接強制が人格尊重の理念に適しないこと及び手続経済に反することを挙げていた。そこで，従来の日仏の間接強制の理解は，人格尊重の理念の点でも手続経済の要請の点でも，ほぼ正反対となっていたことがわかる。フランス法の考え方に照らすと，日本の従来の通説には賛成できず，平成15年の改正の方向は支持されるべきものと思う。すなわち，人格尊重の理念との関係についてみると，フランスでは，名誉や生活に関する利益等広く人格的利益の侵害のおそれがあるか否かを中心に考えられているのに対し，日本の従来の通説は，専ら意思や身体に対する圧迫の有無のみで人格尊重の理念に適するかを判断しており，観念的に過ぎよう。また，フランスでは，アストラントが奏効した場合を前提に，手続経済に資すると考えられているが，日本の従来の通説は，間接強制が奏効した場合を考慮せず，一律に迂遠とする点で，妥当ではないと思う。

(d) 第4章では，アストラントの史的変遷のうち，初期（19世紀から20世紀初頭）の時代の基本的な事項について述べた。アストラントは判例が生み出した制度とされる。最初に判例上に現れたのは暫定的アストラントで，19

結　論

世紀初頭のことである。確定的アストラントの登場は 19 世紀後半とみられるが，その後も長い間，暫定的アストラントのみが真正のアストラントと考えられていた。アストラント（astreinte）の語は，元来は，強制を意味する。判例は当初からこの語を用いたわけではなく，強制・制裁や損害賠償を意味する語を用い，アストラントの語を用いはじめたのは 19 世紀後半，この語が定着するのは 20 世紀に入ってからである。判例がアストラントを創造した契機は，明らかにはできないが，為す債務又は為さない債務は不履行の場合に損害賠償に変わる旨を定める民法典 1142 条との関連で，とくに為す債務の履行を強制する手段が実際上必要とされたためとする見方が考えられる。19 世紀から 20 世紀初頭の学説上では，アストラントの適法性をめぐる大きな議論があるが，ここでは A. Esmein の説のみを採り上げた。この説は，アストラントを，裁判官の命令権（*imperium*）を根拠に，裁判官の命令の不遵守に対する制裁（私的制裁）で，民法上の損害賠償とは異なると解するもので，その後のアストラントの基礎理論となる。この A. Esmein の論文以降で，アストラントをめぐる顕著な動きがみられるようになるのは，第二次世界大戦後である。

【2】　第二次世界大戦後から 1972 年 7 月 5 日の法律の前まで（第 2 編）
　(a)　第 2 編から第 4 編では，第二次世界大戦後のアストラントの変遷を考察した。第二次世界大戦終了時を考察の起点にした理由は，概して，この頃からアストラントの利用が増え，この制度が本格的に発展し体系化されたと考えたためである。

　ただし，暫定的アストラントの発令の段階については，既に戦前に，判例による体系化が進んでいたと考えられるので，この点は考察の対象に加え，便宜上，第二編で扱った。まず，発令の段階で定められた暫定的アストラントの金額を，後の金額確定の段階で変更することは，既判事項の権威（autorité de la chose jugée）に抵触しないとの原則が，既に 19 世紀の判例上で形成されたとみられる。次に，発令段階の暫定的アストラントは損害賠償と異なるとの原則も，戦前にほぼ確立しており，慎重を期すにしても，1950 年代の初めには揺るぎないものになっていたと考えられる（第 2 編第 1 章）。

　戦前の判例は，発令段階の暫定的アストラントと損害賠償の区別を認めた

にせよ，金額確定段階では暫定的アストラントも損害賠償に帰すもの，確定的アストラントも損害賠償の一種にすぎないものとする傾向にあったようである．とはいえ，このようにアストラントを損害賠償法理に依拠せしめる判例の立場が，明確になるのは，戦後と考えてよい．

　第2編では，戦後の変遷のうち，第二次大戦終了時から1972年7月5日の法律前までの時期を対象とし，更に，それを1949年7月21日の法律と1959年10月20日の判例変更を基準に細区分して考察した．考察の中心は，破毀院が，1949年7月21日の法律の後，暫定的アストラントは金額確定時に損害賠償に変化するとの原則をいったん確立し，それを1959年10月20日の判決により覆して，暫定的アストラントを損害賠償法理から解放する過程である．確定的アストラントについては，破毀院が，1949年7月21日の法律の後，損害賠償と異ならないとの原則を確立し，それを維持したことを考察した．以下，各時期の特徴を再確認しておく．

　(b)　第二次世界大戦終了時から1949年7月21日の法律の前までの時期は，判例法理の確立に向かう，一種の出発点と考えられる．この時期，戦争の影響による住宅事情の悪化を背景に，住宅の明渡しを命ずる裁判が増加するが，明渡処分（expulsion）（日本の不動産明渡執行に相当）を担当する執行士が，行政機関に対して警察・軍隊による援助を請求しても，行政側がこれを拒むため，執行不能となる事態が恒常化する（「執行文の衰退」等とよばれる）．この事態に直面し問題解決を迫られた下級裁判所は，アストラントを多用し，更に，損害額を上回る額で暫定的アストラントの金額を確定したり，損害額を上回る額で確定的アストラントを命じる等，アストラントの実効性を高める方法を積極的に試みるようになる．レフェレ（日本の仮処分に相当）によるアストラントの利用も増える．学説も，明渡処分が滞る事態を憂慮し，その打開策としてアストラントに注目し，基本的に，アストラントの利用を推進する方向に向かう．もっとも，下級裁判所のアストラントの活用は，裁判の執行に非協力的な行政への対抗措置的な面をもち，時に濫用的になったようである（第2編第2章）．

　(c)　この状況下，1949年7月21日の法律が制定される．同法は，建物の明渡しについて，確定的アストラントを禁じると共に，損害賠償額を上回る額で暫定的アストラントの金額を確定することを禁じることを，主な内容と

結　論

する。当時の住宅難の深刻化に鑑み，居住者保護の見地から設けられた社会法的な立法である。建物明渡しの裁判をめぐる行政と司法（下級裁判所）の対立につき，行政側支持の形で決着を図るものともいえる。更に，立法者ひいては当時の学説も，確定的アストラントを禁止し，損害賠償額を上回る額による暫定的アストラントの金額確定を禁止する同法の立場は，アストラントに関する従来の判例法理に従うものとも考えている。が，同法制定前においては，このような内容の判例法理が，確立していたとまでみる必要はないと思う。当時の学説は，上記のような同法の主要部分には必ずしも批判的ではないにせよ，様々な点で同法に厳しい批判を向ける。学説が一致して批判するのは，同法は，裁判が実現されない事態を一層深刻化させる点である。なお，1949年7月21日の法律は，その社会法的な性格が後のフランス社会にも適合したためか，アストラントの特別法として今日まで効力を保持している（第2編第3章）。

(d)　1949年7月21日の法律の後1959年10月20日の破毀院判決前までの時期は，破毀院が，暫定的アストラントは金額確定時に損害賠償に変化するとの原則を確立し（1950年代初めないしは半ば），この原則が支配する時期である。明示的ではないが，破毀院は，1949年7月21日の法律を類推したと考えられる。しかし，この破毀院の判例によりアストラントの実務が完全に統一されたわけではなく，一部の下級裁判所はこれに根強く抵抗する姿勢を示す（典型は，Aspéro事件に関するAgen控訴院，Pradon事件に関するRiom控訴院の立場）。学説上では，アストラントの発令と金額確定の段階の区別の必要性を説き，アストラントは金額確定時に損害賠償に変化するとの有力な見解（Kayser）が現れるが，その一方で，アストラントが損害賠償とは異なることを強く主張する学説もある。

この時期，破毀院は，確定的アストラントについても，損害賠償と異ならないとの原則を確立する。この点でも，破毀院は，1949年7月21日の法律を類推したと考えられる。

なお，フランスでは，懲罰的損害賠償は一般に認められないが，損害賠償額の算定を裁判所の専権（裁量）に委ねる原則がある。それ故，金額確定時の暫定的アストラント又は確定的アストラントを損害賠償と扱っても，上記原則を介して，事実上，裁判所はアストラントに懲罰的な役割を担わしめる

余地があったことに留意する必要がある（第2編第4章）。

　(e)　1959年10月20日の破毀院（第1民事部）判決から1972年7月5日の法律前までの時期は，破毀院が，同判決（「暫定的アストラントは損害賠償とは全く異なる強制手段であり，要するに，有責裁判の履行に対する抵抗を克服する方法であり，遅延から生ずる損害を填補することを目的とするのではなく，通常は，頑強な債務者のfauteの重大性及びその資力に応じて金額を確定する」と判示）を機に，従来の原則を覆して，暫定的アストラントは損害賠償とは異なるとの原則を確立し，この原則に基づき，暫定的アストラントの金額確定をめぐる諸問題の扱いを改める時期である。この1959年の破毀院の判例変更は，一部の下級裁判所の根強い抵抗の結果とみることができる（1959年の破毀院判決はPradon事件に関するもので，原審はRiom控訴院）。学説も，概ねこの判例変更を支持する。そうして，学説は，新たな判例法理の下の，金額を確定された暫定的アストラントの法的性質を私的制裁と解したうえで，私的制裁のままでよいか（アストラント金を債権者が取得することの是非）について議論を展開するようになる。一部の学説は，損害賠償は損害を填補するのに十分でないこと等を理由に，アストラントが私的制裁であること（アストラント金を債権者が取得すること）を正当化しようとする。一方，制裁は公的であるべきでその利益は社会に帰すべきこと，アストラントは裁判の遵守を目的とする公益的な制度であることを理由として，アストラント金を国庫に帰属させるべしとの見解（民事上の罰金とする見解，英米法上の裁判所侮辱罪のような刑事上の罰金とする見解）も強く主張される。

　この時期，確定的アストラントについても，損害賠償と異なるべきことを主張する学説が目立つようになる。こうした学説のなかには，暫定的アストラントに関する判例変更に続き，確定的アストラントに関する判例も変更されたと解するものもある（P. Mazeaud）が，確定的アストラントは損害賠償と異ならないとする従来の破毀院の立場は，この時期にも維持されたと考えるべきである（第2編第5章）。

【3】　1972年7月5日の法律（第3編）
　第3編では，アストラントを立法化した1972年7月5日の法律（以下，1972年法という）の第2編（5条乃至8条）について，各条文毎に，立法過程

結　論

を中心に，1991年7月9日の法律の前までの状況も併せて考察した。以下では，条文毎に行った考察を要約するのではなく，1972年法の第2編の内容及び意義，立法過程における争点，1972年法下の問題状況について概括する。

(a)　1972年法は民事訴訟法の改革の一環を成すが，その第2編は，同法の他の部分とは異なって，P. Mazeaud と Foyer の議員提出法案によっており，実質的に独立している（第3編第1章1）。

1972年法の第2編は，概して，制度の基本的枠組みを定めるにとどまる。すなわち，アストラントは，暫定的又は確定的であり（同法6条中段），損害賠償とは別個独立のもので（同法6条前段），裁判の履行確保のための制度であり（同法5条），その手続は発令と金額確定の二段階からなる（同法5条・7条・8条）ことを明らかにする。発令と金額確定の手続については，明確化を図るため，若干詳しい定めを設ける。発令は，職権ででき，裁判所の種類を問わずに管轄権が認められること（同法5条），金額確定は，発令した裁判官の管轄に属し（同法旧7条。金額確定を発令手続の続行と解する1966年5月13日の破毀院民事全部会判決に従うものと思われる），確定的アストラントでは不可抗力の場合を除き金額を確定する時に，発令段階で定められた金額を修正できず，暫定的アストラントでは常に修正できること（同法8条）を明らかにする。

1972年法は，暫定的アストラントについては，1959年10月20日の破毀院判決に基づく判例法理の確認にとどまる。しかし，確定的アストラントについては，従来の判例法理を覆して損害賠償法理から解放し，暫定的アストラントと基本的に共通の仕組みに委ねている。これが1972年法の最大の意義である（第3編第3章2【1】(ｱ)）。アストラントを，損害賠償とは別個独立のもので，裁判の履行確保を目的とする制度としたことからは，1972年法が A. Esmein の見解を基礎とすることがわかる（第3編第2章2(ｳ)等）。

(b)　議会審議における最大の争点になったのは，①損害賠償と異なる確定的アストラントを認める提案と，②アストラント金の半分は国に帰属する旨（国に帰属するアストラント金は，扶養料債権者のための基金の財源に当てる）の提案である。いずれも，法案提出者の P. Mazeaud の見解に沿ったもので，判例の根本的変更に相当する（ただし，P. Mazeaud は，確定的アストラントを損

害賠償と別個独立のものとすることは，判例の確認と解している）。

　前記①提案の主な理由は，確定的アストラントの実効性の強化である。前記②提案の主な理由は，アストラントによる債権者の利得の正当性に対する疑念及びそれに起因する暫定的アストラントの実効性低下を解消すること，裁判の履行確保を目的とするアストラントの公益性との整合を図ることである。②提案で，アストラント金の全部を国に帰する方式が選択されなかった理由は，アストラントの利用のインセンティブを確保してその利用低下を回避するためである。この二つの提案に反対したのはいずれも元老院で，その主な理由は，元老院がアストラントを損害賠償の一種とする解釈に固執したためである。更に，元老院が前記①提案に反対した理由として注目されるのは，確定的アストラントは履行時の債務者の誠実・不誠実の程度を考慮する機会を欠き，債務者に苛酷な負担を強いる危険があるとする点である。元老院が前記②提案に反対した理由は，民事と刑事の区別に反すること，国側の怠慢で裁判が実現されないのに，その対策たるアストラントで国が利益を得るのは不合理なこと，折半という基準に根拠がないこと（こうした反対意見に配慮し，アストラント金を，裁判所が衡平と認める割合で，国民連帯基金と債権者で分配する修正案も提案される）等多岐にわたるが，主要な理由は，アストラントが損害賠償の一種であるから債権者の利得は正当とする点である。この二つの争点をめぐり審議は膠着化し，最終的には，元老院が確定的アストラントについて提案通り認めるのと引換えに，国民議会がアストラント金の帰属に関する規定の導入を見送る形で，妥協が図られた（その結果，従来通り，アストラント金の全額が債権者に帰属することとなる）（第3編第1章3・第3章・第5章・第6章）。

　(c)　1972年法の下で，大きな問題となったのは，元老院が指摘した，損害賠償とは異なる確定的アストラントの苛酷性と，法案提出者が懸念した，アストラントによる債権者の利得の不当性（及びそれに起因する暫定的アストラントの実効性の低下）のようである。1972年法下の学説では，この二点に関する議論が目立ち，確定的アストラントの廃止又は制限を求めるもの，アストラント金の民事罰金化を支持するものがみられる（第3編第3章2【1】(ｳ)・第6章2(ｱ)）。1991年7月9日の法律の立法過程でも，この二つの問題が再び中心課題となる。

結　論

　確定的アストラントの職権による発令を認めること等，1972年法が，アストラントに関する裁判所の裁量を広汎に認めすぎるとの批判も注目される（第3編第2章2(イ)・第3章2【1】(ウ)）。しかし，1972年法下の判例は，職権による場合も含め，発令の段階でも，金額確定の段階でも，裁判に理由を付す義務はないとする等，裁判所の裁量を強化する方向に向かう（第3編第2章2(イ)・第5章2【2】(イ)）。

　1972年法下で，アストラントに関してこの他にとくに問題になったのは，管轄である。レフェレの裁判官に関する問題が多い（第3編第2章2(ア)・第4章2(ア)）。また，金額確定の管轄に関しては，1975年7月9日の法律により，アストラントの金額確定はこれを発令した裁判官の管轄に属するとの原則（1972年法7条）を緩和する改正が行われるが，問題の全面的な解決にはなっていない（第3編第4章）。

【4】　1991年7月9日の法律（第4編）

　第4編では，1991年7月9日の法律（以下，1991年法という）が，1972年法の第2編を廃止し，これに代わるアストラントの一般法として新たに設けた規定（1991年法第2章第6節，33条乃至37条）について，各条文毎に，立法過程を中心にその後の状況も併せて考察した。また，1991年法の適用のための細則を定める1992年7月31日のデクレ（以下，1992年デクレという）中のアストラントの規定（第2編第3章，51条乃至53条）についても，考察を加えた。第3編の場合と同様，以下でも，条文毎の考察の要約ではなく，1991年法のアストラントの規定の内容及び意義，立法過程における争点，1991年法下の問題状況について概括する。

　(a)　1991年法は強制執行及び保全処分に関するいわゆる執行法（不動産執行に関する規定はないが，その改正と法典化が将来に予定されている）で，アストラントの規定はその「総則」中にある。1991年法のアストラントの規定は，1972年法の第2編を踏襲しつつ，その規定を一部修正し，新たな規定を追加するもので，実質的には，1972年法第2編の部分的な改正である。改正点には，アストラントの高額化の抑制ないし裁判所の裁量の制限に繋がるものが目立ち，全体としては，アストラントの適正化を図る方向の改正と考えられる。

結　論

　最も重要と思われる改正点は，確定的アストラントについて，暫定的アストラントを経由しないで命ずることを禁止すると共に，期間の定めを要求したことである（1991年法34条3項）。1972年法の立法過程で既に指摘されていた，確定的アストラントの苛酷性に対処するため，確定的アストラントの廃止も視野に入れて検討がされたようであるが，裁判官が発令時に債務者側の事情を適切に把握しうる機会を保障し，補助的な対策として時的制限を課すことにより，弊害に対処しうると考えられた。この改正に次いで重要なのは，執行裁判官にアストラントに関する広汎な管轄権を付与する点である（1991年法33条2項及び35条。1992年デクレ52条もこれに関連する）。この改正は，アストラントの管轄をめぐる問題の解決に向け，1991年法により実現される執行裁判官の制度を用いるものである。この管轄に関する改正及びアストラントの規定を執行法である1991年法中に取込んだことからは，1991年法がアストラントと執行の関連を積極的に認める姿勢をとることが窺える。ただし，アストラントの管轄権の全てを執行裁判官に委ねたわけではないこと，アストラントの規定も「強制執行処分」の章ではなく「総則」中にあること等から，1991年法はアストラントを執行方法とするものではないと考えられる（第4編序・第1章1等）。

　(b)　議会の審議における主な争点となったのは，1972年法の場合と同様に，①確定的アストラントと②アストラント金の帰属である。①確定的アストラントに関しては，次の二点で議論があった。第一は，暫定的アストラントを経ない確定的アストラントの発令の禁止等の提案についてで，裁判所の裁量を重んじる見地から反対意見が出された。しかし，この提案は裁判所側の要請に基づくものとの説明を受けて，反対意見は取下げられた。第二は，不履行が部分的に外在的原因による場合のアストラントの扱いに関する提案についてで，暫定的アストラントにも関わるが，とくに確定的アストラントとの関わりが深いと考えられる。この場合の扱いについては，議論の末，アストラントの一部廃止を明記する修正が原案に加えられた。②アストラント金の帰属に関する議論も二点にわたる。成立した1991年法にはないが，原案では，アストラントによる債権者の利得の正当性に対する疑念及びそれに起因するアストラントの実効性の低下を解消する目的で，二つの提案がなされていた。第一は，アストラント金を損害賠償に充当する旨の提案，第二は，

481

結　論

裁判所の判断により，アストラント金の一部を社会活動国民基金（扶養料債権者の援助に関する基金）に帰属せしめることができる旨の提案である。この第一の提案は，とくに国民議会から，アストラントの法的性質に混乱を招くと強い反対をうけて，早々に斥けられた。第二の提案は，1972年法の審議の際の元老院側の批判を考慮した形式をとる（行政上のアストラントの規定がモデルとなっている。1980年7月16日の法律旧5条。現在の行政裁判法典L911条の8）が，再び元老院の反対で挫折している。1972年法の段階とは異なり，元老院は，もはやアストラントによる債権者の利得の正当性を積極的に認める態度を示してはいないが，立法的解決は時期尚早との意見が，議論を制する格好になった（第4編第1章2・第3章・第4章・第6章）。

(c)　1991年法下，学説がとくに問題にするのは，アストラント金の帰属である。この点に関する1991年法の原案のうち，アストラント金を損害賠償に充当する提案については，学説の関心は希薄で，これを積極的に支持するものはみあたらない。問題は専ら，アストラント金の全部を債権者が取得する現行制度について，アストラント金（の一部又は全部）が債権者に帰属しない（国又は公的機関に帰属する）ように改めるべきかであり，この点で学説は対立する。現行制度を支持する立場は，アストラント金を一種の補足的・懲罰的な損害賠償と解する方向で，債権者がその全部を取得することを理由づけようとする。現行制度を批判する立場は，有力ながらも，いかなる制度に改めるべきかについては，見解の一致が得られていない。とはいえ，そのうちとくに注目しておきたいのは，1972年法・1991年法の原案が採用した折衷方式（アストラント金の一部を債権者が取得し，残部を国又は公的機関に帰属させる）につき，アストラントの利用のインセンティブを確保しうる利点と，債権者の利得の過剰を回避しうる利点を併せもつ実践的な方法として，積極的に評価する考え方である（第4編第3章2）。

1991年法の最も重要な改正点というべき，確定的アストラントを制限する改正（暫定的アストラントを経由しないで命ずることを禁止すると共に，時的制限を課す）については，学説は概ねこれを支持するようである。もっとも，確定的アストラントについては，比例原則違反等として，批判的な学説も根強く存在する。不履行が部分的に外在的原因による場合はアストラントの一部を廃止する旨の改正については，確定的アストラントの実効性を評価する

見解は，確定的アストラントの特質が失われることを危惧するのに対し，確定的アストラントに批判的な学説は，この改正を制度の安全弁として評価する（第4編第4章2・第6章2【2】）。

裁判所の裁量を制限する方向での学説の動きも注目される。とくに暫定的アストラントの金額確定及び確定的アストラントの発令について，裁判所は理由を示す必要があること，職権により発令する場合に予め当事者の陳述を促す必要があることが主張される（第4編第2章2【1】(イ)・第6章2【1】(イ)）。

1991年法後の判例の動向についていうと，最も大きな変化は，破毀院が，19世紀以来の判例を変更し，控訴によるアストラントの進行停止を認めたことであろう。学説の多くは，控訴によるアストラントの進行停止を認めない従来の判例を，アストラントと損害賠償を混同するものと批判し，この判例変更を支持する（第4編第8章(ウ)）。その他，とくに注目されるのは，アストラントの金額を確定する理由を裁判所に要求すると解しうる破毀院判決が現れたことで，学説はこれを積極的に評価する（第4編第6章2【1】(イ)）。

2　アストラントと日本の間接強制

本書は，アストラントと日本の間接強制の比較検討を直接の目的とするものではない。が，最後に，簡単に両者を比較し（【1】），アストラントを参考に，日本の間接強制の検討課題となりうる若干の点を指摘しておきたい（【2】）。なお，平成16（2004）年3月3日に国会に提出された「民事関係手続の改善のための民事訴訟法等の一部を改正する法律案」における「扶養義務等に係る金銭債権」について間接強制を認める規定に関しては，最後に若干触れるにとどめ，その検討は今後の課題とする。

【1】　アストラントと日本の間接強制の比較
(a)　アストラントは，正確には「裁判」の履行を強制するものとされるが，実際上は，日本の間接強制と同様，債務の履行を間接的に（裁判所が債務者に対して不履行の場合には一定の不利益を与える旨を予告する方法により）強制する機能を有する。故に，アストラントは，日本の間接強制に相当する，フ

結　論

ランスの間接強制ということができる。両者の基本的な共通点としては，不履行の場合に債務者が受ける不利益を，金銭支払義務の発生に限定し，ドイツ法のような拘禁を予定しない点が挙げられる。この金銭が全面的に債権者に帰属する点も，日仏の制度に共通する。一方，アストラントと日本の間接強制は様々な点で異なる。が，ここでは，主な相違点——さしあたり，日本の間接強制のあり方を考える上でとくに参考になると思うもの——のみを挙げるにとどめる。

まず，理論的な面で，次のような違いがある。

第一に，アストラントについては，裁判所の権能（命令権）に基づき，裁判所の命令（又は裁判）の違反を制裁するものであって，損害を填補するものではないから，損害賠償とは本質的に異なるとの考え方が，基本に据えられている。一方，日本の間接強制については，少なくとも従来は，損害賠償との関係が明らかではなく[1]，制裁という意識も希薄であったといえる。まして，裁判所の命令違反の制裁という考え方とは無縁である。こうした相違点はとくに重要と思われる。

第二に，日本の間接強制については執行方法と解することに異論はない。一方，アストラントは執行方法ではなく，任意の履行を促す手段であって，強制執行に至る前の段階の制度と理解される。

第三に，アストラントについては，裁判所の権能に基づくものとして，広く裁判所の裁量が認められる。一方，日本の間接強制については，執行機関である執行裁判所に広い裁量を認めるべきではないとの考え方が強いように思われる[2]。

次に，具体的な相違点をみておく。

手続に関して，とくに注目に値するのは次のような点であろう。日本法と異なり，フランス法では，①事後的に強制金の額を確定する手続が存在し（二段階構造），②過去に遡って減額をすることが認められる（暫定的アストラ

---

[1] 後述2【2】(ア)参照。
[2] 藤田耕三他編『民事執行法の基礎』（青林書院，1983年）265頁（伊藤剛）は，不作為債務についての強制執行のあり方に関する議論に関して，執行裁判所は執行機関であるので，大幅な裁量を認めるべきでないとの考え方が伝統的な見解である旨に言及する。

ント)³。③この遡及的な減額が禁じられる場合（確定的アストラント）もあるが，その場合には，間接強制の発令の時点で一定の制限が加えられる（確定的アストラントを命ずる場合には，暫定的アストラントを経由しなければならず，期間の定めも義務付けられる）。また，④間接強制の発令は判決（義務の履行を命ずる裁判）と同時にすることもできる⁴。

強制金の扱いに関する相違点としては，⑤日本法では損害賠償に充当される（民事執行法172条4項）が，フランス法では損害賠償には充当されないことが挙げられる。また，⑥強制金が債権者に帰属する点は，日本と同様であるが，フランスでは衡平の見地から強い批判があることも注目に値する。

適用範囲に関する相違点として，フランスでは，⑦間接強制の補充性は否定されること（平成15年の民事執行法の改正後と比較すると，金銭債務にも適用が可能なこと），また，⑧間接強制の許否は，最終的には個別の事案に応じて裁判所の裁量により決定されることが挙げられる。

最後に，⑨間接強制の発令要件として，日本では債務名義が要求されるが，フランスでは（給付）裁判が要求され，裁判以外の債務名義に基づく間接強制は想定されていない。

(b) ところで，アストラントは理論的に構築された制度ではないが，自ずと一定の合理的な要請に基づいて形成されてきたように思われる。この要請としては，第一に強制効果（実効性）の確保，第二に債務者保護，換言すれば，強制の結果（制裁）が相当であり，債務者に苛酷なものとなってはならないとの要請を挙げることができる。アストラントの制度形成は，この第一の要請を基本に，第二の要請との調整を図ることに苦慮しながら進められてきたようにみえる。更に，第三に債権者に過剰な利益を与えてはならないとの要請を挙げることもできよう。

前述のように，アストラントはとくに手続・強制金の処遇・適用範囲に関連して，日本の間接強制とは異なる仕組みを有するが，こうしたアストラン

---

3 日本法の場合，民事執行法172条2項の変更決定により，強制金を過去に遡って減額しうるか否かは，問題になりうるが，有力な否定説があり，このような解釈が当然視されてきたのではないかと思われる。後述2【2】(イ)参照。

4 日本法の場合，判決と同時に間接強制の裁判をすることは許されないと解するのが一般である。後述2【2】(ウ)参照。

結論

トの仕組みは概ね，上記の各要請に関連づけて理解することができよう。アストラント金が損害賠償には充当されないこと（前記⑤），判決と同時に発令しうること（前記④），補充性が否定されること（前記⑦）は，上記の第一の要請に関連しよう。個別の事案に応じて裁量により適用の有無が決定されること（前記⑧）は，上記の第一の要請と共に第二の要請にも関連すると思われる。また，金額を確定する手続を設け（前記①），暫定的アストラントを基本とし（前記②），確定的アストラントは暫定的アストラントを経由した後でかつ期間を付さないと命ずることができないとすること（前記③）は，上記第二の要請に関連している。つまり，アストラントの手続はこの第二の要請にとくに配慮したものになっており，この点にはとくに留意すべきである。アストラント金の全部を債権者が取得する点に強い批判があること（前記⑥）は，上記第三の要請に関連する。なお，実務上，暫定的アストラントが大幅に減額されやすく，その実効性の低下が問題になっていることも，この第三の要請に関連がある。

日本の間接強制の制度も，アストラントとは異なる形で，上記の3つの要請に配慮していると思われる。すなわち，強制金の額を，裁判所が「債務の履行を確保するために相当と認める」額とし（民事執行法172条1項），損害額による制限をしていないこと（この点はアストラントと共通する），過去に遡って減額することは許されないと解されること[5]は，上記第一の要請（実効性確保の要請）に基づくと考えられる。一方，強制金を損害賠償に充当すること（同条4項），判決と同時に間接強制の裁判をすることは許されないと解されること[6]は，上記第二の要請（債務者保護の要請）に関連付けて考えることができる。また，強制金を損害賠償に充当することは，上記第三の要請（債権者に過剰な利益を与えてはならないとの要請）に適うものでもある。

日本の間接強制もそれなりに合理的な制度である。けれども，日本の間接強制は実績が乏しいのに対し，アストラントは長年の裁判実務を踏まえて形成された制度であることを考慮すると，この制度を参考に，日本の間接強制のあり方を再検討することも考えられてよかろう。

---

5 前注3参照。
6 前注4参照。

【2】 日本の間接強制に関する若干の問題
(ア) 基本的な問題点
　アストラントと比較した場合，日本の間接強制の問題点として，まず，次の二点が考えられる。第一に，損害賠償との関係が明らかではないこと，第二に，債務者に不当に重い結果を生ずるおそれがあることである。以下，この二点につき，問題の所在と私見を簡単に述べる。そうして，この私見に基づき，あらためて，他の問題に言及することとしたい。
　(a) 日本の間接強制と損害賠償の関係についてみると，民事執行法制定前の旧法下では，間接強制は損害賠償を命ずる方法によるものとされ，強制金は損害賠償であることが法文上明らかであった[7]。しかし，民事執行法は，間接強制の実効性を強化するため，強制金について，裁判所が「債務の履行を確保するために相当と認める」額（同法172条1項）に改め，損害額との一致を要求しないこととし，同時に，強制金を損害賠償に充当することとした（同条4項）。それ故，民事執行法下では，強制金と損害賠償の関係は，旧法とは異なり法文上明らかではなく，問題になる。この点は，近時，金銭債務に間接強制を認めるべきか否かの議論のなかで問題視されるようになっている[8]が，従来はあまり問題にされず，概していえば，強制金を損害賠償の一種とみる考え方が有力であったように思われる[9]。なお，強制金の法的

---

[7] 旧民事訴訟法734条は，間接強制を「遅延ノ期間ニ応シ一定ノ賠償」又は「直チニ損害ノ賠償」を為すべきことを命ずる方法によるものとしていた。但し，この旧法下においても，強制金の額は，現実の損害に拘束されないとする見解（兼子一『増補強制執行法』（酒井書店，1951年・1955年）290頁，我妻栄『新訂債権総論』（岩波書店，1964年）94頁等）が通説であったといわれる。浦野雄幸「強制執行法案要綱案（第二次試案）について(二)」ジュリ552号（1974年）99頁注32，石川明編『民事執行法』（青林書院，1981年）305頁（斎藤和夫）参照。

[8] 金銭債務に間接強制を認めるべきか否かの議論では，否定説がその論拠として，金銭債務の不履行による損害賠償を制限する民法419条を挙げることに対し，肯定説の側からは，強制金が損害賠償とは異なるとの反駁がみられる。「座談会・手続法の側面からみた担保・執行法改正の論点（第4回・完）」金法1648号（2002年）43頁の山本和彦教授の発言，法制審議会担保・執行法制部会第16回会議（2002年11月5日）議事録参照（同部会の議事録は，法務省ホームページ（http://www.moj.go.jp/）の審議会情報による。以下，同様）。

結　論

性質は法定違約金と一般に解されている[10]が，こう解しても，法定違約金の性質自体明らかでない[11]から，強制金と損害賠償の関係が直ちに明らかになるわけではなかろう。

ところで，アストラントの場合は，損害賠償との関係が古くから根本的な問題と位置付けられてきた。その結果，今日では，アストラントは裁判所の命令（又は裁判）の不遵守に対する制裁であって，損害を填補するものではないから，損害賠償とは異なるとの考え方が定着している。このアストラントの考え方は，基本的に，日本の間接強制にも当てはまるべきものと考える[12]。もっとも，アストラントは給付裁判に基づいて発令されるのに対し，

9　強制金が損害賠償の性格を有することを明言するものとして，香川保一監修『注釈民事執行法(7)』（金融財政事情研究会，1989年）292頁（富越和厚），三ヶ月章『民事執行法』（弘文堂，1981年）422頁（強制金が「債務不履行により生じた損害額の補てんにあてられるという意味において，損害賠償額の性格をもあわせもつ」という）。強制金を損害賠償の一種とみる考え方が有力であったことは，たとえば，損害額が，強制金の基本的な算定基準と考えられてきたこと（後注22参照）等からも窺うことができよう。

10　強制金を法定違約金と解するものとして，鈴木忠一＝三ヶ月章編『注解民事執行法(5)』（第一法規，1985年）112頁（富越和厚），香川・前掲『注釈民事執行法(7)』291頁（富越和厚），中野貞一郎『民事執行法（新訂4版）』（青林書院，2000年）678頁，浦野雄幸『条解民事執行法』（商事法務研究会，1985年）752頁，石川編・前掲『民事執行法』307頁（斎藤）等。民事執行セミナー（ジュリ増刊，1981年）344頁の浦野発言及び345頁竹下発言は，法定違約罰（的なもの）という。竹下守夫他『ハンディコンメンタール民事執行法』（判例タイムズ社，1985年）416頁（竹下）は，制裁金という。

11　香川・前掲『注釈民事執行法(7)』296頁注3（富越）は，「法定違約金の意義は，論者によって必ずしも明らかではない。支払予告金額を損害額とみなし，若しくは賠償額の予定の性質を有するものとし，なお，これを超える損害賠償を許すもの又は損害賠償及び違約罰の双方の性質をもつものとの理解が考えられる」という。

12　アストラントに倣い，強制金を損害賠償とは異なる制裁と解すべきことは，かつて中野貞一郎教授が主張された。中野貞一郎「作為・不作為債権の強制執行」民事訴訟法学会編『民事訴訟法講座4巻』（有斐閣，1955年）1208頁（中野『訴訟関係と訴訟行為』（弘文堂，1961年）所収，277頁）。近時，山本和彦教授も，同旨の発言をされている。前掲「座談会・手続法の側面からみた担保・執行法改正の論点

結　論

　日本の間接強制は債務名義に基づくもので，裁判以外の債務名義の場合でも発令されるので，この相違点を考慮する必要がある。日本の間接強制について，アストラントの考え方を直接当てはめると，強制金は①債務名義の不遵守に対する制裁又は②債務名義に含まれる給付命令の不遵守に対する制裁と解することになろう。このような解釈も十分に成立つであろう。翻って，①の解釈については，債務名義の不遵守に対して制裁を課す理由が明らかでないとの批判が考えられよう。また，②の解釈については，和解調書や執行証書等にも給付命令が含まれることになるが，こう解することには無理があるように思われる。そこで，間接強制の決定に，義務を履行すべき旨の命令，強いていえば，家事審判法上の履行命令（同法15条の6）のようなものが含まれており，強制金はその履行命令に違反したことによる制裁と解する方がよいように思う[13]。

　このように，強制金は制裁で，本来的には損害賠償とは別のものと解すると，損害賠償に充当する必然性はないことになる。強制金を損害賠償に充当する現行法の扱いは，債務者に苛酷にならないため，また債権者に過剰な利得を与えないための，便宜的な措置にすぎないと考えればよい。故に，立法論的には，強制金を損害賠償に充当することの当否，更に，強制金を全面的に債権者が取得することの当否も，検討に値しよう。

　(b)　また，強制金を制裁と解すると，制裁が相当であって苛酷とならない

――――――――――
　（第4回・完）」金法1648号43頁以下。ただし，両教授は，アストラントが損害賠償とは異なる制裁とされる理由如何については言及されていない。
[13]　このような私見を改めてアストラントに当てはめると，アストラントを命ずる裁判の中に，義務の履行を命ずる裁判所の命令が含まれるということになる。アストラントについてこのような解釈を唱える論者は見当らないが，その素地は全くないわけではない。まず，アストラントを裁判所の命令の不遵守に対する制裁とする見解を最初に唱えたA. Esmeinは，この裁判所の命令がアストラントを命ずる裁判に含まれるか，本案の裁判に含まれるかを必ずしも明らかにしていないようにみえる（第1編第4章【5】）。また，A. Esmeinの見解に基づいて，アストラントを裁判所の命令又は裁判の不遵守に対する制裁と解する今日の通説は，裁判所の命令が本案の裁判に含まれることを当然視しているが，この裁判所の命令と本案の裁判の関係については，あまり論じられておらず，問題になりうると思う（第3編第2章2(ウ)）。

結　論

よう，間接強制に関して債務者の保護を図る必要があると考えられる。前述のように（2【1】），アストラントは，こうした債務者保護の要請にとくに配慮する形で制度が形成されてきた。それに比べると，日本の制度は債務者保護が不十分で，債務者が最終的に支払うべき強制金の額が過大になるおそれがあることが問題である。

　日本の間接強制が債務者に不当に重い結果を生ずるおそれがあることは，金銭債務に間接強制を認めた場合の問題点としては，既に指摘されている[14]。しかし，金銭債務以外の場合であっても，程度の差はあれ，同様のおそれはあると思う[15]。特別な解釈を加えない限り[16]，現行の制度では，不履行が続けば，強制金の額は無制限に積み上がってしまうからである。たとえば，実際に1日あたり30万円・50万円・100万円といった強制金を命ずるケースがある[17]。勿論，個別の事情によるが，履行確保のためには，こうした高額の割合の強制金を予告する必要はあると思う[18]。問題は，履行のないまま1年経てば，強制金の額は優に1億円を超え，その後も状況が変わらないと，時

14　後述2【2】㈺参照。

15　非金銭債務でも，債務の履行が事実上困難な場合には，強制金の額が過大になるおそれがある。たとえば，住居の明渡債務で，病気等で明渡しが事実上困難な場合が考えられる（建物の明渡債務についてのアストラントは1949年法により制約されることにつき，第2編第3章参照）。

　「動産の引渡債務については，口頭弁論終結前から当該動産を所持していないことがあり得る（欠席判決の場合等）が，そのような場合には，間接強制の額が積み上がる可能性があるから，額の上限を設ける必要がある」とする裁判所側の意見があることにつき，最高裁事務総局民事局「担保・執行法制の見直しに関する要綱中間試案に対する各高等裁判所及び各地方裁判所の意見」判タ1094号（2002年）73頁。また，前掲法制審議会担保・執行法制部会第16回会議議事録にも，物の引渡しの場合にも間接強制の濫用が考えられるとの意見がみられる。

16　後述2【2】㈴参照。

17　東京地決平成11年1月18日判時1679号51頁は，広告物除去につき1日50万円の強制金の支払いを命じた事例，東京高決昭和63年1月27日判時1262号105頁及び大阪地堺支決平成3年12月27日判時1416号120頁は，暴力団の組事務所としての建物使用禁止につき，1日100万円の強制金の支払いを命じた事例に関する。後注19も参照。

18　後注22参照。

効にかかるまで更に増え続けてしまうことである[19]。とくに，ある程度誠実に履行の努力をしたが，実際上履行が困難というケースであれば，上記のような結果は不当に重いというべきではあるまいか。

日本の制度が債務者に不当に重い結果を生ずるおそれがあることは，アストラントの経験からも窺うことができる。日本の間接強制は，過去に遡って強制金を減額することはできないと解する限り，確定的アストラントに類似するが，フランスでは（1972年法後，損害賠償とは別個独立のものとされた）確定的アストラントの苛酷性が大きな問題にされて，後に厳しい制約が課されている（1991年法34条3項）[20]。

そこで，日本の間接強制についても，アストラントを参考に，債務者の保護を図る必要があると思う。翻って，間接強制について債務者の保護を強化すれば，その実効性の低下をもたらすおそれがある。債務者保護と実効性確保の調整は，重要かつ難しい問題であるが，アストラントに鑑みると，ある程度実効性を犠牲にしても債務者の保護を重視する方が，間接強制を利用しやすいものにできるように思う[21]。

---

19 東京日の出町の廃棄物広域処分場の資料の閲覧・謄写をめぐる事件では，資料の閲覧・謄写を命ずる仮処分命令に基づき，当初は1日15万円（東京高決平成7年6月26日判時1541号100頁），後に増額され30万円の強制金の支払いが命じられた（東京高決平成7年9月1日判時1541号100頁）が，債務者である廃棄物広域処分組合は履行をしないまま総額1億9095万円の強制金を支払ったとされる（毎日新聞1997年8月7日。但し，後に強制金の支払いを命じた決定は取消され，強制金全額が返還されたようである。http : / / www. ne. jp / asahi / hinodenomori / tokyo / nen-pyou. htm）。

20 第4編序及び第4章参照。

21 アストラントが活用されてきた要因は色々と考えられるが，その一つとして，債務者の保護を重視する仕組み，換言すれば，制裁を比較的軽いものにとどめていることが挙げられると思う。間接強制の実効性を強化するため制裁の内容を厳しくすれば，自ずと，その適用範囲を制限するとか実際には利用しない方向に向かわざるを得なくなるのではなかろうか。拘禁を認めるドイツの間接強制の場合は適用範囲が厳しく限制される（ドイツ民事訴訟法888条及び890条。後注57参照）し，同様に拘禁を認めるアメリカの裁判所侮辱の場合は，民事事件との関係では，実際に行使されることはほとんどないといわれる（花村良一「米国民事事件における裁判所侮辱の実情(3)」NBL713号（2001年）43頁以下）。

結　論

　以上のように，私見としては，第一に，強制金は（裁判所の命令違反に対する）制裁であり，損害賠償とは本来的に異なると考える。第二に，強制金が制裁として相当であるよう，換言すれば，間接強制が不当に重い結果を生じないよう，債務者の保護を図る必要があると考える。こうした考え方を基本にして，以下では，アストラントを参考に，日本の間接強制について，まず，債務者保護を図るための具体策（(イ)）を考えてみる。また，実効性を強化するための若干の具体策にも触れておく（(ウ)）。更に，強制金の帰属（(エ)），金銭債務についての適用の可否（(オ)）に関して言及する。

(イ)　債務者の保護

　間接強制が不当に重い結果を生じないように債務者を保護するための対策としては，事前に発令の段階で制限を加える措置（(a)）と，事後的に調整を図る措置（(b)）が考えられる。

　(a)　事後的な調整措置から先に述べると，立法論としては，暫定的アストラントをモデルに，強制金の額を確定する手続を導入し，債務者の有責性を考慮し，特別な事情があれば，強制金を（遡及的に）減額できるようにすべきものと考える[22]。この場合，強制金取立ての債務名義は，現行のような間

22　強制金の額を確定する基準としては，アストラントに倣い，債務者の態度・履行上の困難・資力が考えられる（1991年法36条1項，第4編第6章参照）。また，強制金の額を確定する段階と，間接強制の発令の段階では，強制金の額の算定基準が同じである必要はないと思う。

　現行法は，強制金の額について，執行裁判所が「債務の履行を確保するために相当と認める」額と定める（民事執行法172条1項）が，実際には，損害額が，強制金の基本的な算定基準と考えられているといってよかろう（田中康久『新民事執行法の解説（増補改訂版）』（金融財政事情研究会，1980年）376頁，石川編・前掲『民事執行法』307頁（斎藤和夫），浦野・前掲『条解民事執行法』752頁，鈴木＝三ヶ月・前掲『注解民事執行法(5)』106頁（富越），香川・前掲『注釈民事執行法(7)』290頁（富越）等参照）。なお，中野・前掲『民事執行法』684頁注4は損害の他，執行債権の性質，債務者の不履行の態度，履行の難易・不履行継続による債務者の利益・不履行の社会的影響の有無等を挙げる。藤田他編・前掲『民事執行法の基礎』282頁以下（伊藤剛）は，実損害・精神的損害・義務の内容・性質，債権者の必要の程度，債務者の態度，資力等を挙げ，とくに義務の性質と債務者の態度を重視するが，実務上，第一次の決定では損害額を基準として定めることになろうと

接強制金の支払いを予告する決定ではなく，強制金の額を確定する決定となる。このように間接強制の発令手続とは別に強制金の額を確定する手続を予定し，事後的な金額調整を可能にする仕組みは，かつてボアソナードがアストラントをモデルに旧民法の間接強制の規定を起草した際には，ボアソナードがこれを不当と考えたため，日本法には導入されなかった点である[23]。しかし，間接強制が債務者に不当に重い結果を生じないようにするために，とくに有効な対策である。強制金の額を事後的に確定する仕組みは，ドイツ法でも不作為債務について採用されており（ドイツ民事訴訟法890条），かつて竹下守夫教授がとくに不作為債務に関してその合理性を主張され[24]，強制執

いう。

 強制金は制裁で，本来損害賠償と異なるという私見の立場からすれば，損害は，強制金の——少なくとも基本的な——算定基準ではない。額を確定する段階の主たる算定基準は，前述のとおりであるが，間接強制を発令する段階の主たる算定基準としては，不履行により債務者の得る利益が考えられる。制裁に関する経済学の分野では，抑止効果が主に分析されており，「制裁によって生じる損失が問題行動を行った場合に獲得できる（と期待できる）利得を上回るようにしておく必要がある」（柳川範之「規制緩和と制裁の経済学」ジュリ1228号（2002年）20頁），「行為者がその行為から得る利益以上のサンクションを課せばよい」（藤田友敬「サンクションと抑止の法と経済学」同26頁）ということである。この考え方に照らすと，間接強制の強制効果をあげるためには，不履行継続により債務者が得る利益を上回る額の支払いを予告する必要があるということになろう。債権者が蒙る損害は，債務者が得る利益が予測できない場合の，代替的・暫定的な基準という意味では，考慮してよいと思う。

23 ボアソナードは，間接強制の規定（ボアソナード草案406条3項。旧民法財産編386条3項前段に相当）に関して，次のように述べている（Boissonade, Projet de code civil pour l'empire du Japon, nouvelle édition, t. II, nº 312)。「裁判所は，遅延について既に定められていた額を減額する（restreindre）ことはできない。もっとも，時に主張されるように，フランスでは，この［金額の］決定（cette fixation）について再審査することができると考える裁判所がある。しかし，この結論は，既判事項の権威（autorité de la chose jugée）に反する。遅延に備えて発令された有責裁判は，単なる〈威嚇的なもの（*comminatoire*)〉［訳注：原文の斜字体部分］又は威嚇（menace）の形式によるものではなく，現実のもの（effective）であり，かつそうあるべきである」。

24 竹下守夫「不作為を命ずる仮処分」吉川大二郎博士還暦記念『保全処分の体系

結　論

行法案要綱案第二次試案（第307第2項）にもこの仕組みを導入する規定があった[25]が，実現をみなかったものである。近年では，森田修教授が，強制金の額を確定する手続の導入について，アストラントをモデルに，解釈論として主張されている。すなわち，民事執行法172条2項が定める間接強制決定の変更決定を，金額を確定する決定と解し，強制金の取立てにはこの変更決定を得なければならないとされる[26]。大変巧みな解釈ではあるが，文理的に困難なように思われる[27]。また，森田教授は，強制金の額の確定を反復して行うことを否定され，強制金の額を確定することにより，間接強制の再度の発令はできなくなるとされる[28]。しかし，強制金の額の確定を反復して行うことは認めるべきである。すなわち，債権者が，強制金の額の確定を求める申立てと共に，将来に向けて更に間接強制の発令を求める申立てをする場合には，裁判所は，いずれの申立ても認めることができ，再び発令された間接強制についても，同様に扱うことができるようにすべきである。アストラントについてもこうした扱いが認められている[29]。強制金の額の確定は，強制金取立ての強制執行を可能にする——いわば制裁を現実化するもので，それ自体にかなりの威嚇効果を期待できる。この反復を否定すると，間接強制

　　（下）』（法律文化社，1966年）606頁，同「生活妨害の差止と強制執行——強制執行法案要綱案第二次試案における関連規定の検討——」立教法学13号（1974年）26頁。

[25]　ただし，強制執行法案要綱案第二次試案第307第2項は，間接強制の裁判が遅延の期間に応じて支払いを命ずる形式でなされた場合に限って，強制金の額を確定する裁判を要するものとする（「遅延の期間を確定して支払いをすべき金銭の額を定めるものとする」）。間接強制の裁判が直ちに支払いを命ずる形式でなされた場合は，当初の間接強制の裁判を債務名義として，強制金を取立てることができる趣旨とされる。浦野・前掲「強制執行法案要綱案（第二次試案）について㈡」ジュリ552号98頁。

[26]　森田修『強制履行の法学的構造』（東京大学出版会，1995年）347頁。

[27]　民事執行法172条5項は「第1項の強制執行の申立て又は第2項の申立てについての裁判に対しては，執行抗告をすることができる」と定めるので，同法22条3号により，同法172条1項の申立てに基づく間接強制決定（変更決定ではない）も，強制金取立ての債務名義になると解さざるを得ない。

[28]　森田・前掲『強制履行の法学的構造』350頁。

[29]　第1編第1章2【2】及び第4編第9章㈦参照。

結　論

の実効性を少なからず殺ぐことになろう。

　以上のように，立法論としては，強制金の額を確定する手続を導入して，事後的に強制金の減額を可能にすべきものと考える。この手続の導入により，債務者に対し，不当に重い制裁を免れるべく救済を求める機会を保障できる。一方，現行法の解釈論としては，こうした救済を求める機会を十分に保障できないにしても，民事執行法172条2項の変更決定により，過去に遡って減額することも許されると解することにより，債務者の保護を図ることが考えられる[30]。この変更決定について，富越和厚判事は，将来に向けて変更の効力を生じ，遡及するものではないと主張されており[31]，おそらくは，このような解釈が当然視されてきたのではないかと思われる。たしかに，変更決定により遡及的な減額を認めるとすれば，その弊害として，間接強制の実効性が少なからず低下するおそれがある。実際にフランスでも暫定的アストラントの実効性低下がとくに問題になっている。しかし，その主な原因は，遡及的な減額を認める仕組み自体よりも，アストラントによる債権者の利得の正当性についての疑念にあり，裁判官がそうした疑念を抱くために，暫定的アストラントを大幅に減額しがちで，その実効性が低下したとされる[32]。そこ

---

[30] 山本和彦「強制執行手続における債権者の保護と債務者の保護」竹下守夫先生古稀祝賀『権利実現過程の基本構造』（有斐閣，2002年）292頁も，私見と類似の考え方のようであるが，直接的には，間接強制以外の執行方法が可能な場合について「強制金決定の変更・取消し（民執172条2項）」を認めること及び判決と同時に間接強制の裁判をする場合に強制金額の再調整の余地を認めることを指摘するにとどまる。また，前掲法制審議会担保・執行法制部会第16回会議議事録によれば，金銭債務に間接強制を認める場合の保護措置として，間接強制の取消の制度を設けるという提案がみられる（なお後述2【2】(オ)(b)参照）。この提案が過去に遡って取消を認める趣旨とすれば，これも私見と類似するが，非金銭債務についての間接強制は問題にされていない。

[31] 鈴木＝三ヶ月・前掲『注解民事執行法(5)』110頁。理由については，「変更も間接強制の方法として，支払予告により将来の履行を確保するためになされるものであり，既に心理強制手段としての使命を終えた予告決定の当否を判断するものではないからである」とする。同書109頁の変更決定の申立時期に関する記述及び香川・前掲『注釈民事執行法(7)』294頁以下の変更決定の申立てに関する記述も参照。

[32] 第3編第6章1(ア)(a)，第4編第1章1及び同編第3章1参照。

495

結　論

で，日本の間接強制について遡及的な減額を認めるとしても，特別な事情がある場合に限定する等して，容易に大幅な減額が行われるような事態を避けることが必要になろう。強制金の正当性に疑義がないようにすることも重要であるが，フランスの例が示すように，これは必ずしも容易ではない。

なお，債務者の有責性を考慮して，遡及的に強制金を減額することを認めるとすると，その審理の際に，履行や履行不能についての主張がなされることが予想できる。このような主張については，請求異議の訴え（不作為債務の履行については，執行文付与の訴え又は執行文付与に対する異議の訴え）でその当否を判断することが現行法上予定されており[33]，間接強制の手続で判断しうるかは問題になる[34]が，債務者保護及び手続経済に鑑みて，肯定すべき

---

[33] 一般に，履行（債務の弁済）・履行不能が請求異議事由となることにつき，鈴木忠一＝三ヶ月章編『注解民事執行法(1)』（第一法規，1984年）590頁（吉井直昭），香川保一監修『注釈民事執行法(2)』（金融財政事情研究会，1985年）399頁（宇佐見隆男）。不作為債務の場合，（強制金の額を確定する手続を予定しない現行法では），不履行は民事執行法27条1項の「債権者の証明すべき事実」にあたり，強制金取立てのための執行を行うには，債権者は不履行の存在を証する文書を提出して，いわゆる条件成就執行文の付与を受ける必要がある（鈴木＝三ヶ月・前掲『注解民事執行法(5)』117頁（富越））。債務者は，執行文が付与された場合は執行文付与に対する異議の訴えを提起し，執行文が付与されない場合は債権者が提起した執行文付与の訴えのなかで，履行した旨を主張し，その当否の判断を受けることができる。

[34] 履行の主張については，その当否を間接強制の手続で判断できるかに関して，見解の対立がある。肯定，中野貞一郎「作為・不作為債権の強制執行」『訴訟関係と訴訟行為』（弘文堂，1961年）279頁（民事執行法前の旧法下の見解。ドイツの議論を参考に，作為債務に関し，履行の主張の当否は，間接強制に関する決定前の手続で審理できるとする）。否定，香川・前掲『注釈民事執行法(7)』290頁（富越）（履行の事実は審尋手続で審理すべきでないとする），292頁（同）（履行の事実は執行抗告の理由とならないとする）及び294頁（同）（履行については民事執行法172条2項の事情の変更に当たらないとする），鈴木忠一他編『注解強制執行法(4)』（第一法規，1978年）184頁（山本卓）（旧法下の見解。上記の中野教授の見解に反対する）。なお，田中・前掲『新民事執行法の解説』377頁及び竹下・前掲『ハンディコンメンタール民事執行法』416頁は，一部の履行があった場合に民事執行法172条2項の変更決定を利用しうるとすることから，肯定説とみる余地がある。

履行不能の主張について，その当否を間接強制の手続で判断できるかに関しては，正面からは問題にされていないようである。肯定的なものとして，中野・前掲「作

結　論

ものと解する[35]。

(b)　間接強制が不当に重い結果を生じないよう債務者を保護するための，直接的な対策としては，以上のように事後的な調整を可能にすることが考えられる。しかし，それだけでは十分ではなく，発令の段階で間接強制に制限を加えることも必要であろう。事後的な調整措置のみに頼ると，後から強制金を大幅に減額せねばならないケースが続出して，間接強制の実効性低下のおそれが大きくなるということも考えられる。

間接強制の発令段階で制限を加える方法については，まず，立法論としては，間接強制が相当でない場合[36]は申立てを却下できるというように，アス

　為・不作為債権の強制執行」278 頁（旧法下の見解。「債権者による悪意の妨害などにより作為が不可能となっているような場合」間接強制はとりえないとする），鈴木忠一他・前掲『注解強制執行法(4)』184 頁（山本）（旧法下の見解。「不可抗力ことに債権者の悪意の妨害等により履行ができなかったものか否か」は，間接強制に関する決定前の手続で審理できるとする）。なお，香川・前掲『注釈民事執行法(7)』294 頁（富越）は，変更決定に関し，「不代替的作為債務の債務者の死亡により履行不能が確定」した場合等について，「支払予告命令の事情変更後に係る部分に対する請求異議の訴えによらせるべきか」「事情変更として，支払予告命令を取り消すことを認めるかの見解の対立が予想される」という。

　　なお，後注 35 も参照。

35　エベルハルト・シルケン（石川明訳）「ドイツ民訴法における作為・不作為執行の今日的諸問題」法研 74 巻 9 号（2001 年）78 頁以下及び 81 頁以下によると，ドイツでは，履行した旨の主張・不代替的作為の実行の不可能性の主張について，請求異議の訴え以外に，間接強制の手続で判断すべきかについて議論があり，シルケン教授は，執行手続の対立構造及び訴訟経済の観点から，これを肯定する。

36　間接強制が相当ではない場合としては，①実際上履行が著しく困難な場合の他，②債務者が無資力の場合，③間接強制が奏効せず，債務者が断固として履行を拒絶する場合が考えられる。②及び③は，とくに実効性が期待できないことから，間接強制が相当でないと考えられる場合である。債務者が無資力の場合に間接強制をすべきではないという考え方は，フランスでもみられる（Viot-Coster, p. 47 は次のようにいう。「適用範囲は，債務者の支払可能性のなかに，限界を見出す。奏効の可能性を伴って，アストラントを命ずることができるのは，支払可能な債務者に対してのみである。支払不能の者に対して適用されるアストラントは最悪の救済策となろう。何故ならば，このアストラントは，更なる不履行の惹起に至るであろうからである」という）。③については，花村良一「米国民事事件における裁判所侮辱の

結　論

トラントに倣って，間接強制の発令につき裁判所の裁量的判断を認めることが考えられる。こうして具体的事情に応じ柔軟に対処できるようにすることは，債務者保護のみならず，間接強制の実効性確保にも資するし，間接強制の当否を判断するのは執行機関とはいえ裁判所であるから，裁量を認めることに大きな不都合はないように思う。現行法の解釈論としても，従来から，履行を強制できない債務等には，間接強制が許されないと考えられている[37]ことに鑑みると，実際上履行が著しく困難な場合等[38]は，間接強制の申立てを却下できると解する余地もあるように思う。

また，強制金に上限額を設けることも考えられる[39]が，間接強制の実効性をできるだけ損なわないようにするには，期間を制限する方がよいと思う。期間の制限という発想は，間接強制に関する規定の源となった，ボアソナードの起草にかかる旧民法財産編386条3項にも見出せる[40]。実務上，間接強

実情⑵」NBL712号（2001年）61頁が，裁判所の命令等に対する服従を目的とする民事侮辱につき，「確信犯的に裁判所の命令への違反を続けている者」に科することはできないと考えられている，ということが参考になる。

[37] 香川・前掲『注釈民事執行法⑺』186頁（富越）は，履行を強制できない債務として，①内容が公序良俗に反する債務，②強制することが公序良俗に反する債務（例，夫婦同居義務（大決昭和5年9月30日民集9巻926頁）等），③強制によっては目的を達し得ない債務（例，芸術的作品の創造を目的とする債務等）を挙げる。そうして，同書283頁以下（富越）は，履行を強制できない債務，④第三者の協力・同意を要し，債務者の意思では排除できない事実上の障害がある債務（例，第三者である会社から新株券の発行・交付を受けて債権者に引渡す義務（大決昭和5年11月5日新聞3203号7頁）等）については，間接強制が許されないとする。以上のうち，とくに②乃至④の類型は上記の各例を含めて，間接強制が許されない場合として，よく挙げられる（兼子・前掲『増補強制執行法』289頁以下，我妻・前掲『新訂債権総論』93頁以下，中野・前掲『民事執行法』677頁及び109頁以下）。

[38] 前注36参照。

[39] 少なくとも，一定の金額を強制金の上限額とすることは，間接強制の実効性を低下させるおそれが大きいから，賛成できない。同様のことは，確定的アストラントについてJ. Boréが指摘している。なお，J. Boréは，係争利益を基準とした上限を設けることを提案する。第3編第3章2【1】⑺参照。

[40] 旧民法財産編386条3項前段は，次のように定める。「又裁判所ハ債務者ニ直接履行ヲ命スルト同時ニ其極度ノ期間ヲ定メ其遅延スル日毎又ハ月毎ニ若干ノ償金

結　論

制決定のなかで，履行のための期間を定めることは既になされているようである[41]から，併せて，間接強制の効力期間を定めることは，現行法の解釈論としても，許されないわけではないように思う。なお，期間を制限する方法は，フランスのように裁判所の裁量に委ねる方法の他に，法律により上限を定める方法も考えられる。後者に関しては，ベネルクス諸国のアストラント統一法がアストラント金債権の時効期間を 6 月としていることが参考になりえよう[42]。

(ウ)　実効性の強化

アストラントを参考にすると，間接強制の実効性を強化するための措置としては，さしあたり，（義務の履行を命ずる）判決と同時に間接強制の裁判をすること，強制金を損害賠償には充当しないことが考えられる。

(a)　日本では一般に，判決と同時に間接強制の裁判をすることはできないと解される[43]が，間接強制の実効性の強化のみならず，手続の簡素化を図る見地から，少なくとも立法論としてはこれを認めてよいと思う。強制執行法案要綱案第二次試案（第 307 第 4 項）でも提案されており，同様の考え方はしばしば主張される[44]。近時は，不作為義務について違反行為がなくとも間

　　ヲ払フ可キヲ言渡スコトヲ得」。
[41] 香川・前掲『注釈民事執行法(7)』289 頁（富越）。
[42] ベネルクス諸国のアストラントに関する統一法 7 条 1 項。

　　なお，前記統一法は，フランス法ではなくオランダ法を範にしたもので，更にこの統一法を範として，Storme 教授を長とする作業グループが 1994 年に公表したヨーロッパ民事訴訟モデル法試案のアストラント（間接強制）の規定が立案されている。前記統一法及びモデル法試案が定めるアストラントは，フランス法に照らせば，確定的アストラントに類似する。前記統一法及び前記モデル法試案については，大濱「ヨーロッパ民事訴訟モデル法試案におけるアストラント――フランスのアストラントとの比較及びベネルクス諸国のアストラント統一法の紹介も兼ねて」石川明＝櫻井雅夫編『EU の法的課題』（慶應義塾大学出版会，1999 年）299 頁以下参照。
[43] 東京地判平成 11 年 7 月 1 日判時 1694 号 94 頁は，ビラ配布等の行為の差止請求等と共になされた，当該行為の不作為義務の間接強制としての金員の給付請求を失当とする。同判決の匿名評釈は，「『間接強制としての金員の支払』の給付請求といったものが失当であることは，実務上は暗黙のうちに当然のことと考えられてきたのではないかとも思われる」という。
[44] 竹下・前掲「生活妨害の差止と強制執行」27 頁は，生活妨害の差止との関係で，

結　論

接強制の決定ができるとする立場が有力になっている[45]ので，これを一歩進め，判決と同時に間接強制の裁判ができるとすることについても，支持が得られやすくなっているように思われる。

　なお，判決と同時に間接強制の裁判をすることを許せば，裁判所が履行状況を的確に把握して強制金の額を決定することは難しく，その不当な高額化を招くおそれは大きくなる。故に，判決と同時に間接強制の裁判をする場合には，前述のような，債務者保護の措置とくに強制金の遡及的な減額を認める措置が，一層必要になる[46]。

　(b)　日本では，強制金は損害賠償に充当される（民事執行法172条4項）。この扱いには次のような利点が考えられる。すなわち，債務者に苛酷な結果を生じるおそれ及び債権者の利益が過剰になるおそれを，それぞれ緩和できること，簡易な手続で損害賠償についての債務名義を得られる[47]という意味では，間接強制の利用のインセンティブともなりうる，といった利点である。フランスでも1991年の改正の際には，アストラントによる債権者の利得の正当性を保障するため，アストラント金の損害賠償への充当が提案されたことは，前にみた通りである[48]。

　　　強制執行法案要綱案第二次試案の第307第4項を支持する。山本・前掲「強制執行手続における債権者の保護と債務者の保護」292頁。

[45]　東京高決平成3年5月29日判時1397号24頁。学説上も近時は違反行為を不要とする立場が多数説といわれる。池尻郁夫・東京高決平成3年5月29日評釈・民事執行法判例百選93事件199頁参照。

[46]　フランスでは，確定的アストラントが不当に高額化する弊害が生じた結果，裁判所が債務者の履行状況を的確に把握した上で，これをアストラントの金額決定に反映させる機会を確保する必要があると考えられて，暫定的アストラントを経なければ確定的アストラントを命じることができないとの制限が加えられたことにつき，第4編第4章参照。

　　　山本・前掲「強制執行手続における債権者の保護と債務者の保護」292頁も，判決と同時に間接強制の裁判をする場合に強制金額の再調整の余地を認めるべきことを指摘する。

[47]　香川・前掲『注釈民事執行法(7)』290頁（富越），兼子・前掲『増補強制執行法』290頁（旧民事訴訟法734条に関する）参照。

[48]　第4編第3章1【1】参照。

しかし，前述（２【２】(ｱ)）のように，強制金は制裁であって，本来，損害を填補するものではないと解すれば，強制金を損害賠償に充当する必然性はないということになろう。現行法が強制金を損害賠償に充当するのは，上記のような利点に鑑みた便宜的な措置と解すべきで，強制金を損害賠償に充当するか否かは，立法政策上の問題ともいえる。そこで，改めて注目しておきたいのは，フランスでは，戦後にアストラントが活用されるなか，最も基本的な実効性強化策として，損害賠償との完全分離が推進された，ということである。アストラント金を損害賠償に充当する旨の提案も，結局，議会でも学説でも全くといってよいほど支持されなかった。また，フランスばかりでなく，ベネルクス諸国のアストラントに関する統一法（１条１項），それを範にしたヨーロッパ民事訴訟モデル法試案（13-1条），ドイツ（民事訴訟法893条）等でも，強制金は損害賠償とは全く関わりのないものとして扱われている。そこで，日本においても，間接強制の実効性強化のためには，強制金を損害賠償に充当しない方向に転換することは，十分に検討に値すると思う。

(ｴ) 強制金の帰属

アストラントの場合，その金銭の帰属が最大の問題となっている。日本法でも強制金の帰属は難問といえよう。

アストラントに関する議論[49]に鑑みると，強制金の帰属につき，①全額を債権者に帰属させる方法，②全額を国又は公的機関に帰属させる方法，③折衷的な方法すなわち一部を債権者，一部を国又は公的機関に帰属させる方法がある。いずれの方法にも長短がある。①は，損害賠償に充当するか否かの違いはあるが，日本，フランスの他，ベネルクス諸国の統一法（３条）等[50]でも採用しており，間接強制の利用を促進する効果があると考えられる[51]。しかし，懲罰的損害賠償の観念を否定するならば，理論的な説明が困難になり，損害賠償に充当するならばともかく，債権者の利益が過剰になるおそれ

49　第３編第６章及び第４編第３章参照。

50　ベネルクス諸国の統一法を範とするヨーロッパ民事訴訟モデル法試案（13-3条）も，同様である。

51　第４編第３章２【２】(ｳ)以下及び大濱・前掲「ヨーロッパ民事訴訟モデル法試案におけるアストラント」316頁以下参照。

結　論

があり，更に，債権者による制度の悪用を招くおそれが大きい[52]。②のうち，国に帰属させる方法は，理論的に最も明快であろう[53]。日本の家事審判法上の履行命令に対する不服従の制裁の制度（家事審判法28条1項）やドイツ法がこれを採用する。しかし，②の方法は，①とは逆に，間接強制が利用されなくなるおそれがある[54]。家事審判法上の履行命令不服従の制裁の利用も低調で[55]，その一因は制裁金を国に帰属させる方法を採用する点にあると思われる[56]。なお，ドイツ法は，間接強制の方法として金銭の支払いの他に，拘禁を認め，とくに拘禁は実効性が高いといわれる[57]。それ故，日本の間接強

52　第4編第3章2【2】(イ)参照。

53　強制金を国に帰属させるべきことを提唱するものとして，石川明・東京高決昭和63年1月27日判批・判評354号53頁。

54　第3編第6章1(ア)(a)及び2(イ)参照。

55　長谷部由起子『変革の中の民事裁判』（東京大学出版会，1998年）169頁，法制審議会担保・執行法制部会第2回会議（2001年6月19日）議事録参照。

56　履行命令不服従の制裁については，義務者が過料を支払っても，国庫の収入になるにすぎず，権利者はそれ自体では救済されない点が，とくに問題とされている。加藤令造編『家事審判法講座第四巻』（判例タイムズ社，1975年）234頁（岡垣学），長谷部・前掲『変革の中の民事裁判』169頁注8参照。

57　ドイツの拘禁は実効性が高いことについては，シルケン教授から御教示頂いた。シルケン（石川訳）前掲「ドイツ民訴法における作為・不作為執行の今日的諸問題」法研74巻9号94頁。

　　間接強制に関するドイツ民事訴訟法888条及び890条を挙げておく。この翻訳は，法務大臣官房司法法制調査部編『ドイツ強制執行法』（法曹会，1976年）の翻訳に基づき，その後の改正箇所について修正を施したもので，石川明教授及び永井博史教授に御協力を賜った。

　　888条　1項　作為が第三者によって実行できない場合において，その作為が専ら債務者の意思に依存するときは，第一審の受訴裁判所は，申立てにより，強制金（Zwangsgeld）及びそれが徴収できない場合には強制拘禁（Zwangshaft）によって，または強制拘禁によって，債務者に強いて作為を実行させる旨を命じる。個々の強制金は，25000ユーロを超えてはならない。強制拘禁については，拘禁（Haft）に関する第4章の諸規定を準用する。

　　2項　強制手段（Zwansmittel）の戒告（Androhung）はなされない。

　　3項　前二項の規定は，婚姻をせよとの判決の場合，夫婦の同居を命じる判決の場合及び雇用契約に基づく労務を給付せよとの判決の場合には適用しない。

制とはかなり性格を異にする点に注意が必要である。③は，アストラントに関し 1972 年法及び 1991 年法の立法に際して提案された方法[58]で，行政事件のアストラント[59]やポルトガル[60]等で採用されているようである。理論的な説明が困難であり，債権者と国又は公的機関の間の分配の割合をどうするか等の問題もある。けれども，間接強制の利用のインセンティブを確保しつつ，債権者が過剰な利益を得ることを避ける，実践的な方法として，注目に値しよう。理論的な説明は困難であるが，フランスの学説[61]を参考に，次のような説明もできないわけではないように思う。すなわち，強制金は，裁判所の命令違反の制裁として，本来的にはその全部が国に帰属するものであるが，間接強制の手続を追行した債権者は，国の任務に協力あるいはこれを代行した[62]ので，その手当てとして，合理的な範囲の強制金については，取得が認

　890条　1項　債務者が作為をしない義務又は作為の実施を受忍する義務に違反して作為するときは，第一審の受訴裁判所は，債権者の申立てにより，各個の違反行為について，債務者を秩序金（Ordnungsgeld）及びそれが徴収できない場合には秩序拘禁（Ordnungshaft），または6月以内の秩序拘禁に処する。個々の秩序金は，250000ユーロを超えてはならず，秩序拘禁は，合算して2年を超えてはならない。

　2項　右の処分に先き立って相当の（entsprechend）戒告がなされることを要し，それが義務を宣言する判決に含まれていないときは，申立てにより，第一審の受訴裁判所が戒告を発する。

　3項　また，債権者の申立てにより，債務者に対し，その後の違反行為によって生ずる損害のために一定の期間につき担保を立てることを命ずることができる。

58　第3編第6章及び第4編第3章参照。

59　第4編序及び第3章参照。

60　ヨーロッパ民事訴訟モデル法試案に関する報告書によると，ポルトガルでは，アストラント金は，国と債権者の間で，折半される。大濱・前掲「ヨーロッパ民事訴訟モデル法試案におけるアストラント」316頁参照。また，Chabas 教授から提供して頂いた資料 João Calvão da Silva, L'astreinte / Imprisonment for debt によると，ポルトガルのこの仕組みは，債務の履行の促進及び裁判の遵守の促進というアストラントの二つの目的を考慮したもので，アストラント金の半分を債権者が取得することは，債権者のアストラントの利用のインセンティブとなり，債権者は法の適用を保障する役割を国と共有すると説明されている。

61　第4編第3章2【2】㈐の Carval の見解参照。

62　債権者は，間接強制の手続をすることにより，法の遵守・実現を図るという国の

結　論

められる，という考え方も成立ちうるのではないかと思う。なお，アストラントに関しては，アストラント金の全部又は一部を国又は公的機関に帰属させる方法をとる場合に，これを扶養料や法律扶助に関する財源に当てるとの考え方がみられる[63]。これを参考にすると，政策的な観点からは，国に帰属する強制金を，たとえば，法律扶助の財源に当てることも考えられる[64]。

(オ)　金銭債務についての間接強制

最後に，近年立法的な検討課題として問題とされてきた金銭債務についての間接強制の適用に関して述べるが，便宜上，まず，平成15年の民事執行法の改正（2003年7月25日に可決・成立した「担保物権及び民事執行制度の改善のための民法等の一部を改正する法律」による改正）が法制審議会の担保・執行法制部会で検討されていた当時の議論を前提にして，これに関する私見を述べておく（(a)）。そうして，最後に，平成15年の改正後の動きに関して触れ，若干私見を付言する（(b)）。

(a)　平成15年の民事執行法の改正が検討されていた当時，金銭債務についての間接強制の適用をめぐる議論は，これを全面的に否定する説（全面否定説），少額の金銭債務に限定して肯定する説（限定的肯定説），金額の多寡を問わずに全面的に肯定する説（全面肯定説）に分れていたといってよかろう[65]。全面否定説の論拠としては，①（とくに債権者が債務者の財産の所在を

　　任務に協力しているとの見方ができるように思う（法の実現について私人に積極的な役割を担わしめようとする考え方として，田中英夫＝竹内昭夫「法の実現における私人の役割」（東京大学出版会，1987年）とくに173頁以下参照）。また，間接強制について，強制金の額を確定する決定を得ないとその取立てができない手続構造を前提とする場合には（前述2【2】(イ)），債権者は強制金の額を確定する手続をする（更に，債務者が強制金を任意に支払わないときは，強制金債権についての強制執行をする）ことにより，制裁金の取立てに必要な手続をするという国の任務を，代行するとみることもできると思う。

63　第3編第6章1及び第4編第3章1【2】参照。

64　類似の発想として，山本桂一「フランス法における債務のastreinteについて」比較法研究27号（1966年）80頁。強制金の扱いに関して，「理想的な制度としては実害を上廻る賠償額が何か公益的社会的目的の事業資金に繰込まれるというようなことであろう」という。

65　全面否定説として，長谷部由起子「少額金銭債務の履行確保」NBL737号（2002

結 論

把握できない場合）金銭債務について間接強制の実効性はないこと，②金銭債務の不履行における損害賠償額を制限する民法419条，③貸金債務についての利息制限法及び出資取締法の規制，④懲罰的損害賠償を日本の公序に反するとした最高裁判決（最判平成9年7月11日民集51巻6号2573頁）との関係で，理論的に問題があること，⑤消費者金融関係事件等では弊害が大きいことが挙げられていた[66]。一方，限定的肯定説は，間接強制に利用価値が認

年）19頁以下，「座談会・手続法の側面からみた担保・執行法改正の論点〔第4回・完〕」（以下，「座談会」という）金法1648号（2002年）42頁の古賀政治弁護士・木下泰氏の発言。

　限定的肯定説として，前掲「座談会」43頁の松下順一教授の発言及び同44頁の林道晴氏の発言，林圭介他「民事執行の実効性確保のために」判タ1043号（2000年）55頁（全面的肯定説と解する余地もある），山本和彦「民事司法Ⅱ——民事司法の周辺制度の整備」ジュリ1198号（2001年）142頁（前掲「座談会」44頁の同教授の発言は，全面肯定説とも解しうる），福永有利「民事執行の実効性を高めるための方策」銀行法務21・601号（2002年）84頁（少額定期給付債務について，「一度，債務不履行があったときは，いまだ履行期の到来していない債務についても，直ちに間接強制を申し立てることができ，将来，不履行を重ねたときのためにあらかじめ支払予告を命じることができるとする規定を設けておくのがよい」とする）。

　全面肯定説として，笠井正俊「強制執行の実効性確保」ジュリ1223号（2002年）53頁。

　なお，「担保・執行法制の見直しに関する要綱中間試案」（平成14年3月19日法制審議会担保・執行法制部会決定。以下，平成15年改正中間試案という）の補足説明によると，部会内では，少額債務・少額定期給付債務等の一定の金銭債務につき肯定する説と，金銭債務についての間接強制の適用を全面的に否定する説に分れたということである。

　また，森田浩美「担保・執行法制の見直しに関する要綱中間試案に対する各高等裁判所及び各地方裁判所の意見と今後の検討課題」判タ1094号（2002年）63頁及び最高裁事務総局民事局「担保・執行法制の見直しに関する要綱中間試案に対する各高等裁判所及び各地方裁判所の意見」同73頁によると，金銭債務に間接強制を認めることについては，裁判所（高裁・地裁）の意見は分れていたということである。日弁連「担保・執行法制の見直しに関する要綱中間試案に対する意見書」同93頁は「利息制限法との関係で慎重な考慮が必要である」という。

66　とくに長谷部・前掲「少額金銭債務の履行確保」19頁以下。また，平成15年改正中間試案の補足説明及び前掲「座談会」42頁以下参照。

結　論

められるのは，直接強制では定型的に費用倒れになりやすいものにとどまることを主な理由とするようであり[67]，全面的肯定説は「金額の多寡と間接強制の必要性や実効性とは直接関連しない」等としていた[68]。

フランスでも，既述のように[69]，金銭債務についてのアストラントの適用の許否は問題になり，日本と類似の議論があった。しかし，判例は否定説から肯定説に転換しており，この判例変更は，アストラントが損害賠償とは異なるとの考え方に基づくものと理解できる。学説でも近時は肯定説が主流で，金銭債務にアストラントの適用を認める利点として，債務者の資力が十分でなくとも金策の努力を促進しうること，債務者が財産を隠匿する場合に有用なこと等が挙げられる。

フランス法に鑑みると，前に述べたような（2【2】(イ)）債務者を保護するための手当てを講じることを前提にすれば，日本でも金銭債務に間接強制の適用を認めてよいと考える。全面否定説の論拠（上記①乃至⑤）については，次のように反論することが考えられる。上記①（実効性の欠如）については，フランス法に照らすと，一概に金銭債務について間接強制の実効性がないとはいえず，債務者が財産を隠匿する場合のように，債権者が債務者の財産の所在を把握できない場合にこそ，間接強制に期待をしうるとも考えられる[70]。②（民法419条との矛盾）については，前述したように（2【2】(ア)），

---

[67] 前掲「座談会」43頁の松下発言，同44頁の林発言及び平成15年改正中間試案の補足説明参照。この他，執行に要する社会的コストの観点から有益なこと（平成15年改正中間試案の補足説明）等が挙げられている。

[68] 笠井・前掲「強制執行の実効性確保」53頁。

[69] 第1編第3章2【1】参照。

[70] 同旨，笠井・前掲「強制執行の実効性確保」52頁，林圭介他・前掲「民事執行の実効性確保のために」55頁。

[71] 懲罰的損害賠償を日本の公序に反するとした最高裁判決との整合性の問題を，金銭債務についての間接強制を認めるべきでない理由の一つとして指摘するのは，長谷部教授であるが，同教授も，前掲「少額金銭債務の履行確保」21頁注10で，「この問題は，不代替的作為債務または不作為債務の間接強制についても考えられる」ことは認める。ただし，同教授は，続けて「これらの債務の不履行による損害の額が必ずしも明確ではないのに対し，金銭債務の場合は本来の債務の額と強制金の額とを容易に比較することができるので，問題の表われ方はより顕著である」とされ

強制金は，裁判所の命令に違反したことによる制裁であって，損害賠償への充当は便宜的措置にすぎず，損害賠償とは本来的に異なるものと考えられる。故に，強制金については民法419条は適用されないと解しうる。③（利息制限法等との矛盾）についても，同様の見地から，強制金は貸金債務に基づくものではないから，利息制限法及び出資取締法の適用はないと解しうる。④（懲罰的損害賠償を公序に反するとした判例との矛盾）については，同様の問題は，金銭債務以外の債務にもあてはまるので，金銭債務についての間接強制を否定する理由とはならないと考えられる[71]。⑤（消費者金融関係事件等における弊害）については，間接強制が債務者に苛酷な結果をもたらすおそれは，程度の差はあれ，金銭債務に限らず他の債務の場合にも考えられるから，この点も，直接的には金銭債務についての間接強制を否定する理由とはなるまい。

翻って，金銭債務には履行不能が認められないから，法的には履行が可能でも，事実上履行不能というべき場合（履行が著しく困難な場合）が，他の債務に比較して相対的に多いと推測される。それ故，他の債務と比べれば，たしかに，間接強制の実効性を期待できる事例は少なく[72]，債務者に苛酷な結果をもたらすおそれは大きいと思われる。従って，間接強制の適用範囲を金銭債務にも拡張するには，前述のような債務者保護の手当てを講ずること，とくに，発令段階で事件のスクリーニングができるようにし，かつ，事後的に強制金の額を調整できるようにすることが，より一層必要になると考える[73]。

間接強制を少額の金銭債務に限定することは，論理必然的なことではない

る。

72　フランスでも，金銭債務にアストラントが適用される事例は少ないようであり，憶測であるが，おそらくは，実効性を期待できる具体的な事例が少ないためではないかと思われる。

73　なお，ベネルクス諸国のアストラント統一法は，間接強制の適用範囲から金銭債務を除外する（同法1条1項）が，同法の定めるアストラントは，日本の間接強制やフランスの確定的アストラントに類似し，過去に遡って減額をすることは認めていない（大濱・前掲「ヨーロッパ民事訴訟モデル法試案におけるアストラント」304頁以下）。

結　論

（フランスでも，少額の金銭債務に限定すべきであるとの見解は見当らない）が，支持できる。少額債務では，履行が著しく困難な場合は少ないため，その分実効性を期待しやすく，債務者に苛酷な結果を生ずるおそれも小さいと思われるからである。間接強制を認めるのに適当な少額債務の例としては，敷金の返還債務や労働関係の債務が考えられる[74]。なお，金銭債務についてのアストラントの適用例をみると，いずれも，個人が使用者・公法人を債務者としてアストラントを利用するもので，一種の弱者保護とみることができるケースであること[75]も，参考になろう。

　(b)　平成15年の民事執行法の改正では，金銭債務に間接強制を認める改正はなされなかった[76]が，この問題は，法制審議会の民事訴訟・民事執行法部会で引き続き審議され，平成15年9月12日に同部会で決定された「民事訴訟法及び民事執行法の改正に関する要綱中間試案」では，扶養義務等（平成15年改正後の民事執行法151条の2第1項各号に掲げる義務）に基づく金銭債務について間接強制を認め，併せて，この場合に「執行裁判所は，債務者の資力がないと認めるときは，債務者の申立てにより，間接強制の決定を取消

---

[74]　法制審議会担保・執行法制部会の間接強制に関する議論でも，敷金の返還債務や労働関係の債務に言及がある。同部会第9回会議（2002年2月19日）議事録参照。

[75]　第1編第3章2【1】参照。

[76]　平成15年の民事執行法の改正で，金銭債務についての間接強制に関する改正が盛込まれなかった理由は，法制審議会の担保・執行法制の見直しに関する要綱案の作成段階で，金銭債務についての間接強制の見直しはしないとする方向をとる理由に関して，事務局側が行った説明（法制審議会担保・執行法制部会第18回会議（2002年12月3日）議事録）から窺うことができる。それによると，金銭債務に間接強制を認めることは「理論的には成り立つ考えである」ものの，「その必要性が高いと言われている場面」（資力があるのに支払わない債務者，とくに強制執行が費用倒れとなりやすい少額債務）「について，間接強制を可能としつつ，一方で，懸念されているような事態」（履行する意思はあるが，履行する資力のない者に間接強制が発令されるとか，利息制限法等の制限を潜脱するような事態）「が生ずることを回避し得るような適切な要件をどう仕組むかという点につき」「困難な問題があるように思われ，今回の改正作業に盛り込むことは難しいのではないかと考えた」ということである。なお，法務省民事局参事官室「民事訴訟法及び民事執行法の改正に関する要綱中間試案の補足説明」NBL770号（2003年）89頁の平成15年改正に関する説明も参照。

すことができるものとする」案が示された。この中間試案の段階では，扶養義務等に基づく金銭債務以外に，間接強制が効果的で，これを認めても濫用等の弊害が生じないと考えられる類型の金銭債務の有無については「なお検討を要する」とされていた[77]が，平成16年2月10日に法制審議会総会で決定された「民事訴訟法及び民事執行法の改正に関する要綱」では，扶養義務等に基づく金銭債務に限定して，間接強制を認めることとし，この場合の間接強制決定の要件，強制金の額の基準，間接強制決定の取消・執行停止等の措置を盛り込んでいる[78]。平成16年3月3日に国会に提出された「民事関係

---

[77] 「民事訴訟法及び民事執行法の改正に関する要綱中間試案」NBL770号（2003年）93頁以下。なお，同中間試案については，前掲「民事訴訟法及び民事執行法の改正に関する要綱中間試案の補足説明」NBL770号61頁以下参照。

[78] 「民事訴訟法及び民事執行法の改正に関する要綱」の，間接強制に関する内容は，次の通りである（法務省ホームページ（http : / / www. moj. go. jp /）による）。
　第二　民事執行法関係　五　扶養義務等に係る金銭債権についての間接強制（新設）
　　1　間接強制の方法による強制執行の許容　　扶養義務等（民事執行法第151条の2第1項各号に掲げる義務）に係る金銭債権についての強制執行は，直接強制の方法によるほか，間接強制の方法によっても行うことができるものとする。
　　2　間接強制の決定の要件　　債務者が，支払能力を欠くために1の金銭債権に係る債務を弁済することができないこと，又はその債務を弁済することによってその生活が著しく窮迫することを証明したときは，間接強制の決定をすることができないものとする。
　　3　間接強制金の額の基準　　1の間接強制金の額を定めるに当たっては，執行裁判所は，債務不履行により債権者が受けるべき不利益並びに債務者の資力及び従前の履行の態様を特に考慮しなければならないものとする。
　　4　間接強制の決定の取消し　　事情の変更があったときは，執行裁判所は，申立てにより，間接強制の決定の変更をすることができるほか，債務者の申立てにより，その申立て後（申立て後に事情の変更があったときは，その事情の変更があった時以後）に生じた間接強制金を含めて，間接強制の決定を取り消すことができるものとする。
　　5　間接強制の決定の執行停止　㈠　4の取消しの申立てがあったときは，執行裁判所は，その申立てについての裁判が効力を生ずるまでの間，担保を立てさせ，又は立てさせないで，間接強制の決定の執行の停止を命ずることができるものとする。㈡　㈠の執行停止の裁判に対しては，不服を申し立てることができないものと

結　論

　手続の改善のための民事訴訟法等の一部を改正する法律案」は，民事執行法の第2章（強制執行）の第2節（金銭の支払を目的とする債権についての強制執行）に第5款「扶養義務等に係る金銭債権についての強制執行の特例」を設け，そこに前記要綱に基づく間接強制の規定（167条の15及び167条の16）を置いている。すなわち，扶養義務等に係る金銭債権については間接強制ができること（同法案167条の15第1項本文），債務者が支払能力を欠く場合・弁済により生活が著しく窮迫する場合は間接強制が許されないこと（同項但書），強制金の額の決定には，債務不履行により債権者が受けるべき不利益並びに債務者の資力及び従前の債務の履行の態様をとくに考慮すべきこと（同法案167条の15第2項），事情の変更がある場合は債務者の申立てにより申立時まで遡って間接強制決定を取消しうること（同法案167条の15第3項），この申立てがあったときは間接強制決定の執行の停止を命じうること（同法案167条の15第4項）等が定められている。

　この「民事関係手続の改善のための民事訴訟法等の一部を改正する法律案」（以下，法案という）の間接強制の規定についての検討は，今後の課題とし，差当たり，次の点のみ指摘しておく。

　法案が，間接強制の発令の段階・事後的な段階の双方で債務者を保護するための手当てを講ずる方向をとることは支持できる。しかし，こうした債務者保護の手当てを，扶養義務等に基づく金銭債務についての間接強制の場合に限定することには，立法論として反対である。前述のように（2【2】(ｱ)），非金銭債務の場合にも，程度の差はあれ，間接強制が債務者に不当に重い結果を生ずるおそれはないとはいえない。解釈論としては，法案の債務者保護の手当てを，他の債務について間接強制が申立てられた場合にも類推することが考えられる。

　また，法案の間接強制の規定は，扶養権利者の保護を強化する点では評価できるが，その権利を実現する方法としては，金銭の支払いのみを内容とす

　　する。
　　6　扶養義務等に係る定期金債権についての執行開始の要件の特例　扶養義務等に係る金銭債権が確定期限の定めのある定期金債権である場合において，その一部に不履行があるときは，将来分の定期金のうち6月内に確定期限が到来するものについても，間接強制の申立てをすることができるものとする。

結　論

る従来の間接強制のみならず，より強力な方法が必要ではないかと思う。

　フランスでは，扶養定期金について債務者の使用者等に直接支払いを請求できる制度の他，公的取立ての制度や，子の養育費について公的機関が立替払いし，債務者から取立てる制度が設けられていることが知られている[79]。更に，扶養料の不払いは，家族遺棄（abandon de famille）罪として，刑罰の対象となりうる。すなわち，フランス刑法典227条の3は，裁判又は裁判所が承認した合意で定められた扶養料の支払いを，2月を超えて怠った場合は，2年以下の拘禁及び15000ユーロ以下の罰金に処するとしている[80]。同法典

---

[79]　長谷部・前掲『変革の中の民事裁判』175頁以下。

[80]　フランス刑法典227条の3第1項は次のように定める。「未成年の嫡出子，非嫡出子もしくは養子，直系卑属，直系尊属又は配偶者のために，民法典第1編第5章乃至第8章に定められた家族に関する義務を理由として支払われるべき定期金（pension），分担金（contribution），生活補助金（subsides）又はあらゆる性質の給付（prestations）の支払いを課す裁判（décision judiciaire）又は裁判所により承認された合意（convention judiciairement homologuée）を履行しない者は，2月を超えてこの義務の完全な履行がないときは（en demeurant plus de deux mois sans s'acquitter intégralement de cette obligation），2年［以下］の拘禁及び15000ユーロ［以下］の罰金に処する」。

　Cornu, Droit civil, la famille, 7ᵉ éd., 2001, nº 144によると，前記規定が定める家族遺棄罪を構成するには，遺棄が故意によるものである（volontaire）ことを要するが，支払いがないことから故意が推定される。また，一部の不払いもこの罪に当たる。

　Annuaire statistique de la Justice, éd. 2003, p. 169の，1997年から2001年までの統計によると，家族遺棄罪の有罪件数は1997年で7232件，2001年で4906件あり，この5年間で減少しているものの，この制度は実際に相当程度使われているといってよかろう。

　前記統計では，家族遺棄罪の運用状況の詳細は明らかでないが，家族遺棄罪を含む「家族に対する侵害の罪」については次のようなことがいえる。有罪とされた事件の約8割が拘禁刑に処せられている。ただし，そのうちの約8割に（全面的な）執行猶予が付されている。拘禁期間の平均は4月余である（2001年は4.7月）。罰金刑は5％程度にすぎず，罰金額の平均も500－700ユーロ程度（2001年は577ユーロ）にとどまる。有罪とされた者の8割強が男性で，年齢でみると30歳以上60歳未満が8割強を占める。このような家族に対する侵害の罪の状況から，家族遺棄罪の状況も窺い知ることができよう。というのも，有罪件数でみると，家族に対

結　論

227条の29はこれに補充刑（peine complémentaire）を科すことも認める[81]。更に，同法典227条の4によれば，裁判等で扶養料の支払いが定められた場合，債務者は自己の住所の変更を債権者に通知せねばならず，この通知を怠ると6月以下の拘禁及び7500ユーロ以下の罰金に処せられる[82]。Perrot et Théryは，立法者がこのように厳しい態度をとる理由について，扶養料の支払いはその債権者の生計の維持に必要で，この種の債務は他のいかなる債務よりも，遅滞なく履行されねばならないものであることを挙げる[83]。このような他の実効的な制度が存在するためであろう。扶養料の支払義務についてアストラントは利用されていないようである[84]。

扶養請求権は，生存権に関わる権利であり，フランスの例に鑑みても，従来の強制執行の枠組みを超えて，その権利実現の方法を検討すべきものと思う。まず，長谷部由起子教授が従来から指摘されているように[85]，国が立替払いをして債務者から取り立てる等の社会保障的な手当てを講ずることが必要であろう。また，扶養料の不払いについては，犯罪として刑罰で対処するとまではいかなくとも，（たとえば，家事審判法・人事訴訟法上の履行確保の一環として）拘禁を内容とする制裁を認めることが考えられてよいと思う。

　　する侵害の罪の8割を家族遺棄罪が占めるからである。なお，この統計資料については島岡まな助教授に御教示頂いた。

[81] フランス刑法典227条の29は，未成年者及び家族に対する侵害の罪についての補充刑として，同法典131条の26に定める態様による公民権，民事上の権利及び家族に関する権利の禁止（1号），5年間以下の運転免許の停止・取消（2号・3号），5年以下のフランス領土からの出国の禁止（4号）等を定める。

[82] フランス刑法典227条の4は次のようである。「227条の3に定める要件に従って，定期金，分担金，生活補助金又はあらゆる性質の給付を支払う義務を負う者は，その住所の変更について，この変更から1月内に債権者に通知しないときは，6月［以下］の拘禁及び7500ユーロ［以下］の罰金に処する」。

[83] Perrot et Théry, n° 101.

[84] この点は，Chabas教授から御教示頂いた。

[85] 長谷部・前掲『変革の中の民事裁判』176頁以下。長谷部教授は，早くから，家事債務の執行について社会保障制度と関連させた立法論の必要性，社会保障給付として扶養料を立替払いする制度の導入等を提言されている。

参考文献一覧

＊フランス語文献のみを掲げる。［　］内は，引用の際に用いた略語である。

Ⅰ　著書
　(1)　民事執行法
― E. BLANC, Les nouvelles procédures d'exécution, 2ᵉ éd., Montchrestien, 1994. ［Blanc］
― G. COUCHEZ, Voies d'exécution, 5ᵉ éd., Sirey, 1999.
― M. DONNIER, Voies d'exécution et procédures de distribution, 1ʳᵉ éd., 1987 ; 2ᵉ éd., 1990 ; 3ᵉ éd., 1993 ; 4ᵉ éd., 1996 ; 5ᵉ éd., 1999, Litec.
― M. et J.-B. DONNIER, Voies d'exécution et procédures de distribution, 6ᵉ éd., Litec, 2001. ［M. et J.-B. Donnier］
― S. GUINCHARD et T. MOUSSA, Droit et pratique des voies d'exécution, éd. 2001/2002, Dalloz, 2001.　n° 3101 et s., par T. FOSSIER. ［Fossier］
― R. PERROT et Ph. THÉRY, Procédures civiles d'exécution, Dalloz, 2000. ［Perrot et Théry］
― G. TAORMINA, Le nouveau droit des procédures d'exécution et de distribution, J. N. A., 1993.
― G. TAORMINA, Droit de l'exécution forcée, J. N. A., 1998.
― J. VINCENT et J. PRÉVAULT, Voies d'exécution et procédures de distribution, 19ᵉ éd., Dalloz, 1999.
　(2)　民法
― J. CARBONNIER, Droit civil, les obligations, t. IV, 20ᵉ éd., PUF, 1996.
― Y. CHARTIER, La réparation du préjudice dans la responsabilité civile, Dalloz, 1983.
― A. COLIN, H. CAPITANT et L. JUILLOT DE LA MORANDIÈRE, Cours élémentaire de droit civil français, t. II, 10ᵉ éd., 1948.
― G. CORNU, Droit civil, La famille, 7ᵉ éd., Montchrestien, 2001.
― R. DEMOGUE, Traité des obligations en général, t. VI, Librairie Arthur Rousseau, 1931.
― J. GHESTIN（sous la direction de）, Traité de droit civil, Les effets de la responsa-

参考文献一覧

bilité, 2ᵉ éd., par G. VINEY et P. JOURDAIN, LGDJ, 2001.
―L. JOSSERAND, Cours de droit civil positif français, t. II, 3ᵉ éd., Sirey, 1939.
―G. MARTY et P. RAYNAUD, Droit civil, les obligations, t. II, 1ᵉʳ vol., Sirey, 1962.
―G. MARTY, P. RAYNAUD et Ph. JESTAZ, Droit civil, les obligations, t. II, 2ᵉ éd., Sirey, 1989.
―H. et L. MAZEAUD, Traité théorique et pratique de la responsabilité civile délictuelle et contractuelle, t. III, 4ᵉ éd., Sirey, 1950.
―H. et L. MAZEAUD et A. TUNC, Traité théorique et pratique de la responsabilité civile délictuelle et contractuelle, t. III, 5ᵉ éd., Montchrestien, 1960.
―H., L. et J. MAZEAUD et F. CHABAS, Traité théorique et pratique de la responsabilité civile délictuelle et contractuelle, t. III, 1ᵉʳ vol., 6ᵉ éd., Montchrestien, 1978.
―H., L. et J. MAZEAUD et F. CHABAS, Leçons de droit civil, t. II, 1ᵉʳ vol, 9ᵉ éd., par F. CHABAS, Montchrestien, 1998.
―M. PLANIOL et G. RIPERT, Traité pratique de droit civil français, t. VII, 2ᵉ éd., par P. ESMEIN, J. RADOUANT et G. GABOLDE, LGDJ, 1954.
―G. RIPERT et J. BOULANGER, Traité de droit civil d'après le traité de Planiol, t. II, LGDJ, 1957.
―B. STARCK, H. ROLAND et L. BOYER, Droit civil, les obligations, vol. 3, 6ᵉ éd., par H. ROLAND, Litec, 1999. [Starck, Roland et Boyer]
―A. WEILL et F. TERRÉ, Droit civil, les obligations, 4ᵉ éd., Dalloz, 1985.

(3) その他

―J. BORÉ, La cassation en matière civile, Dalloz, 1997.
―L. CADIET, Droit judiciaire privé, 3ᵉ éd., Litec, 2000.
―G. CORNU, Vocabulaire juridique, 8ᵉ éd., PUF, 2000.
―H. GAUDEMET-TALLON, Les conventions de Bruxelles et de Lugano, 2ᵉ éd., LGDJ, 1996.
―S. GUINCHARD, Droit et pratique de la procédure civile, éd. 2001/2002, Dalloz, 2000.
―R. PERROT, Institutions judiciaires, 10ᵉ éd., Montchrestien, 2002.
―H. ROLAND et L. BOYER, Locutions latines du droit français, 4ᵉ éd., Litec, 1998.
―J. VINCENT et S. GUINCHARD, Procédures civile, 25ᵉ éd., Dalloz, 1999.
―J. VINCENT, S. GUINCHARD, G. MONTAGNIER et A. VARINARD, Institutions judiciaires, 6ᵉ éd., 2001 ; 7ᵉ éd., 2003, Dalloz.

II 博士論文
- C. CARON, Abus de droit et droit d'auteur, Paris, 1997, dactylographie, n°s 232-237.
- S. CARVAL, La responsabilité civile dans sa fonction de peine privée, LGDJ, 1995.
- G. CUNÉO, Les astreintes, Paris, 1950, dactylographie.
- D. DENIS, L'astreinte judiciaire. Nature et évolution, Paris, 1973, dactylographie. [Denis]
- A. DORVILLE, De l'intérêt moral dans les obligations, Paris, 1901, pp. 206-210.
- L. HUGUENEY, L'idée de peine privée en droit contemporain, Dijon, 1904.
- L. SOULMAGNON, Les astreintes légales, Poitiers, 1925.
- B. STARCK, Essai d'une théorie générale de la responsabilité civile considérée en sa double fonction de garantie et de peine privée, Paris, 1947.
- E. VIOT-COSTER, Les astreintes, Rennes, 1966, dactylographie. [Viot-Coster]

III 論説等
- C. ATIAS, La défense à exécution provisoire de l'astreinte liquidée, D 1995 chron. 272.
- J. BORÉ, La liquidation de l'astreinte comminatoire, D 1966 chron. 159. [J. Boré ①]
- J. BORÉ, La collaboration du juge et du législateur dans l'astreinte judiciaire, *in* Aspects nouveaux de la pensée juridique, Études M. Ancel, t. I, 1975, p. 273. [J. Boré②]
- J. BORÉ, Répertoire de droit civil Dalloz, V° Astreintes, 1974.
- J. et L. BORÉ, Répertoire de droit civil Dalloz, V° Astreintes, 1996. [J. et L. Boré]
- L. BORÉ, Le juge pénal, l'astreinte et les condamnations à une obligation de faire, GP 19-20 juin 1996 doctr. 7.
- J. BUFFET, La réforme de l'astreinte : premières applications, *in* Rapport de la Cour de cassation 1997, p. 67. [Buffet]
- G. CALBAIRAC, L'exécution des décisions de justice, D 1947 chron. 85.
- J. CARBONNIER, Astreintes. Loi n° 49-972 du 21 juillet 1949, Revue des Loyers 1949, p. 475. [Carbonnier]
- F. CHABAS, La réforme de l'astreinte (Loi du 5 juillet 1972), D 1972, chron. 271.

参考文献一覧

［Chabas①］
―F. CHABAS, La réforme de l'astreinte, D 1992 chron. 299. ［Chabas②］
―F. CHABAS, Répertoire de procédure civile Dalloz, V° Astreintes, 1993.
―F. CHABAS et S. DEIS, Répertoire de procédure civile Dalloz, V° Astreintes, 1998. ［Chabas et Deis, D］
―F. CHABAS et P. JOURDAIN, Juris-Classeur, Responsabilité civile, Régime de la réparation. Action en réparation. Décision judiciaire. Astreintes, fascicule 224-2, 1986.
―F. CHABAS et S. DEIS, Juris-Classeur, Responsabilité civile, Régime de la réparation. Action en réparation. Décision judiciaire. Astreintes, fascicule 224-2, 1999. ［Chabas et Deis, J-Cl.］
―S. CIMAMONTI, Juris-Classeur, Formulaire analytique de procédure, Astreinte judiciaire, fascicule 10, 1993. ［Cimamonti］
―H. CROZE, La loi n. 91-650 du 9 juillet 1991 portant réforme des procédures civiles d'exécution : le nouveau droit commun de l'exécution forcée, JCP 1992 I 3555. ［Croze］
―H. CROZE, Le décret du 31 juillet 1992 instituant de nouvelles règles relatives aux procédures civiles d'exécution, JCP 1992 I 3635.
―D. DENIS, Répertoire de procédure civile Dalloz, V° Astreintes, 1978.
―A. ESMEIN, L'origine et la logique de la jurisprudence en matière d'astreintes, RTDC 1903. 5. ［A. Esmein］
―P. ESMEIN, Les astreintes. Leurs nouvelles applications, GP 1941 I doctr. 81.
―P. ESMEIN, Le maintien dans les lieux. Les astreintes en vue de faire évacuer un local（Lois des 16 et 21 juillet 1949）, GP 1949 II doctr. 15. ［P. Esmein］
―P. ESMEIN, Peine ou réparation, *in* Mélanges P. Roubier, t. II, 1961, p. 37.
―M. FRÉJAVILLE, L'exécution des jugements d'expulsion, GP 1947 I doctr. 78. ［Fréjaville①］
―M. FRÉJAVILLE, L'astreinte, D 1949 chron. 1. ［Fréjaville②］
―M. FRÉJAVILLE, L'exécution des jugements d'expulsion, Revue des loyers 1949, p. 115.
―M. FRÉJAVILLE, La loi du 21 juillet 1949 sur les astreintes en matière d'expulsions, JCP 1949 I 792. ［Fréjaville③］
―M. FRÉJAVILLE, Les premières applications de la loi du 21 juillet 1949, Revue des

loyers 1951, p. 83.
- M. FRÉJAVILLE, La valeur pratique de l'astreinte, JCP 1951 I 910. [Fréjaville④]
- M. FRÉJAVILLE, Le déclin de la formule exécutoire et les réactions des tribunaux, *in* Le droit privé français au milieu du XXe siècle, Études G. Ripert, t. I, 1950, p. 214. [Fréjaville⑤]
- J. GIFFARD, Le juge des référés est-il compétent pour prononcer une astreinte ? Revue des fermages 1949, p. 248.
- J. GIFFARD, La loi du 21 juillet 1949 donnant le caractère comminatoire aux astreintes s'applique-t-elle en matière de baux ruraux, Revue des fermages 1949, p. 398.
- P. GILBERT, L'astreinte, Administrer n° 277 avril 1996, p. 23.
- M. HAMIAUT et M. PÉPIN, La loi du 21 juillet 1949 sur les astreintes risque d'être inopérante, GP 1949 II doctr. 30.
- P. HÉBRAUD, L'exécution des jugements civils, Revue internationale de droit comparé 1957. 170.
- P. HÉBRAUD, Observations. RTDC 1951. 283 ; RTDC 1959. 146 et 778 ; RTDC 1962. 148 ; RTDC 1966. 843 ; RTDC 1968. 753 ; RTDC 1970. 815.
- L. HUGUENEY, Le sort de la peine privée en France dans la première moitié du XXe siècle, *in* Le droit privé français au milieu du XXe siècle, Études G. Ripert, t. II, 1950, p. 249.
- W. JEANDIDIER, L'exécution forcée des obligations contractuelles de faire, RTDC 1976. 700.
- Ch. JUGE-CHAPSAL, Commentaire de la loi du 21 juillet 1949, S 1949 V 2098.
- P. JULIEN, Les astreintes, La vie judiciaire n° 2182, 1988, p. 1.
- P. KAYSER, L'astreinte judiciaire et la responsabilité civile, RTDC 1953. 209. [Kayser]
- LABBÉ, Encore l'affaire de Bauffremont, Revue pratique de droit français, 1881, t. L, p. 62.
- C. LARHER- LOYER, L'efficacité de l'astreinte : mythe ou réalité ? Revue judiciaire de l'ouest 1987, p. 261.
- A. LESCAILLON, L'exécution de l'astreinte, Revue des huissiers de justice 1984, p. 711.
- Y. LOBIN, L'astreinte en matière civile depuis la loi du 5 juillet 1972, *in* Études P.

Kayser, t. II, 1979, p. 131. [Lobin]
—J. LOT et J.-M. GELINET, L'astreinte judiciaire, Administrer n° 140 novembre 1983, p. 2.
—B. LOUVEL, Une préposition qui change tout : on ne condamne pas 《à》 une astreinte mais 《sous》 astreinte, GP 1999 II doctr. 1263.
—H. et L. MAZEAUD, Observations. RTDC 1948. 71, 222 et 475 ; RTDC 1950. 366 et 506 ; RTDC 1951. 83, 256 et 383 ; RTDC 1954. 107, 497 et 660 ; RTDC 1957. 349 et 539 ; RTDC 1960. 116 et 317.
—R. MEURISSE, L'astreinte non comminatoire, GP 1948 II doctr. 11.
—R. MEURISSE, L'arrêt de la chambre civile du 20 octobre 1959 sur les astreintes, GP 1960 II doctr. 13.
—E. MEYNIAL, De la sanction civile des obligations de faire ou de ne pas faire, Revue pratique de droit français, 1884, t. LVI, p. 385.
—J. NORMAND, Observations. RTDC 1976. 602 ; RTDC 1998. 733.
—R. PERROT, L'astreinte. Ses aspects nouveaux, GP 1991 II doctr. 801. [Perrot]
—M.-L. RASSAT, L'astreinte définitive, JCP 1967 I 2069. [Rassat]
—P. RAYNAUD, La distinction de l'astreinte et des dommages-intérêts dans la jurisprudence française récente, *in* Mélanges R. Secrétan, 1964, p. 249. [Raynaud]
—E. DU RUSQUEC, La nature juridique de l'astreinte en matière civile, JCP 1993 I 3699.
—E. DU RUSQUEC, Juris-Classeur, Procédure civile, Astreintes, Introduction, fascicule 2120, 1993 ; Astreintes, Astreinte provisoire, fascicule 2130, 1994 ; Astreintes, Astreintes définitive et légales. Astreintes en droit international privé, droit communautaire et droit comparé, fascicule 2140, 1993.
—J. SAVATIER, L'exécution des condamnations au payement d'une astreinte, D 1951 chron. 37.
—D. TALON, L'astreinte, GP 1992 I doctr. 474.
—Ph. THÉRY, La place des procédures civiles d'exécution, RTDC 1993, numéro spécial, p. 1.
—J.- M. THIERS, Juris-Classeur, Formulaire analytique de procédure, Astreinte judiciaire. Formules, fascicule 20, 1994.
—A. TOULEMON, Une institution de droit coutumier. Les astreintes en référé. GP 1948 II doctr. 62.

―A. TUNC, Observations. RTDC 1960, 672 ; RTDC 1962. 343.
―H. VIZIOZ, Les pouvoirs du juge des référés en matière d'astreintes, JCP 1948 I 689. [Vizioz]
―J. VOULET, Les astreintes, Questions prud'homales 1973, p. 657.

参考判例一覧

＊本書の執筆のために収集したフランスの判例を掲げておく。本書で直接言及しなかったものも含む。1972年7月5日の法律前の判例については，Denis, L'astreinte judiciaire. Nature et évolution, thèse Paris, 1973の判例目録を基本に収集した。なお，同一の判例が複数の判例集に登載されている場合でも，原則的には，そのうちの一つの判例集しか出典として表示していない。

［1］ Trib. civ. Gray 25 mars 1811（登載判例集不明）Dorville, De l'intérêt moral dans les obligations, thèse Paris, 1901, p. 209, note 3 ; Ripert et Boulanger, Traité de droit civil, t. II, 1957, n° 1617
［2］ Req 28 décembre 1824, S 1822-24 I 604
［3］ Req 9 août 1826, S 1825-27 I 412
［4］ Req 29 janvier 1834, S 1834 I 129
［5］ Civ 4 juin 1834, S 1835 I 39
［6］ Req 22 novembre 1841, S 1842 I 170
［7］ Aix 25 février 1847, DP 1847 II 85
［8］ Paris 17 août 1848, DP 1848 II 197
［9］ Montpellier 30 avril 1849, DP 1849 II 126
［10］ Douai 5 décembre 1849, DP 1850 II 65
［11］ Paris 10 décembre 1849 DP 1851 V 24
［12］ Orléans 19 mars 1851, DP 1852 II 81
［13］ Civ 26 juillet 1854, DP 1854 I 297
［14］ Paris 31 mars 1855, S 1855 II 494
［15］ Bordeaux 6 février 1856, DP 1857 II 53
［16］ Req 25 mars 1857, DP 1857 I 213
［17］ Civ 16 février 1859, DP 1859 I 53
［18］ Lyon 9 avril 1859, DP 1861 V 25
［19］ Civ 6 juin 1859, DP 1859 I 248
［20］ Civ 27 juin 1859, DP 1859 I 259
［21］ Orléans 3 décembre 1859, DP 1860 II 9
［22］ Paris 31 décembre 1859, DP 1861 V 25

［23］ Req 16 août 1860, S 1861 I 288
［24］ Req 31 décembre 1860, S 1862 I 203
［25］ Nîmes 20 février 1862, DP 1863 II 193 （2e espèce）
［26］ Montpellier 1er avril 1862, DP 1862 V 112
［27］ Pau 11 mars 1863, DP 1863 II 193 （1re espèce）
［28］ Trib. Castel-Sarrazin 8 avril 1864, DP 1864 III 46
［29］ Toulouse 29 juin 1864, DP 1864 II 174
［30］ Req 8 novembre 1864, S 1865 I 318 ; DP 1865 I 388
［31］ Lyon 4 janvier1865, S 1865 II 171
［32］ Civ 24 janvier 1865, DP 1865 I 226
［33］ Req 4 avril 1865, DP 1865 I 387
［34］ Paris 4 juillet 1865, DP 1865 II 201
［35］ Req 28 avril 1868, S 1869 I 173
［36］ Req 19 mai 1868, DP 1868 I 486
［37］ Rouen 18 novembre 1868, S 1869 II 256
［38］ Civ 26 janvier 1870, DP 1870 I 88
［39］ Bordeaux 5 mai 1870, DP 1870 II 208
［40］ Req 7 juillet 1870, DP 1871 I 168
［41］ Req 17 avril 1872, S 1872 I 76
［42］ Douai 28 novembre 1873, DP 1875 II 31
［43］ Req 14 juillet 1874, DP 1875 I 460
［44］ Paris 1er août 1874, DP 1876 I 465
［45］ Aix 12 août 1876, DP 1877 II 175
［46］ Paris 7 août 1876 et Paris 13 février 1877, DP 1878 II 125
［47］ Alger 29 novembre 1877, S 1878 II 43
［48］ Dijon 25 janvier 1878, DP 1878 II 37
［49］ Civ 19 février 1878, DP 1878 I 261
［50］ Civ 18 mars 1878, DP 1878 I 201 （2e espèce）
［51］ Req 26 juin 1878, S 1879 I 176
［52］ Orléans 26 décembre 1878, DP 1879 II 49
［53］ Req 10 juin 1879, DP 1880 I 418
［54］ Bruxelles 5 août 1880 et Cass. Belgique 19 janvier 1882, DP 1882 II 81
［55］ Civ 15 novembre 1881 et Civ 14 décembre 1881, DP 1882 I 134

参考判例一覧

[56] Paris 1ᵉʳ avril 1882, DP 1882 II 229

[57] Civ 25 juillet 1882, DP 1883 I 243

[58] Lyon 7 mars 1883, DP 1884 II 119

[59] Pau 24 décembre 1883, DP 1885 II 221

[60] Civ 25 novembre 1884, DP 1885 I 399

[61] Paris 6 août 1885, GP 1885 II 240

[62] Req 13 décembre 1886, S 1887 I 176

[63] Req 28 décembre 1886, S 1887 I 112

[64] Civ 31 juillet 1850, DP 1850 I 244

[65] Civ 30 avril 1879, DP 1879 I 268

[66] Civ 23 mai 1887, DP 1888 I 31

[67] Cass. Belgique 23 juin 1887, DP 1888 II 311

[68] Besançon 25 juillet 1888, DP 1890 II 77

[69] Req 7 novembre 1888, DP 1889 I 259

[70] Req 9 janvier 1889, S 1889 I 264 ; DP 1891 I 128

[71] Paris 18 janvier 1889, GP 1889 I 354

[72] Civ 20 mars 1889, DP 1889 I 382

[73] Req 23 juillet 1889, DP 1891 I 31

[74] Civ 15 avril 1890, S 1893 I 476

[75] Req 15 mars 1892, DP 1892 I 303

[76] Lyon 16 mars 1893, DP 1894 II 376

[77] Civ 16 mars 1982, DP 1893 I 277

[78] Civ 3 juillet 1893, DP 1893 I 594

[79] Trib. civ. Châteauroux 27 février 1894, DP 1895 II 142

[80] Trib. civ. Seine 23 juin 1894, GP 1894 II 83

[81] Paris 21 avril 1896, DP 1897 II 177, note P. Dupuich

[82] Nancy 17 octobre 1896, DP 1897 II 79

[83] Trib. civ. Perpignan 23 décembre 1896, DP 1897 II 296

[84] Req 3 mars 1897, DP 1897 I 573

[85] Req 1ᵉʳ décembre 1897, DP 1898 I 289, note M. Planiol

[86] Req 22 décembre 1897, GP 1898 I 159

[87] Req 2 mars 1898, DP 1898 I 430

[88] Req 11 mai 1898, DP 1899 I 310

[89] Besançon 11 mai 1898, GP 1898 I 704
[90] Civ 10 juin 1898, S 1899 I 20
[91] Civ 5 juillet 1898, DP 1899 I 393, note E. Glasson
[92] Trib. civ. Béziers 21 juillet 1898, GP 1899 I 270
[93] Cass. Belgique 18 mai 1899, DP 1901 II 161
[94] Req 6 février 1900, DP 1900 I 167
[95] Civ 14 mars 1900, DP 1900 I 497, rapp. Rau, concl. Desjardins, note M. P.
[96] Lyon 11 mai 1900, DP 1900 II 383
[97] Req 18 juillet 1900, S 1902 I 13
[98] Rouen 1er août 1900, GP 1900 II 689
[99] Req 8 janvier 1901, S 1902 I 285
[100] Lyon 8 juillet 1901, DP 1901 V 523
[101] Trib. civ. Seine 21 novembre 1902, DP 1903 II 469 (en note)
[102] Civ 25 novembre 1902, DP 1904 I 54
[103] Paris 2 janvier 1903, DP 1903 II 469
[104] Req 18 février 1903, DP 1903 I 487
[105] Paris 17 juillet 1903, DP 1903 II 469
[106] Req 19 avril 1904, S 1906 I 390
[107] Req 9 mai 1904, DP 1904 I 518
[108] Trib. civ. Seine 28 mai 1907, GP 1907 I 737
[109] Trib. paix Paris 14 novembre 1907, DP 1908 V 18
[110] Req 18 novembre 1907, S 1913 I 386 ; DP 1908 I 23
[111] Paris 12 février 1908, DP 1909 II 113
[112] Trib. civ. Cognac 9 mars 1908, GP 1908 I 518
[113] Lyon 30 juin 1908, S 1908 II 295
[114] Lyon 24 février 1909, DP 1910 II 172
[115] Bruxelles 1er mars 1909, S 1909 IV 15
[116] Toulouse 30 juin 1909, S 1909 II 272
[117] Dijon 28 avril 1910, DP 1912 II 36
[118] C. d'Indo-chine 29 avr. 1910, DP 1912 II 71
[119] Req 18 janvier 1911, S 1911 I 365
[120] Trib. civ. Seine 6 mars 1911, DP 1911 V 28
[121] Pau 15 mars 1911, S 1911 II 116

参考判例一覧

[122] Paris 8 mai 1911, S 1911 II 220
[123] Req 18 juillet 1911, S 1911 I 519
[124] Liège 2 janvier 1912, S 1913 IV 6
[125] Trib. com. Seine 10 février 1912, GP 1912 I 658
[126] Trib. civ. Toulouse 15 mars 1912, DP 1913 V 35
[127] Req 18 mars 1912, S 1914 I 11
[128] Bourges 2 avril 1912, GP 1912 I 535 ; DP 1913 V 38
[129] Req 3 avril 1912, S 1912 I 440
[130] Civ 24 décembre 1912, S 1914 I 66
[131] Civ 20 janvier 1913, S 1913 I 386
[132] Civ 3 février 1913, S 1913 I 258
[133] Paris 28 mai 1913, S 1913 II 88
[134] CE 30 juillet 1913, Rec. CE 1913, p. 936
[135] Req 20 octobre 1913, S 1914 I 454
[136] Crim 30 janvier 1914, GP 1914 I 459
[137] Amiens 31 janvier 1914, DP 1914 II 136
[138] Civ 12 mai 1914, S 1915 I 52
[139] Civ 4 novembre 1914, DP 1916 I 188
[140] Civ 1er décembre 1914, DP 1917 I 115
[141] Besançon 25 mai 1915, GP 1914 II et 1915. 323
[142] Civ 18 juillet 1916, DP 1916 I 286
[143] Civ 28 octobre 1918, S 1918-19 I 89, note L. Hugueney
[144] Nancy 12 décembre 1918, GP 1918-19 I 576
[145] Aix 23 mai 1919, DP 1919 II 25 note H. Lalou（4e espèce）
[146] CE 23 mai 1919, Rec. CE 1919, p. 468
[147] Trib. com. Chartres 6 juin 1919, DP 1919 II 25, note Lalou（7e espèce）
[148] Trib. com. Seine 16 décembre 1919, DP 1920 II 33, note G. Ripert（1re espèce）
[149] Trib. civ. Perpignan 10 février 1920, DP 1920 II 33, note G. Ripert（5e espèce）
[150] Trib. com. Lyon 1er avril 1920, DP 1921 II 71
[151] Req 14 juin 1920, DP 1921 I 195
[152] Grenoble 12 octobre 1920, DP 1921 II 43 note G. R.
[153] Req 21 décembre 1920, DP 1921 I 62
[154] Paris 29 décembre 1920, DP 1921 II 43 note G. R.

参考判例一覧

[156] Crim 19 mars 1921, S 1922 I 47
[157] Req 21 mars 1921, DP 1921 I 166
[158] Req 7 février 1922, Gaz. Trib. 10 août 1922
[159] Paris 14 février 1922, DP 1922 II 38
[160] CE 15 novembre 1922, S 1924 III 33, note M. Hauriou
[161] CE 17 novembre 1922, Rec. CE 1922, p. 840
[162] Civ 7 novembre 1923, DH 1924. 46
[163] CE 30 novembre 1923, DP 1923 III 59, concl. Rivet ; GP 1924 I 291
[164] CE 27 février 1924, DH 1924. 268
[165] Civ 19 janvier 1926, DH 1926. 115
[166] CE 25 juin 1926, Rec. CE 1926, p. 643
[167] Paris 14 mai 1926, DH 1926. 384
[168] Trib. civ. Seine 30 juin 1926, GP 1926 II 370
[169] Trib. civ. Toulouse 15 février 1927, GP 1927 II 241 (2e espèce)
[170] Civ 14 mars 1927, DH 1927. 274
[171] Paris 16 mai 1927, GP 1927 II 241 (1re espèce)
[173] Req 22 juin 1927, GP 1927 II 449
[174] Paris 10 novembre 1927, Gaz. Trib. 29, 30 et 31 janvier 1928
[175] Aix 19 avril 1928, DP 1930 II 17, note P. Pic
[176] Trib. civ. Troyes 29 mai 1929, GP 1929 II 324
[177] Trib. civ. Arras 30 janvier 1930, GP 1930 I 609
[178] Paris 10 mars 1930, DH 1930. 322
[179] Req 3 novembre 1930, GP 1930 II 731
[180] Civ 30 mars 1931, DH 1931. 334
[181] CE 27 janvier 1933, DH 1933. 257
[182] Civ 8 mai 1933, DH 1933. 395
[183] Civ 5 juillet 1933, DH 1933. 425
[184] Montpellier 24 juillet 1933, DH 1933. 566
[185] Montpellier 10 février 1934, DH 1934. 275
[186] Bordeaux 21 mars 1935, GP 1935 I 924
[187] Civ 9 février 1937, S 1937 I 141
[188] Aix 15 février 1937, DH 1937. 211
[189] Req 7 juillet 1937, S 1937 I 294

参考判例一覧

[190] Crim 13 janvier 1938, GP 1938 I 702
[191] Crim 20 janvier 1938, DH 1938. 228
[192] Req 28 avril 1938, GP 1938 II 145
[193] Cour supérieure d'arbitrage 1er mars 1939, GP 1939 I 647, concl. Fouan
[194] Cour supérieure d'arbitrage 25 mai 1939, GP 1939 II 175
[195] Req 27 juin 1939, DH 1939. 478
[196] Req 11 novembre 1940, JCP 1941 II 1654, note J. Radouant
[197] Trib. paix Ervy-le-Châtel 17 septembre 1941, GP 1921 II 442
[198] Trib. civ. Pont-l'Evêque 10 décembre 1942, DC 1943 J 119, note G. B.
[199] Trib. civ. Laval 15 février 1944, GP 1944 I 143
[200] CE 8 septembre 1944, Rec. CE 1944, p. 247
[201] Caen 1er mai 1945, GP 1945 II 17
[202] Trib. com. Fécamp 6 juin 1945, GP 1945 II 133
[203] Trib. civ. Quimper 5 mars 1946, JCP 1946 II 3079, note J. G. L.
[204] Besançon 4 décembre 1946, GP 1947 I 20
[205] Req 11 février 1947, S 1947 I 178
[206] Trib. civ. Guingamp 12 mars 1947, GP 1947 II 14
[207] Paris 19 mars 1947, D 1949 II 20, note H. Desbois
[208] Trib. civ. Seine 2 avril 1947, GP 1947 I 221
[209] Trib. com. Seine 23 juin 1947, D 1947. 506
[210] Trib. civ. Amiens 17 juillet 1947, D 1948. 144, note J.-C. Laurent ; S 1948 II 97, note J. Hémard
[211] Colmar 25 juillet 1947, GP 1947 II 165
[212] Req 4 août 1947, GP 1947 II 30
[213] Trib. paix Oulchy-le-Château 2 octobre 1947, GP 1947 II 232
[214] Trib. com. Meaux 7 octobre 1947, GP 1947 II 213
[215] Trib. civ. Riom 16 octobre 1947, P 1947 II 275
[216] Trib. civ. Seine 7 novembre 1947, D 1948. 135(1re espèce)
[217] Montpellier 12 novembre 1947, S 1948 II 15
[218] Pau 12 novembre 1947, S 1948 II 84
[219] Trib. civ. Marseille 13 novembre 1947, D 1948. 135(2^{e} espèce)
[220] Colmar 25 novembre 1947, JCP 1948 II 4107, note M. F.
[221] Trib. civ. Sables-d'Olonne 24 novembre 1947, D 1948. 34, note M. Fréjaville

(1re espèce)

[222] Trib. civ. Seine 5 décembre 1947, D 1948. 34, note M. Fréjaville (2e espèce)
[223] Nancy 17 décembre 1947, JCP 1948 II 4450, note A. Colombini
[224] Trib. civ. Guingamp 3 janvier 1948, JCP 1948 II 4223, note H. Vizioz (1re espèce)
[225] Trib. civ. Avesnes 29 janvier 1948, JCP 1948 II 4223, note H. Vizioz (2e espèce)
[226] Montpellier 5 février 1948, S 1948 II 108
[227] Trib. civ. Fontenay-le-Comte 25 février 1948, D 1948. 264
[228] Bourges 16 mars 1948, JCP 1948 II 4277, note H. Vizioz
[229] Trib. civ. Vouziers 16 mars 1948, JCP 1948 II 4223, note H. Vizioz (3e espèce)
[230] Trib. civ. Sables-d'Olonne 30 mars 1948, GP 1948 I 169, note M. F.
[231] Colmar 28 avril 1948, D 1948. 449
[232] Paris 28 avril 1948, JCP 1948 II 4333 (1re espèce)
[233] Dijon 16 avril 1948, JCP 1948 II 4333 (2e espèce)
[234] Trib. conflits 17 juin 1948, JCP 1948 II 4437, note G. H. George
[235] Trib. civ. Montpellier 1er septembre 1948, JCP 1948 II 4529, note M. F.
[236] Bastia 11 octobre 1948, D 1948. 583
[237] Trib. paix Armentières 15 octobre 1948, GP 1949 I 10
[238] Com 17 novembre 1948, Bull. civ. 1948 II n° 245, p. 979
[239] Trib. civ. Colmar 23 novembre 1948, D 1949. 127
[240] Trib. civ. Seine 30 novembre 1948, GP 1949 I 52
[241] Trib. paix Lille 1er décembre 1948, GP 1949 I 98
[242] Aix 22 décembre 1948, D 1949. 217
[243] Com 2 février 1949, Bull. civ. 1949 II n° 61, p. 136
[244] Paris 11 juin 1949, D 1949. 487
[245] Trib. civ. Seine 21 juin 1949, GP 1949 II 136
[246] Com 7 juillet 1949, Bull. civ. 1949 II n° 275, p. 765
[247] Paris 13 juillet 1949, S 1950 II 47
[248] Paris 7 novembre 1949, D 1949. 611
[249] Com 25 octobre 1949, S 1950 I 64
[250] Trib. civ. Péronne, 27 octobre 1949, GP 1949 II 409
[251] Trib. civ. Seine 14 novembre 1949, JCP 1950 II 5316, note J. G. L.

参考判例一覧

[252] Trib. paritaire de Montfort-sur-Meu 18 novembre 1949, GP 1950 I 43
[253] Soc 1er décembre 1949, Bull. civ. 1949 III n° 1085, p. 1218
[254] Trib. paritaire d'arrondissement Rouen 16 décembre 1949, GP 1950 I 113
[255] Trib. conflits 22 décembre 1949, Rec. CE 1949, p. 619
[256] Aix 27 décembre 1949, D 1950. 80
[257] Aix 27 décembre 1949, D 1950. 81
[258] Trib. paritaire cantonal Châtellerault 30 décembre 1949, D 1950. 251, note R. Savatier
[259] Trib. civ. Seine 19 janvier 1950, S 1950 II 94
[260] Com 30 janvier 1950, Bull. civ. 1950 II n° 34, p. 23
[261] Trib. conflits 2 février 1950, Rec. CE 1950, p. 651
[262] Civ 22 février 1950, Bull. civ. 1950 I n° 52, p. 37
[263] Soc 2 mars 1950, Bull. civ. 1950 III n° 208, p. 145
[264] Orléans 2 mars 1950, D 1950. 440
[265] Trib. civ. Cherbourg 8 mars 1950, GP 1950 I 317
[266] Trib. civ. Seine 14 mars 1950, GP 1950 I 283
[267] Crim 16 mars 1950, D 1950. 481, note M. Fréjaville ; GP 1950 I 320
[268] Trib. civ. Grenoble 20 mars 1950, D 1950. 293
[269] Paris 24 mars 1950, D 1950 somm. 30
[270] Soc 28 mars 1950, D 1950. 378, rapport Lacoste
[271] Trib. paix Paris 8 mai 1950, GP 1950 II 130
[272] Trib. civ. Nevers 23 mai 1950, D 1950. 591
[273] Trib. cantonal Masevaux 24 mai 1950, D 1950. 642
[274] Trib. civ. Alençon 20 juin 1950, D 1950. 607
[275] Trib. civ. Compiègne 18 juillet 1950, D 1950. 555
[276] Trib. civ. Seine 19 juillet 1950, GP 1950 II 342
[277] Trib. paritaire d'arrondissement Dinan 31 juillet 1950, D 1950 somm. 71
[278] Trib. civ. Lille 11 octobre 1950, D 1951 somm. 17
[279] Trib. civ. Vannes 16 octobre 1950, D 1950. 770
[280] Soc 30 novembre 1950, JCP 1951 II 6089, note M. Fréjaville
[281] Trib. civ. Cherbourg 4 décembre 1950, JCP 1951 II 6038, note L. Nuville
[282] Trib.civ. Metz 6 décembre 1950, D 1951 somm. 69
[283] Nancy 15 décembre 1950, D 1951. 71

［284］ Soc 11 janvier 1951, Bull. civ. 1951 III n° 14, p. 11
［285］ Trib. civ. Fontainebleau 22 février 1951, GP 1951 I 253
［286］ Paris 7 mars 1951, D 1951. 316
［287］ Com 6 avril 1951, Bull. civ. 1951 II n° 123, p. 92
［288］ Soc 13 avril 1951, GP 1951 I 347
［289］ Colmar 15 juin 1951, GP tables 1951-55, V° Astreinte, n° 28
［290］ Soc 21 juin 1951, D 1952. 122
［291］ Soc 18 octobre 1951, GP 1951 II 342
［292］ Trib. paix Nantes 24 octobre 1951, GP 1951 II 420
［293］ Caen 19 novembre 1951, D 1952. 131
［294］ Soc 7 décembre 1951, D 1952. 165
［295］ Soc 28 décembre 1951, D 1952. 665, note R. Savatier
［296］ Trib. civ. Cholet 9 janvier 1952, JCP 1952 II 6731, note M. Fréjaville
［297］ Com 28 janvier 1952, Bull. civ. 1952 III n° 42, p. 32
［298］ Trib. civ. Château-Thierry 13 février 1952, GP 1952 II 97
［299］ Trib. civ. Nantes 19 février 1952, GP 1952 I 299
［300］ Soc 22 février 1952, Bull. civ. 1952 IV n° 159, p. 111
［301］ Soc 7 mars 1952, Bull. civ. 1952 IV n° 196, p. 142
［302］ Dijon 24 avril 1952, D 1952. 407
［303］ Soc 3 mai 1952, Bull. civ. 1952 IV n° 365, p. 269
［304］ Agen 11 juin 1952, JCP 1952 IV édition Avoués 1899, note G. Madray
［305］ Soc 12 juin 1952, Bull. civ. 1952 IV n° 510, p. 368
［306］ Lyon 19 juin 1952, D 1953 somm. 41.
［307］ Soc 5 août 1952, Bull. civ. 1952 IV n° 704, p. 508
［308］ Com 5 novembre 1952, Bull. civ. 1952 III n° 339, p. 262
［309］ Soc 20 novembre 1952, Bull. civ. 1952 IV n° 829, p. 593
［310］ Soc 28 novembre 1952, Bull. civ. 1952 IV n° 868, p. 621
［311］ Com 17 décembre 1952, Bull. civ. 1952 III n° 397, p. 308
［312］ Civ I 20 janvier 1953, D 1953. 222
［313］ Civ I 27 janvier 1953, Bull. civ. 1953 I n° 33, p. 30
［314］ Paris 11 février 1953, D 1953. 189
［315］ Trib. civ. Seine 20 février 1953, D 1953 somm. 41
［316］ Civ II 27 février 1953, S 1953 I 196

参考判例一覧

[317] Civ II 30 mai 1953, Bull. civ. 1953 II n° 181, p. 108
[318] Soc 12 juin 1953, Bull. civ. 1953 IV n° 459, p. 333
[319] Com 14 octobre 1953, D 1953. 695
[320] Civ II 23 octobre 1953, Bull. civ. 1953 II n° 283, p. 173
[321] Soc 3 décembre 1953, Bull. civ. 1953 IV n° 763, p. 548
[322] Trib. com. Seine 18 janvier 1954, D 1954. 284
[323] Agen 2 mars 1954, GP 1954 I 292
[324] Soc 5 avril 1954, GP 1954 I 395
[325] Agen 29 juin 1954, GP 1954 II 119
[326] Civ I 5 octobre 1954, Bull. civ. 1954 I n° 265, p. 226
[327] Com 6 décembre 1954, Bull. civ 1954 III n° 378, p. 286
[328] Paris 10 décembre 1954, D 1955 somm. 73
[329] Trib. civ. Seine 6 janvier 1955, D 1955 somm. 33 ; GP 1955 I 49
[330] Civ I 2 février 1955, Bull. civ. 1955 I n° 54, p. 50
[331] Civ I 8 mars 1955, Bull. civ. 1955 I n° 109, p. 97
[332] Soc 10 mars 1955, Bull. civ. 1955 IV n° 225, p. 167
[333] Soc 23 mai 1955, Bull. civ. 1955 IV n° 441, p. 328
[334] Civ I 3 juin 1955, Bull. civ. 1955 I n° 221, p. 191
[335] Civ I 6 juin 1955, Bull. civ. 1955 I n° 229, p. 197
[336] Nancy 14 juin 1955, D 1955 somm. 67
[337] Trib. civ. Seine 15 juin 1955, D 1955. 678
[338] Trib. civ. Boulogne-sur-mer 18 juin 1955, D 1955. 679
[339] Trib. civ. Saintes 8 juillet 1955, D 1956. 30, note F. Goré
[340] Civ II 27 octobre 1955, Bull. civ. 1955 II n° 463, p. 286
[341] Soc 17 février 1956, Bull. civ. 1956 IV n° 171, p. 125
[342] Civ II 19 mars 1956, Bull. civ. 1956 II n° 196, p. 126
[343] Com 17 avril 1956, JCP 1956 II 9330, note P. Vellieux
[344] Trib. civ. Sidi-Bel-Abbès 5 juin 1956, D 1957 somm. 16
[345] Civ II 7 juin 1956, Bull. civ. 1956 II n° 331, p. 213
[346] Civ I 3 octobre 1956, Bull. civ. 1956 I n° 328, p. 266
[347] CE 13 juillet 1956, GP 1956 II 148
[348] Civ II 2 novembre 1956, Bull. civ 1956 II n° 561, p. 361
[349] Soc 3 novembre 1956, Bull. civ. 1956 IV n° 805, p. 603

[350] Riom 10 décembre 1956, JCP 1957 II 10118, note P. Mazeaud
[351] Trib. civ. Valence 13 décembre 1956, JCP 1957 II 9883
[352] Civ II 18 décembre 1956, S 1957. 89
[353] Civ II 31 janvier 1957, S 1957. 92
[354] Civ II 1ᵉʳ février 1957, S 1957. 93 ; GP 1957 I 440
[355] Soc 9 mai 1957, Bull. civ. 1957 IV n° 513, p. 363
[356] Soc 3 juin 1957, Bull. civ. 1957 IV n° 656, p. 467
[357] Soc 24 octobre 1957, Bull. civ. 1957 IV n° 984, p. 701
[358] Com 26 novembre 1957, Bull. civ. 1957 III n° 322, p. 274
[359] Com 26 novembre 1957, Bull. civ. 1957 III n° 326, p. 279
[360] Civ II 12 février 1958, Bull. civ. 1958 II n° 117, p. 76
[361] Soc 13 juin 1958, GP 1958 II 131
[362] Soc 4 juillet 1958, Bull. civ. 1958 IV n° 857, p. 640
[363] Soc 10 juillet 1958, Bull. civ. 1958 IV n° 870, p. 649
[364] Civ II 22 juillet 1958, Bull. civ. 1958 II n° 578, p. 381
[365] Soc 16 octobre 1958, Bull. civ. 1958 IV n° 1043, p. 791
[366] Civ II 30 octobre 1958, Bull. civ. 1958 II n° 670, p. 441
[367] Civ II 7 novembre 1958, Bull. civ. 1958 II n° 703, p. 470 ; D 1959 somm. 24
[368] Trib. civ. Beaune 19 novembre 1958, JCP 1958 II 10906, note J. P.
[369] Com 26 novembre 1958, Bull. civ. 1958 III n° 406, p. 343
[370] Civ I 29 décembre 1958, Bull. civ. 1958 I n° 581, p. 474
[371] Civ II 25 février 1959, Bull. civ. 1959 II n° 186, p. 121
[372] Soc 11 juin 1959, Bull. civ. 1959 IV n° 715, p. 574
[373] Civ I 20 octobre 1959, D 1959. 537, note G. Holleaux ; JCP 1960 II 11449, note P. Mazeaud ; Recueil général des lois 1960, p. 241, note L. Boyer
[374] Soc 23 octobre 1959, GP 1960 I 55
[375] Civ I 4 novembre 1959, Bull. civ. 1959 I n° 458, p. 381
[376] Soc 12 novembre 1959, Bull. civ. 1959 IV n° 1108, p. 880
[377] Civ I 20 janvier 1960, JCP 1960 II 11483
[378] Soc 24 février 1960, Bull. civ. 1960 IV n° 211, p. 166
[379] Civ II 2 mars 1960, Bull. civ. 1960 II n° 153, p. 103
[380] Soc 2 mars 1960, GP 1960 I 328
[381] TGI Seine 16 mars 1960, GP 1960 I 301

531

参考判例一覧

[382] Com 16 mai 1960, Bull. civ. 1960 III n° 179, p. 167
[383] Civ I 12 juillet 1960, Bull. civ. 1960 I n° 389, p. 319
[384] Civ I 2 novembre 1960, Bull. civ. 1960 I n° 465, p. 382
[385] Civ I 30 novembre 1960, Bull. civ. 1960 I n° 522, p. 425
[386] Civ I 17 janvier 1961, Bull. civ. 1961 I n° 40, p. 32
[387] Civ I 30 janvier 1961, Bull. civ. 1961 I n° 66, p. 53
[388] Paris 16 février 1961, JCP 1961 II 12146, note P. Mazeaud
[389] Civ I 8 mars 1961, Bull. civ. 1961 I n° 149, p. 119
[390] Soc 16 mars 1961, JCP 1961 II 12090, note R. L.
[391] Soc 13 avril 1961, D 1961. 401
[392] Civ I 26 mai 1961, Bull. civ. 1961 I n° 263, p. 208
[393] Com 18 octobre 1961, Bull. civ. 1961 III n° 365, p. 316
[394] Lyon 24 octobre 1961, GP 1961 II 357
[395] Paris 24 janvier 1962, D 1962. 639
[396] Paris 3 février 1962, D 1962 somm. 72
[397] TGI Nantes 8 février 1962, GP 1962 I 375
[398] Soc 21 février 1962, Bull. civ. 1962 IV n° 210, p. 150
[399] Soc 7 mars 1962, Bull. civ. 1962 IV n° 257, p. 192
[400] Soc 10 avril 1962, Bull. civ. 1962 IV n° 379, p. 292
[401] Civ II 10 mai 1962, GP 1962 II 131
[402] Soc 9 novembre 1962, Bull. civ. 1962 IV n° 791, p. 658
[403] Paris 2 mars 1963, D 1963. 722
[404] Com 19 mars 1963, Bull. civ. 1963 III n° 161, p. 132
[405] Soc 20 mai 1963, D 1963 somm. 116
[406] Soc 4 octobre 1963, Bull. civ. 1963 IV n° 652, p. 539
[407] Civ II 16 octobre 1963, Bull. civ. 1963 II n° 625, p. 468
[408] Civ II 16 octobre 1963, Bull. civ. 1963 II n° 626, p. 469
[409] Paris 24 décembre 1963, JCP 1964 II 13501
[410] Civ I 5 novembre 1963, Bull. civ. 1963 I n° 476, p. 403
[411] Com 3 janvier 1964, Bull. civ. 1964 III n° 4, p. 3
[412] Civ II 15 janvier 1964, Bull. civ. 1964 II n° 45, p. 32
[413] Civ I 12 février 1964, Bull. civ. 1964 I n° 82, p. 60
[414] Crim 19 février 1964, D 1964. 376, note J. Mazard

[415] Civ I 25 février 1964, Bull. civ. 1964 I n° 108, p. 80
[416] Civ I 11mars 1964, Bull. civ. 1964 I n° 144, p. 109
[417] Civ II 12 mai 1964, Bull. civ. 1964 II n° 380, p. 287
[418] Civ I 30 juin 1964, GP 1964 II 354 （1er arrêt）
[419] Civ II 21 octobre 1964, Bull. civ. 1964 II n° 630, p. 462
[420] Soc 5 novembre 1964, Bull. civ. 1964 IV n° 723, p. 597
[421] Com 23 décembre 1964, Bull. civ. 1964 III n° 589, p. 524
[422] Amiens 7 janvier 1965, JCP 1965 II 14205, note R. D.
[423] Civ I 17 février 1965, Bull. civ. 1965 I n° 139, p. 103
[424] Civ I 17 mars 1965, Bull. civ. 1965 I n° 195, p. 143
[425] Com 31 mars 1965, Bull. civ. 1965 III n° 245, p. 218
[426] Civ I 7 avril 1965, Bull. civ. 1965 I n° 262, p. 192
[427] Com 23 juin 1965, Bull. civ. 1965 III n° 393, p. 358
[428] Soc 26 octobre 1965, Bull. civ. 1965 IV n° 712, p. 599
[429] Com 17 mars 1966 Bull. civ. 1966 III n° 152, p. 131
[430] Ass. plén. civ. 13 mai 1966, D 1966. 689
[431] Soc 29 juin 1966, Bull. civ. 1966 IV n° 641, p. 534
[432] Civ I 6 juillet 1966, D 1966. 690, note A. Rouast
[433] Com 6 octobre 1966, Bull. civ. 1966 III n° 382, p. 335
[434] Com 12 décembre 1966, Bull. civ. 1966 III n° 478, p. 424
[435] Civ II 12 octobre 1967, GP 1967 II 305 ; D 1968 somm. 29
[436] Com 15 novembre 1967, Bull. civ. 1967 III n° 369, p. 349
[437] TGI Marseille 7 février 1968, JCP 1968 II 15600, note J. Pierron
[438] Civ III 26 avril 1968, D 1968. 526, note E. Frank ; RTDC 1968. 753, obs. P. Hébraud
[439] Trib. conflits 2 décembre 1968, JCP 1969 II 15970, note L. S. C.
[440] Com 29 avril 1969, Bull. civ. 1969 IV n° 140, p. 137
[441] Civ II 30 mai 1969, JCP 1969 II 16069, note L. Mourgeon
[442] TGI Paris 3 juin 1969, GP 1969 II 57, note A. T.
[443] Crim 18 juin 1969, D 1969. 714
[444] Civ III 25 juin 1969, Bull. civ. 1969 III n° 516, p. 388
[445] TGI Nice 6 octobre 1969, GP 1970 I 197, note L. B.
[446] Civ II 22 octobre 1969, Bull. civ. 1969 II n° 281, p. 204

［447］ Civ II 3 décembre 1969, Bull. civ. 1969 II n° 327, p. 243
［448］ Com 20 janvier 1970, Bull. civ. 1970 IV n° 27, p. 27
［449］ Civ II 25 février 1970, Bull. civ. 1970 II n° 65, p. 51
［450］ Rouen 7 avril 1970, D 1970. 412, note F. Chabas
［451］ Civ III 5 juin 1970, Bull. civ. 1970 III n° 381, p. 276
［452］ Civ I 13 janvier 1971, D 1971 somm. 108
［453］ Civ III 18 février 1971, Bull. civ. 1971 III n° 125, p. 89
［454］ Civ III 25 février 1971, Bull. civ. 1971 III n° 137, p. 98
［455］ Soc 21 avril 1971, Bull. civ. 1971 V n° 287, p. 243
［456］ Civ III 3 juin 1971, Bull. civ. 1971 III n° 345, p. 247
［457］ Com 15 juin 1971, Bull. civ. 1971 IV n° 170, p. 160
［458］ Com 19 juillet 1971, Bull. civ. 1971 IV n° 213, p. 198
［459］ Civ III 14 décembre 1971, Bull. civ. 1971 III n° 627, p. 447
［460］ Civ III 18 janvier 1972, Bull. civ. 1972 III n° 38, p. 27
［461］ Civ I 12 avril 1972, Bull. civ. 1972 I n° 97, p. 87 ; D 1972 somm. 193
［462］ Com 24 avril 1972, Bull. civ. 1972 IV n° 117, p. 117
［463］ Civ III 25 mai 1972, Bull. civ. 1972 III n° 325, p. 234
［464］ Com 5 juin 1972, D 1973. 496, note M. Cabrillac et A. Seube
［465］ Soc 14 juin 1972, D 1973. 114, note N. Catala
［466］ Civ II 13 décembre 1972, D 1973. 493, note C. Larroumet
［467］ Civ II 28 mars 1973, D 1973 IR 114
［468］ Civ III 10 avril 1973, Bull. civ. 1973 III n° 274, p. 198
［469］ Bordeaux 24 mai 1973, D 1973. 666, note L. Boyer
［470］ TGI Paris 8 novembre 1973, D 1974 somm. 30
［471］ Civ II 6 février 1974, Bull. civ. 1974 II n° 50, p. 39
［472］ TGI Brest 9 juillet 1974, D 1975. 418, note J. Prévault
［473］ Civ III 23 octobre 1974, Bull. civ. 1974 III n° 376, p. 285
［474］ Soc 6 novembre 1974, JCP 1975 II 18188, note D. Berra
［475］ Civ III 17 décembre 1974, Bull. civ. 1974 III n° 465, p. 360
［476］ Com 28 mai 1975, JCP 1975 IV 230
［477］ Civ I 21 janvier 1976, Bull. civ. 1976 I n° 31, p. 23
［478］ Civ I 17 février 1976, Bull. civ. 1976 I n° 72, p. 58
［479］ Lyon 6 juillet 1976, JCP 1977 II 18561, note J. A.

[480] Com 6 juillet 1976, Bull. civ. 1976 IV n° 230, p. 198
[481] Civ III 19 octobre 1976, Bull. civ. 1976 III n° 353, p. 269
[482] Soc 20 octobre 1976, Bull. civ. 1976 V n° 510, p. 419
[483] Civ III 9 novembre 1976, D 1977. 561, note D. Denis ; Bull. civ. 1976 III n° 402, p. 305
[484] Civ III 8 mars 1977, JCP 1977 IV 117
[485] Civ I 9 mars 1977, Bull. civ. 1977 I n° 126, p. 97
[486] Civ I 9 mars 1977, Bull. civ. 1977 I n° 127, p. 98 ; JCP 1977 IV 117
[487] Civ II 4 mai 1977, GP 1977 II 553, note J. Viatte
[488] TGI Paris 18 octobre 1977, JCP 1978 II 18820, note R. Lindon
[489] Civ III 31 mai 1978, D 1978 IR 501
[490] Aix-en-provence 22 juin 1978, D 1979. 192, note J. Prévault
[491] Civ II 18 octobre 1978, JCP 1980 II 19299, note L. Boyer ; D 1980 IR 463, note P. Julien（1re espèce）
[492] Civ II 14 mars 1979, Bull. civ. 1979 II n° 80, p. 57
[493] Soc 15 mars 1979, Bull. civ. 1979 V n° 241, p. 172
[494] Civ II 21 mars 1979, D 1979. 449, note M. Santa-croce ; Bull. civ. 1979 II n° 89 p. 63
[495] CE 23 mai 1979, Rec. CE 1979 table p. 855
[496] Crim 5 juin 1979, JCP 1979 IV 262
[497] Civ II 14 novembre 1979, D 1980 IR 463, note P. Julien（2e espèce）
[498] Soc 10 janvier 1980, Bull. civ. 1980 V n° 36, p. 24 ; D 1980 IR 463, note P. Julien（3e espèce）
[499] Reims 11 février 1980, D 1980 IR 463, note P. Julien（4e espèce）
[500] Com 11 mars 1980, Bull. civ. 1980 IV n° 124, p. 96
[501] Civ II 30 mai 1980, Bull. civ. 1980 II n° 125, p. 88 ; D 1980 IR 463, note P. Julien（5e espèce）
[502] Civ III 18 novembre 1980, Bull. civ. 1980 III n° 177, p. 133
[503] Civ III 18 novembre 1980, Bull. civ. 1980 III, n° 178, p. 133 ; RTDC 1981. 633, obs. F. Chabas
[504] Soc 27 novembre 1980, Bull. civ. 1980 V n° 851, p. 629 ; RTDC 1981. 451, obs. R. Perrot et 633, obs. F. Chabas
[505] Civ III 9 décembre 1980, GP 1981 I pan. 115

[506] Soc 8 janvier 1981, Bull. civ. 1981 V n° 19, p. 14 ; JCP éd. E 1990 II 15832, n° 20, obs. P. Pétel
[507] Civ I 17 février 1981, Bull. civ. 1981 I n° 56, p. 45
[508] Rouen 31 mars 1981, JCP 1982 IV 212 ; RTDC 1982. 195, obs. J. Normand
[509] Soc 28 octobre 1981, Bull. civ. 1981 V n° 835, p. 620
[510] Paris 24 novembre 1981, D 1982. 355, note J. Massip
[511] Civ II 18 février 1982, JCP 1985 II 20397, note A. Joly ; Bull. civ. 1982 II n° 25, p. 18
[512] Civ III 20 avril 1982, Bull. civ. 1982 III n° 96, p. 67 ; GP 1982 II pan. 280 ; RTDC 1983. 338, obs. F. Chabas
[513] Civ II 21 avril 1982, GP 1983 II 590, note F. Chabas
[514] Civ I 4 mai 1982, Bull. civ. 1982 I n° 157, p. 140
[515] Civ II 20 avril 1983, Bull. civ. 1983 II n° 96, p. 65
[516] Civ III 3 mai 1983, Bull. civ. 1983 III n° 102, p. 81
[517] Civ I 18 octobre 1983, Bull. civ. 1983 I n° 234, p. 209
[518] Civ III 9 novembre 1983, Bull. civ. 1983 III n° 219, p. 167
[519] TGI Paris 30 novembre 1983 et 13 décembre 1983, D 1984. 111, note R. L.
[520] Com 3 janvier 1984, Bull. civ. 1984 IV n° 2, p. 2 ; JCP 1984 IV 78
[521] Civ II 4 janvier 1984, GP 1984 I pan. 149, note S. Guinchard
[522] TGI Paris 31 janvier 1984, D 1984. 283, note R. Lindon
[523] Soc 5 juillet 1984, Bull. civ. 1984 V n° 296, p. 223
[524] Civ II 7 février 1985, GP 1985 II pan. 142, note M.Véron
[525] Civ III 20 mai 1985, Bull. civ. 1985 III, n° 83, p. 65
[526] Civ II 27 novembre 1985, D 1986. 169, note J. Prévault
[527] Com 3 décembre 1985, Bull. civ. 1985 IV n° 286, p. 244 ; RTDC 1986. 745, obs. J. Mestre
[528] Civ II 19 février 1986, Bull. civ. 1986 II n° 24, p. 16
[529] Soc 17 avril 1986, Bull. civ. 1986 V n° 151, p. 120
[530] Paris 21 avril 1986, D 1986 IR 221, note P. Julien
[531] Civ II 23 avril 1986, Bull. civ. 1986 II n° 59, p. 40 ; D 1986 IR 221, note P. Julien
[532] Versailles 2 mai 1986, GP 1986 II 464, note J. Plantavit de La Pauze
[533] Versailles 25 juin 1986, D 1986 IR 470
[534] Versailles 4 juillet 1986, D 1986 IR 476

[535] Soc 21 juillet 1986, Bull. civ. 1986 V n° 415, p. 317
[536] Civ II 18 février 1987, Bull. civ. 1987 II n° 48, p. 26
[537] Civ II 11 mars 1987, D 1987 IR 65
[538] Civ III 18 mars 1987, Bull. civ. 1987 III n° 53, p. 32 ; GP 1987 II pan. 147
[539] Civ III 11 mars 1987, GP 1987 II pan. 148
[540] Civ II 13 mai 1987, Bull. civ. 1987 II n° 111, p. 64 ; GP 1987 II somm. 492, note, M. Véron
[541] CE 24 juillet 1987, Rec. CE 1987 table p. 280
[542] Com 23 février 1988, Bull. civ. 1988 IV n° 85, p. 59
[543] CE 16 mars 1988, D 1989 somm. 301
[545] Paris 7 avril 1988, D 1988 IR 121
[546] Civ I 13 avril 1988, Bull. civ. 1988 I n° 97, p. 66
[547] Civ II 9 mai 1988, Bull. civ. 1988 II n° 108, p. 58
[548] Paris 25 mai 1988, D 1988 IR 201
[549] Lyon 7 juin 1988, D 1989. 199, note T. Hassler
[550] Com 14 juin 1988, Bull. civ. 1988 IV n° 198, p. 138
[551] CE 21 septembre 1988, D 1989. 124, note C. Debbasch
[552] Paris 19 octobre 1988, D 1989. 218, note C. Debbasch
[553] Civ I 15 novembre 1988, D 1988 IR 286
[554] Civ I 22 novembre 1988, Bull. civ. 1988 I n° 323, p. 219 ; D 1988 IR 289
[555] Civ I 28 février 1989, Bull. civ. 1989 I n° 97, p. 62 ; D 1989 IR 102
[556] Civ I 20 mars 1989, Bull. civ. 1989 I n° 122, p. 79
[557] Soc 23 mars 1989, Bull. civ. 1989 V n° 247, p. 145
[558] Soc 4 juillet 1989, Bull. civ. 1989 V n° 498, p. 302
[559] CAA Paris 19 septembre 1989, JCP 1990 IV 34, obs. G. Dacre-Wright
[560] Paris 27 septembre 1989, D 1989 IR 265
[561] Soc 17 octobre 1989, Bull. civ. 1989 V n° 594, p. 359 ; JCP éd. E 1990 II 15832, n° 20, obs. P. Pétel
[562] Civ II 18 octobre 1989, Bull. civ. 1989 II n° 182, p. 93
[563] Crim 5 décembre 1989, Bull. crim. 1989 n° 462, p. 1124
[564] Civ II 6 décembre 1989, D 1990 somm. 312, obs. P. Bihr
[565] Civ III 28 mars 1990, D 1990 IR 95
[567] Civ II 28 mai 1990, D 1990. 444 ; JCP 1990 IV 285

[568] Soc 29 mai 1990, Bull. civ. 1990 V n° 244, p. 145 ; JCP 1990 IV 285 ; RTDC 1991. 534, obs. J. Mestre

[569] Soc 27 juin 1990, Bull. civ. 1990 V n° 314, p. 187 ; D 1990 IR 195

[570] Trib. conflits 10 juillet 1990, D 1990 IR 212

[571] Soc 25 septembre 1990, Bull. civ. 1990 V n° 378, p. 227

[572] Soc 25 octobre 1990, Bull. civ. 1990 V n° 495, p. 300 ; JCP 1990 IV 411

[573] Civ III 7 novembre 1990, Bull. civ. 1990 III n° 217, p. 125 ; D 1990 IR 288 ; RTDC 1991. 535, obs. J. Mestre

[574] Soc 7 novembre 1990, Bull. civ. 1990 V n° 522, p. 316

[575] Soc 13 novembre 1990, Bull. civ. 1990 V n° 547, p. 332 ; D 1990 IR 282 ; RTDC 1991. 535, obs. J. Mestre

[576] Civ III 14 novembre 1990, Bull. civ. 1990 III n° 228, p. 130

[577] Civ II 21 novembre 1990, D 1991. 434, note É. Agostini ; RTDC 1991. 536, obs. J. Mestre

[578] Civ I 4 décembre 1990, Bull. civ. 1990 I n° 282, p. 199

[579] Civ III 16 janvier 1991, Bull. civ. 1991 III n° 21, p. 13

[580] Paris 16 janvier 1991, D 1991 IR 63

[581] Civ II 6 février 1991, JCP 1992 II 21842, note L. Lévy

[582] Civ II 20 février 1991, Bull. civ. 1991 II n° 58, p. 31

[583] Com 19 mars 1991, D 1991 IR 111 ; Bull. civ. 1991 IV n° 109, p. 76

[584] Dijon 18 avril 1991, JCP éd. E 1992 I 138 n° 23, obs. P. Pétel

[585] Civ II 12 juin 1991, D 1991 IR 175 ; Bull. civ. 1991 II n° 180, p. 97

[586] Paris 11 octobre 1991, D 1991 IR 277

[587] Civ II 20 novembre 1991, Bull. civ. 1991 II n° 307, p. 162

[588] Civ II 20 novembre 1991, Bull. civ. 1991 II n° 308, p. 162

[589] Versailles 12 décembre 1991, D 1992 IR 73

[590] Com 21 janvier 1992, Bull. civ. 1991 IV n° 31, p 26

[591] Civ II 1er juin 1992, Bull. civ. 1991 II n° 157, p. 77

[592] Soc 25 juin 1992, Bull. civ. 1992 V n° 421, p. 261

[593] Paris 7 juillet 1992, D 1992 IR 226

[594] Civ II 16 juillet 1992, JCP 1993 II 22017, note P. le Tourneau

[595] Civ II 2 décembre 1992, Bull. civ. 1992 II n° 289, p. 144

[596] Soc 20 janvier 1993, Bull. civ. 1993 V n° 20, p. 14

[597] Civ II 10 février 1993, Bull. civ. 1993 II n° 51, p. 27
[598] Civ II 24 mars 1993, Bull. civ. 1993 II n° 121, p. 63
[599] TGI Tulle 6 avril 1993, D 1993. 595, note J. Prévault
[600] Civ II 5 mai 1993, Bull. civ. 1993 II n° 158, p. 85
[601] Civ II 6 octobre 1993, Bull. civ. 1993 II n° 278, p. 155
[602] Civ II 17 novembre 1993, Bull. civ. 1993 II n° 330, p. 184
[603] Paris 12 janvier 1994, D 1994 somm. 338, obs. P. Julien
[604] Dijon 15 mars 1994, D 1994 somm. 339, obs. P. Julien
[605] Avis Cass. 27 juin 1994, Bull. civ. 1994, n° 18, p. 12
[606] Com 12 juillet 1994, Bull. civ. 1994 IV n° 261, p. 207
[607] Versailles 31 octobre 1994, D 1995. 245, note É. Agostini
[608] Civ I 15 novembre 1994, Bull. civ. 1994 I n° 326, p. 236 ; D 1994 IR 267
[609] Civ II 23 novembre 1994, Bull. civ. 1994 II n° 237, p. 136
[610] Civ II 11 janvier 1995, Bull. civ. 1995 II n° 5, p. 3
[611] Soc 17 janvier 1995, Bull. civ. 1995 V n° 26, p. 18
[612] Civ III 1er février 1995, Procédures 95-99 n° 51, note R. Perrot
[613] Civ II 1er mars 1995, Bull. civ. 1995 II n° 63, p. 37
[614] Com 28 mars 1995, Bull. civ. 1995 IV n° 103, p. 91 ; RTD com. 1996. 338 obs. Martin-Serf
[615] Com 28 mars 1995, Bull. civ. 1995 IV n° 104, p. 92
[616] Com 6 juin 1995, Bull. civ. 1995 IV n° 166, p. 155
[617] TGI Montluçon (JEX) 12 juillet 1995, Bull. Inf. C. cass. 1996, n° 263
[618] Aix-en-Provence 30 janvier 1996, RTDC 1996. 710, obs. R. Perrot
[619] Soc 2 avril 1996, Procédures 95-99 n° 52, note R. Perrot
[620] Civ III 3 avril 1996, Procédures 95-99 n° 53, note R. Perrot
[621] Civ II 20 juin 1996, Bull. civ. 1996 II n° 168, p. 101 ; Procédures 95-99 n° 54, note R. Perrot ; RTDC 1997. 509, obs. R. Perrot
[622] Civ II 3 juillet 1996, D 1997. 231, note L. Boré
[623] Com 9 juillet 1996, Bull. civ. 1996 IV n° 210, p. 181
[624] Civ III 14 novembre 1996, Bull. civ. 1996 III n° 214, p. 140
[625] CE 27 novembre 1996, D 1997 IR 1
[626] Civ II 18 décembre 1996, Procédures 95-99 n° 54, note R. Perrot
[627] Civ II 26 mars 1997, Bull. civ. 1997 II n° 91, p. 51

参考判例一覧

[628] Civ II 26 mars 1997, Bull. civ. 1997 II n° 95, p. 54
[629] Civ II 11 juin 1997, Bull. civ. 1997 II n° 170, p. 101 ; RTDC 1997. 743, obs. R. Perrot ; Procédures 95-99 n° 55, note R. Perrot ; D 1997. 536, note P. Julien ; D 1997 IR 175
[630] Com 17 juin 1997, Bull. civ. 1997 IV n° 192, p. 168 ; D 1997 somm. 311, obs. A. Honorat
[631] Civ II 25 juin 1997, Bull. civ. 1997 II n° 202, p. 119
[632] Civ II 25 juin 1997, Bull. civ. 1997 II n° 206, p. 121 ; D 1997. 536, note P. Julien
[633] Civ II 9 juillet 1997, Procédures 95-99 n° 56, note R. Perrot
[634] Civ II 9 juillet 1997, Procédures 95-99 n° 126, note R. Perrot
[635] Civ III 8 octobre 1997, JCP 1997 IV 2250
[636] Civ II 27 novembre 1997, Bull. civ. 1997 II n° 286, p. 169 ; Procédures 95-99 n° 57, note R. Perrot
[637] Civ II 9 décembre 1997, Bull. civ. 1997 II n° 307, p. 181 ; D 1998 IR 35
[638] Soc 10 décembre 1997, D 1998 IR 41
[639] Civ II 17 décembre 1997, Bull. civ. 1997 II n° 318, p. 187 ; D 1998 IR 34
[640] Civ II 17 décembre 1997, Bull. civ. 1997 II n° 319, p. 187 ; D 1998 IR 34
[641] Civ II 8 avril 1998, Bull. civ. 1998 II n° 122, p. 72 ; D 1998 IR 127
[642] Com 28 avril 1998, Bull. civ. 1998 IV n° 134, p. 107
[643] CE 11 mai 1998, D 1998 IR 156
[644] Montpellier 16 juin 1998, D 1999. 100, note J. Prévault
[645] Versailles 16 septembre 1998, D 1999 IR 1
[646] Civ III 30 septembre 1998, D 1998 IR 231
[647] Com 8 décembre 1998, D 1999 somm. 190, note A. Honorat
[648] Civ II 21 janvier 1999, http://www.legifrance.gouv.fr/ により検索
[649] Paris 11 février 1999, D 1999 somm. 216, note P. Julien
[650] Civ II 18 février 1999, Bull. civ. 1999 II n° 32, p. 23 ; RTDC 1999. 466, obs. R. Perrot et 690, obs. J. Normand ; D 1999 somm. 218, obs. P. Jullien ; Procédures 95-99 n° 58, note R. Perrot
[651] Civ III 24 février 1999, Bull. civ. 1999 III n° 50, p. 34
[652] Paris 1er avril 1999, D 1999. 438, note J. Prévault
[653] Civ II 8 avril 1999, Procédures 95-99 n° 59, note R. Perrot
[654] Paris 6 mai 1999, Juris-Data n° 113409

［655］ Soc 27 mai 1999, Bull. civ. 1999 V n° 240, p. 175 ; D 1999 IR 167
［656］ Civ II 14 octobre 1999, RTDC 2000. 163, obs. R. Perrot
［657］　Civ II 28 octobre 1999, Procédures 2000. comm. n° 1, R. Perrot ; RTDC 2000. 162, obs. R. Perrot
［658］ Civ III 24 novembre 1999, Bull. civ. 1999 III n° 220, p. 154
［659］ Civ II 10 février 2000, Procédures 2000. comm. n° 87
［660］ Civ II 10 février 2000, Bull. civ. 2000 II n° 28, p. 19
［661］ Civ II 16 mars 2000, Bull. civ. 2000 II n° 46, p. 32 ; RTDC 2000. 402, obs. R. Perrot
［662］ Civ I 21 mars 2000, Bull. civ. 2000 I n° 98, p. 66 ; D 2000 IR 111
［663］ Civ II 28 septembre 2000, Bull. civ. 2000 II n° 134, p. 95 ; D 2000 IR 254 ; JCP 2001 II 10591, note E. du Rusquec ; RTDC 2000. 899, obs. R. Perrot
［664］ Civ III 20 décembre 2000, Bull. civ. III 2000 n° 197, p. 137
［665］ Crim 10 janvier 2001, D 2001 IR 1280
［666］ Civ II 15 février 2001, Bull. civ. 2001 II n° 27, p. 20
［667］ Civ II 22 mars 2001, Bull. civ. 2001 II n° 58, p. 39 ; RTDC 2001. 661, obs. R. Perrot
［668］ Civ II 14 juin 2001, Bull. civ. 2001 II n° 119, p. 80 ; D 2001 somm. 2719, obs. P. Julien
［669］ Paris 27 septembre 2001, D 2001 IR 3249
［670］ Com 2 octobre 2001, RTDC 2002. 148, obs. R. Perrot ; http : / / www. legifrance. gouv. fr. / により検索
［671］ Civ II 20 décembre 2001, Bull. civ. 2001 II n° 199, p. 139 ; JCP 2002 IV 1207 ; D 2002 IR 253
［672］ Civ II 20 décembre 2001, Bull. civ. 2001 II n° 200, p. 140 ; JCP 2002 IV 1208
［673］ Limoges 5 février 2002, D 2002 IR 936
［674］ Civ I 3 avril 2002, D 2002 IR 1464 ; Bull. civ. 2002 I n° 104, p. 81 ; RTDC 2003. 144, obs. R. Perrot
［675］ Civ II 30 avril 2002, D 2002 IR 1595 ; Bull. civ. 2002 II n° 83, p. 67 ; RTDC 2003. 144, obs. R. Perrot
［676］ Civ II 30 mai 2002, D 2002 IR 2025

事項索引

【あ行】

明渡事件のアストラント　30, 154
明渡処分　80, 83, 96, 135～
アストラント　1, 12～
　——金債権の譲渡　23
　——金の帰属　324～, 384～, 389～
　——金の損害賠償への充当　380
　——金の返還請求　370
　——金の利息　23, 392
　——と損害賠償（の関係）
　　　　　　　15, 109, 280～, 380～
　　（→暫定的アストラントの発令と損害賠償・暫定的アストラントの金額確定と損害賠償・確定的アストラントと損害賠償）
　——と損害賠償の併課　296～
　　（→暫定的アストラントと損害賠償の併課・確定的アストラントと損害賠償の併課）
　——の管轄　33
　　（→アストラントの発令の管轄・アストラントの金額確定の管轄）
　——の金額確定
　　　　　　　22～, 109, 311～, 416～
　　（→暫定的アストラントの金額確定・確定的アストラントの金額確定）
　——の金額確定の管轄　302～, 408～
　　（→暫定的アストラントの金額確定の管轄・確定的アストラントの管轄）
　——の語　94
　——の効力発生時　445～

　——の実効性の低下　388, 495
　——の種類　26
　——の増額　21
　　（→暫定的アストラントの金額確定時の増額）
　——の適用範囲　47～
　——の統計　18
　——の廃止　429～
　——の発令　18～
　　（→暫定的アストラントの発令）
　——の発令時の金額　19
　——の発令の管轄　267～, 360～
　　（→暫定的アストラントの発令の管轄・確定的アストラントの管轄）
　——の不服申立て　374, 414
　——の補充性（→補充性）
　——の目的　13, 275～
与える債務　53, 63
威嚇的アストラント　27
威嚇的性格　28, 150, 291
域外的効力　16
意見照会制度　36, 443
一部的金額確定　467
一部的執行　468
一身専属的性格　373
一般的規則制定的処分　101
一般法上のアストラント　29
違約金条項　15, 40, 95
絵を描く債務　56
欧州人権条約　369, 412
公の秩序　137
公の武力　81, 135

543

事項索引

——による執行　80, 86

オルドナンス
　1945年10月11日の——　141

【か行】

外在的原因　24, 165, 429〜
確実性　460
確定的アストラント　26〜, 93, 138, 150, 289〜, 399〜, 433
　——と損害賠償　203〜, 235〜
　　（→アストラントと損害賠償（の関係））
　——と損害賠償の併課　242
　　（→アストラントと損害賠償の併課）
　——の管轄　243
　　（→アストラントの管轄）
　——の金額確定の要否　315, 412
　——の廃止論　293, 406
　——の補充性（→補充性）
　——の濫用　403
確認判決　278
家事審判法　489, 502, 512
家族遺棄罪　511
家族手当金庫　351
家族法上の義務　59
仮執行　441〜, 457
　——の停止　442
仮の金額確定（仮の金額決定）　188, 467
仮の裁判　118, 468
仮の算定　466
仮の損害賠償　188
仮払い　468
仮払いレフェレ　86
管轄否認の申立て　371
間接強制（日本）　1〜, 483〜
　——金（→強制金）

——と損害賠償の関係　487
——の補充性（→補充性）
——の申立件数　3
議員提出法案　253
期　間　21, 405, 452, 498
既判事項の確定力　113
既判事項の権威　113〜, 370
給付判決　278
旧民事訴訟法典
　147条　447
　442条　193
　464条　198
　472条　198
　551条　460
　553条　193
　557条　462
　809条　130, 201
　1036条　101
旧民法　1, 493, 498
給与支払明細書　20, 72
狭義のアストラント　1, 29
強　制　94
強制金　487
　——の額　490
　——の額の確定の反復　494
　——の額の算定基準　492
　——の額を確定する手続　492
　——の帰属　501
　——の損害賠償への充当　500
行政控訴院　345
行政裁判機関　345, 367
行政裁判法典　346
強制執行（処分）　13, 39, 41, 444, 458
強制執行法案要綱案第二次試案　493, 499
行政上のアストラント　30, 345, 384
行政地方裁判所　345

強制方法　34, 45, 99
共和国評議会　148
居住権　141
金額確定（→アストラントの金額確定）
金額確定性　460
金額確定前の執行　140, 458 ～
金銭債務　63 ～, 490, 504 ～
偶発事　316
国に対するアストラント　33
刑事裁判機関　367
刑事法上のアストラント　30
刑法典
　　227 条の 3　　511
　　227 条の 4　　512
　　227 条の 5　　60
　　227 条の 29　　512
契約を締結する債務　74
血液鑑定　58
原因なき利得　229, 334, 390
権限争議　371
厳粛要式契約　74
権力分立　185
元老院　264, 355
抗議の申立て　415
拘　禁　90, 502, 512（→身体拘禁）
控訴院　221, 269, 309, 366, 413
控訴裁判所　128, 197, 268
控訴審における新たな請求の禁止
　　　　　　　　　　　　128, 197
控訴の執行停止効　453
合同部　449
衡平上不当な利得　230, 334, 390
公法人　345
効力発生時
　　（→アストラントの効力発生時）
国民議会　144, 253, 354

国民連帯基金　330
国　庫　324
子の引渡し　59, 96
コンスタ　438
コンセイユ・デタ　136, 345

【さ行】

罪刑法定主義　185, 369
債権執行　87
裁判権　14, 103, 118
裁判上のアストラント　30
裁判所侮辱　101, 233, 394, 491
裁判に理由を付す義務　274, 369, 425
裁判の解釈　438
債務者の保護　485, 492
裁量性　17
差押え　35, 80, 460
差押え＝獲取　80
差押え＝帰属　87, 462
差押え＝差止め　461
差押え＝執行　463
差押え＝売却　40, 87
暫定的アストラント　26 ～, 93
　　──と損害賠償の併課　191, 219
　　（→アストラントと損害賠償の併課）
　　──の金額確定　187 ～, 215 ～
　　（→アストラントの金額確定）
　　──の金額確定時の増額
　　　　　　　　　　218, 322, 428
　　──の金額確定と損害賠償
　　　　　　　　　　177 ～, 209 ～
　　（→アストラントと損害賠償（の関係））
　　──の金額確定の管轄　193 ～, 220 ～
　　（→アストラントの金額確定の管轄）
　　──の金額確定の基準　215, 319, 423 ～

事項索引

——の発令　113〜
（→アストラントの発令）
——の発令と損害賠償　119〜
（→アストラントと損害賠償（の関係））
——の発令の管轄　126〜
（→アストラントの発令の管轄）
事件簿登録の取消　40
時　効　490, 499
事実確認　438
事実審裁判官　207
執行裁判官　42, 375, 408
執行士　135
実効性　485, 499
執行文　96, 135, 136, 496
　　——の衰退　136, 329
執行方法　35, 344
執行名義　48
執行命令　368
私的制裁　15, 99, 226〜, 333, 395〜
司法制度改革審議会　3
司法組織法典 L 311 条の 12 の 1
　　　　　　　　375, 378, 443
社会活動国民基金　384
終局的な金額確定　24, 307, 466
自由裁量権　274, 321, 425
住宅難　134, 141
準備手続裁判官　304, 411
少額の金銭債務　507
証拠調べの裁判　374
商事裁判所　126, 193, 268, 403
小審裁判所　126, 366
証明責任　435
職業裁判官　126, 403
書証の伝達　73
書証の返還　73

職権によるアストラントの発令
　　　　　　　　273〜, 368
職権による確定的アストラントの発令
　　　　　　　　243
（→職権によるアストラントの発令）
職権による暫定的アストラントの発令
　　　　　　　　122〜
（→職権によるアストラントの発令）
資　力　159, 215〜, 320, 424
素人裁判官　126
人格尊重　54, 85, 88
申請に基づく命令　438
身体拘禁の廃止　97
身体不可侵　58
人的性格がとくに顕著な債務　52, 55〜
人格性格の債務　54
新民事訴訟法典　252
　11 条　58, 73
　16 条　369
　32 条の 1　393
　134 条　73
　136 条　73
　139 条　74
　142 条　74
　170 条　374
　461 条　438
　488 条　201, 371
　491 条　225, 272, 306, 413
　503 条　447
　514 条　442
　524 条　442
　539 条　453
　564 条　198
　570 条　198
　877 条　193
請求異議の訴え　496

事 項 索 引

請求可能性　460
制　裁　94, 99, 489
精神的損害　164, 191
政府提案法案　253, 348
責任保険　299, 373
専　権　207, 274, 379, 426
占有者　154, 175
占有賠償金　176
送　達　446～
訴　額　366, 414
訴求可能性　87
損　害　320, 424
損害賠償　95, 99, 175
　（→アストラントと損害賠償（の関係）・アストラントと損害賠償の併課・間接強制と損害賠償の関係）
　――の算定に関する専権
　　　　　　　　　164, 185, 207
　――の懲罰的機能　186
　（→懲罰的損害賠償）

【た行】

対　審　369
大審裁判所　194
代替執行　80, 85
諾成契約　75
建　物　154
単独裁判官　364
担保責任　372
担保訴訟　373
担保物権及び民事執行制度の改善のための民法等の一部を改正する法律　504
遅延賠償　242
遅延利息　393
中間的な金額確定　466～
仲裁人　367

徴　発　141
懲罰的損害賠償　395, 476, 501, 505
直接強制　55, 88
著作人格権　56
通貨金融法典
　L 313 条の 2　68
　L 313 条の 3　67
通常裁判所　126
提案理由説明　254, 348
貞操義務　60
デクレ　252, 445
　1947 年 6 月12日の――　135
　1971 年 9 月 9 日の――　133, 225, 306
　1972 年 8 月28日の――　269
　1975 年12月 5 日の――　252
　1992 年 7 月31日の――（1992 年デクレ）
　　　　　　　　　341, 445～
ドイツ　90, 491, 497, 501, 502
　――民事訴訟法 888 条・890 条　502
道義上の義務　49
同居義務　61, 498
動産執行　40, 87
動産引渡執行　80
特殊なアストラント　30
特別法上のアストラント　30

【な行】

為さない債務　53, 77
為す債務　53, 69～
何人も厳密には作為を強制されることなし
　　　　　　　　　53, 256
二審制の原則　198
任意履行　39
農事賃貸借同数裁判所　244

547

事項索引

【は行】

破毀院判決
 1959年10月20日の── 210〜, 257〜
 1966年5月13日の── 221, 305
発 令（→アストラントの発令）
非威嚇的アストラント 28, 150
引渡債務 53, 72
非金銭執行 35
比例原則 407
不可抗力 166, 316
付随性 17, 41, 370, 374
附帯私訴 30, 367
不動産明渡（引渡）執行 80, 88, 135
不動産執行 348
不当な利得（→衡平上不当な利得）
扶 養 326, 384, 508〜
ブリュッセル条約 465
文書の引渡し 73
ベネルクス諸国 499, 501
変更決定 494, 495
ボアソナード 1, 493
報告書 255
法定違約金 488
法定利息 64, 68, 392
法定利率 40, 67
法務委員会 253
法 律
 1901年12月5日の── 60
 1948年9月1日の── 141
 1949年7月16日の── 141
 1949年7月21日の──（1949年法） 143〜
 1972年7月5日の──（1972年法） 249〜
 1975年7月9日の──（1975年法） 251, 302
 1975年7月11日の── 67
 1980年7月16日の── 345
 1991年7月9日の──（1991年法） 11, 41, 341〜
 1995年2月8日の── 345
法律事項 252, 348
法律上のアストラント 30
法律扶助 504
補充性
 アストラントの── 79〜
 確定的アストラントの── 29, 300, 399〜
 間接強制の── 2, 88〜
保全差押え 465
保全処分 458, 461
ポルトガル 503
本案の有責裁判 12

【ま行】

民事関係手続の改善のための民事訴訟法等の一部を改正する法律案 509
民事裁判所 194, 255
民事事件及び商事事件における裁判管轄及び裁判の執行に関する条約 465
民事執行法の改正 3
民事全部会 221
民事訴訟法及び民事執行法の改正に関する要綱 509
民事訴訟法734条 2
民事罰金 141, 333, 385
民事侮辱 498
民法典
 5条 101
 10条 58, 254

1142 条　　53〜, 96
1143 条　　80
1144 条　　80
1147 条　　166, 430
1148 条　　166, 316
1153 条　　63, 68
1153 条の 1　　392
1228 条　　15
1229 条　　15
1315 条　　435
1351 条　　114
無資力　　497
命　令　　99〜, 277
命令権　　14, 99〜, 117, 122, 256, 361, 410
命令事項　　252
面接交渉権　　61

【や行】

ヨーロッパ人権条約（→欧州人権条約）
ヨーロッパ民事訴訟モデル法試案
　　　　　　　　499, 501

予　約　　74

【ら行】

履　行　　14, 434, 496
履行不能　　50, 317, 430, 496
履行命令　　489
履行命令に対する不服従の制裁　　502
利　息
　　（→アストラント金の利息・遅延利息・法定利息）
両院合同同数委員会　　332
隣人紛争　　76, 77
例外裁判所　　126
レフェレ　　130, 139, 201, 268〜, 306〜, 376, 413
レフェレ＝アストラント　　86
労働契約　　71
労働証明書　　20, 71
労働審判所　　126, 197
労働法上のアストラント　　30
ローマ法　　101, 103

欧文索引

[A]

abandon de famille　511
Agen　183, 194
amende civile　141, 325
Aspéro　183, 194
Assemblée plénière civile　221
assurance de responsabilité　299
astreinte　1, 94
　　astreinte administrative　30, 345
　　astreinte comminatoire　27
　　astreinte de droit commun　30
　　astreinte définitive　26
　　astreinte judiciaire　30
　　astreinte légale　30
　　astreinte non-comminatoire　28
　　astreinte particulière　30
　　astreinte pénale　30
　　astreinte provisoire　26
autorité de la chose jugée　113
autorité de la chose jugée provisoire　371

[B]

bail　154
Bauffremont　59, 99, 123
Boré (J.)　30
Buffet　371
bulletin de salaire　72

[C]

caisse d'allocations familiales　351
Calbairac　135
caractère accessoire　17
caractère arbitraire　17
caractère comminatoire　28
caractère personnel　54, 373
caractère personnel particulièrement marqué　52
Carbonnier　150
Carval　395
Catala　359
cause étrangère　24
certificat de travail　72
certitude　460
Chabas　6, 49
chambre mixte　449
clause pénale　15, 95
coercition　34
commandement　459
commission mixte paritaire　332
communication des pièces　73
condamnation à l'astreinte　18
condamnation pécuniaire　12, 95
condamnation principale　12
conflit　371
constat　438
continuation　223
contrainte　34, 95
contrat consensuel　75
contrat solennel　74
contredit　415
Convention européenne des droits de l'homme　369
Coquelin　57
Couitéas　136
cumul　191

〔D〕

déclinatoire de compétence　371
déclin de la formule exécutoire　136
Denis　107
développement　223
disposition générale et réglementaire
　101
dommages-intérêts　95
　　dommages-intérêts provisionnels　188
　　dommages-intérêts punitifs　396
droit de reprise　141
droit moral　56

〔E〕

effet extra-territorial　16
effet suspensif　453
enrichissement injuste　387
enrichissement sans cause　229, 325
Esmein (A.)　14, 98 〜, 185, 256, 454
Esmein (P.)　150
exécution　14
　　exécution en nature　35
　　exécution forcée　39
　　exécution *manu militari*　80
　　exécution provisionnelle　468
　　exécution volontaire　40
exequatur　368
exigibilité　460
expertise sanguine　58
exposé des motifs　254
expulsion　80, 154

〔F〕

faculté　49
faute　25, 191, 215, 227, 319, 423

fonds national d'action sociale　354
fonds national de solidarité　330
force de la chose jugée　113
force majeure　166
force publique　81
formule exécutoire　96, 135
Foyer　253
Fréjaville　135, 150, 185

〔H〕

Hébraud　118, 185
Holleaux　28
Hugueney　186, 226
huissier de justice　136

〔I〕

Il n'y a pas lieu à liquidation　431
imperium　14, 99, 103
indemnité　2, 95
indemnité d'occupation　176
injonction　99, 277
instance　223

〔J〕

juge de la mise en état　304
juge de l'exécution　42, 375
juge du fond　207
juge unique　363
jugement constitutif　278
jugement déclaratif　278
jugement de validité　461
jugement provisoire　118
juridiction　100
juridiction consulaire　403
juridiction de droit commun　126
juridiction d'exception　126

欧文索引

jurisdictio　14, 103

[K]

Kayser　184

[L]

liquidation de l'astreinte　18
　liquidation définitive　38, 245
　liquidation provisionnelle　467
　liquidation provisoire　188, 467
liquidité　460
local　154

[M]

maintien dans les lieux　141
manu militari　81
Mazeaud (H. et L.)　187, 204
Mazeaud (P.)　231, 249, 253
mesure conservatoire　42, 461
mesure de contrainte　34
mesure d'exécution forcée　41
mesure d'expulsion　80
Meurisse　139
moyen de coercition　34
moyen de pression　34, 45
moyen de substitution　80

[N]

Nemo praecise cogi potest ad factum
　53

[O]

obligation de livrer　53, 72
obligation morale　49
occupant　154
ordonnance sur requête　438

ordre　99, 277
ordre public　137

[P]

peine fixe　294
peine privée　15, 99, 226
pension alimentaire　326
Perrot　12, 359
personne morale de droit public　345
pièce　73
poena privata　100
point de départ　445
pouvoir discrétionnaire　274
pouvoir souverain　274
Pradon　183, 199, 210
principe de l'égalité des peines　216
principe de l'évaluation souveraine des
　dommages-intérêts par les juges du fond
　207
principe de proportionnalité　407
principe du jugement déclaratif　278
principe fondamental de l'inviolabilité du
　corps humain　58
procédé de contrainte　34
projet de loi　253
prononcé de l'astreinte　18
proposition de loi　253
provision　468

[R]

Rapport　255
Rassat　229
Raynaud　236
recours en garantie　373
référé-astreinte　87
référé-provision　86

552

règle du double degré de juridiction　198
réquisition　141
restitution des pièces　73
retrait du rôle　40
Riom　183, 199
Rosa Bonheur　56, 94

〔S〕

saisie　35, 80
　saisie-appréhension　80
　saisie-arrêt　461
　saisie-attribution　87, 462
　saisie conservatoire　465
　saisie-exécution　463
　saisie immobilière　463
　saisie-revendication　80
　saisie-vente　40, 87
saisine pour avis　36
Socodimex　221, 371

souveraineté　207
Starck　186, 228
subsidiarité　79
suppression　429

〔T〕

taux de l'intérêt légal　67
Théry　12
titre exécutoire　48
Tribunal paritaire des baux ruraux　244
Tunc　230

〔U〕

ultra petita　122

〔V〕

Vizioz　118
voie d'exécution　35

〈著者紹介〉

大濱 しのぶ（おおはま・しのぶ）

 1985 年 慶應義塾大学法学部法律学科卒業
 1987 年 大月市立大月短期大学専任講師
 現　在 近畿大学法学部助教授

フランスのアストラント
  ——第二次世界大戦後の展開——

2004 年（平成 16 年）8 月 25 日　初版第 1 刷発行

著　者　大濱しのぶ
発行者　今　井　　　貴
　　　　渡　辺　左　近
発行所　信山社出版
〒113-0033　東京都文京区本郷 6-2-9-102
　　　　電　話　03（3818）1019
　　　　ＦＡＸ　03（3818）0344

印　刷　松澤印刷
製　本　大三製本

Printed in Japan.

© 2004, 大濱しのぶ.　　落丁・乱丁本はお取替えいたします。

ISBN4-7972-2290-5　C3332